LES DOUZE UPANIṢADS MAJEUṚES

Collection dirigée par José Le Roy

19 rue Saint-Séverin, 75005 Paris
ISBN : 978-2-35118-650-3

LES DOUZE UPANIṢADS MAJEURES

TRADUCTION DU SANSKRIT ET COMMENTAIRES
DE JEAN BOUCHART D'ORVAL

Almora
ÉDITIONS

À Francesca, qui m'a si bien accompagné et soutenu dans ce grand projet

Là le regard n'arrive pas, la parole n'arrive pas, non plus que la pensée. Nous ne savons pas et ne comprenons pas comment on pourrait enseigner Cela.
Kena Upaniṣad 1, 3

na tatra cakṣur gacchati na vāg gacchati no manaḥ |
na vidmo na vijānīmo yathaitad anuśiṣyāt ||

SOMMAIRE

INTRODUCTION

Les douze Upaniṣad[1] traduites ici comptent parmi les textes spirituels les plus importants non seulement de l'Inde, mais de toute l'humanité, toutes contrées et toutes époques confondues. On les appelle « Upaniṣad majeures », mais aussi « Upaniṣad anciennes », parce qu'à partir du VIIIe siècle avant notre ère elles ont exprimé plus directement ce que les poètes et sages védiques avaient formulé sur un mode symbolique, ou allégorique, tout comme dans les autres traditions de la terre avant le VIe siècle avant notre ère, tel, par exemple, le mythe des Argonautes et l'Odyssée en Grèce archaïque. Elles ont entre autres dévoilé le sens profond et secret des antiques rituels sacrificiels.

On pourrait sans doute se demander pourquoi il fallut tant de temps pour formuler directement la Connaissance, et pourquoi les Anciens ont eu si longtemps recours aux mythes, aux symboles et aux paroles et gestes rituels. C'est que la grande Vérité, la vérité derrière nos existences, celle qui sous-tend tout, ne s'apprend pas comme on apprend une équation ou une quelconque notion intellectuelle. En entendant ou en lisant un poème, il nous faut absolument nous tourner à l'intérieur, on ne peut en attendre d'un autre la lumière celée : nous devons *nous-mêmes* retrouver en *nous-mêmes* la lumière que le poète a découverte *lui-même* en *lui-même*.

1. Nous ne mettons pas de « s » au pluriel des mots écrits en sanskrit.

Les dieux affectionnent ce qui est mystérieux et détestent ce qui est apparent[1].
Bṛhadāraṇyaka Upaniṣad IV, 2, 2

Les mots sont des signes en direction d'une beauté qui ne peut se révéler qu'en se voilant, pour ne pas être livrée en pâture au regard superficiel et au sens conventionnel. Comme disait le vieil Héraclite, « la nature aime se cacher[2] », ou, plus précisément, « c'est le propre de notre nature véritable de se manifester en se voilant ». Alors, pourquoi les sages qui ont composé les Upaniṣad ont-ils formulé la Connaissance de façon plus directe, pourquoi déchirer le voile ?

Ce n'est pas par hasard si les Upaniṣad constituent littéralement « la fin du Veda » (*vedānta*) et ce n'est pas non plus simplement parce qu'elles se trouvent physiquement à la fin des recueils védiques : il faut les voir comme une sorte de confirmation de ce que l'auditeur a déjà saisi, ou mieux, de ce par quoi il a été saisi. Il en est de même de tout enseignement didactique. Ainsi, on ne va pas vers un véritable maître (*guru*) pour recevoir de lui la Connaissance, mais simplement parce qu'on a déjà été saisi, possédé, habité (*āveśa*) et qu'on est pris de la μανία (*manía* : inspiration, transport divin, délire prophétique) de la Grèce antique, et qu'on pressent la même Flamme en lui : alors, simplement il nous en donne la confirmation. Mais celui qui n'a pas été saisi par le Puissant[3]. n'y entend rien : les discours, les gestes et tout ce qui viendrait du plus grand maître lui passeraient à des années-lumière au-dessus de la tête. Ainsi, en ancienne Égypte et en Grèce antique, seuls ceux qui montraient avoir été « saisis par le Puissant » lors des représentations des Mystères[4] étaient admis à l'initiation.

---

1. parokṣapriyā iva hi devāḥ pratyakṣadviṣaḥ ||
2. φύσις κρύπτεσθαι φιλεῖ.
3. *Les bardes antiques ouvrent les portes des pensées lumineuses, hommes à saisir par le Puissant.* (Ṛgveda IX, 10, 6)
apa dvārā matīnām pratnā ṛṇvanti kāravaḥ |
vṛṣṇo harasa āyavaḥ ||
4. Les Mystères étaient en fait des pièces de théâtre mettant en scène des

Ce que nous exposent ces Upaniṣad est bouleversant et proprement stupéfiant pour l'homme qui, toute sa vie durant, a vécu dans la fiction de n'être qu'une mortelle créature séparée du reste de l'univers, ballotté comme un bouchon de liège sur l'océan de l'existence, avec tout ce que cela comporte de peurs, de stress et de détresse, d'espoir et de désespoir, de doutes, bref, de profond mal-être. C'est la réalité de la souffrance humaine que désigne le mot *duḥkham* qui, tôt ou tard, pousse l'homme un tant soit peu sensible et alerte à investiguer plus profondément que la surface sur la cause réelle de ce profond mal-être.

C'est d'ailleurs la première des fameuses nobles vérités[1] énoncées dans la vallée du Gange au VIe siècle avant notre ère par le Grand Silencieux, le Buddha : tout est souffrance. Le mot souffrance est à prendre ici dans un sens très étendu. Il ne désigne pas seulement ce que nous appelons généralement ainsi, mais aussi le simple fait d'être constamment tourné vers un autre moment que celui qui est là, il désigne la soif récurrente de l'homme, le simple fait de ne pas sentir une tranquillité et une joie sans bornes ; car telle est bien le parfum de notre nature véritable. Le *nirvāṇa* du Buddha signifie littéralement l'extinction, la cessation, comme lorsqu'on souffle une bougie : *nirvāṇa* est l'extinction de la soif, cette soif que les êtres humains n'arrivent et n'arriveront jamais à étancher en vivant dans le devenir et la préhension. Le Maître de Galilée ne parlait pas autrement :

> *Quiconque boit de cette eau-là aura de nouveau soif ; mais celui qui boira de l'eau que je lui donnerai n'aura plus jamais soif ; au contraire, l'eau que je lui donnerai deviendra en lui une source d'eau jaillissante jusqu'à la vie éternelle.*
>
> Jean 4, 14-15

---

dieux et des hommes faisant signe vers un sens mystique.

1. L'expression *catvāri āryasatyāni* signifie littéralement « les quatre vérités aryennes ». Le mot *ārya* désignait non pas une race, mais la noblesse spirituelle, celui qui connaît les dieux et les honore, celui qui s'est résolument mis en route pour découvrir sa nature véritable. Le sens profond du mot latin *vir* n'en est pas très éloigné, désignant l'homme doué de *virtus* et de *pietas*,

Tout comme le Buddha, les Upaniṣad ont clairement identifié l'origine de toute forme de souffrance, de peur et de doute, et elles ont montré la direction pour en voir la lumineuse cessation. Quiconque en saisit le sens, les comprend émotionnellement et voit sa vie sous cette lumière, quiconque en a le cœur inondé n'aura plus jamais soif. Et alors, la vie sur terre sera tout autre. Extérieurement rien ou si peu n'aura changé, mais en vérité tout sera changé. Tout comme Ulysse, l'homme aura retrouvé sa Patrie. Il saura ce qu'est la joie sans cause et sans bornes, la même qui l'avait propulsé dans l'existence.
La longue tradition d'où sont issues les Upaniṣad reconnaît l'expérience intérieure comme bien plus réelle que l'expérience sensible, ou extérieure, qui n'en est qu'une forme particulière due à une illusion, ou magie (*māyā*). C'est la première fois qu'on y formule clairement et directement l'identité fondamentale absolue entre l'homme et le monde, ou entre ce qui donne la certitude d'être « soi-même » et l'intelligence qui régit l'univers, autrement dit entre *ātman* et *brahman*. Le mal-être des êtres humains est la conséquence directe d'*avidyā* : le fait de ne pas voir, l'ignorance.
Les *Upaniṣad* anciennes traduites ici ont laissé une puissante et durable impression dans les esprits en Inde traditionnelle, au point que beaucoup d'auteurs plus tardifs, souhaitant donner de l'importance à leurs écrits, les ont appelés *Upaniṣad*, avec le résultat qu'on ne compte plus les textes appelés ainsi. Le terme *upaniṣad* signifie littéralement le fait de « s'asseoir près de » : il se réfère à ceux qui se montraient dignes de s'asseoir près d'un maître et d'apprendre de lui la doctrine secrète se référant à la plus haute vérité de nos existences. Signalons aussi que ces discussions dans la quiétude des ermitages forestiers ne s'adressaient pas uniquement au cercle restreint des brahmanes, mais aussi à tous ceux qui s'en montraient dignes. La *Bṛhadāraṇyaka* et la *Chāndogya* nous montrent souvent des *kṣatriyas*, membres de la deuxième caste (celle des princes, des guerriers et des fonctionnaires) participer et même enseigner à des brahmanes.

Finalement, la *Bṛhadāranyaka* met en relief des femmes participant aux discussions, notamment Gārgī Vacaknavī et Maitreyī, l'épouse de Yājñavalkya.
C'est en vain qu'on tenterait d'identifier une « philosophie des Upaniṣad », car leur composition s'étend sur plusieurs siècles et fut influencée par divers courants. Comme le lecteur pourra le constater, les douze Upaniṣad majeures comportent d'ailleurs des écrits passablement variés par leur style, leur formulation et leur point de vue. De plus, leurs auteurs n'étaient certainement pas des « philosophes », du moins pas au sens généralement compris aujourd'hui. Nous parlons de mystiques qui ont composé à partir de leur propre expérience intérieure directe.
Bien sûr, les images et le vocabulaire furent, pour tous les mystiques de l'histoire de l'humanité, tributaires d'une tradition, d'une langue et d'une culture particulières. Dans le cas des Upaniṣad, leur environnement culturel, linguistique et spirituel, ou religieux, était celui qui a dominé le nord de l'Inde depuis au moins le IIIe millénaire avant notre ère, avec, bien sûr, le sanskrit comme support linguistique, un sanskrit qui avait néanmoins un peu évolué par rapport à la magnifique langue du *Ṛgveda*, cet immense recueil d'hymnes qui représente certainement le plus ancien « texte »[1] de l'Inde et probablement de l'humanité au complet. De nombreux passages des deux plus anciennes Upaniṣad adhèrent de près à la tradition védique et aux rituels anciens, mais en les interprétant de façon intériorisée et universelle. Il se peut donc que certains chapitres présentent moins d'intérêt pour l'homme moderne peu familier avec cette tradition.
Nos Upaniṣad font partie du Veda[2], dont elles constituent la fin (*vedānta*). On compte quatre « branches » du Veda. Le *Ṛgveda*,

1. Les guillemets signifient ici que pendant des millénaires les hymnes védiques se sont transmis de façon orale : ils ont été fixés par écrit très tardivement.

2. Le mot *veda* est en fait le parfait de la racine verbale *vid-* (voir) et signifie littéralement « je sais pour l'avoir vu ». En effet, le parfait note le résultat actuel d'une action passée.

le *Yajurveda* et le *Sāmaveda*, auxquels vint plus tard se rattacher l'*Atharvaveda*[1]. Chacun comporte une « collection » (*Saṃhitā*) de versets[2] et des textes en prose (*Brāhmaṇa*). Tous ces textes sont d'auteurs variés. Ceux des *Brāhmaṇas* expliquent la liturgie et incluent des ajouts appelés *Āraṇyakas*, qui dévoilent, à l'intention des ascètes retirés dans la forêt, le sens secret des paroles et des actions rituelles. Quant aux *Upaniṣad*, plus tardives, elles furent composées entre le VIIIe siècle avant notre ère et le début de notre ère, et leur teneur est nettement plus métaphysique. Mais la distinction entre *Āraṇyakas* et *Upaniṣad* n'est pas si claire, les deux étant parfois confondus et les uns glissant souvent imperceptiblement dans les autres.

Chacune des *Upaniṣad* se rattache à un des quatre Vedas en particulier[3]. L'ensemble des *Upaniṣad* finit par se détacher quelque peu de leurs branches védiques particulières et fut transmis par les brahmanes sous le nom générique de *Vedānta* et finit par constituer la principale autorité scripturaire de la tradition brahmanique.

---

1. Le corpus de textes dont nous disposons aujourd'hui, bien que déjà incroyablement volumineux, est sans doute fort modeste comparé à ce qui a été perdu.

2. La *Saṃhitā* du *Ṛgveda* comporte 1028 hymnes, celle du *Samaveda* comporte des versets du *Ṛgveda* mis en musique et celle du *Yajurveda* des formules en prose à réciter durant les sacrifices.

3. Nous signalerons laquelle pour chacune des douze Upaniṣad.

Bṛhadāraṇyaka Upaniṣad

On considère la *Bṛhadāraṇyaka Upaniṣad* (la « Grande Upaniṣad des forêts ») comme la plus ancienne et la plus importante de toutes. Elle constitue la dernière partie du considérable *Śatapatha Brāhmaṇa* du *Yajurveda*[1]. L'expression *āraṇyaka* (de la forêt, sauvage) signifie que le texte était destiné à ceux qui s'étaient retirés dans la forêt (*vānaprastha*). Les *Āraṇyakas* s'attachent particulièrement à expliquer le sens profond et secret des rituels. Comme nous l'avons dit, les *Brāhmaṇas* se fondent souvent de façon imperceptible dans les *Āraṇyakas*, qui se fondent à leur tour dans les *Upaniṣad*.

La *Bṛhadāraṇyaka Upaniṣad* consiste en trois sections (*kāṇḍa*), regroupant les six chapitres (*adhyāya*) : le *Madhu Kāṇḍa* (« section du miel, nom tiré de sa dernière partie) comprend les deux premiers chapitres, le *Yājñavalkyakāṇḍa*, dans lequel le sage Yājñavalkya joue le rôle principal, comprend les chapitres 3 et 4, et le *Khilakāṇḍa* (« Section supplémentaire ») comprend les chapitres 5 et 6[2]. La langue de la *Bṛhadāraṇyaka Upaniṣad* et d'autres indices indiquent qu'il s'agit bien *grosso modo* de la plus ancienne de toutes les Upaniṣad : les divers textes furent probablement composés et réunis au VIIIe et VIIe siècle avant notre ère.

C'est dans la *Bṛhadāraṇyaka Upaniṣad* que fut pour la première fois formulée l'identité entre *ātman* (notre propre soi) et *Brahman*

---

1. Le texte sanskrit adopté ici est celui de la recension Kāṇva, celle adoptée par le grand sage du VIIIe siècle et fameux commentateur des Upaniṣad Ādi Śaṅkara, parfois appelé Ādi Śaṅkarācārya, mais le plus souvent simplement Śaṅkara (Shankara).

2. Nous indiquerons ici uniquement les numéros des chapitres.

(l'Absolu de l'univers). On y trouve, entre autres, de perçantes intuitions sur l'ultime et unique réalité, sur la manifestation, ou création, de l'univers, sur le souffle vital et les diverses fonctions du corps, les divers états de conscience, la mort, le désir, les dieux et même sur les rapports sexuels[1].

I

1
LE MONDE SYMBOLISÉ PAR LE CHEVAL SACRIFICIEL

aum

1. uṣā vā aśvasya medhyasya śiraḥ / sūryaścakṣurvātaḥ prāṇo vyāttamagnirvaiśvānaraḥ / saṃvatsara ātmāśvasya medhyasya / dyauḥ pṛṣṭham antarikṣam udaraṃ pṛthivī pājasyaṃ diśaḥ parśve avāntaradiśaḥ parśava ṛtavo 'ṅgāni māsāścārdhamāsāśca parvāṇyahorātrāni pratiṣṭhā nakṣatrāṇyasthīni nabho māṃsānyūvadhyaṃ sikatāḥ sindhavo gudā yakṛcca klomānaśca parvatā oṣadhayaśca vanaspatayaśca lomāni / udyan pūrvārdho nimlocañjaghanārdhaḥ / yadvijṛmbhate tadvidyotate / yadvidhūnute tatstanayati / yanmehati tadvarṣati / vagevāsya vāk //

Aum. En vérité, c'est l'aurore qui est la tête du cheval sacrificiel, le soleil son œil, le vent son souffle et le feu des hommes est sa bouche ouverte. L'année est le corps du cheval sacrificiel, le ciel est son dos, l'atmosphère son abdomen, la Terre son ventre, les points cardinaux ses flancs, les régions intermédiaires ses côtes, les saisons ses membres, les mois et les demi-mois ses articulations, les jours et les nuits ses pieds les constellations ses os, les nuages sa chair, le sable l'herbe dans son estomac, les fleuves

1. Même si certains versets font preuve aujourd'hui d'un machisme certain et même pire.

ses intestins, les montagnes le foie et les poumons, l'herbe et les arbres ses poils, le (soleil) levant est sa moitié antérieure le (soleil) couchant son arrière-train. Quand il bâille, l'éclair brille, quand il s'ébroue, il tonne et quand il urine, il pleut. Son hennissement est la parole.

Les Upaniṣad formulent le sens ésotérique et profond des rituels, particulièrement les sacrifices, dont le déroulement technique pouvait être souvent fort complexe. Le cheval symbolise le monde manifesté : on donne ici une interprétation cosmique.

2. *ahar vā aśvaṃ purastān mahimānvajāyata / tasya pūrve samudre yoniḥ / rātrirenaṃ paścān mahimānvajāyata / tasyāpare samudre yoniḥ / etau vā aśvam mahimānāvabhitaḥ sambabhūvatuḥ / hayo bhūtvā devān avahadvājī gandharvān arvāsūrān aśvo manuṣyān / samudra evāsya bandhuḥ samudro yoniḥ //*

Le jour, en vérité, apparut devant le cheval en guise de vase appelé *mahiman*[1]. Sa source se trouve dans la mer orientale[2]. La nuit apparut derrière lui en guise de vase appelé *mahiman*. En vérité, les deux sont apparus ensemble de chaque côté du cheval pour servir de vases *mahiman*. Devenu étalon, il transporta les dieux ; devenu impétueux (il transporta) les *Gandharvas*[3] et en tant que coursier (il transporta) les démons (*asuras*) ; devenu cheval (il transporta) les hommes. La mer, en vérité, est sa parente, la mer est sa source.

Le vase d'or représente le soleil, le jour ; le vase d'argent représente la lune, la nuit. La mer (*samudra*) est présentée ici comme la source de tout : on retrouve là un symbole vieux comme le monde, repris tant dans le *Ṛgveda* que chez les anciens Égyptiens.

---

1. Le mot *mahiman* signifie « grandeur, majesté ».
2. La baie du Bengale.
3. Les musiciens et chanteurs célestes.

2
LA CRÉATION DU MONDE

1. naivaiha kiṃ canāgra āsīt | mṛtyunaivedam āvṛtam āsīdaśanāyayā | aśanāyā hi mṛtyúḥ | tanmano 'kurutātmanvī syām iti | so 'rcannacarat | tásyārcata āpo 'jāyanta | arcate vai me kam abhūd iti | tad evārkasyārkatvám | kaṁ ha vā asmai bhavati ya evam etadarkasyārkatvaṃ veda ||

Il n'y avait pas ici quoi que ce soit au début. « Cela » était complètement recouvert par *Mṛtyu* (la Mort), par la faim ; car la faim c'est la Mort. Cela conçut la pensée « puissé-je avoir un soi[1] ». Tout en louangeant[2], il se mit en mouvement[3]. De lui en louange surgirent les eaux. Il pensa : « La joie (ou l'eau) [4] m'est échue alors que je louangeais (*arc*). » C'est de là que la louange (ou la lumière) tire son nom *arka*, c'est sa vraie nature. La joie (ou l'eau) vient pour sûr à celui qui sait ainsi la vraie nature de la louange (ou la lumière) et pourquoi elle s'appelle *arka*.

Le Ṛgveda X, 129, 1-3 formule ainsi :

---

1. Selon le contexte, le mot *ātman* signifie « soi », « soi-même », « âme », « corps », etc. ; il n'est pas toujours aisé de le traduire précisément et peut-être les rishis ont-ils souvent cultivé consciemment une certaine ambiguité.

2. On peut aussi traduire *arc-* par « prier », mais prier au sens védique, c'est-à-dire louanger, remercier, et non au sens judéo-chrétien de demander, voire négocier.

3. À noter le passage d'un sujet jusque-là neutre (*idam*, *tad*) à un sujet masculin (*saḥ*), donc personnel, dès que « Cela » se dote d'un soi. En sanskrit, *mṛtyu* (la mort) est masculin.

4. Il y a là de fines allusions. Le mot *kam* signifie à la fois joie, bonheur et eau. Ce mot, choisi ici pour parler de « l'eau », n'est pas fortuit, car jusque-là le rishi employait plutôt le mot ā*pas*, qui désigne plus spécifiquement et exclusivement l'eau, ou les eaux. L'association entre la joie, le bonheur et « l'eau » (d'où les larmes de joie) est claire et voulue. D'autre part, le mot *arka* (qui se réfère à la racine *ṛc-*, ou *arc-)*, signifie à la fois un rayon de lumière, le Soleil et le feu, mais aussi la louange. Dans l'hymne X, 121 du *Ṛgveda*, dédié au « Seigneur des créatures » (*Prajāpati*), le rishi joue sur le mot masculin *ka*, signifiant à la fois « qui ? » et l'« inconnu », mais qui est aussi un nom de *Prajāpati*.

Il n'y avait alors ni le non-être ni l'être, il n'y avait ni espace physique ni espace subtil au-delà de Cela. Qu'est-ce qui voilait Cela ? Où ? Qu'est-ce qui l'abritait ? Qu'était l'Eau impénétrable et sans fond ?
Il n'y avait alors ni mort ni immortalité, il n'y avait aucun signe de la nuit et du jour. Ce Un respirait sans souffle, mû par son propre élan ; autre que Cela il n'y avait rien au-delà.
Au tout début, il y avait des ténèbres recouvertes de ténèbres, tout ceci était Étendue indistincte. Cela qui, venant en existence, était couvert par le vide, ce Un, émergea par le pouvoir de l'ardeur[1].

Ici, la Mort (Mṛtyu) est en fait le giron de l'univers, la matrice dorée (*hiraṇya garbha*). On l'assimile à la Faim (*aśanāyā*, de *aś-* : manger). On veut ici exprimer l'élan primordial à la source de toute la manifestation : « puissé-je avoir un soi ». L'unique Réalité, ce Un (*tad ekam*, tel que formulé dans le Ṛgveda et les Upaniṣad), est pure Lumière consciente dynamique qui ne peut qu'être prise de conscience de soi. Plus tard, les grands textes du shivaïsme cachemirien nommeront les aspects lumineux et dynamique de la Lumière consciente respectivement *prākaśa* (pure lumière) et *vimarśa* (prise de conscience). Ce dernier mot est lié à la racine verbale *mṛś-* : toucher pleinement, faire contact, connaître à fond. L'élan fondamental de toute l'existence est une sorte de désir de toucher ou saisir « quelque chose », quelque chose de substantiel. Cet élan irrésistible est en nous tous : nous passons presque toute notre vie à vouloir saisir quelque chose de substantiel : des objets, une compréhension, une situation, une personne, une relation, etc.

Le mot *arka* a plusieurs sens : rayon de lumière, splendeur, éclair, soleil, feu, chant de louange, le nombre douze, etc. Bien sûr, *ar* est racine

---

1. nāsad āsīn no sad āsīt tadānīṃ nāsīd rajo no viomā paro yat I
kim āvarīvaḥ kuha kasya śarmann ambhaḥ kim āsīd gahanaṃ gabhīram II
na mṛtyur āsīd amṛtaṃ na tarhi na rātryā ahna āsīt praketaḥ I
ānīd avātaṃ svadhayā tad ekam tasmād dhānyan na paraḥ kiṃ canāsa II
tama āsīt tamasā gūlham agre apraketaṃ salilaṃ sarvaṃ ā idam I
tucchyenābhu apihiťam yad āsīt tapasas tan mahinājāyataikam II

verbale *ṛ-* : aller, se mouvoir, avancer. Donc, *arka* serait « avancer vers la lumière » ou « avancer vers la louange ». Les « eaux » primordiales sont un mouvement de louange.

2. āpo vā arkaḥ I tadyad apāṃ śara āsīt tat samahanyata I sā pṛthivyabhavat I tasyām aśramyat I tasya śrāntasya taptasya tejo raso niravartatāgniḥ II

Les eaux sont donc *arka*, la louange. Ce qui constituait l'écume des eaux, cela se solidifia et devint la terre. Il (la Mort) peina sur elle. Une fois qu'il eut peiné et qu'il se fut échauffé, son essence lumineuse et brillante devint manifeste, le feu.

3. sa tredhātmānaṃ vyakurutādityaṃ trīyaṃ vāyuṃ tṛtīyam I sa eṣa prānastredhā vihitaḥ I tasya prācī dik śiro 'sau cāsau cairmau I athāsya pratīcī dik pucchamasau cāsau ca sakthyau I dakṣiṇā codīcī ca parśve I dyauḥ pṛṣṭhamantarikṣam udaram iyam uraḥ I sa eṣo 'psu pratiṣṭhita I yatra kva caiti tadeva pratitiṣṭhatyevaṃ vidvān II

Il se partagea en trois : le soleil étant un tiers, le vent le troisième tiers[1]. Il est (aussi) le souffle de vie divisé en trois. Sa tête est la région orientale et ses bras sont cela et cela[2]. Ensuite, sa queue est la région occidentale, et les cuisses sont cela et cela[3]. Le sud et le nord sont ses flancs, son dos est le ciel, son abdomen l'atmosphère, sa poitrine est cette (Terre). Il repose fermement sur les eaux. Partout où il va, celui qui sait ainsi est fermement établi.

4. so 'kāmayata dvitīyo ma ātmā jāyeteti I sa manasā vācaṃ mithunaṃ samabhavadaśanāyā mṛtyuḥ I tad yat reta āsīt sa saṃvatsaro 'bhavat I na ha purā tataḥ saṃvatsara āsa I tam etāvantaṃ kālam abibharyāvān saṃvatsaraḥ I tam etāvataḥ kālasya parastādasṛjata I taṃ jātam abhivyādadāt I sa bhāṇ akarot I saiva vāgabhavat II

1. On suppose que le feu lui-même est le premiers tiers.
2. Le sud-est et le nord-est.
3. Le sud-ouest et le nord-ouest.

Il[1] eut le désir : « Puisse une seconde forme de moi naître ! » Il, la Mort-Faim, copula en esprit avec la parole. Ce qui était semence devint l'année. L'année n'existait tout simplement pas avant cela. Il la porta aussi longtemps qu'une année. Après ce temps, Il lui donna naissance. Une fois l'année née, Il ouvrit la bouche pour la manger et elle cria : *« bhāṇ*[2] *! »* C'est ainsi qu'elle devint la parole.

5. sa aikṣata yadi vā imam abhimaṃsye kanīyo 'nnaṃ karisya iti / sa tayā vācā tenātmanedaṃ sarvam asṛjata yad idaṃ kiṃ ca ṛco yajūṃṣi sāmāni chandāṃsi yajñān prajāḥ paśūn / sa yadyad evāsṛjata tattadattum adhriyata / sarvaṃ vā attīti tadaditeradititvam / sarvasyaittā bhavati sarvasyānnaṃ bhavati ya ivametadaditeradititvaṃ veda //

Il considéra : « Si je la tue, je me ferai un très petit repas. » Avec cette Parole, cet autre soi, Il donna naissance à absolument tout ce qui existe : les hymnes du *Ṛgveda*, les formules du *Yajurveda*, les chants du *Sāma Veda*, les mètres, les sacrifices, les hommes et les animaux. Tout ce qu'il faisait surgir, il se mettait à le manger. « Celui qui mange tout » : c'est de cela qu'il tire son nom *Aditi*, c'est sa nature. Il mange tout et tout devient sa nourriture, celui qui connaît ainsi la nature d'*Aditi*.

Ici l'union devient concrète, la manifestation visible. « Il mange tout » : tout est transitoire !

6. so 'kāmayata bhūyasā yajñena bhūyo yajeyeti / so 'śrāmyat sa tapo 'tapyata / tasya śrāntasya taptasya yaśo vīryam udkrāmat / prāṇā vai yaśo vīryam / tat prāṇeṣūtkrānteṣu śarīraṃ śvayitum adhriyata, tasya śarīra eva mana āsīt //

Il eut ce désir : « Puissé-je sacrifier encore avec un sacrifice plus considérable. » Il peina, Il s'échauffa en tapas[3]. Une fois qu'Il

1. *Mṛtyu*, la Mort.
2. Une onomatopée désignant l'explosion du souffle.
3. Le mot *tapas* signifie ardeur, chaleur et, par extension, ascèse, austérité.

eut peiné et qu'Il se fut échauffé, sa splendeur, sa vigueur[1], se dégagea. Les souffles de vie, en vérité, sont splendeur et vigueur. Quand ses énergies vitales se furent échappées, ce corps se mit à gonfler, mais dans le corps était son esprit (*manas*).

7. so'kāmayata medhyam ma idaṃ syādātmanvyanena syāmiti / tato 'śvaḥ samabhavat / yadaśvat tan medhyam abhūditi tadevāśvamedhasyāśvamedhatvam / eṣa ha vā aśvamedhaṃ veda ya enam evaṃ veda / tam anavarudhyevāmanyata / taṃ saṃvatsarasya parastād ātmana ālabhata / paśūndevatābhyaḥ pratyauhat / tasmāt sarvadevatyaṃ prokṣitaṃ prājāpatyam ālabhante / eṣa ha vā aśvamedho ya eṣa tapati / tasya saṃvatsara ātmā / ayam agnirarkaḥ / tasyeme lokā ātmānaḥ / tāvetāvarkāśvamedhau / so punarekaiva devatā bhavati mṛtyureva / apa punarmṛtyuṃ jayati nainaṃ mṛtyurāpnoti / mṛtyurasyātmā bhavati / etāsāṃ devatānāmeko bhavati //

Il éprouva le désir : « Je souhaiterais que ce (corps) soit apte à être sacrifié, afin que, grâce à cela, je possède un corps vivant. » Il devint donc cheval. Étant gonflé (*aśvat*), il devint propre au sacrifice (*medhya*) : c'est pourquoi le sacrifice du cheval s'appelle *aśvamedha*, c'est son essence même. En vérité celui-là seul connaît vraiment le sacrifice du cheval qui le connaît ainsi. Sur celui-ci il fixa sa pensée sans restriction. À la fin d'une année, Il le prit (en offrande) pour lui-même ; les (autres) animaux, Il les assigna aux dieux. Par conséquent, (on sacrifie) à tous les dieux quand on sacrifie le (cheval) consacré à *Prajāpati*. En vérité, il est le cheval sacrificiel celui qui réchauffe et éclaire[2] ; son caractère propre est l'année. Ce feu (ici-bas) est le feu rituel (*arka*) et le monde visible est son domaine propre de réalisation[3]. Voici qu'il y a ces deux : le feu rituel et le sacrifice du cheval (*aśvamedha*). Ils constituent pourtant une seule Divinité : simplement *Mṛtyu*,

1. Le mot *vīryam* désigne la vigueur, l'héroïsme la verticalité intérieure, l'énergie intérieure, la virilité spirituelle sans compromission.

2. Le soleil, qui accomplit son cycle en une année.

3. Ou ses « soi » (*ātmanaḥ*).

la Mort[1]. Il a vaincu les morts à répétition et la mort ne l'atteint plus, (celui qui sait cela). La Mort s'avère être son propre Soi et il devient un avec ces divinités.

On exprime ici clairement que la réalisation que ce monde est fondamentalement louanges et offrande mène au-delà de la mort à répétition.

3
LA SUPÉRIORITÉ DU SOUFFLE

1. dvayā ha prājāpatyāḥ devāścāsurāśca | tataḥ kānīyasā eva devā jyāyasā asurāḥ | ta eṣu lokeṣu aspardhanta | te ha devā ucurhantāsurān yajña udgīthenātyayāmeti ||

Il y eut deux sortes de descendants de *Prajāpati* : les dieux (*devas*) et les démons (*asuras*). Les dieux étaient les plus jeunes, les démons les aînés. Ils luttèrent entre eux pour ces mondes. Les dieux se dirent : « Allons, surpassons les démons dans le sacrifice grâce à l'*udgītha* ! »

L'*udgītha* est le chant du *Sām Veda* par l'*udgātṛ*, l'un des quatre brahmanes célébrant le *yajña*, le sacrifice rituel. Les dieux (*devas*) et les démons (*asuras*) sont ici les divers organes, la parole, etc., qui peuvent être tournés vers le sacré ou vers le profane. La nature divine ou démoniaque n'est pas fixe en nous et dépend des pensées, des actes, etc. Śaṅkara, le célèbre maître et exposant de l'Advaita Vedanta du VIIIe siècle, aussi appelé Ādi Śaṅkarācārya, commente : « Ils (les descendants de *Prajāpati*, c'est-à-dire les organes) deviennent des dieux quand ils brillent sous l'influence de pensées et d'actes fondés sur les Écritures ; ils deviennent cependant des démons lorsque, sous l'influence naturelle fondée sur les apparences, leurs pensées et leurs actes sont dirigés vers le seul monde des apparences[2]. » La différence entre dieux et démons n'est pas fondamentale, mais dépend du comportement.

1. Il n'y a qu'une Réalité, ici appelée *Mṛtyu*, et ses diverses manifestations.
2. śāstrajanitajñānakarmabhāvitāḥ dyotanād devā bhavanti, ta eva svābhāvikapratyakṣānumānajanitadṛṣṭaprayojanakarmajñānabhāvitā asurāḥ |

2. te ha vācam ūcustvaṃ na udgāyeti | tatheti tebhyo vāgudagāyat | yo vāci bhogastaṃ devebhya āgāyat | yat kalyāṇaṃ vadati tadātmane | te 'viduranena vai na udgātrātyeṣyantiti | tam abhidrutya pāpmanāvidhyan | sa yaḥ sa pāpmā yadevedamapratirupaṃ vadati | sa eva sa pāpmā ||

Ils dirent à la parole « Chante-nous l'*udgītha* ! » « Soit ! » dit-elle : la parole chanta l'*udgītha* pour eux. Ce qu'il y a de jouissance dans la parole, elle le procura aux dieux en chantant ; ce qui est auspicieux en parlant (elle s'attribua) cela à elle-même. Ils (les *asuras*) surent : « En vérité, grâce à ce chantre (*udgātṛ*) ils vont nous dominer. » Ils se ruèrent sur elle et la transpercèrent de mal[1]. Ce mal, en vérité c'est cela qu'on dit inapproprié[2] : c'est cela même, le mal.

C'est le réflexe d'appropriation personnelle (*tad ātmane*) qui rend la parole, le souffle, l'œil, l'oreille et le mental de chanter correctement l'*udgītha*.

3. atha ha prāṇamūcustvaṃ na udgāyeti | tatheti tebhyaḥ prāṇa udgāyat | yaḥ prāṇe boghastaṃ devebhya āgāyat | yat kalyāṇaṃ jighrati tadātmane | te 'viduranena vai na udgātrātyeṣyantīti | tam abhidrutya pāpmanāvidhyan | sa yaḥ sa pāpmā yadevedamapratirupaṃ jighrati | sa eva sa pāpmā ||

Ils dirent au souffle vital : « Chante-nous l'*udgītha* ! » « Soit ! » dit-il : le souffle vital chanta l'*udgītha* pour eux. Ce qu'il y a de jouissance dans le souffle vital, il le procura aux dieux en chantant ; ce qui est auspicieux dans le fait de sentir (il s'attribua) cela à lui-même. Ils (les *asuras*) surent : « En vérité, grâce à ce chantre (*udgātṛ*) ils vont nous dominer. » Ils se ruèrent sur lui et

1. Le mot est *pāpman* : mal, malheur, infortune, calamité, péché, crime, méchanceté.

2. L'adjectif *apratirupa* est la négation de *pratirupa*, dont le sens précis est « semblable, approprié », ou encore « beau, agréable ». Le mal, en autant que la parole est concernée, consiste donc à dire ce qui n'est pas en harmonie avec l'intelligence de la situation, ce qui n'est pas approprié.

le transpercèrent de mal. Ce mal, en vérité c'est cela qu'on sent inapproprié : c'est cela, cela le mal.

4. atha ha cakṣurūṣustvaṃ na udgāyeti I tebhyaḥ cakṣurudgāyat I yascakṣuṣi boghastaṃ devebhya āgāyat I yat kalyāṇaṃ paśyati tadātmane I te 'viduranena vai na udgātrātyeṣyantīti I tam abhidrutya pāpmanāvidhyan I sa yaḥ sa pāpmā yadevedamapratirupaṃ paśyati I sa eva sa pāpmā II

Ils dirent à l'œil : « Chante-nous l'*udgītha* ! » « Soit ! » dit-il : l'œil chanta l'*udgītha* pour eux. Ce qu'il y a de jouissance dans la vision, il le procura aux dieux en chantant ; ce qui est auspicieux dans le fait de voir (il s'attribua) cela à lui-même. Ils (les *asuras*) surent : « En vérité, grâce à ce chantre (*udgātṛ*) ils vont nous dominer. » Ils se ruèrent sur lui et le transpercèrent de mal. Ce mal, en vérité c'est cela qu'on voit inapproprié : c'est cela, cela le mal.

5. atha ha śrotram ūṣustvaṃ na udgāyeti I tebhyaḥ śrotram udgāyat I yaḥ śrotre boghastaṃ devebhya āgāyat I yat kalyāṇaṃ śṛṇoti tadātmane I te 'viduranena vai na udgātrātyeṣyantīti I tam abhidrutya pāpmanāvidhyan I sa yaḥ sa pāpmā yadevedamapratirupaṃ śrinoti I sa eva sa pāpmā II

Ils dirent à l'oreille : « Chante-nous l'*udgītha* ! » « Soit ! » dit-elle : l'oreille chanta l'*udgītha* pour eux. Ce qu'il y a de jouissance dans l'audition elle le procura aux dieux en chantant ; ce qui est auspicieux quand on entend (elle s'attribua) cela à elle-même. Ils (les *asuras*) surent : « En vérité, grâce à ce chantre (*udgātṛ*) ils vont nous dominer. » Ils se ruèrent sur elle et la transpercèrent de mal. Ce mal, en vérité c'est cela qu'on entend inapproprié : c'est cela, cela le mal.

6. atha ha mana ūṣustvaṃ na udgāyeti I tebhyaḥ mana udgāyat I yaḥ manasi boghastaṃ devebhya āgāyat I yat kalyāṇaṃ saṃkalpayati tadātmane I te 'viduranena vai na udgātrātyeṣyantīti I tam abhidrutya pāpmanāvidhyan I sa yaḥ sa pāpmā yadevedamapratirupaṃ saṃkalpayati I sa eva sa pāpmā || evam u kalvetā devatāḥ pāpmabhirupāsṛjan | evamenāḥ pāpmanāvidhyan ||

Ils dirent au mental (*manas*) : « Chante-nous l'*udgītha* ! » « Soit ! » dit-il : le mental chanta l'*udgītha* pour eux. Ce qu'il y a de jouissance dans la pensée ou l'imagination, il le procura aux dieux en chantant ; ce qui est auspicieux quand on pense ou imagine (il s'attribua) cela à lui-même. Ils (les *asuras*) surent : « En vérité, grâce à ce chantre (*udgātṛ*) ils vont nous dominer. » Ils se ruèrent sur lui et le transpercèrent de mal. Ce mal, en vérité c'est cela qu'on pense ou imagine d'inapproprié : c'est cela, cela le mal. Ainsi, en vérité, ils assaillirent ces divinités de maux ; ainsi ils les transpercèrent de mal.

7. atha hemam āsanyaṃ prāṇam ūcustvaṃ na udgāyeti | tatheti tebhyaḥ eṣa prāṇa udgāyat | te 'viduranena vai na udgātrātyeṣyantīti | tam abhidrutya pāpmanāvivyatsan | sa yathā aśmānam ṛtvā loṣṭo vidhvaṃṣetaivaṃ haiva vidhvaṃsamānā viṣvañco vineṣuḥ | tato devā abhavan parāsurāḥ | bhavatyātmanā parāsya dviṣan bhrātṛvyo bhavati ya evaṃ veda ||

Alors, ils dirent au souffle vital dans la bouche : « Chante-nous l'*udgītha* ! » « Soit ! » dit-il : ce souffle chanta l'*udgītha* pour eux. Ils (les *asuras*) surent : « En vérité, grâce à ce chantre (*udgātṛ*) ils vont nous dominer. » Ils se ruèrent sur lui et voulurent le transpercer de mal. Mais tout comme une motte de terre ayant percuté une pierre se pulvériserait, en vérité, de la même manière, dispersés dans toutes les directions ils battirent en retraite[1]. Ainsi les dieux demeurèrent et les *asuras* s'éloignèrent.

1. Le verbe composé *para-bhū-* (en fait, le verbe *abhavan* n'est pas répété, il est sous-entendu) signifie littéralement « être secondaire, ultérieur, lointain, distant »; les traductions « ils périrent », « ils furent écrasés » ou « they came to ruin » sont imprécises et même fausses, car les *asuras* ne disparaissent pas, ils perdent leur pouvoir, leur influence, et les dieux deviennent prépondérants. De la même manière, dans la tradition de l'Égypte ancienne le dieu Seth n'est pas anéanti, simplement il perd de son pouvoir face à Osiris. Le « mal » fait

Il existe par lui-même, celui qui connaît ainsi et son rival qui le déteste bat en retraite.

8. te hocūḥ kva nu so 'bhūdyo na ittham asakteti / ayam āsye 'ntariti / so 'yāsya āṅgiraso 'aṅganāṃ hi rasaḥ //

Alors ils dirent : « Où donc était celui qui s'est ainsi attaché à nous ? Comme il est dans la bouche, il est *ayāsya* et, étant l'essence des membres *(aṅganāṃ rasa)*, il est *āṅgirasa*.

9. sā vā eṣā devatā dūr nāma / dūraṃ hyasyā mṛtyuḥ / dūraṃ ha vā asmānmṛtyur bhavati ya evaṃ veda //

Et cette divinité a pour nom *dūr*, car la mort est loin *(dūra)* d'elle. La mort se tient loin de celui qui connaît ainsi.

10. sā vā eṣā devataitāsāṃ devetānām pāpmānam mṛtyum apahatya yatrāsāṃ diśām antastadgamayāṃcakāra / tadāsāṃ pāpmano vinyadadhāt / tasmānna janam iyāt net pāpmānam mṛtyum anvavāyānīti //

Et cette divinité même, ayant chassé le mal qu'est la mort de ces autres divinités, la relégua au bout du monde. Alors elle déposa leurs maux. On ne doit donc pas aller vers ces peuples au bout du monde, de peur de rencontrer le mal et la mort.

11. sā vā eṣā devataitāsāṃ devetānām pāpmānam mṛtyum apahatyāthainā mṛtyum atyavahat //

Et cette divinité même, ayant chassé le mal qu'est la mort de ces autres divinités, elle les transporta alors hors de portée de la mort.

---

partie du jeu de l'existence manifestée, ce que la tradition judéo-chrétienne officielle n'a jamais saisi ; seuls quelques grands phares en Occident, tel Maître Eckhart, qui osait clamer « je ne voudrais pas ne pas avoir péché », seuls ceux qui s'étaient abreuvés à la source même de la Connaissance, ont dépassé cette lourde dualité. Les mauvaises traductions de *para (-abhavan)* reflètent bien l'influence dualiste typique des religions judéo-chrétiennes chez les commentateurs modernes.

12. sa vai vācam eva prathamām atyavahat I sā yadā mṛtyum atyamucyata, so 'gnirabhavat I so 'yam agniḥ pareṇa mṛtym atikrānto dīpyate II

C'est la voix qu'il[1] transporta la première par-delà. Quand elle fut délivrée de la mort, il se fit feu ; ce feu brille par-delà la mort, il la dépasse.

13. atha prāṇam atyavahat I sa yadā mṛtyum atyamucyata sa vāyurabhavat I so 'yam vāyuḥ pareṇa mṛtyum atikrāntaḥ pavate II

Alors il transporta le souffle par-delà. Quand il eut été affranchi de la mort, il se fit vent ; ce vent purifie par-delà la mort, il la dépasse.

14. atha cakṣuratyavahat I sa yadā mṛtyum atyamucyata sa āditya 'bhavat I so 'sāvādityaḥ pareṇa mṛtyum atikrāntastapatiII

Alors il transporta l'œil par-delà. Quand il eut été affranchi de la mort, il se fit soleil ; ce soleil chauffe par-delà la mort, il la dépasse.

15. atha śrotram atyavahat I tadyadā mṛtyum atyamucyata tā diśo 'bhavan I tā imā diśaḥ pareṇa mṛtyum atikrāntaḥ

Alors il transporta l'oreille par-delà. Quand elle eut été affranchie de la mort, il se fit régions de l'espace ; ces régions de l'espace s'étendent au-delà la mort.

16. atha mano 'atyavahat I tad yadā mṛtyum atyamucyata sa candramā abhavat I so 'sau chandraḥ pareṇa mṛtyum atikrānto bhāti I evaṃ ha vā enam eṣā devatā mṛtym ativahati ya evaṃ veda II

Alors il transporta le mental par-delà. Quand il se fut affranchi

1. Ici, on revient à une appellation masculine (*sa* = *prāṇa*, le souffle vital dans la bouche) ; dans la phrase suivante, retour à l'appellation féminine (*sā* = *devatā*, la divinité).

de la mort, il se fit lune ; c'est cette lune qui, la dépassant, brille au-delà de la mort. De même, en vérité, cette divinité transporte au-delà de la mort celui qui sait ainsi.

17. athātmane 'nnādyam āgāyat yaddhi kiṃ cānnam adyate anenaiva tadadyate I iha pratitiṣṭhati II

Alors (le souffle dans la bouche) obtint la nourriture pour lui-même en chantant[1], car toute nourriture qui est mangée est mangée par lui ; il y est établi.

18. te devā abruvan etāvad vā idaṃ sarvaṃ yad annam tad ātmana āgāsīḥ amu no 'sminn anna ābhajasveti I te vai mābhisaṃviśateti I taṃ samantam pariṇyaviśanta I tasmādyadanenānnam atti tenaitāstṛpyanti I evaṃ ha vā enaṃ svā abhisaṃviśanti bhartā svānnāṃ śreṣṭhaḥ puraetā bhavatyannādo 'adhipatirya evaṃ veda I ya u haivaṃvidaṃ sveṣu pratipatirbubhūṣati na haivālaṃ bhāryebhyo bhavati I atha ya evaitam anubhavati yo vaitam anu bhāryān bubhūrṣati sa haivālaṃ bhārebhyo bhavati II

Eux (les dieux) dirent : « Tout cela qui est nourriture, tu l'as obtenu pour toi-même en chantant ; donne-nous part à cette nourriture ! » « Pénétrez donc en moi. » « Soit ! » De toutes parts, ils pénétrèrent en lui complètement. C'est pourquoi la nourriture qu'on mange à travers lui satisfait les divinités. De même, en vérité, les siens s'attachent à lui, il devient le supporteur des siens, le meilleur, le guide, le mangeur de nourriture, le souverain, celui qui connaît ainsi. Celui qui parmi les siens veut tenir tête à celui qui connaît ainsi, il ne suffit même pas à voir à ses dépendants ; mais celui qui se soumet à lui et souhaite prendre soin de ses dépendants sous son patronage, celui-là suffit à voir à ses dépendants.

19. so 'ayāsya āṅgiraso 'ṅgānāṃ hi rasaḥ I prāṇo vā aḥgānāṃ rasaḥ I prāṇo vā aṅgānāṃ rasaḥ tasmādyasmāt kasmāccāṅgāt

---

1. Littéralement « chanta la nourriture pour lui-même ».

prāṇa utkrāmati tadeva tatśuṣyati | eṣa hi vā aṅgānāṃ rasaḥ ||

Il est *Ayāsya Āṅgirasa*, car il est l'essence des membres du corps ; le souffle, en vérité, est l'essence des membres du corps. Parce que le souffle est l'essence des membres du corps, de quelque membre que le souffle s'échappe, ce membre se dessèche ; c'est que le souffle est vraiment l'essence des membres.

20. eṣa u eva bṛhaspatiḥ | vāg vai bṛhatī | tasyā eva patistasmādu bṛhaspatiḥ ||

Et en fait il est *Bṛhaspati*. La parole est véritablement *bṛhatī* ; il est le maître de la parole, il est donc le maître de la parole.

21. eṣa u eva brahmaṇaspatiḥ | vāg vai brahman | tasyā eva patistasmādu brahmaṇaspatiḥ ||

En fait il est aussi *Brahmaṇaspati*. La parole est véritablement *brahman* ; il est le maître (*patiḥ*) de la parole, il est donc *Brahmaṇaspatiḥ*, le maître de la parole.

EULOGIE DU CHANT SUR LE SOUFFLE

22. eṣa u eva sāma | vāg vai sāmaiṣa sā cāmaśceti tatsamnaḥ sāmatvam | yadveva samaḥ pluṣinā samo maśakena samo nāgena sama ebhistribhilokaiḥ samo 'nena sarvena tasmādeva sāma | aśnute samnaḥ sāyujyaṃ salokatām ya evam etat sāman veda ||

Et il est aussi le *Sāman*. La parole, en vérité, est le *Sāman*. Le fait qu'il est *sā* et *ama* lui confère son nom et explique sa nature[1]. Peut-être parce qu'il est égal à une puce, égal à un moustique, égal à un éléphant, égal à ces trois mondes ou cet univers au complet que son nom est *Sāman*. Il parvient à l'union avec le *Sāman*, il participe au monde du *Sāman* celui qui connaît ainsi le *Sāman*.

1. Le mot *sā* est à la fois le pronom féminin « elle » et un substantif féminin signifiant le don, le fait de donner, de concéder, d'assigner. Le mot *ama* a le sens d'impétuosité, force, puissance.

23. eṣa u vā udgītaḥ / praṇo vā ut / praṇena hīdaṃ sarvam uttabdham / vāgeva gīthā / ucca gīthā coti sa udgīthaḥ //

Et il est aussi en vérité le Haut Chant (*udgītha*). Le souffle vital est *ut*, car c'est bien par le souffle vital que tout l'univers est soutenu et la parole est le chant (*gīthā*).

24. taddhāpi brahmadattaścaikitāneyo rājānaṃ bhakṣayann uvāca / ayaṃ tyasya rājā mūrdhānaṃ vipātayatādyadito 'yāsya āṅgiraso 'nyenodagāyaditi / vācā ca hyeva sa prāṇena codagāyaditi //

Et *Brahmadatta Caikitāneya* en buvant le roi (*Soma : le vin sacré*) dit : « Que ce roi fasse tomber sa tête[1] si c'est autrement qu'*Ayāsya Āṅgirasa* chantait le Haut Chant (*udgītha*). » Car c'est bien par la parole et le souffle vital qu'il chantait le Haut Chant.

25. tasya haitasya sāmno yaḥ svaṃ veda bhavati hāsya svam / tasya vai svara eva svam / tasmādārtvijyaṃ kariṣyan vāci svaram iccheta / tayā vācā svarasampannayārtvijyaṃ kuryāt / tasmādyajñe svaravantaṃ didṛkṣanta eva / atho yasya saṃ bhavati / bhavati hāsya svaṃ ya evametatsāmnaḥ svaṃ veda //

À qui connaît la nature propre du *Sāman*, il échoit en propre. En vérité la sonorité est le propre du *Sāman* : par conséquent, celui qui s'apprête à remplir les fonctions d'officiant du rituel (*ṛtvij*[2]) souhaite avoir une riche sonorité dans la voix de façon à accomplir ses fonctions avec une voix d'un ton riche. C'est pourquoi on désire avoir au sacrifice un prêtre doué d'une voix sonore, c'est-à-dire qui possède l'essence propre (du *Sāman*). L'essence (du *Sāman*) échoit ainsi à celui qui connaît le propre du *Sāman*.

---

1. *Brahmadatta Caikitāneya* parle ici de sa propre tête.
2. Le *ṛtvij* est un prêtre qui, comme son nom l'indique, conduit le rituel.

26. tasya haitasya sāmno yaḥ suvarṇaṃ bhavati hāsya suvarṇam | tasya vai svara eva suvarṇam | bhavati hāsya suvarṇaṃ ya evam etatsāmnaḥ suvarṇam veda ||

À celui qui connaît l'or[1] du *Sāman* échoit l'or. En vérité, c'est sa sonorité qui est l'or. Il échoit de l'or à celui qui connaît ainsi cette valeur de l'or du *Sāman*.

27. tasya haitasya sāmno yaḥ pratiṣṭhāṃ veda prati ha tiṣṭhati | tasya vai vāg eva pratiṣṭhā | vāci hi khalveṣa etat prāṇaḥ pratiṣṭhito gīyate | anna ityu haika āhuḥ ||

Qui connaît le fondement de ce *Sāman*, celui-là est bien établi. Car la parole est vraiment son fondement ; c'est vraiment en prenant ainsi appui sur la parole que le souffle vital chante. Certains prétendent que c'est sur la nourriture…

28. athāyaḥ pavamānānām evābhyārohaḥ | sa vai khalu prastotā sāma prastauti | sa yatra prastuyāt tadetāni japet |
asato mā sadgamaya
tamaso mā jyotirgamaya
mṛtyormāmṛtaṃ gamayeti |
sa yad āha asato mā sadgamayeti mṛtyurvā asatsadamṛtaṃ mṛtyormāmṛtaṃ gamayāmṛtaṃ mā kurvityevaitadāha | tamaso mā jyotirgamayeti mṛtyurvai tamo jyotiramṛtaṃ mṛtyormāmṛtaṃ gamayāmṛtaṃ mā kurviyevaitadāha | mṛtyormāmṛtaṃ gamayeti nātra tirohitam ivāsti | atha yānītarāṇi stotrāṇi teṣvātmane 'nnādyam āgayet | tasmādu teṣu varaṃ vṛnīta yaṃ kāmaṃ kāmayeta tam | sa eṣa evaṃvidudgātātmane vā yajamānāya vā yaṃ kāmaṃ kāmayate tam āgāyati | taddhaitallokajideva | na haivālokyatāyā āśāsti ya evam etat sāma veda ||

1. Le mot *suvarṇa* signifie littéralement « de couleur très belle, de tonalité brillante » et aussi de couleur or, plus tard « de bonne caste ». Le mot *varṇa* est associé à la racine verbale *vṛ-* « recouvrir » et désigne surtout la modalité, la manière d'être beaucoup plus que la simple couleur et c'est pourquoi il a fini par désigner aussi la caste.

Et maintenant s'élèvent les chants de purification[1]. En vérité, le prêtre *prastotṛ* entonne le *sāman*. Tandis qu'il entonne, on[2] devrait répéter à voix basse : « Mène-moi de l'irréel au réel, mène-moi des ténèbres à la lumière, mène-moi de la mort à l'immortalité. » Quand on dit « mène-moi de l'irréel au réel », en réalité la mort c'est l'irréel, le réel c'est l'immortalité. « Mène-moi de la mort à l'immortalité, rends-moi immortel », voilà ce qu'on dit en vérité. Quand on dit « mène-moi des ténèbres à la lumière, en réalité la mort ce sont les ténèbres, la lumière est l'immortalité. « Mène-moi de la mort à l'immortalité, rends-moi immortel », voilà ce qu'on dit en vérité. Quand on dit « mène-moi de la mort à l'immortalité, rends-moi immortel », là il n'y a rien de celé. Quant aux autres chants, il peut (en les chantant) s'assurer ses propres besoins : qu'il y choisisse donc une intention, quel que soit l'objet de son désir. Le prêtre *udgātṛ* qui sait ainsi, il obtient soit pour lui-même soit pour le sacrifiant ce qu'il souhaite. En vérité, c'est cela la conquête du monde. Il n'y a pas de crainte d'être privé de l'autre monde pour celui qui connaît ainsi le *sāman*.

4
LA CRÉATION DU MONDE À PARTIR DU SOI

1. ātmaivedam agra āsīt puruṣavidhaḥ I so 'nuvīkṣya nānyad ātmano 'paśyat I so 'ham asmītyagre vyāharat I tato 'haṃ nāmābhavat I tasmād apyetarhyāmantrito 'aham ayam ityevāgra uktvāthānyannāma prabrūte yad asya bhavati I sa yat pūrvo 'smāt sarvasmāt sarvān pāpmana auṣat tasmāt puruṣaḥ I oṣati ha vai sa taṃ yo 'smāt pūrvo bubhūṣati ya evaṃ veda II

En vérité, seul le Soi (*ātman*) était au début sous forme d'Homme cosmique (*puruṣa*). Ayant regardé tout autour, il ne vit rien d'autre que lui-même. Il formula d'abord : « Je suis ! » De là vient le nom « je ». Et de là vient que quelqu'un qu'on appelle

1. Le mot *pavamāna* (le participe présent passif ou moyen de *pu-)* désigne les stotras chantés le sacrifice et les louanges à la lumière, *jyotiṣṭoma*.

2. Le laïque qui offre le sacrifice, le *yajamāna*.

répond d'abord « c'est moi ! » et seulement ensuite décline le nom qui est le sien propre. Parce qu'avant (*pūrva*) ceci, tout ceci, il a consumé (*uṣ-*) tous les maux, il est appelé *puruṣa*. En vérité, celui qui sait ainsi consume celui qui veut passer devant lui.

Ce que désigne ici *ātman*, c'est la pure intimité de soi-même, cette évidence que chaque être humain éprouve sans discontinuer : pur Soi-même, pure Lumière consciente, Cela qui observe et sait tout ce que nous savons, exactement comme le rêveur est cela qui observe et sait tout du monde du rêve, rien ni personne n'étant séparé de lui-même : il est le rêve et pour que quoi que ce soit existe, cela doit être perçu. C'est en ce sens que Parménide, dans son poème initiatique du VIe siècle avant notre ère proclame : « C'est en effet la même chose percevoir et exister[1]. » N'est-ce pas aussi ce qu'ont découvert il y a cent ans déjà les grands physiciens qui formulèrent les premiers la mécanique quantique ?

Cet *ātman* est la seule chose dont tout être humain puisse être absolument certain : pourquoi ne pas commencer par là dans toute investigation sérieuse de l'existence ? La réalisation « je suis » survient en très bas âge, entre un et deux ans, mais il y a alors identification de ce « je » par lequel nous pouvons affirmer « je suis » avec une trame d'images fort complexe fondée sur les expériences sensorielles préalables et organisées par notre cerveau : c'est ainsi que débute pour chacun d'entre nous une vie « personnelle », avec tout ce que cela comporte : peur, sentiment de manque, soif, espoir, désespoir, etc., bref, la souffrance. Immédiatement la peur et toutes les réactions à la peur apparaissent : dès qu'on réalise « j'existe », on veut continuer d'exister. Une vie imaginaire démarre alors, mais qui peut, à la condition de s'y intéresser sérieusement et d'être profondément attentif, se résorber dans la grande vérité de notre existence, la seule réalité qu'est la Lumière consciente, vrai « Je ». Ce que nous ne sommes pas, mais que nous croyons être, est fabriqué : c'est pourquoi l'Inde traditionnelle nomme *ahaṃkāra* ce que nous nomme l'ego, la personne individuelle : *aham* est le pronom personnel « je » et *kāra* est lié à la racine verbale *kṛ-* (faire, fabriquer).

1. τὸ γὰρ αὐτὸ νοεῖν ἐστίν τε καὶ εἶναι.

À l'occasion de la moindre perception, cette fabrication égotique apparaît *après* le sentiment « je suis ». Voilà pourquoi il est dit : *Et de là vient que quelqu'un qu'on appelle répond d'abord « c'est moi ! » et seulement ensuite décline le nom qui est le sien propre.*

2. so 'bihet tasmādekākī bibheti | sa hāyam īkṣāṃ cakre yan madanyannāsti kasmānnu bibhemīti | tata evāsya bhayaṃ vīyāya | kasmāddhyabheṣyat | dvitīyādvai bhayaṃ bhavati ||

Il avait peur : c'est pourquoi celui qui est seul a peur. Il fit cette réflexion » « Puisqu'il n'y a rien d'autre que moi, de quoi suis-je effrayé ? » Dès lors, sa peur s'en alla. De quoi aurait-il eu peur ? C'est d'un autre qu'on a peur.
Là réside le dénouement de toute forme de peur. Dès qu'il réalise qu'il rêvait, qu'il y avait malentendu et qu'il n'était pas du tout le personnage restreint qu'il croyait être, le rêveur voit son cauchemar prendre fin sur-le-champ.

3. sa vai naiva reme | tasmādekākī na ramate | sa dvitīyam aicchat | sa haitāvān āsa yathā strīpumāṃsau sampariṣvaktau | sa imam evātmānaṃ dvedhāpatayat | tataḥ patiśca patnī cābhavatam | tasmādidam ardhabṛgalam iva svaḥ iti ha smāha yājñavalkyaḥ | tasmādayam ākāśaḥ striyā pūryata eva | tāṃ samabhavat | tato manuṣyā ajāyanta ||

Il n'éprouvait pas de plaisir non plus ; donc, qui est seul n'éprouve aucun plaisir. Il souhaita avoir un second. Il était aussi gros qu'une femme et un homme enlacés. Il se sépara en deux : de là apparurent l'époux et l'épouse. C'est pourquoi jadis Yājñavalkya dit : « Nous sommes tous les deux individuellement comme une moitié. » C'est pourquoi cet espace est rempli par une femme. Il s'unit à elle : de là naquirent les hommes.

4. sā heyam īkṣām cakre kathaṃ nu mātmāna eva janayitvā sambhavati hanta tiro 'sānīti | sā gaurabhavat vṛṣabha itarastāṃ sam evābhavat tato gāvo 'jāyanta | vaḍavetarābhavadaśvavṛṣetaraḥ | gardabhītarā gardabhetaraḥ | tāṃ sam evābhavat tata ekaśapham ajāyata | ajetarābhavat bastetaraḥ / aviritarā mesa itaraḥ / tāṃ sam evābhavat tato 'jāvayo 'jāyanta / evam eva yad idaṃ kiṃ ca mithunam ā pipīlikābhyaḥ tat sarvam asṛijata //

Elle fit cette réflexion : « Comment, m'ayant engendré, peut-il s'unir à moi-même ? Allons ! Il faut que je me cache ! Elle devint vache, lui taureau, et il s'unit à elle : de là naquirent les vaches. Elle se fit jument, l'autre étalon, elle l'ânesse lui l'âne. Il s'unit à elle : de là naquit l'animal à un sabot. Elle se fit chèvre, lui bouc, elle brebis lui bélier. Il s'unit à elle et de là naquirent chèvres et moutons. C'est ainsi qu'il fit apparaître tout ce qui vient par paire jusqu'aux fourmis.

5. so 'vedahaṃ vāva sṛṣṭirasmi ahaṃ hīdaṃ sarvam asṛikṣīti / tataḥ sṛṣṭirabhavat / sṛiṣṭyāṃ hāsyaitasyāṃ bhavati ya evaṃ veda //

Il prit conscience : « En vérité, c'est moi qui suis la création, c'est bien moi qui ai fait surgir tout cet univers. Ainsi il fut la création. Il est activement engagé dans sa propre création, celui qui connaît ainsi[1].

6. athetyabhyamanthat / sa mukhācca yonerhastābhyāṃ cāgnim asṛjata / tasmādetadubhayam alomakam antaraḥ / alomakā hi yonirantaraḥ / tad yadidam āhur amuṃ yajāmuṃ yajetyekaikaṃ devam etasyaiva sā visṛṣṭiḥ / eṣa u hyeva sarve devāḥ / atha yat kiṃ cedam ārdram tad retaso 'sṛjata tadu somaḥ / etāvad vā idaṃ sarvam annaṃ caivānnādaśca / soma evānnam agnirannādaḥ / saiṣā brahmano 'tisṛṣṭiḥ yacchreyaso devān asṛjata atha yan martyaḥ sann amṛtān asṛjata tasmādatisṛṣṭiḥ / atisṛṣṭyāṃ hāsyaitasyāṃ bhavati ya evaṃ veda //

Alors, il frotta ainsi et, de sa bouche et de ses mains en guise de matrice, il fit jaillir le feu. C'est pourquoi mains et bouche sont dépourvues de poils à l'intérieur : en effet, la matrice est

1. C'est ce que reformulera beaucoup plus tard le shivaïsme cachemirien : le yogin qui a réalisé sa vraie nature réoccupe le monde, mais cette fois en tant que Shiva.

dépourvue de poils à l'intérieur. Lors donc que l'on dit à celui-là « sacrifie », à tel autre « sacrifie », chacun à son dieu, ce n'est que sa création à Lui : en vérité, c'est Lui seul qui est tous les dieux. Maintenant, ce qui est humide, il l'engendra de sa semence : c'est le soma. Jusqu'à maintenant, tout cet (univers) est nourriture et mangeur. En vérité, le soma est nourriture, Agni est mangeur. Cette création est une supercréation de Brahman, car il a engendré des dieux qui lui sont supérieurs, parce qu'étant mortel il a engendré des immortels, d'où « supercréation ». Il est activement engagé dans la supercréation celui qui connaît ainsi.

7. taddhedaṃ tarhyavyākṛtam āsīt | tan nāmarūpābhyām eva vyākṛyatāsau nāmāyam idaṃ rūpa iti | tadidam apyetarhi nāmarūpābhyām eva vyākriyate asau nāmāyam idaṃ rūpa iti | sa eṣa iha praviṣṭa ā nakhāgrebhyo yathā kṣuraḥ kṣuradhāne 'vahitaḥ syādviśvambharo vā viśvambharakulāye taṃ na paśyanti | akṛtsno hi saḥ prāṇann eva prāṇo nāma bhavati vadan vāk paśyaṃścakṣuḥ śṛṇvañśrotam manvāno manaḥ | tānyasyaitāni karmanāmānyeva | sa yo 'ta ekaikam upāste na sa veda | akṛtsno hyeṣo 'ta ekaikena bhavati | ātmetyevopāsīta atra hyete sarva ekaṃ bhavanti | tadetat padanīyam asya sarvasya yadayam ātmā | anena hyetat sarvaṃ veda | yathā ha vai padenānuvindedevaṃ kīrtiṃ ślokaṃ vindate ya evaṃ veda ||

En ce temps-là ce (monde) était en fait indéterminé. C'est par le nom[1] et la forme qu'il fut déterminé, au sens de « ceci a ce nom-là, cette forme-là ». De même encore aujourd'hui c'est par le nom et la forme qu'on détermine : « ceci a ce nom-là, cette forme-là ». Lui-même y est entré jusqu'au bout des ongles. Tout

1. Le sens originel de *nāman* fut d'abord « marque caractéristique, signe, forme, manière », bien avant d'avoir le sens qu'il prit plus tard. Le « nom » désignait donc à l'origine l'actualisation de la Réalité, sa manifestation. De là vient l'importance, souvent étrange pour l'Occidental, que les Indiens ont toujours accordé au « nom ». Encore aujourd'hui, l'expression traditionnelle a cours pour désigner tout ce qui est forme et manifestation, particulièrement l'individualité : *nāmarūpa* (*nāma-rūpa*, « nom et forme »).

comme le rasoir enfermé dans son étui ou le *viśvambhara*[1] dans son nid, on ne le voit pas. Il se manifeste partiellement : quand il respire, il est souffle vital, quand il parle, il est parole, quand il regarde, il est vision, quand il écoute, il est ouïe, quand il pense, il est mental. Ces choses sont les noms de ses manifestations. Celui qui le considère isolément, celui-là ne le connaît pas, car il ne se manifeste que partiellement par l'un ou par l'autre. C'est le Soi qu'on devrait considérer, car en lui toutes ces choses sont un. C'est là son empreinte, ce Soi étant le soi de tout ; en fait, par Lui on connaît tout. Tout comme on trouve en suivant des empreintes, de la même façon il trouve la gloire et la renommée celui qui connaît ainsi.

Ce que nous appelons le monde, c'est tout ce qui peut être perçu, connu, pensé, nommé, tout ce qui a une forme, d'où l'expression *nāmarūpa* : nom et forme. Percevoir une forme et nommer, c'est percevoir et nommer une réalité apparemment séparée de l'observateur et des autres objets de perception, alors qu'au début de l'univers et au début de chaque perception ce monde est en fait indéterminé (*avyākṛtam*). Il faut être très attentif et sensible pour le pressentir, au début et à la fin de toute perception, qu'il s'agisse d'un objet extérieur, d'une pensée, d'une émotion ou de quoi que ce soit. C'est par habitude et par indifférence que chaque fois nous laissons s'échapper ce bref instant d'indétermination pour nous attacher au nom et à la forme (*nāmarūpa*), c'est-à-dire au « monde ». On donne l'image des traces permettant de retrouver son chemin : ainsi, en remontant les traces que sont les objets de perception, on peut retrouver l'*ātman*, le Soi de toutes choses, l'Unique.

8. tadetat preyaḥ putrāt preyo vittāt preyo 'nyasmāt sarvasmādantarataraṃ yadayam ātmā | sa yo 'nyam ātmanaḥ priyaṃ bruvānaṃ brūyat priyaṃ rotsyatīti īśvaro ha tathaiva syāt | ātmānam eva priyam upāsīta | sa ya ātmānam eva priyam upāste na hāsya priyaṃ pramāyukaṃ bhavati ||

---

1. Le sens de ce mot est quelque peu obscur. Littéralement, il signifie « qui porte tout ». Certains lui prête le sens de « feu », d'autre celui d'un quelconque animal ou insecte (Olivele suggère la termite).

C'est ce qui est plus cher qu'un fils, plus cher que la richesse, plus cher que tout le reste, ce qui est le plus intime, c'est ce Soi. Si à un homme prétendant que quelque chose d'autre que lui-même est cher on disait qu'il pleurerait ce qui lui est cher, cela risque bien d'arriver. On devrait tenir pour cher uniquement le Soi. Celui qui tient uniquement le Soi comme cher ne risque pas de voir détruit ce qui lui est cher.

9. tadāhuḥ yadbrahmavidyayā sarvaṃ bhaviṣyanto manuṣyā manyante kim u tabbrahmāvet yasmāt tat sarvam abhavaditi //

La question est : les hommes pensent que par la connaissance de Brahman ils deviendront le Tout, alors qu'est-ce donc que connut ce Brahman qui lui permit de devenir le Tout ?

10. brahma vā idam agra āsīt / tadātmānam evāvet ahaṃ brahmāsmīti / tasmāt tat sarvam abhavat / tadyo yo devānāṃ pratyabudhyata sa eva tadabhavat tathā ṛṣīnāṃ tathā manuṣyāṇām / taddhaitat paṣyann ṛṣir vāmadevaḥ pratipede 'haṃ manurabhavaṃ sūryaśceti / tadidam apyetarhi ya evaṃ vedāhaṃ brahmāsmīti sa idaṃ sarvaṃ bhavati / tasya ha na devāścanābhūtyā īśate / ātmā hyeṣaṃ sa bhavati / atha yo 'anyāṃ devatāṃ upāste anyo 'sāvanyo 'ham asmīti na sa veda / yathā paśurevaṃ sa devānām / yathā ha vai bahavaḥ paśavo manuṣyaṃ bhuñjyuḥ evam ekaikaḥ puruṣo devān bhunakti / ekasminn eva paśāvādīyamāne 'priyaṃ bhavati kim u bahuṣu / tasmādeṣāṃ tan na priyaṃ yad etan manuṣyā vidyuḥ //

C'est Brahman en vérité qui était ce monde au tout début ; il ne connaissait donc que lui-même : « Je suis Brahman » ; c'est pourquoi il était le Tout. Ainsi, chacun des dieux qui s'éveillait était Cela, de même pour les rishis de même pour les hommes. C'est ainsi que le rishi Vāmadeva, voyant cela, considéra : « J'étais Manu et aussi Sūrya ! » Alors, aujourd'hui aussi celui qui connaît ainsi « moi, je suis Brahman », celui-là est ce Tout et même les dieux ne peuvent l'empêcher, car il est leur propre soi. Quant à celui qui vénère une autre divinité en ayant à l'esprit « autre est la divinité, autre moi je suis », celui-là ne connaît pas ; il est donc comme du bétail pour les dieux. Comme beaucoup d'animaux sont au service de l'homme, ainsi chacun des êtres humains est au service des dieux. Quand un animal est pris, c'est déplaisant, combien davantage quand beaucoup d'animaux sont perdus ! C'est pourquoi il leur est déplaisant que les êtres humains sachent cela.

11. brahma vā idam agra āsīdekam eva / tad ekaṃ san na vyabhavat / tacchreyo rūpam atyasṛjata kṣatraṃ yānyetāni devatrā kṣatrānīndro varuṇaḥ somo rudraḥ parjanyo yamo mṛtyurīśāna iti / tasmāt kṣatrāt paraṃ nāsti / tasmādbrāhmanaḥ kṣatriyam adhastādupāste rājasūye / kṣatra eva tadyaśo dadhāti saiṣā kṣatrasya yonir yadbrahma / tasmādyadyadapi rājā paramatāṃ gacchati brahmaivāntata upaniśrayati svāṃ yonim / ya u enaṃ hinasti svāṃ sa yonim ṛcchati / sa pāpīyān bhavati yathā śreyāṃsaṃ hiṃsitvā //

C'est le Brahman en vérité qui était ce monde au tout début, lui seul. Étant un, il ne se manifestait pas. Alors, une forme plus lumineuse surgit : la souveraineté, ces souverainetés qui sont aux dieux : Indra, Varuṇa, Soma, Rudra, Parjanya, Yama, Mṛtyu, Īśāna. Il n'existe donc rien de supérieur à la souveraineté. C'est pourquoi au cours de la consécration d'un roi le prêtre (*brahman*) s'assied sous le prince (*kṣatriya*), pour lui rendre hommage. C'est bien à la souveraineté temporelle (*kṣatram*) qu'il rend cet hommage, mais le pouvoir temporel émane de l'autorité spirituelle (*brahman*). C'est pourquoi, bien qu'il détienne la souveraineté temporelle, c'est finalement sur l'autorité spirituelle, sa matrice, que le roi s'appuie. Celui qui s'en prend à l'autorité spirituelle, il frappe sa propre matrice ; ayant attaqué le meilleur, il devient le pire.

12. sa naiva vyabhavat / sa viṣam asṛjata yānyetāni devajātāni gaṇaca ākhyāyante vasavo rudrā ādityā viṣve devā maruta iti //

Mais il ne se manifestait toujours pas. Il engendra la classe des pourvoyeurs (*vaiṣyas*), ces classes de dieux qu'on désigne par groupes, les Vasus, les Rūdras, les Ādityas, les Viṣedevas (tous les dieux), les Maruts.

13. sa naiva vyabhavat I sa śaudraṃ varṇam asṛjata pūśaṇam I iyaṃ vai pūṣā iyaṃ hīdaṃ sarvaṃ puṣyati yad idaṃ kiṃ ca II

Mais il ne se manifestait toujours pas. Il engendra la classe des serviteurs (śūdras), les Puśans. Cette (Terre) en vérité est Pūṣan, car elle nourrit tout ce qui existe ici-bas.

14. sa naiva vyabhavat I tacchreyorūpam atyasṛjata dharmam I tadetat kṣatrasya kṣatraṃ yad dharmaḥ I tasmāddharmāt paraṃ nāsti I atho abalīyān balīyāṃsam āśaṃsate dharmeṇa yathā rājñaivam I yo vai sa dharmaḥ satyaṃ vai tat I tasmāt satyaṃ vadantam āhuḥ dharmaṃ vadatīti dharmaṃ vā vadantam satyaṃ vadatīti I etaddhyevaitadubhayaṃ bhavati II

Mais il ne se manifestait toujours pas. Il engendra donc une forme plus radieuse, la Loi (*dharma*) de sorte que la Loi est la souveraineté de la souveraineté. Voilà pourquoi il n'est rien de supérieur à la Loi. Alors, un faible tente d'obtenir quelque chose d'un fort en se référant à la Loi, tout comme on se réfère au roi. En réalité, ce qui est la Loi, ce n'est rien d'autre que la Vérité. De là vient qu'on dit de celui qui dit la vérité « il parle de la Loi » et de celui qui dit la Loi « il dit la vérité. » C'est qu'en vérité les deux sont une même chose.

15. tadetadbrahma kṣatraṃ viṭ śūdraḥ I tad agninaiva deveṣu brahmābhavat brāhmano manuṣyeṣu kṣatriyeṇa kṣatriyaḥ vaiśyena vaiśyaḥ śūdreṇa śūdraḥ I tasmādagnāveva deveṣu lokam īcchante brāhmaṇe manuṣyeṣu I etābhyāṃ hi rūpābhyāṃ brahmābhavat I atha yo ha vā asmāllokāt svaṃ lokam adṛṣṭvā praiti sa enam avidito na bhunakti yathā vedo vānanūkto 'nyad vā karmākṛtam I yadi ha vā apyanevaṃvin mahatpuṇyaṃ karma karoti taddhāsyāntataḥ kṣīyata eva I ātmānam eva lokam upāsita I sa ya ātmānam eva lokam upāste na hāsya karma kṣīyate I asmāddhyevātmano yadyat kāmayate tat tat sṛjate II

Il y a donc cette autorité spirituelle (*brahman*), la souveraineté temporelle (*kṣatriya*), la classe des pourvoyeurs (*vaiśya*) et celle des artisans et des serviteurs (*śūdra*). C'est sous la forme du Feu (Agni) que l'autorité spirituelle s'est manifestée parmi les dieux et sous la forme du brahmane (*brahman*[1]) parmi les hommes, comme *vaiśya* chez le *vaiśya* et comme *śūdra* chez le *śūdra*. C'est pourquoi c'est en Agni qu'on souhaite une place parmi les dieux et dans le brahmane parmi les hommes, car c'est sous ces deux formes que l'autorité spirituelle s'est actualisée. Alors, celui qui quitte ce monde sans avoir perçu son propre monde, étant ignorant, n'en jouit pas, tout comme le Veda non récité ou le rite demeuré non accompli. Et celui qui sans avoir cette connaissance accomplit un grand acte méritoire, à la fin son rite s'épuise. C'est le Soi seul qu'on doit voir comme sa place (véritable). Celui qui considère le Soi comme sa place (véritable), son rite ne s'épuise pas ; en effet, quoi qu'il souhaite de ce Soi, cela se manifeste.

16. atho ayaṃ vā ātmā sarveṣāṃ bhūtānāṃ lokaḥ I sa yajjuhoti yadjayate tena devānāṃ lokaḥ I atha yadanubrūte tena ṛṣīṇām I atha yat pitṛbhyo nipṛṇāti yat prajām icchate tena pitṝṇām I atha yan manuṣyān vāsayate yadebhyo 'śanaṃ dadāti tena manuṣyāṇām I atha yat paśubhyastṛṇodakaṃ vindati tena paśūnām I yadasya gṛheṣu śvāpadā vayāṃsyā pipīlikābhya upajīvanti tena teṣāṃ lokaḥ I yathā ha vai svāya lokāyāriṣṭim icchedevaṃ haivaṃ vide sarvadā sarvāṇi bhūtānyariṣṭim icchanti I tad vā etadviditaṃ mīmāsitam II

C'est donc ce Soi qui est le lieu de tous les êtres. Lorsqu'il fait des offrandes et des sacrifices, là il devient le monde des dieux. Alors qu'il fait des récitations, là il est le monde des rishis. Quand il fait des libations aux ancêtres et souhaite une descendance, il est le monde des ancêtres. Par les offrandes de vêtements et de nourriture, il est le monde des hommes. Par le fourrage et l'eau qu'il procure aux bestiaux, il est le monde des bestiaux. En fournissant l'asile aux bêtes sauvages et aux oiseaux jusqu'aux fourmis, il est le monde de ces créatures. Autant on souhaite la sécurité de son propre monde, autant toutes les créatures le souhaitent pour celui qui sait ainsi. Telle est en vérité la science profonde.

---

1. Le mot masculin *brahman* désigne ici le membre de la caste des brahmanes, la caste sacredotale.

17. ātmaivedam agrāsīdeka eva / so 'kāmayata jāyā me syādatha prajāyeyātha vittaṃ me syādatha karma kurvīyeti / etāvān vai kāmaḥ necchaṃśca nāto bhūyo vindet / tasmād apyetarhyekākī kāmayate jāyā me syādatha prajāyeyātha vittaṃ me syādatha karma kurvīyeti / sa yāvadapyeteṣāmekaikaṃ na prāpnoti akṛtsna eva tāvan manyate / tasyo kṛtsnatā / mana evāsysātmā / vāgjāyā / prāṇaḥ prajā / cakṣurmānuṣaṃ vittam / cakṣuṣā hi tadvindate / śrotaṃ daivam / śrotreṇa hi tacchriṇoti / ātmaivāsya karma / ātmanā hi karma karoti / sa eṣa pāṅkto yajñaḥ pāṅktaḥ paśuḥ pāṅktaḥ puruṣaḥ pāṅktamidaṃ sarvam yadidaṃ kiṃca / tadidaṃ sarvam āpnoti ya evaṃ veda //

En vérité, le Soi était à l'origine, tout seul. Il lui vint ce désir : « Puissé-je avoir une épouse et engendrer, également posséder de la richesse et accomplir des actes[1]. En vérité cela recouvre tout désir et on ne pourrait trouver davantage à désirer. C'est pourquoi aujourd'hui encore celui qui est seul désire : « Puissé-je avoir une épouse et engendrer, également posséder de la richesse et accomplir des actes. » Tant qu'il lui manque une seule de ces choses, il s'estime incomplet. Voici sa plénitude : la pensée est son Soi, la parole est son épouse, le souffle vital est sa descendance, la vue constitue les biens terrestres, car c'est par la vue qu'on les découvre, l'ouïe constitue les biens célestes, car c'est par l'ouïe qu'on entend les enseignements, le Soi lui-même est son activité, car c'est par le Soi qu'on agit. Quintuple est le sacrifice, quintuple la victime, quintuple l'homme ; ce monde au complet, tout ce qui existe, est quintuple. Il obtient le monde entier celui qui sait ainsi.

> *« Bienheureux celui qui était déjà avant d'exister. Si vous êtes mes disciples et comprenez mes paroles, ces pierres vous serviront. Il existe cinq arbres dans le paradis et ils ne changent pas ni en été ni en hiver, non plus que leurs feuilles ne tombent. Celui qui les connaîtra ne goûtera pas à la mort. »* (Évangile selon Thomas 19)

---

1. Plutôt qu'« accomplir des sacrifices », traduction également possible.

5
LA DISPENSATION DU MONDE PAR PRAJĀPATI COMME NOURRITURE

1. yat saptānnāni medhayā tapasājanayat pitā |
ekam asya sādhāraṇam dve devān abhājayat ||
trīnyātmane 'kuruta paśubhya ekaṃ prāyacchat |
tasmin sarvaṃ pratiṣṭitaṃ yaccha praṇiti yaccha na ||
kasmāt tāni na kṣīyante adyamānāni sarvadā |
yo vai tām akṣitiṃ veda so 'annam atti pratīkena ||
sa devān apigacchati sa ūrjam upajīvati ||
iti ślokāḥ

Lorsque le Père produisit les sept nourritures par sa sagesse et son ardeur, l'une fut commune à toutes les créatures, il en impartit deux aux dieux, il en fit trois pour lui-même, il en accorda une aux bêtes. Sur cela tout est fondé, tout ce qui respire et tout ce qui ne respire pas. Comment ces nourritures ne s'épuisent-elles jamais, alors qu'elles sont constamment mangées ? Celui qui connaît cette indestructibilité, celui-là mange avec sa face ; il monte chez les dieux, il vit de la Force. Tels sont les vers.

2. yat saptānnāni medhayā tapasājanayat piteti | medhayā hi tapasājanayat pitā | ekam asya sādhāraṇam iti | idam evāsya tatsāhāraṇam annaṃ yadidam adyate | sa ya etadupāste na sa pāpmano vyāvartate | miśraṃ hyetat | dve devān abhājayaditi | hutaṃ ca prahutaṃ ca | tasmāddevebhyo juhvati ca pra ca juhvati | atho āhurdarśapūrṇamāsāviti | tasmanneṣṭi yājukaḥ syāt | paśubhya ekaṃ prāyacchat iti | tat payaḥ | payo hyevāgre manuṣyāśca paśavaścopajīvanti | tasmās kumāraṃ jātaṃ ghṛṭaṃ vai vāgre pratilehayanti stanaṃ vānudhāpayanti | atha vatsaṃ jātamāhuratṛṇāda iti | tamin sarvaṃ pratiṣṭitaṃ yacca prāṇniti yacca neti | tasmin sarvaṃ pratiṣṭitaṃ yaccha praṇiti yaccha neti | payasi hīdam sarvaṃ pratiṣṭhitam yacca na | tadyad idam āhuḥ saṃvatsaraṃ payasā juhvadapa punarmṛtyuṃ jayatīti na tathā vidyāt | yadahareva juhoti tadahuḥ punarmṛtyum apajayatyevaṃ vidvān | sarvaṃ hi devebhyo 'nnādyaṃ prayacchati I kasmāt tāni na kṣīyante adyamānāni sarvadeti I puruṣo vā akṣitiḥ I sa hīdamannaṃ punaḥ punarjanayate I yo vai tāmaṣitiṃ vedeti I puruṣo vā akṣitiḥ I sa hīdam annaṃ dhiyādhiyā janayate karmabhiḥ I yaddhaitan na kuryāt kṣiyeta ha I so 'annam atti pratīkeneti I mukhaṃ pratīkam mukhenetyetat I sa devān apigacchati sa ūrjam upajīvatīti praśaṃsā II

« Lorsque le Père produisit les sept nourritures par sa sagesse et son ardeur » : c'est bien par sagesse et ardeur que le Père produisit. « L'une est commune à toutes les créatures » : cette partie de la nourriture qui est commune à toutes les créatures, c'est celle qu'on mange ici-bas. Celui qui est attaché à cette nourriture, ne s'affranchit pas du mal, car elle est mélangée. « Il en impartit deux aux dieux » : les offrandes versées dans le feu et les oblations. Voilà pourquoi on fait des offrandes aux dieux dans le feu et des oblations. Mais on dit aussi qu'il s'agit des sacrifices de la nouvelle et de la pleine lune ; par conséquent, on ne devrait donc pas sacrifier à la légère[1]. « Il en accorda une aux bêtes » : c'est le lait. Car c'est sur le lait que vivent au début les hommes et les bêtes. C'est pourquoi au début on offre à un nouveau-né du beurre fondu à lécher ou on lui donne le sein. Aussi, on dit d'un veau à peine né qu'il ne mange pas d'herbe. « Sur cela tout est fondé, tout ce qui respire et tout ce qui ne respire pas » : c'est en effet sur le lait que reposent tous les êtres, qu'ils respirent ou non. Quant à ce qu'on dit, à savoir qu'en sacrifiant pendant une année avec du lait on vainc la mort à répétition, il ne faut pas croire cela. C'est uniquement le jour où il fait cette offrande qu'échappe à la mort à répétition celui qui connaît ainsi ; en effet, c'est aux dieux qu'il offre toute nourriture. « Comment ces nourritures ne s'épuisent-elles jamais, alors qu'elles sont constamment mangées ? » : l'Homme cosmique est l'indestructibilité elle-même, c'est Lui qui génère sans cesse cette nourriture. « Celui qui

1. Littéralement *iṣṭi* signifie « pour satisfaire un désir », ou « impulsivement ».

connaît cette indestructibilité » : l'homme[1], en vérité, est indestructibilité. C'est lui qui, jour après jour, génère cette nourriture par les œuvres (liturgiques). S'il ne les accomplissait pas, elle s'épuiserait à coup sûr ! « Celui-là mange avec sa face » : la face, la bouche, il mange par la bouche. « Il monte chez les dieux, il vit de la Force » : c'est son éloge.

3. trīnyātmane 'kuruteti | mano vācaṃ prāṇam | tānyātmane 'kuruta | anyatramanā abhūvaṃ nādarśam anyatramānā abhūvaṃ nāśrauṣamiti manasā hyeva paśyati manasā śṛṇoti | kāmaḥ saṅkalpo vicikitsā śraddhāśraddhā dhṛtiradhṛtirhrīrdhīrbhīrityetat sarvaṃ mana eva | tasmādapi pṛṣṭhata upaspṛṣṭo manasā vijānāti | yaḥ kaśca śabdo vāgeva sā | eṣā hyantam āyattā eṣā hi na | prāṇo 'pāno vyāna udānaḥ samāno 'na ityetat sarvaṃ prāṇa eva | vā ayamātmā vāṅmayo manomayaḥ prāṇamayaḥ ||

« Il en fit trois pour lui-même » : l'esprit (le mental), la parole, le souffle vital, tels sont les trois qu'il fit pour lui-même. « J'avais l'esprit (le mental) ailleurs, je n'ai pas vu, j'avais l'esprit ailleurs, je n'ai pas entendu » : en effet, c'est grâce au mental qu'on voit, grâce à l'esprit qu'on entend. Désir, pensée à doubles pôles, doutes, croyance et incroyance, résolution et irrésolution, pudeur, intuition, peur, c'est tout cela l'esprit (le mental). C'est pourquoi touché par derrière on le sait par le mental. Tout ce qui est son est parole. Celle-ci est (parole) par la fin à laquelle elle se prête, elle n'existe pas (par elle-même)[2]. *Prāṇa, apāna, vyāna, udāna, samāna* et *ana*, tout cela est souffle vital en réalité. En vérité, ce Soi est fait de parole, de mental et de souffle vital.

4. trayo lokā eta eva | vāgevāyaṃ loko mano 'ntarikṣalokaḥ prāṇo 'sau lokaḥ ||

Le triple monde est aussi ainsi : ce monde terrestre est parole, le

1. Le même mot (*puruṣa*) sert à désigner l'Homme cosmique et l'homme en général, car il y a identité entre les deux !

2. La parole n'est que du bruit si elle est dépouvue de sens.

monde intermédiaire est esprit (mental) et ce monde de là-haut est souffle vital.

5. trayo vedā eta eva / vāgeva ṛgvedo mano yajurvedaḥ prāṇaḥ sāmavedaḥ //

Le triple Veda est aussi ainsi : le *Ṛgveda* est parole, le *Yajurveda* est esprit (mental) et le *Sāma Veda* est souffle vital.

6. devāḥ pitaro manuṣyā eta eva / vāgeva devā manaḥ pitaraḥ prāṇo manuṣyāḥ //

Les dieux, les ancêtres et les hommes sont aussi ainsi : les dieux sont parole, les ancêtres sont esprit (mental) et les hommes sont souffle vital.

7. pitā mātā prajaita eva / mana eva pitā vāṅ mātā prāṇaḥ prajā //

Le père, la mère et l'enfant sont aussi ainsi : le père est mental, la mère est parole et l'enfant est souffle vital.

8. vijñātaṃ vijijñāsyam avijñātam eta eva / yat kiṃ ca vijñātaṃ vācastadrūpam / vāgghi vijñātā / vāgenaṃ tadbhūtvāvati //

Le connu, le connaissable et l'inconnu sont aussi ainsi : tout ce qui est connu est de l'ordre de la parole, car la parole est ce qu'on connaît ; la parole, devenant cela, sert l'homme.

9. yat kiṃ ca vijijñāsyaṃ manasastadrūpam / mano hi vijijñāsyaṃ / mana enaṃ tadbhūtvāvati //

Tout ce qui est connaissable relève de l'ordre du mental ; en effet, le mental est le connaissable. Le mental, devenant cela, sert l'homme.

10. yat kiṃ cāvijñātam prāṇasya tadrūpam / prāṇo hyavijñātaḥ / prāṇa enaṃ tadbhūtvāvati //

Tout ce qui est inconnaissable relève de l'ordre du souffle vital ; en effet, le souffle vital est inconnu. Le souffle vital, devenant ainsi, sert l'homme.

11. tasyai vācaḥ pṛthivī śarīram | jyotīrūpam ayam agniḥ | tad yāvatyeva vāk tāvatī pṛthivī tāvān ayam agniḥ ||

De cette parole, la terre est le corps, le feu l'aspect lumineux. Alors, aussi vaste est la parole, aussi vaste est la terre, aussi vaste est le feu.

12. athaitasya manaso dyauḥ śarīram | jyotīrūpam asāvādityaḥ | tadyāvadeva manastāvatī dyauḥ tāvān asāvādityaḥ | tau mithunaṃ samaitām | tataḥ prāṇo 'jāyat | sa indraḥ sa eṣo'sapatnaḥ | dvitīyo vai sapatnaḥ | nāsya sapatno bhavati ya evaṃ veda ||

De l'esprit (le mental) le ciel est le corps, le soleil est l'aspect lumineux. Voilà pourquoi aussi vaste est l'esprit (le mental), aussi vaste est le ciel, aussi vaste ce soleil. Les deux se rejoignirent dans une union. De là naquit le souffle vital. Il est Indra, il est sans rival. Un second est un rival. Il est sans rival celui qui connaît ainsi !

13. athaitasya prāṇasyāpaḥ śarīram | jyotirūpamasau candraḥ | tadyāvaneva prāṇdyāvatya āpastāvānasau candraḥ | ta ete sarva samāḥ sarve'nantāḥ | sa yo haitāvata upāste 'ntavantaṃ sa lokaṃ jayati | atha yo haitānanantān upāste 'nantaṃ sa lokaṃ jayati ||

Maintenant, de ce souffle vital les eaux sont le corps, la lune l'aspect lumineux. C'est pourquoi aussi vaste est le souffle vital, aussi vastes sont les eaux, aussi vaste est cette lune. Tous ceux–là (esprit, parole, souffle) sont égaux, tous sont infinis. Celui qui les estime finis conquiert un monde fini, mais celui qui les estime infinis conquiert un monde infini.

LE SOI IDENTIFIÉ À PRAJĀPATI EN SEIZE PARTIES

14. sa eṣa saṃvatsaraḥ prajāpatiḥ ṣoḍaśakalaḥ | tasya rātnaya eva pañcadaśa kalāḥ | dhruvaivāsya ṣoḍaśī kalā | sa rātribhireva ca pūryate 'pa ca kṣiyate | so 'māvāsyāṃ rātrim etayā ṣoḍaśyā kalayā sarvam idaṃ prāṇabhṛd anupraviśya tataḥ prātar jāyate | tasmādetām rātrīṃ prāṇabhṛtaḥ prāṇaṃ na vicchindyādapi kṛkalāsasyaitasya eva devatāyā apacityai ||

Prajāpati, lui, est l'année ; il comporte seize parties, dont quinze sont les nuits et la seizième est fixe. C'est par les nuits qu'il croît et décroît. La nuit de la nouvelle lune, pénétrant au moyen de cette seizième partie dans tout ce qui a vie, à la pointe du jour il renaît. C'est pourquoi on ne doit, cette nuit-là, retrancher le souffle vital d'aucun être doué de souffle, serait-ce celle d'un lézard, par respect pour cette divinité.

15. yo vai sa saṃvatsaraḥ prajāpatiḥ ṣoḍaśakalo 'yameva sa yo 'yam evaṃvit purūṣaḥ | tasya vittam eva pañcadaśa kalāḥ | ātmaivāsya ṣoḍaśī kalā | sa vittenaivā ca pūryate 'pa ca kṣiyate | tadetan nabhyaṃ yadayam ātmā pradhir vittam | tasmādyadyadapi sarvajyāniṃ jīyate ātmānā cejjīvati pradhināgāditi āhuḥ ||

L'homme qui sait ainsi est lui-même Prajāpati, l'année en seize parties. Son bien en constitue quinze parties, son corps (*ātman*) la seizième partie. Par ses biens il croît et décroît. Le moyeu est constitué par ce corps, la jante est le bien. C'est pourquoi même s'il est submergé par la perte de tout, si grâce avec son corps il conserve la vie, on dit qu'il en est quitte pour la jante.

LES TROIS MONDES ET COMMENT LES GAGNER

16. atha trayo vāva lokāḥ manuṣylokaḥ pitṛloko devaloka iti | so 'yaṃ manuṣyalokaḥ putreṇaiva jayyo nānyena karmaṇā | karmanā pitṛlokaḥ | vidyayā devalokaḥ | devaloko vai lokānāṃ śreṣṭhaḥ | tasmādvidyāṃ praśaṃsanti ||

Il y a donc trois mondes : le monde des hommes, le monde des ancêtres et le monde des dieux. C'est seulement grâce à un fils que l'on conquiert le monde des hommes et par aucun autre moyen. C'est par le sacrifice que l'on conquiert le monde des ancêtres, par la Connaissance le monde des dieux. En vérité le monde des dieux et le meilleur des mondes, c'est pourquoi on exalte la Connaissance.

LA BÉNÉDICTION DU PÈRE ET LA TRANSMISSION

17. athāta saṃprattiḥ I yadā praiṣyanmanyate 'tha putramāha tvaṃ brahma tvaṃ yjñastvaṃ loka iti I sa putraḥ pratyāhāhaṃ brahmāhaṃ yajño 'haṃ loka iti I yadvai kiṃcānūktaṃ tasya sarvasya brahmetyekatā I ye vai ke ca yajñāsteṣāṃ sarveṣāṃ yajña ityekatā I ye vai ke ca lokāsteṣāṃ sarveṣāṃ loka ityekatā I etāvadvai idaṃ sarvam I etanmā sarvaṃ sannayam ito bhunajaditi I tasmāt putram anuśiṣṭaṃ lokyam āhuḥ tasmādenam anuśāsati I sa yadaivaṃvidasmāllokāt praityathaibhireva prāṇaiḥ saha putramāviśati I sa yadyanena kiṃcid akṣṇayā kṛtam bhavati tasmādenaṃ sarvasmāt putro muñcati tasmāt putro nāma I sa putreṇaivāsmilloke pratitiṣṭhati I athainamete devāḥ prāṇā amṛtā āviśanti II

Et maintenant la transmission. Quand on pense être sur le point de mourir, on dit à son fils : « Tu es Brahman, tu es le sacrifice, tu es le monde ! » Le fils, lui, répond : « Je suis Brahman, je suis le sacrifice, je suis le monde ! » Tout ce qui est récité est compris dans « Connaissance » (*brahman*[1]). Les sacrifices, quels qu'ils soient, sont compris dans le « sacrifice ». Les mondes, quels qu'ils soient, sont compris dans le « monde ». C'est donc là l'étendue de tout cela. « Étant tout (pense le père) qu'il me soit utile depuis ce lieu. » C'est pourquoi on dit d'un fils instruit qu'il ouvre le monde et voilà pourquoi on l'instruit. Celui qui sachant ainsi quitte ce monde, il pénètre avec ces souffles dans son fils. Peu importe ce qu'il a pu faire de travers, son fils le libère de tout cela ; de là vient le nom *putra*[2] (fils). Grâce à lui le père est fermement établi dans ce monde et les souffles divins immortels pénètrent en lui.

---

1. Le mot *brahman* a plusieurs sens et ici il signifie la Connaissance, la parole sacrée ; dans la phrase suivante, il peut signifier à la fois la Connaissance et le Brahman (l'Absolu, l'Inconcevable).

2. Le substantif *pu* signifie purification et la racine verbale *pū-* a le sens de purifier ; quand au suffixe *-tra*, il confère un sens de protection.

18. pṛthivyai cainam agneśca daivī vāgāviśati I sā vai daivī vāgyayā yadyadeva vadati tatadbhavati II

De la terre et du feu la parole divine pénètre en lui. C'est, en vérité, la parole divine grâce à laquelle tout ce qu'il dit se réalise.

19. divaścainam ādityāśca daivaṃ mana āviśati I tadvai daivaṃ mano yenānandyeva bhavatyatho na śocati II

Du ciel et du soleil pénètre en lui l'esprit divin. C'est, en vérité, l'esprit divin grâce auquel la joie vient et qu'on n'éprouve pas la douleur.

20. adbhyaścainaṃ candramasaśca daivaṃ prāṇa āviśati I sa vai daivaḥ prāṇo yaḥ saṃcaraṃścāraṃśca na vyathate atho na riṣyate II sa eṣa vaṃvit sarveṣāṃ bhūtānām ātmā bhavati I yathaiśa devataivaṃ saḥ I yathaitāṃ devatāṃ sarvāṇi bhūtānyavantiyevaṃ haivaṃ vidaṃ sarvāṇi bhūtānyavanti I yadu kiṃcemāḥ prajāḥ śocantyamaivāsāṃ tadbhavati I puṇyam evāmuṃ gacchati I na ha vai devān pāpaṃ gacchati II

Des eaux et de la lune pénètre en lui le souffle divin. C'est, en vérité, ce souffle divin qui, qu'il se meuve ou non, ne faillit pas et ne fait pas défaut. Celui qui sait ainsi, celui-là devient le soi de tous les êtres ; il est comme cette divinité. Comme tous les êtres servent cette divinité, ainsi servent-elles celui qui sait ainsi. Quelle que soit la souffrance qui afflige ces créatures, elle leur appartient à elles seules. Seul le bien va à lui. Le mal, en vérité, ne va pas aux dieux.

L'INFAILLIBLE SOUFFLE

21. athāto vratamīmāmsā I prajāpatirha karmāṇi sasṛje I tāni sriṣṭānyanyo'nyenāspardhanta I vadiṣyāmyevāham iti vāgdadhre I drakṣtāmyaham iti cakṣuḥ I śrosyāmyaham iti śrotram I evam anyāni karmāṇi yathākarma I tāni mṛtyuḥ śramo bhūtvā upayeme I tānyāpnot I tānyāptvā mṛtyuravārunddha I tasmācchrāmyatyeva vāk I śrāmyati cakṣuḥ śrāmyati śrotram I athemam eva nāpnodyo'yaṃ madhyamaḥ prāṇaḥ I tāni jñātuṃ dadhrire I ayaṃ vai naḥ śreṣṭho yaḥ saṃcaraṃṣcāsaṃcaraṃśca na vyathate 'tho na riṣyati I hantāsyaiva sarve rūpaṃ bhavāmeti I ta etasyaiva sarve rūpam abhavan I tasmādeta etenākyāyante prāṇā iti I tena ha vāvatat kulam ācakṣate yasmin kule bhavati ya evaṃ veda I ya u haivaṃvidā spardhate anuśuṣyati I anuśuṣya naivāntato mṛyate ityadhyātmam II

Alors, maintenant considérons la pratique. Prajāpati fit surgir les sens actifs. Une fois produits, ils étaient en compétition les uns avec les autres. La parole dit : « Je vais parler. » « Je vais voir », décida l'œil. « Je vais entendre », décida l'oreille. Les autres sens de même, selon leur mode d'action. Devenue lasse, la Mort les saisit. Elle les attrapa et, une fois attrapés, elle les arrêta. C'est pourquoi la parole se fatigue. Il en va de même de l'œil et de l'oreille. Mais le souffle central, de lui seul elle ne put se saisir. Les autres voulurent savoir : « Celui-ci est le meilleur d'entre nous qui, qu'il se meuve ou non, n'hésite ni ne fait défaut ; devenons donc tous une forme de lui ! » Ils devinrent tous un aspect de lui. C'est pourquoi ils sont tous appelés à partir de lui *prāṇa* (souffle). Et on donne son nom à la famille à laquelle il appartient, celui qui sait ainsi. Celui qui rivalise avec celui qui sait ainsi se dessèche. S'étant desséché ainsi, à la fin il meurt. Voilà pour le plan individuel.

22. *athādhi daivatam I jvaliṣyāmyevāham agnirdadhre I tapsyāmyaham ityādityaḥ I bhāsyāmyaham iti candramāḥ I evam anyā devatā yathādevatam I sa yathaiṣāṃ prāṇānāmṃ madhyamaḥ prāṇaḥ evam etāsāṃ devatānāṃ vāyuḥ I mlocanti hyanyā devatāḥ na vāyuḥ I saiṣānastamitā devatā yad vāyuḥ II*

Maintenant, en ce qui concerne le divin. « Je vais brûler », soutint Agni. « Je vais resplendir », soutint le soleil. « Je vais briller », dit la lune. De même les autres divinités, chacune selon sa fonction divine. Tout comme le *prāṇa* est le centre des souffles, Vāyu est le centre des divinités. Car les autres divinités ont des baisses d'activité, pas Vāyu. Il est cette divinité qui ne se couche pas.

23. athaiṣa śloko bhavati I yathāścodeti sūryaḥ astaṃ yatra ca gacchatiiti (prāṇādvā eṣa udeti prāṇe 'stam eti)
taṃ devāścakrire dharmam sa evādya sa u śvaḥ iti I yad vā ete 'murhyadhriyanta tadevāpyadya kurvanti I tasmādekam eva vrataṃ caret I prāṇyāccaivāpānyācca nen mā pāpmā mṛtyurāpnavaditi I yadyu caret samāpipayiṣet I teno etasyai devatāyai sāyujyaṃ salokatāṃ jayati II

D'où ce śloka :

D'où le soleil se lève
Et où il se couche

(c'est du souffle qu'il se lève et dans le souffle qu'il se couche)

Les dieux en ont fait le dharma.
Tel il est aujourd'hui, tel il sera demain.

En vérité, ce que les dieux ont décidé en ce temps-là, ils le font encore aujourd'hui. C'est pourquoi on devrait observer une seule pratique : on devrait inspirer et expirer pour échapper à l'emprise du mal de la mort. Et si l'on entreprend la pratique, il la faut vouloir exécuter jusqu'au bout. En faisant cela, on atteint de s'absorber dans cette divinité et d'habiter dans sa demeure.

6
LA TRIPLE NATURE TRIPLE DU MONDE

1. trayaṃ vā idam nāma rūpam karma I teṣāṃ nāmnāṃ vāgityetadeṣām uktham ato hi sarvāṇi nāmānyuttiṣṭhanti I etad eṣāṃ sāma atedhi sarvairnāmabhiḥ samam I etad eṣāṃ brahma etadhi sarvāṇi namāṇi bibharti II

En vérité, triple est ce monde : nom, forme et action. Des noms, la parole est la source (*uktha*), car c'est d'elle que sortent (*uttiṣṭhanti*) tous les noms. Il est leur trait commun (*sāman*), car elle est commune (*sama*) à tous les noms. Il est leur *brahman*, car elle porte (*bibharti*) tous les noms[1].

2. atha rūpāṇāṃ cakṣurityetadeṣām uktham ato hi sarvāṇi rūpānyuttiṣṭhanti I etadeṣāṃ sāma etadhi sarvai rūpaiḥ saman I etad eṣāṃ brahma etadhi sarvāṇi rūpāṇi bibharti II

Des formes, la vue est la source (*uktha*), car c'est par elle que toutes les formes surgissent. C'est leur trait commun, car elle est commune (*sama*) à toutes les formes. C'est leur brahman, car elle porte (*bibharti*) toutes les formes.

3. atha karmaṇām ātmetyetadeṣām uktham ato hi sarvāṇi karmānyuttiṣṭhanti I etadeṣāṃ sāma etadhi sarvai karmabhiḥ saman I etad eṣāṃ brahma etadhi sarvāṇi karmāṇi bibharti I tadetat trayaṃ sadekam ayam ātmā I ātmo ekaṃ sannetat trayam I tadetadamṛtaṃ satyenachannam I prāṇo vāmṛtam nāmarūpe satyam I tābhyām ayaṃ prāṇacchannaḥ II

Des actions, l'individualité (*ātman*) est la source (*uktha*), car toutes les actions viennent d'elle. C'est leur trait commun, car elle est commune (*sama*) à toutes les actions. C'est leur brahman, car elle porte (*bibharti*) toutes les actions.

C'est une triple réalité, c'est un soi-même (*ātman*[2]) unique. Car le soi-même (*ātman*) étant un, il est cette triade. C'est l'immortel voilé par l'existence. En vérité le souffle est l'immortel, le nom et la forme sont l'existence ; le souffle est voilé par ces deux.

---

1. On joue ici sur les mots, car *uktham* est aussi le terme technique désignant les versets du *Ṛgveda* récités durant le sacrifice, *brahman* est le terme technique pour les formules du *Yajurveda* et *sāman* désigne les textes liturgiques destinés à être chantés (*Samaveda*).

2. Ici, le terme *ātman* désigne l'identité, le fait d'être un quelconque « soi-même »; c'est plus que le corps, car on le dit immortel, mais pas encore le Soi au sens que le mot *ātman* aura plus tard.

II

1
DÉFINITION PROGRESSIVE DE BRAHMAN

1. dṛptabālākirhānūcāno gārgya āsa | sa hovācājātaśatruṃ kāśyam | brahma te bravāṇīti | sa hovāca ajātaśatruḥ sahasram etasyāṃ vāci dadmo janako janaka iti janā dhāvantīti ||

Dṛptabālāki était un Gārgya érudit. Il dit à Ajātaśatru de Kāśi[1] : « Je voudrais te parler du Brahman. » Ajātaśatru répliqua : « Pour ce discours nous te donnons mille (vaches), de sorte que la foule accourra en s'écriant « Un Janaka ! Un Janaka ![2] »

2. sa hovāca gārgyaḥ | ya evāsāvāditye puruṣa etam evāhaṃ brahmopāsa iti | sa hovāca ajātaśatruḥ | mā maitasmin saṃvadiṣṭhāḥ | atiṣṭhāḥ sarveṣāṃ bhūtānāṃ mūrdhā rājeti vā aham etam upāsa iti | sa ya etam evam upāste 'tiṣṭhāḥ sarveṣāṃ bhūtānāṃ mūrdhā rājā bhavati ||

Le Gārgya dit alors : « Ce personnage qui est là-haut dans le soleil, c'est lui que je considère comme Brahman. » Ajātaśatru répliqua : « Non ! Ne parle pas de celui-ci ! Moi, en vérité, je le considère comme le chef souverain de toutes les créatures, le roi. »

3. sa hovāca gārgyaḥ | ya evāsau candre puruṣa etam evāhaṃ brahmopāsa iti | sa hovāca ajātaśatruḥ | mā maitasmin saṃvadiṣṭhāḥ | bṛhan pāṇḍaravāsāḥ somo rājeti vā aham etam upāsa iti | sa ya etam evam upāste aharahar ha sutaḥ prasuto bhavati nāsyānnaṃ kṣīyate ||

Le Gārgya dit alors : « Ce personnage qui est là-haut dans la

---

1. Kāśī, « la lumineuse » (*kāś-* : apparaître, briller; *prakāśa* : lumière, éclat, splendeur) s'appelle aujourd'hui Vārāṇasī, la ville sainte que les Britanniques appelaient Bénarès.

2. Pour comprendre cette allusion à Janaka, voir III, 1, 1 ainsi que IV, 1, 2 etc.

lune, c'est lui que je considère comme Brahman. » Ajātaśatru répliqua : « Non ! Ne parle pas de celui-ci ! Moi, en vérité, je le considère immense, il est le roi Soma vêtu de blanc. Celui qui le considère ainsi, chaque jour le soma est pressé (pour lui), il ne manquera jamais de nourriture. »

4. sa hovāca gārgyaḥ / ya evāsau vidyuti puruṣa etam evāhaṃ brahmopāsa iti / sa hovāca ajātaśatruḥ / mā maitasmin saṃvadiṣṭhāḥ / tejasvīti vā aham etam upāsa iti / sa ya etam evam upāste tejasvī ha bhavati tejasvinī hāsya prajā bhavati //

Le Gārgya dit alors : « Ce personnage qui est là-haut dans l'éclair, c'est lui que je considère comme Brahman. » Ajātaśatru répliqua : « Non ! Ne parle pas de celui-ci ! Moi, en vérité, je le considère un être brillant. Celui qui le considère ainsi, il est un être brillant et a une postérité brillante. »

5. sa hovāca gārgyaḥ / ya evāyam ākāśe puruṣa etam evāhaṃ brahmopāsa iti / sa hovāca ajātaśatruḥ / mā maitasmin saṃvadiṣṭhāḥ / pūrṇam apravartīti vā aham etam upāsa iti / sa ya etam evam upāste pūryate prajayā paśubhiḥ nāsyāsmāt lokāt prajodvartate //

Le Gārgya dit alors : « Ce personnage qui est dans l'espace, c'est lui que je considère comme Brahman. » Ajātaśatru répliqua : « Non ! Ne parle pas de celui-ci ! Moi, en vérité, je le considère comme complet. Celui qui le considère ainsi, a une grande descendance et des troupeaux nombreux, et sa descendance ne part pas de ce monde. »

6. sa hovāca gārgyaḥ / ya evāyaṃ vayau puruṣa etam evāhaṃ brahmopāsa iti / sa hovāca ajātaśatruḥ / mā maitasmin saṃvadiṣṭhāḥ / indro vaikuṇṭho 'parājitā seneti vā aham etam upāsa iti / sa ya etam evam upāste jiṣṇurhāparājiṣṇurbhavatyanyatastyajāyī // //

Le Gārgya dit alors : « Ce personnage qui est dans l'espace, c'est lui que je considère comme Brahman. » Ajātaśatru répliqua : « Non ! Ne parle pas de celui-ci ! Moi, en vérité, je le considère

Indra Vaikuntha, l'armée invaincue. Celui qui le considère ainsi, celui-là en vérité est triomphant, vainqueur de ses ennemis. »

7. sa hovāca gārgyaḥ I ya evāyam agnau puruṣa etam evāhaṃ brahmopāsa iti I sa hovāca ajātaśatruḥ I mā maitasmin saṃvadiṣṭhāḥ I viṣāsahiriti vā aham etam upāsa iti I sa ya etam evam upāste viṣāsahirha bhavati viṣāsahirhāsya prajā bhavati II

Le Gārgya dit alors : « Ce personnage qui est dans le feu, c'est lui que je considère comme Brahman. » Ajātaśatru répliqua : « Non ! Ne parle pas de celui-ci ! Moi, en vérité, je le considère victorieux. Celui qui le considère ainsi, celui-là en vérité est victorieux et victorieuse est sa descendance. »

8. sa hovāca gārgyaḥ I ya evāyam apsu puruṣa etam evāhaṃ brahmopāsa iti I sa hovāca ajātaśatruḥ I mā maitasmin saṃvadiṣṭhāḥ I pratirūpa iti vā aham etam upāsa iti I sa ya etam evam upāste pratirūpaṃ haivainam upagacchati nāpratirūpam atho pratirūpo 'smājjāyateII

Le Gārgya dit alors : « Ce personnage qui est dans les eaux, c'est lui que je considère comme Brahman. » Ajātaśatru répliqua : « Non ! Ne parle pas de celui-ci ! Moi, en vérité, je le considère comme une ressemblance. Celui qui le considère ainsi, celui-là en vérité obtient sa ressemblance, non ce qui ne lui ressemble pas ; ainsi, il lui ressemble celui qui est né de lui. »

9. sa hovāca gārgyaḥ I ya evāyam ādarśe puruṣa etam evāhaṃ brahmopāsa iti I sa hovāca ajātaśatruḥ I mā maitasmin saṃvadiṣṭhāḥ I rociṣṇuriti vā aham etam upāsa iti I sa ya etam evam upāste rociṣṇurha bhavati rociṣṇurhāsya prajā bhavati I ahto yaiḥ saṃnigacchati sarvāṃs tān atirocate II

Le Gārgya dit alors : « Ce personnage qui est dans le miroir, c'est lui que je considère comme Brahman. » Ajātaśatru répliqua : « Non ! Ne parle pas de celui-ci ! Moi, en vérité, je le considère comme le brillant. Celui qui le considère ainsi, celui-là en vérité brille et brillante est sa descendance ; par conséquent, tous ceux qu'il croise, il les surpasse en éclat. »

10. sa hovāca gārgyaḥ I ya evāyaṃ yantam paścātśabdo 'nūdeti etam evāhaṃ brahmopāsa iti I sa hovāca ajātaśatruḥ I mā maitasmin saṃvadiṣṭhāḥ I asuriti vā aham etam upāsa iti I sa ya etam evam upāste sarvaṃ haivāsmiṃlloka āyureti I nainaṃ purā kālāt prāṇo jahāti II

Le Gārgya dit alors : « Ce son qui suit celui qui s'éloigne, c'est lui que je considère comme Brahman. » Ajātaśatru répliqua : « Non ! Ne parle pas de celui-ci ! Moi, en vérité, je le considère comme le souffle. Celui qui le considère ainsi, celui-là vivra en ce monde la plénitude de ses années : le souffle vital ne l'abandonne pas avant son temps. »

11. sa hovāca gārgyaḥ I ya evāyam dikṣu puruṣa etam evāhaṃ brahmopāsa iti I sa hovāca ajātaśatruḥ I mā maitasmin saṃvadiṣṭhāḥ I dvitīyo 'napaga iti vā aham etam upāsa iti I sa ya etam evam upāste dvitīyavān ha bhavati nāsmādgaṇaśchidyate II

Le Gārgya dit alors : « Ce personnage qui est dans les points cardinaux, c'est lui que je considère comme Brahman. » Ajātaśatru répliqua : « Non ! Ne parle pas de celui-ci ! Moi, en vérité, je le considère comme le compagnon inséparable. Celui qui le considère ainsi, celui-là aura toujours de la compagnie et son entourage ne sera jamais séparé de lui. »

12. sa hovāca gārgyaḥ I ya evāyam chāyāmayaḥ puruṣa etam evāhaṃ brahmopāsa iti I sa hovāca ajātaśatruḥ I mā maitasmin saṃvadiṣṭhāḥ I mṛtyuriti vā aham etam upāsa iti I sa ya etam evam upāste sarvaṃ haivāsmiṃlloka āyureti I nainaṃ purā kālān mṛtyur āgacchati II

Le Gārgya dit alors : « Ce personnage fait d'ombre, c'est lui que je considère comme Brahman. » Ajātaśatru répliqua : « Non ! Ne parle pas de celui-ci ! Moi, en vérité, je le considère comme la Mort. Celui qui le considère ainsi, celui-là vivra en ce monde la plénitude de ses années : la mort ne l'atteindra pas avant son temps. »

13. sa hovāca gārgyaḥ / ya evāyam ātmani puruṣa etam evāhaṃ brahmopāsa iti / sa hovāca ajātaśatruḥ / mā maitasmin saṃvadiṣṭhāḥ / ātmanvīti vā aham etam upāsa iti / sa ya etam evam upāste ātmanvī ha bhavati ātmanvinī hāsya prajā bhavati / sa ha tūṣṇīm āsa gārgyaḥ //

Le Gārgya dit alors : « Ce personnage dans le soi, c'est lui que je considère comme Brahman. » Ajātaśatru répliqua : « Non ! Ne parle pas de celui-ci ! Moi, en vérité, je le considère comme un être ayant un soi. Celui qui le considère ainsi, celui-là a un soi et sa descendance a un soi. » Alors, le Gārgya se tut.

14. sa hovāca ajātaśatruḥ / etāvannū iti / etāvaddhīti / naitāvatā viditaṃ bhavatīti / sa hovāca gārgyaḥ upa tvāyānīti //

Ajātaśatruḥ dit alors : « Est-ce tout ? » - C'est tout ! - Pour autant nous ne savons rien ! Le Gārgya dit alors : « Je veux devenir votre disciple ! »

15. sa hovāca ajātaśatruḥ / pratilomaṃ vai tad yad brāhmanaḥ kṣatriyam upeyāt brahma me vakṣyatīti / vyeva tvā jñapayiṣyāmīti / pāṇāvādāyauttasthau / tau ha puruṣaṃ suptam ājagmatuḥ / tam etairnāmabhirāmantrayāṃ cakre bṛhan pāṇḍaravāsaḥ soma rājann iti / sa nauttasthau / taṃ pāṇināpeṣaṃ bhodhayāṃ cakāra / sa hauttasthau //

Ajātaśatruḥ dit alors : « C'est le monde à l'envers qu'un brahmane s'adresse à un kṣatriya pour qu'il lui explique le Brahman ! Je vais t'instruire clairement ! » Ils s'approchèrent tous deux d'un homme endormi. Il l'interpella de ces noms : « Immense, vêtu de blanc, Soma, Roi ! » L'autre ne se leva point. Lui ayant touché la main, il l'éveilla et l'autre se leva.

16. sa hovāca ajātaśatruḥ / yatraiṣa etat supto 'bhūdya eṣa vijñānamayaḥ purushaḥ kvaiṣa tadābhūt kuta etadāgāditi / tadu ha na mene gāryaḥ //

Ajātaśatruḥ dit alors : « Quand cet homme était ainsi endormi, où était ce personnage fait de perception ? D'où est-il revenu ? » Et le Gārya n'avait pas idée.

17. sa hovāca ajātaśatruḥ I yatraiṣa etat supto 'bhūdya eṣa vijñānamayaḥ purushastadeṣāṃ prāṇānāṃ vijñānena vijñānam ādāya ya eṣo 'ntarhṛdaya ākāśastasmiñchete I tāni yadā gṛhnatyatha haitat puruṣaḥ svapiti nāma I tad gṛhīta eva prāṇo bhavati gṛhītā vāk gṛhītaṃ cakṣuḥ gṛhītaṃ śrotram gṛhītaṃ manaḥ II

Ajātaśatruḥ dit alors : « Quand cet homme est endormi, ce personnage fait de perception, ayant ramené à lui grâce son pouvoir de perception le pouvoir de perception de ces fonctions vitales, il repose dans cet espace à l'intérieur du cœur. » Quand il les tient, on dit qu'il dort. Alors sont tenus le souffle, la parole, la vision, l'ouïe, le mental.

18. sa yatraitaya svapnayā carati te hāsya lokāḥ I taduteva mahārājo bhavati uteva mahābrāhmaṇaḥ I uteva uccāvacam nigacchati I sa yathā mahārājo jānapadān gṛhītvā sve janapade yathākāmam parivarteta evam evaiṣa etat prāṇān gṛhītvā sve śarīre yathākāmam parivartate II

Où qu'il se meuve en rêve, ces mondes sont siens. Il devient un mahārāja ou un *mahābrāmaṇa* et va dans les espaces hauts et bas. Tout comme un mahārāja, tenant ses sujets avec lui, circulerait à son gré sur son territoire, ainsi, lui, tenant les fonctions vitales, circule à son gré dans son corps.

19. atha yadā suṣupto bhavati yadā na kasya cana veda hitā nāma nādyo dvāsaptatiḥ sahasrāṇī hṛdayāt purītam abhipratiṣṭhante tābhiḥ pratyavasṛpya purītat śete I sa yathā kumāro vā mahārājo vā mahābrāhmano vātighnīm ānandasya gatvā śayīta I evam avaiṣa etacchete II

Or, quand on est dans le sommeil profond, quand on n'a connaissance d'absolument rien, les soixante-douze mille canaux appelés *hitā* vont du cœur vers le péricarde ; s'échappant par ces canaux, il repose dans le péricarde. Tel un prince, un mahārāja ou un grand brahmane se reposerait au comble de la félicité, tel il repose.

20. sa yathorṇanābhistantunoccaret yathāgneḥ kṣudrā visphuliṅgā vyuccaranti evam evāsmād ātmanaḥ sarve prāṇāḥ sarve lokāḥ sarve devāḥ sarvāni bhūtāni vyuccaranti / tasyopaniṣat satyasya satyam iti / prāṇā vai satyaṃ teṣām eṣa satyam //

Comme une araignée monte sur son fil, comme du feu s'élèvent de petites étincelles, de la même manière du Soi sortent toutes les fonctions vitales, tous les mondes, tous les dieux et tous les êtres. Sa signification secrète est « le réel du réel » : les fonctions vitales sont le réel, le Soi en est la réalité.

2
LE SOUFFLE INCARNÉ DANS LA PERSONNE

1. yo ha vai śiśum sādhānaṃ sapratyādhānaṃ sasthūṇaṃ sadāmaṃ veda sapta ha dviṣato bhrātṛvyān avaruṇaddhi / ayaṃ vāva śiśuryo 'yaṃ madhyamaḥ prāṇaḥ / tasyedam evādhānam idaṃ pratyādhānam prāṇaḥ sthūṇā annam dāma //

Celui qui connaît le petit (animal de sacrifice) avec son emplacement, son abri, son poteau et son lien[1] tient éloigné ses sept ennemis hostiles[2]. En vérité, ce petit est le souffle central, son emplacement est ceci (le corps), ceci (la tête) son abri ; son poteau est le souffle, la nourriture son lien.

2. tam etāḥ saptākṣitaya upatiṣṭhante / tadyā imā akṣanlohinyo rājayastābhirenaṃ rudro 'nvāyattaḥ / atha yā akṣannāpastābhiḥ parjanyaḥ / yā kanīnakā tayā ādityaḥ / yat krişṇaṃ tenāgniḥ / yat śuklaṃ tena indraḥ / adharayainaṃ vartanyā pṛthivyanvāyattā / dyauruttarayā / nāsyānnaṃ kṣīyate ya evaṃ veda //

Les sept indestructibles sont à son service. Les lignes rouges dans l'œil, c'est par elles que Rudra est à sa disposition. Les humeurs

1. Allusions à l'animal sacrificiel.

2. Les deux yeux, les deux narines, les deux oreilles et la bouche : c'est par ces organes que l'homme s'attache au monde.

dans l'œil, c'est par elles que Parjanya[1] (la pluie) est à sa disposition. Par sa pupille, Āditya (le soleil) est à sa disposition, par ce qui est noir, Agni (le feu), par ce qui est blanc, Indra ; par la ligne inférieure des cils, la terre est à sa disposition ; par la ligne supérieure des cils, le ciel. Jamais il ne manque de nourriture (subtile) celui qui sait ainsi.

3. tadeṣa śloko bhavati |

arvāgbilaś camasa ūrdhva budhnastasmin yaśo nihitaṃ viśvarūpam |
tasyāsata ṛṣayaḥ sapta tīre vāgaṣṭamī braḥmaṇā saṃvidāneti ||

arvāgbilaś camasa ūrdhva budhna itīdaṃ tacchīraḥ eṣa hyarvāgbilaścamasa ūrdhva budhna | *tasmin yaśo nihitaṃ viśvarūpam iti prāṇā vai yaśo viśvarūpaṃ prāṇānetadāha* | *tasyāsata ṛṣayaḥ sapta tīre iti prāṇā vā ṛṣayaḥ prāṇānetadāha* | *vāgaṣṭamī braḥmaṇā saṃvidāneti vāgghyaṣṭamī brahmaṇā saṃvitte* ||

À ce sujet existe un verset :

> Il est un vase avec l'orifice en bas et le fond en haut ; en lui repose toute splendeur étincelante.
> Sur son bord sont assis sept rishis, la Parole est huitième, unie à Brahman.

Ce qu'on appelle le vase avec l'orifice en bas et le fond en haut, c'est la tête : c'est en effet un récipient avec l'orifice est en bas et le fond en haut. « En lui repose toute splendeur étincelante » : la splendeur étincelante est sans aucun doute les fonctions vitales (*prāṇa*), ce sont donc les fonctions vitales qu'il désigne. « Sur son bord sont assis sept rishis » : les rishis sont sans aucun doute les fonctions vitales, ce sont donc les fonctions vitales qu'il désigne ainsi. « La Parole est huitième, unie à Brahman » : en effet, la Parole est huitième, unie à Brahman.

1. Nom d'un des douze Āditya ; aussi, nom de Prajāpati.

4. imāveva gotamabharavājau | ayam eva gotamo 'nyaṃ bharavājaḥ | imāveva viśvāmitrajamadagnī | ayam eva viśvāmitro 'nyaṃ jamadagniḥ | imāveva vasiṣṭhakaśyapau | ayam eva vasiṣṭho 'nyaṃ kaśyapaḥ | vāgevātriḥ | vācā hyannam adyate | atriha vai nāmaitadyadatririti | sarvasyāttā bhavati sarvam asyānnam bhavati ya evaṃ veda ||

Les deux (oreilles) sont Gotama et Bharadvāja : Gotama est celle-ci, Bharadvāja celle-là. Les deux (yeux) sont Viśvāmitra et Jamadagni : Viśvāmitra est celui-ci et Jamadagni celui-là. Les deux (narines) sont Vasiṣṭha et Kaśyapa : celle-ci est Vasiṣṭha, celle-là Kaśyapa. Quant à la Parole, c'est Atri ; car c'est par la Parole qu'on mange et Atri est en réalité la même chose que « manger » (*atti*). Il mange tout et tout est sa nourriture, celui qui sait ainsi.

3
LES DEUX FORMES DE LA RÉALITÉ

1. dve vāva brahmaṇo rūpe mūrtaṃ caivāmūrtaṃ ca martyaṃ cāmartyaṃ ca sthitaṃ ca yacca sacca tyaṃ ca ||

Il y a deux aspects du Brahman : le matériel et l'immatériel, le mortel et l'immortel, le cristallisé et le fluide, l'« existant » et le véritable et transcendant[1].

2. tadetanmūrtaṃ yadanyadvāyoścāntarikṣācca | etanmartyam etat sthitam etat sat | tasyaitasya mūrtasya etasya martyasa etasya sthitasya etasya sata eṣa raso ya eṣa tapati | sato hyeṣa rasaḥ ||

Le matériel est ce qui n'est ni l'air ni la région intermédiaire[2] : c'est le mortel, le cristallisé, l'« existant ». De ce qui est matériel, mortel, cristallisé et « existant », celui-là est l'essence qui donne la chaleur, car cela est l'essence de l'« existant ».

---

1. On a décomposé *satyam* en *sat* (ce qui existe dans l'espace-temps, ce qui apparaît, change et disparaît) et *tyam* (le véritable, le transcendant).

2. Ici, air et région intermédiaire se réfèrent à des allégories du *Ṛgveda*.

3. athāmūrtaṃ vayuścāntarikṣaṃ ca | etadamṛtam etadyat etat tyat | tasyaitasyāmūrtasyaitasyāmṛtasyaitasya yat etasya tyayaiṣa raso ya eṣa etasmin maṇḍale puruṣaḥ | tyasya hyeṣa rasaḥ | ityadhi devatam ||

Maintenant, l'immatériel est l'air et la région intermédiaire : c'est l'immortel, c'est le fluide, c'est le véritable-transcendant. De cet immatériel, de cet immortel, de ce fluide, de ce véritable-transcendant, celui-ci est l'essence qui est le personnage dans ce disque (solaire) ; en effet, il est l'essence du véritable et transcendant. Voilà pour ce qui est de la sphère divine.

4. athādyātmam | idam eva mūrtaṃ yadanyatprāṇācca yaścāyam antarātmannākāśaḥ | etan martyam etat sthitam etat sat | tasyaitasya mūrtasyaitasya martasyaitasya sthitasyaitasya sat eṣa raso yaccakṣuḥ | sato hyeṣa rasaḥ ||

Les manifestations de la Réalité-Vérité se présentent comme une densification apparente de la pure Lumière consciente (symbolisé dans le *Ṛgveda* par Savitṛ, le Soleil). Ce que l'homme ordinaire croit fermement être la réalité est la « densification » maximale de la Lumière consciente, une cristallisation que les voyants védiques nomment *bhūr* ou *pṛthivī*, la terre personnifiée ; c'est cela le monde « inférieur », ici appelé « matériel » (*mūrtam*) dans notre Upaniṣad. Le monde « supérieur », celui de la moindre densification, de la légèreté lumineuse, est appelé *dyaus*, le ciel, et son sommet est le *svar*, le monde parfaitement lumineux, le Ciel auquel Indra conduit l'Aryen, le sacrifiant. Entre ces deux mondes est la région intermédiaire (*antarikṣa*), c'est-à-dire la « région atmosphérique » ou le firmament, région appelée par les Pères anciens *bhuvar.* En réalité, *antarikṣa* est le monde de la pensée et des énergies.

Aum bhūr bhuvaḥ svaḥ
tat savitur vareṇyam bhargo devasya dhīmahi |
dhiyo yo naḥ pracodayāt ||
Aum ! Monde physique ! Monde mental ! Ciel lumineux !
Établissons-nous dans cette enviable radiance du dieu Savitṛ pour qu'il inspire nos visions lumineuses.
Ṛgveda III, 62, 10

Et maintenant en ce qui concerne l'individu. Le matériel est ce qui est autre que le souffle et l'espace à l'intérieur du soi : c'est le mortel, c'est le cristallisé, c'est l'« existant ». De ce matériel, de ce mortel, de ce cristallisé, de cet « existant », celui-là est l'essence qui est le personnage dans l'œil ; en effet, celui-ci est l'essence de l'« existant ».

5. athāmūrtaṃ prāṇacca yaścāyam antarātmannākāśaḥ / etadamṛtam etadyat etat tyam / tasyaitasyāmūrtasyaitasyāmṛtasya yata etasya tasyaiṣa raso yo 'yaṃ dakṣine 'kṣan puruṣaḥ / tyasya hyeṣa rasaḥ //

Quant à l'immatériel, il est le souffle et l'espace à l'intérieur du soi : c'est l'immortel, c'est le fluide, c'est le véritable et transcendant. De cet immatériel, de cet immortel, de ce fluide, de ce véritable et transcendant, celui-là est l'essence qui est le personnage dans l'œil droit ; en effet, celui-ci est l'essence du véritable et transcendant.

6. tasya haitasya puruṣasya rūpaṃ yathā māhārajanaṃ vāso yathā pāṇḍvāvikaṃ yathendragopo yathāgnyarciryathā puṇḍarīkaṃ yathā sakṛdvidyuttam / sakṛdvidyutteva ha vā asya śrīrbhavati ya evaṃ veda / athāta ādeśo neti neti / na hyetasmāditi netyanyāt param asti / nāmadheyaṃ satyasya satyamiti / prāṇā vai satyam / teṣāmeśa satyam //

De celui-ci, de ce personnage, l'aspect est comme d'un vêtement doré, comme d'une laine blanche, comme d'une coccinelle, comme d'une flamme, comme d'un lotus, comme d'un éclair soudain. Et la splendeur brille comme un éclair soudain sur celui qui sait ainsi. Maintenant la règle « non ! non ! »[1]. En effet au-delà de celui dont on dit « non ! », il n'y a rien d'autre au-delà. En effet, son nom est réalité du réel. En vérité, les souffles sont le réel et lui, il en est la réalité.
Cette règle du « non ! non ! » sera plus tard énoncée comme « ni ceci ni cela » (*neti neti*). Rien de ce que nous pouvons penser ou formuler n'est la Réalit elle-même.

1. Cette règle sera plus tard énoncée : « ni ceci ni cela » (*neti neti*).

4
CONVERSATION ENTRE YĀJÑAVALKYA ET MAITREYĪ SUR LE SOI ABSOLU

1. maitreyi iti ha uvāca yājñavalkyaḥ I udyāsyan vā are 'ham asmāt sthānādasmi Ihanta te 'nayā kātyāyanyā 'ntaṃ karavāṇīti II

Maitreyi, dit Yājñavalkya, je suis sur le point de délaisser cet endroit[1] ; laisse-moi trouver une solution pour toi et cette Kātyāyanī.

2. sā hovāca maitreyī I yannu ma iyaṃ bhagoḥ sarvā pṛthivī vittena pūrṇā syāt kathaṃ tenāmṛtā syām iti I neti hovāca yājñavalkyaḥ I yathaivopakaraṇavatāṃ jīvitaṃ tathaiva te jīvitaṃ syāt I amṛtatvasya tu nāśāsti vitteneti II

Maitreyī demanda plutôt : « Si cette terre entière avec toute sa richesse était à moi, est-ce que cela me rendrait immortelle ? » « Non, répondit Yājñavalkya ; ta vie serait celle d'un riche ; par la richesse il n'y a aucun espoir d'immortalité ! »

3. sā hovāca maitreyī I yenāhaṃ nāmṛtā syāṃ kimahaṃ tena kuryām I yadeva bhagavānveda tad eva me brūhīti II

Maitreyī répliqua : « Ce qui ne me ferait pas immortelle, pourquoi m'en occuperais-je ? Dites-moi plutôt, Monseigneur, ce que vous savez. »

4. sa hovāca yājñavalkyaḥ I priyā bata are naḥ satī priyaṃ bhāṣase I ehi āssva I vyākhyāsyāmi te I vyācakṣāṇasyā tu me nididhyāsasva iti II

Yājñavalkya dit : « Tu nous fus toujours très chère et maintenant tu dis des paroles qui nous sont chères. Viens et assieds-toi. Je t'expliquerai et pendant que je parle sois bien attentive. »

---

1. Le mot *sthānam* signifie « endroit où l'on se tient, où l'on séjourne », mais aussi « état, condition » (ici l'état d'homme au foyer).

5. sa ha uvāca yājñavalkyaḥ | na vā are patyuḥ kāmāya patiḥ priyo bhavaty ātmanastu kāmāya patiḥ priyo bhavati | na vā are jāyāyai kāmāya jāyā priyā bhavaty ātmanastu kāmāya jāyā priyā bhavati | na vā are putrāṇāṃ kāmāya putrāḥ priyā bhavanty ātmanastu kāmāya putrāḥ priyā bhavanti | na vā are vittasya kāmāya vittaṃ priyaṃ bhavaty ātmanastu kāmāya vittaṃ priyaṃ bhavati | na vā are brahmaṇaḥ kāmāya brahma priyaṃ bhavaty ātmanastu kāmāya brahma priyaṃ bhavati | na vā are kṣatrasya kāmāya kṣatraṃ priyaṃ bhavaty ātmanastu kāmāya kṣatraṃ priyaṃ bhavati | na vā are lokānāṃ kāmāya lokāḥ priyā bhavanty ātmanastu kāmāya lokāḥ priyā bhavanti | na vā are devānāṃ kāmāya devāḥ priyā bhavanty ātmanastu kāmāya devāḥ priyā bhavanti | na vā are bhūtānāṃ kāmāya bhūtāni priyāṇi bhavanty ātmanastu kāmāya bhūtāni priyāṇi bhavanti | na vā are sarvasya kāmāya sarvaṃ priyaṃ bhavaty ātmanastu kāmāya sarvaṃ priyaṃ bhavaty | ātmā vā are draṣṭavyaḥ śrotavyo mantavyo nididhyāsitavyo | maitreyyātmano vā are darśanena śravaṇena matyā vijñānenedaṃ sarvaṃ viditam ||

Yājñavalkya dit : « En vérité, ce n'est pas pour l'amour du mari (*pati*) qu'on chérit le mari, mais c'est pour l'amour de Soi-même (*ātman*) qu'on chérit le mari. En vérité, ce n'est pas pour l'amour de l'épouse (*jāyā*) qu'on chérit l'épouse, mais c'est pour l'amour de Soi-même qu'on chérit l'épouse. En vérité, ce n'est pas pour l'amour des enfants qu'on chérit les enfants (*putra*), mais c'est pour l'amour de Soi-même qu'on chérit les enfants. En vérité, ce n'est pas pour l'amour de la richesse (*vittam*) qu'on chérit la richesse, mais c'est pour l'amour de Soi-même qu'on chérit la richesse. En vérité, ce n'est pas pour l'amour du représentant de l'autorité spirituelle (*brahman*) qu'on chérit le représentant de l'autorité spirituelle, mais c'est pour l'amour de Soi-même qu'on chérit le représentant de l'autorité spirituelle. En vérité, ce n'est pas pour l'amour du pouvoir temporel (*kṣatram*) qu'on chérit le pouvoir temporel, mais c'est pour l'amour de Soi-même qu'on chérit le pouvoir temporel. En vérité, ce n'est pas pour l'amour des mondes (*loka*) qu'on chérit les mondes, mais c'est pour l'amour de Soi-même qu'on chérit les mondes. En vérité, ce n'est pas pour l'amour des dieux (*deva*) qu'on chérit les dieux, mais c'est pour l'amour de Soi-même qu'on chérit les dieux. En vérité, ce n'est pas pour l'amour des êtres (*bhūta*) qu'on chérit les êtres, mais c'est pour l'amour de Soi-même qu'on chérit les êtres. En vérité il n'est nulle entité qu'on chérisse pour l'amour de cette entité, c'est pour Soi-même qu'on chérit toute entité.

C'est vraiment sur Soi-même qu'il convient de regarder et d'écouter, et sur lequel il convient de réfléchir et méditer. Tu vois, Maitreyī, en regardant et en écoutant Soi-même, en réfléchissant et méditant sur Soi-même, on acquiert la connaissance de l'univers entier.

6. brahma tam parādād yo'nyatrātmano brahma veda | kṣatraṁ tam parādād yo'nyatrātmanaḥ kṣatraṁ veda | lokās tam parādur yo'nyatrātmano lokān veda | devās tam parādur yo'nyatrātmano devān veda | bhūtāni tam parādur yo'nyatrātmano bhūtāni veda | sarvaṁ tam parādād yo'nyatrātmano sarvaṁ veda | idam brahma, idaṁ kṣatram, ime lokāḥ, ime devāḥ, imāmi bhūtāni, idaṁ sarvam, yad ayam ātmā ||

Que le brahmane délaisse celui qui considère que le brahman émane d'autre chose que de son propre Soi. Que le pouvoir temporel délaisse celui qui considère que le pouvoir temporel émane d'autre chose que de son propre Soi. Que les mondes délaissent celui qui considère que les mondes émanent d'autre chose que de son propre Soi. Que les dieux délaissent celui qui considère que les dieux émanent d'autre chose que de son propre Soi. Que les êtres délaissent celui qui considère que les êtres émanent d'autre chose que de son propre Soi. Que toute entité délaisse celui qui considère que cette entité émane d'autre chose que de son propre Soi. Le représentant de l'autorité spirituelle est Cela, le pouvoir temporel est Cela, ces mondes, ces dieux, ces êtres, tout est Cela, Cela qui n'est rien d'autre que Soi-même.

7. sa yathā dundubher hanyamānasya na bāhyān śabdān śaknuyād grahaṇāya, dundubhes tu grahaṇena dundubhyāghātasya vā śabdo gṛhītaḥ.

C'est comme pour un tambour qu'on frappe : on n'en saurait saisir les sons extérieurs ; on ne peut saisir le son qu'en saisissant le tambour ou celui qui le frappe.

8. sa yathā śaṅkhasya dhmāyamānasya na bāhyān śabdān śaknuyād grahaṇāya, śaṅkhasya tu grahanena śaṅkha-dhmasya vā śabdo gṛhītaḥ.

C'est comme pour une conque dans laquelle on souffle : on ne saurait saisir en les sons extérieurs ; on ne peut saisir le son qu'en saisissant la conque ou le joueur de conque.

9. sa yathā vīṇāyai vādyamānāyai na bāhyān śabdān śaknuyād grahaṇāya, vīṇāyai tu grahaṇena vīṇāvādaṣya vā śabdō gṛhītaḥ.

C'est comme pour la *vīṇā*[1] dont on joue : on n'en saurait saisir les sons extérieurs ; on ne peut saisir le son qu'en saisissant la *vīnā* ou le joueur de *vīnā*.

10. sa yathārdredhāgnerabhyāhitāt pṛthagdhūmā viniścaranti, evaṁ vā are 'sya mahato bhūtasya niḥśvasitam etad yadṛgvedo yajurvedaḥ sāmavedo 'tharvāṅgirasa itihāsaḥ purāṇaṃ vidyā upaniṣadaḥ ślokāḥ sūtrānyanuvyākhyānāni vyākhyānāni : asyaivaitāni sarvāṇi niḥśvasitāni.

Tout comme les fumées d'un feu de bois humide s'échappent en tous sens, de même émanent de cet immense Être le *Ṛgveda*, les *Yajurveda*, le *Sāma Veda*, l'*Atharvāṅgirasa*, les histoires, les antiques contes, les sciences, les Upaniṣad, les versets, les aphorismes (*sūtra*), les explications et les commentaires : en vérité tout cela est exhalé de Lui.

---

1. La *vīṇā* est une sorte de luth très ancien et encore très joué en Inde.

11. sa yathā sarvāsām apām samudra ekāyanam, evaṁ sarveṣāṁ sparśānām tvag ekāyanam, evaṁ sarveṣāṁ gandhānāṁ nāsike ekāyanam, evaṁ sarveṣāṁ rasānāṁ jihvā ekāyanam, evaṁ sarveṣāṁ rūpāṇāṁ cakṣur ekāyanam, evaṁ sarveṣām śabdānāṁ śrotram ekāyanam, evaṁ sarveṣāṁ saṁkalpānāṁ mana ekāyanam, evaṁ sarvāṣāṁ vidyānāṁ hṛdayam ekāyanam, evaṁ sarvāṣāṁ karmaṇāṁ hastāvekāyanam, evaṁ sarvāṣāṁ ānandānām upastha ekāyanam, evaṁ sarveṣāṁ visargāṇām pāyur ekāyanam, evaṁ sarveṣāṁ adhvanām pādavekāyanam, evaṁ sarveṣāṁ vedānāṁ vāgekāyanam.

Tout comme l'océan est le lieu de rencontre de toutes les eaux, de même la peau est le lieu de rencontre de tous les touchers, les narines sont le lieu de rencontre de toutes les odeurs, la langue le lieu de rencontre de tous les goûts, l'œil le lieu de rencontre de toutes les images, l'oreille le lieu de rencontre de tous les sons, le mental le lieu de rencontre de toutes les pensées, le cœur le lieu de rencontre de toutes les sciences, les mains le lieu de rencontre de toutes les activités, le sexe le lieu de rencontre de tous les plaisirs, l'anus le lieu de rencontre de toutes les excrétions, les pieds le lieu de rencontre de toutes les marches, la parole le lieu de rencontre de tous les Vedas.

12. sa yathā saindhavakhilya udake prāsta udakam evānuvilīyeta na hāsya udgrahaṇāyeva syāt, yato yatas tvādadīta lavaṇam eva, evaṁ vā ara idam mahad bhūtam anantam apāraṁ vijñānaghana eva | etebhyo bhūtebhyaḥ samutthāya, tāny evānuvinaśyati | na pretya saṁjñāsti, iti are bravīmi, iti hovāca yājñavalkyaḥ.

Tout comme un bloc de sel lancé dans l'eau se dissout dans l'eau et on ne peut plus le saisir, mais en quelque endroit qu'on puise l'eau il y a du sel, de même cet immense Être est sans bornes ni frontières, Il est une masse de perceptions. Il surgit avec ces êtres et disparaît avec eux. Après la mort, il n'y a pas de conscience[1] (*saṃjñā*). » Ainsi parla Yājñavalkya.

13. sa hovāca maitreyī, atraiva mā bhagavān amūmuhat na pretya saṁjṇāstīti I sa hovāca na va are 'ham mohaṁ bravīmi alaṁ vā are idaṁ vijñānāya.

Alors, Maitreyī dit : « Seigneur, maintenant vous m'avez affolée en disant qu'après la mort il n'y a pas de conscience ». Il répliqua : « Je ne parle pas pour affoler, mais cela peut amener au discernement.

14. yatra hi dvaitam iva bhavati, tad itara itaraṁ jighrati, tad itara itaram paśyati, tad itara itaram śṛṇoti, tad itara itaram abhivadati, tad itara itaram manute, tad itara itaraṁ vijānāti I yatra tvasya sarvam ātmāivābhūt, tat kena kaṁ jighret, tat kena kam paśyet, tat kena kaṁ śṛṇuyat, tat kena kam abhivadet, tat kena kam manvīta, tat kena kaṁ vijānīyāt I yenedam sarvaṁ vijānāti taṁ kena vijānīyāt, vijñātāram are kena vijānīyād iti.

En effet, là où il y a dualité (sujet/objet), l'un sent l'autre, l'un voit l'autre, l'un entend l'autre, l'un nomme l'autre, l'un pense à l'autre, l'un connaît l'autre. Mais quand tout est devenu Soi-même, qui pourrait sentir et par quoi, qui pourrait voir et par quoi, qui pourrait entendre et par quoi, qui pourrait nommer et par quoi, qui pourrait penser et par quoi, qui pourrait connaître et par quoi ? Ce par quoi on connaît tout ce monde, grâce à quoi pourrait-on le connaître ? Avec quoi pourrait-on connaître le connaisseur ?

1. Ici, le mot *saṃjñā* signifie la conscience relative et non la pure Conscience ; littéralement, *saṃjñā* signifie « connaître ensemble, connaître avec, connaître en conjonction » et implique donc une dualité sujet connaissant/objet connu.

5
LE COSMOS ET L'INDIVIDU

1. iyam pṛthivī sarveṣāṁ bhūtānām madhu / asyai pṛthivyai sarvāṇi bhūtāni madhu / yaś cāyam asyām pṛthivyāṁ tejomayo 'mṛtamayaḥ puruṣaḥ, yas cāyam adhyātmaṃ śārīrastejomayo 'mṛtamayaḥ puruṣaḥ, ayam eva sa yo 'yam ātmā / idam amṛtam idam brahma idaṁ sarvam //

Cette terre est le miel de tous les êtres et pour cette terre tous les êtres sont du miel. Ce qui dans cette terre est l'Esprit (*puruṣa*) étincelant et immortel, ce qui sur le plan individuel est l'Esprit fulgurant et immortel fait corps, en vérité cela c'est ce Soi-même. Cela est immortel, Cela est Brahman, Cela est tout.

2. imā āpaḥ sarveṣāṁ bhūtānām madhu / āsām apāṁ sarvāṇi bhūtāni madhu / yaścāyam āsvapsu tejomayo'mṛtamayaḥ puruṣaḥ yaścāyam adhyātmaṃ raitasas tejomayo'mṛtamayaḥ puruṣaḥa / ayam eva sa yo'yam ātmā / idam amṛtam, idam brahma, idaṁ sarvam //

Ces eaux sont du miel pour tous les êtres et tous les êtres sont du miel pour les eaux. Ce qui dans ces eaux est l'Esprit étincelant et immortel, ce qui sur le plan individuel est l'Esprit fulgurant et immortel fait semence, en vérité cela c'est ce Soi-même. Cela est immortel, Cela est Brahman, Cela est tout.

3. ayaṃ agniḥ sarveṣāṁ bhūtānām madhu / asyāgneḥ sarvāṇi bhūtāni madhu / yaś cāyam asminn agnau tejomayo'mṛtamayaḥ puruṣaḥ yaś cāyam adhyātmaṃ vāṇmayas tejomayo'mṛtamayaḥ puruṣaḥa / ayam eva sa yo'yam ātmā / idam amṛtam, idam brahma, idaṁ sarvam //

Ce feu est du miel pour tous les êtres et tous les êtres sont du miel pour ce feu. Ce qui dans ce feu est l'Esprit étincelant et immortel, ce qui sur le plan individuel est l'Esprit fulgurant et immortel fait parole, en vérité cela est ce Soi-même. Cela est immortel, Cela est Brahman, Cela est tout.

4. ayaṃ vāyuḥ sarveṣāṁ bhūtānām madhu | asya vāyoḥ sarvāṇi bhūtāni madhu | yaś cāyam asmin vāyau tejomayo'mṛtamayaḥ puruṣaḥ yaś cāyam adhyātmaṃ prāṇas tejomayo'mṛtamayaḥ puruṣaḥa | ayam eva sa yo'yam ātmā | idam amṛtam idam brahma idaṁ sarvam ||

Cet air est du miel pour tous les êtres et tous les êtres sont du miel pour cet air. Ce qui dans cet air est l'Esprit étincelant et immortel, ce qui sur le plan individuel est l'Esprit fulgurant et immortel fait souffle vital (*prāṇa*), en vérité cela est ce Soi-même. Cela est immortel, Cela est Brahman, Cela est tout.

5. ayaṃ ādityaḥ sarveṣāṁ bhūtānām madhu | asya ādityasya sarvāṇi bhūtāni madhu | yaś cāyam asminn āditye tejomayo'mṛtamayaḥ puruṣaḥ yaś cāyam adhyātmaṃ cākṣuṣas tejomayo'mṛtamayaḥ puruṣaḥa | ayam eva sa yo'yam ātmā | idam amṛtam idam brahma idaṁ sarvam ||

Ce soleil est du miel pour tous les êtres et tous les êtres sont du miel pour ce soleil. Ce qui dans ce soleil est l'Esprit étincelant et immortel, ce qui sur le plan individuel est l'Esprit fulgurant et immortel fait vision (*prāṇa*), en vérité cela est ce Soi-même. Cela est immortel, Cela est Brahman, Cela est tout.

6. imā diśaḥ sarveṣāṁ bhūtānām madhu | āsāṃ diśāṃ sarvāṇi bhūtāni madhu | yaś cāyam āsu dikṣu tejomayo'mṛtamayaḥ puruṣaḥ yaś cāyam adhyātmaṃ śrautraḥ prātiśrutkas tejomayo'mṛtamayaḥ puruṣaḥa | ayam eva sa yo'yam ātmā | idam amṛtam, idam brahma, idaṁ sarvam ||

Ces directions de l'espace sont du miel pour tous les êtres et tous les êtres sont du miel pour ces directions de l'espace. Ce qui dans ces directions de l'espace est l'Esprit étincelant et immortel, ce qui sur le plan individuel est l'Esprit fulgurant et immortel sous forme d'ouïe et d'écho, en vérité cela est ce Soi-même. Cela est immortel, Cela est Brahman, Cela est tout.

7. ayaṃ candraḥ sarveṣāṁ bhūtānām madhu | asya candrasya sarvāṇi bhūtāni madhu | yaś cāyam asminṃścandre tejomayo'mṛtamayaḥ puruṣaḥ yaś cāyam adhyātmamm mānasas tejomayo'mṛtamayaḥ puruṣaḥa / ayam eva sa yo'yam ātmā / idam amṛtam, idam brahma, idaṁ sarvam //

Cette lune est du miel pour tous les êtres et tous les êtres sont du miel pour cette lune. Ce qui dans cette lune est l'Esprit étincelant et immortel, ce qui sur le plan individuel est l'Esprit fulgurant et immortel fait mental, en vérité cela est ce Soi-même. Cela est immortel, Cela est Brahman, Cela est tout.

8. iyaṃ vidyut sarveṣāṁ bhūtānām madhu / asyai vidyutaḥ sarvāṇi bhūtāni madhu / yaś cāyam asyāṃ vāyau tejomayo'mṛtamayaḥ puruṣaḥ yaś cāyam adhyātmaṃ taijasas tejomayo'mṛtamayaḥ puruṣaḥa / ayam eva sa yo'yam ātmā / idam amṛtam, idam brahma, idaṁ sarvam //

Cet éclair est du miel pour tous les êtres et tous les êtres sont du miel pour cet éclair. Ce qui dans cet éclair est l'Esprit étincelant et immortel, ce qui sur le plan individuel est l'Esprit fulgurant et immortel fait éclat (*tejas*), en vérité cela est ce Soi-même. Cela est immortel, Cela est Brahman, Cela est tout.

9. ayaṃ stanayitnuḥ sarveṣāṁ bhūtānām madhu / asya stanayitnoḥ sarvāṇi bhūtāni madhu / yaś cāyam asmin stanayitnau tejomayo'mṛtamayaḥ puruṣaḥ yaś cāyam adhyātmaṃ śābdaḥ sauvaras tejomayo'mṛtamayaḥ puruṣaḥa / ayam eva sa yo'yam ātmā / idam amṛtam, idam brahma, idaṁ sarvam //

Ce tonnerre est du miel pour tous les êtres et tous les êtres sont du miel pour ce tonnerre. Ce qui dans ce tonnerre est l'Esprit étincelant et immortel, ce qui sur le plan individuel est l'Esprit fulgurant et immortel dans le son et la tonalité, en vérité cela est ce Soi-même. Cela est immortel, Cela est Brahman, Cela est tout.

10. ayaṃ ākāśaḥ sarveṣāṁ bhūtānām madhu / asya ākāśasya sarvāṇi bhūtāni madhu / yaś cāyam asminn ākāśe tejomayo'mṛtamayaḥ puruṣaḥ yaś cāyam adhyātmaṃ hṛdyākāśaḥ tejomayo'mṛtamayaḥ puruṣaḥa / ayam eva sa yo'yam ātmā | idam amṛtam, idam brahma, idaṁ sarvam ||

Cet espace est du miel pour tous les êtres et tous les êtres sont du miel pour cet espace. Ce qui dans cet espace est l'Esprit étincelant et immortel, ce qui sur le plan individuel est l'Esprit fulgurant et immortel dans l'espace du cœur, en vérité cela est ce Soi-même. Cela est immortel, Cela est Brahman, Cela est tout.

11. ayaṃ dharmaḥ sarveṣāṁ bhūtānām madhu | asya dharmasya sarvāṇi bhūtāni madhu | yaś cāyam asmin dharme tejomayo'mṛtamayaḥ puruṣaḥ yaś cāyam adhyātmaṃ dhārmas tejomayo'mṛtamayaḥ puruṣaḥa | ayam eva sa yo'yam ātmā | idam amṛtam, idam brahma, idaṁ sarvam ||

Ce devoir (*dharma*) est du miel pour tous les êtres et tous les êtres sont du miel pour ce devoir. Ce qui dans ce devoir est l'Esprit étincelant et immortel, ce qui sur le plan individuel est l'Esprit fulgurant et immortel se référant au devoir, en vérité cela est ce Soi-même. Cela est immortel, Cela est Brahman, Cela est tout.

12. idaṃ satyaṃ sarveṣāṁ bhūtānām madhu | asya satyasya sarvāṇi bhūtāni madhu | yaś cāyam asmin satye tejomayo'mṛtamayaḥ puruṣaḥ yaś cāyam adhyātmaṃ sātyas tejomayo'mṛtamayaḥ puruṣaḥa | ayam eva sa yo'yam ātmā | idam amṛtam, idam brahma, idaṁ sarvam ||

Cette vérité est du miel pour tous les êtres et tous les êtres sont du miel pour cette vérité. Ce qui dans cette vérité est l'Esprit étincelant et immortel, ce qui sur le plan individuel est l'Esprit fulgurant et immortel dans tout ce qui est véridique, en vérité cela est ce Soi-même. Cela est immortel, Cela est Brahman, Cela est tout.

13. idam mānuṣaṃ sarveṣāṁ bhūtānām madhu | asya mānuṣasya sarvāṇi bhūtāni madhu | yaś cāyam asmin mānyṣe tejomayo'mṛtamayaḥ puruṣaḥ yaś cāyam adhyātmaṃ mānuṣas tejomayo'mṛtamayaḥ puruṣaḥa | ayam eva sa yo'yam ātmā | idam amṛtam, idam brahma, idaṁ sarvam ||

Cette humanité est du miel pour tous les êtres et tous les êtres sont du miel pour cette humanité. Ce qui dans cette humanité est l'Esprit étincelant et immortel, ce qui sur le plan individuel est l'Esprit fulgurant et immortel dans tout ce qui est humain, en vérité cela est ce Soi-même. Cela est immortel, Cela est Brahman, Cela est tout.

14. ayaṃ ātmā sarveṣāṁ bhūtānām madhu / asyātmanaḥ sarvāṇi bhūtāni madhu / yaś cāyam asmin ātmani tejomayo'mṛtamayaḥ puruṣaḥ yaś cāyam adhyātmaṃ ātmā tejomayo'mṛtamayaḥ puruṣaḥa / ayam eva sa yo'yam ātmā / idam amṛtam, idam brahma, idaṁ sarvam //

Ce soi-même est du miel pour tous les êtres et tous les êtres sont du miel pour ce soi-même. Ce qui dans ce soi-même est l'Esprit étincelant et immortel, ce qui sur le plan individuel est l'Esprit fulgurant et immortel sous forme de soi-même, en vérité cela est ce Soi-même. Cela est immortel, Cela est Brahman, Cela est tout.

15. sa vā ayam ātmā sarveṣāṃ bhūtānām adhipatiḥ sarveṣāṃ bhūtānāṃ rājā / tadyathā rathanābhau ca rathanemau cārāḥ sarve samarpitā evamevāsminn ātmani sarvāṇi bhūtāni sarve devāh sarve lokāḥ sarve prāṇāḥ sarva eta ātmānaḥ samarpitāḥ //

Ce Soi est vraiment le Souverain de tous les êtres, le Roi de tous les êtres. De même que tous les rayons d'une roue sont assujettis au moyeu et à la jante, ainsi sont assujettis à ce Soi tous les êtres, tous les dieux, tous les mondes, tous les souffles vitaux et tous ces individus.

MADHUVIDYĀ : LA DOCTRINE DU MIEL

16. idaṃ vai tan madhu dadhyaṇn ātharvano 'śvibhyām uvāca / tad etad ṛṣiḥ paśyann avocat / tad vāṃ narā sanaye daṃsa ugram āviṣkṛnomi tanyatur na vṛṣṭim / dadhyaṅ ha yan madhvātharvaṇo vām aśvasya śīrṣṇā pra yad īm uvāca iti //

En vérité, c'est de ce miel dont Dadhyañc Ātharvaṇa parlait aux Aśvins. Voyant cela, le rishi déclara : « Ô antiques héros, comme le tonnerre (annonce) la pluie, je vous annonce ce prodige, quand Dadhyañc Ātharvaṇa vous révéla ce miel grâce à une tête de cheval.

17. idaṃ vai tan madhu dadhyaṇn ātharvano 'śvibhyām uvāca / tad etad ṛṣiḥ paśyann avocat / ātharvaṇāśvinā dadhīce acvyaṃ śiraḥ pratyairayatam / sa vāṃ madhu pra vocad ṛtāyan tvāṣṭraṃ yad dasrāv apikakṣyaṃ vām iti //

En vérité, c'est de ce miel dont Dadhyañc Ātharvaṇa parlait aux Aśvins. Voyant cela, le rishi déclara : « Ô Aśvins, sur Dadhyañc Ātharvaṇa vous avez placé une tête de cheval. Fidèle à la vérité il vous a proclamé le miel de Tvastṛ, qui, ô Puissants, demeure un secret pour vous. »

18. idaṃ vai tan madhu dadhyaṇn ātharvano 'śvibhyām uvāca /
tad etad ṛṣiḥ paśyann avocat /
puraś cakre dvipadaḥ puraś cakre catuṣpadaḥ /
puraḥ sa pakṣī bhūtvā puraḥ puruṣa āviśaditi //
sa vā ayaṃ puruṣaḥ sarvāsu pūrsu puriśayaḥ / nainena kiṃ ca nānāvṛtam / nainena kiṃ ca nāsaṃvṛtam //

En vérité, c'est de ce miel que Dadhyañc Ātharvaṇa parlait aux Aśvins. Voyant cela, le rishi déclara : « Il a créé des forteresses[1] à deux pattes, il a créé des forteresses à quatre pattes. S'étant fait oiseau, il est entré dans les forteresses, l'Homme cosmique[2] est entré dans les forteresses. » Lui, l'Homme cosmique, il est vraiment celui qui réside dans toutes les forteresses ; il n'y a rien qui ne soit recouvert par Lui, rien qui ne soit gardé par Lui.

---

1. Le mot *pur* signifie d'abord « forteresse », mais par extension il signifie aussi « le corps ».

2. Ou « l'Esprit », autre traduction possible de *puruṣa* ici ; ce que nous connaissons en Occident comme Esprit Saint n'est pas très loin de ce sens de *puruṣa*.

19. idaṃ vai tan madhu dadhyaṇn ātharvano 'śvibhyām uvāca I
tad etad ṛṣiḥ paśyann avocat I
rūpaṃ rūpaṃ pratirūpo babhūva
tad asya rūpaṃ praticakṣaṇāya I
indro māyābhiḥ pururūpa īyate
yuktā hyasya harayaḥ śatadaśa iti II
ayaṃ vai harayaḥ ayaṃ vai daśa ca sahasrāṇi bahūni
cānantāni ca I tad etad brahmāpūrvam anaparam anantaram
abhāyam I ayam ātmā brahma sarvānubhūḥ I ityanuśāsanam II

En vérité, c'est de ce miel que Dadhyañc Ātharvaṇa parlait aux Aśvins. Voyant cela, le rishi déclara : « Il devint semblable à une forme après l'autre pour révéler sa forme véritable ; par sa puissance magique, Indra avance sous des formes innombrables, il a attelé ses dix mille coursiers. » Il est Lui-même les coursiers, c'est Lui, ils sont dix mille, innombrables, sans fin. C'est ce Brahman sans avant ni après, sans intérieur ni extérieur. Ce Brahman est le Soi-même qui perçoit tout. Tel est l'enseignement.

6
LA LIGNÉE DES MAÎTRES

atha vaṃśaḥ

Pautimāsyo Gaupavanāt ; Gaupavanaḥ Pautimāsyāt ; (...)
Parameṣṭhī Brahmaṇaḥ I Brahma svayaṃbhū I Brahmaṇe namaḥ II

Pautimāsya de Gaupavana ; Gaupavana de Pautimāsya ; Pautimāsya de Gaupavana ; Gaupavana de Kauśika ; Kauśika de Kauṇḍinya ; Kauṇḍinya de Śāṇḍilya ; Śāṇḍilya de Kauśika and Gautama ; Gautama de Āgniveśya ; Āgniveśya de Śāṇḍilya and Ānabhimlāta ; Ānabhimlāta de Ānabhimlāta ; Ānabhimlāta de Ānabhimlāta ; Ānabhimlāta de Gautama ; Gautama de Saitava and Prācīnayogya ; Saitava and Prācīnayogya de Pārāśarya ; Pārāśarya de Bharadvaja ; Bhāradvāja de Bhāradvāja and Gautama ; Gautama de Bhāradvāja ; Bhāradvāja de Pārāśarya ;

Pārāśarya de Vaijavāpāyana ; Vaijavāpāyana de Kauśikāyani ; Kauśikāyani de Ghṛtakauśika ; Ghṛtakauśika de Pārāśaryayaṇa ; Pārāśaryayaṇa de Pārāśarya ; Pārāśarya de Jātūkarṇya ; Jātūkarṇya de Asurāyaṇa and Yaska ; Asurāyaṇa de Traivaṇi ; Traivaṇi de Aupajandhani ; Aupajandhani de Āsuri ; Āsuri de Bhāradvāja ; Bhāradvāja de Ātreya ; Ātreya de Māṇṭi ; Māṇṭi de Gautama ; Gautama de Gautama ; Gautama de Vātsya ; Vātsya de Śāṇḍilya ; Śāṇḍilya de Kaiśorya Kāpya ; Kaiśorya Kāpya de Kumārahārita ; Kumārahārita de Gālava ; Gālava de Vidarbhīkauṇḍinya ; Vidarbhīkauṇḍinya de Vatsanapād Bābhrava ; Vatsanapād Bābhrava de Panthāḥ Saubhara ; Panthāḥ Saubhara de Ayāsya Āṅgirasa ; Ayāsya Āṅgirasa de Ābhūti Tvastra ; Ābhūti Tvaṣṭra de Visvarupa Tvaṣṭra ; Viśvarūpa Tvaṣṭra des deux Aśvins ; les deux Aśvins de Dadhyañc Ātharvaṇa ; Dadhyañc Ātharvaṇa de Atharvan Daiva ; Atharvan Daiva de Mṛtyu Prādhvaṃsana ; Mṛtyu Prādhvaṃsana de Prādhvaṃsana ; Prādhvaṃsana de Eka Ṛṣi ; Eka Ṛṣi de Vipracitti ; Vipracitti de Vyaṣṭi ; Vyaṣṭi de Sanāru ; Sanāru de Sanātana ; Sanatāna de Sanaga ; Sanaga de Parameṣṭhin ; and Parameṣṭhin de Brahman. Brahman existe par lui-même. Hommage à Brahman !

III

1
LE SACRIFICE ET SES FRUITS

1. janako ha vaideho bahudakṣiṇena yajñeneje | tatra ha kurupañcālānāṃ brāhmaṇā abhisametā babhūvuḥ | tasya ha janakasya vaidehasya vijijñāsā babhūva kaḥ svideṣāṃ brāhmaṇānām anūcānatama iti | sa ha gavām sahasram avarurodha | daśadaśa pādā ekaikasyāḥ śṛṅgayorābaddhā babhūvuḥ | tānhovāca | brāhmaṇā bhagavanto yo vo brahmiṣṭhaḥ sa etā gā udajatāmiti | te ha brāhmaṇā na dadhṛṣur |

Janaka (roi) de Videha se mit en frais d'accomplir un sacrifice avec beaucoup de présents (pour les prêtres brahmanes). Là s'étaient rassemblés les brahmanes des contrées des Kuru et des Pañcala. Il vint à Janaka de Videha le désir de savoir lequel de ces brahmanes était le plus versé dans les Écritures. Il enferma mille vaches et aux deux cornes de chacune étaient fixées dix pièces (d'or). Il dit : « Seigneur brahmanes, que celui d'entre vous qui est le meilleur brahmane amène ces vaches. » Ces brahmanes n'osèrent pas.

2. tān hovāca | brāhmaṇā bhagavantaḥ, yo vo brahmiṣṭhaḥ, sa etā gā udajatām iti | te ha brāhmaṇā na dadhṛṣuḥ | atha ha yājñavalkyaḥ svam eva brahmacāriṇam uvāca | etāḥ saumya udaja, sāmaśrava iti | tā hodācakāra | te ha brāhmaṇāś cukrudhuḥ kathaṁ nu no brahmiṣṭho bruvīteti | atha ha janakasya vaidehasya hotāśvalo babhūva | sa hainam papraccha | tvaṁ nu khalu naḥ, yājñavalkya, brahmiṣṭho 'sīti | sa hovāca | namo vayaṁ brahmiṣṭhāya kurmaḥ gokāmā eva vayaṁ sma iti | taṁ ha tata eva praṣṭuṁ dadhre hotāśvalaḥ ||

Il leur dit : « Seigneurs brahmanes, que le meilleur brahmane emmène ces vaches ! » Mais ces brahmanes n'osèrent pas. Alors, Yajñavalkya dit à son disciple : « Sāmaśravas, mon enfant, mon bon, emmène ces vaches ! » Il le fit. Mais les brahmanes s'irritèrent en disant « comment peut-il se prétendre le meilleur d'entre nous ? » Le *hotṛ*[1] de Janaka de Videha était Aśvala. Il lui demanda : « Alors donc, c'est toi, Yājñyavalkya, qui es le meilleur brahmane de nous tous ? » Celui-ci lui répondit : « Nous nous inclinons devant le meilleur brahmane, mais nous voulons ces vaches. » Alors, le *hotṛ* Aśvala entreprit de l'interroger.

Il y a là un jeu intéressant sur le mot *gau*, qui signifie d'abord et avant tout la lumière, un rayon de lumière, particulièrement dans le *Ṛgveda*, mais désigne aussi la vache. Cette ambiguïté est d'ailleurs au cœur même du mythe central des hymnes védiques : le recouvrement des troupeaux de l'Aurore, c'est-à-dire de la lumière perdue. Les vaches sont en fait les rayons de l'Aurore intérieure. Les troupeaux de l'Aurore, les vaches perdues (la Lumière), ont été enfermés dans la grotte des *Paṇis* et de leur chef *Vala* (les ennemis), mais sont délivrés à l'aube par Indra, dieu aryen et solaire par excellence. Or, le mot *paṇi* désigne celui qui est avare, celui qui veut tout garder pour lui-même. Le nom de leur chef, *Vala*, signifie « l'enclos, la prison » et la racine verbale *val-* signifie « être attaché à », « tenir à » : voilà bien l'histoire de nos vies... Par manque de sensibilité, nous ruinons la beauté sans borne qui sous-tend l'existence en voulant la chosifier, la posséder, la contrôler, tout cela au nom d'une imposture, d'une fiction, le je personnel, le je fabriqué (*ahamkāra*). Que le meilleur brahmane mène ces vaches...

3. Yājñavalkyeti hovāca / yadidaṃ sarvaṃ mṛtyunāptaṃ sarvaṃ mṛtyunābhipannaṃ kena yajamāno mṛtyorāptim atimucyata iti / hotrārtvijāgninā vācā / vāgvai yajñasya hotā / tadyeyaṃ vāk so 'yamagniḥ sa hotā sā muktiḥ //

- Yājñavalkya, dit-il, étant donné que tout ce monde est sous l'emprise de la mort et qu'il est soumis à la mort, par quoi le patron du sacrifice s'affranchit-il complètement de son emprise ?

1. Le *hotṛ* (*hotā* au nominatif, mais on l'appelle souvent hotar) est le brahmane responsable de la récitation des versets du *Ṛgveda* durant le rituel sacrificiel.

- C'est grâce au prêtre *hotṛ*, par le feu et par la Parole ! En vérité, c'est la Parole qui est le prêtre du sacrifice. Cette Parole, c'est elle le feu, c'est elle le prêtre *hotṛ*, c'est elle la libération !
La parole est plus que la parole. Ce que « ceux qui savent » affirment depuis les temps védiques en Inde, ce qu'Héraclite clamait en Grèce archaïque au VIe siècle et dont l'Évangile de Jean parle dans son prologue, c'est que la Parole (*vāc* en sanskrit, λόγος en grec) est le mouvement même de la manifestation de tout l'univers. Or, c'est ce même mouvement qui est aussi la voie de retour, celle du manifeste au non-manifeste. Voilà pourquoi il est dit ici que la Parole est libération.

4. Yājñavalkyeti hovāca I yadidaṃ sarvaṃ ahorātrābhyāmaptam sarvamahorātrābhyām abhipannaṃ kena yajamāno 'horātrayoraptim atimucyata iti I adhvaryuṇarvijā cakṣuṣādityena I cakṣurvaiyajñasyādhvaryuḥ I tadyadidaṃ cakṣuḥ so 'śāvādityaḥ so 'dhvaryuḥ sā muktiḥ sātimuktiḥ II

- Yajñāvalkya, dit-il, étant donné que tout ce monde est sous l'emprise du jour et de la nuit et qu'il est soumis au jour et à la nuit, par quoi le patron du sacrifice s'en affranchit-il complètement ?
- Par le prêtre *adhvaryu*[1], par l'œil, par le soleil ! - En vérité, c'est l'œil qui est le prêtre *adhvaryu* du sacrifice. Ce qui est en nous l'œil, cela est là-haut le soleil, cela est le prêtre *adhvaryu*, cela est la libération, la totale libération !

L'œil en tant qu'organe est l'actualisation de la vision. Quand on considère l'inimaginable nombre de gènes différents qui ont dû évoluer simultanément pour produire l'œil, il est clair que si cette évolution n'avait pas eu une direction subtile, si elle s'était faite au hasard comme le croient les esprits matérialistes, même la centaine de millions d'années que l'œil a mis pour se matérialiser dans l'histoire de la vie sur terre n'aurait pas suffit : c'est une impossibilité mathématique, la probabilité est beaucoup trop infime. L'œil est apparu parce qu'il devait apparaître : la vision précède l'œil, *la fonction précède l'organe*, tout

1. L'*adhvaryu* est le prêtre chargé de la préparation du rituel sacrificiel.

comme le plan de l'architecte précède l'édifice visible. En vérité, l'œil est l'œil de la Lumière consciente, dont l'activité essentielle est prise de conscience de soi. C'est le Regard qui est l'efficacité du sacrifice. En effet, l'homme s'est enchaîné par une vision embrumée, par le malentendu qui lui fait croire être une personne menant une vie individuelle, une vie à « réussir »... avec la mort au bout. Telle est la croyance populaire, la confusion, qui est l'unique cause de tous les malheurs humains individuels et collectifs depuis la nuit des temps. Seul un regard direct et intense peut lever cette confusion, tout comme le soleil fait lever la brume à l'aurore.

5. *Yājñavalkyeti hovāca | yadidaṃ sarvaṃ pūrvapakṣāparapakṣābhyāmāptaṃ sarvaṃ pūrvapakṣāparapakṣābhyāmabhipannaṃ kena yajamānaḥ pūrvapakṣāparapakṣayorāptim atimucyata iti | udgātrartvijā vāyunā praṇena | prāṇo vai yajñāsyodgātā | tadyo 'yaṃ prāṇa sa vāyuḥ sa udgātā sā muktiḥ sātimuktiḥ ||*

- Yajñāvalkya, dit-il, étant donné que tout ce monde est sous l'emprise des quinzaines de la lune croissante et décroissante, soumis aux quinzaines de la lune croissante et décroissante, par quoi le patron du sacrifice s'en affranchit-il complètement ? - Par le prêtre *udgātṛ*[1], par le vent, par le souffle ! En vérité c'est le souffle qui est le prêtre *udgātṛ* du sacrifice. Ce qui est souffle en nous, cela est aussi le vent, cela est le prêtre *udgātṛ*, cela est la libération, la totale libération.

Le vent (*vāyu*), est la manifestation dans la nature de ce qui se manifeste en nous sous forme de souffle (*prāṇa*). Mais le souffle, c'est le souffle vital et pas seulement la respiration, qui est sa manifestation organique ; c'est aussi l'âme, le principe de vie. C'est là aussi le symbolisme du dieu grec des vents et du souffle Éole dans l'Odyssée. C'est ce principe de vie qui rend la vie manifeste, c'est aussi lui qui peut libérer l'homme qui se croit enfermé.

6. *Yājñavalkyeti hovāca | yadidaṃ antarikṣam anārambaṇam*

1. L'*udgatṛ* est le prêtre chargé de chanter les hymnes du *Samaveda*.

iva kenākrameṇa yajamanaḥ svargaṃ lokam ākramata iti / brahmanartvijā manasā candreṇa / mano vai yajñasya brahmā / tadyo 'yaṃ manaḥ so 'śau candraḥ sa brahmā sā muktiḥ sātimuktiḥ / ityatimokṣaḥ / atha saṃpadaḥ //

- Yajñāvalkya, dit-il, le ciel n'offre pour ainsi dire aucun appui ; par quelle voie le patron du sacrifice parvient-il au lieu qui est le ciel (*svar*) ? - Grâce au prêtre brahmane, par l'esprit (*manas*), par la lune ! En vérité, c'est l'esprit qui est le prêtre brahmane du sacrifice. Ce qui est ici en nous l'esprit, cela est aussi la lune, c'est le prêtre brahmane, c'est la libération, la totale libération. Voilà pour les libérations, maintenant pour les mises en œuvre.

Depuis les débuts de l'ère védique, les visionnaires de l'Inde ont souligné la correspondance entre l'homme et l'univers manifesté. C'est la trinité qu'on trouve dans l'invocation traditionnelle *Aum, bhūr bhuvaḥ svaḥ*. Ici *bhūr* (ou *bhū*) est à la fois le corps physique de l'homme et la terre, *bhuvas* (ou *bhuvar*, *bhuvaḥ*) est à la fois l'esprit/mental (*manas*) de l'homme et l'atmosphère (la région intermédiaire, *antarikṣam*) et *svar* est à la fois la dimension céleste de l'homme et le vaste ciel, parfois le soleil, le monde solaire. Nous avons aussi la terre, la lune et le soleil. C'est la Lumière consciente qui éclaire l'existence au complet, tout comme c'est le soleil qui éclaire et donne vit à tout autour de lui. L'esprit/mental de l'homme reflète la Lumière consciente tout comme la lune reflète la lumière solaire. Le corps physique de l'homme est le substrat où luit la Lumière consciente, tout comme la Terre est le domaine qu'éclaire et réchauffe le Soleil. L'homme peut vivre à n'importe lequel des trois niveaux : le plan le plus grossier, quand il se prend pour son corps physique et recherche la joie à ce niveau, le plan intermédiaire mental et intellectuel, et le plan qu'on pourrait appeler ici spirituel.

7. Yājñavalkyeti hovāca / katibhir ayam adya ṛbhir hotāsmin yajñe kariṣyatīti / tisṛbhiriti / katamastās tisreti / puro'nuvakyā ca yājñā ca śasyaiva tṛtīyā / kiṃ tābhir jayatīti / yat kiṃ cedam prāṇabhṛditi //

- Yājñavalkya, dit-il, combien de versets (*ṛc*) le *hotṛ* emploiera-t-il aujourd'hui dans ce sacrifice ? - Trois ! - Et quels sont-ils ? - Celui précédant l'offrande, le *puras anuvakyā*, puis les versets accompagnant l'offrande, le deuxième étant le *yājñā*, le troisième *śasyā*. - Qu'obtient-on par ces trois versets ? - Tout ce qui a souffle !

8. Yājñavalkyeti hovāca I katyayam adhyādhvaryurasmin yajñe āhutīr hoṣyatīti I tisra iti I katamāstāstisra iti I yā hutā ujjvalanti yā hutā atinedante yā hutā adhiśerate I kiṃ tābhirjayatīti I yā hutā ujjvalanti devalokam eva tābhir jayati I dīpyata iva hi devalokaḥ I yā hutā atinedante pitṛlokam eva tābhirjayati I atīva hi pitṛlokaḥ I yā hutā adhiśerate muṣyalokam eva tābhirjayati I adha iva hi manuṣyalokaḥ II

- Yājñavalkya, dit-il encore, combien ce prêtre *adhvaryu* offrira-t-il aujourd'hui d'oblation dans ce sacrifice ? - Trois ! - Quelles sont-elles ? - Celles qui flambent et s'élèvent, celles qui débordent et celles qui se répandent.

- Et qu'obtient-on grâce à ces trois offrandes ? - Grâce à celles qui flambent et s'élèvent, on obtient le monde des dieux, car le monde des dieux est resplendissant comme la flamme. Par celles qui débordent, c'est le monde des ancêtres (*pitṛloka*) qu'on obtient, car le monde des ancêtres est en quelque sorte au-delà. Avec celles qui se répandent, on obtient le monde des hommes, car le monde des hommes est pour ainsi dire ici-bas.

9. Yājñavalkyeti hovāca I katibhirayam adya brahmā yajñam dakṣiṇato devatābhir gopāyatīti I ekayeti I katamā saiketi I mana eveti I anantaṃ vai manaḥ anantā viśvedevāḥ I anantam eva sa tena lokaṃ jayati II

- Yājñavalkya, dit-il, par combien de divinités le Brahman protège-t-il sur la droite ce sacrifice aujourd'hui ? - Une seule ! - Quelle est-elle ? L'esprit c'est tout ! En effet, l'esprit est infini, les dieux réunis sont infinis. Par l'esprit on gagne un monde infini.

10. Yājñavalkyeti hovāca | katyayam adyodgātāsmin yajñe śtrotiyāḥ stoṣyatīti | tisra iti | katamāstāstisra iti | puro 'nuvākyā ca yajñā ca śasyaiva tṛtiyā | katamāstā yā adhyātmam iti | prāṇa eva puro 'nuvākyā apāno yājñā vyānaḥ śasyā | kiṃ tābhirjayatīti | pṛthivīlokam eva puro 'nuvākyayā jayati antarikṣalokaṃyajyayā dyulokaṃ śasyayā | tato ha hotāśvala upararām ||

- Yājñavalkya, reprit-il, combien d'hymnes l'*udgātṛ* chantera-t-il durant ce sacrifice ? - Trois ! - Quels sont ces trois ?

- L'hymne d'introduction (*puras anuvakyā*), l'hymne sacrificiel (le *yājñā*) et en troisième l'hymne de louange (*śasyā*). - Que sont-ils du point de vue de l'individu ? - L'hymne d'introduction est tout simplement le souffle sortant, l'hymne sacrificiel est le souffle entrant et l'hymne de louange est le souffle diffus. - Que gagne-t-on par ces trois hymnes ? - Avec l'hymne d'introduction, on gagne la terre, avec l'hymne sacrificiel on gagne l'espace intermédiaire et par l'hymne de louange le monde céleste.

Alors, le prêtre *htṛ* s'arrêta.

2
L'HOMME ASSERVI ET SON DESTIN À LA MORT

1. atha hainaṃ jāratkārava ārtabhāgaḥ papraccha | yājñavalkyeti hovāca | kati grahāḥ katyatigrahā iti | aṣṭau grahāḥ aṣṭāvatigrahā iti | ye te 'ṭau grahāḥ aṣṭāvatigrahāḥ katame ta iti ||

Alors, Ārtabhāga de la lignée des Jāratkāru lui demanda : - Yājñavalkya, dit-il, combien y a-t-il d'éléments qui saisissent (*graha*) et combien qui sur-saisissent (*atigraha*) ? - Huit *graha* et huit *atigraha*. - Quels sont ces huit *graha* et ces huit *atigraha* ?

Le mot *graha* a plusieurs niveaux de signification. Littéralement, il signifie « ce qui saisit », mais dans les rituels védiques il désigne la coupe sacrificielle du soma. D'autre part, *atigraha*, littéralement « ce qui est au-delà de ce qui saisit », désigne certaines libations. Les sens saisissent les objets des sens et sont donc des *graha*, mais les objets des sens sont des *atigraha*, car tout en étant saisis, ce sont eux qui s'imposent aux sens pour être appréhendés.

2. *prāno vai grahaḥ | sa gandhenātigraheṇa gṛhītaḥ | prāṇena hi gandhān jighrati ||*

En vérité le souffle est un *graha*. Il est pris par l'*atigraha* qu'est l'odeur, car c'est par le souffle qu'on saisit les odeurs.

3. *vāgvai grahaḥ | sa nāmnātigraheṇa gṛhītaḥ | vācā hi nāmānyabhivadati ||*

En vérité la parole est un *graha*. Elle est prise par l'*atigraha* qu'est le mot, car c'est par la voix qu'on énonce les mots.

4. *jihvā vai grahaḥ | sa rasenātigrahena gṛhītaḥ | jihvayā hi rasān vijānāti ||*

En vérité la langue est un *graha*. Elle est prise par l'*atigraha* qu'est la saveur, car c'est par langue qu'on connaît les saveurs.

5. *cakṣurvai grahaḥ | sa rupenātigrahena gṛhītaḥ | cakṣusā hi rūpāṇi paśyati ||*

En vérité l'œil est un *graha*. Il est pris par l'*atigraha* qu'est la forme, car c'est par l'œil qu'on voit les formes.

6. *śrotraṃ vai grahaḥ | sa śabdenātigrahena gṛhītaḥ | śrotreṇa hi śabdān śṛṇoti ||*

En vérité l'oreille est un *graha*. Elle est prise par l'*atigraha* qu'est le son, car c'est par l'oreille qu'on entend les sons.

7. *mano vai grahaḥ | sa kāmenātigrahena gṛhītaḥ | manasā hi kāmān kāmayate ||*

L'esprit est un *graha*. Il est pris par l'*atigraha* qu'est le désir, car c'est par l'esprit qu'on éprouve les désirs.

8. *hastau vai grahaḥ | sa karmaṇātigrahena gṛhītaḥ | hastābhyāṃ hi karma karoti ||*

En vérité les mains sont un *graha*. Elles sont prises par l'*atigraha* qu'est l'action, car c'est par les mains qu'on accomplit l'action.

9. tvagvai grahaḥ I sa sparśeṇātigrahena gṛhītaḥ I tvacā hi sparśān vedayate I ityeteṣṭau grahāḥ aṣṭāvatigrahāḥ II

En vérité, la peau est un *graha*. Elle est prise par l'*atigraha* qu'est le toucher, car c'est par la peau qu'on ressent les contacts.

10. Yājnavalkyeti hovāca I yadidaṃ sarvam mṛtyor anna, kā svit sā devatā yasyā mṛtuyurannam iti I agnirvai mṛtyuḥ I so 'pām annam I apa punar mṛtyṃ jayati II

- Yājñavalkya, dit-il, puisque tout est nourriture pour la mort, dites-moi, je vous prie, de quelle divinité la mort est-elle la nourriture ? - La mort est le feu et celui-ci est nourriture pour les eaux. (Celui qui sait cela) il conquiert la mort récurrente.

11. Yājnavalkyeti hovāca I yatrāyaṃ puruṣo mṛyate udasmāt prāṇāḥ krāmantyāho neti I neti hovāca yājñavalkya I atraiva samavanīyante I sa ucchvayati I ādhmāyati I ādhmāto mṛta ṣete II

- Yājñavalkya, dit-il, lorsqu'un homme meurt, les souffles (*prāṇa*) s'échappent-ils de lui ou non ? - Non, répondit Yājñavalkya, ils se rassemblent là. Il enfle : il se gonfle. Le mort gît gonflé.

12. Yājnavalkyeti hovāca I yatrāyaṃ puruṣo mṛyate kim enaṃ na jahātīti I nāmeti I anantaṃ vai nāma I anantā viśve devāḥ I anantam eva sa tena lokaṃ jayati II

- Yājñavalkya, dit-il, lorsqu'un homme meurt, qu'est-ce qui ne le quitte pas ? - Son nom ! Infini est le nom en vérité, infinis les dieux réunis. Sachant cela on obtient un monde infini.

13. Yājnavalkyeti hovāca I yatrāsya puruṣasya mṛtasyāgniṃ vāgapyeti vātam prānaścakṣurādityaṃ manaścandram diśaḥ śrotraṃ pṛthivīm śarīram ākāśam ātmā oṣadhīrlomāni vanaspatīn keśā apsu lohitaṃ ca retaśca nidhīyate kvāyaṃ tadā puruṣo bhavatīti I āhara somya hastam ārtabhāga I āvam evaitasya vediṣyāvaḥ na nāvetat sajana iti I tau hotkramya mantrayāṃ cakrāte | tau ha yadūcatuḥ karma haiva tadūcatuḥ | atha yat praśaśaṃsatuḥ karma haiva tat praśaśaṃsatuḥ | puṇyo vai puṇyena karmaṇā bhavati pāpaḥ pāpeneti | tato ha jāratkārava ārtabhāga upararāma ||

- Yājñavalkya, dit-il, lorsqu'une personne meurt et que sa parole entre dans le feu, son souffle dans l'air, son œil dans le soleil, son esprit dans la lune, son oreille dans les régions de l'espace, son corps dans la terre, son âme dans l'éther, ses poils dans l'herbe, ses cheveux dans les arbres et quand son sang et sa semence sont déposés dans les eaux, qu'arrive-t-il alors à cette personne ? - Ārtabhāga, mon ami, prend ma main. Nous devons nous entretenir de ces choses seules, il ne sied pas de discuter de cela en public. » Alors, ils se retirèrent et discutèrent. De quoi s'entretinrent-ils ? C'est de l'action dont ils parlèrent. Et de quoi firent-ils l'éloge ? C'est l'action qu'ils louangèrent. On devient bon par la bonne action et mauvais par la mauvaise action.

Alors, Ārtabhāga de la lignée des Jāratkāru devint silencieux.

3
LA DEMEURE DES EXÉCUTANTS DU SACRIFICE DU CHEVAL

1. atha hainaṃ bhujurlāhyāyaniḥ papraccha | yājnavalkyeti hovāca | madreṣu carakāḥ paryavrajāma | te patañcalasya kāpyasya gṛhan aima | tasyāsīd duhita gandharvagṛhītā | tam apṛcchāma ko 'sīti | so 'bravīt sudhanvāṅgirasa iti | taṃ yadā lokānām antān apṛcchāmāthainamabrūma kva pārikṣitā abhavann | sa tvā pṛchāmi yājñavalkya kva pārikṣitā abhavann iti ||

Alors, Bhujur Lāhyāyani l'interrogea : - Yājñavalkya, dit-il, nous menions la vie errante dans la tribu de Madras et nous arrivâmes à la demeure de Patañcala Kāpya. Il y avait là une fille possédée par un *gandharva*. Nous lui demandâmes - Qui es-tu ? - Sudhanvan Āṅgirasa, répondit-il. Nous l'interrogeames sur les fins du monde et lui demandèrent : « Où sont passés les Pārikṣitas ? » Cette même question, Yājñavalkya, je te la pose : « Où sont passés les Pārikṣitas ? »

2. sa hovāca / uvāca vai saḥ / agacchan vai te tadyatrāśvamedhayājino gacchantīti / kvanvaśvamedhayānino gacchantīti / dvātriṃśataṃ vai devarathāhnyānyayaṃ lokaḥ / taṃ samantaṃ pṛthivī dvistāvat paryeti / tāṃ samantaṃ pṛthivīm dvistāvat samudraḥ paryeti / tādyāvatī kṣurasya dhārā yāvadvā makṣikāyāḥ pattram tāvān antareṇākāśaḥ tān indraḥ suparno bhūtvā vāyave prāyacchat / tān vāyurātmani dhitvā tatrāgamayadyatrāśvamedhayājino 'bhavann iti / evam iva vai sa vāyum eva praśaśaṃsa / tasmādvāyureva vyaṣṭirvāyuḥ samaṣṭi / apa punarmṛtyuṃ jayati ya evaṃ veda / tato ha bhujurlāhyāyanirupararāma //

Il répondit : - Il t'a certainement répondu « ils sont allés là où vont ceux qui offrent le sacrifice du cheval (*aśvamedha*). - Où vont ceux qui offrent le sacrifice de l'*aśvamedha* ? - Ce monde est aussi vaste que trente-deux fois la distance quotidienne parcourue par le char du Soleil. La terre l'entoure de toutes parts, double en étendue. À son tour l'océan l'entoure de toutes parts, double en étendue. Entre les deux est un espace mince comme le tranchant d'une lame de rasoir ou l'aile d'une mouche. Indra, transformé en oiseau, les remit à Vāyu (l'air) et celui-ci les plaça en lui-même[1] et il les transporta là où sont ceux qui ont accompli le sacrifice de l'aśvamedha. » Ce qu'il a ainsi glorifié, c'est sans doute Vāyu car Vāyu est l'individu et la totalité. Celui qui sait ainsi triomphe de la mort.

Alors, Bhujur Lāhyāyani devint silencieux

1. Ou « dans le Soi » (*ātmani*).

4
BRAHMAN INCONNAISSABLE

1. atha hainam uṣastaścākrāyaṇaḥ papraccha I yājnavalkyeti hovāca I yat sākṣādaparokṣādbrahma ya ātmā sarvāntarastaṃ me vyācakṣveti I eṣa ta ātmā sarvāntaraḥ I katamo yājñavalkya sarvāntaraḥ I yaḥ prāṇena praṇīti sa ta ātmā sarvāntaraḥ I yo 'pānenāpānīti sa ta ātmā sarvāntraḥ I yo vyānena vyānīti sa ta ātmā sarvāntaraḥ I ya udānenodānīti sa sa ta ātmā sarvāntaraḥ I eṣa ta ātmā sarvāntarḥ II

Alors Uṣasta Cākrāyaṇa l'interrogea : - Yājñavalkya, dit-il, ce Brahman perceptible et manifeste qui est le soi en tout, explique-le-moi. - Il est ton propre soi (*ātman*) en tout. - Yājñavalkya, qui est-il en tout ? - Celui qui exhale avec le souffle sortant (*prāṇa*), c'est lui ton soi qui est en tout. Celui qui inspire par ton souffle entrant (*apāna*), c'est lui ton soi qui est en tout. Celui qui se répand par le souffle diffus (*vyāna*), c'est lui ton soi qui est en tout. Celui qui s'élève par ton souffle montant (*udāna*), c'est lui ton soi qui est en tout. C'est lui ton soi qui est en tout.

2. sa hovācoṣastaścākrāyaṇaḥ I yathā vibrūyādasau gaurasāvaśva ityevam evaitad vyapadiṣṭam bhavati I yadeva sākṣādaparojñādbrahma ya ātmā sarvāntarastaṃ me vyācakṣveti I eṣa ta ātmā sarvāntaraḥ I katamo yājñavalkya sarvāntaraḥ I na dṛṣṭerdraṣṭāraṃ paṣyeḥ I na śruteḥ śrotāraṃ śṛṇuyāḥ I na matermantāraṃ manvīthāḥ I na vijñātervijñātāraṃ vijñanīyāḥ I eṣa ta ātmā sarvāntaraḥ I ato 'nyadārtam I tato hoṣastaścākrāyaṇa upararāma II

Alors Uṣasta Cākrāyaṇa lui dit : - C'est expliqué comme si l'on disait « ceci est une vache, cela est un cheval ». Mais ce Brahman perceptible et manifeste qui est le soi en tout, explique-le-moi. - Il est ton propre soi (*ātman*) en tout. - Yājñavalkya, qui est-il en tout ? - Tu ne peux pas voir celui qui voit ce qui est vu. Tu ne peux pas entendre celui qui entend ce qui est entendu. Tu ne peux pas penser à celui qui pense ce qui est pensé. C'est lui ton soi qui est en tout. Tout le reste est calamiteux.

Alors Uṣasta Cākrāyaṇa devint silencieux.

5
LE RENONCEMENT COMME MOYEN DE CONNAÎTRE BRAHMAN

1. atha hainaṃ kaholaḥ kauṣitakeyaḥ papraccha / yājnavalkyeti hovāca / yadeva sākṣādaparokṣādbrahma ya ātmā sarvāntarastaṃ me vyācakṣveti / eṣa ta ātmā sarvāntaraḥ / katamo yājñavalkya sarvāntaraḥ / yo 'śanāyāpipāse śokaṃ mohaṃ jarāṃ mṛtyumatyeti / etaṃ vai tam ātmānaṃ viditvā brāhmanāḥ putraiṣaṇāyāśca vittaiṣanāyāśca vyutthāyātha bhikṣācaryaṃ caranti / yā hyeva putraiṣaṇā sā vittaiṣaṇā yā vittaiṣaṇā sā lokaiṣaṇā / ubhe hyete iṣaṇe eva bhavataḥ / tasmādbrāhmaṇaḥ pāṇḍityaṃ nirvidya bālyena tiṣṭhāset / bālyaṃ ca pāṇḍityaṃ ca nirviyātha muniḥ / amaunaṃ ca maunaṃ ca nirvidyātha brāhmanaḥ / sa brāhmanaḥ kena syādyena syāt tenedṛśa eva / ato 'nyadārtam / tato ha kaholaḥ kauṣītakeya upararāma //

Alors Kaloha Kauṣitakeya l'interrogea : - Yājñavalkya, dit-il, ce Brahman perceptible et manifeste qui est le soi en tout, explique-le-moi. - Il est ton propre soi (*ātman*) en tout. - Yājñavalkya, qui est-il en tout ? - Celui qui est au-delà de la faim, la soif, la douleur, la confusion, la vieillesse et la mort. Une fois qu'ils ont connu ce Soi, les brahmanes se détournent du désir pour des fils et du désir pour des richesses, et ils mènent la vie de moines mendiants. En vérité, le désir pour des fils est le même que le désir pour des richesses et le désir pour des richesses est le même que le désir pour des mondes : les deux sont tout simplement des désirs. Dès lors le brahmane, ayant ressenti une sorte d'aversion pour l'érudition, souhaite s'établir dans une vie d'insouciance enfantine. Une fois qu'il en a eu assez de la vie d'érudit et de celle d'insouciance, il mène une vie de sage silencieux. Quand il en a eu assez de vivre comme avant ou dans le silence, alors il est un connaisseur de l'Absolu[1]. Il demeure un brahmane, peu importe ce que peut être sa vie. Tout le reste est calamiteux.

Alors, Kaloha Kauṣitakeya devint silencieux.

6
BRAHMAN COMME ASSISE DU MONDE

1. atha hainaṃ gārgī vācaknavī papraccha I yājnavalkyeti hovāca I yadidaṃ sarvamapsvotaṃ ca protaṃ ca kasmin nu khalvāpa otaśca protāśceti I vāyau gārgīti I kasmin nu khalu vāyurotaścaprotāśceti I antarikṣalokeṣu gārgīti I kasmin nu khalvantarikṣalokā otāśca protāśceti I gandharvalokeṣu gārgīti I kasmin nu khalu gandharvalokā otāśca protāśceti I ādityalokeṣu gārgīti I kasmin nu khalvādityalokā otāśca protāśceti I candralokeṣu gārgīti I kasmin nu khalu candralokā otāśca protāśceti I nakṣatralokeṣu gārgīti I kasmin nu khalu nakṣtralokā otāśca protāśceti I devalokeṣu gārgīti I kasmin nu khalu devalokā otāśca protaśceti I indralokeṣu gārgīti I kasmin nu khalvindralokā otāśca protāśceti I prajāpatilokeṣu gārgīti I kasmin nu prajāpatilokā otāśca protaśceti I brahmalokeṣu gārgīti I kasmin nu khalu brahmalokā otāśca protāśceti I sa hovāca gārgī mātiprākṣīḥ I mā te mūrdhā vyapaptat I anatipraśnyāṃ vai devatāṃatipṛcchasi I gārgī mātiprākṣīriti I tato ha gārgī vācaknavyupararāma II

Alors Gārgī Vācaknavī l'interrogea :

- Yāvalkya, si tout ce monde est tissé sur les eaux, sur quoi donc les eaux sont-elles tissées ? - Sur l'air, ô Gārgī. - Sur quelle trame l'air est-il alors tissé ? - Sur les mondes de l'espace intermédiaire, ô Gārgī. - Sur quelle trame les mondes de l'espace intermédiaire sont alors tissés ? - Sur les mondes des Gandharvas, ô Gārgī. - Sur quelle trame les mondes des Gandharvas sont-ils alors tissés ? - Sur les mondes du soleil, ô Gārgī. - Sur quelle trame les mondes du soleil sont-ils alors tissés ? - Sur les mondes

1. C'est le sens du mot *brahman* dans le texte.

de la lune, ô Gārgī. - Sur quelle trame les mondes de la lune sont-ils alors tissés ? - Sur les mondes des étoiles, ô Gārgī. - Sur quelle trame les mondes des étoiles sont-ils alors tissés ? - Sur les mondes des dieux, ô Gārgī. - Sur quelle trame les mondes des dieux sont-ils alors tissés ? - Sur les mondes d'Indra, ô Gārgī. - Sur quelle trame les mondes d'Indra sont-ils alors tissés ? - Sur les mondes de Prajāpati, ô Gārgī. - Sur quelle trame les mondes de Prajāpati sont-ils alors tissés ? - Sur les mondes de Brahman, ô Gārgī. - Sur quelle trame les mondes de Brahman sont-ils alors tissés ?

Il répondit : « N'en demande pas trop, de peur que ta tête n'éclate ! Tu pousses le questionnement sur une divinité sur laquelle on ne doit pas interroger plus loin. Alors, Gārgī, ne questionne pas davantage. » Alors Gārgī Vācaknavī devint silencieux.

7
L'AIR COMME PRINCIPE DU MONDE ; L'ORDONNATEUR INTÉRIEUR

1. atha hainam uddālaka āruṇiḥ paprāccha | | yājnavalkyeti hovāca | madreṣvavasāma patañcalasya kāpyasya gṛheṣu yajñamadhīyānāḥ | tasyāsīdbhāryā gandharvagṛhītā | tam apṛcchāma ko 'sīti | so'bravīt kabandha ātharvaṇa iti | so 'bravīt patañcalaṃ kāpyaṃ yājñikāṃśca vettha nu tvaṃ kāpya tatsūtraṃ yenāyaṃ ca lokaḥ paraśca lokaḥ sarvāṇi ca bhūtāni saṃdṛbdhāni bhavantīti | so 'bravīt patañcalaḥ kāpyo nāhaṃ tadbhagavan vedeti | so 'bravīt patañcalaṃ kāpyaṃ yājñikāṃśca vettha nu tvaṃ kāpya tam antaryāmiṇaṃ ya imaṃ ca lokaṃ paraṃ ca lokaṃ sarvāṇi ca bhūtāni yo 'ntaro yamayatīti | so 'bravīt patañcalaḥ kāpyo nāhaṃ taṃ bhagavan vedeti | so 'bravīt patañcalaṃ kāpyaṃ yājñikāṃśca yo vai tat kāpya sūtraṃ vidyāt taṃ cāntaryāmiti sa brahmavit sa lokavit sa vedavit sa bhūtavit sa ātmavit sa sarvavit | iti tebhyo 'bravīt | tadahaṃ veda | tacchettvaṃ yājñavalkya sūtram avidvāṃstaṃ cāntaryāminaṃ brahmagavīrudajase mūrdhā te vipatiṣyatīti |

veda vā ahaṃ gautama tat sūtraṃ taṃ cāntaryāmiṇamiti | yo vā idaṃ kaścid brūyāt veda vedeti yathā vettha tathā brūhīti ||

Alors, Uddālaka Āruṇi l'interrogea. « Yājñavalkya, dit-il, nous habitons chez les Madras, dans la demeure de Patañcala Kāpya, où nous étudions les écritures concernant le sacrifice. Sa femme était possédée par un *gandharva*. Nous lui demandions qui il était. Il répondit « Kabandh Ātharvaṇa ». Il dit à Patañcala Kāpya et à ses étudiants : « Sais-tu, toi Kāpya, par quel fil sont tenus les mondes ici-bas et les mondes au-delà, ainsi que tous les êtres sont tous reliés ? » Patañcala Kāpya répondit : « Je ne le sais pas, Seigneur. » Il dit à Patañcala Kāpya et à ses étudiants : « Sais-tu, toi Kāpya, quel est cet agent interne qui de l'intérieur met en branle ce monde, l'autre monde et tous les êtres ? » Patañcala Kāpya répondit qu'il ne le connaissait pas. Il dit à Patañcala Kāpya et à ses étudiants : « Ô Kāpya, celui qui connaîtrait ce fil et cet agent interne, celui-là en vérité connaît le Brahman, il connaît les mondes, il connaît le Veda, il connaît les êtres, il connaît le Soi, il connaît tout. » Ainsi leur parla-t-il. « Moi je le connais. Si toi, Yājñavalkya, sans connaître ce fil et cet agent interne tu emmènes ces vaches des brahmanes, ta tête éclatera. - Je les connais, ô Gautama, ce fil et cet agent interne. - N'importe qui peut dire « je sais, je sais », alors ce que tu sais, dis-le ! »

2. sa hovāca | vāyurvai gautama tatsūtram | vāyunā vai gautama sūtreṇāyaṃ ca lokaḥ paraśca lokaḥ sarvāṇi ca bhūtani saṃdṛbdhāni bhavanti | tasmādvai gautama puruṣaṃ pretam āhurvyasraṃsiṣatāsyāṅgānīti | vāyunā hi gautama sūtreṇa saṃdṛbdhāni bhavantīti | ivamevaitadyājñavalkya | antaryāmiṇaṃ brūhīti ||

Il reprit : « L'air, en vérité, ô Gautama, est un fil. C'est bien par l'air, ô Gautama, comme par un fil, que ce monde-ci et le monde au-delà ainsi que tous les êtres sont reliés. Voilà pourquoi, Gautama, d'un homme mort on dit que ses membres se sont détendus : c'est qu'ils sont tendus par l'air. - Il en est bien ainsi, Yajñavalkya ; parle-nous de l'agent interne.

3. yaḥ pṛthivyāṃ tiṣṭhan pṛthivyā antare yaṃ pṛthivī na veda yasya pṛthivī śarīraṃ yaḥ pṛthivīm antaro yamayatyeṣa ta ātmāntaryāmyamṛtaḥ //

- Celui qui réside dans la terre, mais est différent de la terre et que la terre ne connaît pas, dont la terre est le corps, celui qui dirige la terre de l'intérieur, celui-là est ton Soi, l'agent interne immortel.

4. yo 'psu tiṣṭhan adbhyo 'ntaro yamāpo na viduryasyāpaḥ śarīraṃ yo 'po 'ntaro yamayatyeṣa ta ātmāntaryāmyamṛtaḥ //

Celui qui réside dans les eaux, mais est différent des eaux et que les eaux ne connaissent pas, dont les eaux sont le corps, celui qui actionne les eaux de l'intérieur, celui-là est ton Soi, l'agent interne immortel.

5. yo'gnau tiṣṭhan agnirantaro yam agnirna veda yasyāgniḥ śarīraṃ yo 'gnimantaro yamayatyeṣa ta ātmāntaryāmyamṛtaḥ //

Celui qui réside dans le feu, mais est différent du feu et que le feu ne connaît pas, dont le feu est le corps, celui qui active le feu de l'intérieur, celui-là est ton Soi, l'agent interne immortel.

6. yo'ntarikṣe tiṣṭhan antarikṣādantaro yam antarikṣaṃ na veda yasyāntarikṣaṃ śarīraṃ yo 'ntarikṣam antaro yamayatyeṣa ta ātmāntaryāmyamṛtaḥ //

Celui qui réside dans la région intermédiaire, mais est différent de la région intermédiaire et que la région intermédiaire ne connaît pas, dont la région intermédiaire est le corps, celui qui contrôle la région intermédiaire de l'intérieur, celui-là est ton Soi, l'agent interne immortel.

7. yo vāyau tiṣṭhan vayorantaro yam antarikṣaṃ na veda yasyāntarikṣaṃ śarīraṃ yo 'ntarikṣam antaro yamayatyeṣa ta ātmāntaryāmyamṛtaḥ //

Celui qui réside dans l'air, mais est différent de l'air et que l'air ne connaît pas, dont l'air est le corps, celui qui agite l'air de l'intérieur, celui-là est ton Soi, l'agent interne immortel.

8. yo divi tiṣṭhan divo 'antaro yam dyaurna veda yasya dhyau śarīraṃ yo divam antaro yamayatyeṣa ta ātmāntaryāmyamṛtaḥ //

Celui qui réside dans le ciel, mais est différent du ciel et que le ciel ne connaît pas, dont le ciel est le corps, celui qui contrôle le ciel de l'intérieur, celui-là est ton Soi, l'agent interne immortel.

9. yo āditye tiṣṭhan ādityādantaro yam ādityo na veda yasya ādityaḥ śarīraṃ yo ādityam antaro yamayatyeṣa ta ātmāntaryāmyamṛtaḥ //

Celui qui réside dans le soleil, mais est différent du soleil et que le soleil ne connaît pas, dont le soleil est le corps, celui qui incite le soleil de l'intérieur, celui-là est ton Soi, l'agent interne immortel.

10. yo dikṣu tiṣṭhan digbhyo 'ntaro yam dikṣo na viduryasya dikṣaḥ śarīraṃ yo dikṣo 'ntaro yamayatyeṣa ta ātmāntaryāmyamṛtaḥ //

Celui qui réside dans les points cardinaux (*dik*), mais est différent des points cardinaux et que les points cardinaux ne connaissent pas, dont les points cardinaux sont le corps, celui qui dirige les points cardinaux de l'intérieur, celui-là est ton Soi, l'agent interne immortel.

11. yaścandratārake tiṣṭhaṃścandratādantaro yam candratārakaṃ na veda yasya candratārakaṃ śarīraṃ yo candratārakam antaro yamayatyeṣa ta ātmāntaryāmyamṛtaḥ //

Celui qui réside dans la lune et les étoiles, mais est différent de la lune et des étoiles et que la lune et les étoiles ne connaissent pas, dont la lune et les étoiles sont le corps, celui qui dirige la lune et les étoiles de l'intérieur, celui-là est ton Soi, l'agent interne immortel.

12. yo ākāśe tiṣṭhan ākāśādantaro yam ākāśo na veda yasya ākāśaḥ śarīraṃ ya ākāśam antaro yamayatyeṣa ta ātmāntaryāmyamṛtaḥ //

Celui qui réside dans l'espace, mais est différent de l'espace et que l'espace ne connaît pas, dont l'espace est le corps, celui qui dirige l'espace de l'intérieur, celui-là est ton Soi, l'agent interne immortel.

13. yas tamasi tiṣṭhaṃstamaso 'ntaro yam tamo na veda yasya tamaḥ śarīraṃ yastamo 'ntaro yamayatyeṣa ta ātmāntaryāmyamṛtaḥ ||

Celui qui réside dans les ténèbres, mais est différent des ténèbres et que les ténèbres ne connaissent pas, dont les ténèbres sont le corps, celui qui contrôle les ténèbres de l'intérieur, celui-là est ton Soi, l'agent interne immortel.

14. yastejasi tiṣṭhaṃstejaso 'ntaro yam tejo na veda yasya jejaḥ śarīraṃ yastejo 'ntaro yamayatyeṣa ta ātmāntaryāmyamṛtaḥ | ityadhidaivatam ||

Celui qui réside dans l'éclat, mais est différent de l'éclat et que l'éclat ne connaît pas, dont l'éclat est le corps, celui qui contrôle l'éclat de l'intérieur, celui-là est ton Soi, l'agent interne immortel. Voilà pour les divinités.

15. athādhibhūtam | yaḥ sarveṣu bhūteṣu tiṣṭhan sarvebhyo bhūtebhyo antaro yaṃ sarvaṇi bhūtāni navidhuryasya sarvāṇi bhūtāni śarīraṃ yaḥ sarvāṇi bhūtānyantaro yamayatyeṣa ta ātmāntaryāmyamṛtaḥ | ityadhibūtam ||

Maintenant en ce qui concerne les êtres. Celui qui réside dans tous les êtres, mais est différent de tous les êtres et qu'aucun être ne connaît, dont tous les êtres sont les corps, celui qui contrôle tous les êtres de l'intérieur, celui-là est ton Soi, l'agent interne immortel. Voilà pour les êtres.

16. athādhyātmam | yaḥ prāṇe tiṣṭhanprāṇādantaro yaṃ prāṇo na veda yasya prāṇaḥ śarīraṃ yaḥ prāṇam antaro yamayatyeṣa ta ātmāntaryāmyamṛtaḥ ||

Maintenant en ce qui concerne le corps. Celui qui réside dans le souffle, mais est différent du souffle et que le souffle ne connaît pas, dont le souffle est le corps, celui qui contrôle le souffle de l'intérieur, celui-là est ton Soi, l'agent interne immortel.

17. yo vāci tiṣṭhan vāco 'ntaro yaṃ vaṅ na veda
yasya vāk śarīraṃ yaḥ vācam antaro yamayatyeṣa ta
ātmāntaryāmyamṛtaḥ //

Celui qui réside dans la voix, mais est différent de la voix et que la voix ne connaît pas, dont la voix est le corps, celui qui contrôle la voix de l'intérieur, celui-là est ton Soi, l'agent interne immortel.

18. yaścakṣuṣi tiṣṭhaṃścakṣuṣo 'ntaro yaṃ cakṣurna veda
yasya cakṣuḥ śarīraṃ yaḥ cakṣurantaro yamayatyeṣa ta
ātmāntaryāmyamṛtaḥ //

Celui qui réside dans l'œil, mais est différent de l'œil et que l'œil ne connaît pas, dont l'œil est le corps, celui qui contrôle l'œil de l'intérieur, celui-là est ton Soi, l'agent interne immortel.

19. yaḥ śrotre tiṣṭhañśrotrādantaro yaṃ śrotraṃ na veda
yasya śrotraṃ śarīraṃ yaḥ śrotramantaro yamayatyeṣa ta
ātmāntaryāmyamṛtaḥ //

Celui qui réside dans l'oreille, mais est différent de l'oreille et que l'oreille ne connaît pas, dont l'oreille est le corps, celui qui contrôle l'oreille de l'intérieur, celui-là est ton Soi, l'agent interne immortel.

20. yo manasi tiṣṭhan manaso 'ntaro yaṃ mano na veda
yasya manaḥ śarīraṃ yaḥ mano 'ntaro yamayatyeṣa ta
ātmāntaryāmyamṛtaḥ //

Celui qui réside dans l'esprit, mais est différent de l'esprit et que l'esprit ne connaît pas, dont l'esprit est le corps, celui qui contrôle l'esprit de l'intérieur, celui-là est ton Soi, l'agent interne immortel.

21. yastvaci tiṣṭhaṃstvaco 'ntaro yam tvaṅ na veda
yasya tvak śarīraṃ yastvacam antaro yamayatyeṣa ta
ātmāntaryāmyamṛtaḥ //

Celui qui réside dans la peau, mais est différent de la peau et que la peau ne connaît pas, dont la peau est le corps, celui qui contrôle la peau de l'intérieur, celui-là est ton Soi, l'agent interne immortel.

22. yo vijñāne tiṣṭhan vijñānādantaro yaṃ vijñānaṃ na veda yasya vijñānaṃ śarīraṃ yo vijñānam antaro yamayatyeṣa ta ātmāntaryāmyamṛtaḥ ||

Celui qui réside dans la perception, mais est différent de la perception et que la perception ne connaît pas, dont la perception est la manifestation, celui qui contrôle la perception de l'intérieur, celui-là est ton Soi, l'agent interne immortel.

23. yo retasi tiṣṭhan retaso 'ntaro yaṃ reto na veda yasya retaḥ śarīraṃ yaḥ reto 'ntaro yamayatyeṣa ta ātmāntaryāmyamṛtaḥ || adṛṣṭo draṣṭā aśrutaḥ śrotaḥ amato mantā avijñāto vijñātā | nānyo 'to 'sti draṣṭā nānyo 'to 'sti śrotā nānyo 'to 'sti mantā nānyo 'to 'sti vijñātā | eṣa ta ātmāntaryāmyamṛtaḥ | ato 'nyadārtam | tato hoddālaka āruṇirupararāma ||

Celui qui réside dans la semence, mais est différent de la semence et que la semence ne connaît pas, dont la semence est le corps, celui qui contrôle la semence de l'intérieur, celui-là est ton Soi, l'agent interne immortel. On ne le voit pas, mais il voit, on ne l'entend pas, mais il entend, on ne peut le penser, mais il pense, on ne peut le connaître, mais il connaît. Autre que lui, il n'y a pas d'autre voyant, pas d'autre auditeur, pas d'autre penseur, pas d'autre connaissant que lui. C'est Lui ton soi, ton agent interne immortel. Tout ce qui est autre est calamiteux. »

8

1. atha ha vācaknavyuvāca | brāmaṇā bhagavanto hantāham imaṃ dvau praśnau prakṣyāmi | tau cenme vakṣyati na vai jātu yuṣmākam imaṃ kaścid brahmodyaṃ jeteti | pṛccha gārgīti ||

Alors, Vācaknavī parla.

- Distingués brahmanes ! Je vais lui poser deux questions ; s'il me répond, aucun de vous ne pourra le vaincre dans un débat théologique. - Interroge-le, Gārgī !

2. sā uvāca I ahaṃ vai tva yājñavalkya yathā kāśyo vā vaideho vograputra ujjyaṃ dhanuradhijyām kṛtvā dvau bāṇavantau sapatnātivyādhinau haste kṛtvopottiṣṭhedevamevāhaṃ tvā dvābhyāṃ praśnābhyāmupodasthām I tau me brūhīti I pṛccha gārgīti II

Elle dit : - Yājñavalkya, tout comme un grand guerrier des Kāśi ou des Videha ayant tendu son arc désarmé et se dresserait en brandissant dans sa main deux flèches prêtes à transpercer son ennemie, de même, moi je me dresse avec ces deux questions : réponds-moi ! - Demande, Gārgī !

3. sā hovāca I yadurdhvaṃ yājñavalkya divo yadavākpṛthivyā yadantarā dyāvāpṛthivī ime yadbhūtaṃ ca bhavacca bhaviṣyaccetyācakṣate kasmiṃstadotaṃ ca protaṃ ceti II

Elle dit : - Yājñavalkya, ce qui est au-dessus du ciel, en dessous de la terre et entre ciel et terre, ce qu'on appelle passé, présent et avenir, sur quelle trame tout cela est-il tissé ?

4. sa hovāca I yadurdhvaṃ gārgī divo yadavākpṛthivyā yadantarā dyāvāpṛthivī ime yadbhūtaṃ ca bhavacca bhaviṣyaccetyācakṣata ākāśe tadotaṃ ca protaṃ ceti II

Il dit : - Gārgī, ce qui est au-dessus du ciel, en dessous de la terre et entre ciel et terre, ce qu'on appelle passé, présent et avenir, c'est sur la trame de l'espace que tout cela est tissé.

5. sā hovāca I namạste 'stu yājñavalkya yo me etaṃ vyavoco 'parasmai dhārayasveti I pṛccha gāgīti II

Elle dit : - Hommage à toi, Yājñavalkya, qui m'as expliqué cela ; prépare-toi pour la suite. - Demande, Gārgī !

6. sā hovāca I yadūrdhvaṃ yājñavalkya divo yadavākprthivyā yadantarā dhyāvāpṛthivī imeyadbhūtaṃ ca bhavaccha bhaviṣyaccetyācakṣate kasmiṃstadotaṃ ca prprotaṃ ceti II

Elle dit : - Yājñavalkya, ce qui est au-dessus du ciel, en dessous de la terre et entre ciel et terre, ce qu'on appelle passé, présent et avenir, sur quelle trame tout cela est-il tissé ?

7. sa hovāca / yadūrdhvaṃ Gārgī divo yadavākprthivyā yadantarā dhyāvāpṛthivī ime yadbhūtaṃ ca bhavaccha bhaviṣyaccetyācakṣate kasmiṃstadotaṃ ca protaṃ ceti / kasminnu khalvākāśa otaśca protaśceti //

Il dit : - Gārgī, ce qui est au-dessus du ciel, en dessous de la terre et entre ciel et terre, ce qu'on appelle passé, présent et avenir, c'est sur la trame de l'espace que tout cela est tissé.

- Et sur quelle trame, en vérité, cet espace est-il tissé ?

8. sa hovāca / etadvai tadakṣaraṃ gārgī brāhmanā abhivadantyasthūlam anaṇvahrasvam adīrgham alohitam asneham acchāyam atamo 'vāyvanākāśam asaṅgam arasam agandham acakṣuskam aśrotram avāgamano 'tejaskam aprāṇam amukham amantram anantaram abāhyam / na tad aśnāti kiṃcana / na tadaśnāti kaścana //

Il dit : - En vérité, Gārgī, c'est sur cet Impérissable que les brahmanes proclament être ni grossier ni subtil, ni court ni long, ni rouge (comme le feu) ni onctueux (comme un liquide), qui n'est ni ombre ni noirceur, ni air ni espace, sans adhérence, sans saveur, sans odeur sans yeux, sans oreilles, sans voix, sans mental, sans éclat, sans souffle, sans bouche, sans mesure, sans intérieur ni extérieur. Il ne mange rien et personne ne le mange.

9. etasya vā akṣarasya praśāsane gārgī sūryacandamasau vidhṛtau tiṣṭhataḥ / etasya vā akṣarasya praśāsane gārgī dhyāvāpṛthivyau vidhṛte tiṣṭhataḥ / etasya vā akṣarasya praśāsane gārgī nimeśā muhūrtā ahorātrāṇyardhamāsā māsā ṛtvaḥ saṃvatsarā iti vidhṛtāstiṭṭhanti / etasya vā akṣarasya praśāsane gārgī prācyo 'nyā nadyaḥ syandante śvetebhyaḥ parvatebhyaḥ pratīcyo 'nyāḥ tiṣṭhataḥ yāṃ yāṃ ca diśam anu / etasya vā akṣarasya praśāsane gārgī dadato manuṣyāḥ praśaṃsanti yajamānam devā darvīṃ pitaro 'nvāyattaḥ //

En vérité, ô Gārgī, c'est sous l'autorité de cet Impérissable que le soleil et la lune maintiennent leur position. En vérité, ô Gārgī, c'est sous l'autorité de cet Impérissable que le ciel et la terre maintiennent leur position. En vérité, ô Gārgī, c'est sous l'autorité de cet Impérissable que moments, heures, jours et nuits, quinzaines, mois, saisons et années maintiennent leur position. En vérité, ô Gārgī, c'est sous l'autorité de cet Impérissable que certaines rivières coulent vers l'orient depuis les montagnes blanches et d'autres vers l'ouest en maintenant leur direction, quelle qu'elle soit. En vérité, ô Gārgī, c'est sous l'autorité de cet Impérissable que les hommes louangent ceux qui donnent, que les dieux louangent ceux qui sacrifient et que les ancêtres (apprécient) les sacrifices ancestraux (*darvī*).

10. yo vā etadakṣaraṃ gārgyaviditvāsmiṃlloke juhoti yajate tapastapyate bahūni varṣasahasrāṇyantavadevāsya tadbhavati / yo vā etadakṣaraṃ gārgyaviditvāsmāl lokāt praiti sa kṛpaṇaḥ / atha ya etadakṣaraṃ gārgī viditvāsmāllokāt praiti sa brāhmaṇaḥ //

Ô Gārgī, en vérité, si l'on ne connaît pas cet Impérissable, on aurait beau faire des offrandes, offrir des sacrifices et se livrer à des austérités en ce monde pendant des milliers d'années, tout cela connaîtrait une fin. En vérité, Gārgī, celui qui quitte ce monde en ignorant cet Impérissable, il est pitoyable et fait compassion. Mais, ô Gārgī, celui qui quitte ce monde en connaissant cet Impérissable, celui-là est un brāhmane[1].

11. tadvā etadakṣraṃ gārgyadṛṣṭam draṣṭraśrutaṃ śrotramataṃ mantravijñātam vijñātṛ / nānyadato 'sti draṣṭṛ / nānyadato 'sti śrotṛ / nānyadato 'sti mantṛ / nānyadato 'sti vijñātṛ / etasmin nu khalvakṣare gārgyākāśa otaśca protaśceti //

1. C'est-à-dire un connaisseur de l'Absolu (*brahman*).

C'est en vérité, ô Gārgī, cet Impérissable qui voit sans être vu, qui entend sans être entendu, qui pense sans être pensé, qui perçoit sans être perçu. Il n'est pas d'autre voyant que lui, pas d'autre auditeur que lui, personne d'autre que lui qui perçoit. C'est vraiment cet Impérissable, ô Gargī, la trame sur laquelle l'espace est tissé.

12. sā hovāca | brāhmaṇā bhagavantastadeva bahu manyedhvaṃ yadasmān namaskareṇa mucyedhvam | na vai jātu yuṣmākamimaṃ kaścid brahmodyaṃ jeteti | tato ha vācaknavyupararāma ||

Elle dit : « Vénérable brahmanes, félicitez-vous d'en être quittes avec lui en lui rendant hommage. En vérité, aucun d'entre vous ne saurait le surpasser dans un débat théologique. Alors, Vācaknavī devint silencieuse.

9
MULTIPLICITÉ DES DIEUX ET BRAHMAN UNIQUE

1. atha hainaṃ vidagdhaḥ śākalyaḥ papraccha | kati devā yājñavalkyeti | sa haitayaiva nividā pratipede yavānto vaiśvadevasya nividyucyante | trayaśca trī ca śatā trayaśca trī ca sahasreti | aum iti hovāca | katyeva devā yājñavalkyeti | trayastriṃśaditi | aum iti hovāca | katyeva devā yājñavalkyeti | ṣaḍiti | aum iti hovāca | katyeva devā yājñavalkyeti | traya iti | aum iti hovāca | katyeva devā yājñavalkyeti | dvāviti | aum iti hovāca | katyeva devā yājñavalkyeti | adhyardha iti | aum iti hovāca | katyeva devā yājñavalkyeti | eka iti | aum iti hovāca | katame te trayaśca trī ca śatā trayaśca trī ca sahasreti ||

Alors, Vidagdha Śākalya lui demanda : - Combien y a-t-il de dieux, Yājñavalkya ? » Il répondit en accord avec la *nivid* (invocation traditionnelle aux dieux) : - Il y en a autant que mentionné dans le *nivid* de l'Hymne à tous les dieux (*vaiśvadeva*), soit trois cent trois et trois mille trois. - Bien, dit-il, mais combien y en a-t-il vraiment ? - Trente-trois. - Bien, dit-il, mais combien y en a-t-il vraiment ? - Six. - Bien, dit-il, mais combien y en a-t-il vraiment ? - Trois. - Bien, dit-il, mais combien y en a-t-il vraiment ? - Deux. - Bien, dit-il, mais combien y en a-t-il vraiment ? - Un et demi. - Bien, dit-il, mais combien y en a-t-il vraiment ? - Un. - Bien, dit-il, quels sont ces trois cent trois mille trois ?

2. sa hovāca I mahimāna evaiṣāmete I trayaśtriṃśattveva devā iti I katame te trayastriṃśaditi I aṣṭau vasava ekādaśa rudrā dvādśādityāsta ekatriṃśadindraścaiva prajāpatiśca trayastriṃśāviti II

Il répondit :

- En fait ce sont leurs puissances, mais en réalité il n'y en a que trente-trois. - Quels sont ces trente-trois ? - Huit Vasu, onze Rudra, douze Āditya, ce qui fait trente et un ; puis il y a Indra et Prajāpati, ce qui fait trente-trois.

3. katame te vasava iti I agniśca pṛthivī ca vāyuścāntarikṣaṃ cādityaśca dyauśca candramāśca nakṣatrāni cetivasavaḥ I étéṣu hīdaṃ sarvaṃ hitam iti tasmādvasava iti II

- Quels sont ces Vasu ? - Le feu (*agni*), la terre, le vent, la région intermédiaire, le soleil, la lune et les étoiles, tels sont les Vasu : en eux tout l'univers est installé, d'où le nom Vasu[1].

4. katame rudrā iti I daśeme puruṣe prāṇā ātmaikādaśaḥ I te yadāsmāccharīranmartyādutkrāmantyatha rodayanti I tadyadrodayanti tasmādrudrā iti II

- Quels sont les Rudra ? - Ce sont les dix souffles dans l'homme avec le soi comme onzième élément. Quand ils quittent le corps mort, ils font pleurer, d'où leur nom Rudra[2].

5. katama ādityā iti I dvāvaśa vai māsāḥ saṃvatsarasyaita ādityāḥ I ete hīdaṃ sarvamādadānā yanti I te yadidaṃ sarvamādadānā yanti tasmādādityā iti I

---

1. Les verbe *vas-* signifie habiter.
2. Le verbe *rud-* signifie pleurer.

- Quels sont les Āditya ? - En vérité, ce sont les douze mois de l'année, ce sont les Āditya. En effet, ils emportent tout ce monde quand ils se mettent en marche, d'où leur nom Āditya.

6. katama indraḥ katamaḥ prajāpatiriti I stanayitnurevendro yajñaḥ prajāpatiriti I katamaḥ stanayitnuriti I aśaniriti I katamo yajña iti I paśava iti II

- Qu'est-ce qu'Indra, qu'est-ce que Prajāpati ? - En vérité Indra est le tonnerre et Prajāpati est le sacrifice. - Qu'est-ce que le tonnerre ? - C'est la foudre. - Quel genre de sacrifice ? - Animal.

7. katame ṣaditi I agniśca pṛthivī ca vāyuścāntarikṣam cādityaśca dyauścaite ṣaṭ I ete hīdaṃ sarvaṃ ṣaḍiti II

- Quels sont les six ? - Le feu, la terre, l'air, la région intermédiaire, le soleil et le ciel, cela fait six. Voilà que ces six forment le monde entier.

8. katame te trayo devā iti I ima eva trayo lokāḥ I eṣu hīme sarve devā iti I katamau tau dvau devāviti I annaṃ caiva prāṇaśceti I katame 'dhyardha iti I yo 'yaṃ pavata iti II

- Quels sont les trois dieux ? - Tout simplement ces trois mondes, car en eux vivent tous les dieux. - Quels sont les deux dieux ? - La nourriture et le souffle. - Quel est le dieu et demi ? - Celui-ci qui purifie en soufflant.

9. tadāhuryadayameka ivaiva pavate I atha katamadhyardha iti I yadasminnidaṃ sarvamadyārdhnot tenādhyardha iti I katama eko deva iti I prāṇa iti I sa brahma tyadityācakṣate II

On pourrait demander, puisque le vent est seul à souffler, pourquoi parler d'un et demi ? - Parce que c'est en lui que tout ce monde s'est développé, voilà pourquoi il est un et demi[1]. - Quel est le dieu unique ?

- C'est le souffle (*prāṇa*). Il est Brahman, qu'on appelle Cela (*tyad*).

---

1. Les expressions « il s'est développé » (*adyārdhnot)* et « un et demi » (*adhyardha*) comportent un jeu de mots impossible à rendre en français.

HUIT DIFFÉRENTES PERSONNES ET LEUR DIVINITÉ ASSOCIÉE

10. pṛthivyeva yasyāyatanam agnirloko mano jyotiryo vai taṃ puruṣaṃ vidyāt sarvasyātmanaḥ parāyaṇaṃ sa vai veditā syādyājñavalkya | veda vā ahaṃ taṃ puruṣaṃ sarvasyātmanaḥ parāyaṇaṃ yamāttha | ya evāyaṃ śārīraḥ puruṣaḥ sa eṣaḥ | vadaiva śākalya tasya kā devateti | amṛtamiti hovāca ||

- En vérité, la terre est son siège, le feu son domaine, l'esprit sa lumière : celui qui connaîtrait cet Esprit (*puruṣa*) comme le but suprême[1] de tout soi (individuel), celui-là connaîtrait vraiment, Yājñavalkya. - En vérité, moi je le connais cet Esprit qui est le but suprême de tout soi dont tu parles. Il n'est rien d'autre que cet Esprit incarné. Mais dis maintenant, Śakalya, quelle est sa divinité ? - L'immortel !

11. kāma eva yasyāyatanam hṛdayaṃ lokaḥ mano jyotiryo vai taṃ puruṣaṃ vidyāt sarvasyātmanaḥ parāyaṇaṃ sa vai veditā syādyājñavalkya | veda vā ahaṃ taṃ puruṣaṃ sarvasyātmanaḥ parāyaṇaṃ yamāttha | ya evāyaṃ kāmamayaḥ puruṣaḥ sa eṣaḥ | vadaiva śākalya tasya kā devateti | striya iti hovāca ||

- En vérité, la passion (*kāma*) est son siège, le cœur son domaine, l'esprit sa lumière : celui qui connaîtrait cet Esprit (*puruṣa*) comme le but suprême de tout soi (individuel), celui-là connaîtrait vraiment, Yājñavalkya. - En vérité, moi je le connais cet Esprit qui est le but suprême de tout soi dont tu parles. Il n'est rien d'autre que cet Esprit plein de passion. Mais dis maintenant, Śakalya, quelle est sa divinité ? - Les femmes !

12. rūpanyeva yasyāyatanam cakṣurlokaḥ mano jyotiryo vai taṃ puruṣaṃ vidyāt sarvasyātmanaḥ parāyaṇaṃ sa vai veditā syādyājñavalkya | veda vā ahaṃ taṃ puruṣaṃ sarvasyātmanaḥ parāyaṇaṃ yamāttha | ya evāsāvāditye puruṣaḥ sa eṣaḥ | vadaiva śākalya tasya kā devateti | satyam iti hovāca ||

1. Le mot *ayanam* désigne le chemin, mais aussi l'abri.

- En vérité, les apparences visibles constituent son siège, la vue son domaine, l'esprit sa lumière : celui qui connaîtrait cet Esprit (*puruṣa*) comme le but suprême de tout soi (individuel), celui-là connaîtrait vraiment, Yājñavalkya. - En vérité, moi je le connais cet Esprit qui est le but suprême de tout soi dont tu parles. Il n'est rien d'autre que cet Esprit dans ce Soleil. Mais dis maintenant, Śakalya, quelle est sa divinité ? - L'existence[1] !

13. ākāśa eva yasyāyatanam śrotraṃ lokaḥ mano jyotiryo vai taṃ puruṣaṃ vidyāt sarvasyātmanaḥ parāyaṇaṃ sa vai veditā syādyājñavalkya | veda vā ahaṃ taṃ puruṣaṃ sarvasyātmanaḥ parāyaṇaṃ yamāttha | ya evāyaṃ śrautraḥ prātiśrutkaḥ puruṣaḥ sa eṣaḥ | vadaiva śākalya tasya kā devateti | diśaḥ iti hovāca ||

- En vérité, l'espace est son siège, l'ouïe son domaine, l'esprit sa lumière : celui qui connaîtrait cet Esprit (*puruṣa*) comme le but suprême de tout soi (individuel), celui-là connaîtrait vraiment, Yājñavalkya. - En vérité, moi je le connais cet Esprit qui est le but suprême de tout soi dont tu parles. Il n'est rien d'autre que cet Esprit dans le son et l'écho. Mais dis maintenant, Śakalya, quelle est sa divinité ? - Les régions de l'espace !

14. tama eva yasyāyatanam hṛdayaṃ lokaḥ mano jyotiryo vai taṃ puruṣaṃ vidyāt sarvasyātmanaḥ parāyaṇaṃ sa vai veditā syādyājñavalkya | veda vā ahaṃ taṃ puruṣaṃ sarvasyātmanaḥ parāyaṇaṃ yamāttha | ya evāyaṃ chāyāmayaḥ puruṣaḥ sa eṣaḥ | vadaiva śākalya tasya kā devateti | mṛtyuriti hovāca ||

- En vérité, l'obscurité est son siège, le cœur son domaine, l'esprit sa lumière : celui qui connaîtrait cet Esprit (*puruṣa*) comme le but suprême de tout soi (individuel), celui-là connaîtrait vraiment, Yājñavalkya.

- En vérité, moi je le connais cet Esprit qui est le but suprême de

1. Le mot *satyam* signifie existence, réalité, vérité ; il dérive directement du verbe être (*as-*).

tout soi dont tu parles. Il n'est rien d'autre que cet Esprit dans l'ombre. Mais dis maintenant, Śakalya, quelle est sa divinité ? - La mort !

15. rūpanyeva yasyāyatanam cakṣurlokaḥ mano jyotiryo vai taṃ puruṣaṃ vidyāt sarvasyātmanaḥ parāyaṇaṃ sa vai veditā syādyājñavalkya | veda vā ahaṃ taṃ puruṣaṃ sarvasyātmanaḥ parāyaṇaṃ yamāttha | ya evāyam ādarśe puruṣaḥ sa eṣaḥ | vadaiva śākalya tasya kā devateti | asuriti hovāca ||

- En vérité, les formes visibles constituent son siège, la vision son domaine, l'esprit sa lumière : celui qui connaîtrait cet Esprit (*puruṣa*) comme le but suprême de tout soi (individuel), celui-là connaîtrait vraiment, Yājñavalkya.

- En vérité, moi je le connais cet Esprit qui est le but suprême de tout soi dont tu parles. Il n'est rien d'autre que cet Esprit dans le miroir. Mais dis maintenant, Śakalya, quelle est sa divinité ? - La vie !

16. āpa eva yasyāyatanam hṛdayaṃ lokaḥ mano jyotiryo vai taṃ puruṣaṃ vidyāt sarvasyātmanaḥ parāyaṇaṃ sa vai veditā syādyājñavalkya | veda vā ahaṃ taṃ puruṣaṃ sarvasyātmanaḥ parāyaṇaṃ yamāttha | ya evāyam apsu puruṣaḥ sa eṣaḥ | vadaiva śākalya tasya kā devateti | varuṇa iti hovāca ||

- En vérité, les eaux constituent son siège, le cœur son domaine, l'esprit sa lumière : celui qui connaîtrait cet Esprit (*puruṣa*) comme le but suprême de tout soi (individuel), celui-là connaîtrait vraiment, Yājñavalkya. - En vérité, moi je le connais cet Esprit qui est le but suprême de tout soi dont tu parles. Il n'est rien d'autre que cet Esprit dans les eaux. Mais dis maintenant, Śakalya, quelle est sa divinité ? - Varuṇa !

17. reta eva yasyāyatanam hṛdayaṃ lokaḥ mano jyotiryo vai taṃ puruṣaṃ vidyāt sarvasyātmanaḥ parāyaṇaṃ sa vai veditā syādyājñavalkya | veda vā ahaṃ taṃ puruṣaṃ sarvasyātmanaḥ parāyaṇaṃ yamāttha | ya evāyam putramayaḥ puruṣaḥ sa eṣaḥ | vadaiva śākalya tasya kā devateti | prajāpatiriti hovāca ||

- En vérité, la semence est son siège, le cœur son domaine, l'esprit sa lumière : celui qui connaîtrait cet Esprit (*puruṣa*) comme le but suprême de tout soi (individuel), celui-là connaîtrait vraiment, Yājñavalkya. - En vérité, moi je le connais cet Esprit qui est le but suprême de tout soi dont tu parles. Il n'est rien d'autre que cet Esprit dans un fils. Mais dis maintenant, Śakalya, quelle est sa divinité ? - Prajāpati !

18. śākalyeti hovāca yājñavalkyaḥ | tvāṃ svidime brāhmaṇā aṅgārāvakṣayaṇam akratā iti ||

- Śākalya, dit Yājñavalkya, ces brahmanes t'ont chargé de tirer les charbons du feu[1] ?

CINQ DIRECTIONS DE L'ESPACE, LEUR DÉITÉ ET LEUR SUPPORT

19. yājñavalkyeti hovāca śākalyaḥ | yadidaṃ kurupañcālānāṃ brāhmaṇān atyavādīḥ kiṃ brahma vidvān iti | diśo veda sadevāḥ sapratiṣṭhā iti | yaddiśo vettha sadevāḥ pratiṣṭhāḥ ||

- Yājñavalkya, dit Śākalya, toi qui as surpassé ces brahmanes de Kuru et de Pañcāl par la parole, quel est ce Brahman que tu connais ? - Je connais les régions de l'espace avec leurs dieux et leurs supports. - Puisque tu connais les régions de l'espace avec leurs dieux et leurs supports,

20. kiṃdevato 'śyāṃ prācyāṃ diśyasīti | ādityadevata iti | sa ādityaḥ kasmin pratiṣṭhita iti | cakṣusīti | kasmin nu cakṣuḥ pratiṣṭhitamiti | rūpeṣviti | cakṣuṣā hi rūpāṇi paśyati | kasmin nu rūpāni pratiṣṭhitamiti | hṛdaya iti hovāca | hṛdayena hi rūpāṇi jānāti | hṛdaye hyeva rūpāṇi pratiṣṭhāni bhavantīti | evamevaitat yājñavalkya ||

Quelle divinité assignes-tu à l'orient ? - Le soleil en est la divinité. Et ce soleil, sur quoi repose-t-il ? - Sur la vue. - Et sur quoi la vue repose-t-elle ? - Sur les apparences visibles, car c'est grâce

1. Littéralement « pelle à charbons ».

à la vue qu'on voit les apparences. - Sur quoi s'appuient les formes visibles ? - Sur le cœur, répondit-il, car l'on connaît les formes visibles par le cœur, par conséquent les formes visibles s'appuient sur le cœur. - Il en est bien ainsi, Yājñavalkya.

21. *kiṃdevato 'śyāṃ dakṣināyāṃ diśyasīti* / *yamadevata iti* / *sa yamaḥ kasmin pratiṣṭhiteti* / *yajña iti* / *kasmin nu yajñaḥ pratiṣṭhita iti* / *dakṣiṇāyām iti* / *kasmin nu dakṣinā pratiṣṭhitā iti* / *śraddhāyām iti* / *yadā yeva śraddhate 'tha dakṣiṇāṃ dadāti* / *śraddhāyām hyeva dakṣiṇā pratiṣṭhiteti* / *kasmin nu śraddhā pratiṣṭhitā iti* / *hṛdaya iti hovāca* / *hṛdayena hi śraddhāṃ jānāti* / *hṛdaye hyeva śraddhā pratiṣṭhitā bhavatīti* / *evamevaitat yājñavalkya* //

Quelle est selon toi la divinité au sud ? - Yama en est la divinité. - Et ce Yama, sur quoi repose-t-il ? - Sur le sacrifice. - Et sur quoi le sacrifice repose-t-il ? - Sur les offrandes (aux prêtres sacrifiants)[1]. - Sur quoi les offrandes aux prêtres reposent-elles ? - Sur la confiance (*śraddhā*), car lorsqu'on a confiance, on accorde les offrandes ; voilà pourquoi les offrandes reposent sur la confiance. - Sur quoi s'appuie la confiance ? - Sur le cœur, répondit-il, car c'est grâce au cœur qu'on fait l'expérience de la confiance ; en vérité c'est dans le cœur qu'existe la confiance. - Il en est bien ainsi, Yājñavalkya.

22. *kiṃdevato 'śyāṃ pratīcyāṃ diśyasīti* / *varuṇadevata iti* / *sa varuṇaḥ kasmin pratiṣṭhiteti* / *apsviti* / *kasmin nu āpaḥ pratiṣṭhitā iti* / *retasīti* / *kasmin nu retaḥ pratiṣṭhitā iti* / *hṛdaya iti hovāca* / *tasmādapi pratirūpaṃ jātam āhurhṛdayādiva sṛpto hṛdayādiva nirmita iti* / *hṛdaye hyeva retaḥ pratiṣṭhitam bhavatīti* / *evamevaitat yājñavalkya* //

Quelle est selon toi la divinité à l'occident ? - Varuṇa en est la divinité. - Et ce Varuṇa, sur quoi repose-t-il ? - Sur les eaux. - Et

1. Le mot neutre ou masculin *dakṣina* désigne le Sud et le mot féminin *dakṣinā* désigne les honoraires versés par le patron du sacrifice (*yajñamāna*) aux prêtres qui sacrifient.

sur quoi les eaux reposent-elles ? - Sur la semence. - Sur quoi la semence repose-t-elle ? - Sur le cœur, dit-il ; par conséquent, on dit d'un nouveau-né qu'il est à l'image (de son père), qu'il est surgi de son cœur, qu'il est façonné à partir de son cœur. En vérité c'est dans le cœur que repose la semence. - Il en est bien ainsi, Yājñavalkya.

23. kiṃdevato 'śyāṃ udīcyāṃ diśyasīti / somadevata iti / sa somaḥ kasmin pratiṣṭhiteti / dīkṣāyām iti / kasmin nu dīkṣā pratiṣṭhitā iti / satya iti / tasmādapi dīkṣitam āhuḥ satyaṃ vadeti / satye hyeva dīkṣā pratiṣṭhitā iti / kasmin nu satyaṃ pratiṣṭhitam iti / hṛdaya iti hovāca / hṛdayena hi satyaṃ jānāti hṛdaye hyeva satyaṃ pratiṣṭhitaṃ bhavatīti / evamevaitat yājñavalkya //

Quelle est selon toi la divinité au nord ? - Soma en est la divinité. Et ce Soma, sur quoi repose-t-il ? Sur le rite initiatique (*dīkṣā*). - Et sur quoi le rite initiatique repose-t-il ? Sur la vérité ; c'est pour cela qu'on dit à l'initié "dis la vérité."Le rite initiatique est vraiment fondé sur la vérité - Sur quoi la vérité repose-t-elle ? Sur le cœur, dit-il ; car c'est par le cœur que l'on connaît la vérité. La vérité repose vraiment sur le cœur. - Il en est bien ainsi, Yājñavalkya.

24. kiṃdevato 'śyāṃ dhruvāyāṃ diśyasīti / agnidevata iti / so agniḥ kasmin pratiṣṭhiteti / vācīti / kasmin nu vāk pratiṣṭhitā iti / hṛdaya iti / kasmin nu hṛdayaṃ pratiṣṭhitaṃ iti //

Quelle est selon toi la divinité au zénith[1] ? - Agni (le Feu) en est la divinité. - Et ce Feu, sur quoi repose-t-il ? - Sur la parole. - Et sur quoi la parole repose-t-elle ? - Sur le cœur. - Sur quoi alors le cœur se fonde-t-il ?

25. ahallika iti hovāca yājñavalkyaḥ / yatraitad anyatāsman manyāsai yaddhyetad anyatrāsmat syācchvāno vainadadyuḥ vayāṃsi vainadvimathnīrann iti //

1. Littéralement « le point fixe » (*dhruva*), qui est l'étoile polaire de nos jours.

- Insensé bavard ! explosa Yājñavalkya, qui pense que le cœur pourrait reposer ailleurs qu'en nous. S'il était à l'extérieur de nous les chiens le dévoreraient et les corbeaux le déchireraient.

26. *kasmin nu tvaṃ cātmā ca pratiṣṭhitau stha iti | prāṇa iti | kasmin nu prāṇaḥ pratiṣṭhitā iti | apāna iti | kasmin nu apānaḥ pratiṣṭha iti | vyāna iti | kasmin nu vyānaḥ pratiṣṭha iti | udāna iti | kasmin nu udānaḥ pratiṣṭha iti | samāna iti | kasmin nu apānaḥ pratiṣṭha iti | sa eṣa neti netyātmā | agṛyo na hi gṛyate | aśīryaḥ na hi śīryate | asaṅgaḥ na hi sajyate | asito na hi vyathate | na riṣyati | etāni aṣṭavāyatanāni aṣṭau lokā aṣṭau devā aṣṭau puruṣāḥ | sa yastān puruṣān niruhya pratyuhyātyakrāmat taṃ tvaupaniṣadaṃ puruṣam pṛcchāmi taṃ cen me na vivakṣyasi mūrdhā te vipatiṣyatīti | taṃ ha na mene śākalyaḥ | tasya ha mūrdhā vipapāta | api hāsya parimoṣiṇo 'śthīnyapajahruranyan manyamānāḥ ||*

- Sur quoi toi et ton soi reposez-vous ? - Sur le souffle sortant. - Sur quoi le souffle sortant repose-t-il ? - Sur le souffle entrant. - Sur quoi le souffle entrant repose-t-il ?- Sur le souffle diffus. - Sur quoi le souffle diffus repose-t-il ? - Sur le souffle ascendant. - Sur quoi le souffle ascendant repose-t-il ? - Sur le souffle concentré. Ce Soi n'est ni ceci ni cela. Il est insaisissable, on ne peut le saisir. Il est indestructible, on peut le détruire. Rien n'adhère sur lui, il n'adhère à rien. Il est exempt de liens, il ne tremble pas, rien ne l'affecte. Tels sont les huit demeures, les huit domaines, les huit dieux, les huit esprits (*puruṣa*). Celui qui retranche ces esprits et les ramène, et qui les surpasse, c'est sur cet esprit auquel se réfèrent les entretiens (*upaniṣad*) que je t'interroge ; si tu ne me l'expliques pas, ta tête éclatera. » Mais Śākalya n'en avait pas la moindre idée et sa tête éclata. Les voleurs emportèrent même ses os, les prenant pour autre chose.

L'HOMME COMPARÉ À L'ARBRE

27. atha hovāca brāhmaṇā bhagavanto yo vaḥ kāmayate sa mā pṛcchatu I sarve vā mā pṛcchata I yo vaḥ kāmayate taṃ vaḥ pṛcchāmi sarvānvā vaḥ pṛcchāmīti I te ha brāhmaṇā na dadhṛṣuḥ II

Alors il dit : « Vénérable brahmanes, que celui d'entre vous qui le désire m'interroge ou interrogez-mois tous, ou je questionnerai celui d'entre vous qui le souhaite, ou je vous questionnerai tous. » Mais ces brahmanes n'osèrent pas.

28. tānhaitaiḥ ślokaiḥ papraccha I
yathā vṛkśo vanaspatiḥ tathaiva puruṣo 'mṛṣā I
tasya lomāni parṇāni tvagasyotpāṭikā bahiḥ II
tvaca evāsya rudhiraṃ prasyandi tvaca utpataḥ I
tasmāt tadātṛṇṇāt praiti raso vṛkṣādivāhatat II
māṃsānyasya śakarāni kinātaṃ snāva tat sthiram I
asthīnyantarato dārūṇi majjā majjopamā kṛtā II
yad vṛkśo vrkṇo rohati mūlān navataraḥ punaḥ I
martyaḥ svin mṛtyuṇā vṛknāḥ kasmān mūlāt prarohati II
retasa iti mā vocata jīvatas tat prajāyate I
dhānāruha iva vai vṛkṣaḥ añjasā pretyasambhavaḥ II
yat samūlam āvṛheyuḥ vṛkṣam na punar ābhavet I
martyaḥ svin mṛtyunā vṛkṇaḥ kasmān mūlāt prarohati II
jāta eva na jāyate konvenaṃ janayet punaḥ I
vijñānam ānandaṃ brahman rātir dātuḥ parāyaṇaṃ
tiṣṭhamānasya tadvidaḥ II

Alors, il les interrogea avec ces stances :

Comme un arbre, roi des forêts, tel est l'homme vraiment. Ses poils sont les feuilles, sa peau est l'écorce extérieure. Le sang s'écoule de sa peau comme la sève de l'écorce ; par conséquent il s'écoule de l'homme blessé comme la sève de l'arbre frappé. Les chairs sont les éclats, les tendons sont résistants comme les fibres internes de l'arbre. Ses os sont le bois à l'intérieur et la moelle ressemble à la celle de l'arbre. Quand un arbre est abattu, il repousse rajeuni par les racines : mais le mortel abattu par la mort, à partir de quelles racines repousse-t-il ? Ne dites pas « à partir de la semence », car celle-ci surgit du vivant. Car comme un arbre germant à partir de la semence, l'homme mort réapparaît tout de suite. Si l'on arrache un arbre avec ses racines, il ne resurgit pas ; alors, le mortel abattu par la mort, à partir de quelles racines repousse-t-il ? Une fois né, il ne naît plus : qui pourrait le faire renaître ? Brahman est la connaissance, Brahman est la grâce pour celui qui offre, il est la Demeure suprême de celui qui est fermement établi et connaît cela.

IV

1
INADÉQUATION DES DÉFINITIONS DE BRAHMAN

1. janako havaideha āsaṃcakre | atha ha yājñavalkya āvavrāja | taṃ hovāca yājñavalkya kim artham acārīḥ paśūn icchann aṇvantānīti | ubhayameva samrāḍ iti hovāca ||

Janaka, roi de Videha, était assis lorsque s'approcha Yājñavalkya. Il lui dit : « Yajñavalkya, dans quel but es-tu venu : pour du bétail ou pour des dissertations subtiles ? - Pour les deux, Majesté, répondit-il.

2. yat te kaścidabravīt tacchṛṇavāmeti |
abravīn me jitvā śailinirvāgvai brahmoti |
yathā mātṛmānpitṛmānācāryavānbrūyāt tathā tacchailinirabravīdvāgvai brahmeti | avadato hi kiṃ syāditi | abravīt te tasyāyatanaṃ pratiṣṭhām | na me 'bravīditi | ekapādvā etatsamrāḍiti | sa vai no brūhi yājñavalkya | vāgevāyatanam ākāśaḥ pratiṣṭhā prajñetyenadupāsīta | kā prajñatā yājñavalkya | vāgeva samrāḍiti hovāca | vācā vai samrāḍ bandhuḥ prajñāyate | ṛgvedo yajurvedaḥ sāmavedo 'tharvāṅgirasa itihāsaḥ purāṇaṃ vidyā upaniṣadaḥ ślokāḥ

sūtraṇyanuvyākhyānāni vyākhyānānīṣṭham hutam āśitaṃ pāyitam ayaṃ ca lokaḥ paraśca lokaḥ sarvāṇi ca bhūtāni vācaiva samrāḍ prajñāyante I vāgvai samrāḍ paramaṃ brahma I nainaṃvāgjahāti sarvāṇyenaṃ bhūtanyabhikṣaranti devo bhūtvā devānapyeti ya evaṃ vidvān etadupāste I hastyṛṣabhaṃ sahasraṃ dadāmīti hovāca janako vaidehaḥ I sa hovāca yājñavalkyaḥ pitā me'manyata nānanuśiṣya hareteti II

Nous aimerions entendre ce qu'on t'a dit.

- Jitvan Śailini m'a dit « Brahman en vérité est la parole. » - En disant que Brahman est la parole, Jitvan Śailini a parlé comme le ferait quiconque a une mère, un père et un maître : car que serait-on sans la parole ? T'a-t-il parlé de son domaine et de son fondement ? - Il ne me l'a pas dit. - Ce Brahman ne tient pas debout[1], ô Majesté ! - Dis-le-nous donc, toi, Yājñavalkya. - En vérité, c'est la parole qui est son domaine et l'espace son appui ; on doit le révérer en tant que Connaissance. - Yājñavalkya, qu'est-ce qui amène la Connaissance ? - C'est justement la parole, Majesté, répondit-il. C'est bien par la parole, Majesté, que l'onconnaît sa lignée. Le *Ṛgveda*, le *Yajurveda*, le *Sāma Veda*, l'*Athar Vaveda*[2], l'histoire, les antiques légendes (*purāṇa*), les sciences, les enseignements secrets (les Upaniṣad), les stances, les aphorismes (*sūtra*), les explications, les commentaires, les offrandes et les oblations, les aliments et les boissons, ce monde-ci et l'autre, tous les êtres, tout cela on le connaît par la parole, Majesté. Alors, Majesté, le Brahman suprême est parole. Celui qui sait ainsi et le vénère, ô Majesté, la parole ne l'abandonne pas, tous les êtres viennent à lui ; devenu dieu lui-même, il va vers les dieux. - Je te donne mille vaches avec un taureau comme un éléphant ! lança Janaka de Videha. Yājñavalkya lui répondit : « Mon père estimait

1. Littéralement « cela n'a qu'un pied » (*ekapād*).

2. Le mot *atharvāṇgirasa* désigne les hymnes d'Atharvan et d'Aṅgiras. La tradition considère Atharvan comme l'instigateur du sacrifice et le compositeur d'hymnes et Aṅgiras comme un autre rishi compositeur d'hymnes inclus dans l'*Atharvaveda*.

qu'on ne devrait rien accepter avant d'avoir instruit. »

3. yadeva te kaścidabravīt tacchṛṇavāmeti | abravīn ma udaṅkaḥ śaulbāyanaḥ prāṇo vai brahmeti | yathā mātṛmānpitṛmānācāryavānbrūyāt tathā tacchaulbāyano 'bravīt prāṇo vai brahmeti | aprāṇato hi kim syāditi | abravīt tu te tasyāyatanaṃ pratiṣṭhām | na me 'bravīditi | ekapādvā etatsamrāḍiti | sa vai no brūhi yājñavalkya | prāṇa evāyatanam ākāśaḥ pratiṣṭhā priyamityenadupāsīta | kā priyatā yājñavalkya | prāṇa samrāḍiti hovāca | prāṇasya vai samrāṭ kāmāyāyājyaṃ yājayatyapratigṛhyasya pratigṛṇāti | api tatra vadhāśaṅkaṃ bhavati yāṃ diśam eti prāṇasyaiva samraṭ kāmāya | prāṇo vai samraṭ paramaṃ brahma | nainaṃ prāṇo jahāti sarvānyenaṃ bhūtanyabhikṣaranti devo bhūtvā devānapyeti ya evaṃ vidvān etadupāste | hastyṛṣabhaṃ sahasraṃ dadāmīti hovāca janako vaidehaḥ | sa hovāca yājñavalkyaḥ pitā me'manyata nānanuśiṣya hareteti ||

- Ce qu'on a pu te dire, nous aimerions l'entendre. - Udaṅka Śaulbāyana m'a dit « Brahman en vérité est le souffle vital. » - En disant que Brahman est le souffle vital, Udaṅka Śaulbāyana a parlé comme le ferait quiconque a une mère, un père et un maître : car que serait-on sans le souffle vital ? T'a-t-il parlé de son domaine et de son fondement ? - Il ne me l'a pas dit. - Ce Brahman ne tient pas debout, ô Majesté ! - Dis-le-nous donc, toi, Yājñavalkya. - En vérité, c'est le souffle vital qui est son domaine et l'espace son appui ; on doit le révérer comme ce qui cher. - Yājñavalkya, qu'est-ce qui est cher ? - C'est justement le souffle vital, Majesté, répondit-il. C'est bien par amour pour le souffle vital, Majesté, qu'on sacrifie pour qui on ne le devrait pas, qu'on accepte de qui on ne devrait pas accepter. C'est par amour du souffle vital, Majesté, qu'on craint d'être tué là où l'on va. Alors, Majesté, le Brahman suprême est le souffle vital. Celui qui sait ainsi et le vénère, ô Majesté, le souffle vital ne l'abandonne pas, tous les êtres viennent à lui ; devenu dieu lui-même, il va vers les dieux.

- Je te donne mille vaches avec un taureau comme un éléphant ! lança Janaka de Videha. »

Yājñavalkya lui répondit : « Mon père estimait qu'on ne devrait rien accepter avant d'avoir instruit. »

4. yadeva te kaścidabravīt tacchṛṇavāmeti I abravīn me barkurvārṣṇaścakṣurvai brahmeti I yathā mātṛmānpitṛmānācāryavānbrūyāt tathā tadvārṣṇo 'bravīt cakṣurvai brahmeti I apaśyato hi kim syāditi I abravīt tu te tasyāyatanaṃ pratiṣṭhām I na me 'bravīditi I ekapādvā etatsamrāḍiti I sa vai no brūhi yājñavalkya I cakṣur evāyatanam ākāśaḥ pratiṣṭhā satyamityetadupāsīta I kā satyatā yājñavalkya I cakṣureva samrāḍiti hovāca I cakṣusā vai samrāṭ paśyantam āhuhradrākṣīriti sa āhādrākṣam iti tat satyaṃ bhavati I cakṣurvai samraṭ paramaṃ brahma I nainaṃ cakṣurjahāti sarvānyenaṃ bhūtanyabhikṣaranti devo bhūtvā devānapyeti ya evaṃ vidvān etadupāste I hastyṛṣabhaṃ sahasraṃ dadāmīti hovāca janako vaidehaḥ I sa hovāca yājñavalkyaḥ pitā me'manyata nānanuśiṣya hareteti II

- Ce qu'on a pu te dire, nous aimerions l'entendre. - Barku Vārṣṇa m'a dit « Brahman en vérité est la vision. »

- En disant que Brahman est la vision, Barku Vārṣṇa a parlé comme le ferait quiconque a une mère, un père et un maître : car que serait-on sans la vision ? T'a-t-il parlé de son domaine et de son fondement ? - Il ne me l'a pas dit. - Ce Brahman ne tient pas debout, ô Majesté ! - Dis-le-nous donc, toi, Yājñavalkya. - En vérité, c'est la vision qui est son domaine et l'espace son appui ; on doit la révérer comme ce qui réalité. - Yājñavalkya, qu'est-ce qui fait le réel ? - C'est justement la vision, Majesté, répondit-il. En vérité, quand on demande à quelqu'un qui a vu de ses yeux « as-tu vu ? » il répond « j'ai vu ! », ainsi est établie la vérité. Alors, Majesté, le Brahman suprême est la vision. Celui qui sait ainsi et le vénère, ô Majesté, la vision ne l'abandonne pas, tous les êtres viennent à lui ; devenu dieu lui-même, il va vers les dieux. - Je te donne mille vaches avec un taureau comme un éléphant ! lança Janaka de Videha. » Yājñavalkya lui répondit : « Mon père estimait qu'on ne devrait rien accepter avant d'avoir instruit. »

5. yadeva te kaścidabravīt tacchṛṇavāmeti I abravīn me gardabhīvipīta bhāradvājaḥ śrotraṃ vai brahmeti I yathā mātṛmānpitṛmānācāryavānbrūyāt tathā tadbhāradvājo 'bravīt śrotraṃ vai brahmeti I aśṛṇvato hi kim syāditi I abravīt tu te tasyāyatanaṃ pratiṣṭhām I na me 'bravīditi I ekapādvā etatsamrāḍiti I sa vai no brūhi yājñavalkya I śrotram evāyatanam ākāśaḥ pratiṣṭhā anantam ityenadupāsīta I kānantatā yājñavalkya I diśa eva samrāḍiti hovāca I tasmād vai samrāṭ api yāṃ kāṃ ca diśaṃ gacchati naivāsyā antaṃ gacchati I anantā hi diśaḥ I diśo vai samrāḍśrotram I śrotraṃ vai samraṭ paramaṃ brahma I nainaṃ śrotraṃ jahāti sarvānyenaṃ bhūtanyabhikṣaranti devo bhūtvā devānapyeti ya evaṃ vidvān etadupāste I hastyṛṣabhaṃ sahasraṃ dadāmīti hovāca janako vaidehaḥ I sa hovāca yājñavalkyaḥ pitā me'manyata nānanuśiṣya hareteti II

- Ce qu'on a pu te dire, nous aimerions l'entendre. - Gardabhīvipīta Bhāradvāja m'a dit « Brahman en vérité est l'ouïe. » -En disant que Brahman est l'ouïe, Bhāradvāja a parlé comme le ferait quiconque a une mère, un père et un maître : car que serait-on sans l'ouïe ? T'a-t-il parlé de son domaine et de son fondement ? - Il ne me l'a pas dit. - Ce Brahman ne tient pas debout, ô Majesté ! - Dis-le-nous donc, toi, Yājñavalkya. - En vérité, c'est l'oreille qui est son domaine et l'espace son appui ; on doit le vénérer comme étant sans limites. - Yājñavalkya, qu'est-ce qui fait l'infinitude ? - Ce sont, ô Majesté, les régions de l'espace, répondit-il. En vérité, peu importe la direction dans laquelle on va, on n'arrive jamais à la limite. Les régions de l'espace sont donc sans limites. L'ouïe est donc les régions de l'espace. Alors, Majesté, le Brahman suprême est l'ouïe. Celui qui sait ainsi et le vénère, ô Majesté, l'ouïe ne l'abandonne pas, tous les êtres viennent à lui ; devenu dieu lui-même, il va vers les dieux.

- Je te donne mille vaches avec un taureau comme un éléphant ! lança Janaka de Videha. » Yājñavalkya lui répondit : « Mon père estimait qu'on ne devrait rien accepter avant d'avoir instruit. »

6. yadeva te kaścidabravīt tacchṛṇavāmeti I abravīn me satyakāmo jābālaḥ mano vai brahmeti I yathā mātṛmānpitṛmānācāryavānbrūyāt tathā tajjābālo 'bravīt mano vai brahmeti I amanaso hi kim syāditi I abravīt tu te tasyāyatanaṃ pratiṣṭhām I na me 'bravīditi I ekapādvā etatsamrāḍiti I sa vai no brūhi yājñavalkya I mana evāyatanam ākāśaḥ pratiṣṭhā ānanda ityenadupāsīta I kānandatā yājñavalkya I mana eva samrāḍiti hovāca I manasā vai samrāṭ striyam abhihāryate tasyām pratirūpaḥ putro jāyate sa ānandaḥ I mano vai samraṭ paramaṃ brahma I nainaṃ mano jahāti sarvānyenaṃ bhūtanyabhikṣaranti devo bhūtvā devānapyeti ya evaṃ vidvān etadupāste I hastyṛṣabhaṃ sahasraṃ dadāmīti hovāca janako vaidehaḥ I sa hovāca yājñavalkyaḥ pitā me'manyata nānanuśiṣya hareteti II

- Ce qu'on a pu te dire, nous aimerions l'entendre. - Satyakāmo Jābāla m'a dit « Brahman en vérité est le mental (*manas*). » - En disant que Brahman est le mental, Bhāradvāja a parlé comme le ferait quiconque a une mère, un père et un maître : car que serait-on sans le mental ? T'a-t-il parlé de son domaine et de son fondement ? - Il ne me l'a pas dit. - Ce Brahman ne tient pas debout, ô Majesté ! - Dis-le-nous donc, toi, Yājñavalkya. - En vérité, c'est le mental qui est son domaine et l'espace son appui ; on doit le vénérer comme étant la joie. - Yājñavalkya, qu'est-ce qui fait la joie ? - C'est justement, ô Majesté, le mental, répondit-il. En vérité, c'est grâce au mental qu'on est pris par une femme et qu'en elle on engendre un fils à sa ressemblance, c'est la joie. Alors, Majesté, le Brahman suprême est le mental. Celui qui sait ainsi et le vénère, ô Majesté, le mental ne l'abandonne pas, tous les êtres viennent à lui ; devenu dieu lui-même, il va vers les dieux. - Je te donne mille vaches avec un taureau comme un éléphant ! lança Janaka de Videha. » Yājñavalkya lui répondit : « Mon père estimait qu'on ne devrait rien accepter avant d'avoir instruit. »

7. yadeva te kaścidabravīt tacchṛṇavāmeti / abravīn me vidagdaḥ śākalyaḥ hṛdayaṃ vai brahmeti / yathā mātṛmānpitṛmānācāryavānbrūyāt tathā tacchākalyo 'bravīt hṛdayaṃ vai brahmeti / ahṛdayasya hi kim syāditi / abravīt tu te tasyāyatanaṃ pratiṣṭhām / na me 'bravīditi / ekapādvā etatsamrāḍiti / sa vai no brūhi yājñavalkya / hṛdayam evāyatanam ākāśaḥ pratiṣṭhā sthitirityenadupāsīta / kā sthititā yājñavalkya / hṛdayam eva samrāḍiti hovāca / hṛdayaṃ vai samrāṭ sarveṣām bhūtānāṃ pratiṣṭhā / hṛdaye hyeva sarvāni bhūtāni pratiṣṭhitāni bhavanti / hṛdayaṃ vai samraṭ paramaṃ brahma / nainaṃ hṛdayaṃ jahāti sarvānyenaṃ bhūtanyabhikṣaranti devo bhūtvā devānapyeti ya evaṃ vidvān etadupāste / hastyṛṣabhaṃ sahasraṃ dadāmīti hovāca janako vaidehaḥ / sa hovāca yājñavalkyaḥ pitā me'manyata nānanuśiṣya hareteti //

- Ce qu'on a pu te dire, nous aimerions l'entendre. - Vidagdaḥ Śākalya m'a dit « Brahman en vérité est le cœur. » - En disant que Brahman est le cœur, Bhāradvāja a parlé comme le ferait quiconque a une mère, un père et un maître : car que serait-on sans le cœur ? T'a-t-il parlé de son domaine et de son fondement ? - Il ne me l'a pas dit. - Ce Brahman ne tient pas debout, ô Majesté ! - Dis-le-nous donc, toi, Yājñavalkya. - En vérité, c'est le cœur qui est son domaine et l'espace son appui ; on doit le vénérer comme étant la stabilité. - Yājñavalkya, qu'est-ce qui fait la stabilité ? - C'est justement, ô Majesté, le cœur, répondit-il. En vérité, le cœur est l'assise de tous les êtres. C'est en effet dans le cœur que tous les êtres sont établis. Alors, Majesté, le Brahman suprême est le cœur. Celui qui sait ainsi et le vénère, ô Majesté, le cœur ne l'abandonne pas, tous les êtres viennent à lui ; devenu dieu lui-même, il va vers les dieux. - Je te donne mille vaches avec un taureau comme un éléphant ! lança Janaka de Videha. » Yājñavalkya lui répondit : « Mon père estimait qu'on ne devrait rien accepter avant d'avoir instruit. »

2
AU SUJET DE L'ÂME

1. janako va daivehaḥ kūrcādapāvasarpann uvāca namaste 'stu yājñavalkya I *anu mā śādhīti* I *sa hovāca yathā vai samrāṭmahāntamadhvānameṣyan rathaṃ vā nāvaṃ vā samādadītaivamevaitābhirupaniṣadbhiḥ samāhitātmāsi* I *evaṃ vṛndāraka āḍhyaḥ sann adhītaveda uktopaniṣatka ito vimucyamānaḥ kva gamiṣyasīti* I *nāhaṃ tadbhagavanveda yatra gamiṣyāmīti* I *atha vai te 'haṃ tadvakṣyāmi yatra gamiṣyasīti* I *bravītu bhagavāniti* II

Janaka, roi de Videha, descendit de son siège d'herbe, s'avança et dit : « Salut à toi, Yājñavalkya ! Enseigne-moi ! » Celui-ci répondit : « Ô roi, tout comme lorsqu'on entreprend un long voyage on se procure un char ou un navire, de même vous vous êtes procuré ces enseignements secrets (*upaniṣad*). Vous êtes si éminent et riche, vous avez étudié le Veda, vous êtes familier avec les enseignements secrets ; alors, une fois libéré de ce monde, où irez-vous ? - J'ignore, ô Seigneur où j'irai. - Alors moi je te dirai où vous irez. - Parle, Seigneur.

2. indho ha vai nāmaiṣa yo 'yaṃ dakṣiṇe 'kṣanpuruṣaḥ I *taṃ vā etam indham santam indra ityācakṣate parokṣeṇaiva* I *parokṣapriyā iva hi devāḥ pratyakṣadviṣaḥ* II

En vérité, le nom du personnage qui apparaît dans l'œil droit est Indha (le flambant) ; en réalité il est Indha, mais on le dénomme mystérieusement Indra. Car il semble bien que les dieux aiment ce qui est mystérieux et détestent ce qui est apparent.

3. athaitadvāme 'kṣaṇi puruṣarūpam eṣāsya patnī virāṭ I *tayoreṣa saṃstāvo ya eṣo 'ntarhṛdaya ākāśaḥ* I *athainayoretadannaṃ ya eṣo'ntarhrdaye lohitapiṇḍaḥ* I *athainayoretatprāvaraṇaṃ yadetadantarhṛdaye jālakameva* I *athainayoreṣā sṛtiḥ saṃcaraṇī yaiṣā hṛdayādūdhvā nāḍyuccarati* I *yathā keśaḥ sahasradhā binnaḥ evamasyaitā hitā nāma nāḍyo 'ntarhṛdaye pratiṣṭhitā bhavanti* I *etābhirvā etadāsrvadāsravati | tasmādeṣa praviviktāhāratara ivaiva bhavatyasmācchārīrādātmanaḥ ||*

Quant à la forme humaine qui apparaît dans l'œil gauche, c'est son épouse Virāj. Leur lieu d'union est l'espace dans le cœur. Leur nourriture est la masse rouge de sang dans le cœur. Leur habit est cette substance comme un filet dans le cœur. Leur chemin qu'ils parcourent, c'est cette veine qui court au-dessus du cœur. Comme un cheveu coupé en mille, ces veines appelées *hitā* sont établies dans le cœur. C'est en effet par elles qu'afflue ce qui afflue (la nourriture). De là vient qu'il (ce soi composé de Indha et Virāj) qu'il consomme comme une nourriture plus subtile que le corps.

4. tasya prācī dikprāñcaḥ prāṇā dikṣiṇā digdakṣiṇe prāṇaḥ praīcī dikpratyañcaḥ prāṇaḥ udīcī digudañcaḥ prāṇā urdhvā digūrdhvāḥ prāṇā avācī digavāñcaḥ prāṇā sarvā diśaḥsarve prāṇāḥ | sa eṣa neti nestyātmā | agṛhyo na gṛhyate | aśīryo na hi śīryate | asaṅgo nahi sajyate | asito na vyathate | na riṣyati | abhayaṃ vai janaka prāpto 'sīti hovāca yājñavalkya | sa hovāca janako vaideho 'bhayaṃ tvā gacchatādyājñavalkya yo so bhagavann abhayaṃ vedayase | namaste 'stu | ime videhā ayam aham asmi ||

Les fonctions vitales (*prāṇa*) qui sont devant sont sa région orientale, les fonctions de droite sa région méridionale, celles de derrière sa région occidentale, les fonctions de gauche sa région septentrionale, les fonctions supérieures sont le zénith, celles de dessous sont le nadir : toutes les fonctions vitales sont toutes les régions. Quant à lui, le Soi, il n'est ni ceci ni cela. Il est insaisissable, on ne peut s'en emparer. Il est indestructible, on peut le détruire. Rien n'adhère sur lui, il n'adhère à rien. Il est exempt de liens, il ne tremble pas, rien ne l'affecte. Vraiment, ô Janaka, tu es devenu libre de la peur. » Ainsi parla Yājñavalkya. Janaka, roi de Videha, dit : « Que cette liberté descende sur toi, Yājñavalkya, toi, Seigneur, qui nous a fait connaître l'état sans peur. Salut à toi ! Ces gens de Videha et moi-même sommes à ton service. »

3
LA LUMIÈRE DE L'HOMME EST LE SOI

1. janakaṃ vai vaidehaṃ yājñavalkyo jagāma / sa mene na vadiṣya iti / atha ha yajjanakaśca vaideho yājñavalkyaścāgnihotre samūdāte / tasmai ha yājñavalkyo varaṃ dadau / sa ha kāmapraśnameva vavre / taṃ hāsmai dadau / taṃ ha samrāḍeva pūrvaṃ papraccha //

Yājñavalkya vint voir le roi Janaka de Videha et pensait ne pas parler. Cependant, alors que Janaka, roi de Videha, et Yājñavalkya discutaient à l'occasion d'un sacrifice du feu (*agnihotra*), Yājñavalkya avait accordé un vœu au roi et celui-ci avait choisi de l'interroger à loisir ; Yājñavalkya le lui avait accordé. Alors, le roi prit le premier la parole.

2. yājñavalkya kiṃ jyotirayaṃ puruṣa iti / ādityajyotiḥ samrāḍiti hovāca / ādityenaivāyaṃ jyotiṣāsate palyayate kurute karma vipalyetīti / evamevaitadyājñavalkya //

- Yājñavalkya, cette personne[1], quelle est sa lumière ? - La lumière du soleil, Majesté, répondit-il. C'est sous la lumière du soleil qu'il s'assied, bouge, accomplit son travail et revient. - Il en est bien ainsi, Yājñavalkya.

3. astam ita āditye yājñavalkya kiṃ jyotirevāyaṃ puruṣa iti / candramā evāsya jyotirbhavatīti / candramasaivāyaṃ jyotiṣāste palyayate karma kurute vipalyetīti / evamevai tadyājñavalkya //

- Le soleil couché, Yājñavalkya, quelle est alors la lumière de cette personne ? - La lune est sa lumière. C'est sous la lumière de la lune qu'il s'assied, bouge, accomplit son travail et revient. - Il en est bien ainsi, Yājñavalkya.

4. astam ita āditye yājñavalkya candramasyastam ite kiṃ jyotirevāyaṃ puruṣa iti / agnirevāsya jyotirbhavatīti / agninaivāyaṃ jyotiṣāste palyayate karma kurute vipalyetīti / evamevai tadyājñavalkya //

---

1. Celle dont il a été question plus haut.

- Une fois le soleil et la lune couchés, Yājñavalkya, quelle est alors la lumière de cette personne ? - Le feu est sa lumière. C'est à la lumière du feu qu'il s'assied, bouge, accomplit son travail et revient. - Il en est bien ainsi, Yājñavalkya.

5. astam ita āditye yājñavalkya candramasyastam ite śānte agnau kiṃ jyotirevāyaṃ puruṣa iti / vāgevāsya jyotirbhavatīti / vācaivāyaṃ jyotiṣāste palyayate karma kurute vipalyetīti / tasmadvai saṃrāḍapi yatra svaḥ pāṇirna vinirjñāyate 'tha vāguccharatyupaiva tatra nyetīti / evamevai tadyājñavalkya //

- Une fois le soleil et la lune couchés, Yājñavalkya, et quand le feu s'est éteint, quelle est alors la lumière de cette personne ? - La parole est sa lumière. C'est à la lumière de la parole qu'il s'assied, bouge, accomplit son travail et revient. Quand on ne distingue plus la main, Majesté, on se dirige là où la voix se fait entendre. - Il en est bien ainsi, Yājñavalkya.

6. astam ita āditye yājñavalkya candramasyastam ite śānte agnau śāntāyām vāci kiṃ jyotirevāyaṃ puruṣa iti / ātmaivāsya jyotirbhavatīti / ātmanaivāyaṃ jyotiṣāste palyayate karma kurute vipalyetīti / evamevai tadyājñavalkya //

- Une fois le soleil et la lune couchés, Yājñavalkya, et quand le feu s'est éteint et que la parole s'est tue, quelle est alors la lumière de cette personne ? - Le Soi est sa lumière. C'est à la lumière du Soi qu'il s'assied, bouge, accomplit son travail et revient. - Il en est bien ainsi, Yājñavalkya.

LES DIVERS ÉTATS DU SOI

7. katama ātmeti / yo 'yam vijñānamayaḥ prāṇeṣu hṛdyantarjyotiḥ puruṣa sa samānaḥ sann ubhau lokāvanusaṃcarati dhyāyatīva lelāyatīva / sa hi svapno bhūtvemaṃ lokam atikrāmati mṛtyo rūpāṇi //

- Comment est-il le Soi ? - C'est cette Personne qui est connaissance dans les fonctions vitales (*prāṇa*), lumière dans le cœur, demeurant toujours le même il parcourt les deux mondes comme s'il pensait et s'agitait ; mais dans le sommeil il transcende ce monde et les formes visibles de la mort.

8. sa vā ayaṃ puruṣo jāyamānaḥ śarīram abhisaṃpadyamānaḥ pāpmabhiḥ saṃsṛjyate I sa utkrāman mriyamānaḥ pāpmano vijahāti II

En vérité, quand cette Personne (*puruṣa*) prend un corps, elle s'encombre de maux ; quand elle s'en échappe et meurt, elle se débarrasse de ces maux.

9. tasya vā etasya puruṣasya dve eva sthāne bhavata idaṃ ca paralokasthānaṃ ca I sandhyaṃ tṛtīyaṃ svapnasthānam I tasmin sandhye sthāne tiṣṭhan ubhe sthāne paśyatīdaṃ ca paralokasthānaṃ ca I atha yathākramo 'yaṃ paralokasthāne bhavati tamākramam ākramyobhayān pāpmana ānandāṃśca paśyati I sa yatra prasvapityasya lokasya sarvāvato mātrām apādāya svayaṃ vihatya svayaṃ nirmāya svena bhāsā svena jyotiṣā prasvapiti I atrāyaṃ puruṣaḥ svayaṃjyotirbhavati II

En vérité, cette Personne a deux assises : ce monde-ci et l'autre monde. Une troisième assise est le sommeil. Lorsqu'il se tient dans cet endroit intermédiaire, il voit les deux autres, ce monde-ci et l'autre. C'est une porte d'entrée sur l'autre monde et dès qu'il l'a franchie il voit tant les maux (de ce monde-ci) que les joies (de l'autre monde). Quand il dort, il prend des éléments du monde entier, il les défait et les réarrange à son gré, il dort par sa propre clarté, par sa propre lumière ; là cette Personne est sa propre lumière.

10. na tatra rathā na rathayogā na panthāno bhavanti I atha rathān rathayogān pathaḥ sṛjate I na tatrānandā mudaḥ pramudo bhavanti I athānandānmudaḥ pramudaḥ sṛjate I na tatra vaiśāntāḥ puṣkarinīḥ sravantīḥ sṛjate I sa hi kartā II

Il n'y a ni chars, ni attelages de char, ni chemins, mais il crée chars, attelages et chemins. Il n'y a là ni joie, ni plaisir, ni délice, mais il crée joie, plaisirs et délices. Il n'y a là ni lacs, ni étangs, ni rivières, mais il crée des lacs, des étangs et des rivières. C'est lui le créateur.

11. tadete ślokā bhavanti |
svapnena śarīram abhiprahatyāsuptaḥ suptān abhicākaśīti |
śukramādāya punaraiti sthānaṃ hiraṇyaḥ puruṣa ekahaṃsaḥ ||

C'est ce que disent ces stances :

Ayant supprimé par le sommeil ce qui concerne le corps, il contemple éveillé les (fonctions) endormies. Ayant pris la lumière avec lui, il revient à son assise, lui l'Homme d'or, l'oiseau unique.

12.
prāṇena rakṣann avaraṃ kulāyaṃ bahiṣkulāyādamṛtaścaritvā |
sa īyate 'mṛto yatrakāmaṃ hiraṇyayaḥ puruṣa ekahaṃsaḥ ||

Protégeant le nid en bas avec le souffle, lui l'immortel, il se promène hors du nid, lui l'immortel, il va où il veut, immortel, lui l'Homme d'or, l'oiseau unique.

13.
svapnānta ucchāvacamīyamāno rūpāṇi devaḥ kurute bahūni |
uteva strībhiḥ saha modamāno jakṣadutevāpi bhayāni paśyan ||

Dans le rêve, voyageant vers le haut et vers le bas, lui le Dieu il crée de nombreuses formes visibles, tantôt s'amusant avec des femmes, tantôt riant en voyant des choses terribles.

14. ārāmam asya paśyanti na taṃ paśyati kaścaneti | taṃ nāyataṃ bodhayedityāhuḥ | durbhiṣajyaṃ hāsmai bhavati yameṣa na pratipadyate | atho khalvāhurjāgarita deśa evāsyaiṣa iti | yāni hyeva jāgratpaśyati tāni supta iti | atrāyaṃ puruṣaḥ svayaṃjyotirbhavati | so 'haṃ bhagavate sahasraṃ dadāmi | ata ūrdhvaṃ vimokṣāya brūhīti ||

On peut voir son terrain de jeu, mais lui, personne ne le voit. On dit qu'il ne faut pas le réveiller brusquement, car il est difficile à guérir celui en qui cette Personne ne rentre pas bien. On dit aussi que son domaine est le même que celui de l'état de veille, car il voit les mêmes objets dans l'état de veille que dans le sommeil. Là dans le rêve il est sa propre lumière. - Seigneur, je vais te donner mille vaches, instruis-moi encore pour ma libération.

15. sa vā eṣa etasmin samprasāde ratvā caritvā dṛṣṭvaiva puṇyaṁ ca pāpaṁ ca punaḥ pratinyāyam pratiyony ādravati svapnāyaiva | sa yat tatra kiṁ cit paśyati ananvāgatas tena bhavati | asaṅgo hy ayaṁ puruṣa iti | evam evaitat, yājñavalkya | so 'ham bhagavate sahasraṁ dadāmi | ata ūrdhvaṁ vimokṣāyaiva brūhīti ||

Et celui-là qui s'est réjoui dans ce royaume calme et serein (l'état de sommeil profond), s'y est promené et y a vu du bien et du mal, il accourt par la même voie en sens inverse vers son point de départ, l'état de rêve. Ce qu'il a vu là ne l'affecte pas, car cette Personne n'est aucunement attachée. - Il en est bien ainsi, Yājñavalkya. Seigneur, je vais te donner mille vaches, instruis-moi encore pour ma libération.

16. sa vā eṣa etasmin svapne ratvā caritvā dṛṣṭvaiva puṇyaṁ ca pāpaṁ ca punaḥ pratinyāyam pratiyony ādravati buddhāntāyaiva | sa yat tatra kiṁ cit paśyati ananvāgatas tena bhavati | asaṅgo hy ayam puruṣa iti | evam evaitat yājñavalkya | so 'ham bhagavate sahasraṁ dadāmi | ata ūrdhvaṁ vimokṣāyaiva brūhīti ||

- Et celui-là qui s'est réjoui dans l'état de rêve, s'y est promené et y a vu du bien et du mal, il accourt par la même voie en sens inverse vers son point de départ, l'état de veille. Ce qu'il a vu là ne l'affecte pas, car cette Personne n'est aucunement attachée. - Il en est bien ainsi, Yājñavalkya. Seigneur, je vais te donner mille vaches, instruis-moi encore pour ma libération.

17. sa vā eṣa etasmin buddhānte ratvā caritvā dṛṣṭvaiva puṇyaṁ ca pāpaṁ ca punaḥ pratinyāyam pratiyony ādravati svapnāntāyaiva ||

- Et celui-là qui s'est réjoui dans l'état de veille, s'y est promené et y a vu du bien et du mal, il accourt par la même voie en sens inverse vers son point de départ, l'état de rêve.

18. tad yathā mahāmatsya ubhe kūle anusaṁcarati, pūrvaṁ cāparaṁ ca, evam evāyam puruṣa etāv ubhāv antāv anusaṁcarati, svapnāntaṁ ca buddhāntaṁ ca //

C'est comme un gros poisson longeant les deux rives, la plus proche et la plus éloignée : de même ce Personnage longe ces deux états, le sommeil et la veille.

LE SOI DANS LE SOMMEIL PROFOND

19. tad yathāsminn ākāśe śyena vā suparṇo vā viparipatya śrāntaḥ saṁhatya pakṣau saṁlayāyaiva dhriyate, evam evāyaṁ puruṣa etasmā antāya dhāvati yatra na kaṁ cana kāmaṁ kāmayate, na kaṁ cana svapnaṁ paśyati.

C'est comme un faucon ou tout oiseau fatigué d'avoir volé en tous sens, qui replie ses ailes et rentre à son nid : de même, ce Personnage se presse vers ce royaume où il ne poursuit aucun désir et ne voit aucun rêve.

20. tā vā asyaitā hitā nāma nāḍyaḥ, yathā keśaḥ sahasradhā bhinnaḥ, tāvatāṇimnā tiṣṭhanti, śuklasya, nīlasya, piṅgalasya, haritasya, lohitasya pūrṇāḥ ; atha yatrainaṁ ghnantīva, jinantīva, hastīva vicchāyayati, gartam iva patati, yad eva jāgrad bhayaṁ paśyati, tad atrāvidyayā manyate, atha yatra deva iva rājeva aham evedam, sarvo 'smīti manyate ; so 'sya paramo lokaḥ.

Ses veines appelées *hitā* sont aussi minces qu'un cheveu coupé en mille, pleines de blanc, de bleu, de jaune, de vert et de rouge. Quand il croit qu'on le tue, qu'on le domine, qu'un éléphant veut le détruire, qu'il tombe dans un puits, toute frayeur qu'il ressent dans l'état de veille, par confusion il l'imagine là dans le rêve ; mais quand, se voyant comme un dieu ou un roi, il pense « je suis cet univers, je suis tout », c'est là son royaume suprême.

21. tad vā asyaitad aticchando 'pahatapāpmābhyaṁ rūpam / tad yathā priyayā striyā sampariṣvakto na bāhyaṁ kiṁ cana veda nāntaram, evam evāyam puruṣaḥ prājñenātmanā sampariṣvakto na bāhyaṁ kiṁ cana veda nāntaram / tad vā asyaitad āptakāmam, ātmakāmam, akāmaṁ rūpaṁ śokāntaram.

C'est son aspect au-delà de toute poursuite, libre de tout mal et de toute peur. Tout comme un homme embrassé par une femme aimée ne se soucie plus de rien ni à l'extérieur ni à l'intérieur, cette même personne embrassée par le Soi, qui est essentiellement Connaissance, ne se soucie plus de rien ni à l'extérieur ni à l'intérieur : c'est son état où tout désir est comblé, qui est le désir du Soi, l'état sans désir, la fin de toute affliction.

22. atra pitāpitā bhavati, mātāmātā, lokā alokā, devā adevā, vedā avedāḥ / atra steno 'steno bhavati bhrūṇahābhrūṇahā cāṇḍālo 'cāṇḍālaḥ paulkaso 'paulkasaḥ, śramaṇo 'śramaṇastāpaso 'tāpasaḥ / ananvāgataṁ puṇyenānanvāgatataṁ pāpena tīrṇo hi tadā sarvāñchokān hṛdayasya bhavati //

Là le père n'est pas père, la mère n'est pas mère, les mondes ne sont pas mondes, les dieux ne sont pas dieux, les Vedas ne sont pas les Vedas. Là le voleur n'est pas un voleur, l'avorteur n'est pas avorteur, le hors-caste n'est pas hors-caste, le paria n'est pas un paria, le reclus n'est pas un reclus, l'ascète n'est pas un ascète ; il n'est pas encombré par le bien, il n'est pas encombré par le mal. Il est passé au-delà des afflictions du cœur.

23. yad vai tan na paśyati, paśyan vai tan na paśyati / na hi draṣṭur dṛṣṭer viparilopo vidyate avināśitvāt / na tu tad dvitīyam asti tato 'nyad vibhaktam yat paśyet //

Il n'y voit pas d'objets : il est capable de voir, mais il ne voit pas de choses. Car celui qui voit ne peut perdre la vision, elle est indestructible. C'est simplement qu'il n'y a pas une seconde réalité qu'il pourrait voir comme différente et séparée.

24. yad vai tan na jighrati, jighran vai tan na jighrati : na hi ghrātur ghrāter viparilopo vidyate, avināśitvāt ; na tu tad dvitīyam asti, tato 'nyadvibhaktam yaj jighret.

Il n'y sent pas d'odeurs : il est capable de sentir, mais il ne sent pas de choses. Car celui qui sent ne peut perdre l'odorat, elle est indestructible. C'est simplement qu'il n'y a pas une seconde réalité qu'il pourrait sentir comme différente et séparée.

25. yad vai tan na rasayati, rasayan vai tan na rasayati na hi rasayitū rasayater viparilopo vidyate, avināśitvāt ; na tu tad dvitīyam asti, tato'nyadvibhaktam yad rasayet.

Il n'y goûte pas de saveurs : il est capable de sentir, mais il ne goûte pas des choses. Car celui qui sent ne peut perdre le goût, elle est indestructible. C'est simplement qu'il n'y a pas une seconde réalité qu'il pourrait goûter comme différente et séparée.

26. yad vai tan na vadati, vadan vai tan na vadati, na hi vaktur vakter viparilopo vidyate, avināśitvāt ; na tu tad dvitīyam asti, tato 'nyadvibhaktam yad vadet.

Il n'y parle pas : il est capable de parler, mais il ne dit pas quelque chose. Car celui qui parle ne peut perdre la parole, elle est indestructible. C'est simplement qu'il n'y a pas une seconde réalité qu'il pourrait exprimer comme différente et séparée.

27. yad vai tan na śṛṇoti, śṛṇvan vai tan na śṛṇoti ; na hi śrotuḥ śruter viparilopo vidyate, avināśitvāt ; na tu tad dvitīyam asti, tato 'nyadvibhaktam yat śṛṇuyāt.

Il n'y entend pas de sons : il est capable d'entendre, mais il n'entend pas quelque chose. Car celui qui entend ne peut perdre l'ouïe, elle est indestructible. C'est simplement qu'il n'y a pas une seconde réalité qu'il pourrait entendre comme différente et séparée.

28. yad vai tan na manute, manvāno vai tan na manute, na hi mantur mater viparilopo vidyate, avināśitvāt ; na tu tad dvitīyam asti, tato 'nyadvibhaktam yan manvīta.

Il n'y pense pas à quelque chose : il est capable de penser, mais il ne pense pas à quelque chose. Car celui qui pense ne peut perdre la pensée, elle est indestructible. C'est simplement qu'il n'y a pas une seconde réalité qu'il pourrait penser comme différente et séparée.

29. yad vai tan na spṛśati, spṛśan vai tan na spṛśati, na hi spraṣṭuḥ spṛṣṭer viparilopo vidyate, avināśitvāt, na tu tad dvitīyam asti, tato 'nyadvibhaktam yat spṛśet.

Il n'y touche pas des objets : il est capable de toucher, mais il ne touche pas de choses. Car celui qui touche ne peut perdre le toucher, il est indestructible. C'est simplement qu'il n'y a pas une seconde réalité qu'il pourrait toucher comme différente et séparée.

30. yad vai tan na vijānāti, vijānan vai tan na vijānāti, na hi vijñātur vijñāter viparilopo vidyate, avināśitvāt ; na tu tad dvitīyam asti, tato 'nyadvibhaktam yad vijānīyāt.

Il n'y connaît pas d'objets : il est capable de connaître, mais il ne connaît pas de choses. Car celui qui connaît ne peut perdre la connaissance, elle est indestructible. C'est simplement qu'il n'y a pas une seconde réalité qu'il pourrait connaître comme différente et séparée.

31. yatra vānyad iva syāt, tatrānyo 'nyat paśyet, anyo 'nyaj jighret, anyo 'nyad rasayet, anyo 'nyad vadet, anyo 'nyat śṛṇuyāt, anyo 'nyan manvīta, anyo 'nyat spṛśet, anyo 'nyad vijānīyāt.

C'est seulement lorsqu'il semble y avoir quelque chose d'autre qu'on peut voit cette autre chose, la sentir, la goûter, en parler, l'entendre, y penser, la toucher, la connaître.

32. salila eko draṣṭādvaito bhavati, eṣa brahmalokaḥ, samrāḍ iti. hainam anuśaśāsa yājñavalkyaḥ ; eṣāsya paramā gatiḥ, eṣāsya paramā sampat, eṣāsya paramo lokaḥ, eṣāsya parama ānandaḥ ; etasyaivānandasyānyāni bhūtāni mātrām upajīvanti.

Océanique, unique, il est l'Observateur sans second : tel est, Majesté, le monde de Brahman. C'est ainsi que Yājñavalkya l'a instruit. Il (le monde de Brahman) est sa destination suprême, son accomplissement suprême, son monde suprême, sa joie suprême ! Les autres créatures vivent seulement une fraction de cette joie.

33. sa yo manuṣyāṇāṁ rāddhaḥ samṛddho bhavati anyeṣām adhipatiḥ sarvairmānuṣyakairbhogaiḥ saṃpannatamaḥ sa manuṣyāṇāṁ parama ānandaḥ // atha ye śatam manuṣyāṇām ānandāḥ sa ekaḥ pitṛṇāṁ jitalokānām ānandaḥ / atha ye śataṁ pitṛṇāṁ jitalokānām ānandāḥ / sa eko gandharvaloka ānandaḥ / atha ye śataṁ gandharvaloka ānandāḥ sa eka karmadevānām ānandaḥ ye karmaṇā devatvam abhisampadyante / atha ye śataṁ karmadevānām ānandaḥ sa eka ājānadevānām ānandaḥ yaśca strotriyo 'vṛjino 'kāmahataḥ / atha ye śatam ājānadevānām ānandaḥ sa ekaḥ prajāpatiloka ānandaḥ yaśca śrotriyo 'vṛjino'kāmahataḥ / atha ye śataṁ prajāpatiloka ānandaḥ sa eko brahma-loka ānandaḥ yaśca śrotriyo'vṛjino 'kāmahataḥ / athaiṣa eva parama ānandaḥ yaśca strotriyo 'vṛjino'kāmahataḥ / athaisa va parama ānandaḥ eṣa brahmalokaḥ samrāḍ iti hovāca yājñavalkyaḥ / so 'ham bhagavate sahasraṁ dadāmi / ata ūrdhvaṁ vimokṣāyaiva brūhīti / atra ha yājñavalkyo bibhayāṁ cakāra / medhāvī rājā sarvebhyo māntebhya udarautsīd iti //

Pour les hommes, celui qui a du succès, qui est fortuné, qui règne sur les autres, celui qui jouit au plus haut point de toutes les jouissances humaines, pour les hommes celui-là est le plus heureux parmi les hommes. Mais la joie de ceux qui ont conquis le monde des ancêtres (les ancêtres) est cent fois plus grande que celle des hommes. La joie de ceux qui ont conquis le monde des Gandharvas est cent fois plus grande que celle des ceux qui ont conqui le monde des ancêtres. La joie de ceux qui ont conquis le monde des dieux par l'action, ceux qui ont atteint le statut divin par leurs actions méritoires, est cent fois plus grande que celle des ceux qui ont conquis le monde des Gandharvas. La joie de ceux qui sont des dieux de naissance et de celui qui est versé dans les Écritures, qui n'a pas dévié et est libre des désirs est cent fois plus grande que celle de ceux qui sont devenus divins par leurs actes. La joie du monde de Prajāpati et de celui qui est versé dans les Écritures, qui n'a pas dévié et est libre des désirs est cent fois plus grande que celle des dieux de naissance. La joie du monde de Brahman et de celui qui est versé dans les Écritures, qui n'a pas dévié et est libre des désirs est cent fois plus grande que celle du monde de Prajāpati.Voilà sans aucun doute la joie suprême, tel est le monde de Brahman, Majesté. Ainsi parla Yājñavalkya.

- Seigneur, moi je vais te donner mille vaches, instruis-moi encore pour ma libération.

À ce point Yājñavalkya s'alarma : « le roi est malin, il m'a poussé au-delà de mes limites. »

34. sa vā eṣa, etasmin svapnānte ratvā caritvā dṛṣtvaiva puṇyaṁ ca pāpaṁ ca punaḥ pratinyāyam pratiyony ādravati buddhāntāyaiva.

Et celui-là qui s'est réjoui dans le rêve, s'y est promené et y a vu du bien et du mal, il accourt par la même voie en sens inverse vers son point de départ, l'état de veille.

LE SOI AU MOMENT DE LA MORT

35. tadyathā 'naḥ susamāhitam utsarjadyāyāt, evam evāyaṁ śarīra ātmā prājñenātmanānvārūḍha utsarjam yāti, yatraitadūrdhva ucchvāsī bhavati.

Comme un char lourdement chargé avance en gémissant, de même ce soi corporel, monté par le soi qui connaît, avance en gémissant quand il expire.

36. sa yatrāyam aṇimānaṁ nyeti, jarayā vopatapatā vāṇimānam nigacchati, tad yathāmraṁ vā udumbaraṁ vā pippalaṁ vā bandhanāt pramucyate, evam evāyam puruṣa ebhyo 'ṅgebhyaḥ sampramucya punaḥ pratinyāyaṃ pratiyonyādravati prāṇāyaiva.

Quand il devient faible, soit à cause de l'âge soit qu'il y est amené par la maladie, alors comme la mangue, le fruit de l'arbre *udumbara* ou la figue se libère de la tige qui le tenait, de même cette personne se détache des membres et accourt en sens inverse vers son origine, le souffle de vie (*prāṇa*).

37. tad yathā rājānam āyāntam ugrāḥ pratyenasaḥ sūtagrāmanyo 'nnaiḥ pānair āvasathaiḥ pratikalpante / ayam āyāti, ayam āgacchatīti, evaṁ haivaṁvidaṁ sarvāṇi bhūtāni pratikalpante, idam brahmāyāti, idam āgacchatīti.

Tout comme les notables, les policiers, les écuyers et chefs des villages attendent le roi qui approche avec des aliments, des boissons et des demeures, le tout bien préparé, en disant « il vient ! il arrive ! », de même tous les êtres attendent ainsi celui qui sait ainsi en s'écriant « Brahman s'en vient ! Brahman arrive ! »

38. tad yathā rājānam prayiyāsantam, ugrāḥ pratyenasaḥ, sūtagrāmanyo 'bhisamāyanti evam evaimam ātmānam antakāle sarve prāṇā abhisamāyanti yatraitad ūrdhvocchvāsī bhavati.

De même que les notables, les policiers, les écuyers et chefs des villages se pressent autour du roi sur son départ, ainsi à l'heure de la mort tous les souffles se pressent autour de ce soi (*ātman*) quand l'homme expire.

4
L'ÂME DU NON-LIBÉRÉ APRÈS LA MORT

1. sa yatrāyam atmā balyam nyetya sammoham iva nyeti, athainam ete prāṇā abhisamāyanti ; sa etāstejomātrāḥ samabhyādadāno hṛdayam evānvavakrāmati sa yatraiṣa cākṣuṣaḥ puruṣaḥ parāṅ paryāvartate athārūpajño bhavati.

Quand ce soi incarné (*ātman*) tombe en faiblesse et devient comme inconscient, alors ces souffles vitaux se recueillent près de lui. Lui, recueillant ces éléments lumineux descend dans le cœur. Quand la personne liée à l'œil s'en retourne, alors il perd conscience des formes.

2. ekībhavati na paśyati ityāhuḥ | ekībhavati na jighrati ityāhuḥ | ekībhavati na rasayati ityāhuḥ | ekībhavati na vadati ityāhuḥ | ekībhavati na śṛṇoti ityāhuḥ | ekībhavati na manute ityāhuḥ | ekībhavati na spṛśati ityāhuḥ ; ekībhavati na vijānāti, ityāhuḥ | tasya haitasya hṛdayasyāgram pradyotate tena pradyotenaiṣa ātmā niṣkrāmati cakṣuṣo vā mūrdhno vā anyebhyo vā śarīradeśebhyaḥ | tam utkrāmantam prāṇo 'nūtkrāmati prāṇam anūtkrāmantaṁ sarve prāṇā anūtkrāmanti | savijñāno bhavati, savijñānam evānvavakrāmati | taṁ vidyākarmaṇī samanvārabhete pūrvaprajñā ca ||

Il se réduit, il ne voit plus, dit-on. Il se réduit, il ne sent plus, dit-on. Il se réduit, il ne goûte plus, dit-on. Il se réduit, il ne parle plus, dit-on. Il se réduit, il n'entend plus, dit-on. Il se réduit, il ne pense plus, dit-on. Il se réduit, il ne sent plus les contacts, dit-on. Il se réduit, il ne perçoit et ne connaît plus, dit-on. Alors, le bout de son cœur brille et avec cette lumière l'âme (*ātman*) s'échappe par l'œil, la tête ou quelque autre partie du corps. Le souffle de vie s'échappe avec elle et tous les souffles vitaux suivent. Il est perception et entre dans un état de simple perception. Ce qu'il sait[1] et ses actes le prennent en charge, de même que son expérience antérieure.

3. tad yathā tṛṇajalāyukā tṛṇasyāntaṁ gatvā anyam ākramam ākramya ātmānam upasaṃharati | evam evāyam ātmedaṁ śarīraṁ nihatyāvidāṃ gamayitvānyam ākramam ākramyātmānam upasaṁharati ||

Comme une chenille arrivée au bout d'un brin d'herbe poursuit une nouvelle progression et se contracte, de même cette âme, ayant délaissé le corps et l'ayant rendu inconscient, se contracte

1. Ce qu'il sait sur lui-même, sur l'univers, sur l'existence, ses croyances, ses peurs, ses désirs, etc.

en vue d'une nouvelle progression.

4. *tad yathā peśaskārī peśaso mātrām upādāya anyan navataraṁ kalyāṇataraṁ rūpaṁ tanute I evam evāyam ātmā, idaṁ śarīraṁ nihatya avidyāṃ gamayitvā anyan navataraṁ kalyāṇataraṁ rūpaṁ kurute I pitryaṁ vā gāndharvaṁ vā daivaṁ vā prājāpatyaṁ vā brāhmaṁ vā anyeṣāṁ vā bhūtānām.*

Tout comme un tisserand, après avoir retiré la matière d'une forme en tisse une plus nouvelle et plus belle, de même l'âme, après avoir rejeté le corps et l'avoir rendu inconscient, façonne une forme renouvelée et plus belle, une forme d'ancêtre, de Gandharva, de dieu, de Prajāpati, de Brahman ou d'autres êtres.

5. *sa vāyam ātmā brahma vijñānamayo manomayaḥ prāṇamayaścakṣurmayaḥ śrotramayaḥ pṛthivīmaya āpomayo vāyumaya ākāśamayastejomayo 'tejomayaḥ kāmamayo 'kāmamayaḥ, krodhamayo 'krodhamayo dharmamayo 'dharmamayaḥ sarvamayaḥ I tad yad etat idammayaḥ adomaya iti I yathākārī yathācārī tathā bhavati I sādhukārī sādhur bhavati I pāpakārī pāpo bhavati I puṇyaḥ puṇyena karmaṇā bhavati pāpaḥ pāpena I atho khalvāhuḥ kāmamaya evāyam puruṣa iti I sa yathākāmo bhavati tat kratur bhavati I yat kratur bhavati tat karma kurute I yat karma kurute tat abhisampadyate II*

En vérité, cette âme est Brahman, doué de connaissance, de pensée, de souffle vital, de vision et d'ouïe, qui est terre, eau, air, espace, lumière et ténèbres, désir et détachement, colère et absence de colère, justice et injustice, tout. D'où vient que l'on dit : « il est comme ceci, il est comme cela. » Ce qu'on devient dépend de ce qu'on fait et comment on se conduit : celui qui fait le bien devient quelqu'un de bien, celui qui fait le mal devient quelqu'un de mauvais. On devient vertueux par une action vertueuse et mauvais par une action mauvaise. Par conséquent on dit : « cet homme est rempli de désirs. » Tel est son désir, telle est sa volonté, telle est son action, telles sont ses actions, telle sera la conséquence.

6. tad eṣa śloko bhavati :
tad eva saktaḥ saha karmaṇeti liṅgam mano yatra niṣaktam asya |
prāpyāntaṁ karmaṇas tasya yat kiṁ ceha karoty ayam|
tasmāllokāt punaraiti asmai lokāya karmaṇe |
iti nu kāmayamānḥ | athākāmayamāno yo 'kāmo niṣkāma
āptakāma ātmākāmo na tasya prāṇā utkrāmanti | brahmaiva
san brahmāpyeti ||

Il existe un verset à ce sujet :
L'homme attaché va selon son action
Son caractère se fait selon là où s'attache son esprit
Quand il a épuisé son *karma*
Peu importe ce qu'il a fait
De ce lieu il revient
À ce monde de l'action.

Il en va ainsi pour celui qui désire. Quant à celui qui ne désire pas, qui est sans désir, qui est libéré du désir, qui a atteint son désir, dont le désir est le Soi, ses énergies vitales ne s'échappent pas : il est Brahman et à Brahman il va.

7. tad eṣa śloko bhavati |
yadā sarve pramucyante kāma ye 'sya hṛdi śritāḥ |
atha martyo 'mrto bhavati, atra brahma samaśnute ||
iti tad yathāhinirvlayanī valmīke mṛtā pratyastā śayīta
evam evedaṁ śarīraṁ śete. athāyam aśarīro 'amṛtaḥ prāṇo
brahmaiva teja eva | so 'ham bhagavate sahasraṁ dadāmi iti
hovāca janako vaidehaḥ ||

Il y a ce verset là-dessus :

Lorsqu'ils sont éliminés, les désirs qui adhéraient à son cœur
Alors le mortel devient immortel, il atteint ici Brahman.

Tout comme la peau morte d'un serpent, rejetée et reposant sur une fourmilière, de la même manière gît ce corps. Quant au souffle non physique, le souffle immortel, en vérité il est Brahman, il est toute lumière. - Alors, moi, Seigneur, je te donnerai mille vaches, dit Janaka, roi de Videha.

8. tad ete ślokā bhavanti |
aṇuḥ panthā vitataḥ purāṇo māṁ spṛṣto 'nuvitto mayaiva |
tena dhīrā api yanti brahmavidaḥ svargaṁ lokam ita ūrdhvaṁ vimuktāḥ ||

Il y a ces versets là-dessus :

Un chemin étroit, étendu et ancien m'a touché et je l'ai connu. Par lui les sages qui connaissent le Brahman montent au monde céleste (*svarga*), libérés.

9. tasmin śuklam uta nīlam āhuḥ piṅgalam, haritam lohitaṃ ca |
eṣa pantha brahmaṇā hānuvittaḥ tenaiti bramavit puṇyakṛt taijasaśca ||

« On dit qu'on y voit du blanc, du bleu, du jaune, du vert et du rouge. Ce chemin a été découvert grâce à Brahman, par lui passe celui qui connaît le Brahman, celui qui accomplit ce qui est bien et qui est éclat lumineux.

10. andhaṁ tamaḥ praviśanti ye 'vidyām upāsate |
tato bhūya iva te tamaḥ ya u vidyāyāṁ ratāḥ ||

Ils habitent de profondes ténèbres ceux qui croient en une doctrine d'ignorance et dans des ténèbres encore plus épaisses ceux qui tirent orgueil de la connaissance.

11. anandā nāma te lokāḥ andhena tamasāvṛtāḥ |
tāṃste pretyābhigacchanti avidvāṁso 'budho janāḥ ||

On appelle ces mondes dépourvus de joie, ils sont enveloppés de ténèbres. Là vont à leur mort les hommes ignorants et dépourvus d'intelligence.

12. ātmānaṁ ced vijānīyādayam asmīti pūruṣaḥ |
kiṁ icchan kasya kāmāya śarīram anusaṃjvaret ||

Si un homme connaissait son Soi et se disait « je le suis », que pourrait-il bien vouloir, pour l'amour de quoi jetterait-il son corps dans la fébrilité ?

13. yasyānuvittaḥ pratibuddha ātmāsmin saṃdehye gahane praviṣṭaḥ |
sa viśvakṛt sa hi sarvasya kartā tasya lokaḥ sa u loka eva ||

Celui qui a découvert et reconnu le Soi qui est entré de ce corps de densité, il est l'artisan du monde, il est l'auteur universel, le monde lui appartient, il est le monde.

14. ihaiva santo 'tha vidmas tad vayam na cet avedirmahatī vinaṣṭiḥ |
ye tadviduramṛtāste bhavantyathetare duḥkham evāpiyanti ||

C'est ici-bas que nous pouvons apprendre cela, sinon nous sommes ignorants et grande est la ruine. Ceux qui en ont la connaissance deviennent immortels, mais les autres sont destinés à la souffrance.

15. yadaitam anupaśyati ātmānaṃ devam añjasā |
īśānaṃ bhūtabhavyasya, na tato vijugupsate ||

Quand on a découvert directement ce Soi, ce Dieu, ce Maître du passé et de l'avenir alors on ne s'en éloigne plus.

16. yasmād arvāk saṁvatsaraḥ ahobhiḥ parivartate |
tad devā jyotiṣāṃ jyotiḥ āyur hopāsate 'mṛtam ||

Ce à partir de quoi l'année se déroule avec ses jours, c'est cela que les dieux vénèrent comme la lumière des lumières, la vie éternelle.

17. yasmin pañca pañcajanāḥ ākāśaśca pratiṣthitaḥ |
tam eva manya ātmānaṃ vidvān brahmāmṛto 'mṛtam ||

Ce sur quoi reposent les cinq groupes de cinq (éléments) ainsi que l'espace, moi qui ai la Connaissance, c'est Lui que je tiens pour le Soi, moi qui suis immortel, je le tiens pour Brahman.

18. prāṇasya prāṇam uta cakṣuṣaścakṣuruta śrotrasya śrotram, manaso ye mano viduḥ |

te nicikyurbrahma purāṇam agryam.

Ceux qui connaissent le souffle du souffle, la vision de la vision, l'audition de l'audition et la pensée de la pensée, ceux-là ont perçu le Brahman antique et primordial.

19. manasaivānudraṣṭavyaṃ naiha nānāsti kiṁ cana |
mṛtyoḥ sa mṛtyum āpnoti ya iha nāneva paśyati ||

En vérité on ne peut le percevoir que par la pensée, il n'existe pas de pluralité ; il va de mort en mort celui qui ici-bas voit une pluralité.

20. ekadhaivānudraṣtavyam etad aprameyaṃ dhruvam |
virajaḥ para ākāśādaja ātmā mahān dhruvaḥ ||

Il faut le contempler dans l'unicité incommensurable, immuable. Le Soi est immaculé, au-delà de l'espace, sans commencement, immense, immuable.

21. tam eva dhīro vijñāya prajñāṁ kurvīta brāmaṇaḥ |
nānudhyāyād bahūn śabdān, vāco viglāpanaṃ hi tat iti ||

Que le sage, le brahmane qui l'a reconnue, vive la sagesse, qu'il ne se mette pas en frais de longs discours, qui ne sont que fatigue de mots.

22. sa vā eṣa mahānaja ātmā yo 'yaṁ vijñānamayaḥ prāṇeṣu | ya eso 'ntarhṛdaya ākāśastasmiñchete sarvasya vaśī sarvasyeśānaḥ sarvasyādhipatiḥ sa na sādhunā karmaṇā bhūyān no evāsādhunā kanīyān | eṣa sarveśvaraḥ | eṣa bhūtādhipatiḥ | eṣa bhūtapālaḥ | eṣa setur vidharaṇa eṣāṁ lokānām asambhedāya | tam etaṁ vedānuvacanena brāhmaṇā vividiṣanti yajñena dānena tapasānāśakena | etam eva viditvā munir bhavati | etam eva pravrājino lokam icchantaḥ pravrajanti | etaddha sma vai tat pūrve vidvāṁsaḥ prajāṁ na kāmayante | kiṁ prajayā kariṣyāmo yeṣāṁ no 'yam ātmāyaṁ loka iti | te ha sma putraiṣaṇāyāśca vittaiśaṇāyāśca lokaiṣaṇāyaśca vyutthāya atha bhikṣācaryaṁ caranti | yā hyeva putraiṣaṇā sā vittaiṣaṇā yā vittaiṣaṇā sā lokaiṣaṇā | ubhe hy ete eṣaṇe eva bhavataḥ | sa eṣa neti netyātmā | agṛhyaḥ na hi gṛhyate | aśīryah na hi śīryate | asaṅgaḥ na hi sajyate | asito na vyathate | na riṣyati | etam u haivaite na tarata iti ataḥ pāpam akaravam iti ataḥ kalyāṇam akaravam iti | ubhe u haivaiṣa ete tarati | nainaṁ kṛtākṛte tapataḥ ||

En vérité, c'est ce grand Soi non né qui est connaissance dans les fonctions vitales. Cet espace dans le cœur, c'est là qu'il réside, maître de tout, souverain universel, seigneur de tout. Il ne devient rien de plus par une bonne action ni rien de moins par une mauvaise action. Il est le souverain de l'univers, il gouverne toutes les créatures, il en est le gardien. Il est la digue séparant ces mondes afin qu'ils ne se confondent pas. C'est lui que les brahmanes cherchent à connaître par la récitation du Veda, par le sacrifice, par l'aumône, par les austérités et le jeûne. Mais c'est uniquement en le connaissant qu'on devient un sage. C'est en le recherchant comme leur univers que les ascètes errants mènent leur vie d'errance. C'est quand ils savaient cela que les Anciens ne désiraient plus de progéniture, pensant « que ferions-nous d'une progéniture, nous qui, étant le Soi, en sommes le monde ? » Ayant renoncé à la postérité, la richesse, au monde, ils mènent une vie de mendiants. Car désirer des enfants, c'est désirer la richesse et désirer la richesse, c'est désirer le monde ; les deux sont des désirs. Le Soi, lui, ne peut se définir que négativement[1]. Il est insaisissable, on ne peut le saisir. Il est indestructible, on ne peut le détruire. Rien n'adhère sur lui, il n'adhère à rien. Il est exempt de liens, il ne tremble pas, rien ne l'affecte. Car ces deux pensées ne le traversent pas : « j'ai fait quelque chose de mal, j'ai fait quelque chose de bien. » C'est plutôt lui qui traverse ces deux pensées. Il n'est affecté par aucun acte ni aucune omission.

23. tad eṣa ṛcābhyuktam :
eṣa nityo mahimā brāhmaṇasya na vardhate karmaṇā no kanīyān |

---

1. « Ni ceci ni cela » (*neti neti = na iti na iti*). En sanskrit *iti* équivaut à nos guillemets : *neti neti* signifie donc « non », « non », ou encore « pas ceci », « pas cela ».

tasyaiva syāt padavit taṁ viditvā na lipyate karmaṇā pāpakena || iti tasmād evaṁvit śānto dānta uparatastitikṣuḥ samāhito bhūtvā atmany evātmānam paśyati sarvam ātmānam paśyati | nainam pāpmā tarati sarvam pāpmānaṁ tarati | nainam pāpmā tapati sarvam pāpmānaṁ tapati | vipāpo virajo 'vicikitso brāhmaṇo bhavati | eṣa brahmalokaḥ samrāt | enam prāpito 'si iti hovāca yajñavalkyaḥ | so 'ham bhagavate videhān dadāmi, māṁ cāpi saha dāsyāyeti.

C'est de cela que parle ce verset :

« Cette immensité éternelle du connaisseur de Brahman, les actes ne peuvent l'augmenter ni la diminuer. Il faut connaître ses voies ; celui qui les connaît n'est pas souillé par une mauvaise action. »

« C'est pourquoi celui qui sait ainsi devient tranquille, posé, patient, résilient et recueilli, et il voit le Soi en lui-même et tout pour lui est le Soi. Le mal ne le traverse pas, il passe à travers tous les maux. Le mal ne le brûle pas, il brûle tous les maux. Il est un brahmane exempt de mal, de souillure et de doutes. Tel est le monde de Brahman, Majesté, vous y avez été initié. Ainsi parla Yājñavalkya. - Seigneur, je te donne les Videhas et moi-même pour être tes serviteurs ! »

24. sa vā eṣa mahān aja ātmā annādo vasudānaḥ | vindate vasu ya evaṁ veda ||

Tel est vraiment l'immense Soi sans commencement, qui mange toute nourriture et procure toute richesse. Il trouve la richesse celui qui sait ainsi.

25. sa vā eṣa mahān ajātmā ajaro 'amaro 'mṛto 'bhayo brahma | abhayaṁ vai brahm, abhayaṁ hi vai brahma bhavati ya evaṁ veda.

Tel est en vérité l'immense Soi sans commencement qui ne vieillit pas, ne meurt pas et ne connaît pas la peur, c'est le Brahman. Brahman est certainement libre de peur, celui qui connaît ainsi devient pour sûr Brahman libre de peur.

5
LE SOI SUPRÊME ET LA VALEUR SUPRÊME

1. atha ha yājñavalkyasya dve bhārye babhūvatuhrmaitreyī ca kātyāyanī ca | tayorha maitreyī brahmavādinī babhūva | strīprajñaiva tarhi kātyāyanī | atha ha yājñavalkyo 'nyadvṛttam upākariṣyan ||

Yājñavalkya avait alors deux femmes, Maitreyī et Kātyāyanī. Des deux, Maitreyī s'y connaissait dans la doctrine brahmanique, tandis que Kātyāyanī se limitait aux affaires strictement féminines. Alors que Yājñavalkya se proposait d'entreprendre un nouveau mode de vie :

2. maitreyīti hovāca yājñavalkya | pravrajiṣyan va are 'ham asmāt sthānādasmi | hanta te 'nayā kātyayanyāntaṃ karavāṇīti ||

- Maitreyī, dit Yājñavalkya, je vais partir d'ici pour mener la vie d'errant ; je veux faire un arrangement entre toi et cette Kātyāyanī.

3. sā hovāca maitreyī yan nu ma iyaṃ bhagoḥ sarvā pṛthivī vittena pūrṇā syat syāṃ nvaham tenāmṛtāho3 neti | neti hovāca yājñavalkya | yathaivopakaraṇavatāṃ jīvitaṃ tathaiva te jīvitaṃ syat | amṛtatvasya tu nāśāsti vitteneti ||

Maitreyī répondit : - Seigneur, si toute cette terre était à moi, toute pleine de richesses, serais-je grâce à cela immortelle ou non ? - Certes non, dit Yājñavalkya. Ta vie serait celle des bien nantis, mais l'immortalité il n'y a aucun espoir de l'obtenir par la richesse !

4. sā hovāca maitreyī yenāhaṃ nāmṛtā syāṃ kim ahaṃ tena kuryām | yadeva bhagavanveda tadeva me brūhīti ||

Maitreyī répliqua : - Étant donné que je ne deviendrais pas immortelle par cela, alors qu'en aurais-je à faire ? Seigneur, ce que vous savez, dites-le-moi.

5. sa hovāca Yājñavalkya priyā vai khalu no bhavati satī priyam avṛdhat | hanta tarhi bhavatyetadvyākhyāsyāmi te | vyācakṣāṇasya tu me nididhyāsasveti ||

Yājñavalkya répondit : - Tu m'étais certes chère, maintenant tu l'es encore davantage. Viens donc, chère Dame, je vais donc te l'exposer ; sois donc attentive tandis que j'explique.

6. sa ha uvāca yājñavalkyaḥ | na vā are patyuḥ kāmāya patiḥ priyo bhavaty ātmanastu kāmāya patiḥ priyo bhavati | na vā are jāyāyai kāmāya jāyā priyā bhavaty ātmanastu kāmāya jāyā priyā bhavati | na vā are putrāṇāṃ kāmāya putrāḥ priyā bhavanty ātmanastu kāmāya putrāḥ priyā bhavanti | na vā are vittasya kāmāya vittaṃ priyaṃ bhavaty ātmanastu kāmāya vittaṃ priyaṃ bhavati | na vā are brahmaṇaḥ kāmāya brahma priyaṃ bhavaty ātmanastu kāmāya brahma priyaṃ bhavati | na vā are kṣatrasya kāmāya kṣatraṃ priyaṃ bhavaty ātmanastu kāmāya kṣatraṃ priyaṃ bhavati | na vā are lokānāṃ kāmāya lokāḥ priyā bhavanty ātmanastu kāmāya lokāḥ priyā bhavanti | na vā are devānāṃ kāmāya devāḥ priyā bhavantyātmanastu kāmāya devāḥ priyā bhavanti | na vā are bhūtānāṃ kāmāya bhūtāni priyāṇi bhavantyātmanastu kāmāya bhūtāni priyāṇi bhavanti | na vā are sarvasya kāmāya sarvaṃ priyaṃ bhavatyātmanastu kāmāya sarvaṃ priyaṃ bhavaty | ātmā vā are draṣṭavyaḥ śrotavyo mantavyo nididhyāsitavyo maitreyi | ātmano vā khalvare dṛṣṭe śrute mate vijñāte idaṃ sarvaṃ viditam ||

Yājñavalkya dit : « En vérité, ce n'est pas pour l'amour du mari (*pati*) qu'on chérit le mari, mais c'est pour l'amour de Soi-même (*ātman*) qu'on chérit le mari. En vérité, ce n'est pas pour l'amour de l'épouse (*jāyā*) qu'on chérit l'épouse, mais c'est pour l'amour de Soi-même qu'on chérit l'épouse. En vérité, ce n'est pas pour l'amour des enfants qu'on chérit les enfants (*putra*), mais c'est pour l'amour de Soi-même qu'on chérit les enfants. En vérité, ce n'est pas pour l'amour de la richesse (*vittam*) qu'on chérit la richesse, mais c'est pour l'amour de Soi-même qu'on chérit la richesse. En vérité, ce n'est pas pour l'amour de l'autorité spirituelle (*brahman*) qu'on chérit l'autorité spirituelle, mais c'est pour l'amour de Soi-même qu'on chérit l'autorité spirituelle. En vérité, ce n'est pas pour l'amour du pouvoir temporel (*kṣatram*) qu'on chérit le pouvoir temporel, mais c'est pour l'amour de Soi-même qu'on chérit le pouvoir temporel. En vérité, ce n'est pas pour l'amour des mondes (*loka*) qu'on chérit les mondes, mais c'est pour l'amour de Soi-même qu'on chérit les mondes. En vérité, ce n'est pas pour l'amour des dieux (*deva*) qu'on chérit les dieux, mais c'est pour l'amour de Soi-même qu'on chérit les dieux. En vérité, ce n'est pas pour l'amour des êtres (*bhūta*) qu'on chérit les êtres, mais c'est pour l'amour de Soi-même qu'on chérit les êtres. En vérité il n'est nulle entité qu'on chérisse pour l'amour de cette entité, c'est pour Soi-même qu'on chérit toute entité. C'est vraiment sur Soi-même qu'il convient de regarder et d'écouter, et sur lequel il convient de réfléchir et méditer, ô Maitreyī. C'est en regardant ce Soi-même (*ātman*) et en l'écoutant, en y réfléchissant et en méditant sur lui, qu'on acquiert la connaissance de l'univers entier.

7. brahma taṃ parādāt yo 'nyatrātmano brahma veda / kṣatraṃ taṃ parādāt yo'anytrātmanaḥ kṣatraṃ veda / lokāstaṃ parāduḥ yo 'nyatrātmano lokān veda / devāstaṃ parāduḥ yo 'nyatrātmano devān veda / vedastaṃ parāduḥ yo 'nyatrātmano vedān veda / bhūtāni taṃ parāduḥ yo 'nyatrātmano bhūtāni veda / sarvaṃ taṃ parādāt yo 'nyatrātmanaḥ sarvam veda / idaṃ brahmedaṃ kṣatram ime lokā imedevā ime vedā imāni bhūtānīdaṃ sarvaṃ yadayamātmā //

Que l'autorité spirituelle (le brahmane, *brahman*) déserte celui qui la croit ailleurs qu'en son Soi (*ātman*). Que le pouvoir temporel déserte celui qui le croit ailleurs que dans son Soi. Que les mondes abandonnent celui qui les croit ailleurs qu'en son Soi. Que les dieux abandonnent celui qui les croit ailleurs qu'en son Soi. Que les Vedas abandonnent celui qui les croit ailleurs qu'en son Soi. Que les êtres abandonnent celui qui les croit ailleurs qu'en son Soi. Que l'univers abandonne celui qui le croit ailleurs qu'en son Soi. Tout cela, autorité spirituelle, pouvoir temporel, mondes, dieux, Vedas, êtres, univers, tout est ce Brahman.

8. sa yathā dundubher hanyamānasya na bāhyān śabdān śaknuyād grahaṇāya dundubhes tu grahaṇena dundubhyāghātasya vā śabdo gṛhītaḥ //

C'est comme pour un tambour qu'on frappe : on n'en saurait saisir les sons extérieurs ; on ne peut saisir le son qu'en saisissant le tambour ou celui qui le frappe.

9. sa yathā śaṅkhasya dhmāyamānasya na bāhyān śabdān śaknuyād grahaṇāya śaṅkhasya tu grahanena śaṅkha-dhmasya vā śabdo gṛhītaḥ //

C'est comme pour une conque dans laquelle on souffle : on ne saurait saisir en les sons extérieurs ; on ne peut saisir le son qu'en saisissant la conque ou le joueur de conque.

10. sa yathā vīṇāyai vādyamānāyai na bāhyān śabdān śaknuyād grahaṇāya vīṇāyai tu grahaṇena vīṇāvādaṣya vā śabdō gṛhītaḥ. //

C'est comme pour la *vīṇā*[1] dont on joue : on n'en saurait saisir les sons extérieurs ; on ne peut saisir le son qu'en saisissant la *vīnā* ou le joueur de *vīnā*.

11. sa yathārdredhāgnerabhyāhitāt pṛthagdhūmā viniścaranti evaṁ vā are 'sya mahato bhūtasya niḥśvasitam etad yadṛgvedo yajurvedaḥ sāmavedo 'tharvāṅgirasa itihāsaḥ purāṇaṃ vidyā upaniṣadaḥ ślokāḥ sūtrānyanuvyākhyānāni vyākhyānāni / asyaivaitāni sarvāṇi niḥśvasitāni.

Tout comme les fumées d'un feu de bois humide s'échappent en tous sens, de même émanent de cet immense Être le *Ṛgveda*, les *Yajurveda*, le *Sāmaveda*, l'*Atharvāṅgirasa*, les histoires, les antiques contes, les sciences, les Upaniṣad, les versets, les aphorismes (*sūtra*), les explications et les commentaires : en vérité tout cela est exhalé de Lui.

1. La *vīṇā* est une sorte de luth très ancienne en Inde et encore très jouée.

12. sa yathā sarvāsām apām samudra ekāyanam, evaṁ sarveṣāṁ sparśānām tvag ekāyanam, evaṁ sarveṣām sarveṣāṁ gandhānāṁ nāsike ekāyanam evaṁ sarveṣāṁ rasānāṁ jihvā ekāyanam evaṁ sarveṣāṁ rūpāṇāṁ cakṣur ekāyanam evaṁ sarveṣām śabdānāṁ śrotram ekāyanam evaṁ sarveṣāṁ saṁkalpānāṁ mana ekāyanam evaṁ sarvāṣāṁ vidyānāṁ hṛdayam ekāyanam evaṁ sarvāṣāṁ karmaṇāṁ hastāvekāyanam evaṁ sarvāṣāṁ ānandānām upastha ekāyanam evaṁ sarveṣāṁ visargāṇām pāyur ekāyanam,evaṁ sarveṣāṁ adhvanām pādavekāyanam evaṁ sarveṣāṁ vedānāṁ vāgekāyanam ||

Tout comme l'océan est le lieu de rencontre de toutes les eaux, de même la peau est le lieu de rencontre de tous les touchers, les narines sont le lieu de rencontre de toutes les odeurs, la langue le lieu de rencontre de tous les goûts, l'œil le lieu de rencontre de toutes les images, l'oreille le lieu de rencontre de tous les sons, le mental le lieu de rencontre de toutes les pensées, le cœur le lieu de rencontre de toutes les sciences, les mains le lieu de rencontre de toutes les activités, le sexe le lieu de rencontre de tous les plaisirs, l'anus le lieu de rencontre de toutes les excrétions, les pieds le lieu de rencontre de toutes les marches, la parole le lieu de rencontre de tous les Vedas.

13. sa yathā saindhavaghano anantaro 'bāhyaḥ kṛtsno rasaghana eva evam vā are 'yam ātmā anantaro 'bāyaḥ kṛtsnaḥ prajñānaghana eva | etebhyo bhūtebhyaḥ samutthāya tāny evānuvinaśyati | na pretya saṁjñāsti iti are bravīmi iti hovāca yājñavalkyaḥ ||

Tout comme un bloc de sel lancé dans l'eau se dissout dans l'eau et on ne peut plus le saisir, mais en quelque endroit qu'on puise l'eau il y a du sel, de même cet immense Être est sans bornes ni frontières, Il est une masse de perceptions. Il surgit avec ces êtres et disparaît avec eux. Après la mort, il n'y a pas de conscience[1] (*saṃjñā*). » Ainsi parla Yājñavalkya.

1. Ici, le mot *saṃjñā* signifie la conscience relative et non la pure Conscience ;

14. sa hovāca maitreyī atraiva mā bhagavān mohāntam āpīpitat / na vā aham imaṃ vijānāmīti / sa hovāca na vā are 'ham moham bravīmi / avināśī vā are 'yam ātmānucchittidharmā //

Alors, Maitreyī dit : « Seigneur, maintenant vous m'avez jetée dans un trouble immense : je ne comprends pas du tout ce qu'est ce Soi ». Il répliqua : « Je ne parle pas pour affoler, mais cela peut amener au discernement. »

15. yatra hi dvaitam iva bhavati tad itara itaraṁ jighrati tad itara itaram paśyati tad itara itaram śṛṇoti tad itara itaram abhivadati tad itara itaram manute tad itara itaraṁ vijānāti / yatra tvasya sarvam ātmāivābhūt tat kena kaṁ jighret tat kena kam paśyet tat kena kaṁ śṛṇuyat tat kena kam abhivadet tat kena kam manvīta tat kena kaṁ vijānīyāt / yenedam sarvaṁ vijānāti taṁ kena vijānīyāt vijñātāram are kena vijānīyād iti / sa eṣa neti netyātmā / agṛhyo na hi gṛhyate / aśīryo na hi śīryate / asaṅgo na hi sajyate / asito na hi vyayate na riṣyati / vijñātāram are kena vijānīyaditi / uktānuśāsanāsi maitreyī / etāvadare khalvamṛtatvamiti / hoktvā yājñavalkyo vijahāra //

En effet, là où il y a dualité (sujet/objet), l'un sent l'autre, l'un voit l'autre, l'un entend l'autre, l'un nomme l'autre, l'un pense à l'autre, l'un connaît l'autre. Mais quand tout est devenu Soi-même, qui pourrait sentir et par quoi, qui pourrait voir et par quoi, qui pourrait entendre et par quoi, qui pourrait nommer et par quoi, qui pourrait penser et par quoi, qui pourrait connaître et par quoi ? Ce par quoi on connaît tout ce monde, grâce à quoi pourrait-on le connaître ? Avec quoi pourrait-on connaître le connaisseur ? On ne définit ce Soi que par des négations. Insaisissable, il ne peut être saisi ; indestructible, il ne peut être détruit ; sans attache, il ne s'attache pas ; sans lien, il ne tremble ni ne souffre. Par quel moyen pourrait-on percevoir cela qui perçoit ? Tu as entendu l'enseignement, Maitreyī. Tout est là concernant l'immortalité. » Ayant ainsi parlé, Yājñavalkya s'en alla.

---

littéralement, *saṃjñā* signifie « connaître ensemble, connaître avec, connaître en conjonction » et implique donc une dualité sujet connaissant/objet connu.

6
LA LIGNÉE DES MAÎTRES

atha vaṃśaḥ
Pautimāsyo Gaupavanāt ; Gaupavanaḥ Pautimāsyāt ; (...) Parameṣṭhī Brahmaṇaḥ | Brahma svayaṃbhū | Brahmaṇe namaḥ ||

Voici la transmission :

Pautimāsya de Gaupavana ; Gaupavana de Pautimāsya ; Pautimāsya de Gaupavana ; Gaupavana de Kauśika ; Kauśika de Kauṇḍinya ; Kauṇḍinya de Śāṇḍilya ; Śāṇḍilya de Kauśika and Gautama ; Gautama de Āgniveśya ; Āgniveśya de Śāṇḍilya and Ānabhimlāta ; Ānabhimlāta de Ānabhimlāta ; Ānabhimlāta de Ānabhimlāta ; Ānabhimlāta de Gautama ; Gautama de Saitava and Prācīnayogya ; Saitava and Prācīnayogya de Pārāśarya ; Pārāśarya de Bharadvaja ; Bhāradvāja de Bhāradvāja and Gautama ; Gautama de Bhāradvāja ; Bhāradvāja de Pārāśarya ; Pārāśarya de Vaijavāpāyana ; Vaijavāpāyana de Kauśikāyani ; Kauśikāyani de Ghṛtakauśika ; Ghṛtakauśika de Pārāśaryayaṇa ; Pārāśaryayaṇa de Pārāśarya ; Pārāśarya de Jātūkarṇya ; Jātūkarṇya de Asurāyaṇa and Yaska ; Asurāyaṇa de Traivaṇi ; Traivaṇi de Aupajandhani ; Aupajandhani de Āsuri ; Āsuri de Bhāradvāja ; Bhāradvāja de Ātreya ; Ātreya de Māṇṭi ; Māṇṭi de Gautama ; Gautama de Gautama ; Gautama de Vātsya ; Vātsya de Śāṇḍilya ; Śāṇḍilya de Kaiśorya Kāpya ; Kaiśorya Kāpya de Kum*āra*hārita ; Kum*āra*hārita de Gālava ; Gālava de Vidarbhīkauṇḍinya ; Vidarbhīkauṇḍinya de Vatsanapād Bābhrava ; Vatsanapād Bābhrava de Panthāḥ Saubhara ; Panthāḥ Saubhara de Ayāsya Āṅgirasa ; Ayāsya Āṅgirasa de Ābhūti Tvastra ; Ābhūti Tvaṣṭra de Visvarupa Tvaṣṭra ; Viśvarūpa Tvaṣṭra des deux Aśvins ; les deux Aśvins de Dadhyañc Ātharvaṇa ; Dadhyañc Ātharvaṇa de Atharvan Daiva ; Atharvan Daiva de Mṛtyu Prādhvaṃsana ; Mṛtyu Prādhvaṃsana de Prādhvaṃsana ; Prādhvaṃsana de Eka Ṛṣi ; Eka Ṛṣi de Vipracitti ; Vipracitti de Vyaṣṭi ; Vyaṣṭi de Sanāru ; Sanāru de Sanātana ; Sanatāna de

Sanaga ; Sanaga de Parameṣṭhin ; and Parameṣṭhin de Brahman. Brahman existe par lui-même. Hommage à Brahman !

V

1
L'INÉPUISABLE BRAHMAN

1. pūrṇam adaḥ pūrṇam idam pūrṇāt pūrṇam udacyate I
pūrṇasya pūrṇam ādāya pūrṇam evāvaśiṣyate II
aum kham brahma I kham pūrṇam I vāyuraṁ kham I iti ha smāha kauravyāyaṇīputraḥ I vedo 'yam brāhmaṇā viduḥ I vedainena yad veditavyam II

Cela est plénitude, ceci est plénitude
La plénitude sort de la plénitude
La plénitude tirée de la plénitude demeure plénitude.
L'espace est Brahman, l'espace est primitif, l'espace est souffle, c'est ce qu'avait l'habitude de dire le fils de Kauravyāyaṇī. C'est le Veda, les brahmanes le connaissent ; grâce à lui on sait tout ce qui est à savoir.

2

1. trayāḥ prājāpatyāḥ prājapatau pitari brahmacaryam ūṣuḥ devā manuṣyā asurāḥ uṣitvā brahmacaryaṁ devā ūcuhI bravītu no bhavān iti I tebhyo haitad akṣaram uvāca da iti I vyajñāsiṣṭa iti I vyajñāsiṣma iti hocuḥ I dāmyateti na āttheti I aum iti hovāca vyajñāsiṣṭeti.

Les trois sortes de descendants de Prajāpati faisaient leurs études (védiques) en résidence chez leur père : les dieux, les humains et les démons (*asura*), ayant terminé leurs études, les dieux dirent : « Seigneur, parle-nous. » Il leur dit alors la syllabe *da* et ajouta : - Vous avez compris ? - Nous avons compris, dirent-ils, tu nous dis de nous dominer (*dāmyata*). - C'est cela, répondit-il, vous avez compris.

2. atha hainam manuṣyā ūcuh : bravītu no bhavān iti I tebhyo haitad evākṣaram uvāca da iti I vyajñāsiṣṭa iti I vyajñāsiṣma iti hocuḥ I datta iti na āttheti I aum iti hovāca vyajñāsiṣṭeti.

Alors, les humains lui dirent : « Seigneur, parle-nous. » Il leur dit alors la syllabe *da* et ajouta : - Vous avez compris ? - Nous avons compris, dirent-ils, tu nous dis de donner (*datta*). - C'est cela, répondit-il, vous avez compris.

3. atha hainam asurā ūcuḥ, bravītu no bhavān iti I tebhyo haitad evākṣaram uvāca da iti I vyajñāsiṣṭa iti Ivyajñāsiṣma iti hocuḥ I dayadhvam iti na āttheti I aum iti hovāca vyajñāsiṣṭeti I tad etad evaiṣā daivī vāg anuvadati stanayitnurda da da iti I damyata datta dayadhvam iti I tad etat trayaṁ śikṣet damam dānam dayām iti.

Alors, les démons lui dirent : « Seigneur, parle-nous. » Il leur dit alors la syllabe *da* et ajouta : - Vous avez compris ? - Nous avons compris, dirent-ils, tu nous dis d'être compatissants (*dayadhvam*). - C'est cela, répondit-il, vous avez compris. C'est bien cela que répète la voix divine dans le tonnerre, *da da da* : dominez-vous, donnez, soyez compatissant. Tels sont les trois préceptes qu'il faut enseigner : se dominer, donner et être compatissant.

3
BRAHMAN COMME CŒUR

1. eṣa prajāpatiryad hṛdayam I etad brahma I etad sarvam I tad etat tryakṣaram I hṛ da yam iti I hṛ ityekam akṣaram I abhiharanty asmai svāś cānye ca ya evaṁ veda I da ityekam akṣaram I dadatyasmai svāś cānye ca ya evaṁ veda I yamety ekam akṣaram I eti svargaṁ lokam ya evaṁ veda II

Le cœur est ce Prajāpati, il est Brahman, il est tout l'univers. Il comporte trois syllabes : *hṛ da ya*. *hṛ* est une syllabe. Parents et étrangers lui apportent des présents (*abhi**har**anti*) à qui sait ainsi.

Quant à la seconde syllabe, *da*, parents et étrangers lui font des dons à celui qui sait ainsi. Quant à la troisième syllabe, *ya*, il va au ciel (*eti*) celui qui sait ainsi[1].

4
BRAHMAN EST LE VRAI, LE RÉEL

1. tadvai tadetadeva tadāsa satyam eva I sa yo haiṭan mahadyakṣam prathamajaṁ veda satyam brahmeti jayatīmāṁllokān. jita innvasāv asat, ya evam etan mahad yakṣam prathamajaṁ veda satyam brahmeti I satyaṁ hyeva brahma II

En vérité, ceci est cela et cela était ceci, rien d'autre que le réel. Celui qui connaît ce grand magicien premier-né et sait que le Brahman est la réalité, il conquiert ces mondes. Comment pourra-t-il être vaincu celui qui connaît ce grand magicien premier-né et sait que Brahman est le réel ? Car Brahman est tout simplement le réel.

5
LE RÉEL

1. āpa evadaṁ agra āsuḥ Itā āpaḥ satyam aṣrjanta I satyam brahma I brahma prajāpatim I prajāpatirdevān I te devāḥ satyam evopāsate I tad etat tryakṣaraṃ satyam iti I sa ityekam akṣaram iti I tītyekam akṣaram I yam ityekam akṣaram I prathamottame akṣare satyam madhyato 'nṛtam I tadetadanṛtam ubhayataḥ satyena parigṛhītaṁ satyabhūyam eva bhavati I naivaṁ vidvāṁsam anṛtaṁ hinasti II

Au commencement, il n'y avait que les eaux. Ces eaux firent jaillir le réel, qui créa Brahman, qui créa Prajāpati, qui engendra les dieux. Ces dieux ne vénèrent que le réel, qui est fait de trois syllabes *sa ti yam* : *sa* est une syllabe, *ti* une syllabe, *yam* une

1. Pour apprécier le rapport entre les syllabes et ce qu'on en dit ici, il faut connaître un peu le sanskrit…

syllabe. La première et la dernière sont le réel, celle du milieu l'irréel. Par conséquent l'irréel, embrassé des deux côtés par le réel, déborde de réel. Ainsi l'irréel ne fait pas de tort à celui qui sait ainsi.

Cette étymologie quelque peu fantaisiste du mot *satyam* (le réel) a pour but d'illustrer le fait que le monde manifesté, tout irréel est-il par lui-même quand on le pense autre que soi-même, n'en est pas moins le Réel, car d'une part n'est-ce pas le Réel qui le déploie ? Et d'autre part ce qui le perçoit, n'est-il pas réel, n'est-ce pas le Réel ? N'est-ce pas la conscience du rêveur qui « crée » le rêve ? Et n'est-ce pas la conscience du rêveur le perçoit ? Le Réel en tant qu'il déploie l'univers, les Upaniṣad le nomment *brahman*, et le même Réel en tant qu'il perçoit cet univers, elles le nomment *ātman*, qui signifie « soi-même », le cœur de soi-même que chacun sait être intimement et qui est strictement le même du début à la fin de notre vie terrestre. Les Upaniṣad ont clairement formulé l'identité fondamentale et totale entre *brahman* et *ātman*. Le rêve *est* la conscience du rêveur, qui en est l'unique réalité ; de même, le monde *est* la Lumière consciente, le Réel, il « déborde de Réel ». Celui qui sait ainsi ne s'inquiète plus de ce qui arrivera au corps/mental, il cesse complètement de passer ses jours à vouloir qu'il arrive ceci plutôt que cela. Sa vie devient légère, tranquille et joyeuse, et il peut laisser le corps/mental vaquer aux affaires du monde avec intelligence, avec cœur et avec une énergie débordante jusqu'à ce que sa destinée soit accomplie.

2. tad yat tat satyam asau sa ādityaḥ | ya eṣa etasmin maṇḍale puruṣo yaś cāyaṁ dakṣiṇe 'kṣan puruṣaḥ. tāv etāv anyo 'nyasmin pratiṣṭhitau | raśmibhir eṣo 'smin pratiṣṭhitaḥ prāṇairayam amuṣmin | sa yadotkramiṣyan bhavati śuddham evaitan maṇḍalam paśyati | nainam ete raśmayaḥ pratyāyanti ||

Ce qui est ce réel, c'est ce personnage là-haut dans le Soleil. Le personnage dans le disque solaire et celui dans l'œil droit reposent l'un sur l'autre. Celui d'en haut repose sur celui d'en bas par ses rayons lumineux et celui d'en bas repose sur celui d'en haut par les souffles vitaux. Quand celui d'en bas est sur le point de partir, il ne voit plus que ce disque lui-même, les rayons ne viennent plus à lui.

3. ya eṣa etasmin maṇḍale puruṣaḥ tasya bhūr iti śiraḥ | ekaṁ śiraḥ ekam etad akṣaram | bhuva iti bāhū | dvau ete akṣare | svar iti pratiṣṭhā | dve pratiṣṭhe dve ete akṣare | tasyopaniṣad ahariti | hanti pāpmānaṁ jahāti ca ya evaṁ veda ||

Le phonème *bhūḥ* est la tête de ce personnage dans ce disque : une seule syllabe, une seule tête. Les bras sont représentés par *bhuvaḥ* : deux syllabes, deux bras. Le mot *svar* représente l'appui : deux syllabes, deux points d'appui (les pieds)[1]. Son (nom) secret est *svar*. Il détruit le mal et le rejette, celui qui sait ainsi.

4. ya eṣa etasmin maṇḍale puruṣaḥ, tasya bhūr iti śiraḥ | ekaṁ śiraḥ ekam etad akṣaram | bhuva iti bāhū | dvau ete akṣare | svar iti pratiṣṭhā | dve pratiṣṭhe dve ete akṣare | tasyopaniṣad aham iti | hanti pāpmānaṁ jahāti ca ya evaṁ veda.

Le phonème *bhūḥ* est la tête de ce personnage dans l'œil droit : une seule syllabe, une seule tête. Les bras sont représentés par *bhuvaḥ* : deux syllabes, deux bras. Le mot *svar* représente l'appui : deux syllabes, deux points d'appui (les pieds). Son (nom) secret est *aham*. Il détruit le mal et le rejette celui qui sait ainsi.

6
LA PERSONNE

1. manomayo 'yam puruṣaḥ, bhāḥ satyaḥ tasminn antarhṛdaye yathā vrīhir vā yāvo vā | sa eṣa sarvasyeśānaḥ, sarvasyādhipatiḥ, sarvam idaṁ praśāsti yad idaṁ kiṁ ca.

Cette personne est faite d'esprit et consiste en lumière à l'intérieur de cœur comme le grain de riz ou d'orge. Il est le souverain de tout, il est le maître de tout et gouverne tout ce qui existe.

1. En réalité *svar* est *su-ar*.

7
BRAHMAN COMME ÉCLAIR

1. vidyud brahma ity āhuḥ | vidānād vidyut vidyaty enam pāpmano ya evaṁ veda vidyud brahmeti | vidyud hyeva brahma.

Brahman est l'éclair, dit-on. L'éclair s'appelle *vidyut*, du fait qu'il coupe, *vidāna*. Il coupe le mal celui qui sait ainsi que Brahman est l'éclair, car l'éclair est bien Brahman.

8
LA PAROLE

1. vācam dhenum upāsīta | tasyāścatvāraḥ stanāḥ svāhākāro vaṣatkāro hantakāraḥ svadhākāraḥ | tasyai dvau stanau devā upajīvanti svāhākāraṁ ca vaṣatkāraṁ ca | hantakāraṁ manuṣyāḥ | svadhākāram pitaraḥ | tasyāḥ prāṇa ṛṣabhaḥ mano vatsaḥ ||

Il faut considérer la parole comme une vache. Elle a quatre pis : *svāha*, *vaṣat*, *hanta*, *svadhā*. Les dieux vivent de deux de ces pis, *svāha* et *vaṣat*. Les hommes vivent de *hanta* et les ancêtres de *svadhā*. Le taureau de cette vache est le souffle vital et son veau est la pensée.

9
LE FEU UNIVERSEL

1. ayam agnir vaiśvānaro yo 'yam antaḥ puruṣe yenedam annam pacyate yad idam adyate | tasyaiṣa ghoṣo bhavati yam etat karṇāv apidhāya śṛṇoti | sa yadotkramiṣyan bhavati nainaṁ ghoṣaṁ śṛṇoti |

C'est le Feu commun aux hommes (*Agni vaiśvānara*) qui est dans l'homme et par lequel est digérée cette nourriture qu'il mange. C'est son grondement qu'on entend quand on se bouche les deux oreilles. Quand on s'apprête à mourir, on n'entend plus ce grondement.

10
APRÈS LA MORT

1. yadā vai puruso 'smāllokāt praiti sa vāyum āgacchati | tasmai sa tatra vijihīte yathā rathacakrasya kham | tena sa ūrdhva ākramate | sa ādityam āgacchati | tasmai sa tatra vijihīte yathā lambarasya kham | tena sa ūrdhva ākramate | sa candramasam āgacchati | tasmai sa tatra vijihīte yathā dundubheḥ kham | tena sa ūrdhva ākramate | sa lokam āgacchatyaśokam ahimam | tasmin vasati śāśvatīḥ samāḥ ||

En vérité, quand l'homme quitte ce monde, il va à l'air, qui s'ouvre à lui de la largeur d'une roue de char. C'est par là qu'il s'élève et arrive au soleil, qui s'ouvre à lui de la largeur d'un tambour. Par là il s'élève plus haut et arrive à la lune, qui s'ouvre à lui de la largeur d'un tambourin. Par là il s'élève plus haut et parvient au monde où il ne fait ni chaud ni froid : il y demeure pendant des années infinies.

11
L'AUSTÉRITÉ SUPRÊME

1. etad vai paramaṁ tapo yad vyāhitas tapyate | paramaṁ haiva lokaṁ jayati ya evaṁ veda | etad vai paramaṁ tapo yaṁ pretam araṇyaṁ haranti | paramaṁ haiva lokaṁ jayati ya evaṁ veda | etad vai paramaṁ tapo yam pretam agnāv abhyādadhati | paramaṁ haiva lokaṁ jayati, ya evaṁ veda ||

C'est en vérité la mortification suprême que de souffir de la maladie. Il conquiert le monde suprême celui qui sait ainsi. C'est en vérité la mortification suprême qu'être transporté mort dans la forêt. Il conquiert le monde suprême celui qui sait ainsi. C'est en vérité la mortification suprême qu'être déposé mort sur un bûcher. Il conquiert le monde suprême celui qui sait ainsi.

12

1. annam brahma ityeka āhuḥ tan na tathā I pūyati vā annaṁ ṛte prāṇāt I prāṇo brahma ityeka āhuḥ I tan na tathā I śuṣyati vai prāṇa ṛte 'nnāt I ete ha tveva devate ekadhābhūyam bhūtvā paramatāṁ gacchataḥ I taddha smāha prātṛdaḥ pitaram I kiṁ svid evaivaṁ viduṣe sādhu kuryām kim evāsmā asādhu kuryām iti I sa ha smāha pāṇinā mā prātṛda I kastvenayor ekadhā bhūyaṁ bhūtvā paramatāṁ gacchatīti I tasmā u haitad uvāca vi iti I annaṁ vai vi I anne hīmāni sarvāṇi bhūtāni viṣṭānī I ram iti I prāṇo vai ram I prāṇe hīmāni sarvāṇi bhūtāni ramante I sarvāṇi ha vā asmin bhūtāni viśanti sarvāṇi bhūtāni ramante, ya evaṁ veda II

Certains disent que Brahman est la nourriture ; mais ce n'est pas le cas, car la nourriture pourrit sans le souffle vital. D'autres disent que Brahman est le souffle vital ; mais ce n'est pas le cas, car le souffle vital se dessèche sans la nourriture. Mais quand ces deux divinités s'unissent en une seule, elles atteignent la suprématie. C'est ce qui autrefois Prātṛda dit à son père : « À celui qui sait ainsi, quel bien ou quel mal pourrais-je faire ? » Celui-ci répondit d'un geste de la main : « Arrête, Pātṛda, qui pourrait parvenir à la prééminence en s'unissant à ces deux-là ? » Il dit : « *Vi*, *vi* est la nourriture, car c'est sur la nourriture que s'appuient (*viṣṭa*). *Ram*, *ram* est le souffle vital, car c'est dans la vie que tous les êtres jouissent (*ram*). Tous les êtres viennent à lui et se réjouissent en lui, celui qui sait ainsi. »

13
MÉDITATION SUR LE SOUFFLE VITAL

1. uktham I prāṇo vā uktham I prāṇo hīdaṁ sarvam utthāpayati I uddhāsmād ukthavid vīrastiṣṭhati I ukthasya sāyujyaṁ salokātaṁ jayati ya evaṁ veda II

Uktha (hymne du *Ṛgveda*). L'*uktha* en vérité est le souffle vital. En effet, c'est le souffle vital qui soulève cet univers. Il s'ensuit que l'homme héroïque qui connaît l'*uktha* s'élève. Il s'associe à l'*uktha* et gagne le même monde que l'*uktha*, celui qui connaît ainsi.

2. yajuh | prāṇo vai yajuh | prāṇe hīmāni sarvāṇi bhūtāni yujyante | yujyante hāsmai sarvāṇi bhūtāni śraiṣṭhyāya yajuṣaḥ sāyujyaṁ salokatāṁ jayati, ya evaṁ veda ||

Yajus (formule du *Yarjurveda*). Le *yajus*, en vérité, est le souffle vital : par le souffle vital, tous les êtres sont unis. Tous les êtres se joignent à lui pour qu'il s'élève. Celui qui connaît ainsi s'associe au *yajus* et gagne le même monde que le *yajus*.

3. sāma | prāṇo vai sāma | prāṇe hīmāni sarvāṇi bhūtāni samyañci | samyañci hāsmai sarvāṇi bhūtāni śraisthyāya kalpante | sāmnaḥ sāyujyaṁ salokatāṁ jayati ya evaṁ veda.

Sāman (chant du *Sāmveda*). Le *sāman*, en vérité, est le souffle vital : tous les êtres convergent dans le souffle. Avec le concours de tous les êtres il s'élève. Celui qui connaît ainsi s'associe au *sāman* et gagne le même monde que le *sāman*.

4. kṣatram | prāṇo vai kṣatram | prāṇo hi vai kṣatram | trāyate hainaṁ prāṇaḥ kṣanitoḥ pra kṣatram atram āpnoti kṣatrasya sāyujyaṁ salokatāṁ jayati ya evaṁ veda ||

Kṣatram (pouvoir temporel). Le *kṣatram* est le souffle vital : car le souffle vital protège (*trāyate*) l'homme de la destruction (*kṣanitu*). Il obtient le pouvoir qui n'a plus besoin de protection (*atram*). Celui sait cela s'associe au *kṣatram* et gagne le même monde que le *kṣatram*.

14
LE GĀYATRĪ MANTRA

1. bhūmirantarikṣaṁ dyauḥ ity aṣṭāvakṣarāni | aṣṭākṣaraṁ ha vā ekaṁ gāyatryai padam | etadu haivāsyā etat | sa yāvadeṣu triṣu lokeṣu tāvaddha jayati yo 'syā etadevaṁ padaṁ veda.

Il y a huit syllabes dans *bhūmi antarikṣam dyaus*[1]. Il se trouve qu'une ligne (la première) de la Gāyatrī contient aussi huit syllabes : cette ligne est donc la même chose. Celui qui connaît ainsi cette ligne de la Gāyatrī gagne un monde aussi étendu que ces trois mondes.
Bien sûr, *bhūmi* est la terre, *antarikṣam* l'espace intermédiaire (l'atmosphère) et *dyaus* le ciel.

2. ṛco yajūṁṣi sāmānītyaṣṭāvakṣarāṇi I aṣṭākṣaraṁ ha vā ekaṁ gāyatrai padam I etad u haivāsyā etat I sa yāvatīyaṁ trayī vidyā tāvad ha jayati yo 'syā etad evaṁ padaṁ veda.

Il y a huit syllabes dans *ṛcaḥ yajūṁṣi sāmāni*[2]. Il se trouve qu'une ligne (la seconde) de la Gāyatrī contient aussi huit syllabes : cette ligne est donc la même chose. Celui qui connaît ainsi cette ligne de la Gāyatrī gagne un monde aussi étendu que ce triple Veda.

3. prāṇo 'pāno vyāna ity aṣṭāv akṣarāṇi I aṣṭākṣaraṁ ha vā ekaṁ gāyatrai padam I etad u haivāsyā etat I sa yāvad idam prāṇi tāvaddha jayati yo 'syā etad evam padaṁ veda I athāsya etad eva turīyaṁ darśatam padaṃ parorajā ya eṣa tapati I yadvai caturthaṁ tat turīyam I darśatam padam iti dadṛśa iva hyeṣaḥ I parorajā iti sarvam u hyevaiṣa raja uparyupari tapati I evaṁ haiva śriyā yaśasā tapati yo 'syā etadevam padaṁ veda II

Il y a huit syllabes dans *prāṇa upāna vyāna*[3]. Il se trouve qu'une ligne (la troisième) de la Gāyatrī contient aussi huit syllabes : cette ligne est donc la même chose. Celui qui connaît ainsi cette ligne de la Gāyatrī gagne un monde aussi étendu que celui du vivant. Il y a maintenant cette quatrième ligne lumineuse de la Gāyatrī celle de celui (le Soleil) qui arde au-delà de l'atmosphère. Le mot *turīya* est la même chose que *caturtha*. On parle

---

1. Cela montre que *dyaus* était bien prononcé *di-aus.*

2. Ces trois mots, *ṛcaḥ yajūṁṣi sāmāni*, désignent les versets du Ṛgveda, les formules du Yajurveda et les chants du Sāmaveda.

3. Ces trois mots, *prāṇa upāna vyāna,* désignent les souffles sortant, entrant et diffus.

d'une « ligne lumineuse » parce qu'il (le Soleil) y est visible. On dit « au-delà de l'atmosphère » parce qu'il arde au-delà de l'atmosphère. Celui qui connaît ainsi cette ligne de la Gāyatrī brille avec le même éclat et la même gloire.

4. saiṣā gāyatryetasmiṁsturīye darśate pade parorajasi pratiṣṭhitā | tadvai tat satye pratiṣṭhitam | cakṣurvai satyam | cakṣurhi vai satyam | tasmād yadidānīṁ dvau vivadamānāveyātām aham adarśam aham aśrauṣam iti ya evaṁ brūyātdaham adarśam iti tasmā eva śraddadhyāma | tad vai tat satyaṁ bale pratiṣṭhitam | prāṇo vai balam | tat prāṇe pratiṣṭhitam | tasmād āhuḥ balaṁ satyād ojīya iti | evaṁ veṣā gāyatry adhyātmaṁ pratiṣṭhitā | sā haisā gayāṁstatre | prāṇā vai gayāḥ | tat prāṇāṁstatre | tad yad gayāṁstatre tasmād gāyatrī nāma | sa yām evāmūṁ sāvitrīm anvāha eṣaiva sā | sa yasmā anvāha, tasya prāṇāṁstrāyate ||

Cette Gāyatrī s'appuie sur cette quatrième ligne resplendissante par-delà le ciel. Cette ligne a son point d'appui sur la vérité. Car la vérité est regard. En effet, la vérité est le regard sans l'ombre d'un doute, car si deux personnes viennent ici en argumentant, l'un disant « j'ai vu », l'autre disant « j'ai entendu », nous accorderions foi à celui qui dit « moi, j'ai vu ! » Cette vérité s'appuie sur la force. La force, en vérité, est le souffle vital. D'où l'on dit que la force l'emporte sur la vérité. C'est ainsi que cette Gāyatrī s'appuie sur ce qui est en soi (*ātman*). Cette Gāyatrī protège donc les *gayas*. Les *gayas* sont bien les souffles vitaux ; par conséquent (la Gāyatrī) protège les *gayas*. Le nom Gāyatrī vient de ce qu'elle protège (*trā-*) les *gayas*. Et elle est la même que cette Sāvitrī qu'on récite. Elle protège les souffles vitaux de celui à qui on la récite.

5. tām haitām eke sāvritrīm anuṣṭubham anvāhuḥ : vāg anuṣṭup ; etad vācam anubrūma iti | na tathā kuryāt | gāyatrīm eva sāvitrīm anubrūyāt | yadi ha vā apy evaṁvid bahviva pratigṛhṇāti, na haivatad gāyatryā ekaṁ cana padaṃ prati ||

Il y en a qui enseignent cette Sāvitrī en *anuṣṭubh* en disant

« *anuṣṭubh* est la parole, c'est la parole elle-même que nous professons ». Ce n'est pas comme cela qu'il faut procéder. On doit réciter la Sāvitrī comme une Gāyatrī. En regard de ce qu'on peut récolter en sachant ainsi, cela ne vaut pas une seule ligne de la Gāyatrī.

6. sa ya imāṁstrīn lokān pūrṇān pratigṛhnīyāt so 'syā etat prathamaṃ padam āpnuyāt | atha yāvatīyaṁ trayī vidyā yastāvat pratigṛhnīyāt so 'syā etaddvitīyam padam āpnuyāt | atha yāvadidaṃ prāṇi yastāvat pratigṛhnīyāt so'syā etat tṛtīyam padam āpnuyāt | athāsyā etadeva turīyaṁ darśataṁ padam parorajā ya eṣa tapati naiva kenacanāpyam | kuta u etāvat pratigṛhṇīyāt ||

Celui qui recevrait ces trois mondes dans leur plénitude, ce serait comme recevoir cette première ligne (de la Gāyatrī). Celui qui recevrait autant que cette triple science du Veda, ce serait comme recevoir la deuxième ligne. Celui qui recevrait autant que tout ce qui a vie, ce serait comme recevoir la troisième ligne. Finalement, il y a cette quatrième ligne lumineuse qui resplendit qui est celui (le Soleil) qui brille au-delà de l'atmosphère et que personne ne peut atteindre. Car d'où pourrait-on recevoir un tel présent aussi grand ?

7. tasyā upasthānam | gāyatri asyekapadī dvipadī tripadī catuṣpadi | apadasi na hi padyase | namaste turīyāya darśatāya padāya parorajase | asāvado mā prāpaditi yaṁ dviṣyāt asāvasmai kāmo mā samṛddhīti vā | na haivāsmaī sa kāmaḥ samṛddhyate yasmā evam upatiṣṭhate | aham adaḥ prāpam iti vā ||

Voici comment faire honneur à la Gāyatrī :

Ô Gāyatrī, tu as un pied, deux pieds, trois pieds, quatre pieds. Tu es sans pieds, tu ne marches pas ! Hommage à ton quatrième pied resplendissant au-delà de l'atmosphère. Alors, le vœu de la personne qu'on vise ne se réalise pas : « Que celui-là qu'on déteste n'obtienne pas cela ! », « Que le vœu de celui-là ne se réalise pas ! » Ou encore (on peut dire) : « Que mon vœu à moi se réalise ! »

8. etaddha vai tajjanako vaideho buḍilam āśvatarāśvim uvāca yan nu ho tadgāyatrīvid abrūthāḥ atha kathaṁ hastī bhūto vahasīti / mukhaṁ hyasyāḥ samrāṭ na vidām cakāreti hovāca / tasyā agnir eva mukham / yadi ha vā api bahvivāgnau abhyādadhati, sarvam eva tat saṁdahati / evaṁ haivaivaṁvid yadyapi bahviva pāpaṁ kurute sarvam eva tat saṃpsāya śuddhaḥ pūto 'jaro 'mṛtaḥ sambhavati //

À ce sujet, voici ce que Janaka roi de Videha dit à Buḍila Āśvatarāśvi :

- Toi qui prétendais connaître cette Gāyatrī, comment se fait-il que tu sois devenu un éléphant qui porte des fardeaux ?

- C'est que, Majesté, je ne connaissais pas sa bouche, répondit-il. Sa bouche, c'est le Feu (Agni). Tout ce qu'on jette au feu, il le brûle tout ! De même, celui qui sait ainsi, peu importe la charge des fautes commises, il consume tout, il est pur, ne vieillit pas et ne meurt pas.

15
LA PRIÈRE À ĀDITYA PAR LE MOURANT

1. hiraṇmayena pātrena satyasyāpihitam mukham /
tat tvaṃ pūṣan apāvṛṇu satyadharmāya dṛṣṭaye //
pūṣann ekarṣe yama sūrya prājāpatya vyūha raśmīn samūha tejaḥ /
yat te rūpaṁ kalyāṇatamam tat te paśyāmi yo 'sāvasau puruṣaḥ so 'ham asmi //
vāyuranilam amṛtam athedam bhasmāntaṃ śarīram /
aum krato smara kṛtaṁ smara krato smara kṛtaṁ smara //
agne naya supathā rāye asmān viśvāni deva vayunāni vidvān /
yuyodhyasmajjuharāṇam eno bhūyiṣṭhāṁ te nama-uktiṁ vidhema //

La face de la vérité est cachée par une coupe en or.

Dévoile-la, ô Pūṣan, celui qui poursuit la vérité pour qu'il voit !
Pūṣan, toi le rishi unique ! Yama ! Sūrya ! Fils de Prajāpati !
Déploie tes rayons ! Répands ton éclat !
Ton aspect le plus beau, je le contemple ; celui-là, ce personnage (là-haut), moi je le suis !
Le souffle est immortel, mais ce corps est fait de cendres.
Aum ! Ô Puissance intelligente, rappelle-toi, rappelle-toi ce qui a été fait ! Puissance intelligente, rappelle-toi, rappelle-toi ce qui a été fait !
Ô Agni, ô dieu qui connaît tout ce qui a vie, mène-nous à la richesse suprême par un chemin aisé !
Éloigne de nous l'infortune qui fâche ! Nous voulons t'honorer par le plus grand chant d'hommage !

VI

1
LES SIX FONCTIONS CORPORELLES ET L'IMPORTANCE DU SOUFFLE VITAL

1. yo ha vai jyeṣṭhaṃ ca śreṣṭhaṃ ca veda jyeṣṭhaśca śreṣṭhaśca svānāṃ bhavati | prāṇo vai jyeṣṭhśca śreṣṭhaśca | jyeṣṭhaśca śreṣṭhaśca svānāṃ bhavatyapi ca yeṣāṃ bubhūṣati ya evaṃ veda ||

En vérité, celui qui connaît ce qui est primordial et le meilleur, il devient le primordial et le meilleur parmi les siens. Ce qui est vraiment primordial et le meilleur, c'est le souffle. Celui qui connaît ainsi devient le primordial et le meilleur parmi les siens et chez ceux parmi lesquels il veut être.

2. yo ha vai vasiṣṭhāṃ veda vasiṣṭhaḥ svānāṃ bhavati | vagvai vasiṣṭhā | vasiṣṭhaḥ svānāṃ bhavatyapi ca yeṣāṃ bubhūṣati ya evaṃ veda ||

En vérité, celui qui connaît ce qui est éminent, il devient éminent parmi les siens. Ce qui est éminent, c'est bien la parole. Celui qui connaît ainsi devient éminent parmi les siens et chez ceux parmi lesquels il veut être.

3. yo ha vai pratiṣṭhāṃ veda pratiṣṭhati same pratiṣṭhati durge // cakṣurvai pratiṣṭhā / cakṣuṣā hi same ca durge ca pratiṣṭhati / pratiṣṭhati same pratiṣṭhati durge ya evaṃ veda //

Celui qui connaît cela qui est fermement établi, en vérité il est fermement établi tant en terrain plat qu'en terrain accidenté. Ce qui est fermement établi, c'est le regard : en effet, c'est grâce au regard qu'on est fermement établi tant en terrain plat qu'en terrain accidenté. Celui qui connaît ainsi est fermement établi tant en terrain plat qu'en terrain accidenté.

4. yo ha vai saṃpadaṃ veda saṃ hāsmai padyate yaṃ kāmaṃ kāmayate / śrotraṃ vai sampat / śrotre hīme sarve vedā abhisaṃpannāḥ / saṃ hāsmai padyate yaṃ kāmaṃ kāmayate ya evaṃ veda //

En vérité, à celui qui connaît la réalisation échoit tout ce qu'il désire. Ce qui est vraiment la réalisation, c'est l'ouïe : en effet, c'est par l'audition que se réalisent tous les Vedas. Tout ce qu'il désire lui échoit, celui qui connaît ainsi.

5. yo ha vai āyatanaṃ veda āyatanaṃ svānāṃ bhavati āyatanaṃ janānām / mano vā āyatanaṃ / āyatanaṃ svānāṃ bhavatyāyatanaṃ janānām ya evaṃ veda //

En vérité, à celui qui connaît le refuge, il devient le refuge pour les siens et pour les (autres) êtres humains. Le refuge, c'est vraiment l'esprit (*manas*). Celui qui connaît ainsi devient le refuge des siens et le refuge de tous les êtres humains.

6. yo ha vai pratijātiṃ veda prajāyate ha prajayā paśubhiḥ / reto vai pratijātiḥ / prajāyate ha prajayā paśubhiḥ ya evaṃ veda //

En vérité, à celui qui connaît la fécondité, il devient fécond en descendances et en troupeaux. La fécondité, c'est vraiment la semence. Celui qui connaît ainsi devient fécond en descendances et en troupeaux.

7. te hemeprāṇāḥ ahaṃśreyase vivadamānā brahma jagmuḥ I taddhocuḥ ko no vasiṣṭha iti I taddhovāca yasmin va utkrānta idaṃ śarīraṃ pāpīyo manyate sa vo vasiṣṭha iti II

Les souffles se disputant la préséance entre eux vinrent trouver Brahman. Ils dirent ; « Lequel d'entre nous est le meilleur ? » Il leur répondit : « Celui dont on pense que la disparition rend le corps dans le pire état, c'est celui-là le meilleur d'entre vous. »

8. vāgghoccakrāma I sā saṃvatsaram proṣyāgatyovāca katham aśakata madṛte jīvitum iti I te hocuḥ yathā kalā avadanto vācā prāṇantaḥ praṇena paśyantaścakṣuṣā śṛṇvantaḥ śrotreṇa vidvāṃso manasā prajāyamānā retasaivamajīviṣmeti I praviveśa ha vāk II

La parole partit. Après une année d'absence, elle revint et demanda : « Comment avez-vous pu vivre sans moi ? » Ils répondirent : « Comme des muets, sans parler, mais respirant par le souffle, voyant par la vue, entendant par l'ouïe, pensant par le mental, et engendrant par la semence. » La parole reprit sa place.

9. cakṣurhoccakrāma I tat saṃvatsaram proṣyāgatyovāca katham aśakata madṛte jīvitum iti I te hocuḥ yathā andhāḥ apaśyantaścakṣuṣā prāṇantaḥ praṇena vadanto vācā śṛṇvantaḥ śrotreṇa vidvāṃso manasā prajāyamānā retasaivamajīviṣmeti I praviveśa ha cakṣuḥ II

La vue partit. Après une année d'absence, elle revint et demanda : « Comment avez-vous pu vivre sans moi ? » Ils répondirent : « Comme des aveugles, sans voir, mais respirant par le souffle, nous exprimant par la parole, entendant par l'ouïe, pensant par le mental, et engendrant par la semence. » La vue reprit sa place.

10. śrotraṃ hoccakrāma I sā saṃvatsaram proṣyāgatyovāca katham aśakata madṛte jīvitum iti I te hocuḥ yathā badhirāḥ avidvāṃso manasā prāṇantaḥ praṇena vadanto vācā paśyantaścakṣuṣā vidvāṃso manasā prajāyamānā retasaivamajīviṣmeti | praviveśa ha śrotram ||

L'ouïe partit. Après une année d'absence, elle revint et demanda : « Comment avez-vous pu vivre sans moi ? » Ils répondirent : « Comme des sourds, sans entendre, mais respirant par le souffle, nous exprimant par la parole, voyant par la vue, pensant par le mental, et engendrant par la semence. » L'ouïe reprit sa place.

11. mano hoccakrāma | sā saṃvatsaram proṣyāgatyovāca katham aśakata madṛte jīvitum iti | te hocuḥ yathā badhirāḥ mugdhāḥ śrotrena prāṇantaḥ praṇena vadanto vācā paśyantaścakṣuṣā śṛṇvantaḥ śrotreṇa prajāyamānā retasaivamajīviṣmeti | praviveśa ha manaḥ ||

Le mental partit. Après une année d'absence, elle revint et demanda : « Comment avez-vous pu vivre sans moi ? » Ils répondirent : « Comme des gens ayant perdu l'esprit, sans pensée, mais respirant par le souffle, nous exprimant par la parole, voyant par la vue, entendant par l'ouïe, et engendrant par la semence. » Le mental reprit sa place.

12. reto hoccakrāma | sā saṃvatsaram proṣyāgatyovāca katham aśakata madṛte jīvitum iti | te hocuḥ yathā klībāḥ aprajāyamānā retāsā prāṇantaḥ praṇena vadanto vācā paśyantaścakṣuṣā śṛṇvantaḥ śrotreṇa vidvāṃso manasaivamajīviṣmeti | praviveśa ha retaḥ ||

La semence partit. Après une année d'absence, elle revint et demanda : « Comment avez-vous pu vivre sans moi ? » Ils répondirent : « Comme des eunuques, sans engendrer, mais respirant par le souffle, nous exprimant par la parole, voyant par la vue, entendant par l'ouïe et pensant par le mental. » La semence reprit sa place.

13. atha ha prāṇa utkramisyan yathā mahāsuhayaḥ saindhavaḥ paḍvīśaśaṅkhūn saṃvṛhet evaṃ haivemān prāṇān saṃvavarha | te hocurmā bhagava utkramīḥ | na vai śakśyāmastvadṛte jīvitum iti | tasyo me baliṃ karuteti | tatheti ||

Alors, comme le souffle allait partir, il arracha tous ces souffles, comme un grand et vigoureux coursier du Sindhu arracherait les piquets de ses entraves. Les autres lui dirent : - Seigneur, ne t'en va pas ! Sans toi, nous ne pourrons pas vivre. - S'il en ainsi, alors faites-moi une offrande. - D'accord.

14. sā ha vāguvāca yadvā ahaṃ vasiṣṭhāsmi tvāṃ tadvasiṣṭho 'sīti I yadvā ahaṃ vasiṣṭhāsmi tvāṃ tadvasiṣṭho 'sīti cakṣuḥ I yadvā ahaṃ saṃpadasmi tvāṃ tadsaṃpadasīti śrtoram I yadvā ahaṃ āyatanam asmi tvāṃ tadāyatanam asīti manaḥ I yadvā ahaṃ prajātirasmi tvāṃ tatprajātirasīti retaḥ I tasyo me kiṃ annam kiṃ vāsa iti I yadidaṃ kiṃca ā śvabhya ā kṛmibhyah ā kīṭapataṅgebhyastat te annam āpo vāsa iti I na ha vā asyānannaṃ jagdhaṃ bhavati nānannaṃ pratigṛhītaṃ ya evametadanasyānnaṃ veda I tadvidvāṃsaḥ śrotriyā aśiṣyanta ācāmantyaśitvācāmanti I etameva tadanam anagnaṃ kurvanto manyante II

La parole dit : - Là où j'excelle, toi tu excelles. - Là où je suis, l'appui solide, toi tu es l'appui solide, dit la vue.

- Là où je suis, la réalisation, toi tu es la réalisation, dit l'ouïe. - La vue dit : là où je suis l'appui solide, toi tu es l'appui solide. - L'esprit dit : là où je suis le refuge, toi tu es le refuge. - La semence dit : là où je suis la reproduction, toi tu es la reproduction. - S'il en est ainsi, quelle est ma demeure, quel est mon habit ? - Tout ce qu'il y a jusqu'aux chiens, aux vers, aux insectes et aux oiseaux, voilà ta nourriture ; et les eaux sont ta demeure. Il n'existe aucune nourriture qui ne soit nourriture mangeable ou qu'il ne puisse accepter celui qui sait ainsi : que le souffle est nourriture. Par conséquent, les sages et ceux qui sont versés dans la tradition se rincent la bouche avant et après avoir mangé. Ainsi pensent-ils s'assurer que le souffle n'est pas laissé à nu.

2
LA VIE APRÈS LA MORT

1. śvetaketurhavā āruṇeyaḥ pañcālānāṃ pariṣadam ājagāma / sa ājagāma jaivaliṃ pravāhanaṃ paricārayamānam / tam udīkṣyābhyuvāda kumārā3 iti / sa bhoh3 pratiśuśrāva / anuśiṣṭo nvasi pitreti / aum iti hovāca //

Śvetaketur Āruṇeya vint à l'assemblée des Pañcālā. Il vint trouver Jaivali Pravāhana autour duquel se pressaient ses serviteurs. L'ayant aperçu, celui-ci lui dit : - Mon fils ! L'autre lui répondit : - Monsieur ? - Tu as sûrement été instruit par ton père ? - Oui !

2. vettha yathemāḥ prajāḥ prayatyo vipratipadyanta3 iti / neti hovāca / vettho yathemaṃ lokaṃ punarāpadyantā3 iti / neti haivovāca / vettho yathāsau loka evam bahubhiḥ punaḥpunaḥ prayadbhirna saṃpuryatā3 iti / neti haivovāca / vettho yatithyāmāhutyāṃ hūtāyām āpaḥ puruṣavāco bhūtvā samutthāya vadanti3 iti / neti haivovāca / vetthodevayānasya vā pathaḥ pratipadaṃ pitṛyānasya vā yat kṛtvā devayānaṃ vā panthānaṃ pratipadyante pitṛyānaṃ vā / api hi na ṛṣervacaḥ śrutam /
dve sṛtī aśṛnavaṃ pitṛṇāṃ ahaṃ devānām uta martyānām /
tābhyām idaṃ viśvam ejat sameti yad antarā pitaram mātaraṃ ca // iti
nāham ata ekamcana vedeti hovāca //

- Sais-tu comment les créatures qui ont quitté ce monde suivent des voies diverses ? - Non. - Sais-tu comment elles reviennent en ce monde ? - Non. - Sais-tu comment il se fait que cet autre monde, bien que tant de créatures y arrivent sans cesse, ne se remplit jamais ? - Non. - Sais-tu quelle est l'oblation qui, une fois offerte, voit les eaux, avec un langage humain, se lèvent et parlent ? - Non. - Sais-tu quel est le chemin d'accès aux dieux, le chemin d'accès aux ancêtres, ce qu'il faut faire pour s'engager dans la voie des dieux ou des ancêtres ? Car nous avons entendu la parole des rishis :

Moi, j'ai entendu qu'il existe deux voies pour les mortels, celle vers les ancêtres et celle vers les dieux.
Sur ces voies va tout ce qui remue entre ciel et terre[1].

- Moi, je ne connais rien de tout cela, répondit-il.

3. athainaṃ vasatyopamantrayāṃ cakre I anādṛtya vasatiṃ kumāraḥ pradudrāva I sa ājagāma pitaram I taṃ hovāca iti vāva kila no bhavān purānuśiṣṭān avocaditi I kathaṃ sumedha iti I pañca mā praśnān rājanyabandhur aprākṣīt I tato naikaṃcana vedeti I katame ta iti I ima iti ha pratīkānyudājahāra II

Alors, il l'invita à demeurer. Sans y porter attention, l'enfant s'enfuit de la demeure. Il alla trouver son père et lui dit : - C'est vraiment ainsi que vous, Seigneur, nous avez proclamés instruits ? - Qu'est-ce à dire, brillant jeune hommme ? Ce type de la classe princière m'a posé cinq questions et je ne savais la réponse à aucune ! - Et quelles étaient-elles ? - « Telle et telle » et il répéta les éléments.

4. sa hovāca tathā nastvaṃ tāta jānīthā yathā yadahaṃ kiṃca veda sarvam ahaṃ tat tubhyam avocam I prehi tu tatra prītya brahmacaryaṃ vatsyāva iti I bhavān eva gacchatu iti I sa ajagāma gautamo yatra pravāhaṇasya jaivalerāsa I tasmā āsanam āhṛtya udakam āhārayāṃ cakāra I atha hāsmā arghyaṃ cakāra I taṃ hovāca varaṃ bhagavate gautamāya dadma iti II

Le père dit alors : -«Tu devrais me connaître, mon fils, tout ce que je sais, je te l'ai dit. Mais va, nous y retournerons et y habiterons comme novices. - Allez-y vous, Seigneur. » Gautama se rendit où demeurait Pravāhaṇa Jaivaleri. Celui-ci lui offrit un siège, lui fit porter de l'eau et s'acquitta du devoir d'hospitalité. Il dit alors : - Nous offrons un vœu au vénérable Gautama.

1. Littéralement : entre le Père et la Mère.

5. sa hovāca pratijñato ma eṣa varaḥ I yāṃ tu kumārasyānte vācam abhaṣathāḥ taṃ me brūhīti II

Celui dit : « Vous m'avez offert ce vœu. Le discours que vous avez prononcé devant mon fils, dites-le-moi.

6. sa hovāca daiveṣu vai gautama tadvareṣu I mānuṣāṇāṃ brūhīti I

- Cela fait partie des vœux divins, Gautama ; demandes-en un humain.

7. sa hovāca vijñāyate hāsti hiraṇyasyāpāttam go-aśvānām dāsīnām pravārāṇāṃ paridhānasya I mā no bhavān bahoranantasyāparyantasyābhyavadānyo bhūdīti I sa vai gautama tīrthenecchāsā iti I upaimyahaṃ bhavantam iti I vācā ha smaiva pūrva upayanti I sa hopāyanakīrtyovāsa II

- On sait que j'ai ma part en or, en vaches, en chevaux, en servantes, en couvertures et en vêtements. Ne soyez pas, Seigneur, avare de ce qui est infini et inestimable ! - Gautama, formule-le de la manière usuelle. - « Je viens à vous en disciple, Seigneur ». C'est avec cette formule que les anciens approchaient le maître. Gautama demeura donc en conformité avec cette annonce.

8. sa hovāca tathā nastvaṃ gautama māparādhastava ca pitāmahāḥ yatheyaṃ vidyetaḥ pūrvaṃ nakasmiṃścana brāhmaṇa uvāsa I tāṃ tvāhaṃ tubhyaṃ vakṣyāmi I ko hi tvaivaṃ bruvantam arhati pratyākhyātum iti II

Il répondit : - Autant je ne souhaite pas que toi et tes ancêtres soyez irrités contre moi, Gautama, autant cette connaissance n'a jamais resplendi en un brahmane auparavant. Mais je te la révélerai : qui pourrait te refuser quand tu parles ainsi ?

9. asau vai loko agnirgautama I tasyāditya eva samidraśmayo dhūmo 'hararcirdiśo 'ṅgārā avāntaradiśo visphuliṅgāḥ I tasminn etasminn agnau devāḥ śraddhāṃ juhvati I tasyā āhutyai somo rājā saṃbhavati II

En vérité Gautama, ce monde là-haut est du feu. Le soleil en est le combustible, les rayons la fumée, sa flamme est le jour, les charbons sont les directions de l'espace, les étincelles sont les directions intermédiaires. Dans ce feu les dieux offrent la confiance et de cette oblation naît le roi Soma.

10. parjanyo vā agnirgautama | tasya saṃvatsara eva samidabhrāni dhūmo vidyudarciraśaniraṅgārā hrādunayo visphuliṅgāḥ | tasminn etasminn agnau devāḥ somaṃ rājānāṃ juhvati | tasyā āhutyai vṛṣṭiḥ saṃbhavati ||

En vérité Gautama, Parjanya est du feu. L'année en est le combustible, les nuages la fumée, sa flamme est l'éclair, les charbons sont la foudre, les étincelles sont les grêlons. Dans ce feu les dieux offrent le roi Soma et de cette oblation naît la pluie.

11. ayaṃ vai loko agnirgautama | tasypṛthivyeva samidagnirdhūmo rātrirarciścandramā 'ṅgārā nakṣatrāṇi visphuliṅgāḥ | tasminn etasminn agnau devāḥ vṛṣṭiṃ juhvati | tasyā āhutyai annam rājā saṃbhavati ||

En vérité Gautama, ce monde-ci est du feu. La terre en est le combustible, le feu la fumée, sa flamme est la nuit, les charbons sont la lune, les étincelles sont les étoiles. Dans ce feu les dieux offrent la pluie et de cette oblation naît la nourriture.

12. puruśo vā agnirgautama | tasya vyāttam eva samit prāṇo dhūmo vāgarciścakṣuraṅgārāḥ śrotraṃ visphuliṅgāḥ | tasminn etasminn agnau devāḥ annaṃ juhvati | tasyā āhutyai retaḥ saṃbhavati ||

En vérité Gautama, l'homme est du feu. La bouche ouverte en est le combustible, le souffle la fumée, sa flamme est la parole, les charbons sont l'œil, les étincelles sont l'oreille. Dans ce feu les dieux offrent la nourriture et de cette oblation naît la semence.

13. yoṣā vā agnirgautama | tasyā upastha eva samillomāni dhūmo yonirarciryadantaḥ aṅgārāḥ abhinandā visphuliṅgāḥ | tasminn etasminn agnau devāḥ reto juhvati | tasyā āhutyai puruṣa saṃbhavati | sa jīvati yāvajjīvati | atha yadā mriyate ||

En vérité Gautama, la femme est du feu. Son bassin en est le combustible, les poils la fumée, sa flamme est la vulve, les charbons sont ce qu'on y introduit, les étincelles sont la jouissance. Dans ce feu les dieux offrent le sperme et de cette oblation naît l'homme. Il vit autant qu'il vit, puis il meurt.

14. athainam agnaye haranti | tasyāgnirevāgnirbhavati samitsamiddhumo dhumo 'rciraṅgarā aṅgarā visphuliṅgāḥ | tasminn etasminn agnau devāḥ puruṣaṃ juhvati | tasyā āhutyai puruṣo bhāsvaravarṇaḥ saṃbhavati ||

On le porte sur le feu. Son feu est Agni , le combustible en est le combustible, la fumée la fumée la flamme la flamme, les charbons les charbons, les étincelles les étincelles. Dans ce feu les dieux offrent l'homme et de cette oblation naît l'homme resplendissant.

15. te ya evametadvidurye cāmī araṇye śraddhāṃ satyamupāsate te'rcirabhisambhavantyarciṣo 'harahna āpūryamāṇapakṣamāpūryamāṇapakṣādyānṣan māsān udaṅṅ āditya eti māsebhyo devalokaṃ devalokādādityamādityādvaidyutam | tānvaidyutānpuruṣo mānasa etya brahmalokān gamayati | te teṣu brahmalokeṣu parāḥ parāvato vasanti | teṣāṃ na punarāvṛttiḥ ||

Ceux qui savent ainsi et ceux dans la forêt qui sont tournés avec confiance vers la vérité, ceux-là entrent dans la flamme, de la flamme au jour, du jour à la quinzaine avant la pleine lune, de la quinzaine claire[1] aux six mois de soleil montant vers le nord, de ces six mois de soleil montant au monde des dieux, du monde des dieux au soleil, du soleil à la région des éclairs. Une personne qui est esprit vient et les mène au monde de Brahman. Dans ces mondes de Brahman ils vivent pour une longue période et pour eux il n'y a pas de retour.

1. La quinzaine précédant la pleine lune, quand celle-ci est croissante.

16. atha ye yajñena dānena tapasā lokāñjayanti te dhūmam abhisaṃbhavanti | dhūmādrātrim rātrerapakṣīyamāṇaparkṣam apakṣīyamāṇapakṣādyān ṣāṇ māsān dakṣiṇāditya eti māsebhyaḥ pitṛlokaṃ pitṛlokāccandram | te candraṃ prāpyānnaṃ bhavanti | tāṃstatra devā yathā somaṃ rājānam āpyāyasvāpakśīyasvetyevamenāṃstatra bhakṣayanti | teṣāṃ yadā tatparyavaityathemamevākāśamabhiniṣpadyanta ākāśādvāyuṃ vāyorvṛṣṭiṃ vṛṣṭeḥ pṛthivīm | te pṛthivīṃ prāpyannaṃ bhavanti | te punaḥ puruṣāgnau hūyante tato yoṣāgnau jāyante | lokān pratyutthāyinasta evamevānuparivartante | atha ya etau panthānau na viduste kīṭāḥ pataṅgā yadidaṃ dandaśūkam ||

Ceux qui conquièrent les mondes par le sacrifice, l'aumône et les mortifications, ils passent dans la fumée (de la crémation), de la fumée dans la nuit, de la nuit dans la quinzaine sombre[1], de la quinzaine sombre aux six mois de soleil descendant vers le sud, de ces mois dans les mondes des ancêtres, des mondes des ancêtres dans la lune. Parvenus à la lune, ils deviennent de la nourriture et là les dieux s'en nourrissent au rythme qu'ils impriment au dieu Soma, « augmente ! diminue ! » Quand cela a pris fin, ils reviennent dans l'espace même, puis de l'espace dans l'air, de l'air dans la pluie, de la pluie dans la terre. Une fois revenus à la terre, il deviennent de la nourriture. Ils sont alors à nouveau offerts au feu qu'est l'homme et de là ils renaissent dans le feu qu'est la femme. Remontant[2] dans les divers mondes,

---

1. La quinzaine suivant la pleine lune, quand celle-ci est décroissante.

2. Le mot *pratyutthāyin* qualifie celui qui se relève, qui remonte. La vérité éternelle était une et une seule, les sages de l'Égypte ancienne ont eux aussi souligné la remontée de l'homme tombé en terre. Le mot *pth*, que nous vocalisons comme *ptah*, le nom du grand dieu *Ptah*, désigne l'homme tombé en terre, c'est-à-dire l'Homme Cosmique incarné, la Lumière consciente tombée en terre. Le mot *htp* est son inverse signale l'homme relevé de terre et qui a repris conscience d'être la Lumière horienne, d'où le nom *Hotep* de plusieurs pharaons, sages et prophètes au pays du Nil ancien. Voir *L'Harmonie secrète, cœur de l'ancienne Égypte*, Almora, 2015.

ils circulent en boucles de la même manière. Quant à ceux qui ignorent ces deux voies, ils deviennent des vers, des insectes et tout ce qui mord.

3
MOYENS DE RÉALISER UN GRAND VŒU

1. sa yaḥ kāmayeta mahatprāpnuyām ityudagayana āpūryamāṇapakṣasya pūṇyāhe dvādaśāhamupasadvratī bhūtvaidumbare kaṃse camase vā sarvauṣadhaṃ phalānīti saṃbhṛtya parisaṃuhya parilipyāgnim upasamādhāya paristīryāvṛtājyaṃ saṃskṛtya puṃsā nakṣatreṇa manthaṃ saṃnīya juhoti |
yāvanto devāstvayi jātavedastiryañco ghnanti puruṣasya kāmān |
tebhyo 'haṃ bhāgadheyaṃ juhomi te mā tṛptāḥ sarvaiḥ kāmaistarpayantu svāhā ||
yā tiraścī nipadyate 'haṃ vidharaṇī iti |
tāṃ tvā ghṛtasya dhārayā yaje saṃrādhanīm ahaṃ svāhā ||

Celui qui désire atteindre quelque chose de grand, alors, pendant la marche du soleil vers le nord, un jour favorable de la quinzaine de la lune croissante, après avoir observé durant douze jours les rites préparatoires (*upasad*), qu'il recueille toutes sortes de plantes dans un bol en bois de figuier ou une coupe et, après avoir balayé et aspergé l'endroit, qu'il prépare le feu et apprête le beurre fondu selon l'usage et, la lune étant dans une constellation mâle, qu'il mélange le breuvage en disant :

« Ô Feu (Jātaveda), autant il y a de dieux en toi qui frappent les désirs de l'homme
À ceux-là, moi je verse une part pour que, satisfaits, ils satisfassent tous mes désirs, svāhā !
Et toi, divinité adverse qui s'interpose pour me faire obstacle,
Avec ce flot de beurre fondu que je t'offre (je te fais) garante du succès, svāhā ! »

2. jyeṣṭhāya svāhā śreṣṭhāya svāhetyagnau hutvā manthe saṃsravam avanayati |
prāṇāya svāhā vasiṣṭhāyai svāhetyagnau hutvā manthe saṃsravam avanayati |
vāce svāhā pratiṣṭhāyai svāhetyagnau hutvā manthe saṃsravam avanayati |
cakṣuṣe svāhā saṃpade svāhetyagnau hutvā manthe saṃsravam avanayati |
śrotrāya svāhā āyatanāya svāhetyagnau hutvā manthe saṃsravam avanayati |
manase svāhā prajātyai svāhetyagnau hutvā manthe saṃsravam avanayati |
retase svāhā ityagnau hutvā manthe saṃsravam avanayati ||

En disant « à l'aîné *svāhā* ! au meilleur, *svāhā* ! » il verse une offrande dans le feu et remet le reste dans le mélange. En disant « au souffle *svāhā* ! au meilleur, *svāhā* ! » il verse une offrande dans le feu et remet le reste dans le mélange. En disant « à la parole *svāhā* ! à l'appui solide, *svāhā* ! » il verse une offrande dans le feu et remet le reste dans le mélange. En disant « à l'œil *svāhā* ! au succès, *svāhā* ! » il verse une offrande dans le feu et remet le reste dans le mélange. En disant « à l'oreille *svāhā* ! au refuge, *svāhā* ! » il verse une offrande dans le feu et remet le reste dans le mélange. En disant « à l'esprit *svāhā* ! à la procréation, *svāhā* ! » il verse une offrande dans le feu et remet le reste dans le mélange. En disant « à la semence *svāhā* ! » il verse une offrande dans le feu et remet le reste dans le mélange.

3. agnaye svāhetyagnau hutvā manthe saṃsravam avanayati | somāya svāhetyagnau hutvā manthe saṃsravam avanayati | bhūḥ svāhetyagnau hutvā manthe saṃsravam avanayati | bhuvaḥ svāhetyagnau hutvā manthe saṃsravam avanayati | svaḥ svāhetyagnau hutvā manthe saṃsravam avanayati | bhūrbhuvaḥ svaḥ svāhetyagnau hutvā manthe saṃsravam avanayati | brahmane svāhetyagnau hutvā manthe saṃsravam avanayati | kṣatrāya svāhetyagnau hutvā manthe saṃsravam avanayati | bhūtāya svāhetyagnau hutvā manthe saṃsravam avanayati | bhaviṣyate svāhetyagnau hutvā manthe saṃsravam avanayati | viśvāya svāhetyagnau hutvā manthe saṃsravam avanayati | sarvāya svāhetyagnau hutvā manthe saṃsravam avanayati | prajāpataye svāhetyagnau hutvā manthe saṃsravam avanayati |

En disant « au Feu *svāhā* ! » il verse une offrande dans le feu et remet le reste dans le mélange. En disant « à Soma *svāhā* ! » il verse une offrande dans le feu et remet le reste dans le mélange. En disant « à la terre (*bhūr*) *svāhā* ! » il verse une offrande dans le feu et remet le reste dans le mélange. En disant « à l'atmosphère (*bhuvar*, la « région intermédiaire ») *svāhā* ! » il verse une offrande dans le feu et remet le reste dans le mélange. En disant « au ciel (*svar*) *svāhā* ! » il verse une offrande dans le feu et remet le reste dans le mélange. En disant « à la terre, à l'atmosphère et au ciel *svāhā* ! » il verse une offrande dans le feu et remet le reste dans le mélange. En disant « à l'autorité spirituelle (*brahmana*) *svāhā* ! » il verse une offrande dans le feu et remet le reste dans le mélange. En disant « au pouvoir temporel *svāhā* ! » il verse une offrande dans le feu et remet le reste dans le mélange. En disant « au passé *svāhā* ! » il verse une offrande dans le feu et remet le reste dans le mélange. En disant « à l'avenir *svāhā* ! » il verse une offrande dans le feu et remet le reste dans le mélange. En disant « à l'univers *svāhā* ! » il verse une offrande dans le feu et remet le reste dans le mélange. En disant « à tout *svāhā* ! » il verse une offrande dans le feu et remet le reste dans le mélange. En disant « à Prajāpati *svāhā* ! » il verse une offrande dans le feu et remet le reste dans le mélange.

4. athainamabhimṛśati bhramadasi | jvaladasi | pūrṇam asi | prastabdham asi | ekasabham asi | hiṅkṛtam asi | hiṅkṛyamāṇam asi |udgītham asi |udgīyamānam asi | śrāvitam asi | pratyāśrāvitam asi | ārdre saṃdīptam asi | vibhūrasi | prabhūrasi | annam asi | jyotirasi | nidhanam asi | saṃvargo 'sīti ||

Alors, il touche le mélange en disant : « Tu es le mouvant ! » « Tu es le flamboyant ! » « Tu es le plein ! » « Tu es le ferme ! » « Tu es le lieu de rencontre ! » « Tu es le son *hiṅ* ! » « Tu es la production du son *hiṅ* ! » « Tu es le Haut Chant (*udgītha*) ! » « Tu es la production du Haut Chant ! » « Tu es l'appel (du prêtre) aux dieux ! » « Tu es la réponse (de l'autre prêtre) ! » « Tu es l'éclat dans les nuages ! » « Tu es omniprésent ! » « Tu es le Maître ! » « Tu es la nourriture ! » « Tu es la lumière ! » « Tu es la destruction ! » « Tu es la confluence de tout ! »

5. athainam udyacchatyāmaṃsyāmaṃ hi te mahi | sa hi rājeśano 'dhipatiḥ | sa māṃ rājeśāno 'dhipatiṃ karotviti ||

Alors, il élève la coupe en disant : « Tu es la puissance, la puissance en moi. Car il est roi, maître et souverain : que, roi et souverain, il me fasse souverain ! »

6. athainam ācāmati |
tatsaviturvareṇyam |
madhu vātā ṛtāyate madhu kṣaranti sindhavaḥ | madhvīrnaḥ santvoṣdhīḥ |
bhūḥ svāhā |
bhargo devasya dhīmahi |
madhu naktam utoṣaso madhumat pārthivaṃ rajaḥ | madhu dyaurastu naḥ pitā ||
bhuvaḥ svāhā |
dhiyo yo naḥ pracodayāt |
madhumān no vanaspatiḥ madhumān astu sūryaḥ |
madhvīrgavo bhavantu naḥ ||
svaḥ svāhā |
sarvāṃ ca sāvittrīmanvāha sarvāśca madhumaīraham evedaṃ sarvaṃ bhūyāsam bhūrbhuvaḥ svaḥ svāheti | antata ācamya pāṇī prakṣālya jaghanenāgniṃ prākśirāḥ samviśati | prātarādityam upatiṣṭhate diśām ekapuṇḍarikam asyahaṃ manuṣyānām ekapuṇḍarīkaṃ bhūyāsamiti | yathetametya jaghanenāgnimāsīno vaṃśaṃ japati ||

Puis, il avale une gorgée en disant :

Cette excellence de Savitṛ…
Les vents versent leur miel, les rivières versent leur miel. Que les plantes nous donnent leur miel !
bhūḥ svāhā !
Puissions-nous nous établir dans cette excellente splendeur du dieu !
Que la nuit et les aurores nous soient du miel ! Que l'atmosphère terrestre nous soit du miel ! Que notre Père le Ciel nous soit du miel !
bhuvaḥ svāhā !
Qu'il stimule nos pensées lumineuses !
Que l'arbre nous soit du miel ! Que le soleil nous soit du miel !
Que les rayons de lumière (ou les vaches) nous soient du miel !
svaḥ svāhā !

Ensuite, il récite la Savitrī au complet et toutes les strophes du miel en disant : « Puissé-je devenir tout cet univers ! Terre ! Atmosphère ! Ciel ! *Svāhā* ! » À la fin, il boit un peu, il se lave les mains, il s'étend derrière le feu, la tête à l'est. Au matin, il adore le soleil en disant : « Des régions du ciel tu es le lotus unique : puissé-je, moi, devenir le lotus unique des hommes ! » Puis il s'en retourne comme il était venu, il s'assied derrière le feu et répète silencieusement la lignée des maîtres :

7. taṃ haitam uddālaka āruṇirvājasaneyāya yājñavalkyāyāntevāsina uktovāca api ya enaṃ śuṣke sthāṇau niṣiñcejjāyeracchākhāḥ praroheyuḥ palāśānīti //

Puis, Uddālaka Āruṇi apprit cela à son élève Vājasaneya Yājñavalkya et dit : « Même si l'on répandait cette mixture sur un tronc desséché, des branches naîtraient et des feuilles surgiraient. »

8. etam u haitva vājasaneyāyo yājñavalkyo madhukāya paiṅgyāyāntevāsina uktovāca api ya enaṃ śuṣke sthāṇau niṣiñcejjāyeracchākhāḥ praroheyuḥ palāśānīti //

Puis, Vājasaneya Yājñavalkya apprit cela à son élève Madhukāya Paiṅgya et dit : « Même si l'on répandait cette mixture sur un tronc desséché, des branches naîtraient et des feuilles surgiraient. »

9. etam u haitva madhukyaḥ paiṅgyaścūlāya bhāgavittaye 'ntevāsina uktovāca api ya enaṃ śuṣke sthāṇau niṣiñcejjāyeracchākhāḥ praroheyuḥ palāśānīti ||

Puis, Madhukāya Paiṅgya apprit cela à son élève Cūla Bhāgavitti et dit : « Même si l'on répandait cette mixture sur un tronc desséché, des branches naîtraient et des feuilles surgiraient. »

10. etam u haitva cūlo bhagavittirjānakaya āyasthūṇāyāntevāsina uktovāca api ya enaṃ śuṣke sthāṇau niṣiñcejjāyeracchākhāḥ praroheyuḥ palāśānīti ||

Puis, Cūla Bhāgavitti apprit cela à son élève Jānaki Āyasthūṇa et dit : « Même si l'on répandait cette mixture sur un tronc desséché, des branches naîtraient et des feuilles surgiraient. »

11. etam u haitva jānakirāyasthūṇaḥ satyakāmāya jābālāyāntevāsina uktovāca api ya enaṃ śuṣke sthāṇau niṣiñcejjāyeracchākhāḥ praroheyuḥ palāśānīti ||

Puis, Jānaki Āyasthūṇa apprit cela à son élève Satyakāma Bābāla et dit : « Même si l'on répandait cette mixture sur un tronc desséché, des branches naîtraient et des feuilles surgiraient. »

12. etam u haitva satyakāmo jābālo antevāsibhya uktovāca api ya enaṃ śuṣke sthāṇau niṣiñcejjāyeracchākhāḥ praroheyuḥ palāśānīti | tam etaṃ nāputrāya vāntevāsine vā brūyāt || ||

Puis, Satyakāma Bābāla apprit cela à ses élèves et dit : « Même si l'on répandait cette mixture sur un tronc desséché, des branches naîtraient et des feuilles surgiraient. On ne devrait le communiquer qu'à un fils ou un élève. »

13. caturaudumbaro bhavati | audumbaraḥ sruva audumbaraścamasa audumbara idhma audumbaryāupamanthanyau | daśa grāmyāṇi ghānyāni bhavanti | vrīhiyavāstilamāṣā aṇupritaṅgavo godhūmāśca masurāśca khalvāśca khalakulāśca | tānpiṣṭāndadhani madhuni ghṛta upasiñcati | ājyasya juhoti ||

Voici ce que sont les quatre objets faits de bois de figuier : la cuillère, la coupe, le combustible et les baguettes pour mélanger. On utilise dix sortes de graines cultivées : riz, orge, sésame, haricots, millet, fenouil, blé, lentilles, pois, vesces. On les écrase et verse du lait caillé, du miel et du beurre. On fait une oblation de beurre fondu.

4
RITUELS DE PROCRÉATION

1. eṣāṃ vai bhūtānāṃ pṛthivī rasaḥ pṛthivyā āpa apāmoṣadhya oṣadhīnāṃ puṣmāṇi puṣmāṇāṃ phalāni phalānāṃ puruṣaḥ puruṣasya retaḥ ||

Des créatures, la terre est l'essence, de la terre les eaux, des eaux les plantes, des plantes les fleurs, des fleurs les fruits, des fruits l'homme, de l'homme la semence.

2. sa ha prajāpatirīkṣāṃcakre hantāsmai pratiṣṭhāṃ kalpayānīti | sa striyaṃ sasṛje | tāṃ sṛṣṭvādha upasta | tasmāt striyam adha upāsitā | sa etaṃ prāñcaṃ grāvāṇam ātmana evasamudapārayat | tenaināmabhyasṛjat ||

Mais Prajāpati pensa : je dois lui procurer un appui solide ; il créa la femme. L'ayant créée, il l'honora. L'homme doit donc honorer la femme. Prajāpati tira de lui-même la pierre allongée (pour presser le soma) et l'imprégna avec.

3. tasyā vedirupashto lomāni barhiścarmādhiṣavaṇe samiddho madhyatastau muṣkau | sa yāvānha vai vājapeyena yajamānasya loko bhavati tāvānasya loko bhavati | ya evaṃ vidvānadhopahāsaṃ caratyāsāṃ strīṇāṃ sukṛtam vṛṅkte | atha ya idamavidvānadhopahāsaṃcaratyāsya striyaḥ sukṛtaṃ vṛñjate ||

Son giron est l'autel, le gazon les poils, les grandes lèvres le pressoir à soma, les petites lèvres le feu qui flamboie au centre. L'homme qui a un rapport sexuel sachant cela gagne un monde aussi vaste que celui qui offre le sacrifice et il s'approprie les mérites de la femme avec qui il a un rapport. Par contre, les femmes s'approprient les mérites de l'homme qui a un rapport avec elles sans posséder cette connaissance.

4. etaddha sma vai tadvidvān uddālaka āruṇirāha | etaddha sma vai tadvidvān nāko maudgalya āha | etaddha sma vai tadvidvān kumārahārita āha bahavo maryā brāhmaṇāyanā nirindriyā visukṛto 'smāllokātprayanti ya idaṃ avidvāṃso 'dhopahāsaṃ carantīti | bahu vā idaṃ suptasya vā jāgrato vā retaḥ sphundati ||

Voilà ce que, connaissant cela, a enseigné Uddālaka Āruṇi, ce que, connaissant cela, a enseigné Nāka Maudgalya, ce que, connaissant cela, a enseigné Kumārahārita : « Beaucoup de mortels de souche brahmanique qui se sont engagés dans des rapports sexuels sans savoir cela ont quitté ce monde vidés de leur vigueur et sans mérites. » Beaucoup de semence, en vérité, jaillit soit dans le sommeil soit dans l'état de veille.

5. tadabhimṛśedanu vā mantrayeta |
yan me 'dya retaḥ pṛthivīmaskāntsīdyadoṣadhīrapyasarat yadapaḥ |
idam ahaṃ tadreta ādade | punarmāmaitvindriyaṃ punastejaḥ punarbhagaḥ |
punaragnirdhiṣṇyā yathāsthānaṃ kalpantām |
ityanāmikāṅguṣṭhābhyām ādāyāntareṇa stanau vā bhruvau vā nimṛjyāt ||

Il faut le toucher et réciter le mantra :

« Cette semence qui s'est écoulée de moi vers la terre, qui s'est répandue parmi les plantes et les eaux, cette semence, moi je la reprends. Que la vigueur me revienne ! Que me revienne l'éclat ! Que me revienne l'intensité ! Que les feux et les autels reprennent leur place ! En récitant cela, qu'il la prenne entre l'annulaire et le pouce et qu'il la frotte entre ses seins et ses sourcils. »

6. Atha yadyudaka ātmānaṃ paśyettadabhimantrayeta mayi teja indriyaṃ yaśo draviṇaṃ sukṛtam iti /
śrīrha vā eṣā strīṇam yanmalodvāsāḥ / tasmān malodvāsasaṃ yaśasvinīm abhikramyopamantrayet //

Mais si l'on se voit dans l'eau, il faut dire ce mantra : « À moi l'éclat, la vigueur, la splendeur, richesse et mérites. » En vérité, la femme qui a changé ses vêtements à la fin de son cycle menstruel est la plus auspicieuse. Par conséquent, on devrait alors approcher la femme qui a quitté ses vêtements souillés et qui est pleine d'éclat et s'adresser à elle.

7. sā cidasmai na dadyāt kāmam enām avakrīṇīyāt / sā cedasmai naiva dadyāt kāmam enām yaṣṭyā vā pāṇinā vopahatyātikrāmedindriyeṇa te yaśasā yaśa ādada iti / ayaśā eva bhavati //

Si elle ne cède pas à son désir, il peut la corrompre (par des présents). Si elle ne lui cède toujours pas, il peut la frapper avec un bâton ou sa main et la soumettre en disant : « Avec ma virilité et ma splendeur, je te prends ta splendeur. » Elle devient alors dépourvue de splendeur.

8. sā cedasmai dadyād indriyeṇā te yaśasā yaśa ādadhāmīti / yaśasvināveva bhavataḥ //

Si au contraire elle acquiesce à son désir, il lui dit : « Avec ma virilité et ma splendeur, je t'apporte la splendeur. » Ils deviennent alors assurément pleins de splendeur.

9. sa yām icchet kāmayeta meti tasyām arthaṃ niṣṭhāya mukhena mukhaṃ saṃdhāya upastham asyā abhimṛśya japet /
aṅgādaṅgāt saṃbhavasi hṛdayādadhijāyase /
sa tvam aṅgakaṣāyo 'si digdhaviddhām iva mādayemāmamūṃ mayīti //

S'il désire qu'une femme l'aime, il devrait introduire son pénis en elle et en blottissant sa bouche contre la sienne et lui caressant le giron, qu'il répète : « Tu es apparue à partir d'un corps, tu nais du cœur, tu es la sève du corps, rends-la folle de moi, comme si elle avait été transpercée d'un dard empoisonné. »

10. atha yām icchet na garbhaṃ dadhīteti tasyām arthaṃ niṣṭhāya mukhena mukhaṃ saṃdhāya apānyābhiprāṇyādindriyeṇa te retasā reta ādada iti / aretā eva bhavati //

S'il souhaite qu'elle ne conçoive pas, il devrait introduire son pénis en elle et en blottissant sa bouche contre la sienne, après avoir exhalé qu'il inhale en disant : « Avec ma virilité et ma semence, je retire ma semence de toi. » Elle est alors vide de semence.

11. atha yām icchet garbhaṃ dadhīteti tasyām arthaṃ niṣṭhāya mukhena mukhaṃ saṃdhāya apānyābhiprāṇyādindriyeṇa te retasā reta ādadhāmīti / garbhinyeva bhavati //

S'il souhaite qu'elle conçoive, il devrait introduire son pénis en elle et en blottissant sa bouche contre la sienne, après avoir exhalé qu'il inhale en disant : « Avec ma virilité et ma semence, je te dépose ma semence en toi. » Elle devient assurément enceinte.

12. atha yasya jāyāyai jāraḥ syāt taṃ ced dviṣyāt āmapātre'gnim upasamadhāya pratilomaṃśarabarhiḥ stīrtvā tasminn etāḥ śarabarhiḥ pratilomāḥ tasminn etāḥ śarabhṛṣṭīḥ pratilomāḥ sarpiṣākā juhuyāt /
mama samiddhe 'hauṣīḥ prāṇāpānau ta ādade 'sāviti /
mama samiddhe 'hauṣīḥ putrapaśuṃsta ādade 'sāviti /
mama samiddhe 'hauṣīḥ iṣṭāsukṛte ta ādade 'sāviti /
mama samiddhe 'hauṣīḥ āśāparākāśau ta ādade 'sāviti /
sa vā eṣa nirindriyo visukṛto 'smāllokāt praiti yam evaṃ vidbrāhmanah śapati / tasmādevaṃvicchotriyasya dāreṇa nopahāsamiccheduta hyevaṃvit paro bhavati //

Celui dont la compagne a un amant qu'il déteste, qu'il porte du feu dans un vase en terre crue, qu'il répande des roseaux à contresens et que, dans ce feu, après les avoir enduits de beurre clarifié, il les offre à contresens dans ce feu en disant :

Untel, tu as sacrifié dans mon feu, je t'enlève tes souffles sortant et entrant !
Untel, tu as sacrifié dans mon feu, je t'enlève descendance et troupeaux !
Untel, tu as sacrifié dans mon feu, je t'enlève sacrifices et bonnes actions !
Untel, tu as sacrifié dans mon feu, je t'enlève espoirs et attentes !

Celui que maudit un brahmane qui sait ainsi quitte ce monde sans vigueur et dépouillé de ses bonnes actions. Que personne ne s'avise donc de jouer avec la compagne d'un brahmane versé dans les Écritures, car celui qui sait ainsi devient un ennemi redoutable.

13. atha yasya jāyām ārtavaṃ vindet tryahaṃ kaṃse na pibet / ahatavāsāḥ / nainaṃ vṛṣalo na vṛṣlyupahanyāt / trirātrānta āplutya vrīhīnavadhātayet //

S'il trouve sa femme prise dans ses règles, pendant trois jours elle ne devrait pas boire dans un vase de métal ni porter des vêtements neufs. Un homme ou une femme de basse extraction ne devrait pas la toucher. Au bout de trois jours, après son bain, qu'il lui fasse piler du riz.

14. sa ya icchet putro me śuklo jāyet vedamanubruvīta sarvamāyuriyāditi kṣīraudanaṃ pācayitvā sarpiṣmantamaśnīyātām / iśvarau janayitavai //

Si l'on souhaite avoir un fils au teint clair pouvant réciter un Veda et qui vive la plénitude de sa vie, alors, après avoir fait cuire du riz au lait que les époux le mangent avec du beurre clarifié : ils seront capables de l'engendrer.

15. atha ya icchet putro me kapilaḥ piṅgalo jāyeta dvau vedāvanubruvīta sarvam āyuriyāditi dadhyodanaṃ pracayitvā sarpiṣmantam aśnīyātām | iśvarau janayitavai ||

Si l'on souhaite avoir un fils au teint brun fauve pouvant réciter deux Vedas et vive sa pleine vie, après avoir fait cuire du riz au yaourt que les époux le mangent avec du beurre clarifié : ils seront capables de l'engendrer.

16. atha ya icchet putro me śyāmo lolitākṣo jāyeta trīn vedān anubruvīta sarvam āyuriyādityudaudanaṃ pracayitvā sarpiṣmantam aśnīyātām | iśvarau janayitavai ||

Si l'on souhaite avoir un fils au teint foncé, aux yeux rouges et pouvant réciter trois Vedas et vive sa pleine vie, alors, après avoir fait cuire du riz à l'eau que les époux le mangent avec du beurre clarifié : ils seront capables de l'engendrer.

17. atha ya icchet duhitā me paṇḍitā jāyeta trīn vedān anubruvīta sarvam āyuriyāditi tilodanaṃ pracayitvā sarpiṣmantam aśnīyātām | iśvarau janayitavai ||

Si l'on souhaite avoir une fille instruite et qui vive sa pleine vie, alors, après avoir fait cuire du riz avec du sésame que les époux le mangent avec du beurre clarifié : ils seront capables de l'engendrer.

18. atha ya icchet putro me paṇḍito vigītaḥ samitiṃgamaḥ śuśrūṣitāṃ vācaṃ bhāṣitā jāyeta sarvān vedān anubruvīta sarvam āyuriyāditi māṃsodanam pracayitvā sarpiṣmantam aśnīyātām | iśvarau janayitavai | aukṣena vārṣabheṇa vā ||

Si l'on souhaite avoir un fils instruit, célèbre, un orateur aimé qui va dans les assemblées, qui récite tous les Vedas et qui vive sa pleine vie, alors, après avoir fait cuire du riz avec de la viande que les époux le mangent avec du beurre clarifié : ils seront capables de l'engendrer. Ce peut être du veau ou du taureau.

19. ahtābhiprātareva sthālīpākāvṛtājyaṃ ceṣṭitvā sthālīpākasyopaghātaṃ juhotyagnaye svāhānumataye svāhā devāyasavitre satyaprasavāya svāheti | hutvoddhṛtya prāśnati | prāśyetarasyāḥ prayacchati | prakṣālya pāṇī udapātraṃ

pūrayitvā tenaināṃ trirabhyukṣati |
attaṣṭhāto viśvāvaso 'nyāmiccha prapūrvyām |
saṃ jāyāṃpatyā saheti ||

Puis, au matin, il remue du beurre fondu de la même façon rituelle que pour le riz au lait (*sthālīpāka*), il en offre des libations au feu en disant : « À Agni (le feu) *svāhā* ! À Anumati la bonne grâce), *svāhā* ! Au divin Savitṛ, qui génère la vérité, *svāhā* ! Une fois terminées ces libations, il prend le reste et mange et en offre à sa compagne. Après s'être lavé les mains, il remplit un pot d'eau et s'en asperge trois fois en disant :

Lève-toi Viśvāvasu et pars d'ici ! Tourne tes désirs vers une autre fille[1] ! (Laisse) cette femme ici avec son mari.

20. athaināṃ abhipadyate |
amo 'hamasmi sā tvaṃ sā tvamasyamo 'ham |
sāmāhamasmi ṛk tvaṃ dyauraham pṛthivī tvam ||
tāvehi saṃrabhāvahai saha reto dadhāvahai |
puṃse putrāyaṃ vittaya iti ||

Alors il l'étreint en disant :

Je suis *ama* et toi *sā*, tu es *sā* et moi *ama*.
Je suis le *sāman*, toi le *ṛk*, je suis le ciel toi la terre.
Viens ! Unissons-nous et ensemble déposons la semence
Pour un mâle, pour un fils, pour la conscience.

21. athāsyā ūrū vihāpayati vijihīthāṃ dyāvāpṛthivī iti |
tasyāmarthaṃ niṣṭhāya mukhena mukhaṃ saṃdhāya trirenām anulomām anumārṣṭi |
viṣṇuryoniṃ kalpayatu tvaṣṭā rūpāṇi piṃśatu |
āsiñcatu prajāpatirdhātā garbhaṃ dadhātu te ||
garbhaṃ dhehi sinīvāli garbhaṃ dhehi pṛthuṣṭuke |
garbhaṃ te aśvinau devāvādhattām puṣkarasrajau ||

---

1. On a ici un exemple de l'ancienneté de la *Bṛhadāraṇyaka Upaniṣad* : *purvyām* est l'accusatif féminin d'un vieux mot védique disparu dans la langue classique ultérieure, *pūru* (homme, être humain).

Il lui écarte alors les cuisses en disant : « Écartez-vous, ciel et terre ! » Il enfonce son pénis en elle, blottit sa bouche contre la sienne et la caresse trois fois dans le sens des poils en disant :

« Que Viṣṇu prépare la matrice, que Tvastar façonne les formes !
Que Prajāpati t'imprègne, que Dhātar dépose la semence en toi !
Dépose le germe, Sinīvāli, dépose le germe, ô déesse aux larges tresses !
Qu'ils déposent le germe en toi, les deux Aśvins aux guirlandes de lotus !

22. hiraṇmayī araṇī yābhyāṃ nirmanthatāmaśvinau |
taṃ te garbhaṃ havāmahe daśame māsi sūtaye ||
yathāgnigarbhā pṛthivī yathā dyaurindreṇa garbhiṇī |
vayurdiśāṃ yathā garbha evaṃ garbhaṃ dadhāmi te 'sāviti ||

Ils sont en or, les deux bouts de bois avec lesquels les Aśvins allument le feu.
Tel est le germe que nous demandons pour toi pour que tu enfantes durant le dixième mois.
Tout comme la terre porte le germe du feu et le ciel celui d'Indra
Comme les régions du ciel portent en elle Vāyu, ainsi je dépose en toi le germe (nom de la femme). »

23. soṣyantīm adbhirabhyakṣati |
yathā vāyuḥ puṣkariṇīṃ samiṅgayati sarvataḥ |
eva te garbha ejatu sahāvaitu jarāyuṇā ||
indrasyāyaṃ vrajaḥ kṛtaḥ sārgalaḥ sapariśrayaḥ |
samindra nirjahi garbhena sāvarāṃ saheti ||

Lorsqu'elle s'apprête à enfanter, il l'asperge d'eau en disant ;

« Tout comme le vent soulève de tous côtés la surface d'un étang aux lotus,
De même, que ton embryon se soulève et paraisse avec son enveloppe !
Cet enclos muni de fermetures et des barrières est l'œuvre d'Indra
Expulse-le, ô Indra, l'embryon et le reste ! »

*24. jāte 'gnim upasamādhāyāṅka ādhāya kaṃse pṛṣadājyaṃ saṃnīya pṛṣadājasyopaghātaṃ juhoti |
asmin sahasraṃ puṣyāsam edhamānaḥ sve gṛhe |
asyopasaṃdyāṃ mā chaitsīt prajāyā ca paśubhiśca ||
svāhā | mayi prāṇāṃstvayi manasā juhomi svāhā |
yat karmaṇātyarīricaṃ yadvā nyūnamihākaram |
agnisṭat sviṣṭkṛdvidvān sviṣṭaṃ suhūtaṃ karotu naḥ svāheti ||*

Une fois l'enfant né, il apprête un feu, il pose l'enfant sur ses genoux, mélange du lait et du lait caillé dans un bol en métal et en offre des cuillérées au feu en disant :

« Avec ce fils, puissé-je prospérer mille fois dans ma propre demeure !
Que le malheur ne touche jamais sa lignée, faute de descendance et de troupeaux !
Svāhā ! La vie qui est en moi, je l'offre en esprit en toi !

Ce que j'ai fait en excès ou en manque, puisse le sage feu qui rectifie tout le rendre bien et bon. *Svāhā* ! »

25. athāsya dakṣiṇaṃ karṇam abhinidhāya vāgvāgiti triḥ | atha dadhi madhu ghṛtaṃ saṃniyānantarhitena jātarūpeṇa prāśyati bhūste dadhāmi bhuvaste dadhāmi svaste dadhāmi bhūrbhuvaḥ svaḥ sarvaṃ tvayi dadhāmīti ||

Alors, il se penche sur l'oreille droite du bébé et dit trois fois : « Parole, parole ! » Puis, mêlant lait caillé, miel et beurre clarifié, il en fait manger l'enfant avec une cuillère en or sans l'introduire dans sa bouche et dit : « Je dépose la terre (*bhūr*) en toi, je dépose l'atmosphère (*bhuvar*) en toi, je dépose le ciel (*svar*) en toi, *bhūr*, *bhuvar svar*, je dépose tout en toi. »

26. athāsya nāma karoti vedo 'sīti | tadasya tadguhyam eva nāma bhavati ||

Il donne alors un nom à l'enfant : « Tu es Veda. » C'est seulement son nom secret.

27. athainaṃ mātre pradāya stanaṃ prayacchati |
yaste stanaḥ śaśayo yo mayobhūryo ratnadhā vasuvidyaḥ sudatraḥ | yena viśvā puṣyasi vāryāṇi sarasvati tam iha dhātave kariti ||

Puis, il tend l'enfant à la mère et le mène au sein, en disant : « Ô Sarasvati, ton sein si rafraîchissant coule sans fin, il est source de richesse, par lui tu alimentes tout ce que tu souhaites, donne-lui à sucer. »

28. athāsya mātaram abhimantrayate |
ilāsi maitrāvaruṇī vīre vīramajījanat |
sā tvaṃ vīravatī bhava yāsmānvīravato 'karaditi ||
taṃ vā etam āhuratipitā batābhūratipitāmaho batābhūḥ paramāṃ bata kāṣṭhām prāpacchriyā yaśasā brahmavarcasena ya evaṃvido brāhmaṇasya putro jāyata iti ||

Alors, il s'adresse à la mère :

« Tu es Ilā de la famille de Mitra et Varuṇa, elle a donné naissance à un héros, étant elle-même une héroïne. Sois elle, mère de héros, qui m'a fait père d'un héros. »

On dit de lui : « Tu as surpassé ton père et ton aïeul ! » Un homme qui naît d'un brahmane qui sait ainsi a sûrement atteint le pinacle de la bonne fortune, de la gloire et de l'éminence brahmanique.

5
LA LIGNÉE DES MAÎTRES

1. atha vamśaḥ

Bhāradvājīputraḥ Pārāśarīputrāt | Pārāśarīputraḥ Aupasavastīputrāt | Aupasavastīputraḥ Pārāśarīputrāt | Pārāśarīputraḥ Katyāyanīputrāt | Katyāyanīputrḥ Kauśikīputrāt | Kauśikīputraḥ Ālambīputrācca Vaiyāghrapadīputrācca | Vaiyāghrapadīputraḥ Kāṇvīputrācca Kāpīputrācca | Kāpīputraḥ

2. Ātreyīputrāt । Ātreyīputro Gautamīputrāt । Gautamīputraḥ Bhāradvājīputrāt । Bhāradvājīputraḥ Pārāśarīputrāt । Pārāśarīputraḥ Vātsīputrāt । Vātsīputraḥ Pārāśarīputrāt । Pārāśarīputraḥ Vārkāruṇīputrāt । Vārkāruṇīputraḥ Vārkāruṇīputrāt । Vārkāruṇīputraḥ Ārtabhāgīputrāt । Ārtabhāgīputraḥ Śauṅgīputrāt । Śauṅgīputraḥ Sāṅkṛtīputrāt । Sāṅkṛtīputraḥ Ālambāyanīputrāt । Ālambāyanīputraḥ Ālambīputrāt । Ālambīputraḥ Jāyantīputrāt । Jāyantīputraḥ Māṇḍūkāyanīputrāt । Māṇḍūkāyanīputraḥ Śāṇḍilīputrāt । Śāṇḍilīputraḥ Rāthītarīputrāt । Rāthītarīputraḥ Bhālukīputrāt । Bhālukīputrāḥ Krauñcikīputrābhyāmt । Krauñcikīputrau Vaidabhṛtīputrāt । Vaidabhṛtīputraḥ Kārśkeyīputrāt । Kārśkeyīputraḥ Prācīnayogīputrāt । Prācīnayogīputraḥ Sāñjīvīputrāt । Sāñjīvīputraḥ Prāśnīputrād Āsurivāsinaḥ । Prāśnīputra āsurāyaṇāt । Āsurāyaṇah Āsureḥ । Āsurī…

3. Yājñavalkhyāt । Yājñavalkhyaḥ Uddālakāt । Uddālako 'Aruṇāt । Aruṇa Upaveśeḥ । Upaveśiḥ Kuśreḥi । Kuśrir Vājaśravasaḥ । Vājaśravā Jīhvāvato Bādhyogāt । Jīhvāvān Bādhyogo 'Asitād Vārṣagaṇāt । Asito Vārṣagaṇo Haritāt Kaśyapāt । Haritaḥ Kaśyapaḥ Śilpāt Kaśyapāt । Śilpaḥ Kaśyapaḥ Kaśyapān Naidhruveḥ । Kaśyapo Naidhruvir Vācaḥ । Vgc Ambhiṇyāḥ । Ambhiṇy Ādityāt.

Ādutyānīmāni śuklāni yajūmṣivājasaneyena yājñavalkyenākhyāyante ॥

4. samānam ā sāñjīv-putrāt ।

Sāñjīvīputro Māṇḍūkāyaneḥ । Māṇḍūkāyanir Māṇḍavyāt । Māṇḍavyaḥ Kautsāt । Kautso Māhittheḥ । Māhitthir Vāmakakṣāyaṇāt । Vāmakakṣāyaṇaḥ Śāṇḍilyāt । Śāṇḍilyaḥ Vātsyāt । Vātsyaḥ Kuśreḥ । Kuśrir Yājñāvacasaḥ Rājastambāyanāt । Yājñāvacā Rājastambāyanāt Turāt Kavaṣeyāt । Turaḥ Kavaṣeyaḥ Prajāpateḥ । Prajāpatir Brahmanaḥ ॥

Brahma svayambhu । brahmane namaḥ ॥

1. Voici la lignée de la transmission :

Pautimāsya de Kātyāyanīputra ; Kātyāyanīputra de Gautamīputra ; Gautamīputra de Bhāradvājīputra ; Bhāradvājīputra de Pārāśarīputra ; Pārāśarīputra de Aupasavastīputra ; Aupasavastīputra de Pārāśarīputra ; Pārāśarīputra de Katyāyanīputra ; Katyāyanīputra de Kauśikīputra ; Kauśikīputra de Ālambīputra et Vaiyāghrapadīputra ; Vaiyāghrapadīputra de Kāṇvīputra et Kāpīputra ; Kāpīputra

2. de Ātreyīputra ; Ātreyīputra de Gautamīputra ; Gautamīputra de Bhāradvājīputra ; Bhāradvājīputra de Pārāśarīputra ; Pārāśarīputra de Vātsīputra ; Vātsīputra de Pārāśarīputra ; Pārāśarīputra de Vārkāruṇīputra ; Vārkāruṇīputra de Vārkāruṇīputra ; Vārkāruṇīputra de Ārtabhāgīputra ; Ārtabhāgīputra de Śauṅgīputra ; Śauṅgīputra de Sāṅkṛtīputra ; Sāṅkṛtīputra de Ālambāyanīputra ; Ālambāyanīputra de Ālambīputra ; Ālambīputra de Jāyantīputra ; Jāyantīputra de Māṇḍūkāyanīputra ; Māṇḍūkāyanīputra de Śāṇḍilīputra ; Śāṇḍilīputra de Rāthītarīputra ; Rāthītarīputra de Bhālukīputra ; Bhālukīputra des deux fils de Krauñcikīputra ; Krauñcikīputra de Vaidabhṛtīputra ; Vaidabhṛtīputra de Kārśkeyīputra ; Kārśkeyīputra de Prācīnayogīputra ; Prācīnayogīputra de Sāñjīvīputra ; Sāñjīvīputra de Prāśnīputra et Āsurivāsin ; Āsurivāsin de Āsurāyaṇa ; Āsurāyaṇa de Āsurī ; Āsurī

3. de Yājñavalkhya ; Yājñavalkhya de Uddālaka ; Uddālaka de Aruṇa ; Aruṇa de Upaveśi ; Upaveśi de Kuśri ; Kuśri de Vājaśravas ; Vājaśravas de Jīhvāvat Bādhyoga ; Jīhvāvat Bādhyoga d'Asita Vārṣagaṇa ; Asita Vārṣagaṇa de Harita Kaśyapa ; Harita Kaśyapa de Śilpa Kaśyapa ; Śilpa Kaśyapa de Kaśyapa Naidhruvi ; Kaśyapa Naidhruvi de Vāc ; Vāc d'Ambhiṇī ; Ambhiṇī d'Āditya.

Les formules du *Yajurveda* blanc venant du Soleil ont été proclamées par Vājasaneya Yājñavalkya.

4. La lignée jusqu'au fils de Sāñjīvī est la même :

Sāñjīvīputra de Māṇḍūkāyani ; Māṇḍūkāyani de Māṇḍavya ; Māṇḍavya de Kautsa ; Kautsa de Māhitthi ; Māhitthi de Vāmakakṣāyaṇa ; Vāmakakṣāyaṇa de Śāṇḍilya ; Śāṇḍilya de Vātsya ; Vātsya de Kuśri ; Kuśri de Yājñāvacas Rājastambāyana ; Yājñāvacas Rājastambāyana de Tura Kavaṣeya ; Tura Kavaṣeya de Prajāpati ; Prajāpati de Brahman.

Brahman existe par lui-même. Hommage à Brahman !

Chāndogya Upaniṣad

La *Chāndogya Upaniṣad* (« l'Upaniṣad des chantres du *Sāmaveda* »[1]) est constituée des huit derniers des dix chapitres du *Chāndogya Brāhmaṇa* appartenant à la tradition du *Sāmaveda*. Tout comme pour la *Bṛhadāraṇyaka*, elle est une sorte d'anthologie de passages et d'histoires qui se transmettaient déjà depuis longtemps. On le voit, entre autres, au fait que les deux partagent des passages et des histoires identiques. La *Chāndogya* se consacre principalement aux correspondances cosmiques et rituelles du *sāman*, le chant du *Sāmaveda* lors du sacrifice du soma, particulièrement à l'*udgītha*, le chant central du *sāman*. Les auteurs étaient donc probablement des prêtres attachés au *Sāmaveda*.

L'idée d'offrande, ou de sacrifice, et de rituels, habite non seulement les peuples de tradition indo-européenne, mais toutes les civilisations antiques sans exception. L'offrande, tant dans son essence profonde que dans son aspect rituel, le *yajña*, était au cœur même de la vie spirituelle et religieuse des temps védiques. Profondément le sacrifice védique est l'offrande de ce que nous ne sommes pas en faveur de ce que nous sommes, l'offrande de l'imaginaire au réel. C'est une ouverture, un « vaste espace » (*uru loka*) qui s'ouvre en l'homme quand jaillit la lumière spirituelle. Le sacrifice matériel rituel pouvait avoir une réelle puissance énergétique lorsque excuté par un officiant qui savait ce qu'il faisait, mais il était aussi un symbole du véritable sacrifice. Il est certain que le soma était certes une boisson enivrante et le beurre clarifié (*ghṛtam*) était bel et bien utilisé dans des sacrifices

1. Le chantre du *Sāmaveda* est le prêtre, ou brahmane, appelé *udgatṛ*.

rituels commandés par des patrons, mais les poètes les ont utilisés comme images pour faire signe sur un plan beaucoup plus subtil. Les auteurs de notre Upaniṣad ont par ailleurs parfois recours à des étymologies fantaisistes pour illustrer leur point de vue, sorte de licence poétique.

I

1

1. Oṃ ityetadakṣaram udgītham upāsīta / oṃ iti hyudgāyati / tasyopavyākhyānam //

Om ! Que l'on vénère cette syllabe, qui est l'*udgītha*. C'est en effet par *oṃ* qu'on commence le chant. En voici l'explication.

2. eṣaṃ bhūtānāṃ pṛthivī rasaḥ / pṛthivyā āpo rasaḥ / apāmoṣdhayo rasaḥ / oṣadhiyāṃ puruṣo rasaḥ / puruṣasya vagrasaḥ / vāca ṛgrasaḥ / ṛcaḥ sāma rasaḥ / sāmna udgītho rasaḥ //

De tous ces êtres la terre est l'essence. De la terre les eaux sont l'essence. Des eaux les plantes sont l'essence. Des plantes l'homme est l'essence. De l'homme la parole est l'essence. De la parole, les hymnes de louange[1] sont l'essence. Des hymnes de louange, la mélodie *sāman* est l'essence. De la mélodie du *sāman* l'*udgītha* est l'essence.

L'*udgītha* est un chant dont le texte provient du *Sāmaveda* et entonné à haute voix par l'*udgātṛ* durant le sacrifice du soma.

3. sa eṣa rasānāṃ rasatamaḥ paramaḥ parārdhyo 'ṣṭam yadudgīthaḥ//

Quant à celle-ci, elle est la quintessence des essences, la meilleure, la huitième, qui est l'*udgītha*.

---

1. Les *ṛc* (ou *ṛk* ou *ṛg*, selon les règles d'euphonie du sanskrit) sont les versets du *Ṛgveda*, fondamentalement des hymnes de louange.

4. katamā katamā ṛk katamatkatamat sāma katamaḥ katama udgītha iti vimṛṣṭam bhavati //

Laquelle, laquelle (des paroles) est l'hymne ? Lequel, lequel (des hymnes) est *sāman* ? Lequel, lequel (des *sāman*) est *udgītha* ? Telle est la discussion.

5. vāgevark / prāṇaḥ sāma / oṃ ityetadakṣaram udgītham / tadvā etan mithunaṃ yadvāk ca prāṇaścark ca sāma ca //

L'hymne est la parole même, la mélodie *sāman* est le souffle même, l'*udgītha* est cette syllabe sacrée *Oṃ*. En vérité, ce couple formé de la parole et du souffle, c'est l'hymne (*ṛc*) et la mélodie *sāman*.

6. tadetan mithunam oṃityetasminn akṣare saṃsṛjyate / yadā vai mithunau samāgacchata āpayato vai tāvanyonyasya kāman //

C'est ce couple qui est uni dans la syllabe sacrée *Oṃ*. Lorsque les deux éléments du couple se rejoignent, ils comblent le désir l'un de l'autre.

7. āpayitā ha vai kāmānāṃ bhavati ya etadevaṃ vidvān akṣaram udgītham upāste //

Assurément il est celui qui comble les désirs celui qui, sachant cela, vénère l'*udgītha* comme étant la syllabe sacrée.

8. tadvā etadanujñākṣaram / yaddhi kiṃcānujānātyomityeva tadāha / eṣo eva samṛddhiryadanujñā / samārdhayitā ha vai kāmānāṃ bhavati y etadevaṃ vidvān akṣaram udgītham upaste //

Pour sûr cette syllabe est l'assentiment, car pour marquer l'assentiment on dit *Oṃ*. En fait, assentiment signifie succès. Il a le pouvoir de faire réussir les désirs ce qui, sachant cela, vénère l'*udgītha* comme étant la syllabe sacrée.

9. teneyaṃ trayī vidyā vartate / oṃ ityāśrāvayati / oṃ iti śaṃsati / oṃityudgāyati / etasyaivākṣarasyāpacityai mahimnā rasena //

De là procède cette triple connaissance : c'est en disant *Oṃ* qu'on appelle (*Yajurveda*), c'est en disant *Oṃ* qu'on commence à réciter les louanges (*Ṛgveda*), c'est en disant *Oṃ* qu'on commence les chants (*Sāṃaveda*), en l'honneur de cette syllabe sacrée, car elle est puissance et essence[1].

10. tenobhau kuruto yaścaitadevaṃ veda yaśca na veda / nānā tu vidyā cāvidyā ca / yadeva vidyayā karoti śraddhayopaniṣadā tadeva vīryavattaraṃ bhavati / iti khalvetasyaivākṣarasyopavyākhyānaṃ bhavati //

C'est avec cette syllabe sacrée qu'agissent (sacrifient) tant celui qui sait cela que celui qui ne sait pas. Mais la connaissance et l'ignorance sont deux choses différentes ! C'est uniquement ce qu'on accomplit en connaissance, avec confiance et conscient de la doctrine secrète (*upaniṣad*) qui est le plus efficace. Voilà en vérité l'explication sur cette syllabe sacrée.

2

1. devāsurā ha vai yatra saṃyetira ubhaye prājāpatyāstaddha devā udgītham ājahruranenainān abhibhaviṣyāma iti //

Lorsque les dieux (*devas*) et les asuras[2], tous descendants de Prājāpati[3], entrèrent en lutte, les dieux s'emparèrent de l'*udgītha*, pensant vaincre grâce à lui.

2. te ha nāsikyaṃ prāṇam udgītham upāsāṃ cakrire / taṃ hāsurāḥ pāpmanā vividhuḥ / tasmāt tenobhayaṃ jighrati surabhi ca durgandhi ca / pāpmanā hyeṣa viddhaḥ //

Ils crurent alors que l'*udgītha* est le souffle dans le nez, mais les asuras le percèrent du mal. C'est pour cette raison qu'à travers lui (le nez) on sent les deux : les bonnes et les mauvaises odeurs,

---

1. C'est en effet par Oṃ que commencent les prêtres Adhvaryu (Yajurveda), Hotṛ (Ṛgveda) et Udgātṛ (Samaveda).

2. Les asuras sont les créatures démoniaques.

3. Littéralement, Prajāpati signifie « le seigneur des êtres ».

car il a été percé du mal.

3. atha ha vācam udgītham upāsāṃ cakrire | tāṃ hāsurāḥ pāpmanā vividhuḥ | tasmāt tayobhayaṃ vadati satyaṃ cānṛtaṃ ca | pāpmanā hyeṣā viddhā ||

Ils crurent alors que l'*udgītha* est la parole, mais les asuras la percèrent du mal. C'est pour cette raison qu'on dit les deux : le vrai et le faux, car elle a été percée du mal.

4. atha ha cakṣurudgītham upāsāṃ cakrire | taddhāsurāḥ pāpmanā vividhuḥ | tasmāt tenobhayaṃ paśyati darśanīyaṃ cādarśanīyaṃ ca | pāpmanā hyetad viddham ||

Ils crurent alors que l'*udgītha* est la vue, mais les asuras la percèrent du mal. C'est pour cette raison qu'on voit les deux : ce qui mérite d'être vu et ce qui ne le mérite pas, car elle a été percée du mal.

5. atha ha śrotaṃ udgītham upāsāṃ cakrire | taddhāsurāḥ pāpmanā vividhuḥ | tasmāt tenobhayaṃ śṛnoti śravaṇīyaṃ cā śravaṇīyaṃ ca | pāpmanā hyetad viddham ||

Ils crurent alors que l'*udgītha* est l'ouïe, mais les asuras la percèrent du mal. C'est pour cette raison qu'on entend les deux : ce qui mérite d'être entendu et ce qui ne le mérite pas, car elle a été percée du mal.

6. atha ha mana udgītham upāsāṃ cakrire | taddhāsurāḥ pāpmanā vividhuḥ | tasmāt tenobhayaṃ saṅkalpayate saṅkalpanīyaṃ cāsaṅkalpanīyaṃ ca | pāpmanā hyetad viddham ||

Ils crurent alors que l'*udgītha* est le mental, mais les asuras le percèrent du mal. C'est pour cette raison qu'on conçoit les deux : ce qui mérite d'être conçu et ce qui ne le mérite pas, car il a été percé du mal.

7. atha ha ya evāyaṃ mukhyaḥ prāṇastam udgītham upāsāṃ cakrire | taṃ hāsurāḥ ṛtvā vidadhvaṃsuḥ | yathāśmānam ākhaṇam ṛtvā mṛtpiṇḍo vidhvaṃsetaivam ||

Ils crurent alors que l'*udgītha* est le souffle qui siège dans la bouche. Lorsque les asuras le heurtèrent, ils tombèrent en poussière, comme une motte de terre tomberait en poussière après avoir heurté un roc solide.

8. yathāśmānam ākhaṇam ṛtvā mṛtpiṇḍo vidhvaṃsata evaṃ haiva sa vidhvaṃsate ya evaṃvidi pāpaṃ kāmayate yaśca enam abhidāsati / sa eṣo 'śmākhaṇaḥ //

Tout comme une motte de terre tombe en poussière après avoir heurté un roc solide, de même tombe en poussière celui qui souhaiterait du mal à qui sait ainsi et celui qui s'en prendrait à lui.

9. naivaitena surabhi na durgandhi vijānāti / apahatapāpmā hyeṣaḥ / tena yadaśnāti yat pibati tenetarān prāṇān avati / etam u evāntato 'vittvotkrāmati / vyādadātyevāntata iti //

Avec lui (le souffle), on ne distingue ni les bonnes odeurs ni les mauvaises, car il n'a pas été frappé par le mal. Ce qu'on mange grâce à lui, ce qu'on boit grâce à lui, avec cela on soutient les autres souffles vitaux. En vérité, quand on n'arrive plus à le trouver à la fin, on passe dans l'au-delà. D'ailleurs, à l'heure de la mort n'a-t-on pas la bouche grande ouverte ?

10. taṃ hāṅgirā udgītham upāsāṃ cakre / etam u evāṅgirasaṃ manyante 'ṅgānāṃ yadrasaḥ //

Aṅgiras médita sur l'*udgītha* en tant que souffle. On croit que c'est lui Aṅgiras, car il est l'essence du corps[1].

11. tena taṃ ha bṛhaspatirudgītham upāsāṃ cakre / etam u eva bṛhaspatiṃ manyante vāgghi bṛhatī tasyā eṣa patiḥ //

C'est pourquoi Bṛhaspati médita sur l'*udgītha* en tant lui. On croit que c'est lui Bṛhaspati : en effet, la parole est immense (*bṛhatī*) et il en est le maître (*patiḥ*).

---

1. Jeux de mot avec *Aṅgiras* d'une part et *aṅga* et *rasa* d'autre part.

12. tena taṃ hāyāsya udgītham upāsāṃ cakre / etam u evāyāsyaṃ manyante āsyādyadayate //

C'est pourquoi Ayāsya médita sur l'*udgītha* en tant que lui. On croit que c'est lui Ayāsya parce qu'il sort (*ayate*) de la bouche (*āsya*).

13. tena taṃ ha bako dālbhyo vidāṃ cakāre / sa ha naimiṣīyānām udgātā babhūva / sa ha smaibhyaḥ kāmān āgayāti//

C'est pourquoi Baka Dālbhya en vint à savoir cela et devint l'*udgātṛ* des gens de Naimiṣa. Il chante pour que leurs vœux se réalisent.

14. āgātā ha vai kāmānām bhavati ya etadevaṃ vidvān akṣaram udgītham upāste / ityadhyātmam //

Il assure la réalisation de ses vœux celui qui sait cela et reconnaît et vénère l'*udgītha* comme la syllabe sacrée. Voilà pour le plan personnel.

3

1. athādhidaivam / ya evāsau tapati tam udgītham upāsīta / udhyan vā eṣa prajābhya udgāyati / udyaṃstamo bhayam apahanti / apahantā ha vai bhayasya tamaso bhavati ya evaṃ veda //

Voici maintenant en ce qui concerne les dieux. Celui qui réchauffe là-haut, on devrait le reconnaître et le vénérer comme l'*udgītha*. À son lever, il fait résonner son chant pour les créatures. À son lever, il écarte ténèbres et peur. En vérité, il écarte ténèbres et peur, celui qui sait cela.

2. samāna u evāyaṃ cāsau ca / uṣṇo 'yam uṣṇo 'sau / svara itīmam ācaksate iti pratyāsvara ityamum / tasmādvā etam imam amuṃ codgītha upāsīta //

Celui-ci et celui-là en vérité sont semblables : celui-ci est ardent, celui-là est ardent. On dit celui-ci résonance et celui-là éclat[1], d'où il convient de savoir et méditer sur l'*udgītha* en tant que celui-ci et celui-là.

3. atha khalu vyānam evodgītham upāsīta | yadvai prāṇiti sa prāṇo yadapāniti so 'pānaḥ | atha yaḥ prāṇāpānayoḥ saṃdhiḥ sa vyānaḥ | yo vyānaḥ sā vāk | tasmādaprāṇann anapānan vācam abhivyāharati ||

Il faut aussi savoir et méditer sur le souffle diffus (*vyāna*) en tant qu'*udgītha*. Quand on expire, c'est *prāṇa*. quand on inspire c'est *apāna*. De plus, le lien entre *prāṇa* et *apāna*, c'est le souffle diffus (*vyāna*). La parole est *vyāna*. C'est pourquoi on parle sans expirer ni inspirer.

4. yā vāk sark | tasmādaprāṇann anapānann ṛcam abhivyāharati | yārk tat sāa | tasmādaprāṇann anapānan sāma gāyati | yat sāma sa udgīthaḥ | tasmādaprāṇann anapānann udgāyati ||

L'hymne (*ṛc*) est la parole, c'est pourquoi on l'émet sans expirer ni inspirer. La mélodie (*sāman*) est l'hymne, c'est pourquoi on chante sans expirer ni inspirer. L'*udgītha* est le *sāman*, c'est pourquoi on chante l'*udgītha* sans expirer ni inspirer.

5. atho yānyanyāni vīryavanti karmāṇi yathāgnermanthanam ājeḥ saraṇaṃ dṛḍasya dhanuṣa āyamanam aprāṇann anapānaṃstāni karoti | etasya hetorvyānam evodgītham upāsīta ||

Il en est de même pour d'autres actions demandant de la force, comme frotter des bouts de bois pour faire du feu, courir dans une compétition, tendre un arc résistant : on les exécute sans expirer ni inspirer. Pour cette raison on devrait reconnaître l'*udgītha* comme le souffle diffus (*vyāna*) et le vénérer comme tel.

---

1. Jeu de mot sur *svar-*, qui signifie à la fois résonner et briller. Dans le Ṛgveda, *svar* est le Ciel, le Jour et dans la langue védique et classique, *svara* signifie le son; *pratyāsvara* signifie la réflexion lumineuse (ou sonore).

6. atha khalūdgīthākṣarānyupāsīta ud gī tha iti | prāṇa evot | prāṇena hyuttiṣṭhati | vāg gīḥ | vāco ha ityācakṣate | annaṃ tham | anne hīdaṃ sarvaṃ sthitam ||

Que l'on considère maintenant les syllabes de l'*udgītha*, à savoir *ud*, *gī* et *tha*. En vérité *ut*[1] est le souffle (*prāṇa*), car c'est par le souffle qu'on se lève ; *gī* est la parole, car on appelle paroles les voix (*giras*) ; *tha* est nourriture, car c'est sur la nourriture que tout repose (*sthitam*).

7. dyaurevot | antarikṣaṃ gīḥ | pṛthivī thaṃ | āditya evot | vāyurgīḥ | agnistham |sāmaveda evot | yajurvedo gīḥ | ṛgvedastham | dugdhe 'smai vāgdoham yo vāco dohaḥ | annavān annādo bhavati | ya etānyevaṃ vidvān udgīthākṣarāṇyupāsta ud gī tha iti ||

Ut est le ciel, *gī* l'espace intermédiaire et *tha* la terre. *Ut*, c'est le soleil, *gī* le vent, *tha* le feu. *Ut*, c'est le *Sāmaveda*, *gī* le *Yajurveda*, *tha* le *Ṛgveda*. La parole lui donne son lait, le lait de la parole ; celui-là ne manque pas de nourriture, il se nourrit en abondance, celui qui sait ainsi et médite sur les syllabes de l'*ugītha*, à savoir *ud*, *gī* et *tha*.

8. atha khalvāśīḥsamṛddhiḥ | upasaraṇānītyupāsīta | yena sāmnā stoṣyan syāt tat sāmopadhāvet ||

Maintenant, en ce qui concerne la réalisation des vœux. Qu'on médite sur ce que sont ces refuges. On doit recourir au *sāman* fait pour les louanges.

9. yasyām ṛci tāmṛcaṃ yadārṣeyaṃ tam ṛṣiṃ yāṃ devatām abhiṣṭoṣyan syāt tāṃ devatām upadhāvet ||

Qu'on recoure à l'hymne (*ṛc*) où se trouvent ses paroles (au *sāman*), le rishi auquel il se réfère et la divinité qu'il s'apprête à célébrer par cette mélodie *sāman*.

---

1. Devant un consonne sonore telle *g*, le *t* devient la sonore équivalente *d*, c'est pourquoi on dit *udgītha*.

10. yena chandasā stoṣyan syāt tacchanda upadhāvet | yena stomena stoṣyamāṇaḥ syāttaṃ stomam upadhāvet ||

Qu'on recoure au mètre de l'hymne qu'on s'apprête à chanter ; l'ensemble de versets qui seront chantés, qu'on y ait recours.

11. yaṃ diśam abhiṣṭoṣyan syāt taṃ diśam upadhāvet ||

La direction de l'espace qu'on s'apprête à louanger, qu'on y ait recours.

12. ātmānam antata upasṛtya stuvīta kāmaṃ dhyāyann apramāttaḥ | abhyāśo ha yadasmai sa kāmaḥ samṛdhyeta yatkāmaḥ stuvīteti yat kāmaḥ stuvīteti ||

Finalement, après s'être recueilli en soi-même, méditant sur son vœu sans distraction, ce vœu pourrait être accompli sans retard pour lui, ce vœu qu'on a en vue en louangeant, oui, ce vœu qu'on a en vue en louangeant.

4

1. Om ityetadakṣram udgītham upāsīta | om iti hyudgāyati | tasyopavyākhyānam ||

Qu'on sache et qu'on médite sur l'*udgītha* en tant que la syllabe *om*. En effet, on entonne le chant par *om*. En voici l'explication.

2. devā vai mṛtyorbibhyatastrayīm vidyāṃ prāviśan | te chandobhiracchāndayan | yadebhiracchādyaṃstacchandasāṃ chandastvam ||

En effet, effrayés par la mort les dieux pénétrèrent dans le triple savoir (le Veda). Ils se couvrirent avec des mètres : de là le nom *chandas* pour les mètres.

3. tān u tatra mṛtyuryathā matsyam udake paripaśyedevaṃ paryapaśyadṛci sāmni yajuṣi | te nu vittvordhvā ṛcaḥ sāmno yajuṣaḥ svaram eva prāviśan ||

La Mort les y reconnut dans le *ṛc*, le *sāman* et le *yajus*, tout comme on reconnaît un poisson dans l'eau. Voyant cela, les dieux allèrent au-delà du *ṛc*, du *sāman* et du *yajus*, ils pénétrèrent dans le son même (*om*).

4. yadā vā ṛcam āpnoti om ityevātisvarati evaṃ sāmaivaṃ yajuḥ | eṣa u svaro yadetadkṣaram etadamṛtam abhayam | tatpraviśya devā amṛtā abhayā abhavan ||

Lorsqu'on termine la *ṛc* (l'hymne), on fait résonner *om*, de même pour le *sāman* et le *yajus*. Cette résonance est bien la syllabe immortelle et sans peur. Après avoir pénétré en elle, les dieux devinrent immortels et sans peur.

5. sa ya etadevaṃ vidvān akṣaraṃ prāṇautyetadevākṣaraṃ svaram amṛtam abhayaṃ praviśati | tatpraviśya yadamṛtā devāstadamṛto bhavati ||

Celui qui, sachant ainsi, la murmure, il pénètre cette syllabe qui est résonance immortelle et sans peur. Tout comme les dieux immortels, il devient immortel.

5

1. atha khalu ya ugīthaḥ sa praṇavo yaḥ praṇavaḥ sa udgītha iti | asau vā āditya udgītha eṣa praṇavaḥ | omiti hyeṣa svaranneti ||

L'*udgītha* est donc la syllabe sacrée et la syllabe sacrée l'*udgītha*. Ce soleil aussi, il est l'*udgītha* et la syllabe sacrée : il se déplace en effet en émettant la résonance *om*.

2. etam u evāham abhyagāsiṣam tasmān mama tvam eko 'sīti ha kauṣītakiḥ putram uvāca | raśmīṃstvaṃ paryāvartatāt | bahavo vai te bhaviṣyanti | ityadhidaivatam ||

« C'est lui seul que j'ai chanté ainsi, c'est pourquoi tu es mon seul enfant, dit Kauṣītaki à son fils. Tourne-toi vers ses rayons et tu en auras beaucoup (de fils). » Voilà ce qui concerne le plan divin.

3. athādyātmam | ya evāyaṃ mukhyaḥ prāṇastam udgītham upāsīta | omiti hyeṣa svaranneti ||

Maintenant en ce qui concerne le plan individuel. Qu'on reconnaisse et médite sur l'*udgītha* en tant que souffle dans la bouche, car celui-ci se déplace en faisant résonner *om*.

4. etam u evāham abhyagāsiṣam tasmān mama tvam eko 'sīti ha kauṣītakiḥ putram uvāca | prāṇāṃstvaṃ bhūmānam abhigāyatādbahavo vai me bhaviṣyantīti ||

« C'est lui seul que j'ai chanté ainsi, c'est pourquoi tu es mon seul enfant », dit Kauṣītaki à son fils. Toi, chante tous les souffles et tu en auras beaucoup. »

5. atha khalu ya udgīthaḥ sa praṇavo yaḥ praṇavaḥ sa udgītha iti | hotṛṣadanāddhaivāpi durudgītam anusamāharatītyanusamāharatīti || ||

Maintenant, puisque l'*udgītha* est la syllabe sacrée et la syllabe sacrée l'*udgītha*, le prêtre *hotṛ* de son siège corrige l'*udgītha* chanté de façon incorrecte, il le corrige.

6

1. iyam evark | agniḥ sāma | tadetadetasyāmṛcyadhyūḍhaṃ sāma | tasmādṛcyadhyūḍhaṃ sāma gīyate | iyam eva sā | agniramaḥ | tat sāma ||

En vérité la *ṛc* est cette (terre), le *sāman* le feu ; de même le *sāman* est porté par cette *ṛc*. C'est ainsi qu'établi sur la *ṛc* le *sāman* est chanté. Cette terre est *sā*, le feu est *ama*, d'où *sāma*.

2. antarikṣam evark | vāyuḥ sāma | tadetadetasyāmṛcyadhyūḍhaṃ sāma | tasmādṛcyadhyūḍhaṃ sāma gīyate | antarikṣam eva sā | vāyuramaḥ | tatsāma ||

En vérité la *ṛc* est l'espace intermédiaire, le *sāman* le vent ; de même le *sāman* est porté par cette *ṛc*. C'est ainsi qu'établi sur la *ṛc* le *sāman* est chanté. L'espace est *sā*, le vent est *ama*, d'où *sāma*.

3. dyaurevark | āditya sāma | tadetadetasyāmṛcyadhyūḍhaṃ sāma | tasmādṛcyadhyūḍhaṃ sāma gīyate | dyaureva sā | ādityo 'maḥ | tatsāma ||

En vérité la *ṛc* est le ciel intermédiaire, le *sāman* le soleil ; de même le *sāman* est porté par cette *ṛc*. C'est ainsi qu'établi sur la *ṛc* le *sāman* est chanté. Le ciel est *sā*, le soleil est *ama*, d'où *sāma*.

4. nakṣatrānyevark | candramāḥ sāma | tadetadetasyāmṛcyadhyūḍhaṃ sāma | tasmādṛcyadhyūḍhaṃ sāma gīyate | nakṣatrānyeva sā | candramā amaḥ | tatsāma ||

En vérité la *ṛc*, cest les constellations, le *sāman* le lune ; de même le *sāman* est porté par cette *ṛc*. C'est ainsi qu'établi sur la *ṛc* le *sāman* est chanté. Les constellations sont *sā*, la lune est *ama*, d'où *sāman*.

5. atha yadetadādityasya śuklaṃ bhāḥ saivark | atha yannīlaṃ paraḥkṛṣṇam tat sāma | tadetadetasyāmṛcyadhyūḍhaṃ sāma | tasmādṛcyadhyūḍhaṃ sāma gīyate ||

De plus, la *ṛc* est la claire splendeur du soleil, le *sāman* l'obscurité ultra-noire. De même le *sāman* est porté par cette *ṛc*. C'est ainsi qu'établi sur la *ṛc* le *sāman* est chanté.

6. atha yadetadādityasya śuklaṃ bhāḥ saiva sā | atha yannīlaṃ paraḥkṛṣṇam tat amaḥ tat sāma | atha ya eṣo 'ntarāditye hiraṇmayaḥ puruṣo dṛśyate hiranyaśmaśrurhiraṇyakeśa ā praṇakhāt sarva eva suvarṇaḥ ||

Cette splendeur claire du soleil, c'est *sā*, cette obscurité ultra-noire, c'est *ama*, d'où *sāman*. Maintenant, ce personnage d'or qu'on voit dans le soleil avec une barbe d'or et une chevelure d'or, tout en or jusqu'au bout des ongles,

7. tasya yathā kapyāsaṃ puṇḍarīkam evam akṣiṇī | tasyoditi nāma | sa eṣa sarvebhyaḥ pāpmabhya uditaḥ | udeti ha vai sarvebhyo ya evaṃ veda ||

ses yeux sont comme des lotus blanc *kapyāsa*. Son nom est « *ud* », parce qu'il s'est hissé au-dessus de tous les maux. Il s'élève au-dessus de tous les maux, celui qui sait ainsi.

8. tasyark ca sāma ca geṣṇau | tasmādudgīthaḥ | tasmāt tvevodgātā | etasya hi gātā | sa eṣa ye cāmuṣmātparāñco lokāsteṣāṃ ceṣṭe devakāmānāṃ ca | ityadhidaivatam ||

La *ṛc* et le *sāman* en sont les chants. Voilà pourquoi on a *udgītha* et aussi *udgātṛ*, car il en est le chanteur. C'est bien lui qui gouverne ces mondes au-delà du soleil et les désirs des dieux. Voilà en ce qui concerne le domaine des dieux.

7

1. athādhyātman | vāgevark | prāṇaḥ sāma | tadetadetasyāmṛcyadhyūḍhaṃ sāma | tasmādṛcyadhyūḍhaṃ sāma gīyate | cakṣureva sā | prāṇo 'maḥ | tatsāma ||

Voici maintenant pour ce qui est du domaine individuel. La *ṛc* est la parole, le *sāman* le souffle. De même le *sāman* est porté par cette *ṛc*. C'est ainsi qu'établi sur la *ṛc* le *sāman* est chanté. La parole est bien *sā*, le souffle *ama*, d'où *sāma*.

2. cakṣurevark | ātmā sāma | tadetadetasyāmṛcyadhyūḍhaṃ sāma | tasmādṛcyadhyūḍhaṃ sāma gīyate | vāgeva sā | ātmāmaḥ | tatsāma ||

L'hymne *ṛc* est la vue, le *sāman* la personne (réfléchie dans l'œil). De même le *sāman* est porté par cette *ṛc*. C'est ainsi qu'établi sur la *ṛc* le *sāman* est chanté. L'œil est bien *sā*, la personne *ama*, d'où *sāma*.

3. śrotram evark | manaḥ sāma | tadetadetasyāmṛcyadhyūḍhaṃ sāma | tasmādṛcyadhyūḍhaṃ sāma gīyate | śrotam eva sā | mano 'maḥ | tatsāma ||

L'hymne *ṛc* est l'ouïe, le *sāman* le mental. De même le *sāman* est porté par cette *ṛc*. C'est ainsi qu'établi sur la *ṛc* le *sāman* est chanté. L'ouïe est bien *sā*, le mental *ama*, d'où *sāma*.

4. atha yadetadakṣṇaḥ śuklaṃ bhāḥ saiva sā । atha yan nīlaṃ paraḥkṛṣṇam tat sāma । tadetadetasyāmṛcyadhyūḍhaṃ sāma । tasmādṛcyadhyūḍhaṃ sāma gīyate । atha yadevaitadakṣṇaḥ śuklaṃ bhāḥ saiva sā । atha yannīlaṃ paraḥkṛṣṇaṃ tadamaḥ । tatsāma ॥

Maintenant, ce clair éclat de l'œil, cela c'est bien elle (*sā*) (la *ṛc*) ; cette obscurité ultra-noire c'est le *sāman*. De même le *sāman* est porté par cette *ṛc*. C'est ainsi qu'établi sur la *ṛc* le *sāman* est chanté. Le clair éclat de l'œil, c'est *sā*, l'obscurité ultra-noire, c'est *ama*, d'où *sāman*.

5. atha ya eṣo 'ntarakṣiṇi puruṣo dṛṣyate saivark । tat sāma । taduktham । tadyajuḥ । tadbrahma । tasyaitasya tadeva rūpaṃ yadamuṣya rūpam । yāvamuṣya geṣṇau tau geṣṇau । yan nāmatan nāma ॥

Maintenant, ce personnage qu'on voit dans l'œil, c'est l'hymne (*ṛc*), c'est la mélodie (*sāman*), c'est la récitation rituelle (*uktha*), c'est la prière sacrificielle (*yajus*), c'est le texte sacré (*brahman*). Son apparence est la même que celle de celui-là (celui là-haut dans le soleil), ses chansons à celui-là sont ses chansons, son nom à celui-là est son nom.

6. sa eṣa ye cetasmādarvāñco lokāsteṣāṃ ceṣṭe manuṣyakāmānāṃ ceti । tadya ime vīṇāyāṃ gāyantetaṃ te gāyanti । tasmāt te dhanasanayaḥ ॥

Cet être gouverne les mondes en deçà du soleil ainsi que les désirs des hommes. C'est pourquoi ceux qui chantent avec un luth (*vīṇā*) le chantent, lui. Voilà pourquoi ils deviennent prospères.

7. atha ya etadevaṃ vidvān sāma gāyatyubhau sa gāyati । so 'munaiva sa eṣa ye cāmuṣmātparāñco lokāstāṃścāpnoti devakāmāṃśca ॥

Alors, celui qui sait cela chante le *sāman*, il chante pour les deux (le personnage dans le soleil et celui dans l'œil). En vérité, par l'un il gagne les mondes qui sont au-delà du soleil et ce que désirent les dieux,

8. athānenaiva ye caitasmādarvāñco lokāstāṃścāpnoti manuṣyakāmāṃśca | tasmād u haivaṃvidudgātā brūyāt ||

et par l'autre il gagne les mondes en deçà du soleil et ce que les hommes désirent. Voilà pourquoi l'*udgātṛ*, sachant cela, doit dire :

9. kaṃ te kāmam āgāyānīti | eṣa hyeva kāmāgānasyeṣṭe ya etad evaṃ vidvān sāma gāyati sāma gāyati ||

Dans quel but vais-je chanter ? Celui-là et capable d'atteindre le succès en chantant qui, sachant cela, chante le *sāman*, oui, chante le *sāman*.

8

1. trayo hodgīthe kuśalā babhūvuḥ śilakaḥ śālāvatyaścaikitāyano dālbhyaḥ pravāhaṇo jaivaliriti | te hocurudgīthe vai kuśalāḥ smo hantodgīthe kathāṃ vadāma iti ||

Il y avait trois hommes versés dans l'*udgītha* : Śhilaka Śālāvatya, Caikitāyana Dālbhya, Pravāhaṇa Jaivali. Ils se dirent : « Nous sommes versés dans l'*udgītha*, alors parlons-en donc. »

2. tatheti ha samupaviviśuḥ | sa ha pravāhaṇo jaivaliruvāca | bhagavantāvagre vadatām | brahmaṇayorvadatorvācaṃ śroṣyāmīti ||

Ils furent d'accord et s'assirent ensemble. C'est Pravāhaṇa Jaivali qui parla : « Messieurs, parlez en premier, j'écouterai ce que vous deux brahmanes allez dire.

3. sa ha śikalaḥ śālāvatyaścaikitāyanaṃ dālbhyam uvāca hanta tvā pṛcchānīti | pṛccheti hovāca ||

Śhilaka Śālāvatya dit à Caikitāyana Dālbhya : « Allez, je vais t'interroger. - Interroge ! répondit l'autre.

4. kā sāmno gatiriti | svara iti hovāce | svarasya kā gatiriti | prāṇa iti hovāca | prāṇasya kā gatiriti | annam iti hovāca | annasya kā gatiriti | āpa iti hovāca ||

- Quelle est l'origine du *sāman* ? - Le son. - Quelle est l'origine du son ? - Le souffle. - Quelle est l'origine du souffle ? - La nourriture. - Quelle est l'origine de la nourriture ? - Les eaux.

5. apāṃ kā gatiriti | asau loka iti hovāca | amuṣya lokasya kā gatiriti | na svargaṃ lokamati nayediti hovāca || svargaṃ vayaṃ lokaṃ sāmābhisaṃsthāpayāmaḥ | svargasaṃstāvaṃ hi sāmeti ||

- Quelle est l'origine des eaux ? - Le monde là-haut - Quelle est l'origine du monde là-haut ? - On ne peut remonter au-delà du monde céleste (*svarga*). Nous établissons le sāman dans le monde céleste ; en effet, le monde céleste (*svarga*) est le lieu où le *sāman* est chanté.

6. taṃ ha śilakaḥ śālāvatyaścaikitāyanaṃ dālbhyaṃ uvāca apratiṣṭhitaṃ vai kila te dālbhya sāma | yastvetarhi brūyānmūrdhā te vipatiṣyatīti mūrdhā te vipatediti ||

Śhilaka Śālāvatya dit à Caikitāyana Dālbhya : - Alors, mon cher Dālbhya, d'après toi le *sāman* est sans fondement : si quelqu'un disait « ta tête va tomber », elle tomberait.

7. hantāham etadbhagavato vedānīti | viddhīti hovāca | amuṣya lokasya kā gatiriti | ayaṃ loka iti hovāca | asya lokasya kā gatiriti | na pratiṣṭhām lokam atinayediti hovāca | pratiṣṭhāṃ vayaṃ lokaṃ sāmābhisaṃsthāpayāmaḥ | pratiṣṭhāsaṃstāvaṃ hi sāmeti ||

- Allons, puissé-je l'apprendre de Sa Seigneurie ! - Apprends-le donc. - Quel est le fondement du monde là-haut ? - Ce monde-ci. - Quel est le fondement de ce monde-ci ? - On ne peut remonter au-delà de ce monde. Nous établissons le *sāman* dans ce monde ; en effet, ce monde est le lieu où le *sāman* est chanté.

8. taṃ ha pravāhaṇo jaivaliruvāca | antavadvai kila te śālāvatya sāma | yastvetarhi brūyānmūrdhā te vipatiṣyatīti mūrdhā te vipatediti | hantāham etadbhagavato vedānīti | viddhīti hovāca ||

Alors, Prāvahaṇa, le fils de Jīvala, reprit : - En vérité, Śālāvatya, ton *sāman* est limité. Si quelqu'un te disait que ta tête va tomber, elle tomberait sûrement ! - Eh bien ! Je voudrais l'apprendre de votre Seigneiurie. - Apprends-le donc.

9

1. asya lokasya kā gatiriti / ākāśa iti hovāca / sarvāṇi ha vāimāni bhūtānyākāśādeva samutpadyante / ākāśaṃ pratyastam yanti / ākāśo hyevaibhyo jyāyān / ākāśaḥ parāyaṇam //

- De ce monde-ci, quelle est l'origine ? - De l'espace, répondit-il : tous ces êtres vivants sont issus de l'espace et retournent à l'espace. L'espace leur est antérieur, l'espace est leur destination.

2. sa eṣa parovarīyān udgīthaḥ / sa eṣo'nantaḥ / parovarīyo hāsya bhavati parovarīyaso ha lokañjayati ya etadevaṃ vidvān parovarīyāṃsam udgītham upāste //

C'est lui, l'*udgītha*, le plus excellent, il est sans bornes. Il obtient ce qu'il y a de plus excellent et il conquiert les mondes celui qui, sachant ainsi, reconnaît et médite sur l'*udgītha* comme étant ce qu'il y a de plus excellent.

3. taṃ haitam atidhanvā śaunaka udaraśāṇḍilyāyoktvovāca / yāvat ta enaṃ prajāyām udgīthaṃ vediśyante parovarīyo haibhyastāvadasmiṃlloke jīvanaṃ bhaviṣyati //

Après l'avoir enseigné à Udaraśāṇdilya, Atidhanvā Śaunaka lui dit : « Aussi longtemps que dans ta descendance on connaîtra l'*udgītha*, on jouira de la plus excellente vie ici-bas

4. tathāṃuṣmiṃlloke loka iti / sa ya etam evaṃ vidvān upāste parovarīya eva hāsyāsmiṃlloke jīvanaṃ bhavati tathāmuṣmiṃlloke loka iti loke loka iti //

ainsi que dans l'au-delà. » Celui qui, sachant ainsi, médite sur lui, il aura assurément la plus excellente vie dans ce monde-ci et aura sa place dans l'autre monde, oui, il aura sa place dans le monde au-delà.

10

1. maṭacīhateṣu kuruṣvāṭikyā saha jāyayoṣastirha cākrāyaṇa ibhyagrāme pradrāṇaka uvāsa //

Parmi les Kuru, dont les terres avaient été frappées par la grêle, Uṣasti Cākrāyaṇa avec sa femme Āṭikī vivait dans l'indigence dans le village d'un riche.

2. sa hebhyaṃ kulmāṣān khādantaṃ bibhikṣe / taṃ hovāca / neto'nye vidyante yacca ye ma ima upanihitā iti //

Un jour qu'il était venu demander l'aumône au riche en train de manger de l'orge à moitié mûre, celui-ci lui répondit : « Il n'y a pas d'autres grains que ceux posés ici devant moi.

3. eteṣāṃ me dehīti hovāca / tān asmai pradadau / hantānupānam iti / ucchiṣṭaṃ vai me pītaṃ syāditi hovāca //

- Donne-m'en. » Lui en ayant donné, il dit : « Allez, voici aussi à boire. » L'autre répliqua : - Mais ce serait boire un restant[1] !

4. na svidete 'pyucchiṣṭā iti / na vā ajīviṣyam imān akhādann iti hovāca / kāmo ma udapānamiti //

- Mais ces grains n'étaient-ils pas aussi des restants ? - Mais si je ne les avais pas mangés, je serais mort de faim ! Boire serait par plaisir. »

5. sa ha khāditvā atiśeṣāñjāyāyā ājahāra / sāgre eva subhikṣā babhūva / tān pratigṛhya nidadhau //

Après avoir mangé, il apporta ce qui restait à sa femme. Mais celle-ci avait déjà suffisamment mendié de nourriture ; elle le prit et le mit de côté.

6. sa ha prātaḥ saṃjihāna uvāca / yadbatānnasya labhemahi labhemahi dhanamātrām / rājāsau yakṣyate / sa mā sarvairārtvijyairvṛṇīteti //

---

1. Dans l'Inde brahmanique, tout restant était systématiquement considéré comme impur.

Au matin, en se levant Uṣasti dit : « si nous avions un peu de nourriture, nous pourrions gagner de l'argent. Le roi là-bas se prépare à offir un sacrifice.

7. taṃ jāyovāca | hanta pata ima eva kulmāṣā iti | tānkhāditvāmuṃ yajñaṃ vitatam eyāya ||

Sa femme lui dit : « Eh bien, mon époux, il y a là ces grains. » Après les avoir mangés, il se rendit à ce sacrifice.

8. tatrodgātṝnāstāve stoṣyamāṇān upopaviveśa | sa ha prastotāram uvāca ||

Après s'être assis près des *udgātṛ* s'apprêtant à chanter dans l'aire réservée aux chants ; il dit au *prastotṛ* :

9. prastotaryā devatā prastāvam anvāyattā tāṃ cedavidvān prastyoṣyasi mūrdhā te vipatiṣyatīti ||

« *Prastotṛ* ! Si tu chantes sans connaître la divinité qui préside au *prastāva*[1], ta tête tombera ! »

10. evam evodgātāram uvāca | udgātaryā devatodgītham anvāyattā tāṃ cedavidvān prastyoṣyasi mūrdhā te vipatiṣyatīti ||

De même il dit à l'*udgātṛ* : « *Udgātṛ* ! Si tu chantes sans connaître la divinité qui préside à l'*udgītha*, ta tête tombera ! »

11. evam eva pratihartāram uvāca | pratihartaryā devatā pratihāram anvāyattā tāṃ cedavidvān prastyoṣyasi mūrdhā te vipatiṣyatīti | te ha samāratāstūṣṇim āsāṃ cakrire ||

De même il dit au *pratihartṛ* : « *Pratihartṛ* ! Si tu chantes sans connaître la divinité qui préside au *pratihāra*[2], ta tête tombera ! » Et eux, se désistant, demeurèrent assis en silence.

---

1. Le *prastāva* est une sorte d'eulogie chantée en prélude au *sāman* par le *prastotṛ*.

2. Le *pratihāra* est un ensemble de syllabes particulières des hymnes su *sāman* que le *pratihartṛ* commence à chanter au début de la dernière ligne du dernier verset.

11

1. atha hainaṃ yajamāna uvāca | bhagavantaṃ vā ahaṃ vividiṣāṇīti | uṣastirasmicākrāyaṇa iti hovāca ||

Alors, celui qui patronnait le sacrifice lui dit : - Moi, je voudrais faire la connaissance de Votre Seigneurie. - Je suis Uṣasti Cākrāyaṇa.

2. sa hovāca | bhagavantaṃ vā aham ebhiḥ sarvairārtvijyaiḥ paryaiṣiṣam | bhagavato vā aham avittyānyān avṛṣi ||

- J'ai cherché Votre Seigneurie pour lui confier toutes ces tâches sacerdotales ; ne l'ayant pas trouvé, j'en ai choisi d'autres.

3. bhagavaṃstveva me sarvairārtvijyairiti | tatheti | atha tarhyeta eva samatisṛṣṭāḥ stuvatām | yāvattvebhyo dhanaṃ dadyāstāvan mama dadyā iti | tatheti ha yajamāna uvāca ||

Mais que Votre Seigneurie accomplisse pour moi toutes les fonctions sacerdotales. - D'accord, mais que ceux-ci, avec ma permission, chantent les hymnes. Tu devras cependant me donner autant d'argent que tu leur donnerais. Le patron du sacrifice accepta.

4. atha hainam prastotopasāda | prastotaryā devatā prastāvam anvāyattā tāṃ cedavidvān prastyoṣyasi mūrdhā te vipatiṣyatīti mā bhagavān avocaṭ katamā sā devateti |

Alors, le prastoṭṛ s'approcha de lui et dit : - Vous avez dit : "Prastoṭṛ ! Si tu chantes sans connaître la divinité qui préside au prastāva, ta tête tombera !" Quelle est donc cette divinité ?

5. prāṇa iti hovāca | sarvāṇi ha vā imāni bhūtāni prāṇam evābhisaṃviśanti | prāṇam abhyujjihate | saiṣā devatā prastāvam anvāyattā | tāṃ cedavidvān prāstoṣyo mūrdhā te vyapatiṣyat tathoktasya mayeti ||

- C'est le souffle. Toutes les créatures entrent ici-bas dans le souffle et le quittent. C'est la divinité qui préside à l'hymne de louange. Si tu avais chanté l'hymne sans la connaître, ta tête serait tombée, comme je t'ai dit.

6. atha hainam udgāotopasāda I udgātaryā devatā udgītham anvāyattā tāṃ cedavidvān prastyoṣyasi mūrdhā te vipatiṣyatīti mā bhagavān avocaṭ katamā sā devateti I

Alors, l'*udgātṛ* s'approcha de lui et dit : - Vous avez dit : "*Udghātṛ* ! Si tu chantes sans connaître la divinité qui préside à l'*udgītha*, ta tête tombera !" Quelle est donc cette divinité ?

7. āditya iti hovāca I sarvāṇi ha vā imāni bhūtāni ādityam uccaiḥ santaṃ gāyanti I saiṣā devatā udgītham anvāyattā I tāṃ cedavidvān prāstoṣyo mūrdhā te vyapatiṣyat tathoktasya mayeti II

- C'est le soleil. Toutes les créatures ici-bas chantent le soleil quand il se lève. C'est la divinité qui préside à l'*udgītha*. Si tu avais chanté l'hymne sans la connaître, ta tête serait tombée, comme je t'ai dit.

8. atha hainam pratihartopasāda I pratihartaryā devatā pratihāram anvāyattā tāṃ cedavidvān prastyoṣyasi mūrdhā te vipatiṣyatīti mā bhagavān avocaṭ katamā sā devateti I

Alors, le *pratihartṛ* s'approcha de lui et dit : - Vous avez dit : "Pratihartṛ ! Si tu chantes sans connaître la divinité qui préside au *pratihāra*, ta tête tombera !" Quelle est donc cette divinité ?

9. annaṃ iti hovāca I sarvāṇi ha vā imāni bhūtāni annam eva pratiharamāṇāni jīvanti I saiṣā devatā pratihāram anvāyattā I tāṃ cedavidvān prāstoṣyo mūrdhā te vyapatiṣyat tathoktasya mayeti II

- C'est la nourriture. Toutes les créatures ici-bas ne vivent qu'en prenant de la nourriture. C'est la divinité qui préside au *pratihāra*. Si tu avais chanté l'hymne sans la connaître, ta tête serait tombée, comme je t'ai dit. »

12

1. athātaḥ śauva udgīthaḥ | taddha bako dālbhyo glāvo vā maitreyaḥ svādhyāyam udvavrāja ||

Maintenant, au sujet de l'*udgītha* relatif aux chiens. Baka Dālbhya, ou Glāva Maitreya, se mit en route pour aller exécuter sa récitation du Veda.

2. tasmai śvā śvetaḥ prādurbabhūva | | tam anye śvāna upasametyocuḥ | annaṃ no bhagavān āgāyatu | aśanāyāma vā iti ||

Un chien blanc se présenta devant lui. D'autres chiens le rejoignirent et dirent : « Que Votre Seigneurie nous procure de la nourriture en chantant, car nous avons faim. »

3 tānhovācehaiva mā prātarupasamīyāteti | taddha bako dālbhyo glāvo vā maitreyaḥ pratipālayāṃ cakāra ||

Il leur dit de le rejoindre là même le lendemain matin. Alors, Baka Dālbhya, ou Glāva Maitreya, attendit là.

4. te ha yathaivedaṃbahiṣpavamānena stoṣyamāṇāḥ saṃrabdhāḥ sarpantītyevam āsasṛpuḥ | te ha samupaviśya hiṃ cakruḥ ||

Les chiens s'avancèrent en ligne en se tenant mutuellement, comme les prêtres qui s'apprêtent à chanter l'hymne de purification extérieur (*bahiṣpavamāna*), c'est ainsi qu'ils avancèrent avec précaution. Une fois assis, ils firent « *hiṃ* ».

5. om adāma oṃ pibāma oṃ devo varuṇaḥ prajāpatiḥ savitānnam ihāharāharā om iti ||

Om, mangeons ! *Om*, buvons ! *Om*, que Varuṇa, Prajāpati et Savitṛ[1] apportent ici de la nourriture, qu'ils en apportent. *Om*.

---

1. *Savtṛ* (parfois appelé par sa forme au nominatif *Savitā*, parfois même *Savitar*) désigne le soleil, mais en tant sa puissance viviviante, influence divine ; *Savitṛ* désigne le soleil avant son lever et après son coucher, autrement on appelle l'astre du jour *Sūrya*.

13

1. ayaṃ vāva loko hāukāraḥ / vāyurhāikāraḥ / candramā athakāraḥ / ātmehakāraḥ / agnirīkāraḥ //

Le son *hāü* est ce monde est, le son *hāü* le vent, le son *atha* la lune, le son *iha* soi-même, le son ī le feu.

2. āditya ukāraḥ / nihava ekāraḥ / viśve devā auhoikāraḥ / prajāpatirhiṃkāraḥ / prāṇaḥ svaraḥ / annaṃ yā / vāgvirāṭ //

Le son *u* est le soleil, le son *e* est l'invocation, le son *auhoï* les dieux réunis (*Viśvedevas*), le son *hiṃ* Prajāpati, le son est souffle, *yā* la nourriture, la parole (*vāc*) est *vīraj*[1].

3. aniruktastrayodaśḥ stobhaḥ saṃcaro huṅkāraḥ

Le son *hum* est la treizième interjection (*stobha*), qui n'est pas nettement émise et est un accompagnement.

4. dugdheśmai vāgdohaṃ yo vāco dohaḥ / annavānannādo bhavati / ya etām evaṃ sāmnām upaniṣadaṃ veda //

Celui qui connaît les liens secrets (*upaniṣad*) du *sāman*, la parole lui donne à traire son lait, qui est le lait de la parole, il ne manque pas de nourriture, il se nourrit amplement.

II

1

1. auṃ samastasya khalu sāmna upāsanaṃ sādhu / yat khalu sādhu tat sāmetyācakṣate / yadasādhu tat asāmeti //

Aum, en vérité prendre en garde le *sāman* dans sa totalité est auspicieux. Ce qui est bon, les gens l'appellent *sāman* et ce qui est mauvais, ils l'appellent *asāman*.

---

1. Une divinité védique associée à la création et à la nourriture.

2. tadutāpyāhuḥ sāmnainam upagāditi sādhunainam upāgādityeva tadāhuḥ | asāmnainam upāgādityasādhunaiam upāgādityeva tadāhuḥ ||

Ainsi les gens disent également « il l'a approché avec *sāman* » pour dire en fait « il l'a approché avec bienveillance ». Ils disent « il l'a approché avec *asāman* » pour dire en fait « il l'a approché avec malveillance ».

3. athotāpyāhuḥ sāma no bateti yat sādhu bhavati sādhu batetyeva tadāhuḥ | asāma no bateti yadasādhu bhavatyasādhu batetyeva tadāhuḥ ||

De plus, ils disent « ah ! le *sāman* est sur nous », quand ils veulent dire en fait « tout va bien » ; et quand les choses vont mal, ils disent « ah ! *asāman* est sur nous », quand en fait ils veulent dire « en vérité le mal est sur nous.

4. sa ya etadevaṃ vidvān sādhu sāmetyupāste 'bhyāśo ha yadenaṃ sādhavo dharmā ā ca gaccheyurupa ca nameyuḥ ||

Celui qui sait cela ainsi et prend en garde le *sāman* comme ce qui est auspicieux, de bonnes choses viendront à sa rencontre et se tourneront vers lui.

2

1. lokeṣu pañcavidhaṃ sāmopāsīta | pṛthivī hiṃkāraḥ | agniḥ prastāvaḥ | antarikṣaḥ udgīthaḥ | ādityaḥ pratihāraḥ | dyaurnidhanam | ityūrdhveṣu ||

Dans les mondes, on devrait prendre en garde le quintuple *sāman* : le *hiṃkāra* (l'interjection *hiṃ*) est la terre, le *prastāva* (la louange d'introduction) est le feu, l'*udgītha* est la région intermédiaire (atmosphère), le *pratihāra* (la réponse) est le soleil, et le *nidhana* (le chant de conclusion) est le ciel.

2. athavṛtteṣu | dyaurhiṃkāra | ādityaḥ prastavaḥ | antarikṣam udgīthaḥ | agniḥ pratihāraḥ | pṛthivī nidhanam ||

Maintenant, dans l'ordre descendant : le *hiṃkāra* (l'interjection hiṃ) est le ciel, le *prastāva* (la louange d'introduction) le soleil, l'*udgītha* la région intermédiaire (atmosphère), le *pratihāra* (la réponse) le feu, et le *nidhana* (le chant de conclusion) la terre.

3. kalpante hāsmai lokā urdhvāścāvṛttāśca ya etadevaṃ vidvāṃllokeṣu pañcavidhaṃ sāmopaste //

Celui qui sait cela ainsi et prend en garde le quintuple *sāman* dans les mondes, ces mondes lui sont favorables.

3

1. vṛṣṭau pañcavidhaṃ sāmopāsīta / purovāto hiṃkāra / megho jāyate sa prastāvaḥ / varṣati sa udgīthaḥ / vidyotate stanayati sa pratihāraḥ / udgṛhṇati tannidhanam //

On devrait prendre en garde le quintuple *sāman* dans l'orage. Le *hiṃkāra* est le vent qui la précède, le *prastava* le nuage qui se forme, l'*udgītha* la pluie, le *pratihāra* l'éclair et le tonnerre, le *nidhana* la fin de l'orage.

2. varṣati hāsmai varṣayati ha ya etadevaṃ vidvānvṛṣṭau pañcavidhaṃ sāmopāste //

Il pleut pour lui et il fait tomber la pluie celui qui sachant cela ainsi prend en garde le quintuple *sāman* dans l'orage.

4

1. sarvāsvapsu pañcavidhaṃ sāmopāsīta / megho yat saṃplavate sa hiṃkāraḥ / yadvarṣati sa prastāvaḥ / yāḥ prācyaḥ syandante sa udgīthaḥ / yāḥ pratīcyaḥ sa pratihāraḥ / samudro nidhanam //

Dans toutes les sortes d'eau qu'on prenne en garde le quintuple *sāman*. Le *hiṃkāra* est le nuage qui s'amoncelle, le *prastāva* c'est quand il pleut, l'*udgītha* ce sont (les eaux) qui coulent vers l'Est, le *pratihāra* ce sont celles qui coulent vers l'Ouest, le *nidhana* est l'océan.

2. na hāpsu praityapsumān bhavati ya etadevaṃ vidvān sarvāsvapsu pañcavidhaṃ sāmopāste //

Il ne périt pas dans les eaux et a de l'eau en abondance celui qui sachant cela ainsi prend en garde le quintuple *sāman* dans toutes les sortes d'eau.

5

1. ṛtuṣu pañcavidhaṃ sāmopāsīta / vasanto hiṃkāraḥ / grīṣmaḥ prastāvaḥ / varṣā udgīthaḥ / śaratpratihāraḥ / himante nidhana //

À travers les saisons, qu'on prenne en garde le quintuple *sāman*. Le *hiṃkāra* est le printemps, le *prastāva* l'été, l'*udgītha* la saison des pluies, le *pratihāra* l'automne, le *nidhana* l'hiver.

2. kalpante hāsmā ṛtava ṛtumān bhavati ya etadevaṃ vidvān ṛtuṣu pañcavidhaṃ sāmopāste //

Les saisons lui sont favorables et il connaîtra beaucoup de saisons celui qui, sachant cela ainsi, prend en garde le quintuple *sāman* à travers les saisons.

6

1. paśuṣu pañcavidhaṃ sāmopāsīta / ajā hiṃkāraḥ / avayaḥ prastāvaḥ / gāva udgīthaḥ / aśvaḥ pratihāraḥ / puruṣo nidhana //

Dans le règne animal, qu'on prenne en garde le quintuple *sāman*. Le *hiṃkāra* est les chèvres, le *prastāva* les moutons, l'*udgītha* les vaches, le *pratihāra* les chevaux et le *nidhana* l'homme.

2. bhavanti hāsya paśavaḥ paśumān bhavati ya etadevaṃ vidvān paśuṣu pañcavidhaṃ sāmopāste //

Il aura des troupeaux, il sera riche en troupeaux celui qui, sachant cela ainsi, prend en garde le quintuple *sāman* dans le règne animal.

7

1. prāṇeṣu pañcavidhaṃ praovarīyaḥ sāmopāsīta | prāṇo hiṃkāraḥ | vāk prastāvaḥ | cakṣurudgīthaḥ | śrotraṃ pratihāraḥ | mano nidhana | parovarīyāṃsi vā etāni ||

Dans les énergies vitales, qu'on prenne en garde le plus excellent quintuple *sāman*. Le *hiṃkāra* est le souffle, le *prastāva* la parole, l'*udgītha* la vue, le *pratihāra* l'ouïe et le *nidhana* l'esprit.

2. parovarīyo hāsya bhavati parovarīyaso ha lokāñjayati ya etadevaṃ vidvān prāṇeṣu pañcavidhaṃ parovarīyaḥ sāmopāste | iti nu pañcavidasya ||

L'excellence sera sienne, il sera le meilleur et gagnera les mondes celui qui, sachant cela ainsi, prend en garde le quintuple *sāman* dans les souffles vitaux. Voilà pour le quintuple *sāman*.

8

1. atha saptavidhasya | vāci saptavidhaṃ sāmopāsīta | yatkiṃca vāco humiti sa hiṃkāraḥ | yat preti saprastāvaḥ | yadeti sa ādiḥ ||

Et maintenant en ce qui concerne le septuple *sāman*. Qu'on prenne en garde le septuple *sāman* dans la parole. Le *hiṃkāra*, c'est tout ce qui dans la parole est « *hum* ». Le *prastāva*, c'est ce qui est *pra* et l'ādi c'est ce qui est « ā ».

2. yaduditi sa udgīthaḥ | yatpratīti sa pratihāraḥ | yadupeti sa upadrava | yannīti tan nidhanam ||

L'*udgītha*, c'est ce qui est « *ud* ». Le *pratihāra*, c'est ce qui est « *prati* ». L'*upadrava*, c'est ce qui est « *upa* », le *nidhana*, c'est ce qui est « *ni* ».

3. dugdhe 'smai vāgdohaṃ yo vāco | annavān annādo bhavati | ya etadevaṃ vidvān vāci saptavidhaṃ sāmopāste ||

La parole lui donne son lait, qui est le lait de la parole, et il a de la nourriture en abondance celui qui sachant cela ainsi, prend en garde le septuple *sāman* dans la parole.

9

1. atha khalvamumādityaṃ saptavidhaṃ sāmopāsīta | sarvadā samastena sāma | māṃ prati māṃ pratīti sarveṇa samastena sāma ||

Maintenant, qu'on prenne en garde le septuple *sāman* en tant que soleil là-haut. Comme il est toujours le même (*sama*), il est *sāman*. « Il est tourné vers moi, il est tourné vers moi », dit-on. Comme il est le même pour tous, il est *sāman*.

2. tasminn imāni sarvāṇi bhūtānyanvāyattānīti vidyāt | tasya yatpurodayat sa hiṃkāraḥ | tadasya paśavo'nvāyattāḥ | tasmāt te hiṃ kurvanti | hiṃkārabhajino hyetasya sāmnaḥ ||

Qu'on sache que tous les êtres ici-bas lui sont attachés. Le *hiṃkāra*, c'est ce qui est avant le lever du soleil ; les troupeaux lui sont attachés. Voilà pourquoi ils font *him* : en effet, ils participent au *hiṃkāra* de ce *sāman*.

3. atha yat prathamodite sa prastāvaḥ | tadasya manuṣyā anvāyattāḥ | tasmātte prastutikāmāḥ praśaṃsākāmāḥ | prastāvabhājino hyetasya sāmnaḥ ||

Maintenant, le *prastāva*, il est juste après le lever. Les hommes lui sont attachés. Voilà pourquoi ils recherchent les louanges, sont désireux de renommée, car ils participent au *prastāva* de ce *sāman*-là.

4. atha yat saṃgavavelāyāṃ sa ādi | tadasya vayāṃsyanvāyattāni | tasmāt tānyantarīkṣe 'nārambaṇānyādāyātmānaṃ paripatanti | ādibhājīni hyetasya sāmnaḥ ||

Maintenant l'ādi, il est au moment du rassemblement des vaches. Les oiseaux y sont rattachés. Voilà pourquoi ils volent sans s'appuyer sur l'atmosphère, se supportant eux-mêmes, car ils participent à l'ādi de ce *sāman*-là.

5. atha yat saṃprati madhyandine sa udgīthaḥ I tadasya devā anvāyattāḥ I tasmāt te sattamāḥ prājāpatyānām I udgīthabhājino hyetasya sāmnaḥ II

Maintenant, l'*udgītha*, c'est quand il est midi. Les dieux y sont rattachés. Voilà pourquoi ils sont les meilleures des créatures de Prajāpati, car ils participent à l'*udgītha* de ce sāman-là.

6. atha yadūrdhvaṃ madhyandināt prāgaparāhṇāt sa pratihāraḥ I tadasya garbhā anvāyattāḥ I tasmāt te pratihṛtā nāvapadyante I pratihārabhājino hyetasya sāmnaḥ II

Maintenant, le *pratihāra*, c'est après midi, avant l'après-midi. Les fœtus y sont rattachés. Voilà pourquoi, retenus (*pratihṛtā*), ils ne tombent pas, car ils participent au *pratihāra* de ce *sāman*-là.

7. atha yadūrdhvaṃ aparāhṇāt prāgastamayāt sa upadravaḥ I tadasyāraṇyā anvāyattāḥ I tasmāt te puruṣam dṛṣtvā kakṣam śvabhram ityupadravanti I upadravabhājino hyetasya sāmnaḥ II

Maintenant, l'*upadrava*[1], c'est au-delà de l'après-midi, avant son coucher. Les créatures de la forêt y sont rattachées. C'est pourquoi après avoir aperçu un homme elles courent (*upadravanti*) se cacher dans les broussailles. Elles participent à l'*upadrava* de ce *sāman*-là.

8. atha yat praathamāstamite tan nidhanam I tadasya pitaro'anvāyattāḥ I tasmāt tān nidadhati I nidhanaabhājino hyetasya sāmnaḥ I evaṃ khalvamum ādityaṃ saptavidhaṃ sāmopaste II

Maintenant, le *nidhana*, c'est quand il est sur le point de se coucher. Les ancêtres y sont rattachés ; voilà pourquoi on les pose (*nidadhati*). Ils participent au *nidhana* de ce *sāman*-là. C'est bien ainsi qu'on prend en garde le septuple *sāman* en tant que soleil là-haut.

1. Une des parties du *sāman*.

10

1. atha khalvātmasammitam atimṛtyu saptavidhaṃ sāmopāsīta / hiṃkāra iti tryakṣaram / prastāva iti tryakṣaram / tat samamam //

Maintenant, on devrait prendre en garde le septuple *sāman* en tant qu'il est sa propre mesure et au-delà de la mort. Le mot *hiṃkāra* a trois syllabes, le mot *prastāva* a trois syllabes, ils sont égaux.

2. ādiriti dvyakṣaram / pratihāra iti caturakṣaram / tata ihaikam / tat samam //

Le mot *ādi* comporte deux syllabes, le mot *pratihāra* quatre ; une va de celui-là à celui-ci et ils sont égaux.

3. udgītha iti tryakṣaram upadrava iti caturakṣaraṃ tribhistribhiḥ samaṃ bhavati / akṣaramatiśiṣyate tryakṣaram tatsamam //

Le mot *udgītha* comporte trois syllabes et *upadrava* en comporte quatre. Avec trois syllabes chacun ils deviennent égaux et une syllabe reste. Avec trois syllabes ils sont égaux.

4. nidhanam iti tryakṣaram / tatsamameva bhavati / tāni ha vā etāni dvāviṃśatirakṣarāṇi //

Le mot *nidhana* comporte trois syllabes. Cela est encore égal. Alors, celles-là elles sont vingt-deux syllabes.

5. ekaviṃśatyādityamāpnoti / ekaviṃśo vā ito'sāvādityaḥ / dvāviṃśena paramādityājjayati / tannākam / tadviśokam //

Avec vingt et un, on atteint le soleil[1]. En partant de ce monde, le soleil est la vingt et unième. Avec la vingt-deuxième, on conquiert ce qui et au-delà du soleil : c'est le ciel, c'est l'absence de douleur.

1. Śaṅkara commente que la somme de 21 s'obtient en comptant 12 mois, 5 saisons, 3 mondes et le soleil lui-même.

6. apnotīhādityasya jayam paro hāsyādityajayājjayo bhavati ya etadevaṃ vidvān ātmasaṃmitam atimṛtyu saptavidhaṃ sāmopāste //

Il obtient la victoire sur le soleil, il devient victorieux au-delà même de la victoire sur le soleil, celui qui sachant cela ainsi prend en garde le septuple *sāman* en tant qu'il et sa propre mesure et au-delà de la mort, oui, qu'on prenne en garde le *sāman*.

11

1. mano hiṃkāra / vāk prastāvaḥ / cakṣurudgīthaḥ / śrotraṃ pratihāraḥ / prāṇo nidhanam / etadgāyatraṃ prāṇeṣu protam //

Le *hiṃkāra* est l'esprit, le *prastāva* la parole, l'*udgītha* la vue, le *pratihāra* l'ouïe, le *nidhana* le souffle. Ceci est le *gāyatra*, tissé dans les énergies vitales.

2. sa ya evam etadgāyatraṃ prāṇeṣu protaṃ veda prāṇī bhavati sarvam āyureti / jyogjīvati / mahān prajayā paśubhirbhavati mahān kīrtyā / mahān manāḥ syāt / tadvratam //

Celui qui sait ainsi que ce *gāyatra* est tramé avec les énergies vitales, il entre en possession des énergies vitales, il vit la plénitude de sa vie, il vit longtemps, il devient grand par sa descendance et ses troupeaux, grand par sa renommée. Avoir un esprit large, c'est une règle de base.

12

1. abhimanthati sa hiṃkāra / dhūmo jāyate sa prastāvaḥ / jvalati sa udgīthaḥ / aṅgārā bhavanti sa pratihāra / upaśāmyati tannidhanam / saṃśāmyati tannidhanam / etadrathantaramagnau protam //

On frotte les bouts de bois pour produire du feu, c'est le *hiṃkāra*. La fumée apparaît, c'est le *prastāva*. Le feu flamboie, c'est l'*udgītha*. Ses charbons apparaissent, c'est le *pratihāra*. Il s'éteint, c'est le *nidhanam*. Il est complètement éteint, c'est le *nidhanam*. C'est le *sāman rathantara*, il est tramé avec le feu.

2\. *sa ya evam etadrathantaramagnau protaṃ veda brahmavarcasyannādo bhavati | sarvam āyureti jyogjīvati | mahānprajayā paśubhirbhavati mahankīrtyā | napratyaṅṅ agnim ācāmen na niṣṭhīvet | tad vratam ||*

Celui qui sait ainsi que ce *rathamtara* est tramé avec le feu, il brille dans la science sacrée, il est bien pourvu en nourriture, il vit la plénitude de sa vie, il vit longtemps, il devient grand par sa descendance et ses troupeaux, grand par sa renommée. Ne pas absorber d'eau ni cracher en direction du feu, c'est une règle de base.

13

1\. *upamantrayate sa hiṃkāraḥ | jñapayate sa prastāvaḥ | striyā saha śete sa udgīthaḥ | prati strīṃ saha śete sa pratihāraḥ | kālaṃ gacchati tannidhanam | pāraṃ gacchati tannidhanam | etadvāmadevyaṃ mithune protam ||*

Il l'appelle (la femme), c'est le *hiṃkāra*. Il fait sa demande, c'est le *prastāva*. Il se couche avec la femme, c'est l'*udgītha*. Il se couche tout contre la femme, c'est le *pratihāra*. Il aboutit, c'est *nidhana* ; il arrive au-delà, c'est le *nidhana*. Ceci est le *sāman vāmadevya*, tramé avec l'accouplement.

2\. *sa ya evam etadvāmadevyaṃ mithune protaṃ veda mithunī bhavati | mithunānmithunātprajāyate | sarvam āyureti jyogjīvati | mahān prajayā paśubhirbhavati mahan kīrtyā | na kāṃcana pariharet | tad vratam ||*

Celui qui sait ainsi que ce *vāmadevya* est tramé avec l'accouplement, il s'accouple et il procrée à chaque accouplement, il vit la plénitude de sa vie, il vit longtemps, il devient grand par sa descendance et ses troupeaux, grand par sa renommée. Ne pas se refuser à aucune femme, c'est une règle de base.

14

1. udyanhiṃkāra | uditaḥ prastāvaḥ | madhyaṃdina udgīthaḥ | aparāhṇaḥ pratihāraḥ | astaṃ yannidhanam | etadbṛhadāditye protam ||

Le *hiṃkāra* est le lever du soleil, le *prastāva* quand il est levé, l'*udgītha* quand il est midi, le *pratihāra* quand c'est l'après-midi et le *nidhana* lorsqu'il est couché. Ceci est le *sāman bṛhat*, tramé avec le soleil.

2. sa ya evam etadbṛhadāditye protaṃ veda tejasvyannādo bhavati | sarvam āyureti jyogjīvati | mahān prajayā paśubhirbhavati mahan kīrtyā | tapantaṃ na nindet | tad vratam ||

Celui qui sait ainsi que ce *bṛhat* est tramé avec le soleil, il devient resplendissant, il vit la plénitude de sa vie, il vit longtemps, il devient grand par sa descendance et ses troupeaux, grand par sa renommée. Ne pas se plaindre du soleil qui chauffe, c'est une règle de base.

15

1. abhrāṇi saṃplavante sa hiṃkāra | megho jāyate sa prastāvaḥ | varṣati sa udgīthaḥ | vidyotate stanayati sa pratihāra | udgṛhṇati tannidhanam | etadvairūpaṃ parjanye protam ||

Les nuages s'amoncellent, c'est le *hiṃkāra*. Les nuages de pluie apparaissent, c'est le *prastāva*. Il pleut, c'est l'*udgītha*. Il y a des éclairs et du tonnerre, c'est le *pratihāra*. Le temps se calme, c'est le *nidhanam*.. C'est le *sāman vairūpa*, il est tramé avec le feu.

2. sa ya evam etadvairūpaṃ parjanye protaṃ veda virūpāṃśca surūpāṃśca paśūn avarundhe | sarvam āyureti jyogjīvati | mahān prajayā paśubhirbhavati mahan kīrtyā | varṣantaṃ na nindet | tad vratam ||

Celui qui sait ainsi que ce *vairūpa* est tramé avec la pluie, il garde en son corral un bétail varié et magnifique, il vit la plénitude de sa vie, il vit longtemps, il devient grand par sa descendance et ses troupeaux, grand par sa renommée. Ne pas se plaindre quand il pleut, c'est une règle de base.

16

1. vasante hiṃkāra I grīṣmaḥ prastāvaḥ I varṣā udgīthaḥ I śarat pratihāraḥ I hemanto yannidhanam I etadvairājamṛtuṣu protam II

Le *hiṃkāra* est le printemps, le *prastāva* l'été, l'*udgītha* la saison des pluies, le *pratihāra* l'automne et le *nidhana* l'hiver. Ceci est le *sāman vairāja*, tramé avec les saisons.

2. sa ya evam etadvairājam ṛtuṣu protaṃ veda virājati prajayā paśubhirbrahmavarcasena I sarvam āyureti jyogjīvati I mahān prajayā paśubhirbhavati mahan kīrtyā I tapantaṃ na nindet I tad vratam II

Celui qui sait ainsi que ce *sāman vairāja* est tramé avec les saisons, il resplendit par sa descendance, ses troupeaux et l'éclat de sa connaissance, il vit la plénitude de sa vie, il vit longtemps, il devient grand par sa descendance et ses troupeaux, grand par sa renommée. Ne pas se plaindre des saisons, c'est une règle de base.

17

1. pṛthivī hiṃkāra I antarikṣam prastāvaḥ I dyaurudgīthaḥ I diśaḥ pratihāraḥ I samudro nidhanam I etāḥ śakvaryo lokeṣu protam II

Le *hiṃkāra* est la terre, le *prastāva* l'espace intermédiaire, l'*udgītha* le ciel (*dyaur*), le *pratihāra* les directions et le *nidhana* l'océan (*samudra*). Ceci, ce sont les *sāman śakvarī*, tramés avec les mondes.

2. sa ya evam etāḥ śakvaryo lokeṣu protaṃ veda lokī bhavati I sarvam āyureti jyogjīvati I mahān prajayā paśubhirbhavati mahan kīrtyā I lokān na nindet I tad vratam II

Celui qui sait ainsi que ces *sāman śakvarī* sont tramés avec les mondes, il entre en possession des mondes, il vit la plénitude de sa vie, il vit longtemps, il devient grand par sa descendance et ses troupeaux, grand par sa renommée. Ne pas se plaindre des mondes, c'est une règle de base.

18

1. ajā hiṃkāra I avayaḥ prastāvaḥ I gāva udgīthaḥ I aśvāḥ pratihāraḥ I puruṣo nidhanam I et- revatyaḥ paśuṣu protam II

Le *hiṃkāra*, ce sont les chèvres, le *prastāva* les moutons, l'*udgītha* les vaches, le *pratihāra* les chevaux et le *nidhana* l'homme. Ceci, ce sont les *sāman revatī*, tramés avec les animaux.

2. sa ya evam etā revatyaḥ paśuṣu protaṃ veda paśumān bhavati I sarvam āyureti jyogjīvati I mahān prajayā paśubhirbhavati mahan kīrtyā I paśūn na nindet I tad vratam II

Celui qui sait ainsi que ces *sāman revatī* sont tramés avec les animaux, il entre en possession des animaux, il vit la plénitude de sa vie, il vit longtemps, il devient grand par sa descendance et ses troupeaux, grand par sa renommée. Ne pas se plaindre des mondes, c'est une règle de base.

19

1. loma hiṃkāra I tvak prastāvaḥ I māṃsam udgīthaḥ I asthi pratihāraḥ I majjā nidhanam I etadyajñāyajñīyam aṅgeṣu protam II

Le *hiṃkāra*, ce sont les poils, le *prastāva* la peau, l'*udgītha* la chair, le *pratihāra* les os et le *nidhana* la moelle. Ceci, ce sont le *sāman yajñāyajñīya*, tramé avec les parties du corps.

2. sa ya evam etad yajñāyajñīya aṅgeṣu protaṃ veda aṅgī bhavati nāṅgena vihūrchati I sarvam āyureti jyogjīvati I mahān prajayā paśubhirbhavati mahan kīrtyā I saṃvatsaraṃ majjño nāśnīyāt I tad vratam I majjño nāśnīyāditi vā II

Celui qui sait ainsi que ce *sāman yajñāyajñīya* est tramé avec les parties du corps, il entre en possession des parties de son corps, il n'est infirme dans aucune partie d'elles, il vit la plénitude de sa vie, il vit longtemps, il devient grand par sa descendance et ses troupeaux, grand par sa renommée. Ne pas manger de moelle pendant un an, c'est une règle de base ; en fait ne pas manger de moelle du tout.

20

1. agni hiṃkāra | vāyuḥ prastāvaḥ | āditya udgīthaḥ | nakṣatrāṇi pratihāraḥ | candramā nidhanam | etadrājanaṃ devatāsu protam ||

Le *hiṃkāra* est le feu, le *prastāva* le vent, l'*udgītha* le soleil, le *pratihāra* les constellations et le *nidhana* la lune. Ceci est le *sāman rājana*, tramé avec les divinités.

2. sa ya evam etadrājanam devatāsu protaṃ veda etāsāmeva devatānāṃ salokatāṃ sārṣṭitāṃ sāyujyaṃ gacchati | sarvam āyureti jyogjīvati | mahānprajayā paśubhirbhavati mahankīrtyā | brāmaṇān na nindet | tad vratam ||

Celui qui sait ainsi que le *sāman rājana* est tramé avec les divinités, il va dans le même monde que ces divinités, il devient leur égal, il s'unit à elles, il vit la plénitude de sa vie, il vit longtemps, il devient grand par sa descendance et ses troupeaux, grand par sa renommée. Ne rien reprocher aux brahmanes, c'est une règle de base.

21

1. trayī vidhyā hiṃkāra | traya ime lokāḥ sa prastāvaḥ | agnirvāyurādityaḥ sa udgīthaḥ | nakṣatrāṇi vayāṃsi marīcayaḥ sa pratihāraḥ | sarpā gandharvāḥ pitarastan nidhanam | etat sāma sarvāsmin protam ||

Le *hiṃkāra* est le triple savoir (le triple Veda), le *prastāva*, ce sont les trois mondes, l'*udgītha* est le feu, le vent et le soleil, le *pratihāra*, c'est les étoiles, les oiseaux et les rayons de lumière, le *nidhana*, c'est les serpents, les gandharvas et les Ancêtres. Ceci est le *sāman*, tramé avec tout.

2. sa ya evam etat sāma sarvasmin protaṃ veda sarvaṃ ha bhavati //

Celui qui sait ainsi que ce *sāman* est tramé avec tout, il devient tout.

3. tadeṣa ṣlokaḥ
yāni pañcadhā trīṇi trīṇi tebhyo najyāyaḥ param anyadasti /
yadtadveda sa deva sarvaṃ sarvā diśo balim asmai haranti //

À ce sujet, il y a le vers suivant :

Ces triades arrangées en cinq groupes, il n'existe rien qui leur soit meilleur ni plus haut.
Celui qui sait cela, il connaît le Tout et tous les quartiers du ciel lui apportent un tribut.

4. sarvam asmītyupāsīta / tad vrataṃ tad vratam //

Il convient de prendre en garde ce *sāman* en pensant « Je suis le Tout » ; c'est ce qui est prescrit, c'est ce qui est prescrit.

22

1. vinardi sāmno vṛne paśavyam ityagnerudgīthaḥ / aniruktaḥ prajāpateḥ / niruktaḥ somasya / mṛdu ślakṣṇam vāyoḥ / ślakṣṇam balavadindrasya / krauñcaṃ bṛhaspateḥ / apadhvāntaṃ varuṇasya / tān sarvān evopaseveta / varuṇam tveva varjayet //

« Je choisis la forme mugissante du *sāman*, bonne pour le bétail », c'est l'*udgītha* d'Agni. Celui de Prajāpati n'est pas défini, celui de Soma est défini, celui de Vāyu est doux et lisse, celui d'Indra lisse et puissant, celui de Bṛhaspati ressemble au son du courlis, celui de Varuṇa est dissonant.

2. amṛtatvaṃ devebhya āgāyānītyāgāyet / svadhāṃ pitṛbhya āśāṃ manuṣybhyastṛṇodakaṃ paśubhyaḥ svargaṃ lokaṃ yajamānāyānnam ātmana āgāyānītytāni manasā dhyāyann apramatteḥ stuvīta //

« Puissé-je en chant[1] obtenir l'immortalité pour les dieux » : qu'on l'obtienne ainsi en chantant. « Puissé-je en chantant obtenir pour les ancêtres des offrandes de nourriture, la réalisation des vœux pour les hommes, l'herbe et l'eau pour les bêtes, le monde céleste pour le patron du sacrifice et de la nourriture pour moi-même. » Qu'on chante avec attention en méditant sur ceci.

3. sarve svarā indrasyātmanaḥ / sarva ūṣmāṇaḥ prajāpaterātmānaḥ / sarve sparśā mṛtyorātmānaḥ / taṃ yadi svareṣūpalabhet indraṃ śaraṇaṃ prapanno 'bhūvaṃ sa tvā prati vakṣyatītyenaṃ brūyāt //

Toutes les voyelles sont une actualisation (*ātmā*) d'Indra, toutes les sifflantes et les spirantes une actualisation de Prajāpati et toutes les muettes[2] une actualisation de la Mort (Mṛtyu). Si l'on reprend (le chantre) au sujet des voyelles, qu'on lui dise « j'étais sous la protection d'Indra, il te répondra ».

4. atha yadyenam ūṣmasūpālabheta prajāpatiṃ śaraṇaṃ prapanno 'bhūvaṃ sa tvā prati pekṣyatītyenaṃ brūyāt / atha yadyenaṃ sparśeṣūpālabheta mṛtyuṃ śaraṇam prapanno 'bhūvaṃ sa tvā prati dhakṣyatītyenaṃ brūyāt //

Maintenant, si on le reprend sur les sifflantes et les spirantes, qu'on lui dise « j'étais sous la protection de Prajāpati, il te brûlera ». Maintenant, si on le reprend au sujet de ses muettes, qu'on lui dise « j'étais sous la protection de la Mort, elle te brûlera ».

---

1. Encore un exemple de l'ancienneté de cette Upaniṣad : *āgāyāni* est un causatif subjonctif. Or le subjonctif était en voie de disparition du sanskrit classique et on ne le retrouve plus après les toutes premières Upaniṣad.

2. Comprenant les nasales.

5. sarve svarā ghoṣavanto balavanto vaktavyā indre balaṃ dadānīti | sarve ūṣmāṇo 'grastā anirastā vivṛtā vaktavyāḥ prajāpaterātmānaṃ paridadānīti | sarve sparśā leśenānabhinihitā vaktavyā mṛtyorātmānaṃ pariharāṇīti ||

Toutes les voyelles doivent être prononcées avec résonance et puissance en pensant « puissé-je donner la puissance à Indra ». Toutes les sifflantes et les spirantes doivent s'énoncer sans qu'on les avale, sans en laisser tomber et ouvertement en pensant « puissé-je me donner à Prajāpati ». Toutes les muettes doivent être énoncées brièvement et sans qu'elles se recouvrent les unes les autres en pensant « puissé-je me soustraire à la Mort ».

23

1. trayo dharmaskandhā | yajño 'dhyayanaṃ dānam iti prathamaḥ | tapa eva dvitīyaḥ | brahmacāryācāryakulavāsī tṛtīya (ityantamātmānamācāryakule'vasādayan) | sarva ete puṇyalokā bhavanti | brahmasaṃstho 'mṛtatvam eti ||

Les règles religieuses comptent trois branches. La première, ce sont les sacrifices, la récitation et l'étude du Veda, et la charité. La seconde, ce sont uniquement les austérités. La troisième consiste à être étudiant brahmanique célibataire (*brahmacārin*) en vivant dans la famille du maître (c'est-à-dire en s'établissant dans la maison de son maître). Tous ceux-ci accèdent au monde vertueux. Celui qui est établi dans le brahman atteint l'immortalité.

2. prajāpatirlokān abhyatapat | tebhyo 'bhitaptebhyastrayī vidhyā saṃprāsravat | tām abhyatapat | tasyā abhitaptāyā etānyakṣarāṇi saṃprāsravanta bhūrbhuvaḥ svariti ||

Prajāpati incuba les mondes. Une fois ces mondes chauffés, le triple savoir en émergea. Il l'incuba et une fois ce triple savoir chauffé en émergèrent ces trois syllabes : *bhūr* ! *bhuvas* ! *svar* !

3. tānyabhyatapat | tebhyo 'bhitaptebhya oṃkāraḥ saṃprāsravat | tadyathā śaṅkunā sarvāṇi parṇāni saṃtṛṇṇānyevam oṃkāreṇa sarvā vāk saṃtṛṇṇā | oṃkāra evedaṃ sarvam oṃkāra evedaṃ sarvam ||

Il les incuba. Une fois incubées, il en émergea la syllabe *om*. Tout comme toutes les feuilles sont tenues par une tige, de même toutes les paroles sont tenues par la syllabe *om*. La syllabe *om* en vérité est tout ceci, oui, en vérité *om* est tout ceci.

24

1. brahmavādino vadanti | yadvasūnāṃ prātaḥsavanam | rudrāṇāṃ mādhyandināṃ savanam | ādityānāṃ ca viśveṣāṃ ca devānaṃ tṛtīyasavasam ||

Ceux qui exposent la science sacrée (le Veda, le *brahman*) disent : « Comme la libation du matin revient aux Vasus, celle du midi aux Rudras et la troisième aux Ādityas et aux Viśvadevas (les dieux réunis),

2. kva tarhi yajamānasya loka iti | sa yastaṃ na vidyāt kathaṃ kuryāt | atha vidvān kuryāt ||

où donc se trouve le monde du patron du sacrifice ? Comment celui qui ne sait pas l'exécuterait-il ? Alors c'est celui qui sait qui devrait l'exécuter ! »

3. purā prātaranuvāksyopākaraṇājjaghanena gārhapatyasyodaṅmukha upaviśya sa vāsavaṃ sāmābhigāyati ||

Avant le début des récitations du matin, s'étant assis derrière le *gārhapati*[1] et tourné vers le nord, il (le sacrifiant) entonne le *sāman* des Vāsus.

4. lokadhvāram apavāṛnu paśyema tvā vayaṃ rajyayā (rā33333 hu3m ā33 jyā3yo3 ā32111 iti) ||

« Ouvre[2] les portes du monde, que nous puissions te voir afin d'obtenir la souveraineté (sur la terre) ! »

1. Le feu domestique perpétuel.

2. Le sacrifiant s'adresse au feu.

5. atha juhoti | namo 'gnaye pṛthivīkṣite lokakṣite | lokaṃ me yajayamānāya vinde | eṣa vai yamanāsya lokaḥ | etāsmi ||

Il fait alors des offrandes en disant : « Hommage à Agni, qui habite la terre, qui habite ce monde. À moi qui sacrifie procure-moi ce monde. Celui-ci est assurément le monde du sacrifiant. J'irai…

6. atra yajamānaḥ parastādāyuṣaḥ svāhā | apajāhi parigham ityuktvottiṣṭhati | tasmai vasavaḥ prātaḥ savanaṃ saṃprayacchanti ||

… là, moi le patron du sacrifice (*yajamāna*), à la fin de ma vie, *svāhā* ! Fais sauter le verrou ! » Après ces paroles, il se lève. Les Vasus lui accordent la libation matinale.

7. purā mādhyandinasya savanasyepākaraṇājjaghanenāgnīdhrīyasyodaṅmukha upaviśya sa raudraṃ sāmābhigāyati ||

Avant d'entreprendre la libation du midi, s'étant assis face au nord derrière l'*agnidhrīya*[1], il entonne le *sāman* des Rudras :

8. lokadvāram (lo3kadvāram) apāvṛṇu (apāvā3rṇū33) | paśyema tvā vayaṃ vairājyāya (vairā33333hu3m ā33 jyā3yo3 ā32111) iti ||[2]

« Ouvre la porte du monde, que nous te voyions afin d'obtenir la souveraineté étendue (sur l'espace intermédiaire) ! »

9. atha juhoti | namo vāyave 'ntarikṣakṣite lokakṣite | lokaṃ me yajamānāya vinda | eṣa vai yajamānasya lokaḥ | etāsmi ||

Puis il fait les offrandes en disant : « Hommage à Vāyu, qui habite l'espace intermédiaire, qui habite ce monde. Procure-moi, moi qui sacrifie, ce monde. J'irai…

1. Le second feu sacrificiel, allumé par le prêtre *agnīdh*.
2. Les chiffres notent l'allongement de la syllabe précédente.

10. atra yajamānaḥ parastādāyuṣaḥ svāhā I apajāhi parigham ityuktvottiṣṭhati I tasmai rudrā mādhyandhinam savanaṃ saṃprayacchanti II

... là, moi *yajamāna*, à la fin de ma vie, *svāhā* ! Fais sauter le verrou ! » Après ces paroles, il se lève. Les Rudras lui accorde la libation du midi.

11. purā tṛtīyasavanasyopakaraṇājjaghnenāhavanīyasyodaṅmukha upaviśya sa ādityaṃ sa vaiśvadevaṃ sāmābhigāyati II

Avant le début de la troisième libation, s'étant assis face au nord derrière l'āhavanīya[1], il entonne le *sāman* des Ādityas et des Viśvadevas :

12. lokadvāram (lo3kadvāram)[2] *apāvṛṇu (apāvā3rṇū33) I paśyema tvā vayaṃ svārājyāya (svārā33333hu3m ā33 jyā3yo3 ā32111) ityādityam II*

« Ouvre la porte du monde, que nous te voyions afin d'obtenir la souveraineté du ciel ! » Tel est celui des ādityas.

13. atha vaiśvadevaṃ I lokadvāram (lo3kadvāram) apāvṛṇu (apāvā3rṇū33) paśyema tvā vayaṃ sāmrājyāya (sāmrā33333hu3m ā33 jyā3yo3 ā32111) iti II

Maintenant celui des Viśvadevas. « Ouvre la porte du monde, que nous te voyions afin d'obtenir la souveraineté universelle ! »

14. atha juhoti I namo ādityebhyaśca viśvebhyaśca devebhyo divikṣite lokakṣidbhyaḥ I lokaṃ me yajamānāya vindata II

Alors il fait les offrandes en disant : « Hommage aux Ādityas et aux Viśvadevas, qui habitent le ciel, qui habitent ce monde. Procurez-moi, moi qui sacrifie, ce monde !

1. Le troisième feu sacrificiel, à l'est de l'aire du sacrifice.
2. Les chiffres notent la proloongation du son.

15. eṣa vai yajamānasya lokaḥ | etāsmyatra yajamānaḥ parastādāyuṣaḥ svāhā | apahata parighamityuktvottiṣṭhati ||

Celui-ci est assurément le monde du sacrifiant. C'est là que j'irai, moi qui sacrifie, à la fin de ma vie, *svāhā* ! Faites sauter le verrou ! » Puis il se lève.

16. tasmā ādityāśca viśve ca devāstṛtīyasavanaṃ saṃprayacchanti | eṣa ha vai yajñasya mātrāṃ veda ya evaṃ veda ya evaṃ veda ||

Les Ādityas et les Viśvadevas lui accordent la troisième libation. Celui-là certainement connaît pleinement le sacrifice, celui qui sait ainsi, celui qui sait ainsi.

III

1

1. asau vā āditye devamadhu | tasya dyaureva tiraścīnavaṃśaḥ | antarikṣamapūpaḥ | marīcayaḥ putrāḥ ||

En vérité, ce soleil là-haut est le miel des dieux. Le ciel en est la poutre transversale et l'atmosphère (la « région intermédiaire ») est la ruche.

2. tasya ye prāñco raśmayasta evāsya prācyo madhunāḍyaḥ | ṛca eva madhukṛtaḥ | ṛgveda eva puṣpaṃ tā amṛtā | tā vā etā ṛcaḥ ||

Les rayons qu'il projette vers l'est, ce sont les alvéoles du devant. Les abeilles sont les versets des hymnes (*ṛc*). La fleur est le *Ṛgveda*. Il y a aussi là des liqueurs d'immortalité[1]. Et puis ces hymnes…

3. etam ṛgvedam abhyatapan | tasyābhitaptasya yaśasteja indriyaṃ vīryam annādyaṃ raso 'jāyata ||

---

1. C'est ainsi que Śaṅkara interprète tāḥ.

Ces mêmes hymnes couvèrent le *Ṛgveda*. Du *Ṛgveda* ainsi couvé, son essence jaillit sous forme de gloire, d'éclat, de puissance, de force et d'abondance.

4. tadvyakṣarat | tadādityam abhito'śrayat | tadvā etadyadetadādititvasya rohitaṃ rūpam ||

Cette essence s'écoula et se répandit sur le soleil. Assurément c'est elle qui constitue l'apparence rouge du soleil.

2

1. atha yeśya dakṣiṇa raśmayastā evāsya dakṣiṇā madhunāḍyaḥ | yajūṃṣyeva madhukṛtah | yajurveda eva puṣpam tā amṛtā āpaḥ ||

Maintenant, ses rayons du sud, ce sont les alvéoles de droite. Les abeilles sont les formules *yajus*. La fleur est le *Yajurveda*. Il y a aussi là des liqueurs d'immortalité.

2. tāni vā etāni yajūṃṣyetaṃ yajurvedam abhyatapan | tasyābhitaptasya yaśasteja indriyaṃ vīryam annādyaṃ raso 'jāyata ||

Ces mêmes formules *yajus* couvèrent le *Yajurveda*. Du *Yajurveda* ainsi couvé, son essence jaillit sous forme de gloire, d'éclat, de puissance, de force et d'abondance.

3. tadvyakṣarat | tadādityam abhito'śrayat | tadvā etadyadetadādititvasya śuklaṃ rūpam ||

Cette essence s'écoula et se répandit sur le soleil. Assurément c'est elle qui constitue l'apparence blanche du soleil.

3

1. atha yeśya pratyañco raśmayastā evāsya pratīcyo madhunāḍyaḥ | sāmānyeva madhukṛtah | sāmaveda eva puṣpam tā amṛtā āpaḥ ||

Maintenant, ses rayons de l'ouest, ce sont les alvéoles de l'ouest.

Les abeilles sont les chants *sāman*. La fleur est le *Sāmaveda*. Il y a aussi là des liqueurs d'immortalité.

2. tāni vā etāni sāmānyetaṃ sāmavedam abhyatapan / tasyābhitaptasya yaśasteja indriyaṃ vīryam annādyaṃ raso 'jāyata //

Ces mêmes chants *sāman* couvèrent le *Sāmaveda*. Du *Sāmaveda* ainsi couvé, son essence jaillit sous forme de gloire, d'éclat, de puissance, de force et d'abondance.

3. tadvyakṣarat / tadādityam abhito'śrayat / tadvā etadyadetadāditityasya kṛṣṇaṃ rūpam //

Cette essence s'écoula et se répandit sur le soleil. Assurément c'est elle qui constitue l'apparence sombre du soleil.

4

1. atha yeśyodañco raśmayastā evāsyodīcyo madhunāḍyaḥ / atharvāṅgirasa eva madhukṛtah / itihāsapurāṇaṃ puṣpam tā amṛtā āpaḥ //

Maintenant, ses rayons du nord, ce sont les alvéoles du nord. Les abeilles sont les hymnes de l'*AtharvaVeda* (*atharvāṅgirasa*). La fleur, ce sont les récits (*itihāsa*) et les contes anciens (*purāṇa*). Il y a aussi là des liqueurs d'immortalité.

2. te vā ite'tharvāṅgirasa etaditihāsapurāṇam abhyatapan / tasyābhitaptasya yaśasteja indriyaṃ vīryam annādyaṃ raso 'jāyata //

Ces mêmes hymnes de l'*Atharvaveda* couvèrent les récits et les contes anciens. De l'*Atharvaveda* ainsi couvé son essence jaillit sous forme de gloire, d'éclat, de puissance, de force et d'abondance.

3. tadvyakṣarat / tadādityam abhito'śrayat / tadvā etadyadetadāditityasya paraḥkṛṣṇaṃ rūpam //

Cette essence s'écoula et se répandit sur le soleil. Assurément c'est elle qui constitue l'apparence très sombre du soleil.

5

1. atha yeśyordhvā raśmayastā evāsyordhvā madhunāḍyaḥ | guhyā evādeśā madhukṛtah | brahmaiva puṣpam tā amṛtā āpaḥ ||

Maintenant, ses rayons d'en haut, ce sont les alvéoles du haut. Les abeilles sont les enseignements secrets. La fleur est la formulation de la vérité (*brahman*). Il y a aussi là des liqueurs d'immortalité.

2. te vā ete guhyā ādeśā etadbrahmābhyatapan | tasyābhitaptasya yaśasteja indriyaṃ vīryam annādyaṃ raso 'jāyata ||

Ces enseignements secrets couvèrent la formulation de la vérité. De la formulation de la vérité ainsi couvée, son essence jaillit sous forme de gloire, d'éclat, de puissance, de force et d'abondance.

3. tadvyakṣarat | tadādityam abhito'śrayat | tadvā etadyadetadādititiyasya madhye kṣobata iva ||

Cette essence s'écoula et se répandit sur le soleil. Assurément c'est elle qui semble trembler au milieu du soleil.

4. te vā ete rasānāṃ rasāḥ | vedā hi rasāḥ | teṣām ete rasāḥ | tāni vā etānyamṛtānām amṛtāni | vedā hyamṛtāḥ | teṣām etānyamṛtāni ||

Ce sont clairement les essences des essences, car les essences sont les Vedas et celles-ci en sont les essences. En vérité, ce sont des nectars de nectars, car les Vedas sont des nectars et ce sont leurs nectars.

6

1. tadyat prathamam amṛtaṃ tadvasava upajīvantyagninā mukhena | na vai devā aśnanti na pibanti | etadevāmṛtaṃ dṛṣṭvā tṛpyanti ||

Le premier de ces nectars, ce sont les Vasus qui en vivent par la bouche d'Agni. Bien sûr les dieux ne mangent ni ne boivent : à la simple vue de ce nectar, ils sont rassasiés.

2. ta etadeva rūpam abhisaṃviśanti / etasmād rūpād udyanti //

Ils pénètrent dans cette apparence (rouge) et ils en sortent.

3. sa ya etadevam amṛtaṃ veda vasūnām evaiko bhūtvāgninaiva mukhenaitadevāmṛtaṃ dṛṣṭvā tṛpyati / sa etadeva rūpam abhisaṃviśati / eetasmād rūpādudeti //

Celui qui connaît ainsi ce nectar devient l'un des Vasus avec Agni pour bouche ; à la vue de ce nectar, il se rassasie. Il pénètre dans cette apparence et en ressort.

4. sa yāvadādityaḥ purastādudetā paścādastam etā vasūnām eva tāvadādhipatyaṃ svārājyaṃ paryetā //

Tant que le soleil se lèvera à l'est et se couchera à l'ouest, aussi longtemps il partagera la suprématie et la souveraineté des Vasus.

7

1. atha yad dvitīyam amṛtaṃ tadrudrā upajīvantīndrena mukhena / na vai devā aśnanti na pibanti / etadevāmṛtaṃ dṛṣṭvā tṛpyanti //

Maintenant, le second nectar, ce sont les Rudras qui en vivent par la bouche d'Indra. Bien sûr les dieux ne mangent ni ne boivent : à la simple vue de ce nectar, ils sont rassasiés.

2. ta etadeva rūpam abhisaṃviśanti / etasmād rūpād udyanti //

Ils pénètrent dans cette apparence (blanche) et ils s'en échappent.

3. sa ya etadevam amṛtaṃ veda rudrāṇām evaiko bhūtvaindreṇaiva mukhenaitadevāmṛtaṃ dṛṣṭvā tṛpyati / sa etadeva rūpam abhisaṃviśati / etasmād rūpādudeti //

Celui qui connaît ainsi ce nectar devient l'un des Rudras avec Indra pour bouche ; à la vue de ce nectar, il se rassasie. Il pénètre dans cette apparence et en ressort.

4. sa yāvadādityaḥ purastādudetā paścādastam etā dvistāvaddakṣinata udetottarato 'stam etā rudrāṇām eva tāvadādhipatyaṃ svārājyaṃ paryetā //

Autant le soleil se lèvera à l'est et se couchera à l'ouest, deux fois autant il se lèvera au sud et se couchera au nord ; aussi longtemps il partagera la suprématie et la souveraineté des Rudras.

8

1. atha yat tṛtīyam amṛtaṃ tadādityā upajīvanti varuṇena mukhena / na vai devā aśnanti na pibanti / etadevāmṛtaṃ dṛṣṭvā tṛpyanti //

Maintenant, le troisième nectar, ce sont les Ādityas qui en vivent par la bouche de Varuṇa. Bien sûr les dieux ne mangent ni ne boivent : à la simple vue de ce nectar, ils sont rassasiés.

2. ta etadeva rūpam abhisaṃviśanti / etasmād rūpād udyanti //

Ils pénètrent dans cette apparence (sombre) et ils s'en échappent.

3. sa ya etadevam amṛtaṃ veda ādityānām evaiko bhūtvā varuṇenaiva mukhenaitadevāmṛtaṃ dṛṣṭvā tṛpyati / sa etadeva rūpam abhisaṃviśati / etasmād rūpādudeti //

Celui qui connaît ainsi ce nectar devient l'un des Ādityas avec Varuṇa pour bouche ; à la vue de ce nectar, il se rassasie. Il pénètre dans cette apparence et en ressort.

4. sa yāvadādityo dakṣinata udetottarato'stam etā dvistāvat paścādudetā purastādastam etā ādityanām eva tāvadādhipatyaṃ svārājyaṃ paryetā //

Autant le soleil se lèvera au sud et se couchera au nord, deux fois autant il se lèvera à l'ouest et se couchera à l'est ; aussi longtemps il partagera la suprématie et la souveraineté des Ādityas.

9

1. atha yaccaturtham amṛtaṃ tan maruta upajīvanti somena mukhena | na vai devā aśnanti na pibanti | etadevāmṛtaṃ dṛṣṭvā tṛpyanti ||

Maintenant, le quatrième nectar, ce sont les Maruts qui en vivent par la bouche de Soma. Bien sûr les dieux ne mangent ni ne boivent : à la simple vue de ce nectar, ils sont rassasiés.

2. ta etadeva rūpam abhisaṃviśanti | etasmād rūpād udyanti ||

Ils pénètrent dans cette apparence (très sombre) et ils s'en échappent.

3. sa ya etadevam amṛtaṃ veda marutām evaiko bhūtvā somenaiva mukhenaitadevāmṛtaṃ dṛṣṭvā tṛpyati | sa etadeva rūpam abhisaṃviśati | etasmād rūpādudeti ||

Celui qui connaît ainsi ce nectar devient l'un des Maruts avec Soma pour bouche ; à la vue de ce nectar, il se rassasie. Il pénètre dans cette apparence et en ressort.

4. sa yāvadādityaḥ paścādudetā purastādastam etā dvistāvat uttarata udetā dakṣinato 'stam etā marutām eva tāvadādhipatyaṃ svārājyaṃ paryetā ||

Autant le soleil se lèvera à l'ouest et se couchera à l'est, deux fois autant il se lèvera au nord et se couchera au sud ; aussi longtemps il partagera la suprématie et la souveraineté des Ādityas.

10

1. atha pañcamam amṛtaṃ tat sādyā upajīvanti brahmaṇa mukhena | na vai devā aśnanti na pibanti | etadevāmṛtaṃ dṛṣṭvā tṛpyanti ||

Maintenant, le quatrième nectar, ce sont les Sādhyas qui en vivent par la bouche de Brahmā. Bien sûr les dieux ne mangent ni ne boivent : à la simple vue de ce nectar, ils sont rassasiés.

2. ta etadeva rūpam abhisaṃviśanti I etasmād rūpād udyanti II

Ils pénètrent dans cette apparence (vibrante) et ils s'en échappent.

3. sa ya etadevam amṛtaṃ veda sādhyānām evaiko bhūtvā brahmaṇaiva mukhenaitadevāmṛtaṃ dṛṣṭvā tṛpyati I sa etadeva rūpam abhisaṃviśati I etasmād rūpādudeti II

Celui qui connaît ainsi ce nectar devient l'un des Sādhyas avec Brahmā pour bouche ; à la vue de ce nectar, il se rassasie. Il pénètre dans cette apparence et en ressort.

4. sa yāvadāditya uttarata udetā dakṣinato 'stam etā dvistāvadūrdhvam udetārvagastam etā sādhyānām eva tāvadādhipatyaṃ svārājyaṃ paryetā II

Autant le soleil se lèvera au nord et se couchera au sud, deux fois autant il se lèvera au zénith et se couchera au nadir ; aussi longtemps il partagera la suprématie et la souveraineté des Sādhyas.

11

1. atha tata urdhva uditya naivodetā nāstametaikala eva madhye sthātā I tadeṣa ślokah II

Mais après s'être levé au zénith, il ne se lèvera plus et ne se couchera plus. Il se tiendra seul au milieu. Sur il existe un verset :

2. na vai tatra nimumloca nodiyāya kadācana I devāstenāhaṃ satyena mā virādhiṣi brahmaṇeti II

Là sûrement il ne s'est jamais couché, jamais il ne s'est levé. Par cette vérité, ô dieux, puissé-je ne jamais être séparé de Brahman[1] !

3. na ha vā asmā udeti na nimlocati I sakṛddivā haivāsmai bhavati I ya etāmevaṃ brahmopaniṣadaṃ veda II

Il ne se lève ni ne se couche, pour lui le jour est permanent, celui qui connaît la doctrine secrète (*upaniṣad*) du Brahman.

---

1. Ou : la formulation de la vérité.

4. taddhaitadbrahmā prajāpataya uvāca | prajāpatirmanave | manuḥ prajābhyaḥ | taddhaitaduddālakāyāruṇaye jyeṣṭhāya putrāya pitā brahma provāca ||

Cette doctrine, Brahmā l'a enseignée à Prajāpati, Prajāpati à Manu, Manu à sa descendance. Ce *brahman*[1], le père l'impartit à son fils aîné Uddālaka Āruṇi.

5. idaṃ vāva tajjyeṣṭhāya putrāya pitā brahma prabrūyāt praṇāyyāya vāntevāsine ||

Cette doctrine, un père devrait l'enseigner à son fils aîné ou à un disciple qui en sont dignes.

6. nānyasmai kasmai cana yadyapyasmā imām adbhih parigṛhītāṃ dhanasya pūrṇām dadyādetadeva tato bhūya ityetadeva tato bhūya iti ||

Jamais à personne d'autre, lui donnât-il cette terre entière entourée d'eau et tous ses trésors ; en vérité, cela a bien plus de valeur, en effet cela a bien plus de valeur.

12

1. gāyatrī vā idaṃ sarvaṃ bhūtaṃ yad idaṃ kiṃca | vāgvai gāyatrī | vāgvā idaṃ sarvaṃ bhūtaṃ gāyati ca trāyate ca ||

La *gāyatrī*[2] en vérité est tout cet univers, tout ce qui existe ici-bas. Assurément la *gāyatrī* est la parole. En effet, elle manifeste (chante) et protège tout ce qui existe ici-bas.

2. yā vai sā gāyatrīyaṃ vāva sā yeyaṃ pṛthivī | asyāṃ hīdaṃ sarvaṃ bhūtaṃ pratiṣṭhitam | etāmeva nātiśīyate ||

La *gāyatrī* est aussi la terre, car c'est sur elle que repose tout ce qui existe et il n'est rien au-delà.

3. yā vai sā pṛthivīyaṃ vāva sā yeyaṃ pṛthivī vāva sā yadidam

1. La doctrine secrète sur Brahman.
2. Il s'agit d'un type courant de métrique.

asmin puruṣe śarīram | asyāṃ hīme prāṇāḥ pratiṣṭhitāḥ | etāmeva nātiśīyate ||

Assurément, ce qui est cette terre, c'est aussi cette même terre qui est le corps de l'homme. En effet, c'est sur elle que reposent les souffles vitaux et il n'est rien au-delà.

4. yā vai tat pusuṣe śarīram idaṃ vāva tadyadidam asmin antaḥ puruṣe hṛdayam | asmin hīme prāṇāḥ pratiṣṭhitāḥ | etāmeva nātiśīyate ||

Assurément, ce qui est le corps pour l'homme, le cœur l'est à l'intérieur de cet homme. En effet, c'est sur lui que reposent les souffles vitaux et il n'est rien au-delà.

5. saiṣā catuṣpadā ṣaḍvidhā gāyatrī | tadetadṛcābhyanūktam ||

Ceci est la sextuple *gāyatrī* à quatre pieds. Voici ce que dit un verset sur cela :

6. tāvān asya mahimā tato jyāyāṃśca puruṣaḥ |
pādo 'sya sarvā bhūtāni tripādasyāmṛtaṃ divi || iti

Telle est sa grandeur et plus grand encore est l'Homme cosmique (*Puruṣa*). Un quart de Lui est tous les êtres, les trois quarts sont l'immortalité dans le ciel.

7. yad vai tadbrahmetīdaṃ vāva tadyo 'yaṃ bahirdhā puruṣādākāśaḥ | yo vai sa bahirdhā puruṣādākāśaḥ ||

Ce qu'on nomme *brahman*, c'est cet espace extérieur à l'homme, assurément cet espace extérieur à l'homme,

8. ayaṃ vāva sa yo'yamantaḥ puruṣa ākāśaḥ | yo vai so 'ntaḥ puruṣa ākāśaḥ ||

en vérité c'est l'espace qui est à l'intérieur de l'homme. Assurément, cet espace à l'intérieur de l'homme,

9. ayaṃ vāva sa yo 'yam antarhaṛdaya ākāśaḥ | tadetat pūrṇam apravarti | pūrṇam apravartinīṃ śriyaṃ labhate ya evaṃ veda ||

en vérité c'est l'espace qui est à l'intérieur du cœur. Cela, c'est la Plénitude, l'Immuable. Il atteint la plénitude de la splendeur celui qui sait ainsi.

13

1. tasya ha vā etasya hṛdayasya pañca devasuṣayaḥ I sa yo 'sya prāṇ suṣiḥ sa prāṇaḥ I taccakṣuḥ sa ādityaḥ I tadetat tejo 'nnādyam ityupāsīta I tejasvyannādo bhavati ya evaṃ veda II

Or, ce cœur a cinq ouvertures pour les dieux. L'ouverture de l'est c'est le souffle sortant (*prāṇa*), c'est la vue, c'est le soleil : qu'on la prenne en garde en tant que splendeur et nourriture. Il est splendide et robuste[1] celui qui sait ainsi.

2. atha yo 'sya dakśiṇaḥ suṣiḥ sa vyānaḥ I tacchrotram sa candramāḥ I tadetacchrīśca yaśaścetyupāsīta I śrīmān yaśasvī bhavati ya evaṃ veda II

Maintenant, l'ouverture au sud, c'est le souffle diffus (*vyāna*), c'est l'ouïe, c'est la lune : qu'on la prenne en garde en tant que prospérité et renommée. Il devient prospère et renommé celui qui sait ainsi.

3. atha yo 'sya pratyaṅ suṣiḥ so 'pānaḥ I sā vāk I so 'gniḥ I tadetadbrahmavarcasam annādyam ityupāsīta I brahmavarcasyannādo bhavati ya evaṃ veda II

Maintenant, l'ouverture à l'ouest, c'est le souffle inspiré (*apāna*), c'est la parole, c'est le feu : qu'on la prenne en garde en tant que connaissance sacrée et nourriture. Il devient resplendissant par sa connaissance sacrée et robuste celui qui sait ainsi.

4. atha yo 'syodaṅ suṣiḥ sa samānaḥ I tanmanaḥ I sa parjanyaḥ I tadetat kīrtiśca vyuṣṭiścetyupāsīta I kīrtimān vyuṣṭimān bhavati ya evaṃ veda II

Maintenant, l'ouverture au nord, c'est le souffle égalisé (*samāna*), c'est l'esprit, c'est la pluie : qu'on la prenne en garde en tant que

1. Il est robuste grâce à la nourriture.

gloire et beauté. Il devient glorieux et beau celui qui sait ainsi.

5. atha yo 'syordhvaḥ suṣiḥ sa udānaḥ / sa vāyuḥ / sa ākāśaḥ / tadetadojaśca mahaścetyupāsīta / ojasvī mahasvān bhavati ya evaṃ veda //

Maintenant, l'ouverture en haut, c'est le souffle qui monte (*udāna*), c'est le vent, c'est l'espace : qu'on la prenne en garde en tant que vigueur et force. Il devient vigoureux et fort celui qui sait ainsi.

6. te vā ete pañca brahmapuruṣāḥ svargasya lokasya dvārapāḥ / sa ya etān evaṃ pañca brahmapuruṣān svargasya lokasya dvārapān vedāsya kule vīro jāyate / pratipadyate svargaṃ lokaṃ ya etān evaṃ pañca brahmapuruṣān svargasya lokasya dvārapān veda //

En vérité, ces cinq serviteurs de Brahman sont les gardiens des portes célestes. Celui qui connaît ainsi ces cinq serviteurs de Brahman comme les gardiens des portes célestes voit naître dans sa famille un héros. Il atteint le monde céleste celui qui connaît ainsi ces cinq serviteurs de Brahman comme les gardiens des portes célestes.

7. atha yadataḥ paro divo jyotirdīpyate viśvataḥ pṛṣṭheṣū sarvataḥ pṛṣṭheṣvanuttameṣūttameṣu lokeṣvidaṃ vāva tadyadidam asminn antaḥ puruṣe jyotiḥ / tasyaiṣā dṛṣṭiḥ //

Maintenant, cette lumière qui brille au-delà du ciel, sur tous, sur toutes choses et sur les mondes supérieurs au-delà desquels il n'y a rien, cette lumière, en vérité, c'est la même lumière qui est dans l'homme, c'est elle qu'on voit.

8. yatraitadasmiñcharīre saṃsparśenoṣṇimānaṃ vijānāti / tasyaiṣā śrutiryatraitatkarṇāvapigṛhya ninadamiva nadathumivāgneriva jvalata upaśṛṇoti / tadetad dṛṣṭaṃ ca śrutaṃ cetyupāsīta / cakṣuṣyaḥ śruto bhavati ya evaṃ veda ya evaṃ veda //

C'est elle, quand on touche son corps et qu'on en ressent la chaleur. C'est elle qu'on entend quand, les oreilles bouchées, on entend comme un bruit, comme celui du feu qui flamboie. Qu'on sache alors que c'est elle qu'on voit et qu'on entend. Il devient beau à voir et renommé celui qui sait ainsi, oui, celui qui sait ainsi.

14

1. sarvaṃ khalvidaṃ brahma | tajjalāniti śānta upāsīti | atha khalu kratumayaḥ puruṣo yathākraturasmiṃlloke puruṣo bhavati tathetaḥ pretya bhavati | sa kratuṃ kurvīta ||

Cet univers au complet est Brahman. On devrait le vénérer paisiblement comme le commencement, le présent et la fin de tout[1]. Maintenant, en vérité l'homme est fait de convictions et d'intentions (*kratu*)[2] : ce qu'il devient après la mort est en accord avec ses convictions/intentions dans sa vie ici-bas. Il devrait forger cette conviction[3] :

2. manomayaḥ prāṇaśarīro bhārūpaḥ satyasaṃkalpa ākāśātmā sarvakarmā sarvakāmaḥ sarvagandhaḥ sarvarasaḥ sarvam idam abhyātto 'vākyanādaraḥ ||

Ce Soi s'est fait esprit, corps d'énergies vitales, forme lumineuse, intention (*saṃkalpa*) de vérité, pur espace ; il est toutes

---

1. C'est l'interprétation que fait Śaṅkara du mot *jalān*, qui signifie littéralement « les eaux ».

2. Le mot *kratu* n'est pas aisé à rendre dans nos langues modernes et son sens dépend énormément du contexte et de l'époque. Ainsi, dans le Ṛgveda, il a un sens très particulier qu'il n'a déjà plus dans les Upaniṣad. Ici, il signifie la direction que l'homme imprime à sa vie en fonction de ses convictions, de ce qu'il croit être la réalité du monde et la sienne.

3. L'expression *kratuṃ kurvīta* est à double sens. Il signifie littéralement « il devrait forger la conviction/intention », mais aussi « il devrait offrir des sacrifices ». Cette dernière expression est familière sur le plan rituel. Les deux sens se réconcilient aisément quand on sait ce qu'est vraiment le sacrifice dans le monde védique et upaniṣadique ou dans toute autre civilisation traditionnelle : offrande de ce que l'homme n'est pas (ses convictions erronées sur lui-même et sur le monde) à ce qu'il est (Brahman).

les actions, tous les désirs, toutes les odeurs, toutes les saveurs, il englobe tout cet univers. Il est muet et n'est concerné par rien.

3. eṣa ma ātmāntarhṛdaye 'ṇīyān vrīhervā yavādvā sarṣapādvā śyāmākādvā śyāmākataṇḍulād vā | eṣa ma ātmāntarhṛdaye jyāyān pṛthivyā jyāyānantarikṣājjyāyāndivo jyāyānebhyo lokebhyaḥ ||

Il est mon propre soi dans mon cœur, plus petit qu'un grain de riz, d'orge, de moutarde ou de millet, plus petit que le noyau d'un grain de millet. Il est mon propre soi dans mon cœur, plus grand que la terre, plus grand que l'atmosphère, plus vaste que le ciel, plus immense que ces mondes.

4. sarvakarmā sarvakāmaḥ sarvagandhaḥ sarvarasaḥ sarvam idam abhyātto 'vākyanādaraḥ eṣa ma ātmāntar hṛdaye etad brahma, etam itaḥ pretyābhisambhavitāsmīti, yasya syād addhā na vicikitsāsti | iti ha smāha śāṇḍilyaḥ śāṇḍilyaḥ ||

Il est toute activité, tout désir, toute odeur, toute saveur, sans mot dire et sans souci il inclut tout ce qui existe, c'est mon propre soi (*ātman*) dans mon for intérieur, c'est l'Absolu (*brahman*) ! Après ma mort, en lui je demeurerai. » Celui qui sait ainsi en toute certitude n'aura plus jamais aucun doute. Ainsi parla Śāṇḍilyaḥ, Śāṇḍilyaḥ

15

1. antarikṣodaraḥ kośo bhūmibudhno na jīryati |
diśo hi asya sraktayo dyaurasyottaraṃ bilam |
sa eṣa kośo vasudhānastasmin viśvam idaṃ śritam ||

Il ne s'épuise pas le trésor dont la cavité est l'atmosphère, les régions du ciel les coins et le ciel, son ouverture supérieure. Ce trésor est plein de richesses, c'est en lui que tout ici repose.

2. tasya prācī digjuhūrnāma | sahamānā nāma dakṣiṇā | rājñī nāma pratīcī | subhūtā namodīcī | tāsāṃ vāyurvatsaḥ | sa ya etam evaṃ vāyuṃ diśāṃ vatsaṃ veda na putrarodaṃ roditi |

so 'ham etam evaṃ vāyuṃ diśāṃ vatsaṃ veda mā putrarodaṃ rudam //

Sa partie orientale reçoit le nom de « cuillère à oblations » (*juhū*), la partie méridionale « puissante », l'Occidentale « reine », la septentrionale « prospère ». Le Vent (*vāyu*) est leur petit. Celui qui connaît ainsi Vāyu comme le petit des régions célestes ne pleurera pas la perte d'un fils. Alors, moi qui connais Vāyu comme le fils des régions céleste, puissé-je ne jamais pleurer la perte d'un cher fils.

3. ariṣṭaṃ keśaṃ prapadye amunā amunā amunā /
prāṇaṃ prapadye 'munā amunā amunā bhūḥ prapadye amunāmunāmunā /
bhūvaḥ prapadye 'munāmunāmunā svaḥ prapadye amunāmunāmunā //

Je m'en remets au trésor impérissable avec untel, untel, untel[1]. Je m'en remets au souffle avec untel, untel, untel. Je m'en remets à *bhūr* avec untel, untel, untel. Je m'en remets à *bhuvas* avec untel, untel, untel. Je m'en remets à *svar* avec untel, untel, untel.

4. sa yadavocam prāṇaṃ prapadya iti prāṇo vā idaṃ sarvaṃ bhūtaṃ yadidaṃ kiṃca / tam eva tat prāpatsi //

Si j'ai dit « je m'en remets au souffle », c'est qu'en vérité le souffle est toute chose. C'est à cet univers que je m'en suis remis.

5. atha yadavocam bhūḥ prapadya iti pṛthivīṃ prāpadye antarikṣaṃ prāpadye divaṃ prāpadya ityeva tadavocam //

Maintenant, si j'ai dit « je m'en remets à *bhūr* », c'était pour dire : « je m'en remets à la terre, je m'en remets à l'atmosphère, je m'en remets au ciel ».

1. Śaṅkara explique qu'il faut prononcer trois fois le nom du fils. C'est l'invocation de *bhūr, bhuvaḥ, svar*.

6. atha yadavocam bhuvaḥ prapadya iti agniṃ prāpadye vāyuṃ prāpadye ādityaṃ prāpadya ityeva tadavocam ||

Maintenant, si j'ai dit « je m'en remets à *bhuvas* », c'était pour dire : « je m'en remets au feu, je m'en remets à l'air, je m'en remets au soleil ».

7. atha yadavocam svaḥ prapadya iti ṛgvedaṃ prāpadye yajurvedaṃ prāpadye sāmavedaṃ prāpadya ityeva tadavocaṃ tadavocam ||

Maintenant, si j'ai dit « je m'en remets à *svar* », c'était pour dire : « je m'en remets au *Ṛgveda*, je m'en remets au *Yajurveda*, je m'en remets au *Sāmaveda* ». Voilà ce que j'ai dit.

16

1. puruṣo vāva yajñaḥ | tasya yāni caturviṃśativarṣāṇi tat prātaḥsavanam | caturviṃśatyakṣarā gāyatrī | gāyatraṃ prātaḥsavanam | tadasya vasavo 'nvāyattāḥ | prāṇā vāva vasavaḥ | ete hīdaṃ vāsayanti ||

En vérité le sacrifice est l'homme. La libation du matin, ce sont ses vingt-quatre (premières) années. La *gāyatrī* comporte vingt-quatre syllabes et la libation du matin est associée à la *gāyatrī*. Les Vasus y sont liés. Les Vasus sont en vérité les souffles vitaux : en effet, ce sont eux qui peuplent (*vasayanti*) l'univers.

2. taṃ cedetasmin vayasi kiṃcidupatapet sa brūyāt | prāṇā vasava idaṃ me prātaḥsavanaṃ mādhyandinaṃ savanam anusaṃtanuteti | māhaṃ prāṇānāṃ vasūnāṃ madhye yajño vilopsīyeti | uddhaiva tata etyagado ha bhavati ||

Si au cours de cette période on est affligé de quelque mal, qu'on dise : « Souffles qui êtes Vasus souffles prolongez ma libation du matin jusqu'à celle du midi. Que moi, qui suis sacrifice, ne périsse pas au milieu des souffles Vasus. » Alors on se lève et on guérit.

3. atha yāni catuścatvāriṃśadvarṣāni tan mādhyandinaṃ savanam / catuścatvāriṃśadakṣarā triṣṭup / traiṣṭubhaṃ mādhyandinaṃ savanam / tadasya rudrā anvāyattāḥ / prāṇā vāva rudrāḥ / ete hīdaṃ sarvaṃrodayanti //

Maintenant, la libation du midi, ce sont les quarante-quatre années (suivantes). La *triṣṭubh* compte quarante-quatre syllabes et la libation du midi est associée à la *triṣṭubh*. Les Rudras y cont liés. Les Rudras sont en vérité les souffles vitaux : en effet, ils font pleurer tout ce monde.

4. taṃ cedetasmin vayasi kiṃcidupatapet sa brūyāt / prāṇā rudrāḥ idaṃ me mādhyandinaṃ savanaṃ tṛtīyasavanam anusaṃtanuteti / māhaṃ prāṇānāṃ rudrānāṃ madhye yajño vilopsīyeti / uddhaiva tata etyagado ha bhavati //

Si au cours de cette période on est affligé de quelque mal, qu'on dise : « Souffles qui êtes Rudras, prolongez ma libation du midi jusqu'à la troisième (celle du soir). Que moi, qui suis sacrifice, ne périsse pas au milieu des souffles Rudras. » Alors on se lève et on guérit.

5. atha yāni aṣṭācatvāriṃśadvarṣāni tat tṛtīyasavanam / aṣṭācatvāriṃśadakṣarā jagatī / jāgataṃ tṛtīyasavanam / tadasyādityā anvāyattāḥ / prāṇā vāvādityāḥ/ ete hīdaṃ sarvaṃ ādadate //

Maintenant, la troisième libation (celle du soir), ce sont les quarante-huit années (suivantes). La *jagatī* compte quarante-huit syllabes et la libation du soir est associée à la *jagatī*. Les Ādityas y sont liés. Les Ādityas sont en vérité les souffles vitaux : en effet, ils reprennent tout ce monde.

6. taṃ cedetasmin vayasi kiṃcidupatapet sa brūyāt / prāṇā ādityāḥ idaṃ me tṛtīyasavanaṃ āyuranusaṃtanuteti / māhaṃ prāṇānāṃ ādityānāṃ madhye yajño vilopsīyeti / uddhaiva tata etyagado ha bhavati //

Si au cours de cette période on est affligé de quelque mal, qu'on dise : « Souffles qui êtes Ādityas, prolongez ma troisième libation jusqu'à la plénitude de mes années de vie. Que moi, qui suis sacrifice, ne périsse pas au milieu des souffles Ādityas. » Alors on se lève et on guérit.

7. etaddha sma vai tadvidvān āha mahidāsa aitareyaḥ I sa kiṃ ma etadupatapasi yo 'ham anena na preṣyāmīti I sa ha ṣoḍaśaṃ varṣaśatam ajīvat I pra ha ṣodaśaṃ varṣaśatam jīvati ya evaṃ veda II

Voilà ce que savait pour sûr Mahidāsa Aitareya lorsqu'il dit (à la maladie) : « Cela ne me fera pas mourir, alors pourquoi me tourmentes-tu ainsi ? » Il vécut cent seize ans. Celui qui sait ainsi vivra cent seize ans.

17

1. sa yadśiśiṣati yat pipāsati yanna ramate tā asya dīkṣāh II

Quand il (celui qui patronne le sacrifice) a faim et soif, quand il n'a pas de plaisir, c'est là sa consécration préparatoire au sacrifice (*dīkṣā*).

2. atha yadaśnati yatpibati yadramate tadupasadaireti II

Maintenant, quand il mange, boit et a du plaisir, c'est qu'il poursuit avec les rituels *upasada*[1].

3. atha yaddhasati yajjakṣati yanmaithunam carati stutaśastraireva tadeti II

Maintenant, quand il rit, festoie et se donne à un rapport sexuel, c'est qu'il poursuit avec les hymnes chantés et récités.

4. atha yat tapo dānam ārjavam ahiṃsā satyavacanam iti tā asya dakṣiṇāḥ II

Maintenant, quand il se donne à l'austérité, à l'aumône, au respect de la vie (*ahiṃsā*) et de la vérité, cela constitue ses offrandes sacrificielles (aux prêtres).

1. Ces rituels viennent après la *dīkṣā* et avant le pressurage du *soma*.

5. tasmādāhuḥ soṣyatyasoṣṭeti | punarutpādanam evāsya tat | maraṇam evāvabhṛthaḥ ||

Voilà pourquoi on dit (dans les cérémonies du sacrifice) : « Il va créer (*soṣyati*), il a créé (*asoṣṭa*). » En vérité, il naît une deuxième fois. En vérité, l'*avabhṛtha*[1] correspond à la mort.

6. taddhaitad ghora āṅgirasaḥ kṛṣṇāya devakīputrāyoktvovāca | apipāsa eva sa babhūva | so 'ntavelāyām etat trayaṃ pratipadyet ākṣitam asyacyutam asi prāṇ asaṃśitam asīti | tatraite dve ṛcau bhavataḥ ||

Après avoir enseigné cela à Kṛṣṇa Devakīputra, Ghora Āṅgirasa dit : « Un homme est affranchi de la soif (du désir) ; à l'heure de la mort, il doit prendre refuge dans cette triade : tu es l'Impérissable, tu es l'Inébranlable, tu es la plénitude de la vie. » À ce sujet, il existe deux versets :

7. āditpratnasya retasaḥ ||
udvayaṃ tamasaspari jyotiḥ paśyanta uttaram |
svaḥ paśyanta uttaraṃ devaṃ devatrā sūryam |
aganma jyotiruttamam iti jyotiruttamam iti ||

Alors, voyant là-haut la lumière aurorale du germe primordial (Brahman) au-delà des ténèbres, distinguant le Ciel suprême, nous avons rejoint le Soleil, le Dieu des dieux, la Lumière suprême, oui, la Lumière suprême[2].

---

1. L'*avabhrtha* est le rituel final du sacrifice.

2. Référence à deux versets du Ṛgveda :
1) ād it pratnasya retaso jyotiṣ paśyanti vāsaram |
paro yad idhyate divā || Ṛgveda VIII, 6, 30
« Alors nous avons vu la lumière aurorale du germe primordial qui flamboie au-delà du ciel ».
2) ud vayaṁ tamasas pari jyotiṣ paśyanta uttaram |
devaṁ devatrā sūryam aganma jyotir uttamam || Ṛgveda I, 50, 10
« Distinguant la lumière suprême au-delà des ténèbres, nous avons rejoint le Soleil, le Dieu des dieux, la Lumière suprême. »

18

1. mano brahmetyupāsīta ityadhyātmam | athādhidaivatam | ākāśo brahmetyupāsīta | ityubhayam ādiṣṭaṃ bhavatyadhyātmaṃ cādhidaivataṃ ||

Qu'on médite sur l'esprit en tant que Brahman : cela du point de vue personnel. Maintenant, sur le plan divin : qu'on médite sur Brahman en tant qu'espace. Ce sont là les recommandations sur les deux plans : individuel et divin.

2. tadetaccatuṣpād brahma | vāk pādaḥ prāṇaḥ pādaścakṣuḥ pādaḥ śrotraṃ pādaḥ | ityadhyātmam | athādhidaivatam | agniḥ pādo vāyuḥ pāda ādityaḥ pādo diśaḥ pādaḥ | ityubhayamevādiṣṭaṃ bhavatyadhyātmaṃ caivādhidaivataṃ ca ||

Ce Brahman a quatre pieds. Un pied est la parole, un pied est le souffle, un pied est la vue, un pied est l'ouïe, cela pour la sphère personnelle. Maintenant, en ce qui a trait à la sphère divine : un pied est le feu, un pied est l'air, un pied est le soleil, un pied est les régions de l'espace. Ce sont là les instructions sur les deux plans, individuel et divin.

3. vāgeva brahmaṇaścaturthaḥ pādaḥ | so 'gninā jyotiṣā bhāti ca tapati ca | bhāti ca tapati ca kīrtyā yaśasā brahmavarcasena ya evaṃ veda ||

En vérité un des quatre pieds de Brahman et la parole. Avec le feu comme lumière, il brille et réchauffe. Il brille et réchauffe par sa gloire, sa renommée et la splendeur de sa connaissance de la science sacrée celui qui sait ainsi.

4. prāṇa eva brahmaṇaścaturthaḥ pādaḥ | sa vāyunā jyotiṣā bhāti ca tapati ca | bhāti ca tapati ca kīrtyā yaśasā brahmavarcasena ya evaṃ veda ||

En vérité un des quatre pieds de Brahman est le souffle vital. Avec le vent comme lumière, il brille et réchauffe. Il brille et réchauffe par sa gloire, sa renommée et la splendeur de sa connaissance de la science sacrée celui qui sait ainsi.

5. cakṣureva brahmaṇaścaturthaḥ pādaḥ | sa ādityenā jyotiṣā bhāti ca tapati ca | bhāti ca tapati ca kīrtyā yaśasā brahmavarcasena ya evaṃ veda ||

En vérité un des quatre pieds de Brahman et la vision. Avec le soleil comme lumière, il brille et réchauffe. Il brille et réchauffe par sa gloire, sa renommée et la splendeur de sa connaissance de la science sacrée celui qui sait ainsi.

6. śrotram eva brahmaṇaścaturthaḥ pādaḥ | sa digbhirjyotiṣā bhāti ca tapati ca | bhāti ca tapati ca kīrtyā yaśasā brahmavarcasena ya evaṃ veda ||

En vérité un des quatre pieds de Brahman et l'ouïe. Avec les régions de l'espace comme lumière, il brille et réchauffe. Il brille et réchauffe par sa gloire, sa renommée et la splendeur de sa connaissance de la science sacrée celui qui sait ainsi.

19

1. ādityo brahmetyādeśaḥ | tasyopavyākhyānam | asadevedam agra āsīt | tatsadāsīt | tat samabhavat | tadāṇḍaṃ niravartat | tat saṃvatsarasya mātrāmaśayat | tannirabhidyata | te āṇḍakapāle rajataṃ ca suvarṇaṃ cābhavatām ||

Brahman est le Soleil, enseigne-t-on ; en voici l'explication. En vérité, au commencement cet univers était non-existence. Il devint existence, se développa et produisit un œuf. Il reposa ainsi pour une année complète, puis il s'ouvrit. Des deux moitiés de la coque, l'une était d'argent, l'autre d'or.

2. tadrajataṃ seyaṃ pṛthivī | yatsuvarṇaṃ sā dyauḥ | yajjarāyu te parvatāḥ | yadulbaṃ sa megho nīhāraḥ | yā dhamnayastā nadyaḥ | yadvāsteyam udakaṃ sa samudraḥ ||

La moitié d'argent est cette terre. La moitié d'or est le ciel. La membrane externe, ce sont les montagnes, la membrane interne, ce sont les nuages et le brouillard. Les rivières sont ses veines. L'océan est le liquide amniotique.

3. Atha yat tad ajāyata so 'sāvādityaḥ | taṃ jāyamānaṃ ghoṣā ulūlavo 'nūdatiṣṭhan sarvāṇi ca bhūtāni sarve ca kāmāḥ | tasmāt tasyodayaṃ prati pratyāyanaṃ prati ghoṣā ulūlavo 'nūttiṣṭhanti sarvāṇi ca bhūtāni sarve ca kāmāḥ ||

Ce qui naquit alors, ce fut ce soleil. Clameurs de joie et cris s'élevèrent, ainsi que tous les êtres et les désirs. Voilà pourquoi à son lever et à chacun de ses retours s'élèvent d'immenses clameurs et des cris, et se lèvent tous les êtres et les désirs.

4. sa ya etam evaṃ vidvān ādityaṃ brahmetyupāste abhyāśo ha yadenaṃ sādhavo ghoṣā ā ca gaccheyurupa ca nimreḍeran nimreḍeran ||

Celui qui, sachant ainsi, médite sur le soleil en tant que Brahman, il peut certes s'attendre à ce que clameurs et cris de joie l'accueillent et le réjouissent, oui, le réjouissent.

IV

1

1. jānaśrutirha pautrāyaṇaḥ śraddhādevo bahudāyī bahupākya āsa | sa ha sarvata āvasathān māpayāṃ cakre sarvata eva me 'nnam atsyantīti ||

Jānaśruti Pautrāyana était un homme pieux, généreux et faisait préparer beaucoup de nourriture. Il avait fait construire partout des refuges en pensant que partout les gens mangeraient sa nourriture.

2. atha ha haṃsā niśāyām atipetuḥ | taddhaivaṃ haṃso haṃsam abhyuvāda ho ho 'yi ballākṣa bhallākṣa jānaśruteḥ pautrāyaṇasya samaṃ divā jyotirātataṃ tan mā prasāṅksīstat tvā mā pradhākṣīriti ||

Mais il arriva que des oies sauvages survolassent les lieux de nuit. L'une des oies dit à l'autre : « Oh ! holà ! Œil perçant,

Œil perçant, la lumière de Jānaśruti Pautrāyana s'est répandue comme la lumière du jour : (ne t'approche pas) de peur de ne pouvoir le supporter, de peur de t'y consumer ! »

3. tam u ha paraḥ pratyuvāca kamvara enam etatsantaṃ sayugvānamiva raikvam āttheti / yo nu kathaṃ sayugvā raikva iti //

L'autre lui répondit : - Comment décris-tu celui-là, étant comme il est, comme Raikva au chariot ? » - Qui donc est Raikva au chariot ?

4. yathā kṛtāya vijitāyādhareyāḥ saṃyantyevam enaṃ sarvaṃ tadabhisameti yat kiṃca prajāḥ sādhu kurvanti / yastadveda yat sa veda sa mayaitadukta iti //

- Tout comme les dés inférieurs s'ajoutent aux gains du dé *kṛta* (gagnant), de même toutes les bonnes actions des créatures reviennent à celui qui sait ce que lui (Raikva) il sait. C'est de celui-là que je parle.

5. tadu ha jānaśrutiḥ pautrāyaṇa upaśuśrāva / sa ha saṃjihāna eva kṣattāramuvāca aṅgāre ha sayugvānamiva raikvamāttheti / yo nu kathaṃ sayugvā raikva iti //

Or, Jānaśruti Pautrāyana entendit cette conversation. Dès qu'il fut levé, il dit à son serviteur : « Eh bien ! Parles-tu (de moi) comme de Raikva au chariot ? Et qui est ce Raikva au chariot ? »

6. yathā kṛtāya vijitāyādhareyāḥ saṃyantyevam enaṃ sarvaṃ tadabhisameti yat kiṃca prajāḥ sādhu kurvanti / yastadveda yat sa veda sa mayaitadukta iti //

Tout comme les dés inférieurs s'ajoutent aux gains du dé *kṛta* (gagnant), de même toutes les bonnes actions des créatures reviennent à celui qui sait ce que lui (Raikva) il sait. C'est de celui-là que je parle. »

7. sa ha kṣattānviṣya nāvidamiti pratyeyāya / taṃ hovāca yatrāre brāhmaṇasyānveṣaṇātadenamarccheti //

Après avoir cherché, le serviteur revint en déclarant ne pas avoir trouvé. Jānaśruti lui dit : « Eh bien ! il faut chercher là où l'on cherche un brahmane. »

8. so 'dhastācchakaṭasya pāmānaṃ kaṣamāṇam upopaviveśa / taṃ hābhyuvāda tvaṃ nu bhagavaḥ sayugvā raikva iti / ahaṃ hyarā3 iti ha pratijajñe / sa ha kṣattāvidamiti pratyeyāya //

Le serviteur s'approcha d'un homme qui, sous un chariot, grattait des éruptions cutanées. Il lui dit : « Seigneur, vous êtes Raikva du chariot ? » L'homme répondit : « Tout à fait, c'est bien moi. » Le serviteur revint en disant avoir trouvé.

2

1. tadu ha jānaśrutiḥ pautrāyaṇa ṣaṭ śatāni gavāḥ niṣkam aśvcatarīrathaṃ tadādāya praticakrame / taṃ hābhyuvāda //

Alors, Jānaśruti Pautrāyana prit six cents vaches, un collier en or et un chariot tiré par des mules, il retourna vers lui et lui dit :

2. raikvemāni ṣaṭ śatāni gavām ayaṃ niṣko 'yamaśvatarīrathaḥ / anu ma etāṃ bhagavo devatāṃ śādhi yāṃ devatām upāssa iti //

« Raikva, voici six cents vaches, ce collier d'or et ce chariot tiré par des mules. Seigneur, enseigne-moi cette divinité que tu vénères. »

3. tam u ha paraḥ pratyuvāca ahahare tvā śūdra tavaiva saha gobhirastviti / tadu ha punareva jānaśrutiḥ pautrāyaṇaḥ sahasraṃ gavām niṣkam aśvatarīrathaṃ duhitaraṃ tadādāya praticakrame //

L'autre lui répondit : « Ah ! Ah ! Mon ami, garde tes vaches. » Alors, Jānaśruti Pautrāyana revint avec mille vaches, un collier en or, un chariot tiré par des mules et sa fille.

4. taṃ hābhyuvāda / raikvedaṃsahasraṃ gavām ayaṃ niṣko 'yam aśvarīratha iyaṃ jāyāyaṃ grāmoyasminn āsse anveva mā bhagavaḥ śādhīti //

Il lui dit : « Raikva, voici mille vaches, ce collier d'or, ce char attelé à des mules, cette femme, ce village où tu te trouves, Seigneur enseigne-moi ! »

5. tasyā ha mukham upodgṛhṇann uvāca | ahahāremāḥ śūdra anenaiva mukhenālāpayiṣyathā iti | te haite raikvaparṇā nāma mahāvṛṣeṣu yatrāsmā uvāca | tasmai hovāca ||

Relevant le visage incliné de la jeune femme, Raikva dit : « Ah ! Ah ! mon ami, au diable toutes ces vaches. C'est seulement par cette bouche que tu m'auras fait parler. » C'est au lieu-dit des Raikvaparṇas, au pays des Mahāvṛṣas qu'il lui parla. Il lui dit :

3

1. vāyurvāva saṃvargaḥ | yadā vā agnirudvāyati vāyumevāpyeti | yadā sūryo 'stametivāyumevāpyeti | yadā candro 'stameti vāyumevāpyeti ||

« En vérité, l'air est un absorbant. Quand le feu s'éteint, c'est l'air qu'il rejoint. Quand le soleil se couche, c'est l'air qu'il rejoint. Quand la lune se couche, c'est l'air qu'elle rejoint.

2. yādāpa ucchuṣyanti vāyumevāpiyanti | vāyurhyevaitānsarvānsaṃvṛṅkte | ityadhidaivatam ||

Lorsque les eaux s'assèchent, c'est en vérité dans l'air qu'elles retournent. En effet, c'est l'air qui les absorbe toutes. Voilà en ce qui concerne les divinités.

3. athādhyātmam | prāṇo vāva saṃvargaḥ | sa yadā svapiti prāṇameva vāgapyeti | prāṇaṃ cakṣuḥ | prāṇaṃ śrotram | prāṇam manaḥ | prāno hyevaitān sarvān saṃvṛṅkta iti ||

Maintenant, voici en ce qui a trait au corps. Le souffle est un absorbant. Quand on dort, la parole s'absorbe dans le souffle ; la vue, l'ouïe et la pensée aussi. En effet, c'est le souffle qui les absorbe tous.

4. tau vā etau dvau saṃvargau | vāyureva deveṣu prāṇaḥ prāṇeṣu ||

Voilà les deux absorbants : l'air en ce qui concerne les divinités, le souffle parmi les énergies vitales.

5. ahta ha śaunakaṃ ca kāpeyamabhipratāriṇaṃ ca kākṣaseniṃ pariviṣyamāṇau brahmacārī bibhikṣe | tasmā u ha na dadatuḥ ||

Un jour, un étudiant demanda l'aumône à Śaunaka Kāpeya et Abhipratārin Kākṣeni à qui l'on servait de la nourriture. Ils ne lui donnèrent rien. »

6. sa hovāca |
mahātmanaścaturo deva ekaḥ kaḥ sa jagāra bhuvanasya gopāḥ |
taṃ kāpeya nābhipaśyanti martyā abhipratārin bahudhā vasantam ||
yasmai vā etadannaṃ tasmā etan na dattam iti ||

Il dit : « Un seul dieu, gardien de l'univers, en a avalé quatre puissants : qui est-il[1]? Lui, Kāpeya, les mortels ne le voient pas, bien que, Abhipratārin, il soit présent partout ! Pour sûr, cette nourriture n'a pas été donnée à qui elle revient. »

7. tadu ha śaunakaḥ kāpeyaḥ pratimanvānaḥ pratyeyāya |
ātmā devānaṃ jjatitā prajānāṃ hiraṇyadaṃṣṭro babhaso 'na sūriḥ |
mahāntam asya mahimānam āhuranadyamāno yadanannamatti ||
iti vai vayaṃ brahmacārinnedam upāsmahe dattāsmai bikṣām iti ||

Réfléchissant à cela, Śaunaka Kāpeya répliqua : « Il est le soi des dieux, le père des créatures (Prajāpati), il a des dents en or, et il est le sage dévoreur. On dit de sa puissance qu'elle est formidable parce que, jamais dévoré, il mange même ce qui ne se

1. Le pronom interrogatif *ka* (qui) désigne aussi souvent un dieu, le plus souvent Prajāpati (le seigneur des créatures) ou Brahmā le démiurge créateur : le Qui, l'Inconnu.

mange pas. Voilà, ô étudiant, ce que nous enseignons. Donnez-lui l'aumône ! »

8. tasmā u ha daduḥ / te vā ete pañcānye pancānye daśa santastat kṛtam / tasmāt sarvāsu dikṣvannam eva daśa kṛtam / saiṣā virāḍannādī / tayedaṃ sarvaṃ dṛṣṭam / sarvam asyedaṃ dṛṣṭam bhavati annado bhavati ya evaṃ veda ya evaṃ veda //

On la lui donna. Ces cinq-là et ces cinq autres font dix, formant un coup de dés gagnant (*kṛta*). Voilà pourquoi dans toutes les contrées la nourriture est un coup de dés gagnant de dix. C'est Virāṭ, mangeuse de nourriture. C'est par elle que tout ce monde est perçu. Il perçoit tout ce monde-ci et il ne manque pas de nourriture celui qui sait ainsi, oui, celui qui sait ainsi.

4

1. satyakāmo ha jābālo jabālāṃ mātaram āmantrayāṃ cakre / brahmacaryaṃ bhavati vivatsāmi kiṃgotro nvaham asmīti //

Satyakāma Jābāla s'adressant à sa mère lui dit : « Je désire aller vivre la vie disciplinée d'étudiant de la science sacrée : quelle est donc ma lignée ? »

2. sā hainam uvāca / nāham etadveda tāta yadgotras tvam asi / bahvahaṃ carantī paricāriṇī yauvane tvām alabhe / sāham etan na veda yadgotras tvam asi / jabālā tu nāmāham asmi / satyakāmo nāma tvam asi / sa satyakāma eva jābālo bruvīthā iti //

Elle lui répondit : « J'ignore cela, mon enfant, à quelle lignée tu appartiens. Servante, je voyageais beaucoup dans ma jeunesse et je t'ai conçu. Moi-même je ne sais pas de quelle lignée tu es. Mais je m'appelle Jabālā et toi Satyakāma : présente-toi donc comme Satyakāma Jābāla.

3. sa ha hāridrumataṃ gautamam etyovāca / brahmacaryaṃ bhagavati vatsyāmi / upeyāṃ bhagavantamiti //

Étant allé trouver Hāridrumata Gautama, il lui dit : « Je voudrais faire ma vie disciplinée d'étudiant de la science sacrée auprès de Leurs Seigneuries : puis-je venir à vous comme étudiant ? »

4. taṃ hovāca kiṃgotro nu saumyāsīti | sa hovāca | nāham etadveda bho yadgotro 'ham asmi | apṛcchaṃ mātaram | sā mā pratyabravīt bahvahaṃ carantī paricāriṇī yauvane tvām alabhe | sāham etan na veda yadgotras tvam asi | jabālā tu nāmāham asmi | satyakāmo nāma tvam asi | so 'haṃ satyakāmo jābālo 'smi bho iti ||

Celui-ci lui répondit : « Alors, de quelle lignée êtes-vous, mon ami ? » L'autre répondit : « Je l'ignore Seigneur, quelle est ma lignée. J'ai interrogé ma mère et elle m'a répondu : "Servante, je voyageais beaucoup dans ma jeunesse et je t'ai conçu. Moi-même je ne sais pas de quelle lignée tu es. Mais je m'appelle Jabālā et toi Satyakāma." Je suis donc Satyakāma Jābāla. »

5. taṃ hovāca | naitadabrāhmaṇo vivaktum arhati | samidhaṃ saumyāhara | upa tvā neṣye na satyādagā iti | tam upanīya kṛśānām abalānāṃ catuḥśatā gā nirākṛtyovācemāḥ saumyānusaṃvrajeti | tā abhiprasthāpayann uvāca | nāsahasreṇāvarteyeti | sa ha varṣagaṇaṃ provāsa | tā yadā sahasraṃ saṃpeduḥ ||

Gautama dit : « Qui n'est pas brahmane ne peut parler ainsi. Mon garçon, apporte du combustible, je vais te prendre comme étudiant, tu n'as pas dévié de la vérité. » L'ayant pris comme étudiant, il détacha quatre cents bovins maigres et affaiblis et dit : « Mon garçon, accompagne ces vaches. » Tout en les suivant, celui-ci se dit : « Puissé-je ne pas retourner sans un millier ! » Il vécut au loin pendant plusieurs années et quand il y en eut mille, voici ce qui arriva.

5

1. atha hainam ṛṣabho 'bhyuvāda satyakāma3 iti | bhagava iti hapratiśuśrāva | prāptāḥ saumya sahasraṃ smaḥ | prāpaya na ācāryakulam ||

Le taureau lui parla : - Satyakāma ! - Seigneur ! -Nous avons atteint le nombre de mille. Ramène-nous à la maison du maître.

2. brahmaṇaśca te pādaṃ bravānīti | bravītu me bhagavān iti | tasmai hovāca | prācī dik kalā | pratīcī dik kalā | dakṣiṇā dik kalā | udīcī dik kalā | eṣa vai saumya catuṣkalaḥ pādo brahmaṇaḥ prakāśavān nāma ||

Laisse-moi te parler d'un pied de Brahman. - Que mon Seigneur parle ! - La région orientale est un seizième, la région occidentale un seizième, la région méridionale un seizième, la région septentrionale un seizième. Ce sont là, mon garçon, les quatre seizièmes qui constituent le pied de Brahman, qu'on appelle « le resplendissant ».

3. sa ya etaṃ evaṃ vidvāmścatuṣkalaṃ pādaṃ brahmaṇaḥ prakāśavān ityupāste prakāśavān asmiṃlloke bhavati | prakāśavato ha ha lokāñjayati ya etamevaṃ vidvāṃścatuṣkalaṃ pādaṃ brahmaṇaḥ prakāśavān ityupāste ||

Celui qui, sachant ainsi, médite sur le pied de Brahman constitué de quatre parties comme « le resplendissant », il devient resplendissant dans ce monde-ci. Alors, il conquiert des mondes resplendissants, celui qui, sachant cela ainsi, médite sur le pied de Brahman constitué de quatre parties comme « le resplendissant ».

6

1. agniṣṭe pādaṃ vakteti | sa ha śvo bhūte gā abhiprasthāpayāṃ cakāra | tā yatrā abhisāyaṃ babhūvustatrāgnim upasamādhāya gā uparudhya samidham ādhāya paścādagneḥ prāṅ upopaviveśa ||

Le feu te dira un (autre) pied de Brahman. Le lendemain,

Satyakāma mit les vaches en route. Là où ils étaient parvenus au soir, il disposa un feu, enferma les bovins et, après avoir ajouté du combustible, il s'assit derrière le feu en faisant face à l'est.

2. tam agnirabhyuvāda satyakāma3 iti | bhagava iti ha pratiśuśāva ||

Le feu lui adressa la parole : - Satyakāma ! - Seigneur, répondit-il.

3. brahmaṇaḥ saumya te pādaṃ bravāṇīti | bravītu me bhagavān iti | tasmai hovāca | pṛthivī kalā | antarikṣaṃ kalā | dyauḥ kalā | samudraḥ kalā | eṣa vai saumya catuṣkalaḥ pādo brahmaṇo 'nantavān nāma ||

Laisse-moi, mon ami, te parler d'un pied de Brahman. - Que mon Seigneur parle ! - La terre est un seizième, l'atmosphère un seizième, le ciel un seizième, l'océan un seizième. Ce sont là, mon garçon, les quatre seizièmes qui constituent le pied de Brahman, qu'on appelle « le sans bornes ».

4. sa ya etaṃ evaṃ vidvāṃścatuṣkalaṃ pādaṃ brahmaṇo 'nantavān ityupāste anantavān asmiṃlloke bhavati | anantavato ha ha lokāñjayati ya etam evaṃ vidvāṃścatuṣkalaṃ pādaṃ brahmaṇo anantavān ityupāste ||

Celui qui, sachant ainsi, médite sur le pied de Brahman constitué de quatre parties comme « le sans bornes », il devient sans bornes dans ce monde-ci. Alors, il conquiert des mondes sans bornes, celui qui, sachant cela ainsi, médite sur le pied de Brahman constitué de quatre parties comme « le sans bornes ».

7

1. kaṃsaste pādaṃ vakteti | sa ha śvo bhūte gā abhiprasthāpayāṃ cakāra | tā yatrābhisāyaṃ babhūvustatrāgnim upasamādhyāya gā uparudhya samidham ādhāya paścādagneḥ prāṅ upopaviveśa ||

Le cygne te dira un (autre) pied de Brahman. Le lendemain, Satyakāma mit les vaches en route. Là où ils étaient parvenus au soir, il disposa un feu, enferma les bovins et, après avoir ajouté du combustible, il s'assit derrière le feu en faisant face à l'est.

2. tam haṃsa upanipatābhyuvāda satyakāma3 iti I bhagava iti ha pratiśuśāva II

Le cygne se posa près de lui et lui adressa la parole : - Satyakāma ! - Seigneur, répondit-il.

3. brahmaṇaḥ saumya te pādaṃ bravāṇīti I bravītu me bhagavān iti I tasmai hovāca I agniḥ kalā I sūryaḥ kalā I candraḥ kalā I vidyut kalā I eṣa vai saumya catuṣkalaḥ pādo brahmaṇo jyotiṣmān nāma II

Laisse-moi, mon ami, te parler d'un pied de Brahman. - Que mon Seigneur parle ! - Le feu est un seizième, le soleil un seizième, la lune un seizième, l'éclair un seizième. Ce sont là, mon garçon, les quatre seizièmes qui constituent le pied de Brahman, qu'on appelle « le lumineux ».

4. sa ya etaṃ evaṃ vidvāmścatuṣkalaṃ pādaṃ brahmaṇo jyotiṣmān ityupāste yotiṣmān asmiṃlloke bhavati I yotiṣmato ha ha lokāñjayati ya etam evaṃ vidvāṃścatuṣkalaṃ pādaṃ brahmaṇo yotiṣmān ityupāste II

Celui qui, sachant ainsi, médite sur le pied de Brahman constitué de quatre parties comme « le lumineux », il devient lumineux dans ce monde-ci. Alors, il conquiert des mondes lumineux, celui qui, sachant cela ainsi, médite sur le pied de Brahman constitué de quatre parties comme « le lumineux ».

8

1. madguste pādaṃ vakteti I sa ha śvo bhūte gā abhiprasthāpayāṃ cakāra I tā yatrābhisāyaṃ babhūvustatrāgnim upasamādhyāya gā uparudhya samidham ādhāya paścādagneḥ prāṅ upopaviveśa II

L'oiseau plongeur te dira un (autre) pied de Brahman. Le lendemain, Satyakāma mit les vaches en route. Là où ils étaient parvenus au soir, il disposa un feu, enferma les bovins et, après avoir ajouté du combustible, il s'assit derrière le feu en faisant face à l'est.

2. tam madgurupanipatābhyuvāda satyakāma3 iti I bhagava iti ha pratiśuśāva II

L'oiseau plongeur se posa près de lui et lui adressa la parole : - Satyakāma ! - Seigneur, répondit-il.

3. brahmaṇaḥ saumya te pādaṃ bravāṇīti I bravītu me bhagavān iti I tasmai hovāca I prāṇaḥ kalā I cakṣuḥ kalā I śrotraṃ kalā I manaḥ kalā I eṣa vai saumya catuṣkalaḥ pādo brahmaṇo āyatanavān nāma II

- Laisse-moi, mon ami, te parler d'un pied de Brahman. - Que mon Seigneur parle ! - Le souffle est un seizième, la vue un seizième, l'ouïe un seizième, l'esprit un seizième. Ce sont là, mon garçon, les quatre seizièmes qui constituent le pied de Brahman, qu'on appelle « celui qui possède une demeure ».

4. sa ya etaṃ evaṃ vidvāmścatuṣkalaṃ pādaṃ brahmaṇo āyatanavān ityupāste āyatanavān asmiṃlloke bhavati I āyatanavato ha ha lokāñjayati ya etam evaṃ vidvāṃścatuṣkalaṃ pādaṃ brahmaṇo āyatanavān ityupāste II

Celui qui, sachant ainsi, médite sur le pied de Brahman constitué de quatre parties comme « celui qui possède une demeure », il possède une demeure dans ce monde-ci. Alors, il conquiert des mondes qui possèdent une demeure, celui qui, sachant cela ainsi, médite sur le pied de Brahman constitué de quatre parties comme « celui qui possède une demeure ».

9

1. prāpa hācaryakulam I tam ācāryo'bhyuvāda satyakāma3 iti I bhagava iti ha pratiśuśāva II

Il atteignit finalement la maison de son maître. Le maître lui adressa la parole : - Satyakāma ! - Seigneur, répondit-il.

2. brahmavidiva vai saumya bhāsi / ko nu tvānuśaśāseti / anye manuṣyebhya iti ha pratijajñe / bhagavāṃstveva me kāme brūyāt //

- Mon garçon, tu rayonnes vraiment comme un qui connaît le Brahman. Qui donc t'a enseigné ? - D'autres que des hommes, répondit-il. Mais que Sa Seigneurie daigne m'enseigner !

3. śrutraṃ hyeva me bhagavaddṛśebhya ācāryāddhaiva vidyā viditā sādhiṣṭhaṃ prāpatīti / tasmai haitadevovāca / atra ha na kiṃcana vīyāyeti vīyāyeti //

« Car j'ai appris de semblables à Sa Seigneurie que la connaissance apprise du maître mène au chemin le plus direct. » Alors, le maître lui enseigna cela même. Rien n'y manqua, rien n'y manqua.

10

1. upakosalo ha vai kāmalāyanaḥ satyakāme jābāle brahmacaryam uvāsa / tasya ha dvādaśa varṣāṇyagnīn paricacāra / sa ha smānyān antevāsinaḥ samavartayaṃstaṃ ha smaiva na samāvartayati //

Il advint que Upakosala Kāmalāyana vécut sa vie d'étudiant brahmanique chez Satyakāma Jābāla. Pendant douze années il entretint les feux de celui-ci. Le maître laissa les autres étudiants retourner chez eux, mais ne le laissa pas partir.

2. tam jāyovāca tapto brahmacārī kuśalam agnīn praticacārīt / mā tvāgnayaḥ paripravocan / prabrūhyasmā iti / tasmai hāprocyaiva pravāsāṃcakre //

Son épouse lui dit : « L'étudiant souffre ; il a convenablement entretenu les feux. Que les feux ne l'instruisent pas avant toi, enseigne-lui. Mais il s'éloigna sans l'avoir instruit. »

3. sa ha vyādhinānaśituṃ dadhre / tam ācāryajāyovāca brahmacārin naśana / kiṃ nu nāśnāsīti / sa hovāca bahava ime 'smin puruṣo kāmā nānātyayāḥ / vyādhibhiḥ pratipūrṇo 'sma / nāśiṣyāmīti //

Alors, accablé, Upakosala Kāmalāyana cessa de manger. Alors, la femme du maître lui dit : « Étudiant, mange ! Pourquoi ne manges-tu pas ? ». Il répondit : « Dans cet homme-ci, nombreux sont les désirs, variées les fautes. Je suis plein de chagrin. Je ne mangerai pas. »

4. atha hāgnayaḥ samūdire / tapto brahmacārī kuśalaṃ naḥ paryacārīt / hantāsmai prabravāmeti / tasmai hocuḥ / prāṇo brahma kaṃ brahma khaṃ brahmoti //

Alors, les feux se concertèrent : « L'étudiant souffre. Il nous a soigneusement entretenus. Allons, instruisons-le. » Ils lui dirent : « Brahman est souffle vital, Brahman est joie (*kam*), Brahman est l'espace ouvert (*kham*). »

5. sa hovāca / vijānāmyahaṃ yat prāṇo brahma / kaṃ ca tu khaṃ ca na vijānamīti / te hocuḥ / yadvāva kaṃ tadeva kham / yadeva khaṃ tadeva kam iti / prāṇaṃ ca hāsmai tadākāśaṃ cocuḥ //

L'étudiant répondit : « Je sais que Brahman est souffle, mais j'ignore ce que sont *kam* (joie) et *kham* (espace ouvert). » Ils dirent : « En vérité, ce qui est joie est espace ouvert, ce qui est espace ouvert est joie. » Ils lui parlèrent alors du souffle vital et de l'espace.

11

1. athainaṃ gārhapatyo 'nuśaśāsa pṛthivyagnirannamāditya iti / ya eṣa āditye puruṣo dṛśyate so 'ham asmi sa evāham asmīti //

Le feu domestique perpétuel (*gārhapatya*) l'instruisit : « Terre, feu, nourriture, soleil, je suis celui qu'on voit dans le soleil, c'est vraiment moi.

2. sa ya etam evaṃ vidvān upāste apahate pāpakṛtyām / lokī bhavati / sarvam āyureti / jyogjīvati / nāsyāvarapuruṣāḥ kṣīyante / upa vayaṃ taṃ bhuñjāmo 'smiṃśca loke 'muṣmiṃśca / ya etamevaṃ vidvān upāste //

Celui qui, sachant ainsi, médite sur lui, éloigne la faute, il entre en possession des mondes, il vit la plénitude de sa vie, il vit longtemps, sa descendance ne s'éteint pas. Nous le soutenons dans ce monde-ci et dans l'autre, celui qui, sachant ainsi, médite sur lui.

12

1. athainaṃ anvāhāryapacano 'nuśaśāsāpo diśo nakṣatrāṇi candramā iti / ya eṣa candramasi puruṣo dṛśyate so 'ham asmi sa evāham asmīti //

Le feu du sud (*Anvāhārya*[1]) l'instruisit : « Terre, feu, nourriture, soleil, je suis celui qu'on voit dans le soleil, c'est vraiment moi. »

2. sa ya etam evaṃ vidvān upāste apahate pāpakṛtyām / lokī bhavati / sarvam āyureti / jyogjīvati / nāsyāvarapuruṣāḥ kṣīyante / upa vayaṃ taṃ bhuñjāmo 'smiṃśca loke 'muṣmiṃśca / ya etamevaṃ vidvān upāste //

Celui qui, sachant ainsi, médite sur lui, éloigne la faute, il entre en possession des mondes, il vit la plénitude de sa vie, il vit longtemps, sa descendance ne s'éteint pas. Nous le soutenons dans ce monde-ci et dans l'autre, celui qui, sachant ainsi, médite sur lui.

13

1. athainaṃ āhavanīyo 'nuśaśāsa prāṇa ākāśo dyaur vidyuditi / ya eṣa vidyuti puruṣo dṛśyate so 'ham asmi sa evāham asmīti //

Le feu de l'est (Āhavanīya[2]) l'instruisit : « Terre, feu, nourriture, soleil, je suis celui qu'on voit dans le soleil, c'est vraiment moi. »

2. sa ya etam evaṃ vidvān upāste apahate pāpakṛtyām / lokī bhavati / sarvam āyureti / jyogjīvati / nāsyāvarapuruṣāḥ

---

1. C'est le nom du feu du sud (*dakṣināgni*) dans lequel sont cuits les aliments lors de certaines cérémonies.

2. C'est le nom du feu de l'est dans lequel sont placées les offrandes sacrificielles.

kṣīyante | upa vayaṃ taṃ bhuñjāmo 'smiṃśca loke 'muṣmiṃśca | ya etamevaṃ vidvān upāste ||

Celui qui, sachant ainsi, médite sur lui, éloigne la faute, il entre en possession des mondes, il vit la plénitude de sa vie, il vit longtemps, sa descendance ne s'éteint pas. Nous le soutenons dans ce monde-ci et dans l'autre, celui qui, sachant ainsi, médite sur lui.

14

1. te hocuḥ | upakosalaiṣā saumya te 'smadvidyātmavidyā ca | ācāryastu te gatiṃ vakteti | ājagāma hāsyācāryaḥ | tam ācāryo 'bhyuvādopakosala iti

Les feux dirent alors : « Upakosala ! Te voilà, ami, en possession de notre science et de celle du Soi ; mais c'est le maître qui t'enseignera la voie. » Son maître revint et il lui dit : « Upakosala ! »

2. bhagava iti ha pratiśuśrāva | brahmavida eva saumya te mukhaṃ bhāti | ko nu tvānuśaśāseti | ko nu mānuśiṣyādbho itīhāpeva nihnute | ime nūnamīdṛśā anyādṛśā itīhāgnīn abhyūde | kiṃ nu saumya kila te 'vocann iti ||

Il répondit : « Seigneur ! - Ton visage resplendit comme celui d'un connaisseur du Brahman. Qui donc t'a instruit - Qui donc m'enseignerait ? » Mais parlant ainsi, il semblait dissimuler quelque chose. Se tournant vers les feux : - Ceux-là ! Ils ont changé d'aspect. - Eh bien ! que t'ont-ils donc dit ?

3. idam iti ha pratijajñe | lokān vāva kila saumya te 'vocan | ahaṃ tu te tadvakṣyāmi yathā puṣkara palāśa āpo na śliṣyanta evam evaṃvidi pāpaṃ karma na śliṣyata iti | bravītu me bhagavān iti | tasmai hovāca ||

- Ceci, répondit-il. - Mon garçon, ils t'ont parlé des mondes, il est vrai, mais moi, je te parlerai de ceci : tout comme les eaux n'adhèrent pas au pétale de lotus, de même une action fautive n'adhère pas à celui qui sait ainsi. - Parlez, Seigneur. Il lui dit alors :

15

1. ya eṣo 'kṣiṇi puruṣo dṛśyata eṣa ātmeti hovāca / etadamṛtam abhayam etad brahmeti / tadyadyapyasminsarpirvodakaṃ vā siñcati vartmanī eva gacchati //

- Cet être qu'on voit dans l'œil, c'est lui le Soi (*ātman*) ; ainsi parla-t-il. C'est pourquoi si l'on y verse du beurre fondu ou de l'eau, cela s'écoule sur la paupière.

2. etaṃ saṃyadvāma ityācakṣate / etaṃ hi sarvāṇi vāmānyabhisaṃyanti / sarvāṇyenaṃ vāmānyabhisaṃyanti ya evaṃ veda //

On le nomme « celui qui unit ce qui est agréable » (*saṃyad-vāmā*), car tout ce qui est agréable va vers lui. Tout ce qui est agréable va vers celui qui sait ainsi.

3. eṣa u eva vāmanīḥ / eṣa hi sarvāṇi vāmāni nayati / sarvāṇi vāmāni nayati ya evaṃ veda //

Celui-ci est aussi « celui qui apporte ce qui est agréable » (*vāmanī*), car il amène toutes choses agréables. Il amène toutes choses agréables celui qui sait ainsi.

4. eṣa u eva bhāmanīḥ / eṣa hi sarveṣu lokeṣu bhāti / sarveṣu lokeṣu bhāti y evaṃ veda //

Celui-ci est aussi « le porteur de lumière » (*bhāmanī*), car il brille dans tous les mondes. Il brille dans tous les mondes celui sait ainsi.

5. athā yadu caivāsmiñchavyaṃ kurvanti yadi ca nārciṣamevābhisaṃbhavanti / arciṣo 'haḥ / ahna āpūryamāṇapakṣam / āpūryamāṇapakṣādyān ṣaḍ udaṅṅ eti māsāṃstān / māṃsebhyaḥ saṃvatsaram / samvatsarādādityam / ādityācchandramasam / candramaso vidyutam / tatpuruṣo'mānavaḥ / sa enām brahma gamayati / eṣa devapatho brahmapathaḥ / etena pratipadyamānā imaṃ mānavam āvartaṃ nāvartante nāvartante //

Maintenant, qu'on exécute ou non les rites funéraires pour de telles personnes, elles passent dans la flamme, puis de la flamme au jour, du jour à la quinzaine de lune croissante, de la quinzaine de lune croissante aux six mois où le soleil monte au nord, des mois à l'année, de l'année au soleil, du soleil à la lune, de la lune à l'éclair. Là, il est un homme qui n'est pas humain qui le mène à Brahman. C'est la voie des dieux, la voie de Brahman. Ceux qui s'y engagent ne reviennent pas dans le cirque humain, ils ne reviennent pas.

16

1. eṣa ha vai yajño yo 'yaṃ pavate | eṣa ha yann idaṃ sarvaṃ punāti | yadeṣa yann idaṃ sarvaṃ punāti tasmādeṣa eva yajñaḥ | tasya manaśca vākca vartanī ||

Celui-là qui purifie, en vérité il est le sacrifice. En circulant, il (le vent) nettoie tout. C'est parce qu'en circulant il nettoie tout qu'il est le sacrifice. La pensée et la parole sont ses deux voies.

2. tayoranyatarāṃ manasā saṃskaroti brahmā | vācā hotādhvaryurudgātānyatarām | sa yatropākṛte prātaranuvāke purā paridhānīyāyā brahmā vyavavadati ||

Le prêtre brahmane en consacre un des deux par la pensée ; le *hotṛ*, l'*adhvaryu* et l'*ugātṛ* consacrent l'autre par la parole. Si, alors qu'est commencée la libation du matin, le prêtre brahmane rompt le silence avant le vers final,

3. anyatarām eva vartanīṃ saṃskaroti | hīyate 'nyatarā | sa yathaikapād vrajan rathovaikena cakreṇa vartamāno riṣyatyvam asya yajño riṣyati | yajñāṃ riṣyantaṃ yajamāno 'nu riṣyati | sa iṣṭvā pāpīyān bhavati ||

il ne consacre qu'une des deux voies, l'autre est délaissée. Tout comme un homme marchant d'un seul pied ou un chariot roulant avec une seule roue souffre, de même son sacrifice souffre. Le patron du sacrifice souffre aussi en même temps que le sacrifice : après avoir sacrifié, il devient pire qu'il était.

4. atha yatropākṛte prātaranuvāke na purā paridhānīyāyā brahmā vyavavadatyubhe eva vartanī saṃskurvanti I na hīyate 'nyatarā II

Maintenant, si, une fois commencée la libation matinale, le prêtre brahmane ne rompt pas le silence avant le vers final, les deux voies étant consacrées, l'autre n'est pas délaissée.

5. sa yathobhayapād vrajan ratho vobhābhyāṃ cakrābhyāṃ vartamānaḥ pratitiṣṭhatyevam asya yajñaḥ pratitiṣṭhati I yajñaṃ pratitiṣṭhantaṃ yajamāno 'nupratitiṣṭhati I sa iṣṭvā śreyānbhavati II

Tout comme un homme marchant avec les deux pieds ou un chariot roulant avec les deux roues est solidement établi, ainsi son sacrifice est solidement établi. Le patron du sacrifice est solidement établi et après avoir sacrifié il devient meilleur.

17

1. prajāpatirlokān abhyantapat I teṣāṃ tapyamānānāṃ rasān prāvṛhat I agniṃ pṛthivyāḥ I vāyum antariksāt I ādityaṃ divaḥ II

Le Seigneur des êtres (Prajāpati) chauffa les mondes. De ces mondes chauffés, il a extrait les essences : de la terre le feu (Agni), de l'atmosphère le vent (Vāyu), du ciel le soleil (Āditya).

2. sa etāstisro devatā abhyatapat I tāsāṃ tapyamānānāṃ rasān prāvṛhat I agnerṛcaḥ I vāyoryajūṃṣi I sāmānyādityāt II

Il chauffa ces trois divinités. De ces divinités chauffées il a extrait les essences. Du feu les hymnes védiques (*ṛc*), du vent les hymnes sacrificiels (*yajus*), du soleil les chants (*sāman*).

3. sa etāṃ trayīṃ vidyām abhyatapat I tasyāstapyamānāyā rasān prāvṛhat I bhūrityṛgbhyaḥ I bhuvariti yajurbhyaḥ I svariti sāmabhyaḥ II

Il chauffa ce triple savoir (le triple Veda). De ce triple savoir chauffé il a extrait les essences : des hymnes védiques (*ṛc*) l'exclamation *bhūr*, des hymnes sacrificiels (*yajus*), l'exclamation *bhuvas*, des chants (*sāman*) l'exclamation *svar*.

4. tadyadyṛkto riṣyed bhūḥ svāheti gārhapatye juhuyāt / ṛcām eva tadrasenarcāṃ vīryeṇarcāṃ yajñasya viriṣṭaṃ saṃdadhāti //

Maintenant, au cas où (le sacrifice) serait compromis par une faute dans les *ṛc*, (le prêtre) devra faire une oblation dans le feu domestique avec *bhūr* ! *svāhā* ! Ainsi, de par l'essence des versets mêmes, grâce à leur puissance, il répare le dommage fait au sacrifice par les *ṛc*.

5. atha yadi yajuṣṭo riṣyed bhuvaḥ svāheti dakṣiṇāgnau juhuyāt / yajuṣām eva tadrasena yajuṣāṃ vīryeṇa yajuṣāṃ yajñasya viriṣṭaṃ saṃdadhāti //

Maintenant, au cas où (le sacrifice) souffrirait d'un défaut dans les *yajus* (hymnes sacrificiels), (le prêtre) devra faire une oblation dans le feu du sud avec *bhuvar* ! *svāhā* ! Ainsi, de par l'essence des hymnes mêmes, grâce à leur puissance, il répare le dommage fait au sacrifice par les hymnes sacrificiels.

6. atha yadi sāmato riṣye svaḥ svāheti āhavanīye juhuyāt / sāmnām eva tadrasena sāmnām vīryeṇa sāmnām yajñasya viriṣṭaṃ saṃdadhāti //

Maintenant, au cas où (le sacrifice) souffrirait d'un défaut dans le *sāman* (chant), (le prêtre) devra faire une oblation dans le feu sacrificiel avec *svar* ! *svāhā* ! Ainsi, de par l'essence des hymnes mêmes, grâce à leur puissance, il répare le dommage fait au sacrifice par le chant.

7. tadyathā lavaṇena suvarṇaṃ saṃdadhyāt / suvarṇena rajataṃ rajatena trapu trapuṇā sīsaṃ sīsena lohaṃ lohena dāru dāruṇā carmaṇā//

Ainsi, tout comme on répare l'or avec du sel, l'argent avec de l'or, l'étain avec de l'argent, le plomb avec de l'étain, le cuivre avec du plomb, le bois avec du cuivre, le cuir avec le bois,

8. evam eṣāṃ lokānām āsāṃ dvatānām asyāstrayyā vidyāyā vīryeṇa yajñasya viriṣṭaṃ saṃdadhāti l bheṣajakrto ha vā eṣa yajño yatraivaṃvid brahmā bhavati ll

de même, par la puissance de ces mondes, de ces divinités et de ce triple savoir, on répare les défauts du sacrifice. Assurément il est rectifié le sacrifice quand il y a un brahmane qui sait ainsi.

9. eṣa ha vā udakpravaṇo yajño yatraivaṃvid brahmā bhavati l
evamvidaṃ ha vā eṣā brahmāṇāṃ anu gāthā l
yato yata āvartate tattadrcchati mānavaḥ l
brahmaivaika ṛtvik kurūn aśvābhirakṣati ll

Pour sûr alors, il est tourné vers le Nord[1] quand il y a un brahmane qui sait ainsi. Au sujet du brahmane qui sait vraiment ainsi, il y a ce chant :

De quelque direction qu'il retourne s'y rendent les hommes.

En vérité, seul le prêtre brahmane protège, telle une jument, les Kuru.

10. evamviddha vai brahmā yajñam yajamānaṃ savaṃścaṛtvijo 'bhirakṣati l tasmādevaṃvidam eva brahmāṇaṃ kurvīta nānevaṃvidaṃ nānevaṃvidam ll

Le prêtre brahmane qui sait ainsi protège le sacrifice, le patron du sacrifice et tous les prêtres. Donc, qu'on choisisse pour prêtre brahmane quelqu'un qui sait vraiment ainsi et non quelqu'un qui ne sait pas, vraiment, pas quelqu'un qui ne sait pas.

V

1

1. ya ha vai jyeṣṭhaṃ ca śreṣṭhaṃ ca veda jyeṣṭhaś ca ha vai śreṣṭhaśca bhavati l prāṇo vāva jyeṣṭhaśca śreṣṭhaśca ll

---

1. C'est la direction propice.

En vérité, celui qui connaît ce qu'il y a de mieux et de plus grand, celui-là devient le meilleur et le plus grand. Or, le meilleur et le plus grand, c'est le souffle vital.

2. yo ha vai vasiṣṭaṃ veda vasiṣṭho ha svānāṃ bhavati | vag vāva vasiṣṭhaḥ ||

En vérité, celui qui connaît le plus riche, il devient le plus riche des siens. Or, c'est la parole qui est la plus riche.

3. yo ha vai pratiṣṭhaṃ veda prati ha tiṣṭhatyasmiṃśca loke 'muṣmiṃśca | cakṣurvāvapratiṣṭhā ||

En vérité, celui qui connaît le fondement, il est solidement établi dans ce monde-ci et dans l'autre. Or, c'est la vue qui est le fondement solide.

4. yo ha vai saṃpadaṃ veda saṃ hāsmai kāmāḥ padyate daivāśca mānuṣāśca | śrotraṃ vāva saṃpat ||

En vérité, celui qui connaît la correspondance, ses désirs divins et humains s'accomplissent. Or, c'est l'ouïe qui est la correspondance.

Le mot *saṃpad* est très riche de sens et de nuances : réussite, succès, aboutissement, réalisation, acquisition, possession, excellent état, perfection, abondance, fortune, prospérité, destinée, lot, heureux événement. Ici, le sens précis serait plutôt « correspondance », au sens de « condition de la réussite ». En effet, *sam* dénote toujours cette idée de lien, ou connexion : *sam-pad* serait « arriver ensemble », « se produire ensemble ». Le mot *saṃpad* fait signe ici vers une *résonance* entre deux entités, un accord, une correspondance, notamment entre cause et effet : d'où l'idée de succès et de réalisation des désirs de toutes sortes.

5. yo ha vā āyatanaṃ vedāyatanaṃ ha svānāṃ bhavati | mano ha vā āyatanaṃ ||

En vérité, celui qui connaît le refuge, il devient le refuge des siens. Or, le refuge, c'est l'esprit.

6. atha ha prāṇā ahaṃśreyasi vyūdire I ahaṃ śreyān asmyahaṃ śreyān asmīti II

Or, il arriva que les fonctions vitales se disputassent pour savoir laquelle d'entre elles était la meilleure en disant : « c'est moi la meilleure, c'est moi la meilleure. »

7. te ha prāṇāḥ prajāpatiṃ pitaram etyocuḥ bhagavan ko naḥ śreṣṭha iti I tān hovāca yasmin va utkrānte śarīraṃ pāpiṣṭhataram iva dṛśyeta sa vaḥ śreṣṭha iti II

Les souffles vitaux se rendirent auprès de Prajāpati leur père et dirent : « Seigneur, lequel de nous est le meilleur ? » Il leur répondit : « Celui au départ de qui le corps apparaîtrait le plus mal en point, celui-là est le meilleur. »

8. sā ha vāguccakrāma I sā saṃvatsaraṃ proṣya paryetyovāca katham aśakatarte majjīvitum iti I yathā kalā avadantaḥ prāṇantaḥ prāṇena paśyantaścakṣuṣā śṛṇvantaḥ śroteṇa dhyāyanto manasa evam iti I praviveśa ha vāk II

La parole partit alors. Après avoir habité ailleurs pendant un an, à son retour elle dit : - Comment avez-vous pu vivre sans moi ? - Comme des muets, ne parlant pas, respirant par le souffle, voyant avec l'œil, entendant par l'oreille, pensant avec l'esprit : voilà comment. » Alors, la parole reprit sa place.

9. cakṣurhoccakrāma I sā saṃvatsaraṃ proṣya paryetyovāca katham aśakatarte majjīvitum iti I yathāndhā apaśyantaḥ prāṇantaḥ prāṇena vadanto vācā śṛṇvantaḥ śroteṇa dhyāyanto manasa evam iti I praviveśa ha cakṣuḥ II

L'œil partit alors. Après avoir habité ailleurs pendant un an, à son retour il dit : - Comment avez-vous pu vivre sans moi ? - Comme des aveugles, ne voyant pas, respirant par le souffle, parlant par la voix, entendant par l'oreille, pensant avec l'esprit : voilà comment. » Alors, l'œil reprit sa place.

10. śrotraṃ hoccakrāma I sā saṃvatsaraṃ proṣya paryetyovāca katham aśakatarte majjīvitum iti I yathā badhirā aśṛṇvantaḥ prāṇantaḥ prāṇena vadanto vācā paśyantaścakṣuṣā dhyāyanto manasa evam iti I praviveśa ha śrotram II

L'ouïe partit alors. Après avoir habité ailleurs pendant un an, à son retour elle dit : « Comment avez-vous pu vivre sans moi ? - Comme des sourds, n'entendant pas, respirant par le souffle, parlant par la voix, voyant avec l'œil, pensant avec l'esprit : voilà comment. » Alors, l'ouïe reprit sa place.

11. mano hoccakrāma I sā saṃvatsaraṃ proṣya paryetyovāca katham aśakatarte majjīvitum iti I yathā bālā amanāsaḥ prāṇantaḥ prāṇena vadanto vācā paśyantaścakṣuṣā śṛṇvantaḥ śroteṇa evam iti I praviveśa ha cakṣuḥ II

L'esprit partit alors. Après avoir habité ailleurs pendant un an, à son retour il dit : - Comment avez-vous pu vivre sans moi ? - Comme des enfants, ne pensant pas, respirant par le souffle, parlant par la voix, voyant avec l'œil, entendant par l'oreille : voilà comment. » Alors, l'esprit reprit sa place.

12. atha ha prāṇa uccikramiṣan sa yathā suhayaḥ paḍvīśaśaṅkūn saṃkhidedevamitarān prāṇān samakhidat I taṃ hābhisametyocuḥ I bhagavannehi I tvaṃ naḥ śreṣṭho 'si I motkramīriti II II

Alors, le souffle, voulant partir, entraîna tous les autres comme un cheval vigoureux arrachant les piquets qui retiennent ses entraves. S'étant pressés autour de lui, ils lui dirent : « Seigneur, ne pars pas ! Tu es le meilleur d'entre nous, ne nous quitte pas ! »

13. atha hainaṃ vāguvāca yadahaṃ vasiṣṭho 'smi tvaṃ tadvasiṣṭho 'asīti I atha hainaṃ cakṣuruvāca yadahaṃ pratiṣṭhāsmi tvaṃ tatpratiṣṭhāsīti II

Alors, la parole lui dit : « Parce que je suis la plus riche, tu es le plus riche. » Et l'œil lui dit : « Parce que je suis le fondement, tu es le fondement. »

14. atha hainaṃ śrotram uvāca yadahaṃ sampadasmi tvaṃ tatsaṃpadasīti / atha hainaṃ mana uvāca yadaham āyatanamasmi tvaṃ tadāyatanam asīti //

Alors, l'ouïe lui dit : « Parce que je suis la correspondance, tu es la correspondance. » Et l'esprit lui dit : « Parce que je suis le fondement, tu es le fondement. »

15. na vai vāco na cakṣūṃṣi na śrotrāṇi na manāṃsīti ācakṣate / prāṇā ityevācakṣate / prāṇo hyevaitāni sarvāṇi bhavati //

Voilà pourquoi en vérité on ne les appelle pas paroles, yeux, ouïe ou esprits, mais souffles, car c'est bien le souffle vital qui est tous ceux-là.

2

1. sa hovāca kiṃ me 'nnaṃ bhaviṣyatīti / yat kiṃcididam ā śvabhya ā śakunibhya iti hocūḥ / tadvā etadanasyānnam / ano ha vai nāma pratyahṣam / na ha vā evaṃvidi kiṃ canānannaṃ bhavatīti //

Le souffle dit : « Quelle sera ma nourriture ? » Ils répondirent : « Tout ce qui existe jusqu'aux chiens et aux oiseaux. » En vérité, tout cela est nourriture (*annam*) du souffle (*ana*). En effet, *ana* est le nom générique du souffle. À celui qui sait ainsi il n'est rien qui ne soit nourriture.

2. sa hovāca kiṃ me vāso bhaviṣyatīti / āpa iti hocuḥ / tasmādvā etadaśiṣyantaḥ purastaccopariṣṭādbhiḥ paridadhati / lambhuko ha vāsobhavati / anagno ha bhavati //

Il dit « Que sera mon vêtement ? ». Ils répondirent : « L'eau ». Par conséquent, ceux qui veulent manger l'enveloppent d'eau avant et après. En effet, il est habitué à recevoir un vêtement, il ne demeure pas nu.

3. taddhaitat satyakāmo jābālo gośrutaye vaiyāghrapadyāyoktvovāca yadyetacchuṣkāya sthāṇve būyājjāyerannevāsmiñchākhāḥ praroheyuḥ palāśānīti //

Après avoir dit cela à Gośruti Vaighrāpadya, Satyakāma Jābāla ajouta : « Si l'on disait cela même à un tronc d'arbre desséché, des branches lui viendraient et des feuilles lui pousseraient. »

4. atha yadi mahajjigamiṣet amāvāsyāyāṃ dikṣitvā paurṇamāsyāṃ rātrau sarvauṣadhasya manthaṃ dadhimadhunorupamathya jyoṣṭhāya śreṣṭhāya svāhetyagnāvājyasya hutvā manthe saṃpātam avanayet //

Maintenant, si l'on désire atteindre la grandeur, après avoir procédé à la cérémonie d'initiation le jour de la nouvelle lune, qu'on brasse durant la nuit de pleine lune une boisson de toutes sortes d'herbes pressées dans du lait caillé et du miel, et qu'on fasse une offrande de beurre clarifié dans le feu en lançant : « *svāhā* au plus grand et au meilleur ! »

5. vasiṣṭhāya svāhetyagnāvājyasya hutvā manthe saṃpātamavanayet / pratiṣṭhāyai svāhetyagnāvājyasya hutvā manthe saṃpātamavanayet / saṃpade svāhetyagnāvājyāsya hutvā manthe saṃpātamavanayet / āyatanāya svāhetyagnāvājyasya hutvā manthe saṃpātamavanayet //

Après avoir offert au feu du beurre clarifié en disant « *svāhā* au meilleur et plus riche ! » qu'on verse le résidu dans le mélange. Ayant offert au feu du beurre clarifié en disant « *svāhā* au fondement ! » qu'on verse le résidu dans le mélange. Ayant offert au feu du beurre clarifié en disant « *svāhā* à la correspondance ! » qu'on verse le résidu dans le mélange. Ayant offert au feu du beurre clarifié en disant « *svāhā* à la demeure ! » qu'on verse le résidu dans le mélange.

6. atha pratisṛpyāñjalau mantham ādhāya japati / amo nāmāsi / amā hi te sarvam idam / sa hi jyeṣṭhaḥ śreṣṭho rājādhipatiḥ / sa mā jyaiṣṭhyaṃ śraiṣṭhya rājyam ādhipatyaṃ gamayatu / aham evedaṃ sarvam asānīti //

Alors, s'étant retiré sans bruit un peu arrière et prenant la potion dans ses mains en forme de coupe, il scande : « Tu as pour nom

Ama, car tout cet univers existe par lui (*amā*)[1]. Il est vraiment le meilleur, le plus grand, le roi, le souverain. Puisse-t-il faire de moi le meilleur, le plus grand, le roi, le souverain ! Je suis moi-même tout ce qui existe. »

7. atha khalvetayaṛcā paccha ācāmati /
tat saviturvṛnimaha ityācāmati /
vayaṃ devasya bhojanamityācāmati /
śreṣṭhaṃ sarvadhātamam ityityācāmati /
turaṃ bhagasya dhīmahīti sarvaṃ pibati //

Alors il récite cet hymne en sirotant un vers à la fois :
Nous choisissons cette (nourriture) de Savitṛ (il prend une gorgée)
Nous qui sommes la nourriture du dieu (il prend une gorgée)
Le meilleur, le créateur de tout (il prend une gorgée)
Nous méditons sur la rapidité du Seigneur (il boit tout).

8. nirnijya kaṃsaṃ camasaṃ vā paścādagneḥ saṃviśati / carmaṇi vā sthaṇḍile vā vācaṃyamo 'prasāhaḥ / sa yadi striyaṃ paśyet samṛddhaṃ karmeti vidyāt //

Après avoir nettoyé le vase appelé *kaṃsa* ou *camasa*, il s'assied à l'ouest du feu sur une peau ou sur la terre nue, se retenant de parler et sans résister. S'il aperçoit une femme, qu'il sache que le rite a réussi.

9. tadeṣa ślokaḥ /
yadā karmasu kāmyeṣu striyaṃ svapneṣu paśyati /
samṛddhiṃ tatra jānīyāt tasmin svapnanidarśane tasmin svapnanidarśane //

Il existe un verset à ce sujet :
Si, lors de rites visant un objectif, on aperçoit une femme en vision, qu'on y reconnaisse la réussite dans cette vision, oui, dans cette vision.

1. Jeu de mot, car *ama* est la force, la puissance et *amā* est l'instrumental associé à la racine de l'archaïque pronom démonstratif *amu*.

3

1. śvetaketurhāruṇeyaḥ pañcālānāṃ samitim eyāya / taṃ ha pravāhaṇo jaivaliruvāca / kumārānu tvāśiṣat piteti / anu hi bhagava iti //

Un jour Śvetaketu Āruṇeya se rendit à l'assemblée des Pañcālas. Pravāhana Jaivali lui dit : - Mon garçon, ton père t'a-t-il instruit ? - Bien sûr, Seigneur.

2. vettha yadito 'dhi prajāḥ prayantīti / na bhagava iti / vettha yathā punarāvartanta iti / na bhagava iti / vettha pathordevayānasya pitṛyāṇasya ca vyāvartanam iti / na bhagava iti //

- Sais-tu où vont les créatures en partant d'ici-bas ? - Non, Seigneur. - Sais-tu comment elles reviennent ? - Non, Seigneur. - Sais-tu comment les deux chemins, celui des dieux et celui des ancêtres, bifurquent ? - Non, Seigneur.

3. vettha yathāsau loko na saṃpūryata iti / na bhagava iti / vettha yathā pañcamyām āhutāvāpaḥ puruṣavacaso bhavantīti / naiva bhagava iti //

- Sais-tu comment il se fait que l'autre monde ne se remplit pas ? - Non, Seigneur. - Sais-tu comment, à la cinquième oblation, les eaux prennent une voix humaine ? - Pas du tout, Seigneur.

4. atha nu kim anuśiṣṭo 'vocathāḥ / yo hīmāni na vidyāt kathaṃ so 'nuśiṣṭo bruviteti / sa hāyastaḥ piturardhameyāya / taṃ hovācānanuśiṣya vāva kila mā bhagavan abravīdanu tvāśiṣam iti //

- Enfin, pourquoi t'es-tu déclaré instruit ? Celui qui ignorerait ces choses-là, comment pourrait-il se déclarer instruit ? Alors, peiné, il se rendit chez son père et lui dit : - Sans m'avoir instruit le moins du monde, mon Seigneur m'a dit instruit.

5. pañca mā rājanyabandhuḥ praśnān aprākṣīt / teṣām naikaṃ canāśakaṃvivaktum iti / sa hovāca yathā mā tvaṃ tadaitānavado yathāhameṣāṃ naikaṃcana veda | yadyaham imān avediṣyaṃ kathaṃ te nāvakṣyam iti ||

Un ami de la classe des princes m'a posé cinq questions et je n'ai pas été capable de répondre à aucune d'entre elles. - Telles que tu me les a décrites, je n'en sais moi-même aucune. Si je les avais connues, comment ne te les aurais-je pas enseignées ?

6. sa ha gautamo rājño 'rdham eyāya | tasmai ha prāptāyārhanāṃ cakāra | sa ha prātaḥ sabhāga udeyāya | taṃ hovāca | mānuṣasya bhagavan gautama vittasya varaṃ vṛṇīthā iti | sa hovāca tavaiva rājan mānuṣam vittam | yam eva kumārasyānte vācam abhāṣathāstām eva me būhīti | sa ha kṛcchī babhūva | sa ha kṛcchrī babhūva ||

Alors, Gautama alla chez le roi. Quand il fut arrivé, le roi lui rendit hommage. Au matin, il se rendit à l'assemblée et lui dit : « Seigneur Gautama, veuillez choisir une offrande parmi les richesses terrestres. » L'autre répondit : « Ô roi, la richesse terrestre est de ton ressort. Mais répète-moi seulement le discours que tu tenais à l'enfant. » Le roi était troublé.

7. taṃ ha ciraṃ vasetyājñāpayāṃ cakāra | taṃ hovāca | yathā mā tvaṃ gautamāvadaḥ | yathoyaṃ na prāk tvattaḥ purā vidyā brāhmaṇān gacchati | tasmādu sarveṣu lokeṣu kṣatrasyaiva praśāsanam abhūditi | tasmai hovāca ||

Il lui commanda « reste longtemps ! » Il ajouta : « D'après ce que tu m'as dit, cette connaissance n'est jamais auparavant parvenue aux brahmanes. C'est bien pour cela que dans tous les mondes la gouvernance est échue à un *kṣatriya*. » Il dit alors :

4

1. asau vāva loke gautamāgniḥ | tasyāditya eva samit | raśmayo dhūmaḥ | ahararciḥ | candramā aṅgārā | nakṣatrāṇi visphuliṅgāḥ ||

« En vérité Gautama, le monde céleste est feu. Le soleil en est le combustible, ses rayons sont la fumée, le jour la flamme, la lune les charbons, les étoiles les étincelles.

2. tasmin etasminn agnau devāḥ śraddhāṃ juhvati / tasyā āhuteḥ somo rājā saṃbhavati //

Dans ce feu-là, les dieux versent en offrande la confiance. De cette offrande naît le roi Soma.

5

1. parjanyo vāva gautamāgniḥ / tasya vāyureva samit / abhraṃ dhūmaḥ / vidyudarciḥ / aśaniraṅgārāḥ / hrādunayo visphuliṅgāḥ //

En vérité Gautama, l'orage est feu. Le vent en est le combustible, le brouillard est la fumée, l'éclair la flamme, la foudre les charbons, la grêle les étincelles.

2. tasmin etasminn agnau devāḥ somaṃ rājānaṃ juhvati / tasyā āhuteḥ varṣaṃ saṃbhavati //

Dans ce feu-là, les dieux versent en offrande le roi Soma. De cette offrande naît la pluie.

6

1. pṛthivī vāva gautamāgniḥ / tasya saṃvatsara eva samit / ākāśo dhūmaḥ / rātrirarciḥ / diśo 'ṅgārāḥ / avāntaradiśo visphuliṅgāḥ //

En vérité Gautama, la terre est feu. L'année en est le combustible, l'espace est la fumée, la nuit la flamme, les régions célestes les charbons, les régions du ciel intermédiaire les étincelles.

2. tasmin etasminn agnau devāḥ varṣaṃ juhvati / tasyā āhuteḥ annaṃ saṃbhavati //

Dans ce feu-là, les dieux versent en offrande la pluie. De cette offrande naît la nourriture.

7

1. puruṣo vāva gautamāgniḥ / tasya vāgeva samit / prāṇo dhūmaḥ / jihvāarciḥ / cakṣuraṅgārāḥ / śrotraṃ visphuliṅgāḥ //

En vérité Gautama, l'homme est feu. La parole en est le combustible, le souffle vital est la fumée, la langue la flamme, l'œil les charbons, l'oreille les étincelles.

2. tasmin etasminn agnau devāḥ annaṃ juhvati / tasyā āhuteḥ retaḥ saṃbhavati //

Dans ce feu-là, les dieux versent en oblation la nourriture. De cette offrande naît la semence.

8

1. yoṣā vāva gautamāgniḥ / tasya upashta samit / yadupamantrayate sa dhūmaḥ / yonirarciḥ / yadantaḥ karoti te 'ṅgārāḥ / abhinandā visphuliṅgāḥ //

En vérité Gautama, la femme est feu. L'organe sexuel en est le combustible, quand on l'invite à se rapprocher, c'est la fumée, la vulve est la flamme, quand on la pénètre, ce sont les charbons, l'orgasme constitue les étincelles.

2. tasmin etasminn agnau devāḥ reto juhvati / tasyā āhuteḥ garbhaḥ saṃbhavati //

Dans ce feu-là, les dieux versent en oblation la semence. De cette offrande naît le fœtus.

9

1. iti tu pañcamyām āhutāvāpaḥ puruṣavacaso bhavantīti / sa ulbāvṛto garbho daśa vā nava vā nava vā māsān antaḥ śayitvā yāvadvātha jāyate //

Ainsi s'explique ce qui a été dit[1] : « À la cinquième oblation, les

1. V, 3, 3

eaux ont une voix humaine. » Recouvert par le placenta, le fœtus naît après avoir reposé dix ou neuf mois, ou le temps qu'il faut.

2. sa jāto yāvadāyuṣaṃ jīvati | taṃ pretaṃ diṣṭam ito 'gnaya eva haranti yateveto yataḥ saṃbhūto bhavati ||

Une fois né, il vit la durée de la vie. Mort, on le porte d'ici vers l'endroit assigné, au feu même d'où en vérité il est venu, d'où il a surgi.

10

1. tadya itthaṃ viduḥ : ye ceme 'raṇye śraddhā tapa ityupāsate te 'rciṣam abhisaṃbhavanti arciṣo 'haḥ | ahna āpūryamāṇapakṣam | āpūryamāṇapakṣād yān ṣaḍ udaṅṅeti māsāṃstān ||

Ceux donc qui savent ainsi et ceux dans la forêt qui pratiquent les austérités en tant que foi et confiance, ceux-là entrent dans la flamme, de la flamme au jour, du jour à la quinzaine de lune croissante, de la quinzaine de lune croissante aux six mois où le soleil va vers le nord,

2. māsebhyaḥ saṃvatsaram | samvatsarādādityaṃ | ādityāccandramasam | candramaso vidyutam | tat puruṣo'mānavaḥ | sa enānbrahma gamayati | eṣa devayānaḥ panthā iti ||

de ces mois à l'année complète, de l'année au soleil, du soleil à la lune, de la lune à l'éclair. Là, un personnage non humain les mène à Brahman. Tel est la voie des dieux.

3. atha ye ime grāma iṣṭāpūrte dattam ityupāsate te dhūmam abhisaṃbhavanti | dhūmādrātrim | rātreraparapakṣam | aparapakṣādyān ṣaḍ dakṣinaiti māsāṃstān | naite saṃvastsaram abhiprāpnuvanti ||

Quant à ceux qui au village considèrent les aumônes équivalentes aux sacrifices et aux œuvres pieuses, ceux-là entrent dans la fumée, de la fumée dans la nuit, de la nuit dans la quinzaine sombre, de la quinzaine sombre aux six mois pendant lesquels le soleil va vers le sud. Ceux-là n'atteignent pas l'année.

4. masebhyaḥ pitṛlokam | pitṛlokādākāśam | ākāśāccandramasam | eṣa somo rājā | taddevānām annam | taṃ devā bhakṣayanti ||

Des mois ils vont au monde des ancêtres, du monde des ancêtres à l'espace, de l'espace à la lune. Celle-ci est le roi Soma. Il est la nourriture des dieux, les dieux le mangent.

5. tasmin yāvat saṃpātam uṣitvāthaitam evādhvānaṃ punarnivartante yathetam ākāśam | ākāśādvāyum | vāyurbhūtvā dhūmo bhavati | dhūmo bhūtvābhram bhavati ||

Après être demeuré là tant qu'il y a des résidus (des actes passés), alors on retourne par le même chemin par lequel on est venu, à l'espace, de l'espace au vent. Après être devenu vent, on devient fumée et étant devenu fumée on devient brouillard.

6. abhram bhūtvā megho bhavati | megho bhūtvā pravarṣati | ta iha vrīhiyavā oṣadhivanaspatayastilamāṣā iti jāyante | ato vai khalu durniṣprapataram | yo yo hyannamatti yo retaḥ siñcati tadbhūya eva bhavati ||

Après être devenu brouillard, on redevient nuage. Après être devenu nuage, on tombe en pluie. On naît alors ici sur terre sous forme de riz et d'orge, plantes et arbres, sésame et fèves. De là, pour sûr il est difficile de s'échapper. En effet, ce n'est que lorsque quiconque le mange et répand sa semence qu'on naît à nouveau.

7. tadya iha ramaṇīyacaraṇā abhyāśo ha yatte ramaṇīyāṃ yonim āpadyeran brāhmaṇayoniṃ vā kṣatriyayoniṃ vā vaiśyayoniṃ vā | atha ya iha kapūyacaraṇā abhyāśo ha yatte kapūyāṃ yonim āpadyerañśvayoniṃ vā sūkarayoniṃ vā caṇḍālayoniṃ vā ||

Ceux qui ici-bas ont eu une conduite agréable peuvent s'attendre à entrer dans une matrice plaisante de brahmane, kṣatriya ou vaiśya. Au contraire, ceux qui ont eu une conduite nauséabonde peuvent s'attendre à entrer dans une matrice nauséabonde, chien, porc ou caṇḍāla[1].

8. athaitayoḥ pathorna katareṇacana tānīmāni kṣudrāṇyasakṛdāvartīni bhūtāni bhavanti / jāyasva mriyasveti etat tṛtīyaṃ sthānam / tenāsau loko na saṃpūryate / tasmājjugupseta / tadeṣa ślokaḥ //

Maintenant, il y a ces créatures infimes qui ne vont par aucun de ces deux chemins et qui reviennent incessamment. Tel est la troisième condition : « nais et meurs ! » C'est pourquoi le monde de l'au-delà ne se remplit pas. Qu'on prenne donc garde ! Il y a ce verset :

9. steno hiraṇyasa surāṃ pibaṃśca gurostalpam āvasan brahmahā ca /
ete patanti catvāraḥ pañcamaścācaraṃstairtiti //

Celui qui vole de l'or, celui qui boit de la boisson spiritueuse, celui qui occupe le lit de son maître et celui qui tue un brahmane, ces quatre-là déchoient, de même que le cinquième, celui qui s'associe à eux.

10. atha ha ya etān evaṃ pañcāgnīn veda na sa ha tairapyācaran pāpmanā lipyate / śuddhaḥ pūtaḥ puṇyaloko bhavati ya evaṃ veda ya evaṃ veda //

Mais celui qui connaît ainsi les cinq feux n'est pas souillé par le mal, même s'il s'associe à eux. Il devient pur, propre, celui qui sait ainsi, oui, celui qui sait ainsi. »

1. Membre de la plus basse caste, né d'une mère brahmane et d'un père *śūdra*.

11

1. prācīnaśāla aupamanyavaḥ satyayajñaḥ pauluṣirindradyumno bhāllaveyo janaḥ śārkarākṣyo buḍila āśvatarāśviste haite mahāśālā mahāśrotriyāḥ sametya mīmāmśāṃ cakruḥ I ko nātmā kiṃ brahmeti II

Prācīnaśāla, Aupamanyava, Satyayajña, Pauluṣi, Indradyumna, Bhāllaveya, Jana, Śārkarākṣya et Buḍila Āśvatarāśvi, tous de grands maîtres de maison et de grands érudits, s'étant réunis, examinèrent la question : qui est notre moi (*ātman*) ? Qu'est Brahman ?

2. te ha saṃpādayāṃ cakruḥ I uddālako vai bhagavanto 'yam āruṇi saṃpratīmam ātmānaṃ vaiśvānaram adhyeti I taṃ hantābhyāgacchāmeti I taṃ hābhyājagmuḥ II

Ils réfléchirent ensemble. « Seigneurs, c'est Uddalaka Āruṇi qui étudie justement l'*ātman* universel (*vaiśvānara*) : allons donc le rencontrer ! » Et ils y allèrent.

3. sa ha saṃpādayāṃ cakāra I prakṣyanti mām ime mahāśālā mahāśrotriyāḥ I tebhyo na sarvam iva pratipatye I hantāham anyam abhyanuśāsānīti II

Il (Uddālaka) réfléchit alors : « Ces grands maîtres de maison et grands érudits vont me questionner et je ne saurai répondre complètement à leurs questions. Eh bien ! Je vais leur indiquer quelqu'un d'autre. »

4. tān hovāca I aśvapatirvai bhagavanto 'yaṃ kaikeyaḥ saṃpratīmam ātmānaṃ vaiśvānaram adhyeti I taṃ hantābhyā gacchāmeti I taṃ hābhyājagmuḥ II

Il leur dit : « Seigneurs, c'est Aśvapati Kaikeya qui étudie actuellement cet ātmā universel : eh bien ! allons le trouver ! » Et ils y allèrent.

5. tebhyo ha prāptebhyaḥ pṛthagarhṇāṃ kārayāṃ cakāra I sa ha prātaḥ sañjihānovāca I

na me steno janapade na kadaryo na madyapaḥ I
nānāhitāgnirnāvidvān na svairī svairiṇī kutaḥ II
yakṣyamāṇo vai bhagavantaḥ aham asmi I yāvad ekaikasmā ṛtvije dhanaṃ dāsyāmi tāvad bhagavadbhyo dāsyami I vasantu bhagavanta iti II

Le maître, à leur arrivée, leur fit rendre hommage. Le lendemain matin, une fois levé, il dit : « Dans mon peuple, il n'y a ni voleur, ni avare, ni ivrogne, personne qui n'installe son feu, pas d'ignorant, ni d'homme adultère et encore moins de femme adultère. Je vais sacrifier, Seigneurs. Autant je donnerai d'argent à chacun des officiants, autant, seigneurs, je vous en donnerai à vous. Demeurez là, seigneurs. »

6. te hocuḥ yena haivārthena puruṣaścaret taṃ haiva vadet I ātmānam evemaṃ vaiśvānaraṃ saṃpratydhyeṣi I tam eva no brūhīti II

Ils dirent : « C'est du sujet même qui l'occupe que l'homme qu'il devrait parler. C'est bien l'*ātman* universel que tu étudies en ce moment. Parle-nous-en donc. »

7. tān hovāca pratarvaḥ prativaktāsmīti I te ha samitpāṇayaḥ pūrvāhṇe praticakramire I tān hānupanīyaivaitaduvāca II

Il leur répondit : « Demain matin je vous répondrai. » Le lendemain ils retournèrent avec du combustible à la main[1]. Mais sans même les avoir pris comme étudiants, il dit :

12

1. aupamanyava kaṃ tvam ātmānam upāssa iti I divam eva bhagavo rājan iti hovāca I eṣa vai sutejā ātmā vaiśvānaro yaṃtvam ātmānam upasse I tasmāt tava sutam prasutam āsutaṃ kule dṛśyate II

- Aupamanyava, sur quoi médites-tu en tant qu'*ātman* ? - Le ciel

1. Pour entretenir le feu du maître : façon de demander à être son disciple.

en vérité, ô noble roi. Il dit alors : - Celui-ci est assurément l'*ātman* universel qui est splendide, sur qui toi tu médites en tant qu' *ātman*. Voilà pourquoi on voit dans ta famille le soma est pressé, toujours pressé, encore pressé.

2. atsyannaṃ paśyasi priyam | attyannaṃ paśyati priyam bhavatyasya brahmavarcasaṃ kule ya etam evam ātmānaṃ vaiśvānaram upaste | mūrdhā tveṣa ātmana iti hovāca | mūrdhā te vyapatiṣyadyan māṃ nāgamiṣya iti ||

Tu manges et tu vois ce qui est plaisant. Il mange et voit ce qui est plaisant celui qui vénère cet *ātman* universel et l'éclat de la connaissance sacré luit dans sa famille. Mais c'est là seulement la tête de l'*ātman*, dit-il. Si tu n'étais pas venu à moi, ta tête aurait éclaté.

13

1. atha hovāca satyayajñaṃ pauluṣim prācīnayogya kaṃ tvam ātmānam upāssa iti | ādityameva bhagavo rājann iti | eṣa vai viśvarūpa ātmā vaiśvānaro yaṃ tam ātmānam upāste | tasmāt va bahu viśvarūpaṃ kule dṛśyate ||

Alors, il dit à Satyayajña Pauluṣi : - Prācīnayogya, que vénères-tu en tant qu'*ātman* ? - Le soleil, Seigneur roi ! -C'est l'*ātman* universel aux multiples aspects que tu vénères en tant qu'*ātman* universel. C'est pourquoi tu vois une abondance de choses dans ta famille :

2. pravṛtto 'aśvatarīratho dāsī niṣkaḥ | atsyannaṃ paśyasi priyam | attyannaṃ paśyati priyam bhavatyasya brahmavarcasaṃ kule ya etam evam ātmānaṃ vaiśvānaram upāste | cakṣuṣṭvetadātman iti hovāce | andho'bhaviṣyo yan māṃ nāgamiṣya iti ||

un char tout équipé avec des mules, une servante, des parures en or. Il mange, il voit ce qui est plaisant et dans sa famille luit l'éclat de la connaissance sacrée celui qui vénère ainsi cet *ātman* universel. Mais c'est là l'œil de cet *ātman*. Tu serais devenu aveugle si tu n'étais pas venu à moi.

14

1. atha hovāca indradyumñaṃ bhāllaveyaṃ vaiyāghrapadya kaṃ tvam ātmānam upāssa iti । vayumeva bhagavo rājann iti hovāca । eṣa vai pṛthagvartmātmā vaiśvānaro yaṃ tvam ātmānam upāsse । tasmāt tvāṃ pṛthagbalaya āyanti pṛthgrathaśreṇayo 'nuyanti ।।

Il dit alors à Indradyumñaṃ Bhāllaveyaṃ : - Vaiyāghrapadya, que vénères-tu en tant qu'*ātman* ? - Le vent, Seigneur roi, dit-il. - C'est en vérité l'universel *ātman* aux voies diverses que tu vénères en tant qu'*ātman*. Par conséquent, de multiples offrandes de sources diverses viennent à toi, des rangées de chars te suivent.

2. atsyannaṃ paśyasi priyam । attyannaṃ paśyati priyam bhavatyasya brahmavarcasaṃ kule ya etam evam ātmānaṃ vaiśvānaram upāste । prāṇastveṣa ātmana iti uvāca । praṇasta udakramiṣyadyan māṃ nāgamiṣya iti ।।

Tu manges et vois ce qui est agréable. Il mange et voit ce qui est agréable, et dans sa famille luit l'éclat de la connaissance sacrée, celui qui vénère ainsi l'*ātman* universel. Mais c'est là uniquement le souffle de l'*ātman* universel, ajouta-t-il. Le souffle t'aurait abandonné si tu n'étais pas venu à moi.

15

1. atha hovāca janaṃ śārkarākṣyam ārkarākṣya śārkarākṣya kaṃ tvam ātmānam upāssa iti । ākāśam eva bhagavo rājann iti hovāca । eṣa vai bahula ātmā vaiśvānaro yaṃ tvam ātmānam upāsse । tasmāt tvāṃ bahulo 'si prajayā ca dhanena ca ।।

Il s'adressa alors à Jana Śārkarākṣya : Śārkarākṣya que vénères-tu en tant qu'*ātman* ? - L'espace, Seigneur roi, dit-il. - C'est en vérité l'universel *ātman* immense que tu vénères en tant qu'*ātman*. Par conséquent, tu es immense en descendance et en richesses.

2. atsyannaṃ paśyasi priyam । attyannaṃ paśyati priyam bhavatyasya brahmavarcasaṃ kule ya etam evam ātmānaṃ vaiśvānaram upāste | saṃdehastveṣa ātmana iti uvāca | saṃdehaste vyaśarīṣyata yan māṃ nāgamiṣya iti ||

Tu manges et vois ce qui est agréable. Il mange et voit ce qui est agréable, et dans sa famille luit l'éclat de la connaissance sacrée, celui qui vénère ainsi l'*ātman* universel. Mais c'est là uniquement le corps de l'*ātman* universel, ajouta-t-il. Ton corps serait tombé morceaux si tu n'étais pas venu à moi.

16

1. atha hovāca buḍilam āśvatarāśvim vaiyāghrapadya kaṃ tvam ātmānam upāssa iti | apa eva bhagavo rājann iti hovāca | eṣa vai ratīrātmā vaiśvānaro yaṃ tvam ātmānam upāsse | tasmāt tvāṃ rayimān puṣṭimān asi ||

Il s'adressa alors à Buḍilam Āśvatarāśvim : - Vaiyāghrapadya, que vénères-tu en tant qu'*ātman* ? - Les eaux, Seigneur roi, dit-il. - C'est en vérité l'universel *ātman* qui est richesse que tu vénères en tant qu'*ātman*. Par conséquent, tu es riche et prospère.

2. atsyannaṃ paśyasi priyam | attyannaṃ paśyati priyam bhavatyasya brahmavarcasaṃ kule ya etam evam ātmānaṃ vaiśvānaram upāste | vastistveṣa ātmāa iti uvāca | vastiste vyabhetsyata yan māṃ nāgamiṣya iti ||

Tu manges et vois ce qui est agréable. Il mange et voit ce qui est agréable, et dans sa famille luit l'éclat de la connaissance sacrée, celui qui vénère ainsi l'*ātman* universel. Mais c'est là uniquement la vessie de l'*ātman* universel, ajouta-t-il. Ta vessie se serait rompue si tu n'étais pas venu à moi.

17

1. atha hovāca uddālakam āruṇim gautama kaṃ tvam ātmānam upāssa iti / pṛthivīm eva bhagavo rājann iti hovāca / eṣa vai prathiṣṭhātmā vaiśvānaro yaṃ tvam ātmānam upāsse / tasmāt tvāṃ pratiṣṭhito 'si prajayā ca paśubhiśca //

Il s'adressa alors à Uddālakam Āruṇim : - Gautama, que vénères-tu en tant qu'*ātman* ? - La terre, Seigneur roi, dit-il. - C'est en vérité l'universel *ātman* comme fondement que tu vénères en tant qu'*ātman*. Par conséquent, tu es solidement établi en descendance et en troupeaux.

2. atsyannaṃ paśyasi priyam / attyannaṃ paśyati priyam bhavatyasya brahmavarcasaṃ kule ya etam evam ātmānaṃ vaiśvānaram upāste / padau tvetavātmana iti uvāca / padau te vyamlāsyetām yan māṃ nāgamiṣya iti //

Tu manges et vois ce qui est agréable. Il mange et voit ce qui est agréable, et dans sa famille luit l'éclat de la connaissance sacrée, celui qui vénère ainsi l'*ātman* universel. Mais ce sont là uniquement les pieds de l'*ātman* universel, ajouta-t-il. Tes pieds auraient perdu leur force si tu n'étais pas venu à moi.

18

1. tān hovāca ete vai khalu yūyaṃ pṛthagivemam ātmānaṃ vaiśvānaraṃ vidvāṃso'nnam attha / yastvetam evaṃ prādeśamātram abhivimānam ātmānaṃ vaiśvānaram upāste sa sarveṣu lokeṣu sarveṣu bhūteṣu sarveṣvātmasvannam atti //

Il leur dit alors : « Vous ici, en vérité, vous mangez de la nourriture en connaissant cet *ātman* universel à la pièce. Mais celui qui connaît cet *ātman* universel haut d'un empan[1] et qui défie toute mesure, celui-là vit dans tous les mondes, il mange de la nourriture dans tous les mondes, dans tous les êtres, dans tous les moi.

1. La distance entre ciel et terre.

2. tasya ha vā etasyātmano vaiśvānarasya mūrdhaiva sutejāḥ cakṣurviśvārūpaḥ prāṇaḥ pṛthagvartātmā saṃdeho bahulo bastireva rayiḥ pṛthivyeva pādāvura eva vediḥ lomāni barhiḥ hṛdayaṃ gārhapatyo manaḥ anvāhāryapacanaḥ āsyam āhavanīyaḥ //

De cet *ātman* universel, en vérité la splendeur (le ciel) est la tête, (le soleil) qui fait tout apparaître est l'œil, (l'air) qui pénètre partout est le souffle, l'étendue immense est son corps, (l'eau qui fait) la richesse sa vessie, la (terre qui est) inébranlable solidité ses pieds ; l'autel sacrificiel est sa poitrine, les herbes sacrificielles ses poils ; c'est le feu Gārhapatya qui constitue son cœur, le feu Anvāhārya qui est son esprit, le feu Āhavanīya qui est sa bouche.

19

1. tadyadbhaktaṃ prathamam āgacchet tadd homīyam / sa yāṃ prathamām āhutiṃ juhuyat tāṃ juhuyat prāṇāya svāhoti / pranastṛpyati //

Ainsi, la première part de nourriture qui viendra, on doit l'offrir en oblation. La première oblation, qu'on l'offre en disant « gloire (*svāha*) au souffle vital sortant (*prāṇa*) ! Le souffle vital sortant est alors satisfait.

2. prāṇe tṛpyati caksustṛpyati / caksuṣi tṛpyatyādityastṛpyati / āditye tṛpyati dyaustṛpyati / divi tṛpyantyāṃ yatkiṃca dyauścādityaścādhitiṣṭhatas tat tṛpyati / tasyānu tṛptiṃ tṛpyati prajayā paśubhirannādyena tejasā brahmavarcaseneti //

Quand le souffle vital sortant (*prāṇa*) est satisfait, l'œil est satisfait. Quand l'œil est satisfait, le soleil est satisfait. Quand le soleil est satisfait, le ciel est satisfait. Quand le ciel est satisfait, tout ce sur quoi le ciel et le soleil règnent est satisfait. Après cette satisfaction, on est satisfait en descendance, en troupeaux, nourriture, vigueur et en éclat de la connaissance sacrée.

20

1. atha yaṃ dvitīyāṃ juhuyāt taṃ juhuyāt vyānāya svāhoti / vyānastṛpyati //

Ensuite, la seconde oblation, qu'on l'offre en disant « gloire (*svāha*) au souffle vital diffus (*vyāna*) ! Le souffle vital diffus est alors satisfait.

2. vyāṇe tṛpyati śrotraṃ tṛpyati / śrotre tṛpyati candramastṛpyati / candramasi tṛpyati diśastṛpyati / dikṣu tṛpyantīṣu yatkiṃca diśaśa candramaścādhitiṣṭhanti tat tṛpyati / tasyānu tṛptiṃ tṛpyati prajayā paśubhirannādyena tejasā brahmavarcaseneti //

Quand le souffle vital diffus (*vyāna*) est satisfait, l'oreille est satisfaite. Quand l'oreille est satisfaite, la lune est satisfaite. Quand la lune est satisfaite, les régions sont satisfaites. Quand les régions sont satisfaites, tout ce sur quoi les régions et la lune règnent est satisfait. Après cette satisfaction, on est satisfait en descendance, en troupeaux, nourriture, vigueur et en éclat de la connaissance sacrée.

21

1. atha yaṃ tṛtīyāṃ juhuyāt taṃ juhuyāt apānāya svāhoti / apānastṛpyati //

Ensuite, la troisième oblation, qu'on l'offre en disant « gloire (*svāha*) au souffle vital entrant (*apāna*) ! Le souffle vital entrant est alors satisfait.

2. apāne tṛpyati vāk tṛpyati / vāci tṛpyantām agnistṛpyati / agnau tṛpyati pṛthivī tṛpyati / pṛthivyām tṛpyantām yatkiṃ ca pṛthivī cāgniaścādhitiṣṭhataḥ tat tṛpyati / tasyānu tṛptiṃ tṛpyati prajayā paśubhirannādyena tejasā brahmavarcaseneti //

Quand le souffle vital entrant (*apāna*) est satisfait, la parole est satisfaite. Quand la parole est satisfaite, le feu est satisfait. Quand le feu est satisfait, la terre est satisfaite. Quand la terre est satisfaite, tout ce sur quoi le feu et la terre règnent est satisfait. Après cette satisfaction, on est satisfait en descendance, en troupeaux, nourriture, vigueur et en éclat de la connaissance sacrée.

22

1. atha yaṃ caturthīṃ juhuyāt taṃ juhuyāt samānāyasvāhoti | samānastṛpyati ||

Ensuite, la quatrième oblation, qu'on l'offre en disant « gloire (*svāha*) au souffle vital intrieur (*samāna*) ! Le souffle vital intérieur est alors satisfait.

2. samāne tṛpyati manas tṛpyati | manasi tṛpyati parjanyastṛpyati | parjanye tṛpyati vidyut tṛpyati | vidhyuti tṛpyantām yatkiṃ ca vidyucca parjanyaścādhitiṣṭhataḥ tat tṛpyati | tasyānu tṛptiṃ tṛpyati prajayā paśubhirannādyena tejasā brahmavarcaseneti ||

Quand le souffle vital intérieur (*samāna*) est satisfait, la pensée est satisfaite. Quand la pensée est satisfaite, l'orage (*parjanya*) est satisfait. Quand l'orage est satisfait, l'éclair est satisfait. Quand l'éclair est satisfait, tout ce sur quoi l'éclair et l'orage règnent est satisfait. Après cette satisfaction, on est satisfait en descendance, en troupeaux, nourriture, vigueur et en éclat de la connaissance sacrée.

23

1. atha yaṃ pañcamīṃ juhuyāt taṃ juhuyāt udānāyasvāhoti | udānastṛpyati ||

Ensuite, la cinquième oblation, qu'on l'offre en disant « gloire (*svāha*) au souffle vital montant (*udāna*) ! Le souffle vital montant est alors satisfait.

2. udāne tṛpyati vāyustṛpyati | vāyau tṛpyatyākācastṛpyati | ākāce tṛpyati yatkiṃ ca vāyuścākāścādhitiṣṭhataḥ tat tṛpyati | tasyānu tṛptiṃ tṛpyati prajayā paśubhirannādyena tejasā brahmavarcaseneti ||

Quand le souffle vital intérieur (*udāna*) est satisfait, l'air est satisfait. Quand l'air est satisfait, l'espace est satisfait. Quand l'espace est satisfait, tout ce sur quoi l'air et l'espace règnent est satisfait. Après cette satisfaction, on est satisfait en descendance, en troupeaux, nourriture, vigueur et en éclat de la connaissance sacrée.

24

1. sa ya avidān agnihotraṃ juhoti yathāṅgārān apohya bhasmani juhuyāt tadṛk tat syāt //

Celui qui accomplit l'offrande au feu (*agnihotra*) sans la connaissance, serait comme celui qui, ayant écarté les braises, ferait l'offrande du feu (*agnihotra*) dans la cendre.

2. atha ya etadevaṃ vidvān agnihotraṃ juhoti tasya sarveṣu lokeṣu sarveṣu bhūteṣu sarveṣvātmasu hutaṃ bhavati //

Mais celui qui accomplit l'offrande au feu (*agnihotra*) en ayant la connaissance, celui-là accomplit l'offrande dans tous les mondes, dans tous les êtres, dans tous les moi.

3. tadyatheṣīkātūlam agnau protaṃ pradūyetaivaṃ hāsya sarve pāpmānaḥ pradūyante ya etadevaṃ vidvān agnihotraṃ juhoti //

De même que brûlerait complètement la pointe d'un roseau placée dans le feu, les errements de celui qui accomplit l'offrande au feu en toute connaissance seraient complètement brûlés.

4. tasmādu haivaṃ vidyadyapi caṇḍālāyocchiṣṭam prayacchet ātmani haivasya sarvaiśvānare hutaṃ syāditi / tadeṣa ślokaḥ //

Par conséquent, celui qui détient la connaissance, quand bien même il donnerait à un vaurien (*caṇḍāla*) les résidus du sacrifice, l'offrande serait accomplie dans le Soi universel. C'est ce à quoi se réfère cette stance :

5. yathaiha kṣudhitā bālā mātaraṃ paryupāsate /
evaṃ sarvāṇi bhūtāni agnihotram upāsate ityagnihotram upāsata iti //

Tout comme des enfants affamés s'assoient autour de la mère, ainsi se pressent tous les êtres autour de l'offrande au feu, oui, il se pressent autour de l'offrande au feu.

VI

1

1. śvetaketurhāruṇeya āsa / taṃ ha pitovāca śvetaketo vasa brahmacaryam / na vai saumyāsmatkulīno 'nanūcya brahmabandhuriva bhavatīti //

Il y avait Śvetaketu, fils d'Āruṇi. Son père lui dit : « Śvetaketu, va mener la vie d'étudiant brahmanique. Il n'y a personne dans notre famille, mon fils, qui n'ait pas étudié et qui soit une sorte de brahmane (seulement) par lien familial. »

2. sa ha dvādaśavarṣa upetya caturvimśati varṣaḥ sarvān vedān adhītya mahāmanā anūcānamānī stabdha eyāya //

À l'âge de douze ans, il partit donc et à l'âge de vingt-quatre ans, ayant étudié tous les Vedas, fier de lui-même, se pensant instruit et prétentieux, il rentra.

3. taṃ ha pitovāca / śvetaketo yan nu saumyedaṃ mahāmanā anūcānamānī stabdho 'si uta tam ādeśam aprākṣiḥ yenāśrutaṃ śrutaṃ bhavatyamataṃ matam avijñātaṃ vijñatam iti //

Son père lui demanda : - Śvetaketu, mon fils, maintenant que tu es ainsi, imbu de toi-même, te croyant instruit, prétentieux, as-tu demandé cet enseignement par lequel on entend ce qui n'a pas été entendu, on pense ce qui n'a pas été pensé et perçoit ce qui n'a pas été perçu ?

4. kathaṃ nu bhagavaḥ sa ādeśo bhavīti / yathā saumyaikena mṛtpiṇḍena sarvaṃ mṛtmayaṃ vijñātaṃ syāt / vācārambhaṇaṃ vikāro nāmadheyaṃ mṛttiketyeva satyam //

- Et comment donc, Seigneur, est cet enseignement ? - Mon cher fils, c'est comme avec une seule boule d'argile on peut connaître tout ce qui est fait d'argile. La transformation en est une de nom, mais la réalité est l'argile.

5. yathā saumyaikena lohamaṇinā sarvaṃ lohamayaṃ vijñātaṃ syāt I vācārambhaṇaṃ vikāro nāmadheyaṃ lohamityeva satyam II

Mon cher fils, c'est comme avec une seule pièce en cuivre on peut comprendre tout ce qui est fait de cuivre. La transformation en est une de nom, mais la réalité est le cuivre.

6. yathā saumyaikena nakhanikṛntanena sarvaṃ kārṣṇāyasaṃ vijñātaṃ syāt I vācārambhaṇaṃ vikāro nāmadheyaṃ kṛṣṇāyasaṃ ityeva satyam I evaṃ saumya sa ādeśo bhavatīti II

Mon cher fils, c'est comme avec un seul coupe-ongle on peut comprendre tout ce qui est fait de fer. La transformation en est une de nom, mais la réalité est le fer. Il en est de même, mon cher fils, de cet enseignement.

7. na vai nūnaṃ bhagavantasta etadavediṣuḥ I yaddhyetadavediṣyan kathaṃ me nāvakṣyann iti I bhagavāṃstveva me bravītviti I tathā saumyeti hovāca II

- Sûrement que mes vénérables maîtres ignoraient cela. S'ils l'avaient su, comment ne me l'auraient-ils pas enseigné ? Mais vous, Seigneur, dites-le-moi. - D'accord, mon cher fils, répondit-il.

2

1. sadeva saumyedam agra āsīdekam evādvitīyam I taddhaika āhurasadevedam agrāsīdekam evādvitīyam I tasmāsasataḥ sajjāyata II

Au commencement, mon cher fils, il n'y avait que ce qui est existence, cela seul sans second. Mais là-dessus certains prétendent que ce monde au commencement n'était que non-existence, cela seul sans second et que de la non-existence naquit l'existence.

2. kutastu khalu saumyaivaṃ syāditi | katham asataḥ sajjāyeteti | sattveva saumyedam agra āsīdekamevādvitīyam ||

Mais, mon cher fils, pourquoi donc en serait-il ainsi ? Comment ce qui est existence pourrai-il naître de la non-existence ? En vérité, mon cher garçon, au commencement il y avait ce qui est existence, seul et sans second.

3. tadaikṣata bahu syāṃ prajāyeyeti | tat tejo 'sṛjata | tat teja aikṣata | bahu syāṃ prajāyeyeti | tadapo 'sṛjata | tasmādyatra kva ca śocati svedate vā puruṣastejasa eva tad adhyāpo jāyante ||

Il pensa : « Puissé-je me multiplier, puissé-je me reproduire ! » Et il émit l'éclatante ardeur (*tejas*). L'ardeur éclatante pensa : « Puissé-je me multiplier, puissé-je me reproduire ! ». Elle émit les eaux. C'est pourquoi chaque fois que l'homme (étant affligé) pleure ou que (sous l'effet de la chaleur) il transpire, c'est de l'ardeur éclatante que viennent les eaux.

4. tā āpa aikṣanta | bahu bahvyaḥ syāma prajāyemahīti | tā annam asṛjanta | tasmādyatra kva cavarṣati tadeva bhūyiṣṭhamannaṃ bhavati | adbhya eva taddhyannādyaṃ jāyate ||

Les eaux pensèrent : « Puissions-nous nous multiplier, puissions-nous nous reproduire ! » Elles produisirent la nourriture. C'est pourquoi chaque fois qu'il pleut, il vient une abondance de nourriture. C'est de l'eau que vient la nourriture.

3

1. teṣām khalveṣāṃ bhūtānāṃ trīṇyeva bījāni bhavantyāṇḍajaṃ jīvajam uddbhijjam iti ||

En vérité il n'y a que trois sources pour ces créatures : elles naissent d'un œuf, d'un être vivant ou d'un germe.

2. seyaṃ devataikṣata hantāham imāstisro devatā anena jīvenātmanānupraviśya nāmarūpe vyākaravāṇīti ||

Cette divinité (existence) pensa : « Allons ! Moi, je vais pénétrer dans ces trois divinités (éclat, eaux, nourriture) avec cet *ātman* vivant et, par le nom et la forme, rendre évidente la distinction (entre les trois).

3. tāsāṃ trivṛtaṃ trivṛtam ekaikaṃ karavāṇīti / seyaṃ devatemāstisro devatā anenaiva jīvenātmanānupraviśya nāmarūpe vyākarot //

Elle pensa : « Je vais les faire une à une triples ». Cette divinité entra dans ces trois divinités (éclat, eaux, nourriture) et rendit évidente la distinction par le nom et la forme.

4. tāsāṃ trivṛtaṃ trivṛtam ekaikām akarot / yathā tu khalu saumyemāstisro devatāstrivṛt trivṛdekaikā bhavati tan me vijñānīhīti //

Elle fit triple chacune d'elles. Comment donc chacune de ces trois divinités devient triple, apprends-le de moi, mon cher fils.

4

1. yadagne rohitaṃ rūpaṃ tejasastad rūpam / yacchuklaṃ tadapām / yat kṛṣṇaṃ tadannasya / apāgādagneragnitvam / vācārambhaṇaṃ vikāro nāmadheyaṃ trīṇi rūpāṇītyeva satyam //

Ce qui du feu est la couleur rouge est la couleur de l'éclatante ardeur. Ce qui en est la couleur blanche est celle des eaux. Ce qui en est la couleur noire est celle de la nourriture. La nature propre du feu en est partie. La transformation est un outil verbal, un nom, alors que la réalité est simplement « voilà les trois apparences.

2. yadādityasya rohitaṃ rūpaṃ tejasastad rūpam / yacchuklaṃ tadapām / yat kṛṣṇaṃ tadannasya / apāgādādityādādityatvam / vācārambhaṇaṃ vikāro nāmadheyaṃ trīṇi rūpāṇītyeva satyam //

Ce qui du soleil est la couleur rouge est la couleur de l'éclatante ardeur. Ce qui en est la couleur blanche est celle des eaux. Ce qui en est la couleur noire est celle de la nourriture. La nature propre du soleil en est partie. La transformation est un outil verbal, un nom, alors que la réalité est simplement « voilà les trois apparences ».

3. yadcandramaso rohitaṃ rūpaṃ tejasastad rūpam / yacchuklaṃ tadapām / yat kṛṣṇaṃ tadannasya / apāgāccandrācandratvam / vācārambhaṇaṃ vikāro nāmadheyaṃ trīṇi rūpāṇītyeva satyam //

Ce qui de la lune est la couleur rouge est la couleur de l'éclatante ardeur. Ce qui en est la couleur blanche est celle des eaux. Ce qui en est la couleur noire est celle de la nourriture. La nature propre de la lune en est partie. La transformation est un outil verbal, un nom, alors que la réalité est simplement « voilà les trois apparences ».

4. yadvidyuto rohitaṃ rūpaṃ tejasastad rūpam / yacchuklaṃ tadapām / yat kṛṣṇaṃ tadannasya / apāgādvidyuto vidyutvam / vācārambhaṇaṃ vikāro nāmadheyaṃ trīṇi rūpāṇītyeva satyam //

Ce qui de l'éclair est la couleur rouge est la couleur de l'éclatante ardeur. Ce qui en est la couleur blanche est celle des eaux. Ce qui en est la couleur noire est celle de la nourriture. La nature propre de l'éclair en est partie. La transformation est un outil verbal, un nom, alors que la réalité est simplement « voilà les trois apparences ».

5. etadda sma vaitadvidvāṃsa āhuḥ pūrve mahāśālā mahāśrotriyāḥ / na no'dya kaścanāśrutam amatam avijñātam udāhariṣyati / iti hyebhyo vidāṃ cakruḥ //

C'est bien cela qu'ils connaissaient, les anciens grands maîtres de maison, de grands connaisseurs de la science sacrée, quand ils dirent : « Personne ne pourra désormais venir nous annoncer ce que nous n'ayons pas entendu, pensé ou compris auparavant. » Par celles-là (les trois couleurs) ils savaient.

6. yadu rohitamivābhūditi tejasastad rūpamiti tadvidāṃcakruḥ / yadu śuklamivābhūdityapāmrūpam iti tadvidāṃcakruḥ / yadu kṛṣṇamivābhūdityannasya rūpamiti tadvidāṃcakruḥ //

Ce qui leur apparaissait rouge, ils savaient que cela était la manifestation de l'éclatante ardeur. Ce qui leur apparaissait blanc, ils savaient que cela était la manifestation des eaux. Ce qui leur apparaissait noir, ils savaient que cela était la manifestation de la nourriture.

7. yadvavijñātam ivābhūdityetāsām eva devatānāṃ samāsa iti tadvidāṃ cakruḥ | yathā tu khalu saumyemāstisro devatāḥ puruṣaṃ prāpya trivṛttrivṛdekaikā bhavati tanme vijñānīhīti ||

Quant à ce qui leur paraissait indistinct, ils savaient que c'était un mélange de ces mêmes (trois) divinités. Maintenant, mon garçon, comment, une fois entrées dans l'homme, ces trois divinités deviennent chacune triple, apprends-le de moi.

5

1. annam aśitaṃ tredhā vidhīyate | tasya yaḥ sthaviṣṭho dhātustatpurīṣam bhavati | yo madhyamastan māṃsam | yo 'ṇiṣṭhastan manaḥ ||

La nourriture absorbée se divise en trois parties. La partie la plus dense devient fèces, ce qui est intermédiaire chair et ce qui est le plus fin esprit.

2. āpaḥ pītāstredhā vidhīyate | tasya yaḥ sthaviṣṭho dhātustatpurīṣam bhavati | yo madhyamastallohitam | yo 'ṇiṣṭhastaḥ sa prāṇaḥ ||

Les eaux bues se divisent en trois parties. La partie la plus dense devient urine, ce qui est intermédiaire sang et ce qui est le plus fin souffle.

3. tejo aśitaṃ tredhā vidhīyate | tasya yaḥ sthaviṣṭho dhātustadasthi bhavati | yo madhyamaḥ sa majjā | yo 'ṇiṣṭhaḥ sā vāk ||

L'éclatante ardeur (*tejas*) absorbée se divise en trois parties. La partie la plus dense devient os, ce qui est intermédiaire moelle et ce qui est la plus fine parole.

4. annamayaṃ hi saumya manaḥ | āpomayaḥ prāṇaḥ | tejomayī vāgiti | bhūya eva mā bhagavān vijñāpayatviti | tathā saumyeti hovāca ||

En réalité l'esprit est fait de nourriture, le souffle est fait des eaux, la parole est faite d'éclatante ardeuṛ - Seigneur, instruisez-moi encore ! - Soit, mon cher fils, répondit le père.

6

1. dadhnaḥ saumya mathyamānasya yo 'ṇimā sa ūdhvaḥ samudīṣati | tat sārpirbhavati ||

Mon ami, lorsqu'on baratte le lait caillé, la partie subtile monte et devient du beurre clarifié.

2. evam eva khalu saumya annāśyāśyamānasya yo 'ṇimā sa ūdhvaḥ samudīṣati | tat mano bhavati ||

De même mon fils, en vérité la partie subtile de la nourriture absorbée monte et devient esprit.

3. āpaṃ saumya pīyamānānāṃ annasya yo 'ṇimā sa ūdhvaḥ samudīṣati | tat prāṇo bhavati ||

La partie subtile des eaux qu'on a bues, mon garçon, monte et devient souffle.

4. tejasya eva khalu saumyāśyamānasya yo 'ṇimā sa ūdhvaḥ samudīṣati | tat vāgbhavati ||

La partie subtile de l'ardeur absorbée, mon cher enfant, monte et devient parole.

5. annamayaṃ hi saumya manaḥ | āpomayaḥ prāṇaḥ | tejomayī vāgiti | bhūya eva mā bhagavān vijñāpayatviti | tathā saumyeti hovāca ||

En réalité l'esprit est fait de nourriture, le souffle est fait des eaux, la parole est faite d'éclatante ardeur. - Seigneur, instruisez-moi encore ! - Soit, mon cher fils, répondit le père.

7

1. ṣoḍaśakalaḥ saumya puruṣaḥ | pañsadaśāhāni māśīḥ | kāmam apaḥ piba | āpomayaḥ prāṇo na pibato vicchetsyata iti ||

Mon cher garçon, l'homme a seize parties. Durant quinze jours, abstiens-toi de manger et bois à volonté. Le souffle est fait d'eau ; tant que tu bois, il ne te sera pas coupé.

2. sa ha pañcadaśāhāni nāśa | atha hainam upasasāda kiṃ bravīmi bho iti | ṛcaḥ saumya yajūṃṣi sāmānīti | sa hovāca na vai pratibhanti bho iti ||

Donc, pendant quinze jours il ne mangea pas Il s'approcha alors de son père : - Que dois-je dire ? - Les hymnes védiques (*ṛc*), mon cher, les formules (*yajus*) et les chants (*sāman*). Il répondit : - Ils ne me reviennent pas à l'esprit.

3. taṃ hovāca yathā saumya mahato 'bhyāhitasyaiko 'ṅgāraḥ khadyotamātraḥ pariśiṣṭaḥ syāt | tena tato 'pi na bahu dahet | evaṃ saumya te ṣoḍaśānāṃ kalānām ekā kalātiśiṣṭā syāt | tayaitarhi vedānn nānubhavasi | aśāna | atha me vijñāsyasīti ||

(Son père) lui dit alors : « Mon cher garçon, de même que s'il restait un seul charbon de la taille d'une luciole, avec celui-ci on ne ferait pas brûler grand-chose par la suite, de même, cher fils, il ne subsiste qu'une seule partie de tes seize, avec laquelle tu ne pourrais actuellement pas comprendre les Vedas. Mange ! Ensuite tu me comprendras. »

4. sa hāśa | atha haina upasasād | taṃ ha yat kiṃca papraccha sarvaṃ ha pratipede ||

Il mangea et il revint vers son père. Il répondait à toutes les questions que lui posait son père.

5. yathā saumya mahato 'bhyāhitasyaikām aṅgāram khadyotamātraḥ pariśiṣṭaṃ taṃ tṛnair upasamādhāya prajvalayet tena tato 'pi bahu dahet ||

« Mon cher garçon, de même qu'on referait flamber, en le

recouvrant d'herbes, un seul charbon de la taille d'une luciole qui subsisterait d'un grand feu bien nourri et qu'il en résulterait une flambée considérable,

6. evaṃ saumyate ṣoḍaśānāṃ kalānām ekā kalātiśiṣṭābhut / sānnenopassamāhitā prājvālīt / tayaitarhi vedānn anubhavasi / annamayaṃ hi saumya manaḥ / āpomayaḥ prāṇaḥ / tejomayī vāgiti / taddhāsyavijajñāviti vijajñāviti //

de même, mon cher, de tes seize parties une seule partie subsistait. Quand elle fut alimentée, elle reflamboya. Grâce à elle, tu comprends maintenant les Vedas. En effet, mon cher fils, l'esprit est fait de nourriture, le souffle est fait d'eaux, la parole d'éclatante ardeur. » Alors, il saisit cela de lui, oui, il le saisit.

8

1. uddalako hāruṇiḥ śvetaketuṃ putram uvāca svapnāntaṃ me saumya vijānīhīti / yatrai tat puruṣah svapiti nāma satā saumya tadā saṃpanno bhavati / svam apīto bhavati / tasmādenaṃ svapitītyācakṣate / svaṃ hyapīto bhavati //

« Mon fils, apprends de moi la nature du sommeil. Quand on dit ici qu'un homme dort, mon cher garçon, il est alors uni avec la pure Existence, il s'est résorbé en lui-même. Par conséquent on dit « il dort » (*svapiti*), car il s'est résorbé en lui-même (*svam apīta*).

2. sa yathā śakuniḥ sūtreṇa prabaddho diśaṃ diśaṃ patitvānayatrāyatanam alabdhvā bandhanam evopaśrayate evam eva khalu saumya tanmano diśaṃ diśaṃ patitvā patitvānayatrāyatanam alabdhvā prāṇam evopaśrayate / prāṇabahndhanaṃ hi saumya mana iti //

Tout comme un oiseau retenu par un fil, après avoir volé de-ci de-là et n'ayant trouvé nulle part ailleurs où se poser, revient justement se déposer sur ce qui le tient, ainsi, mon cher garçon, l'esprit, ayant volé de-ci de-là et n'ayant trouvé nulle part où se poser, revient se déposer sur le souffle vital ; en effet, cher fils, l'esprit a pour attache le souffle vital.

3. aśanāpipāse me saumyavijānīhīti | yatrai tat puruṣo 'śiśiṣati nāmāpa eva tadaśitaṃ nayante | tadyathā gonāyo 'śvanāyaḥ puruṣanāya ityevaṃ tadapa ācakṣate 'śanāyeti | tatraitacchuṅgam utpatitaṃ saumya vijānīhi | nedam amūlaṃ bhaviṣyatīti ||

Mon fils, apprends de moi ce que sont faim et soif. Quand on dit ici qu'un homme a faim (*aśiśiṣati*), ce sont les eaux qui emportent (*nayante*) ce qu'il avait mangé (*aśitam*). De même, tout comme on dit conducteur de bétail (*gonāya*), conducteur de chevaux (*aśvanāya*), conducteur d'hommes (*puruṣanāya*), de même on appelle les eaux conducteurs de nourriture (*aśanāya*). Sache ici, mon cher garçon, que ceci (le corps) est le germe qui a poussé et qu'il ne saurait être dépourvu de racine.

4. tasya kva mūlaṃ syādanyatrānnāt | evam eva khalu saumyānnena śuṅgenāpo mūlam anviccha | adbhiḥ saumya śuṅgena tejo mūlam anviccha | tejasā saumya śuṅgena sanmūlam anivichha | sanmūlāḥ saumyemāḥ sarvāḥ prajāḥ sadāyatanāḥ satpratiṣṭhāḥ ||

Quoi d'autre que la nourriture pourrait en être la racine ? Exactement de la même manière, mon cher fils, avec la nourriture comme germe va chercher les eaux comme racine, avec les eaux, mon cher enfant, comme germe va chercher l'éclatante ardeur comme racine, avec l'éclatante ardeur, mon cher, comme germe, va chercher la pure Existence (*sat*) comme racine. Toutes les créatures ici-bas, mon cher garçon, ont la pure Existence comme racine, elles résident dans la pure Existence, elles ont la pure Existence comme fondement.

5. atha yatraitat puruṣah pipāsati nāma teja eva tatpītaṃ nayate | tadyathā gonāyo 'śvanāyaḥ puruṣanāya ityevaṃ tat teja ācaṣṭa udanyeti | tatraitadeva śuṅgam utpatitaṃ saumya vijānīhi | nedam amūlaṃ bhaviṣyatīti ||

Maintenant, quand on dit ici qu'un homme a soif, c'est l'éclatante ardeur qui emporte ce qui a été bu. De même, tout comme on dit conducteur de bétail (*gonāya*), conducteur de chevaux (*aśvanāya*), conducteur d'hommes (*puruṣanāya*), de même on appelle l'éclatante ardeur conducteur des eaux (*udanya*). Sache ici, mon cher garçon, que ceci (le corps) est le germe qui a poussé et qu'il ne saurait être dépourvu de racine.

6. tasya kva mūlaṃ syādanyatrādbhyaḥ / adbhiḥ saumya śuṅgena tejo mūlam anviccha / tejasā saumya śuṅgena sanmūlam anviccha / sanmūlāḥ saumyemāḥ sarvāḥ prajāḥ sadāyatanāḥ satpratiṣṭhāḥ / yathā nu khalu saumyemāstisro devatāḥ puruṣaṃ prāpya trivṛtrivṛdekaikā bhavati taduktaṃ purastādeva bhavati / asya saumya puruṣasya prayato vāṅmanasi saṃpadyate manaḥ prāṇe prāṇastejasi tejaḥ parasyāṃ devatāyām //

Quoi d'autre que les eaux pourrait en être la racine ? Avec les eaux comme germe, mon cher enfant, va chercher l'éclatante ardeur comme racine, avec l'éclatante ardeur comme germe, mon cher, va chercher la pure Existence comme fondement. Maintenant, cher garçon, comment ces trois divinités, après être parvenues à l'homme, deviennent chacune triple, cela a été expliqué auparavant. Mon cher garçon, la parole de l'homme décédé entre dans l'esprit, l'esprit dans le souffle vital, le souffle vital dans l'éclatante ardeur, l'éclatante ardeur dans la divinité suprême.

7. sa ya eṣo 'ṇimaitadātmyam idaṃ sarvam / tat satyam / sa ātmā / tat tvam asi śvetaketo iti / bhūya eva mā bhagavān vijñāpayyaviti / tathā saumyeti hovāca //

C'est elle, cette essence subtile, qui est le soi-même de l'univers entier. Cela est la Vérité (*satyam*). Cela est le Soi (*ātman*). Cela tu es, toi, Śvetaketu ! - Seigneur, enseignez-moi encore davantage ! - Soit, mon cher garçon, répondit (le père).

9

1. yathā saumya madhu madhukṛto nistiṣṭhanti nānātyayānāṃ vṛkṣānāṃ rasān samavahāram ekatāṃ rasaṃ gamayanti //

De même, mon cher garçon, que les abeilles préparent le miel en recueillant le suc d'une grande variété d'arbres et en faisant une seule substance de la sève,

2. te yathā tatra na vivekaṃ labhante 'muṣyāhaṃ vṛkṣasya raso 'smyamuṣyāhaṃ vṛkṣasya raso 'smīti / evameva khalu saumyemāḥ sarvā prajāḥ sati saṃpadya na viduḥ sati saṃpadyāmaha iti //

de même que (les divers sucs) ne retiennent pas la distinction « je suis la sève de tel arbre, je suis la sève de tel autre arbre », de la même manière en vérité, mon cher garçon, toutes ces créatures, bien que plongées dans la pure Existence (*sat*), ne savent pas qu'elles plongent dans la pure Existence.

3. te iha vyāghro vā siṃho vā vṛko vā varāho vā kīṭo vā pataṅgo vā daṃśo vā maśako vā yadyadbhavanti tadābhavanti //

Ces (créatures) ici-bas, qu'elles soient tigre, lion, loup, sanglier, ver, papillon, taon ou moustique, elles demeurent cela (elles gardent leur individualité).

4. sa ya eṣo 'ṇima etadātmyam idaṃ sarvam / tasatyam / sa ātmā / tat tvam asi śvetaketo iti / bhūya eva mā bhagavān vijñāpayatvit / tatha saumyeti hovāca //

C'est elle, cette essence subtile, qui est le soi-même de l'univers entier : c'est la Réalité, c'est le Soi. Cela tu es, Śvetaketa ! - Seigneur, reprit le fils, instruisez-moi encore ! - Soit, mon fils, répondit le père.

10

1. imāḥ saumya nadyaḥ purastāt prācyaḥ syandante paścāt pratīcyaḥ | tāḥ samudrāt samudram evāpiyante | sa samudra eva bhavati | tā yathā tatra na viduriyam aham asmīyam aham asmīti ||

Ces rivières, cher fils : celles de l'est coulent vers l'est et celles de l'ouest vers l'ouest. Elles viennent de l'océan et y retournent. Elles deviennent l'océan même. Là, elles ne gardent par le savoir « moi, je suis cette rivière, moi je suis cette autre rivière ».

2. evameva khalu saumya imāḥ sarvāḥ prajāḥ sata āgamya na viduḥ sata āgacchāmaha iti | ta iha vyāghro vā siṃho vā vṛko vā varāho vā kīṭo vā pataṅgo vā daṃśo vā maśako vā yadyadbhavanti tadābhavanti ||

Ainsi en vérité, mon cher garçon, toutes ces créatures, bien que procédant de la pure Existence, ignorent provenir de la pure Existence. Ces (créatures) ici-bas, qu'elles soient tigre, lion, loup, sanglier, ver, papillon, taon ou moustique, elles demeurent cela (elles gardent leur individualité).

3. sa ya eṣo 'ṇima etadātmyam idaṃ sarvam | tasatyam | sa ātmā | tat tvam asi śvetaketo iti | bhūya eva mā bhagavān vijñāpayatvit | tatha saumyeti hovāca ||

C'est elle, cette essence subtile, qui est le soi-même de l'univers entier : c'est la Réalité, c'est le Soi. Cela tu es, Śvetaketa ! - Seigneur, reprit le fils, instruisez-moi encore ! - Soit, mon fils, répondit le père.

11

1. asya saumya mahato vṛkṣasya yo mūle 'bhyāhanyājjīvan sravet | yo madhye 'abhyāhanyājjīvan sravet | yo 'gre 'bhyāhanyājjīvan sravet | sa eṣa jīvenātmanānuprabhūtaḥ pepīyamāno modamānastiṣṭhati ||

Considère ce grand arbre, mon garçon : que quelqu'un le frappe à la racine, le vivant s'écoulerait. Que quelqu'un le frappe au tronc, le vivant s'écoulerait. Que quelqu'un le frappe au sommet, le vivant s'écoulerait. Lui, pénétré par le principe de vie (*jīva*), par le Soi (*ātman*), il se tient debout, buvant avidement et se réjouissant.

2. asya yadekāṃ śākhāṃ jivo jahātyatha sā śuṣyati / dvitīyāṃ jahātyatha sā śuṣyati / tṛtīyāṃ jahātyatha sā śuṣyati / sarvaṃ jahāti sarvaḥ śuṣyati //

Quand le principe de vie abandonne une de ses branches, celle-ci se dessèche. Quand le principe de vie abandonne une seconde branche, celle-ci se dessèche. Quand le principe de vie abandonne une troisième branche, celle-ci se dessèche. Quand il abandonne tout, l'arbre au complet se dessèche.

3. evameva khalu saumya viddhīti hovāca / jīvāpetaṃ vāva kiledaṃ mriyate na jīvo mriyata iti / sa ya eṣo 'ṇima etadātmyam idaṃ sarvam / tasatyam / sa ātmā / tat tvam asi śvetaketo iti / bhūya eva mā bhagavān vijñāpayatvit / tatha saumyeti hovāca //

Sache, mon cher fils, qu'il en est vraiment ainsi, ajouta (le père). Abandonné par le principe de vie, ceci meurt, mais le principe de vie ne meurt pas. C'est elle, cette essence subtile, qui est le soi-même de l'univers entier : c'est la Réalité, c'est le Soi. Cela tu es, Śvetaketa ! - Seigneur, reprit le fils, instruisez-moi encore ! - Soit, mon fils, répondit le père.

12

1. nyagrodhaphalam ata āhareti / idaṃ bhagava iti / bhinddhīti / bhinnaṃ bhagava iti / kimatra paśyasīti / aṇvya ivemā dhānāḥ bhagava iti / āsām aṅgaikāṃ bhinddhīti / bhinnā bhagava iti / kimatra paśyasīti / na kimcana bhagava iti //

Apporte un fruit de ce figuier bannian. - Le voici, mon Seigneur. - Casse-le. - Il est cassé. - Qu'y vois-tu ? - Ces grains passablement petits. - Maintenant, casse l'un d'entre eux. - Il est cassé,

Seigneur. - Qu'y vois-tu ? - Rien du tout, Seigneur.

2. taṃ hovāca yaṃ vai saumyaitam aṇimānaṃ na nibhālayasa etasya vai saumyaiṣo 'aṇimna evaṃ mahān nyagrodhastiṣṭhati / śraddhatsva saumya iti //

Il lui dit alors : - Cette essence subtile, mon cher garçon, tu ne la vois pas, mais c'est grâce à sa petitesse que ce grand figuier bannian se tient debout. Crois-moi, mon fils !

3. sa ya eṣo 'ṇima etadātmyam idaṃ sarvam / tasatyam / sa ātmā / tat tvam asi śvetaketo iti / bhūya eva mā bhagavān vijñāpayatvit / tatha saumyeti hovāca //

C'est elle, cette essence subtile, qui est le soi-même de l'univers entier : c'est la Réalité, c'est le Soi. Cela tu es, Śvetaketa ! - Seigneur, reprit le fils, instruisez-moi encore ! - Soit, mon fils, répondit le père.

13

1. lavaṇam etadudake 'vadhāyātha mā prātarupasīdathā iti / sa ha tathā cakāra / taṃ hovāca / yaddoṣā lavaṇam udake 'vādhā aṅga tadāhareti / taddhāvamṛṣya na viveda / yathā vilīnam eva //

« Mets ce sel dans l'eau et reviens me trouver demain matin. » C'est ce qu'il fit. Il lui dit : « Ce sel que tu as mis dans l'eau hier soir, apporte-le donc. » Il toucha l'eau et ne le vit pas : il était fondu.

2. aṅgāsyāntādācāmeti / katha iti / lavaṇam iti / madhyādācameti / katham iti / lavaṇam iti / antādācameiti / katham iti / lavaṇam iti / abhiprāsyaitadatha mopasīdathā iti / taddha tathā cakāra / tacchaśvat saṃvartate / taṃ hovācātra vāva kila sat saumya na nibhālayase 'traiva kileti //

Eh bien ! Prends une gorgée sur le bord : comment est-ce ? - Salé. - Prends une gorgée au milieu : comment est-ce ? - Salé. - Prends une gorgée sur le bord : comment est-ce ? - Salé. - Goûte encore et viens à moi. » C'est ce qu'il fit et trouva que c'était toujours salé. Le père lui dit : « Pour sûr, mon garçon, il y a la pure Existence, tu ne la perçois pas, mais pour sûr elle est là.

3. sa ya eṣo 'ṇima etadātmyam idaṃ sarvam l tasatyam l sa ātmā l tat tvam asi śvetaketo iti l bhūya eva mā bhagavān vijñāpayatvit l tatha saumyeti hovāca ll

C'est elle, cette essence subtile, qui est le soi-même de l'univers entier : c'est la Réalité, c'est le Soi. Cela tu es, Śvetaketa ! - Seigneur, reprit le fils, instruisez-moi encore ! - Soit, mon fils, répondit le père.

14

1. yathā saumya puruṣaṃ gandhārebhyo 'bhinaddhākṣam ānīya taṃ tato 'tijane visṛjet l sa yathā tatra prāṅ vodaṅ vā pratyaṅ vādharāṅ vā pradhmāyītābhinaddhākṣa anīto 'bhinaddākṣo visṛṣṭaḥ ll

Prenons, par exemple, mon garçon, un homme qu'on emmènerait les yeux bandés aux Gandhāras et qu'on abandonnerait ensuite dans une région déserte : il y errerait les yeux bandés vers l'est, vers le nord, vers l'ouest, vers le sud, y ayant été conduit et abandonné les yeux bandés.

2. tasya yathābhinahanaṃ pramucya prabhūyādetāṃ diśaṃ gandhārā etāṃ diśaṃ vrajeti l sa grāmād grāmaṃ pṛcchanpaṇḍito medhāvī ghandārān evopasaṃpadyeta l evameva hācaryavān puruṣo veda l tasya tāvadeva ciraṃ yāvan na vimokṣye 'tha saṃpatsya iti ll

L'ayant libéré de son bandeau, on lui dirait « les Gandhāras sont dans telle direction, va dans telle direction. » Étant avisé et sage, il irait de village en village en posant des questions et il atteindrait les Gandhāras. De la même manière, celui qui a un maître sait : « Tant que je suis encore loin, je ne suis pas libéré, mais j'y arriverai. »

3. sa ya eṣo 'ṇima etadātmyam idaṃ sarvam / tasatyam / sa ātmā / tat tvam asi śvetaketo iti / bhūya eva mā bhagavān vijñāpayatvit / tatha saumyeti hovāca //

C'est elle, cette essence subtile, qui est le soi-même de l'univers entier : c'est la Réalité, c'est le Soi. Cela tu es, Śvetaketa ! - Seigneur, reprit le fils, instruisez-moi encore ! - Soit, mon fils, répondit le père.

15

1. puruṣam saumyotopatāpinaṃ jñātayaḥ paryupāsate jānāsi māṃ jānāsi mām iti | tasya yāvan na vāṅ manasi saṃpadyate manaḥ praṇe prāṇastejasi tejaḥ parasyāṃ devetāyāṃ tāvajjānāti ||

Mon garçon, les proches d'un homme malade viennent près de lui en disant « me reconnais-tu, me reconnais-tu ? » Tant que sa parole ne se fond pas dans son esprit, son esprit dans le souffle vital, son souffle vital dans l'éclatante ardeur et celle-ci dans la divinité suprême, il a connaissance.

2. athā yadāsya vāṅmanasi saṃpadyate manaḥ prāṇe prāṇe prāṇastejasi tejaḥ parasyāṃ devatāyāṃ atha na jānāti //

Par contre, lorsque sa parole se fond dans son esprit, son esprit dans le souffle vital, son souffle vital dans l'éclatante ardeur et celle-ci dans la divinité suprême, il n'a plus connaissance.

3. sa ya eṣo 'ṇima etadātmyam idaṃ sarvam / tasatyam / sa ātmā / tat tvam asi śvetaketo iti / bhūya eva mā bhagavān vijñāpayatvit / tatha saumyeti hovāca //

C'est elle, cette essence subtile, qui est le soi-même de l'univers entier : c'est la Réalité, c'est le Soi. Cela tu es, Śvetaketa ! - Seigneur, reprit le fils, instruisez-moi encore ! - Soit, mon fils, répondit le père.

16

1. puruṣaṃ saumyeti uta hastagṛhītam ānayanti | apahārṣīt steyam akārṣīt paraśum asmai tapateti | sa yadi tasya kartā bhavati tata evānṛtam ātmānaṃ kurute | so 'nṛtābhisaṃdho 'nṛtenā ātmānam antardhāya paraśuṃ taptaṃ pratigṛhṇāti | sa dahyate | atha hanyate ||

Mon cher garçon, quand on emmène un homme par la main en disant « il a volé, il a commis un vol ! Chauffez la hache pour lui ! » S'il en est l'auteur, il se rend lui-même faux. Proférant un mensonge, s'entourant lui-même de mensonge, il saisit la hache brûlante : il est brûlé et il est tué.

2. atha yadi tasyākartā bhavati | tata eva satyam ātmānaṃ kurute | sa satyābhisandhaḥ satyenātmānam antardhāya paraśuṃ taptaṃ pratigṛhnāti | na sa dahyate | atha mucyate ||

Mais s'il n'en est pas l'auteur, il se rend lui-même véridique. Disant la vérité, s'entourant lui-même de vérité, il saisit la hache brûlante et n'est pas brûlé : alors on le libère.

3. sa yathā tatra na dahyeta | etadātmyam idaṃ sarvam | tasatyam | sa ātmā | tat tvam asi śvetaketo iti | taddhāsya vijajñau vijajñau ||

De même que dans ce cas cet homme ne serait pas brûlé, de même cette essence subtile, cela est le soi-même de l'univers entier : c'est la Réalité, c'est le Soi. Cela tu es, Śvetaketa ! - Cela, de lui il le comprit, oui, il le comprit.

VII

1

1. adhīhi bhagavḥ iti hopasasāda Sanatkūmāraṃ nāradaḥ I taṃ hovāca yadvettha tena mopasīda I tatasta urdhvaṃ vakṣyāmīti II

« Enseignez-moi, Seigneur ! » c'est avec ces mots que Narada approcha Sanatkūm*āra*. Celui-ci lui dit : « Approche avec ce que tu sais, je te dirai la suite.

2. taṃ hovāca I ṛgvedaṃ bhagavo 'dhyemi yajurvedaṃ sāṃavedam ātharvanaṃ caturtham itihāsapurāṇaṃ pañcamaṃ vedānāṃ vedaṃ pitryam rāciṃ daivaṃ nidhiṃ vākovākyam ekāyanaṃ devavidyāṃ brahmavidyāṃ bhūtavidyāṃ kṣatravidyāṃ nakṣatravidyāṃ sarpdevajanavidyām etadbhagavo 'dhyemi II

Il lui dit : « Seigneur, je connais le *Ṛgveda*, le *Yajurveda*, le *Sāmaveda*, l'Ārthvaveda en quatrième, cinquièmement les récits et contes légendaires, le Veda des Vedas (la grammaire), les rites pour les ancêtres, le calcul, la science augurale, la chronologie, la logique, les dialogues, les monologues, la science des dieux, la science des rituels, la science des esprits, la science des gouvernements, la science des astres, et la science des serpents et des génies. Voilà, Seigneur, ce que je connais.

3. so 'haṃ bhagavo mantravidevāsmi nātmavit I śrūtaṃ hyeva me bhagavaddṛśebhyastarati śokam ātmaviditi I so 'ham bhagavaḥ śocāmi I taṃ mā bhagavañchokasya pāraṃ tārayatviti I taṃ hovāca yadvai kiṃcaitadadhyagīṣṭhā nāmaivaitat II

Moi, Seigneur, je suis un connaisseur des vers sacrés, non de l'*ātman*. J'ai entendu dire par des personnes semblables à vous que le connaisseur de l'*ātman* passe au-delà (de la souffrance). Personnellement, Seigneur, je souffre. Je vous en prie, Seigneur, faites-moi traverser de l'autre côté. » (Sanatkumāra) lui répondit : - Tout cela clairement n'est que mots.

4. nāma vā ṛgvedo yajurvedaḥ sāṃaveda ātharvanaścaturtha itihāsapurāṇaḥ pañcamo vedānāṃ vedaḥ pitryo rācirdaivo nidhirvākovākyam ekāyanaṃ devavidyā brahmavidyā bhūtavidyā kṣatravidyā nakṣatravidyā sarpadevajanavidyā nāmaivaitat | namopāssveti ||

Noms assurément sont *Ṛgveda*, *Yajurveda*, *Sāmaveda*, Ārthvaveda en quatrième, cinquièmement les récits et contes légendaires, le Veda des Vedas (la grammaire), les rites pour les ancêtres, le calcul, la science augurale, la chronologie, la logique, les dialogues, les monologues, la science des dieux, la science des rituels, la science des esprits, la science des gouvernements, la science des astres, et la science des serpents et des génies. Cela n'est rien d'autre que nom. Sache apprécier le nom.

5. sa yo nāma brahmetyupaste yāvan nāmno gataṃ tatrāsya yathākāmacāro bhavati yo nāma brahmetyupaste | asti bhagavo nāmno bhūya iti | nāmno vāva bhūyo 'stīti | tan me bhagavān bravītviti ||

Celui qui vénère Brahman comme étant le nom (*nāman*), il peut aller tant qu'il veut aussi loin que s'étend le domaine du nom, oui, celui qui médite sur Brahman en tant que nom. - Seigneur, y a-t-il plus grand que le nom ? - Bien sûr qu'il y a plus grand que le nom ! - Dites-le-moi alors, Seigneur.

2

1. vāgvāva nāmno bhūyasī | vāgvā ṛgvedaṃ vijñāpayati yajurvedaṃ sāṃavedam ātharvanaṃ caturtham itihāsapurāṇaṃ pañcamaṃ vedānāṃ vedaṃ pitryam rāciṃ daivaṃ nidhiṃ vākovākyam ekāyanaṃ devavidyāṃ brahmavidyāṃ bhūtavidyāṃ kṣatravidyāṃ nakṣatravidyāṃ sarpdevajanavidyām divaṃ ca pṛthivīṃ ca vāyuṃ cākāśaṃ cāpaśca tejaśca manuṣyāṃśca paśūṃśca vayāṃsi ca tṛṇavanaspatīñchvāpadānyākīṭapataṅgapipīlakaṃ dharmaṃ cādharmaṃ ca satyaṃ cānṛtaṃ ca sādhu cāsādhu ca hṛdayajñaṃ cāhṛdayajñaṃ ca | yadvai vāṅ nābhaviṣyanna dharmo nādharmo vyajñāpayiṣyann satyaṃ nānṛtaṃ na sādhu nāsādhu na hṛdayajño nāhṛdayajñaḥ | vāgevaitat sarvaṃ vijñāpayati vācam upāsveti ||

- Assurément la parole (*vāc*) est plus grande que le nom. En effet, la parole fait comprendre le *Ṛgveda*, le *Yajurveda*, le *Sāmaveda*, l'Ārthvaveda en quatrième, cinquièmement les récits et contes légendaires, le Veda des Vedas (la grammaire), les rites pour les ancêtres, le calcul, la science augurale, la chronologie, la logique, les dialogues, les monologues, la science des dieux, la science des rituels, la science des esprits, la science des gouvernements, la science des astres, et la science des serpents et des génies, ainsi que le ciel et la terre, le vent, l'espace, les eaux, l'éclatante ardeur (*tejas*), les dieux, les hommes, le bétail, les oiseaux, l'herbe, les arbres, les animaux sauvages, jusqu'aux vers, fourmis, la conduite juste et l'injuste, la vérité et l'erreur, le bien, le mal, ce qui plaît au cœur et ce qui lui déplaît. Pour sûr, si la parole n'existait pas, on ne connaîtrait ni la conduite juste ni l'injuste, ni la vérité ni l'erreur, ni le bien ni le mal, ni le plaisant ni le déplaisant. La parole fait comprendre tout cela. Sache apprécier la parole.

2. sa yo vācaṃ brahmetyupaste yāvadvāco gataṃ tatrāsya yathākāmacāro bhavati yo vācaṃ brahmetyupaste | asti bhagavo vāco bhūya iti | vāco vāva bhūyo 'stīti | tan me bhagavān bravītviti ||

Celui qui vénère Brahman comme étant la parole, il peut aller tant qu'il veut aussi loin que s'étend le domaine de la parole, oui, celui qui médite sur Brahman en tant que parole. - Seigneur, y a-t-il plus grand que la parole ? - Bien sûr qu'il y a plus grand que la parole ! - Dites-le-moi alors, Seigneur.

3

1. mano vāva vāco bhūyaḥ | yathā vai dve vāmalake dve vā kole dvau vākṣau muṣṭiranubhavatyevaṃ vācaṃ ca nāma ca māno 'nubhavati | sa yadā manasā manasyati mantrān adhīyīyetyathādhīte | karmāṇi kurvīyetyatha kurute | putrāṃśca paśuṃśeccheyetyathecchate | imaṃ ca lokam amuṃ ceccheyetyathecchate | mano hyātmā | mano hi lokaḥ | mano hi brahma | mana upāssveti ||

- Assurément l'esprit (*manas*) dépasse la parole. Tout comme le poing fermé renferme deux myrobolans, ou deux jujubes, ou deux fruits *akṣa*, de même l'esprit renferme la parole et le nom. Quand grâce à l'esprti on pense « je voudrais étudier les hymnes sacrés », on les étudie, « je voudrais accomplir les rites », on le fait, « je voudrais des fils et du bétail », on s'efforce d'en obtenir, « je désire ce monde-ci et celui au-delà », on tâche de les obtenir. Car l'*ātman* est esprit, l'esprit est Brahman. Sache apprécier l'esprit.

2. sa yo mano brahmetyupaste yāvanmanaso gataṃ tatrāsya yathākāmacāro bhavati yo mano brahmetyupaste | asti bhagavo manaso bhūya iti | manaso vāva bhūyo 'stīti | tan me bhagavān bravītviti ||

Celui qui vénère Brahman en tant qu'esprit, il peut aller tant qu'il veut aussi loin que s'étend le domaine de l'esprit, oui, celui qui médite sur Brahman en tant qu'esprit. - Seigneur, y a-t-il plus grand que l'esprit ? - Bien sûr qu'il y a plus grand que l'esprit ! - Dites-le-moi alors, Seigneur.

4

1. saṅkalpo vāva vāco bhūyaḥ | yadā vai saṅkalpayate 'tha manasyati | atha vācam īrayati | tām u nāmni īrayati | namni mantrā ekaṃ bhavanti | mantreṣu karmāṇi ||

- Assurément l'intention (*saṅkalpa*) dépasse l'esprit. C'est quand se forme une intention qu'on met l'esprit en mouvement, qu'on la vocalise et qu'on a recours au nom. Dans le nom les vers sacrés sont un, dans les vers sacrés les rites sacrificiels sont un.

2. tāni ha vā etāni saṅkalpaikāyanāni saṅkalpātmakāni saṅkalpe pratiṣṭhitāni | samakḷpatāṃ dyāvapṛthivī | samakalpetāṃ vāyuścākāśaṃ ca | samakalpantāpaśca tejaśca | teṣāṃ saṅkḷptyai varṣaṃ saṅkalpate | varṣasya samakḷptyai annaṃ saṅkalpate | annasya samakḷptyai prāṇaṃ saṅkalpate | prāṇanāṃ samakḷptyai mantrāḥ saṅkalpante | mantrāṇāṃ samakḷptyai karmāṇi saṅkalpante | karmāṇāṃ samakḷptyai lokaḥ saṅkalpate | lokasya samakḷptyai sarvaṃ saṅkalpate | sa eṣa saṅkalpaḥ | saṅkalpam upāssveti ||

Toutes ces choses convergent dans l'intention, elles consistent en volition, elles sont fondées sur l'intention. Le ciel et la terre se formèrent par une intention. Le vent et l'espace apparurent par une intention. Les eaux et la splendeur éclatante se produisirent par une intention. C'est par leur volition que la pluie se forme. Par la volition de la pluie la nourriture apparaît, par la volition de la nourriture les souffles vitaux apparaissent, par la volition des souffles les vers sacrés se forment, par la volition des vers sacrés les actes sacrificiels surgissent, par la volition des rites sacrificiels le monde se réalise et par la volition du monde tout se réalise. Telle est l'intention. Sache apprécier l'intention.

3. sa yaḥ saṅkalpaṃ brahmetyupāsate | kḷptān vai sa lokān dhruvān dhruvaḥ pratiṣṭhitān pratiṣṭhito 'vyathamānāvyathamāno 'bhisidhyati | yāvat saṅkalpasya gataṃ tatrāsya yathā kāmacāro bhavati yaḥ saṅkalpaṃ brahmetyupaste | asti bhagavo saṅkalpādbhūya iti | saṅkalpādvāva bhūyo 'stīti | tan me bhagavān bravītviti ||

Celui qui vénère Brahman en tant qu'intention, il obtient les mondes qu'il a voulus, étant ferme les mondes fermes, étant bien établi les mondes bien établis, inébranlable les mondes inébranlables. Il peut aller tant qu'il veut aussi loin que s'étend le domaine de la volition, oui, celui qui médite sur Brahman en tant que volition. - Seigneur, y a-t-il plus grand que la volition ?

- Bien sûr qu'il y a plus grand que la volition ! - Dites-le-moi alors, Seigneur.

5

1. cittam vāva saṅkalpādbhūyaḥ | yadā vai cetayate 'tha saṅkalpate | atha vācam īrayati | tām u nāmni īrayati | namni mantrā ekaṃ bhavanti | mantreṣu karmāṇi ||

- Assurément la pensée dépasse l'intention. C'est quand on pense qu'on forme une intention, qu'on met l'esprit en mouvement, qu'on la vocalise et qu'on a recours au nom. Dans le nom les vers sacrés sont un, dans les vers sacrés les rites sacrificiels sont un.

2. tāni ha vā etāni saṅkalpaikāyanāni saṅkalpātmakāni saṅkalpe pratiṣṭhitāni | tasmādyadyapi bahuvidacitto bhavati nāyam astītyevainam āhuḥ | yadayaṃ veda yadvā ayaṃ vidvānnettham acittaḥ syāditi | atha yadyalpaviccittavān bhavati tasmā evota śuśrūṣante | cittaṃ hyevaiṣām ekāyanam | cittamātmā | cittaṃ pratiṣṭhā | cittam upāssveti ||

Toutes ces choses convergent dans l'intention, elles consistent en volition, elles sont fondées sur l'intention. C'est pourquoi quand un homme très instruit est sans pensée, on dit de lui : « Celui-ci n'existe pas. S'il savait vraiment, il ne serait pas ainsi sans pensée. » Mais si un homme peu instruit est doué d'une pensée, on cherche à l'écouter. Car la pensée est la convergence de ceux-là. Leur essence est la pensée, leur fondement est la pensée. Sache apprécier la pensée.

3. sa yaḥ cittaṃ brahmetyupāsate | cittān vai sa lokān dhruvān dhruvaḥ pratiṣṭhitān pratiṣṭhito 'vyathamānāvyathamāno 'bhisidhyati | yāvaccittasya gataṃ tatrāsya yathā kāmacāro bhavati yaścittaṃ brahmetyupaste | asti bhagavo cittādbhūya iti | cittādvāva bhūyo 'stīti | tan me bhagavān bravītviti ||

Celui qui vénère Brahman en tant que pensée (*cittam*), il obtient les mondes qu'il a pensés, étant ferme les mondes fermes, étant bien établi les mondes bien établis, inébranlable les mondes inébranlables. Il peut aller tant qu'il veut aussi loin que s'étend le domaine de la pensée, oui, celui qui médite sur Brahman en tant que pensée. - Seigneur, y a-t-il plus grand que la pensée ? - Bien sûr qu'il y a plus grand que la pensée ! - Dites-le-moi alors, Seigneur.

6

1. dhyānaṃ vāva cittādbhūyaḥ I dhyāyatīva pṛthivī I dyāyatīvāntarikṣam I dhyāyatīva dhyauḥ I dhyāyatīvāpaḥ I dhyāyantīva parvatāḥ I dhyāyantīva devamanuṣyāḥ I tasmādya iha manuṣyāṇāṃ mahattvāṃ prāpnuvanti dhyānāpādāṃśā ivaiva te bhavanti I atha ye 'lpāḥ kalahinaḥ piśunā upavādinaste I atha ye prabhavo dhyānāpādāṃśā ivaiva te bhavanti I dhyānam upassveti II

- La méditation (*dhyānam*) surpasse certes la pensée. C'est comme si la Terre était en méditation, comme si l'atmosphère était en méditation, comme si le ciel était en méditation, comme si les eaux étaient en méditation, comme si les montagnes étaient en méditation, comme si les dieux et les hommes étaient en méditation. C'est pourquoi ceux des hommes qui atteignent l'éminence ici-bas ont en quelque sorte récolté les fruits de leur méditation. Ceux de peu d'envergure sont querelleurs, calomniateurs et censeurs, tandis que les vrais seigneurs ont pour ainsi dire reçu leur part des fruits de la méditation. Sache apprécier la méditation.

2. sa yo dhyānaṃ brahmetyupāste I yāvaddhyānasya gataṃ tatrāsya yathākāmacāro bhavati yo dhyānaṃ brahmetyupāste I asti bhagavo dhyānādbhūya iti I dhyānādvāva bhūyo 'stīti I tan me bhagavān bravītviti II

Celui qui vénère Brahman en tant que méditation il peut aller tant qu'il veut aussi loin que s'étend le domaine de la méditation, oui, celui qui médite sur Brahman en tant que méditation. - Seigneur, y a-t-il plus grand que la méditation ? - Bien sûr qu'il y a plus grand que la méditation ! - Dites-le-moi alors, Seigneur.

7

1. vijñānaṃ vāvadhyānādbhūyaḥ | vijñānena vā ṛgvedaṃ vijñānāti yajurvedam ātharvaṇaṃ caturtham itihāsapurāṇaṃ pañcamaṃ vedānāṃ vedaṃ pitryam rāciṃ daivaṃ nidhiṃ vākovākyam ekāyanaṃ devavidyāṃ brahmavidyāṃ bhūtavidyāṃ kṣatravidyāṃ nakṣatravidyāṃ sarpdevajanavidyām divaṃ ca pṛthivīṃ ca vāyuṃ cākāśaṃ cāpaśca tejaśca manuṣyāṃśca paśūṃśca vayāṃsi ca tṛṇavanaspatīñchvāpadānyākīṭapataṅgapipīlakaṃ dharmaṃ cādharmaṃ ca satyaṃ cānṛtaṃ ca sādhu cāsādhu ca hṛdayajñaṃ cāhṛdayajñaṃ cānnaṃ ca rasaṃ cemaṃca lokaṃ amuṃ ca vijñānenaiva vijānāti | vijñānam upassveti ||

- La compréhension (*vijñānaṃ*) est assurément plus grande que la méditation. La compréhension permet d'éclaircir le Ṛgveda, le Yajurveda, le Sāmaveda, l'Ārthvaveda en quatrième, cinquièmement les récits et contes légendaires, le Veda des Vedas (la grammaire), les rites pour les ancêtres, le calcul, la science augurale, la chronologie, la logique, les dialogues, les monologues, la science des dieux, la science des rituels, la science des esprits, la science des gouvernements, la science des astres, et la science des serpents et des génies, ainsi que le ciel et la terre, le vent, l'espace, les eaux, l'éclatante ardeur (*tejas*), les dieux, les hommes, le bétail, les oiseaux, l'herbe, les arbres, les animaux sauvages, jusqu'aux vers, fourmis, la conduite juste et l'injuste, la vérité et l'erreur, le bien, le mal, ce qui plaît au cœur et ce qui lui déplaît, la nourriture et le goût ainsi que ce monde et l'autre. Tout cela, c'est grâce à la compréhension qu'on le connaît. Sache apprécier la compréhension.

2. sa yo vijñānaṃ brahmetyupāste vijñānavato vai sa lokāñjñānavato 'bhisidhyati | yāvadvijñānasya gataṃ tatrāsya yathākāmacāro bhavati yo vijñānaṃ brahmetyupāste | asti bhagavo vijñānādbhūya iti | vijñānādvāva bhūyo 'stīti | tan me bhagavān bravītviti ||

Celui qui vénère Brahman en tant que compréhension, il parvient assurément aux mondes de la compréhension et de la connaissance. Il peut aller aussi loin qu'il le désire dans le domaine de la compréhension, celui qui vénère Brahman en tant que compréhension. - Seigneur, y a-t-il plus grand que la compréhension ? - Bien sûr qu'il y a plus grand que la compréhension ! - Dites-le-moi alors, Seigneurr.

8

1. balaṃ vāva vijñānādbhūyaḥ | api ha śataṃ vijñānavatām eko balavān ākampayeta | sa yadā balī bhavatyathotthātā bhavati | uttiṣṭhan paricaritā bhavati | paricarann upasattā bhavati | upasīdan draṣṭā bhavati śrotā bhavati mantā bhavati boddhā bhavati kartā bhavati vijñātā bhavati | balena vai pṛthivī tiṣṭhati balenāntarikṣaṃ balena dyaurbalena parvatā balena devamanuṣyā balena paśavaśca vayāṃsi ca tṛṇavanaspatayaḥ śvāpadānyākīṭapataṅgapipīlakam | balena lokastiṣṭhati | balam upāssveti ||

- La force (*balam*) est certes plus grande que la compréhension. Un seul homme fort fait trembler même cent hommes remplis de compréhension. Quand on est fort, alors on se lève ; debout, on peut servir, quand on sert on devient élève, étant élève on devient un homme qui voit, entend, pense, comprend, agit et est connaissant. C'est grâce à la force que la Terre se tient, par la force que se tiennent l'atmosphère, le ciel, les montagnes, les dieux et les hommes, le bétail, les oiseaux, l'herbe, les arbres, les animaux sauvages jusqu'aux vers, moucherons, fourmis ; c'est grâce à la force que le monde tient. Sache apprécier la force.

2. sa yo balaṃ brahmetyupāste yāvadbalasya gataṃ tatrāsya yathākāmacāro bhavati yo balaṃ brahmetyupāste | asti bhagavo balādbhūya iti | balādvāva bhūyo 'stīti | tan me bhagavān bravītviti ||

Celui qui vénère Brahman en tant que force, il peut aller aussi loin qu'il le désire dans le domaine de la force, celui qui vénère Brahman en tant que force. - Seigneur, y a-t-il plus grand que la compréhension ? - Bien sûr qu'il y a plus grand que la compréhension ! - Dites-le-moi alors, Seigneur.

9

1. annaṃ vāva balādbhūyaḥ I tasmādyadyapi
daśa rātrīrnāśnīyāt yadyu ha jīvet atha
vādraṣṭāśrotāmantāboddhākartāvijñātā bhavati I athānnasyāyai
draṣṭā bhavati śrotā bhavati mantā bhavati boddhā bhavati
kartā bhavati vijñātā bhavati I annam upāssveti II

- La nourriture (*annam*) est certes plus grande que la force. Voilà pourquoi si l'on ne mangeait pas pendant dix jours, alors, à supposer qu'on soit encore vivant, on devient incapable de voir, d'entendre, de penser, de comprendre, d'agir et de connaître. Mais si l'on revient à la nourriture, on est capable de voir, entendre, penser, comprendre, agir et connaître. Sache apprécier la nourriture.

2. sa yo 'nnaṃ brahmetyupāste
annavato vai sa lokān pānavato 'bhisidhyati I yāvadānnasya
gataṃ tatrāsya yathākāmacāro bhavati yo 'nnaṃ
brahmetyupāste I asti bhagavo annādbhūya iti I annādvāva
bhūyo 'stīti I tan me bhagavān bravītviti II

Celui qui vénère Brahman en tant que nourriture, il peut aller aussi loin qu'il le désire dans le domaine de la nourriture, celui qui vénère Brahman en tant que nourriture. - Seigneur, y a-t-il plus grand que la nourriture ? - Bien sûr qu'il y a plus grand que la nourriture ! - Dites-le-moi alors, Seigneur.

10

1. apo vāvānnādbhūyaḥ I tasmādyadā suvṛṣṭirna bhavati
vyādhīyante prāṇā annaṃ kanīyo bhaviṣyatīti I atha
yadāsuvṛṣṭirbhavatyānandinaḥ prāṇā bhavantyannaṃ bahu
bhaviṣyatīti I āpa evemā mūrtā yeyaṃ pṛthivī yadantarikṣaṃ

yaddyauryat parvatā yaddevamanuṣyā yat paśavaśca vayāṃsi ca tṛṇavanaspatayaḥ śvāpadānyākīṭapataṅgapipīlakam | āpa evemā mūrtāḥ | apa upāssveti ||

- Les eaux (*ap*) sont certes plus grandes que la nourriture. C'est pourquoi lorsque la pluie vient à manquer, les énergies vitales (*prāṇā*) contrariées : « La nourriture viendra à manquer ! » Mais quand vient une bonne pluie, ces énergies vitales se réjouissent : « Il y aura beaucoup de nourriture ! » En vérité, toutes ces formes ne sont qu'eau, c'est ce qu'est cette Terre, l'atmosphère, le ciel, les montagnes, dieux et hommes, le bétail et les oiseaux, l'herbe et les arbres, les animaux sauvages, jusqu'aux vers, moucherons, fourmis. En vérité, les eaux ont adopté ces formes. Sache apprécier les eaux.

2. sa yo 'po brahmetyupāste āpnotisarvān kāmāṃstṛptimān bhavati | yāvadadapāṃ gataṃ tatrāsya yathākāmacāro bhavati yo 'po brahmetyupāste | asti bhagavo annādbhūya iti | annādvāva bhūyo 'stīti | tan me bhagavān bravītviti ||

Celui qui vénère Brahman en tant que les eaux, il obtient tous ses désirs, il devient satisfait. Il peut aller aussi loin qu'il le désire dans le domaine des eaux, celui qui vénère Brahman en tant que les eaux. - Seigneur, y a-t-il plus grand que les eaux ? - Bien sûr qu'il y a plus grand que les eaux ! - Dites-le-moi alors, Seigneur.

11

1. tejo vāvādbhyo bhūyaḥ | tasmādvā etadvāyumāgṛhyākāśam abhitapati tadāhurniśocati nitapati varṣiṣyati vā iti | teja eva tat pūrvaṃ darśayitvāthāpaḥ sṛjate | tadetadūrdhvābhiśca tiraścībhiśca vidyudbhirāhrādāścaranti tasmādāhurvidyotate stanayati varṣiṣyati vā iti | teja eva tat pūrvaṃ darśayitvāthāpaḥ sṛjate | teja upāssveti ||

- L'éclat (*tejas*) est certes plus grand que les eaux. C'est lui qui, ayant saisi le vent, chauffe l'espace. Alors, les gens disent « Il fait une chaleur torride, une chaleur écrasante ! Il va pleuvoir ».

L'éclat, ayant manifesté cela, relâche ensuite les eaux. Le tonnerre roule alors et les éclairs traversent le ciel en haut et en travers. Les gens disent donc : « Il y a des éclairs, il tonne ! Il va certainement pleuvoir. » L'éclat, ayant manifesté cela, relâche ensuite les eaux. Sache apprécier l'éclatante ardeur.

2. *sa yastejo brahmetyupāste tejasvī vai sa tejasvato lokān bhāsvato 'pahatatamaskān abhisidhyati I yāvat tejaso gataṃ tatrāsya yathākāmacāro bhavati yastejo brahmetyupāste I asti bhagavo tejaso bhūya iti I tejaso vāva bhūyo 'stīti I tan me bhagavān bravītviti II*

Celui qui vénère Brahman en tant qu'éclat, il gagne les mondes resplendissants, éclatants et affranchis des ténèbres. Il peut aller aussi loin qu'il le désire dans le domaine de l'éclat, celui qui vénère Brahman en tant qu'éclat. - Seigneur, y a-t-il plus grand que l'éclat ? - Bien sûr qu'il y a plus grand que l'éclat ! - Dites-le-moi alors, Seigneur.

12

1. *ākāśo vāva tejaso bhūyaḥ I ākāśe vai sūryācandramasāv ubhau vidyunnakṣatrāṇy agniḥ I ākāśenāhvayati I ākāśena śṛnoti I ākāśena pratiśṛṇoti I ākāśe ramate I ākāśe na ramate I ākāśe jāyate I ākāśam abhijāyate I ākāśam upāsveti II*

- L'espace (*ākāśa*) est certes plus grand que l'éclat. C'est assurément dans l'espace que se trouvent le soleil et la lune, tous les deux, l'éclair, les constellations et le feu. C'est grâce à l'espace qu'on appelle, qu'on entend et qu'on entend la réponse. C'est dans l'espace qu'on jouit et qu'on souffre, c'est dans et vers l'espace qu'on naît. Sache apprécier l'espace.

2. *sa ya ākāśaṃ brahmetyupāste ākāśavato vai sa lokān prakāśavato saṃbādhān urugāyato 'bhisidhyati I yāvat ākāśasya gataṃ tatrāsya yathākāmacāro bhavati ya ākāśaṃ brahmetyupāste I asti bhagavo ākāśādbhūya iti I ākāśādvāva bhūyo 'stīti I tan me bhagavān bravītviti II*

Celui qui vénère Brahman en tant qu'espace, il atteint les mondes spacieux, lumineux, non restreints, vastes. Il peut aller aussi loin qu'il le désire dans l'espace, celui qui vénère Brahman en tant qu'espace. - Seigneur, y a-t-il plus grand que l'espace ? - Bien sûr qu'il y a plus grand que l'espace ! - Dites-le-moi alors, Seigneur.

13

1. smaro vāvākāśādbhūyaḥ / tasmādapi bahava āsīrann asmaranto naiva te kaṃcana śṛṇuyurna manvīran na vijānīyuḥ / yadā vāva te smareyuratha śṛṇuyuratha manvīrann atha vijñānīran / smareṇa vai putrān vijānāti smareṇa paśūn / smaram upāssveti //

La mémoire (*smara*) est certainement plus grande que l'espace. C'est pourquoi même si beaucoup de personnes sans mémoire s'asseyaient ensemble, ils ne pourraient ni entendre, ni penser, ni reconnaître qui que ce soit. Mais si pour sûr, s'ils avaient de la mémoire ils pourraient alors entendre, penser et reconnaître. C'est grâce à la mémoire qu'on reconnaît ses enfants et son bétail. Sache apprécier la mémoire.

2. sa ya smaraṃ brahmetyupāste / yāvat smarasya gataṃ tatrāsya yathākāmacāro bhavati ya smaraṃ brahmetyupāste / asti bhagavo smarādbhūya iti / smarādvāva bhūyo 'stīti / tan me bhagavān bravītviti //

Celui qui vénère Brahman en tant que mémoire, il peut aller aussi loin qu'il le désire dans le domaine de la mémoire, celui qui vénère Brahman en tant que mémoire. - Seigneur, y a-t-il plus grand que la mémoire ? - Bien sûr qu'il y a plus grand que la mémoire ! - Dites-le-moi alors, Seigneur.

14

1. āśā vāva smarādbhūyaḥ / āśeddho vai smaro mantrān adhīte karmāṇi kurute putraṃśca paśūṃścecchata imaṃ ca lokam amuṃ cecchate / āśām upāssveti //

L'espoir (*āśā*) est certes plus grand que la mémoire. C'est enflammé par l'espoir qu'on apprend les vers sacrés, qu'on accomplit les rites, qu'on désire des enfants et du bétail, et qu'on recherche ce monde-ci et l'autre. Sache apprécier l'espoir.

2. sa ya āśāṃ brahmetyupāste āśayāsya sarve kāmāḥ samṛdhyanti I amoghā hāsyāśiṣo bhavati I yāvadāśāyā gataṃ tatrāsya yathākāmacāro bhavati ya āśāṃ brahmetyupāste I asti bhagavo āśāyā bhūya iti I āśāyā vāva bhūyo 'stīti I tan me bhagavān bravītviti II

Celui qui vénère Brahman en tant qu'espoir, grâce à l'espoir tous ses désirs se réalisent, ses prières ne sont pas vaines, il peut aller aussi loin qu'il le désire dans le domaine de l'espoir, celui qui vénère Brahman en tant qu'espoir. - Seigneur, y a-t-il plus grand que l'espoir ? - Bien sûr qu'il y a plus grand que l'espoir ! - Dites-le-moi alors, Seigneur.

15

1. prāṇo vāvāśāyā bhūyaḥ I yathā vā arā nābhau samarpitā evam asmin prāṇe sarvaṃ samarpitam I prāṇaḥ prāṇena yāti I prāṇaḥ prāṇaṃ dadāti I prāṇāya dadāti I prāno ha pitā I praṇo mātā I praṇo bhrātā I praṇo svasā I praṇo ācāryaḥ I praṇo brahmaṇaḥ II

Le souffle de vie (*prāṇa*) est certes plus grand que l'espoir. Tout comme les rayons sont fixés dans le moyeu, de même tout est fixé dans le souffle de vie. Le souffle de vie se meut par le souffle de vie. Le souffle de vie donne le souffle de vie, le souffle de vie donne au souffle de vie. Le père est souffle de vie. La mère est souffle de vie. Le frère est souffle de vie. La sœur est souffle de vie. Le maître est souffle de vie. Le Brahman est souffle de vie.

2. sa yadi pitaraṃ vā mātaraṃ vā bhrātaraṃ vā svasāraṃ vācāryaṃ vā brāmaṇaṃ vākiṃcidbṛśam iva pratyāha I dhik tvāstvityevainamāhuḥ I pitṛhā vai tram asi mātṛhā vai tvam asi bhrātṛhā tvam vai tvam asi svasṛhā vai tvam asyacāryahā vai tvam asi brāhamaṇa hā vai tvam asīti /

Si l'on répond avec quelque véhémence que ce soit à un père, une mère, un frère, une sœur, un maître ou un brahmane, les gens vont sûrement lui dire « honte à toi ! Tu es le meurtrier de ton père, de la mère, de ton frère, de ta sœur, de ton maître, d'un brahmane ! »

3. atha yadyapyenān utkrāntaprāṇāñśūlena samāsaṃ vyatatiṣaṃdahet / naivainaṃ brūhuḥ pitṛhāsīti na mātṛhāsīti na bhratṛhāsīti na svasṛhāsīti nācāryahāsīti na brāmaṇahāsīti //

Par contre, si quelqu'un devait brûler complètement ceux qui sont empilés à l'aide d'une fourche et que les souffles de vie ont quittés, on ne lui dirait pas « Tu es le meurtrier de ton père », ni « tu es le meurtrier de ta mère », ni « tu es le meurtrier de ton frère », ni « tu es le meurtrier de ta sœur », ni « tu es le meurtrier de ton maître », ni « tu es le meurtrier d'un brahmane. »

4. prāṇo hyevaitāni sarvāṇi bhavati / sa vā eṣa evaṃ paśyann evaṃ manvāna evaṃ vijānann ativādī bhavati / taṃ ced brūyurativādyasīti / ativādyasmīti brūyāt / nāpahnuvīta //

Car en vérité le souffle de vie devient ainsi tous ceux-là. Celui qui voit ainsi, pense ainsi, vit ainsi, il excelle par la parole (*ativādī*) et si on lui dit « tu es un *ativādī*, qu'il réponde « oui, je suis celui qui l'emporte dans les discussions ». Qu'il ne s'en défende pas !

16

1. eṣa tu vā ativadati yaḥ satyenātivadati / so 'haṃ bhagavaḥ satyenātivadānīti / satyaṃ tveva vijijñāsitavyam iti / satyaṃ bhagavo vijijñāsa iti //

Un homme l'emporte dans la discussion seulement quand il le fait grâce à la vérité (*satyam*). - Oui, Seigneur, je serai celui qui l'emporte dans les échanges grâce à la vérité ! - Il faut désirer comprendre la vérité. - Seigneur, je désire connaître la vérité !

17

1. yadā vai vijānātyatha satyaṃ vadati | *nāvijānan satyaṃ vadati* | *vijānann eva satyaṃ vadati* | *vijñānaṃ tveva vijijñāsitavyam iti* |

- C'est assurément lorsqu'on comprend qu'on dit la vérité. Ne comprenant pas, on ne dit pas la vérité, mais comprenant on la dit. Il faut désirer comprendre la compréhension. - Seigneur, je voudrais comprendre ce qu'est la compréhension !

18

1. yadā vai manute 'tha vijānātīti | *nāmatvā vijānāti* | *matvaiva vijānāti* | *matis tveva vijijñāsitavyeti* | *matiṃ bhagavo vijijñāsa iti* ||

- C'est assurément lorsqu'on réfléchit que l'on comprend. Ne réfléchissant pas, on ne comprend pas, mais réfléchissant on comprend. Il faut désirer comprendre la réflexion. - Seigneur, je voudrais comprendre ce qu'est la réflexion !

19

1. yadā vai śraddhadhātyatha manute | *nāśraddadhan manute* | *śraddadhadeva manute* | *śraddhā tveva vijijñāsitavyeti* | *śraddhāṃ bhagavo vijijñāsa iti* ||

- C'est assurément lorsqu'on a confiance (*śraddhā*) qu'on réfléchit. Sans la confiance, on ne réfléchit pas, mais avec la confiance on réfléchit. Il faut désirer comprendre la confiance. - Seigneur, je voudrais comprendre ce qu'est la confiance !

20

1. yadā vai nistiṣṭhatyatha manute I nānistiṣṭhañśraddadhāti I nistiṣṭhann eva śraddadhāti I niṣṭhā tveva vijijñāsitavyeti I niṣṭhāṃ bhagavo vijijñāsa iti II

- C'est assurément lorsqu'on s'applique avec fermeté (*niṣṭhā*) qu'on a confiance. Sans application ferme, on n'a pas confiance, mais avec l'application ferme on a confiance. Il faut désirer comprendre l'application - Seigneur, je voudrais comprendre ce qu'est la ferme application !

21

1. yadā vai karotyatha nistiṣṭhāti I nākṛtvā nistiṣṭhāti I kṛtvā eva nistiṣṭhāti I kṛtistveva vijijñāsitavyeti I kṛtiṃ bhagavo vijijñāsa iti II

- C'est assurément lorsqu'on agit qu'on s'applique avec fermeté. Quand on n'agit pas, on ne s'applique pas, mais quand on agit on s'applique. Il faut désirer comprendre l'activité. - Seigneur, je voudrais comprendre ce qu'est l'activité !

22

1. yadā vai sukhaṃ labhate atha karoti I nāsukhaṃ labdhvā karoti I sukhaṃ labdhvā eva karoti I sukkhaṃ tveva vijijñāsitavyeti I sukkhaṃ bhagavo vijijñāsa iti II

- C'est assurément lorsqu'on éprouve la joie (*sukham*) qu'on agit. Sans éprouver la joie, on n'agit pas, mais en l'éprouvant on agit. Mais il faut vraiment comprendre ce qu'est la joie. - Seigneur, je voudrais comprendre ce qu'est la joie !

23

1. yo vai bhūmā tat sukham I nālpe sukham asti I bhūmaiva sukham I bhūmā tveva vijijñāsitavyeti I bhūmānaṃ bhagavo vijijñāsa iti II

- C'est assurément l'infinitude (*bhūman*) qui constitue la joie. Dans le fini il n'y a pas de joie, mais dans l'infinitude est la joie. Mais il faut vraiment comprendre ce qu'est l'infinitude. - Seigneur, je voudrais comprendre ce qu'est l'infini !

24

1. yatra nānyat paśyati nāyacśṛṇoti nānyadvijānāti sa bhūmā / atha yatrānyatpaśyatyanyacchṛṇotyanyadvijānāti tadalpam / yo vai bhūmā tadamṛtam / atha yadalpaṃ tanmartyam / sa bhagavaḥ kasmin pratiṣṭhita iti / sve mahimna yadi vā na mahimnīti //

- Là où l'on ne voit rien d'autre, on n'entend rien d'autre, on ne connaît rien d'autre, cela est l'infinitude. Là où l'on voit autre chose, on entend autre chose, on connaît autre chose, cela est limité. Ce qui est infinitude, cela est immortel ; mais ce qui est limité est mortel. - En quoi, Seigneur, l'infinitude repose-t-elle ? - Sur sa propre grandeur, ou peut-être non pas sur une grandeur ?

2. goaśvamiha mahimetyācakṣate / hastihiraṇyaṃ dāsabhāryaṃ kṣetrāṇyāyatanānīti / nāham evaṃ bravīmi / bravīmīti hovāca / anyo hyanyasminpratiṣṭhita iti //

Ici-bas, les gens estiment que la grandeur, ce sont les vaches, les chevaux, les éléphants, l'or, les serviteurs et les femmes, les terres et les demeures. Mais moi, je n'appelle pas cela grandeur ; non, je ne considère pas cela comme de la grandeur, car une chose est établie sur une autre.

25

1. sa evādhastāt sa upariṣṭitāt sa paścāt sa purastāt sa dakṣiṇataḥ sa uttarataḥ / sa evedaṃ sarvam iti / athāto 'haṃkārādeśa eva / aham evādhastādaham upariṣṭādahaṃ paścādahaṃ purastādahaṃ dakṣiṇato 'ham uttarato'ham evedaṃ sarvam iti //

Il (l'Infini) est en vérité au-dessous, il est au-dessus, il est à l'ouest, à l'est, au sud, au nord, en vérité il est tout ce monde. Maintenant, il en est de même de la description du moi : « Je suis en vérité au-dessous, je suis au-dessus, à l'ouest, à l'est, au sud, au nord, en vérité je suis tout ce monde. »

2. athāta ātmādeśa eva | ātmaivādhastādātmopariṣṭitādātmā paścādātmā purastādātmā dakṣiṇata ātmottarata | ātmaivedaṃ sarvam iti | sa vā eṣa evaṃ paśyann evaṃ manvāna evaṃ vijānann ātmaratirātmakrīḍa ātmamithuna ātmānandaḥ sa svarāḍ bhavati | tasya sarveṣu lokeṣu kāmacāro bhavati | atha ye 'nyathāto viduranyarājānaste kṣayyalokā bhavanti | teṣāṃ sarveṣu lokeṣvakāmacāro bhavati ||

Maintenant, il en est de même de la description de l'*ātman* : « L'*ātman* en vérité au-dessous, au-dessus, à l'ouest, à l'est, au sud, au nord, en vérité l'*ātman* est tout ce monde. » Celui qui voit ainsi, qui pense ainsi, qui connaît ainsi, il se réjouit dans l'*ātman*, il dans l'*ātman*, il s'unit à l'*ātman*, il trouve sa joie dans l'*ātman*. Il est son propre souverain. Il va à son gré dans tous les mondes. Mais ceux qui voient autrement, ils sont gouvernés par ce qui est autre, ils évoluent dans les mondes périssables, ils ne peuvent pas se déplacer à volonté dans tous les mondes.

26

1. tasya ha vā etasyaivaṃ paśyata evaṃ manvānasyaivaṃ vijānata ātmataḥ prāṇa ātmata āśātmataḥ smara ātmata ākāśa ātmatasteja ātmata āpa ātmata āvirbhāvatirobhāvāvātmato 'nnamātmato balam ātmato vijñānam ātmato dhyānam ātmataścittam ātmataḥ saṅkalpa ātmato mana ātmato vāgātmato nāmātmato mantrā ātmataḥ karmāṇyātmata evedaṃ sarvam iti ||

En fait, pour celui qui voit ainsi, pense ainsi et comprend ainsi, le souffle de vie procède de l'*ātman*, l'espoir de l'*ātman*, la mémoire de l'*ātman*, l'espace de l'*ātman*, l'éclatante ardeur de l'*ātman*, les eaux de l'*ātman*, apparition et disparition de l'*ātman*, la nourriture de l'*ātman*, la force de l'*ātman*, la compréhension de l'*ātman*, la méditation de l'*ātman*, la pensée de l'*ātman*, la volition de l'*ātman*, l'esprit de l'*ātman*, la parole de l'*ātman*, le nom de l'*ātman*, les vers sacrés de l'*ātman*, l'accomplissement (des rites, etc.) de l'*ātman*, en vérité tout ce monde procède de l'*ātman*.

2. tadeṣa ślokaḥ |
na paśyo mṛtyuṃ paśyati na rogaṃ nota duḥkhatām |
sarvaṃ ha paśyaḥ paśyati sarvam āpnoti sarvaśah || iti ||
sa ekadhā bhavati tridhā bhavati pañcadhā |
saptadhā navadhā caiva punaścaikādaśa smṛtaḥ |
śataṃ ca daśa caikaśca sahasrāṇi ca viṃśatiḥ ||
āhāraśuddhau sattvaśuddhiḥ | sattvaśuddhau dhruvā smṛtiḥ | smṛtilambhe sarvagranthīṇāṃ vipramokṣaḥ |
tasmai mṛditakaśāyāya tamasaspāraṃ darśayati bhagavān sanatkumāraḥ | taṃ skanda ityācakṣate ||

Il y a à ce sujet ces vers :

Celui qui voit ne voit pas la mort, ni la maladie, ni le malaise. Celui qui voit, il voit vraiment tout, il atteint tout. Il est un, il est trois, il est cinq, il est sept, il est neuf, on dit aussi qu'il est onze, cent onze, vingt mille. Lorsque la nourriture est pure, l'être est pur. Quand l'être est pur, la mémoire est pure. Quand on a la mémoire, tous les nœuds sont dénoués. À un tel homme dont toutes les souillures ont été éliminées, le seigneur Sanatkumāra fait voir au-delà des ténèbres. C'est lui qu'on appelle Skanda.

VIII

1

1. atha yadidam asmin brahmapure daharaṃ puṇḍarīkaṃ veśma daharo 'sminn antarākāśaḥ | tasmin yadantastadanveṣṭavyaṃ tadvāva vijijñāsitavyam iti ||

Maintenant, en ce qui concerne cette demeure ténue sous forme de lotus à l'intérieur de cette forteresse de Brahman, il y existe un tout petit espace intérieur. Ce qu'il y a à l'intérieur, cela il faut le chercher, il faut certainement désirer le comprendre.

2. tam ced brūyuryadidamasmin brahmapure yadidam asmin brahmapure daharaṃ puṇḍarīkaṃ veśma daharo 'sminn antarākāśaḥ kiṃ tadatra vidyate yadanveṣṭavyaṃ yadvāva vijijñāsitavyam iti || ||

Si l'on dit « en ce qui concerne cette demeure ténue sous forme de lotus à l'intérieur de cette forteresse de Brahman, il y existe un tout petit espace intérieur », alors, qu'y a-t-il dans cet espace intérieur qu'il faille rechercher et certainement désirer comprendre ?

3. sa brūyāt | yavān vā ayam ākāśastavān eṣo 'ntarhṛdaya ākāśaḥ |
ubhe asmin dyāvāpṛthivī antareva samāhite ||
ubhāvagniśca vāyuśca sūryācandramasāvubhau vidyun nakśatrāṇi |
yaccāsyehāsti yacca nāsti sarvaṃ tadasminsamāhitam iti ||

Qu'on dise :
Aussi vaste cet espace (*ākāśa*), aussi vaste cet espace dans le cœur. En vérité, en lui sont tous les deux, ciel et terre, le feu et le vent, les deux, le soleil et la lune, les deux, tant la foudre que les étoiles, tout ce qu'on a dans ce monde et ce qu'on n'a pas, tout cela y est réuni.

4. taṃ ced brūyurasmiṃścedaṃ brahmapure sarvaṃ samāhitaṃ sarvāṇi ca bhūtāni sarve ca kāmā yadenajjarā vāpnoti pradhvaṃsate vā kiṃ tato 'tiśiṣyat iti //

Si l'on demande « si dans cette forteresse de Brahman tout cela est inclus, tous les êtres et tous les désirs, quand la vieillesse l'atteint ou quand elle se décompose, qu'en reste-t-il ? »

5. sa brūyāt /
nāsya jarayaitajjīryati na vadhenāsya hanyate /
etatsatyaṃ brahmapuram asmin kāmāḥ samhāhitaḥ //
eṣa ātmāpahatapāpmā vijaro vimṛtyurviśoko vijighatso 'pipāsaḥ satyakāmaḥ satyasaṅkalpaḥ / *yathā hyeveha prajā anvāviśanti yathānuśāsanam* / *yaṃ yam antam abhikāmā bhavanti yaṃ janapadaṃ yaṃ kṣtrābhāgaṃ taṃ tam evopajīvanti* //

Qu'on dise :
Cela ne vieillit pas avec son délitement (la forteresse), cela ne périt pas avec sa destruction. Cela est la véritable forteresse de Brahman et en elle sont contenus tous les désirs. C'est l'*ātman*, exempt de mal, libre de vieillesse, de mort et de peine, libre de faim et de soif, dont les désirs et les intentions s'actualisent. Tout comme ici-bas les créatures vivent selon ce qui leur est commandé, tout comme elles vivent en fonction de ce qu'elles désirent et du territoire qu'elles occupent,

6. tadyatheha karmajito lokaḥ kṣīyata evam evāmutra puṇyajito lokaḥ kṣīyate / *tadya ihātmānam ananuvidya vrajantyetāṃśca satyānkāmāṃsteṣāṃ sarveṣu lokeṣvakāmacāro bhavati* / *atha ya ihātmānam anuvidya vrajantyetāṃśca satyānkāmāṃsteṣāṃ sarveṣu lokeṣu kāmacāro bhavati* //

et qu'ici-bas le monde qu'on gagne par les actes est détruit, de même le monde de là-haut gagné par un comportement méritoire est détruit et ceux qui partent sans avoir découvert ici-bas ni l'*ātman* ni leurs véritables désirs ne peuvent se déplacer à leur gré dans tous les mondes. Mais ceux qui partent en ayant découvert ici-bas l'*ātman* et leurs véritables désirs, ils peuvent se déplacer à leur grés dans tous les mondes.

2

1. sa yadi pitṛlokakāmo bhavati | saṅkalpādevāsya pitaraḥ samuttiṣṭhanti | tena pitṛlokena saṃpanno mahīyate ||

Si un tel être humain aspire au monde des pères, de par sa seule intention les pères se lèvent. Assuré du monde des pères, il se réjouit.

2. sa yadi mātṛlokakāmo bhavati | saṅkalpādevāsya mātaraḥ samuttiṣṭhanti | tena mātṛlokena saṃpanno mahīyate ||

S'il aspire au monde des mères, de par sa seule intention les mères se lèvent. Assuré du monde des mères, il se réjouit.

3. sa yadi bhrātṛlokakāmo bhavati | saṅkalpādevāsya bhrātaraḥ samuttiṣṭhanti | tena bhrātṛlokena saṃpanno mahīyate ||

S'il aspire au monde des frères, de par sa seule intention les frères se lèvent. Assuré du monde des frères, il se réjouit.

4. sa yadi svasṛlokakāmo bhavati | saṅkalpādevāsya svasaraḥ samuttiṣṭhanti | tena svastṛlokena saṃpanno mahīyate ||

S'il aspire au monde des sœurs, de par sa seule intention les sœurs se lèvent. Assuré du monde des sœurs, il se réjouit.

5. sa yadi sakhilokakāmo bhavati | saṅkalpādevāsya sakhāyaḥ samuttiṣṭhanti | tena sakilokena saṃpanno mahīyate ||

S'il aspire au monde des amis, de par sa seule intention les amis se lèvent. Assuré du monde des amis, il se réjouit.

6. sa yadi gandhamālyalokakāmo bhavati | saṅkalpādevāsya gandhamālye samuttiṣṭhanti | tena gandhamālyaokena saṃpanno mahīyate ||

S'il aspire au monde des parfums et des girlandes, de par sa seule intention les parfums et les girlandes lui viennent. Assuré du monde des parfums et des girlandes, il se réjouit.

7. sa yadi annapānalokakāmo bhavati | saṅkalpādevāsya annapāne samuttiṣṭhanti | tena annapānalokena saṃpanno mahīyate ||

S'il aspire au monde de la nourriture et des boissons, de par sa seule intention la nourriture et les boissons lui viennent. Assuré du monde de la nourriture et les boissons, il se réjouit.

8. sa yadi gītavāditalokakāmo bhavati | saṅkalpādevāsya gītavādite samuttiṣṭhanti | tena gītavāditalokena saṃpanno mahīyate ||

S'il aspire au monde des chants et de la musique, de par sa seule intention les chants et la musique lui viennent. Assuré du monde des chants et de la musique, il se réjouit.

9. sa yadi strīlokakāmo bhavati | saṅkalpādevāsya striyaḥ samuttiṣṭhanti | tena strīlokena saṃpanno mahīyate ||

S'il aspire au monde des femmes, de par sa seule intention les femmes viennent à lui. Assuré du monde des femmes, il se réjouit.

10. yaṃ yam antam abhikāmo bhavati | yaṃ kāmaṃ kāmayate | so 'sya saṅkalpādeva samuttiṣṭhati | tena saṃpanno mahīyate ||

Peu importe l'objet de son désir, tout ce qu'il désire cela lui vient de par sa seule intention. Assuré de cela, il se réjouit.

3

1. sa ime satyāḥ kāmā anṛtāpidhānāḥ | teṣāṃ satyānāṃ satām anṛtam apidhānam | yo yo hyasyetaḥ praiti na tam iha darśanāya labhate ||

Ces vrais désirs sont recouvert par le faux. ils ont une réalité, mais le faux les recouvre. En effet, quel que soit celui qui est mort, il n'arrive plus à le saisir du regard.

2. atha ye cāsyeha jīvā ye ca pretāyaccānyadicchan na labhate sarvaṃ tadatra gatvā vindate | atra hyasyaite satyāḥ kāmā anṛtāpidhānāḥ | tadyathāpi hiraṇyanidhiṃ nihitam akṣetrajñā uparyupari saṃcaranto na vindeyuḥ | evam evemāḥ sarvāḥ prajā aharahargacchantya etaṃ brahmalokaṃ na vindantyanṛtena hi pratyūḍhāḥ ||

Par contre, ceux ici-bas qui vivent et ceux qui sont morts et tout ce qu'il désire sans l'obtenir, il le trouve en allant là (l'*ātman*), car là résident ses vrais désirs recouverts par le faux. Ainsi, tout comme celui qui ignore l'endroit ne trouverait pas une fortune en or même en passant et repassant au-dessus, de même toutes les créatures ici-bas vont jour après jour à ce monde de Brahman et ne le trouvent pas, égarés par le faux.

3. sa vā eṣa ātmā hṛdi | tasyaitadeva niruktaṃ hṛdyayam iti tasmaddhṛdayam aharaharvā evaṃvit svargaṃ lokam eti ||

Assurément cet *ātman* est dans le cœur. L'explication étymologique est celle-ci : celui-ci est dans le cœur (*hṛdi ayam*) et c'est pourquoi il est le cœur (*hṛdayam*). Celui qui sait ainsi jour après jour, pour sûr il atteint le monde céleste.

4. atha ya eṣa saṃprasādo 'smāccharīrāt samutthāya paraṃjyotirupasaṃpadya svena rūpeṇābhiniṣpadyata eṣa ātmeti hovāca | etadamṛtam abhayam etd brahmeti | tasya ha vā etasya brahmaṇo nāma satyam iti ||

Maintenant, celui-ci, qui est profondément calme et, s'étant élevé hors de ce corps, atteint la lumière suprême, c'est l'*ātman*. Il dit « Celui-ci est immortel, sans peur, celui-ci est Brahman. Pour sûr, le nom de Brahman est vérité. »

5. tāni ha vā etāni trīṇyakṣarāṇi sattiyamiti | tadyatsattadamṛtam | atha yat ti tanmartyam | atha yadyaṃ tenobhe yacchati | yadanenobhe yacchati tasmādyam aharaharvā evamvit svargaṃ lokameti ||

Ce mot comporte trois syllabes : *sat, ti, yam*. Ce qui est *sat*, cela est bien sûr immortel, *ti* est mortel, tandis *yam* est ce qui les unit tous les deux. C'est parce que grâce à cette dernière syllabe qu'on tient les deux autres ensemble qu'elle est *yam*. Celui qui sait ainsi jour après jour, pour sûr il atteint le monde céleste.

4

1. atha ya ātmā sa seturvidhṛtireṣāṃ lokānām asaṃbhedāya / naitaṃ setum ahorātre tarato na jarā na mṛtyurna śoko na sukṛtaṃ na duṣkṛtam / sarve pāpmāno 'to nivartante / apahatapāpmā hyeṣa brahmalokaḥ //

Maintenant, cet *ātman* est une digue, une barrière qui sépare ces mondes. Ni le jour ni la nuit, ni la vieillesse, ni la mort, ni l'affliction, ni les bonnes actions, ni les mauvaises actions ne peuvent traverser cette digue. Tous les maux s'en écartent, car le monde de Brahman est libre de tout mal.

2. tasmādvā etaṃ setuṃ tīrtvāndhaḥ sannanandho bhavati / viddhaḥ sannaviddho bhavati / upatāpī sannanupatāpī bhavati / tasmād vā etaṃ setuṃtīrtvāpi naktam aharevābhiniṣpadyate / sakṛdvibhāto hyevaiṣa brahmalokaḥ //

Voilà pourquoi l'aveugle pour sûr, après avoir passé cette digue, n'est plus aveugle, le blessé n'est plus blessé et le malade n'est plus malade. Voilà pourquoi après avoir franchi cette digue même la nuit devient plein jour, car le monde de Brahman est à jamais lumineux.

3. tadya evaitaṃ brahmalokaṃ brahmacaryeṇānuvindanti teṣām evaiṣa bṛhamalokaḥ / teṣāṃ sarveṣu lokeṣu kāmacārobhavati //

Ceux qui découvrent le monde de Brahman en vivant la vie disciplinée d'étudiant de la science sacrée (*brahmacarya*) en viennent à posséder ce monde en vérité, ils se déplacent à leur guise dans tous les mondes.

5

1. atha yadyajña ityācakṣate brahmacaryam eva tat / brahmacaryeṇa hyeva jñātā taṃ vindate / atha yadiṣṭamityācakṣate brahmacaryam eva tat / brahmacaryeṇa hyeveṣṭvātmānam anuvindate //

Maintenant, ce qu'on appelle sacrifice (*yajña*) est en réalité la vie disciplinée d'étudiant de la science sacrée : c'est en effet grâce à une vie disciplinée d'étudiant de la science sacrée qu'on trouve ce qui est la connaissant (*jñātā*). De plus, ce qu'on appelle offrande (*iṣṭam*) est en réalité la vie disciplinée d'étudiant de la science sacrée : c'est en effet en cherchant par la vie disciplinée d'étudiant de la science sacrée qu'on découvre l'*ātman*.

2. atha yat sattrāyaṇamityācakṣate brahmacaryam eva tat / brahmacaryeṇa hyeva sata ātmanastrāṇaṃ vindate / atha yanmaunam ityācakṣate brahmacaryam eva tat / brahmacaryeṇa hyevātmānam anuvidya manute //

Maintenant, ce qu'on appelle session sacrificielle longue (*sattrāyaṇam*), c'est en réalité la vie disciplinée d'étudiant de la science sacrée. C'est vraiment par la vie disciplinée d'étudiant de la science sacrée qu'on trouve la protection de l'*ātman*. De plus, ce qu'on nomme « vœux de silence » (*maunam*), c'est en réalité la vie disciplinée d'étudiant de la science sacrée. C'est en effet après avoir découvert l'*ātman* par la vie disciplinée d'étudiant de la science sacrée qu'on réfléchit.

3. atha yat anāśakāyanam ityācakṣate brahmacaryam eva tat / eṣa hyātmā na naśyati yaṃ brahmacaryeṇānuvindate / atha yadaraṇyāyanam ityācakṣate brahmacaryam eva tat / tadaraśca ha vai ṇyaścārṇavau brahmaloke tṛtīyasyām ito divi / tadairaṃmadīyaṃ saraḥ / tadaśvatthaḥ somasavanaḥ / tadaparājitā pūrbrahmaṇaḥ prabhuvimitaṃ hiraṇmayam // brahmacaryeṇa hyevātmānam anuvidya manute //

Maintenant, ce qu'on appelle « jeûne » (*anāśakāyanam*), c'est en réalité la vie disciplinée d'étudiant de la science sacrée, car cet *ātman* qu'on découvre par la vie disciplinée d'étudiant de la science sacrée ne périt pas (*na naśyati*). De plus, ce qu'on nomme « vie d'ermite dans la forêt » (*araṇyāyanam*), c'est en réalité la vie disciplinée d'étudiant de la science sacrée. En effet, Ara et Ṇya sont deux mers dans le monde de Brahman, au troisième ciel en partant d'ici. En ce monde-là, on trouve le lac Airaṃmadīyaṃ, le figuier banyan Somasavana et la forteresse Aparājitā de Brahman, le palais en or du Seigneur.

4. tadya evaitāvaraṃ ca ṇyaṃ cārṇavau brahmaloke brahmacaryeṇānuvindati teṣām evaiṣa brahmalokaḥ | teṣāṃ sarveṣu lokeṣu kāmacāro bhavati ||

Alors, seuls ceux qui trouvent ces deux mers Ara et Ṇya dans le monde de Brahman en vivant la vie disciplinée d'étudiant de la science sacrée arrivent à posséder ce monde de Brahman et ils obtiennent la complète liberté de mouvement dans tous les mondes.

6

1. atha yā etā hṛdayasya nāḍyastāḥ piṅgalasyāṇimnastiṣṭhanti śuklasya nīlasya pītasya lohitasyeti | asau vā ādityaḥ piṅgala eṣa śukla eṣa nīla eṣa pīta eṣa lohitaḥ ||

Maintenant, ces canaux du cœur, ils consistent en une substance ténue d'un brun rougeâtre, blanche, bleue, jaune rouge. Le soleil là-haut est certainement brun rougeâtre, il est blanc, il est bleu, il est jaune, il est rouge.

2. tadyathā mahāpatha ātata ubhau grāmau gacchatīṃ cāmuṃ caivamevaitā ādityasya raśmaya ubhau lokau gacchantīmaṃ cāmuṃ ca | amuṣmādādityāt pratāyante tā āsu nāḍīṣu sṛptāḥ || ābhyo nāḍībhyaḥ pratāyante te 'muṣmin nāditye srptāḥ ||

Tout comme une grande route traverse deux villages, celui tout près et l'autre au loin, de même les rayons solaires traversent les deux mondes, celui ici-bas et celui là-haut. Depuis le soleil là-haut ils s'étendent et se glissent dans ces canaux et depuis ces canaux ils s'étendent et se glissent dans le soleil là-haut.

3. tadyatraitat suptaḥ samastaḥ saṃprasannaḥ svapnaṃ na vijānāti | āsu tadā nāḍīṣu sṛpto bhavati | taṃ na kaścana pāpmā spṛśati | tejasā hi tadā saṃpanno bhavati ||

Quand on est dans le sommeil profond, parfaitement ramassé et serein, on ne connaît pas de rêve. On s'est alors glissé dans ces canaux. Aucun mal ne le touche, car il est absorbé dans l'éclat (*tejas*).

4. atha yatraitadabalimānaṃ nīto bhavati | tam abhita āsīnā āhurjānāsi māṃ jānāsi mām iti sa yāvadasmāccharīrādanutkrānto bhavati tāvajjānāti ||

Maintenant, lorsque quelqu'un est devenu très faible, ceux qui sont assemblés tout près lui demandent : « me reconnais-tu ? me reconnais-tu ? » Aussi longtemps qu'il n'a pas quitté ce corps, il les reconnaît.

5. atha yatraitadasmāccharīrādutkrāmati | athaitaireva raśmibhirūrdhvam ākramate | sa omiti vāhordvāmīyate | sa yāvat kṣityenmanastāvadādityaṃ gacchati | etadvai khalu lokadvāraṃ viduṣāṃ prapadanaṃ nirodho 'viduṣām ||

Maintenant, quand il quitte ce corps il s'élève avec ces rayons. Il s'élève avec le son *aum*. Aussi vite qu'on pourrait y diriger l'esprit on arrive au soleil. En vérité c'est bien là la porte du monde, ouverte pour ceux qui savent, fermée pour ceux qui ne savent pas.

6. tadeṣa ślokaḥ |
śataṃ caikā ca hṛdayasya nāḍyastāsāṃ mūrdhānam abhiniḥṣṛtaikā |
tayordhvam āyann amṛtatvam eti viṣvaṅṅ anyā utkramaṇe bhavantyutkramaṇe bhavanti ||

À ce sujet il existe un verset :

Le cœur compte cent un canaux, dont un seul s'élève vers la tête. C'est par lui qu'étant dirigé vers le haut on accède à l'immortalité ; les autres, dans leur ascension, vont n'importe où, ils aboutissent n'importe où.

7

1. ya ātmāpahatapāpmā vijaro vimṛtyurviśoko vijighatso'pipāsaḥ satyakāmaḥ satyasaṅkalpaḥ so 'nveṣṭavyaḥ vijijñāsitavyaḥ | sa sarvāṃśca lokān āpnoti sarvāṃśca kāmān yastamātmānam anuvidya vinājātīti ha prajāpatiruvāca ||

« L'*ātman*, libre de toute souillure, exempt de vieillesse, de mort, de faim et de soif, lui dont les désirs et les volitions sont le réel, c'est pour lui qu'on doit se mettre en frais, c'est lui qu'on doit connaître. Il obtient tous les mondes et tous ses désirs sont comblés, celui qui, ayant découvert cet *ātman*, le connaît. » Ainsi parla Prajāpati.

2. tadobhaye devāsurā anububudhire | te hocurhanta tamātmānam anvicchāmo yamātmānam inviṣya sarvāṃśca lokānāpnoti sarvāṃśca kāmān iti | indro hauva devānām abhipravavrāja virocano 'surāṇām | tau hāsaṃvidānāveva samitpāṇī prajāpatisakāśam ājagmatuḥ ||

Cela, tant les dieux que les asuras le comprirent. Ils dirent : « Allons, recherchons cet *ātman* qui est tel que, l'ayant recherché, on obtient tous les mondes et tous les désirs sont comblés. Alors, chez les dieux Indra s'avança et chez les asuras Virocana. Sans s'être concertés, ils arrivèrent en présence de Prajāpati en portant du combustible dans leurs mains.

3. tau ha dvātriṃśataṃ varṣāṇi brahmacaryam ūṣatuḥ | tau ha prajāpatiruvāca | kim icchantāvavāstamiti | tau hocaturya ātmāpahatapāpmā vijaro vimṛtyurviśoko vijighatso'pipāsaḥ satyakāmaḥ satyasaṅkalpaḥ so 'nveṣṭavyaḥ vijijñāsitavyaḥ | sa sarvāṃśca lokān āpnoti sarvāṃśca kāmān yastamātmānam anuvidya vinājātīti bhagavato vaco vedayante | tam icchantāvavāstam iti ||

Alors, pendant trente-deux ans ils menèrent la vie disciplinée d'étudiant de la science sacrée. Prajāpati leur dit alors : « Dans quel but avez-vous vécu ici ? » Les deux lui répondirent : « L'*ātman*, libre de toute souillure, exempt de vieillesse, de mort, de faim et de soif, lui dont les désirs et les volitions sont le réel, c'est pour lui qu'on doit se mettre en frais, c'est lui qu'on doit connaître. Il obtient tous les mondes et tous ses désirs sont comblés, celui qui, ayant découvert cet *ātman*, le connaît. »

4. tau ha prajāpatiruvāca ya eso 'kṣiṇi puruṣo dṛśyate eṣa ātmeti hovāca I etadamṛtam abhayam etad brahmeti I atha yo 'yaṃ bhagavo 'psu parikhyāyate yaścāyam ādarśe katama eṣa iti I eṣa u evaiṣu sarveṣvanteṣu parikhyāyata iti hovāca II

Prajāpati leur dit alors : - Ce personnage que l'on voit dans l'œil, c'est l'*ātman*. Il est immortel, sans peur, c'est Brahman. - Alors, Seigneur, celui qu'on voit dans les eaux et celui qu'on voit dans un miroir qu'est-il ? - En vérité, c'est le même qu'on voit dans toutes ces surfaces.

8

1. udaśarāva ātmānam avekṣya yadātmano na vijānīthastanme prabrūtam iti I tau hodaśarāve 'vekṣaṃ cakrāte I tau ha prajāpatiruvāca kiṃ paśyatha iti I tau hocatuḥ sarvam evedam āvāṃ bhagava ātmānaṃ paśyāva ā lomabhya ā nakhebhyaḥ pratirūpam iti II

Après vous être regardés dans un plat d'eau, racontez-moi ce que vous ne comprenez pas de l'*ātman*. Les deux s'accomplirent et se regardèrent dans le plat d'eau. Prajāpati leur dit alors : - Que voyez-vous ? - Seigneur, quant à nous, nous nous voyons au complet, des cheveux jusqu'aux ongles d'orteils.

2. tau ha prajāpatiruvāca sādhvalaṅkṛtau suvasanau pariṣkṛtau bhūtvodaśarāve 'vekṣethām iti I tau ha sādhvalaṅkṛtau suvasanau pariṣkṛtau bhūtvodaśarāve 'vekṣāṃ cakrāte I tau ha prajāpatiruvāca kiṃ paśyatha iti II

Prajāpati leur dit : « Après vous être bien ornés, bien habillés et bien parés, regardez-vous dans un plat d'eau. » Après s'être bien ornés, bien habillés et bien parés, ils se regardèrent dans un plat d'eau. Prajāpati leur dit alors : - Que voyez-vous ?

3. tau hocaturyathaivedamāvāṃ bhagavaḥ sādhvalaṅkṛtau suvasanau pariṣkṛtau sva evamevemau bhagavaḥ sādhvalaṅkṛtau suvasanau pariṣkṛtāviti I eṣa ātmeti hovāca I etadamṛtam abhayam etad brahmeti I tau ha śāntahṛdayau pravavrajatuḥ II

Les deux dirent - Comme nous sommes tous les deux, Seigneur, bien ornés, bien habillés et bien parés, nous nous voyons ces deux-là de la même façon, Seigneur, bien ornés, bien habillés et bien parés. - C'est l'*ātman*, répondit-il. Voilà ce qui est immortel et sans peur, c'est Brahman. Les deux s'éloignèrent alors, le cœur en paix.

4. tau hānvīkṣya prajāpatiruvāca anupalabhyātmānam ananuvidya vrajate I yatara etadupaniṣado bhaviṣyanti devā vāsurā vā te parābhaviṣyantīti I sa ha śāntahṛdaya eva virocano 'surāñjagāma I tebhyo haitam upaniṣadaṃ provāca ātmaiveha mahayya ātmā paricaryaḥ I ātmānam eveha mahayann ātmānaṃ paricarann ubhau lokāvāpnotīmaṃ cāmuṃ ceti II

Tandis qu'il les suivait du regard, Prajāpati dit : « Ils s'en vont sans avoir saisi ni compris l'*ātman*. Ceux des deux, dieux ou asuras, qui s'en tiendront à cet enseignement iront à leur perte. » Quant à Viracama, il se rendit, le cœur tranquille, chez les asuras. Il leur prêcha la doctrine suivante : c'est soi-même (le corps) qu'il faut réjouir, c'est à soi-même qu'il faut porter attention. C'est en réjouissant le corps et en prenant soin de lui ici-bas qu'on obtient les deux mondes, celui-ci et l'autre.

5. tasmādapyadyehādadānam aśraddadhānam ayajamānam āhurāsuro bateti I asurāṇāṃ hyeṣopaniṣat I pretasya śarīraṃ bhikṣayā vasanenālaṅkāreṇeti saṃskurvanti I etena hyamuṃ lokaṃ jeṣyanto manyante II

Voilà pourquoi même aujourd'hui les gens disent de celui qui ne donne pas, qui est sans foi, et ne sacrifie pas : « Ah ! Comme il est démoniaque ! » En effet, telle est la doctrine des asuras. Ils préparent le corps d'un mort avec des offrandes, des vêtements et des ornements, car ils croient que c'est grâce à cela qu'ils gagneront le monde au-delà.

9

1. atha hendro'prāpyaiva devān etadbhayaṃ dadarśa / yathaiva khalvayamasmiñcharīre sādhvalaṅkṛte sādhvalaṅkṛto bhavati suvasane suvasanaḥ pariṣkṛte pariṣkṛta evamevāyam asminn andhe 'ndho bhavati srāme srāmaḥ parivṛkṇe parivṛkṇaḥ / asyaiva śarīrasya nāśamanveṣa naśyati / nāham atra bhogyaṃ paśyāmīti //

Cependant Indra, avant même de rejoindre les dieux, avait vu ce danger. « Tout comme, lorsque le corps est bien orné, bien habillé et bien paré, cet (*ātman*) est bien orné, bien habillé et bien paré, de la même façon lorsque le corps est aveugle il est aveugle, lorsque le corps est malade il est malade, lorsque le corps est mutilé il est mutilé. Cet (*ātman*) périt en même temps que périt le corps. Je ne vois là rien de réjouissant. »

2. sa samitpāṇiḥ punareyāya / taṃ ha prajāpatruvāca maghavanycchāntahṛdayaḥ prāvrājīḥ sārdhaṃ virocanena kim icchanpunarāgama iti / sa hovāca yathaiva khalvayaṃ bhagavo asmiñcharīre sādhvalaṅkṛte sādhvalaṅkṛto bhavati suvasane suvasanaḥ pariṣkṛte pariṣkṛta evamevāyam asminn andhe 'ndho bhavati srāme srāmaḥ parivṛkṇe parivṛkṇaḥ / asyaiva śarīrasya nāśamanveṣa naśyati / nāham atra bhogyaṃ paśyāmīti

Il revient en tenant du combustible à la main. Prajāpati lui dit :
- Ô Généreux, étant donné que tu t'en es allé le cœur satisfait avec Virocana, dans quel but es-tu revenu ? - Seigneur, tout comme, lorsque le corps est bien orné, bien habillé et bien paré,

cet (*ātman*) est bien orné, bien habillé et bien paré, de la même façon lorsque le corps est aveugle il est aveugle, lorsque le corps est malade il est malade, lorsque le corps est mutilé il est mutilé. Cet (*ātman*) périt en même temps que périt le corps. Je ne vois là rien de réjouissant.

3. evamevaiṣa maghavann iti hovāca | etaṃ tveva te bhūyo 'nuvyākhyāsyāmi | vasāparāṇi dvātriṃśataṃ varṣāṇīti | sa hāparāṇi dvātriṃśataṃ varṣāṇyuvāsa | tasmai hovāca ||

- Il en est vraiment ainsi, ô Généreux ! Cependant, je t'expliquerai davantage. Demeure ici trente-deux années supplémentaires. L'autre demeura donc là trente-deux années de plus. Alors, il (Prajāpati) lui dit :

10

1. ya eṣa svapne mahīyamānaścaratyeṣa ātmeti hovāca | etadamṛtam abhayam etad brahmeti | sa ha śāntahṛdayaḥ pravavrāja | sa hāprāpyaiva devān etadbhayaṃ dadarṣa | tadyadyapīdaṃ śarīram andhaṃ bhavatyanandhaḥ sa bhavati yadi srāmam asrāmaḥ | naivaiṣo 'sya doṣeṇa duṣyati ||

« Celui qui dans le rêve évolue joyeux, c'est lui l'*ātman*. Il est immortel et sans peur, il est Brahaman. » L'autre s'en alla le cœur content. Mais avant d'arriver chez les dieux, il eut cette appréhension : Ainsi, même si ce corps devient aveugle, lui, il ne devient pas aveugle, si le corps est malade, il n'est pas malade. Il n'est donc pas souillé par la souillure du corps.

2. na vadhenāsya hanyate | nāsya srāmyeṇa srāmaḥ | ghnanti tvevainam | vicchādayantīva | apriyavetteva bhavati | api roditīva | nāham atra bhogyaṃ paśyamīti ||

Il n'est pas anéanti par la destruction du corps. Il n'est pas débilité quand le corps l'est. Mais il semble qu'on le tue, on le dénude, semble-t-il, il semble connaître ce qui est déplaisant, il semble même pleurer. Personnellement, je ne vois là rien de réjouissant.

3. sa samitpāṇiḥ punareyāya | taṃ ha prajāpatruvāca maghavanycchāntahṛdayaḥ prāvrājīḥ sārdhaṃ virocanena kim icchanpunarāgama iti | sa hovāca tadyadyapīdaṃ bhagavaḥ śarīram andhaṃ bhavatyanandhaḥ sa bhavati yadi srāmam asrāmaḥ | naivaiṣo 'sya doṣeṇa duṣyati ||

Il revient en tenant du combustible à la main. Prajāpati lui dit : - Ô Généreux, étant donné que tu t'en es allé le cœur satisfait avec Virocana, dans quel but es-tu revenu ? - Seigneur, ainsi même si ce corps devient aveugle, lui, il ne devient pas aveugle, si le corps est malade, il n'est pas malade. Il n'est donc pas souillé par la souillure du corps.

4. na vadhenāsya hanyate | nāsya srāmyeṇa srāmaḥ | ghnanti tvevainam | vicchādayantīva | apriyavetteva bhavati | api roditīva | nāham atra bhogyaṃ paśyamīti | evamevaiṣa maghavann iti hovāca | etaṃ tveva te bhūyo 'nuvyākhyāsyāmi | vasāparāṇi dvātriṃśataṃ varṣāṇīti | sa hāparāṇi dvātriṃśataṃ varṣāṇyuvāsa | tasmai hovāca ||

Il n'est pas anéanti par la destruction du corps. Il n'est pas débilité quand le corps l'est. Mais il semble qu'on le tue, on le dénude, semble-t-il, il semble connaître ce qui est déplaisant, il semble même pleurer. Personnellement, je ne vois là rien de réjouissant. - Il est vraiment ainsi, ô Généreux ! Cependant, je t'expliquerai davantage. Demeure ici trente-deux années supplémentaires. L'autre demeura donc là trente-deux années de plus. Alors, il (Prajāpati) lui dit :

11

1. tadyatraitatsuptaḥ samastaḥ saṃprasannaḥ svapnaṃ na vijānātyeṣa ātmeti hovāca | etadamṛtam abhayam etad brahmeti | sa ha śāntahṛdayaḥ pravavrāja | sa hāprāpyaiva devān etadbhayaṃ dadarṣa | nāha khalvayam evaṃ saṃpratyātmānaṃ jānātyayam ahamasmīti | no evemāni bhūtāni | vināśam evāpīti | nāham atra bhogyaṃ paśyāmīti ||

« Maintenant, quand on dort, bien établi et tranquille, on ne connaît pas le rêve : c'est l'*ātman*. Il est immortel et sans peur, il est Brahman. » L'autre s'en alla le cœur content. Mais avant d'arriver chez les dieux, il eut cette appréhension : « ainsi, sûrement celui qui est ainsi ne connaît pas complètement *l'ātman* comme « je suis lui », il ne connaît aucune ces (autres) créatures. C'est la complète annihilation. Je ne vois là rien de réjouissant.

2. sa samitpāṇiḥ punareyāya / taṃ ha prajāpatruvāca maghavanycchāntahṛdayaḥ prāvrājīḥ sārdhaṃ virocanena kim icchanpunaṛāgama iti / sa hovāca / nāha khalvayam evaṃ saṃpratyātmānaṃ jānātyayam ahamasmīti / no evemāni bhūtāni / vināśam evāpīti / nāham atra bhogyaṃ paśyāmīti //

Il revient en tenant du combustible à la main. Prajāpati lui dit : - Ô Généreux, étant donné que tu t'en es allé le cœur satisfait avec Virocana, dans quel but es-tu revenu ? - Seigneur, sûrement celui qui est ainsi ne connaît pas l'*ātman* comme « je suis lui », il ne connaît aucune ces (autres) créatures. C'est la complète annihilation. Je ne vois là rien de réjouissant.

3. evamevaiṣa maghavann iti hovāca / etaṃ tveva te bhūyo 'nuvyākhyāsyāmi no evānytraitasmāt / vasāparāṇi pañca varṣāṇīti / sa hāparāṇi pañca varṣāṇyuvāsa / tānyekaśataṃ saṃpeduḥ / etattadyadāhuḥ / ekaśataṃ ha vai praṣāṇi maghavān prajāpatau brahmacaryam uvāsa / tasmai hovāca //

- Il est vraiment ainsi, ô Généreux ! Cependant, je t'expliquerai davantage, mais seulement sous cette condition : demeure ici cinq années supplémentaires. Il demeura donc cinq années supplémentaires. Il s'était donc écoulé cent une années. C'est pourquoi aujourd'hui les gens disent : « Le Généreux vécut cent un ans la vie disciplinée d'étudiant de la science sacrée auprès de Prajāpati. » Celui-ci lui dit :

12

1. maghavan martyaṃ vā idaṃ śarīram āttaṃ mṛtyunā / tadasyāmṛtasyāśarīrasyātmano 'dhiṣṭhānam / ātto vai saśarīraḥ priyāpriyābhyām / na vai saśarīrasya sataḥ priyāpriyayorapahatirasti / aśarīraṃ vāva santaṃ na priyāpriye spṛśataḥ //

Ô Généreux, mortel pour sûr est ce corps, il est sous l'emprise de la mort. Il est le siège de cet *ātman* immortel et incorporel. Étant corporel, il est certes tenu par le plaisant et le déplaisant. Il n'y a certainement pas de fin au plaisr et à la peine pour celui qui est incarné. Par contre, la joie et la peine ne touchent pas celui qui est dépourvu de corps.

2. aśarīro vāyuḥ / abhraṃ vidyut stanayitnuraśarīrāṇyetāni / tadyathaitānyamuṣmādākāśāt samutthāya paraṃ jyotirupasaṃpadya svena rūpeṇābhiniṣpadyante //

Incorporel est le vent, de même que les nuages, l'éclair et le tonnerre. De même que ceux-ci, après être montés au-delà de l'espace supérieur et avoir atteint la lumière suprême, émergent dans leur forme véritable,

3. evamevaiṣa saṃprasādo 'smāccharīrāt samutthāya paraṃ jyotirupasaṃpadya svena rūpeṇābhiniṣpadyate / sa uttamapuruṣaḥ / sa tatra paryeti jakṣat krīḍan ramamāṇaḥ strībhirvā yānairvā jñātibhirvā nopajanaṃ smarann idaṃ śarīram / sa yathā prayogya ācaraṇe yukta evamevāyam asmiñcharīre prāṇo yuktaḥ //

de la même manière celui-ci (l'*ātman*) profondément calme, ayant émergé de ce corps et atteint la plus haute lumière arrive à sa vraie forme. C'est l'Homme suprême (l'Homme cosmique, *puruṣa*). Il s'y meut, mangeant, jouant, se réjouissant avec des femmes, des chars ou des proches, ne se souvenant pas de cet appendice qu'est ce corps. Tout comme un animal de trait est attelé à la voiture, de même ce souffle de vie est attelé à ce corps.

4. atha yatraitadākāśam anuviṣaṇṇaṃ cakṣuḥ sa cākṣuṣaḥ puruṣo darśanāya cakṣuḥ / atha yo vededaṃ jighrāṇīti sa ātmā gandhāya ghrāṇam / atha yo vededam abhivyāharāṇīti sa ātmābhivyāhārāya vāk / atha yo vededaṃ śṛṇavānīti sa ātmā śravaṇāya śrotram //

Maintenant, là où l'œil pénètre dans l'espace, c'est l'Homme cosmique (*puruṣa*) qui voit, l'œil l'aide à voir. Celui qui sait « je veux sentir ceci », c'est l'*ātman*, le nez l'aide à sentir. Maintenant, celui qui sait « je veux formuler ceci », c'est l'*ātman*, la parole l'aide à énoncer. Maintenant, celui qui sait « je veux entendre », c'est l'*ātman*, l'oreille l'aide à entendre.

5. atha yo vededaṃ manvānīti sa ātmā mano 'sya daivaṃ cakṣuḥ / sa vā eṣa etena daivena cakṣuṣā manasaitān kāmān paśyan ramate ya ete brahmaloke //

Maintenant, celui sait « je veux penser ceci », c'est l'*ātman* et l'esprit est son œil divin. Celui-ci en vérité, contemplant ces désirs, ceux qui sont dans le monde Brahman, grâce à son œil divin qu'est l'esprit, il se réjouit.

6. taṃ vā etaṃdevā ātmānam upāsate / tasmāt teṣāṃ sarve ca lokā āttāḥ sarve ca kāmāḥ / sa sarvāṃśca lokān āpnoti sarvāṃśca kāmān yastam ātmānam anuvidya vijānāti / iti ha prajāpatiruvāca, prajāpatiruvāca //

C'est très certainement cet *ātman* que les dieux vénèrent. Voilà pourquoi ils tiennent tous les mondes et tous les désirs. Il obtient certes tous les mondes et tous les désirs celui qui, ayant découvert cet *ātman*, le comprend. Ainsi parla Prajāpati, ainsi parla Prajāpati.

13

1. śyāmācchabalaṃ prapadye / śabalācchyāmaṃ prapadye / aśva iva romāṇi vidhuya pāpaṃ candra iva rāhormukhāt pramucya dhūtvā śarīram akṛtaṃ kṛtātmā brahmalokam abhisaṃbhavāmītyabhisaṃbhavāmīti //

Du noir je vais au multicolore, du multicolore je vais au noir. Comme un cheval secouant sa crinière, je secoue le mal ; comme la lune se libérant de la bouche de Rāhu, ayant rejeté le corps imparfait, moi l'*ātman* parfait, je rejoins le monde incréé de Brahman, oui, je le rejoins[1].

14

1. ākāśo vai nāma nāmarūpayornirvahitā | te yadantarā tad brahma tadamṛtaṃ sa ātmā | prajāpateḥ sabhāṃ veśma prapadye | yaśo 'haṃ bhavāmi brāhmaṇānāṃ yaśo rājñāṃ yaśo viśām | yaśo 'haṃ anuprāpatsi | sa hāhaṃ yaśasāṃ yaśaḥ | śvetam adatkamadatkaṃ śyetaṃ lindu mābhigaṃ lindu mābhigām ||

Ākāśa est certes le nom de ce qui fait apparaître nom et forme. Ce en quoi ils sont contenus, cela est Brahman, cela est immortel, cela est l'*ātman*. Je vais à la salle d'assemblée de Prajāpati, sa demeure. Moi, je suis la gloire des brahmanes, la gloire des princes, la gloire des hommes du peuple[2]. Moi, je suis parvenu à la gloire, Moi, je suis la gloire des gloires. Puissé-je ne pas devenir gris et édenté, oui édenté, que je ne retourne pas dans la membrane[3], que je ne retourne pas dans la membrane !

15

1. taddhaitad brahmā prajāpataya uvāca prajāpatirmanave manuḥ prajābhyaḥ | ācāryakulādvedam adhītya yathāvidhānaṃ guroḥ karmātiśeṣeṇābhisamāvṛtya kuṭumbe śucau deśe svādhyāyam adhīyāno dhārmikān vidadhadātmani sarvendriyāṇi saṃpratiṣṭhāpyāhiṃsan sarvabhūtānyanyatra tīrthebhyaḥ | sa khalvevaṃ vartayan yāvadāyuṣaṃ

1. On peut aussi lire : « ayant rejeté le corps, moi l'*ātmā* parfait, je rejoins le monde incréé de Brahman. »

2. On vient d'énumérer les trois castes traditionnelles : *brāhmanes*, *kṣatriya* et *vaiśya*.

3. La membrane amniotique.

brahmalokam abhisaṃpadyate | na ca punarāvartate na ca punarāvartate ||

C'est cela même que Brahmā dit à Prajāpati, qui le dit à Manu, qui le dit à sa descendance. Celui qui, après avoir appris le Veda selon les règles dans le temps libre après le service au maître, revient chez lui de la maison du maître, continue sa récitation quotidienne du Veda dans sa famille dans un endroit propre, produit des enfants et des élèves vertueux, concentre ses organes des sens en lui-même, sur *l'ātman*, et s'abstient de tuer toute créature, hormis dans les endroits sacrés prescrits, celui qui en vérité vit ainsi toute sa vie, il atteint le monde de Brahman et ne retourne plus, il ne retourne plus.

Taittirīya Upaniṣad

Cette Upaniṣad fait partie du *Taittirīya Āraṇyaka* relié au *Yajurveda* et, comme la *Bṛhadāraṇyaka* et la *Chāndogya*, elle est ritualiste, dans le sens qu'elle voit les divers éléments et gestes du sacrifice comme des symboles. C'est Śhaṅkara qui, beaucoup plus tard, au VIIIe siècle de notre ère, a attribué un nom particulier à chaque *vallī*, ou « liane » (d'enseignement).

I

ŚIKṢĀVALLĪ

1

1. śaṃ no mitraḥ śaṃ varunaḥ śaṃ no bhavatyaryamā I
śaṃ na indro bṛhaspatiḥśam no viṣṇururukramaḥ II
namo brahmaṇe I namaste vāyo I tvam eva pratyakṣaṃ
brahmāsi I tvām eva pratyakṣaṃ brahma vadiṣyāmi I ṛtam
vadiṣyāmi I satyaṃ vadiṣyāmi I tan mām avatu I tadvaktāram
avatu I avatu mām avatu vaktāram I auṃ śāntiḥ śāntiḥ śāntiḥ II

Que Mitra nous soit propice ! Que Varuṇa nous soit propice ! Qu'Aryaman nous soit propice ! Qu'Indra et Bṛhaspati nous soient propices ! Que Viṣṇu à la démarche ample nous soit propice ! Salutation à Brahman ! Salutation à toi Vāyu ! Tu es bien le Brahman perceptible, j'entends le dire que Tu es bien le Brahman perceptible. Je dirai la rectitude, je proclamerai la vérité. Que cela me protège ! Que cela protège l'annonciateur ! Que cela me protège, que cela protège l'annonciateur ! Auṃ, paix, paix, paix.

2

1. śīkṣāṃ vyākhyāsyāmaḥ I varṇaḥ svarah I mātrā balam I sāma santānaḥ I ityuktaḥ śīkṣādhyāyaḥ II

Nous allons expliquer la phonétique : les phonèmes, les sons (ou les accents), la quantité, la force, l'articulation (ou la mélodie) et la liaison ; c'est ainsi qu'on décrit le domaine de la phonétique.

3

1. saha nau yaśaḥ I saha nau brahmavarcasam I athā taḥ saṃhitāyā upaniṣadaṃ vyākhyāsyāmaḥ I pañcasvadhikaraṇeṣu I adhilokam adhijyautiṣam adhividyam adhiprajam adhyātmam I tā mahāsaṃhitā ityācakṣate I athādhilokam I pṛthivī pūrvarūpam I dyauruttararūpam I ākāśaḥ saṃdhiḥ I vāyuḥ saṃdhānam I ityadhilokam II

Que la gloire soit avec nous deux ! Que la splendeur de la connaissance sacrée soit sur nous deux ! Ensuite, nous allons expliquer la doctrine secrète des règles de combinaison selon cinq sujets : le monde, la science des luminaires, la connaissance, la descendance, soi-même. On appelle ces éléments les « combinaisons à grande échelle ». En ce qui concerne les mondes : la forme première est la terre, la forme suivante est le ciel, leur lien est l'espace (éther), leur union est le vent. Voilà pour les mondes.

2. athādhijyautiṣam I agniḥ pūrvarūpam I aditya uttararūpam I āpaḥ saṃdhiḥ I vaidyutaḥ saṃdhānam I ityadhijyautiṣam II

Maintenant en ce qui concerne les luminaires : la forme première est le feu, la forme suivante est le soleil, leur lien, ce sont les eaux, leur union est l'éclair. Voilà pour les luminaires.

3. athādhijvidyam I ācaryaḥ pūrvarūpam I antevāsyuttararūpam I vidyā saṃdhiḥ I pravacanaḥ saṃdhānam I ityadhividyam II

Maintenant en ce qui concerne la connaissance : la forme première est le maître, la forme suivante est l'élève, leur lien est la connaissance, leur union est la doctrine. Voilà pour la connaissance.

4. athādhiprajam | mātā pūrvarūpam | pittottararūpam | prajā saṃdhiḥ | prajananaḥ saṃdhānam | ityadhiprajam ||

Maintenant en ce qui concerne la descendance : la forme première est la mère, la forme suivante est le père, leur lien est leur progéniture, leur union est la procréation. Voilà pour la descendance.

5. athādhyātmam | adharāhanuḥ pūrvarūpam |
uttarāhanuruttararūpam | vāk saṃdhiḥ | jiḥvā saṃdhānam |
ityadhyātmam ||

Maintenant en ce qui concerne soi-même : la forme première est la mâchoire inférieure, la forme suivante est la mâchoire supérieure, leur lien est la parole, leur union est la langue. Voilà pour soi-même.

6. itīmā mahāsaṃhitāḥ | ya evam etā mahāsaṃhitā
vyākhyātā veda saṃdhīyate prajayā paśubhiḥ |
brahmavarcasenānnādyena suvargeṇa lokena ||

Telles sont les « combinaisons à grande échelle ». Celui qui les connaît telles qu'elles ont été exposées sera comblé d'une descendance, de richesse (troupeaux), de la splendeur de la connaissance sacrée, de nourriture à manger et du monde céleste.

4

1. yaśchandaśām ṛṣabho viśvarūpaḥ chandobhyo'dhyamṛtāt
sambabhūva |
sa mendro medhayā spṛṇotu amṛtasya deva dhāraṇo bhūyāsam ||
śarīram me vicarṣaṇam jihvā me madhumattamā |
karṇābhyām bhūri viśruvam ||
brahmaṇaḥ kośo'si
medhayāpihitaḥ
śrutam me gopāya ||

Lui qui est le plus grand dans les hymnes védiques et a toutes les formes, lui qui a jailli à l'existence à partir des hymnes et de l'immortel, lui, Indra, puisse-t-il me délivrer par la sagesse, ô dieu puissé-je fixer l'immortel ! Mon corps, puisse-t-il être vigoureux ! Ma langue, puisse-t-elle être des plus suave ! Mes oreilles, puissent-elles entendre abondamment ! Tu es le véhicule du Brahman couvert de sagesse, préserve pour moi ce que j'ai entendu !

2. āvahantī vitanvānā kurvāṇācīram ātmanaḥ |
vāsāṃsi mama gāvaśca annapāne ca sarvadā ||
tato me śriyam āvaha lomaśām paśubhiḥ saha svāhā ||
vimāyantu brahmacāriṇaḥ svāhā |
pra mā yantu brahmacāriṇaḥ svāhā |
damāyantu brahmacāriṇaḥ svāhā |
śamāyantu brahmacāriṇaḥ svāhā ||

Elle apporte et produit toujours du tissu pour elle-même et, pour moi des vêtements, des troupeaux (la lumière), de quoi manger et boire. Alors, apporte-moi la prospérité riche en moutons avec des troupeaux. *svāhā* ! Que les étudiants viennent à moi ! *svāhā* ! Que les étudiants se regroupent autour de moi ! *svāhā* ! Que les étudiants viennent à moi disciplinés ! *svāhā* ! Que les étudiants viennent à moi tranquilles ! *svāhā* !

3. yaśo jane'sāni svāhā |
śreyān vasyaso'sāni svāhā |
taṃ tvā bhaga praviśāni svāhā |
sa mā bhaga praviśa svāhā |
tasmin sahasraśakhe ni bhagāhaṃ tvayi mṛje svāhā |
yathāpaḥ pravatā yantu yathā māsā aharjaram |
evaṃ mā brahmacāriṇo dhātarāyantu sarvataḥ svāhā |
prativeśo'si pra mā bhāhi pra mā padyasva ||

Puissé-je -être fameux d'entre les hommes, *svāhā* ! Puissé-je être mieux que le plus riche, *svāhā* ! Puissé-je, ô Bhaga, entrer en toi, *svāhā* ! Puisses-tu, ô Bhaga, entrer en moi, *svāhā* ! En lui aux mille branches, en toi, ô gracieux, je me nettoie, *svāhā* ! Comme les eaux dévalent la pente, comme les mois avec le passage des jours. Ainsi, ô Pourvoyeur, que les étudiants viennent à moi de toutes parts, *svāhā* ! Tu es mon voisin, illumine-moi, viens à moi, *svāhā* !

5

1. bhūrbhuvaḥ suvariti vā etāstisro vyāhṛtayaḥ / tāsām u ha smaitaṃ caturthīm / māhācamasyaḥ pravedayate / maha iti / tad brahma / sa ātmā / aṅgānyanyā devatāḥ / bhūriti vā ayaṃ lokaḥ / bhuva ityantarikṣam / suvarityasau lokaḥ / mahaityādityaḥ / ādityena vāva sarve lokā mahīyante //

Bhūr, bhuvas, suvar : ce sont les trois exclamations rituelles. Par contre cette quatrième, *mahas*, c'est le fils de Māhācama qui l'a enseignée. Elle est Brahman, elle est le Soi (ou le corps) et les autres divinités en sont les membres. Ce monde ici-bas est *bhūr*, la région intermédiaire est *bhuvas* et le monde là-haut est *suvar*. Le soleil est *mahas*, car tous les mondes sont portés à la joie grâce au soleil.

2. bhūriti vā agniḥ / bhuva iti vāyuḥ / suvarityādityaḥ / maha iti candramāḥ / candramasā vāva sarvāṇi jyotīṃṣi mahīyante //

En vérité, le feu est *bhūr*, l'air est *bhuvas*, le soleil est *suvar* et la lune est *mahas* ; en effet, tous les autres luminaires sont portés à la joie grâce à la lune.

3. bhūriti vā ṛcaḥ / bhuva iti sāmāni / suvariti yajūṃṣi / maha iti brahmaḥ / brahmaṇā vāva sarve vedā mahīyante //

En vérité, les vers sacrés du *Ṛgveda* est *bhūr*, les chants du *Sāman* est *bhuvas*, les formules du *Yajus* sont *suvar* et Brahman[1] est *mahas* ; en effet, tous les Vedas sont rendus joyeux grâce à Brahman.

4. bhūriti vai prāṇaḥ / bhuva iti apānaḥ / suvariti vyānaḥ / maha ityannam/ annenā vāva sarve prāṇā mahīyante //

En vérité, le souffle sortant est *bhūr*, le souffle entrant est *bhuvas*, le souffle diffus est *suvar* et la nourriture est *mahas* ; en effet, tous les souffles vitaux sont portés à la joie grâce à la nourriture.

1. = AUM

5. tā vā etaścatasraścaturdhā | catasraścatasro vyāhṛayaḥ | tā yo veda sa veda brahma | sarvesmai devā balim āvahanti ||

En vérité, ces quatre sont divisés en quatre, ce qui fait quatre ensembles de quatre exclamations. Celui qui les connaît, celui-là connaît Brahman et tous les dieux lui offrent un tribut.

6

1. sa ya eṣo'ntarhṛdaya ākāśaḥ | tasminnayaṃ puruṣo manomayaḥ | amṛto hiraṇmayaḥ | antareṇa tāluke ya eṣa stana ivāvalambate | sendrayoniḥ | yatrāsau keśanto vivartate | vyapohya śīrṣakapāle | bhūrityagnau pratiṣṭhati | buva iti vāyau ||

Cet espace qui est dans le cœur, c'est en lui que se trouve cette Personne (*puruṣa*) immortelle et en or qui consiste dans le mental. Cette chose qui pend comme une mamelle entre les deux parties du palais, c'est la matrice d'Indra. Là où les cheveux se séparent sur le crâne, il s'installe dans le feu en lançant *bhūr*, dans le vent en lançant *bhuvas*,

2. suvarityāditye | maha iti brahmaṇi | āpnoti svārājyam āpnoti manasaspatim | vākpatiścakṣuṣpatiḥ | śrotrapatirvijñānapatiḥ | etattato bhavati | ākāśa śarīram brahma | satyātma prāṇārāmaṃ mana ānandaṃ śantisamṛddham amṛtam | iti prācīnayogyopāsva ||

dans le soleil en lançant *suvar* et en Brahman en lançant *mahas*. Il obtient la souveraineté et la maîtrise du mental, il devient le seigneur de la parole et de la vue, le seigneur de l'ouïe et de la compréhension. Et dès lors il devient ceci : le Brahman dont le corps est l'espace, dont la réalité (la vérité) est le Soi, dont le souffle est le délice, dont le mental est la béatitude, le Brahman qui déborde de paix et d'immortalité. Prācīnayogya, vénère-le ainsi.

7

1. pṛthivyantarikṣaṃ dvairdiśo'vāntaradiśāḥ | agnirvāyurādityaścandramā nakśatrāṇi | āpa oṣadhayo vanaspatataya ākāśa ātmā | ityadhibhūtam || athadhyātmam | prāṇo vyāno'pāna udānaḥ samānaḥ | cakṣuḥ śrotraṃ mano vāktvak | carma māṃsaṃ snāvāsthi majjā | etadadhividhāya ṛṣiravocat | pāṅktaṃ vā idaṃ sarvam | pāṅktenaiva pāṅktaṃ spṛnoti ||

Terre, atmosphère, ciel, directions, directions intermédiaires
Feu, air, soleil, lune, étoiles
Eau, plantes, arbres, éther, corps.
Voilà pour les êtres, maintenant pour le corps :
Souffle sortant, souffle intérieur, souffle entrant, souffle ascendant, souffle égalisé,
vue, ouïe, mental, parole, toucher
peau, chair, tendons, os, moelle.
Après avoir établi cette répartition, le visionnaire (rishi) déclara : cet univers est quintuple et grâce à ce qui est quintuple on gagne ce qui est quintuple.

8

1. aum iti brahma | aum itīdaṃ sarvam | aum ityetadanukṛtir ha sma vā apyo śrāvayetyāśrāvayanti | aum iti sāmāni gāyanti | aum śomiti śastrāṇi śaṃśanti | aum ityadhvaryuḥ | pratigaraṃ pratigṛnāti | aum iti brahmā prastauti | aum ityagnihotram anujānāti | aum iti brāhmaṇaḥ pravakṣyannāha | brahmopāpnavānīti | brahmaivopāpnoti ||

Brahman est *auṃ*. Cet univers au complet est *auṃ*. Prononcer *auṃ* signale la conformité : ainsi, quand on leur enjoint « fais-le écouter ! », ils font écouter. On récite *auṃ* avant de chanter les chants du *Sāman*. On dit *auṃ* avant de réciter les hymnes de louange. Le prêtre *adhvaryu* dit *auṃ* avant de répondre (au *hotṛ*). Le prêtre brahmane dit *auṃ* avant de chanter les louanges d'introduction. On dit *auṃ* en donnant la permission de commencer le sacrifice. Le brahmane qui s'apprête à réciter en public dit *auṃ*, puis « puissé-je saisir le brahman » (les vers sacrés) et en fait il le saisit.

9

1. ṛtaṃ ca svādhyāyapravacane ca | satyaṃ ca svādhyāyapravācane ca | tapaśca svādhyāyapravācane ca | damaśca svādhyāyapravācane ca | śamaśca svādhyāyapravācane ca | agnayaśca svādhyāyapravācane ca | agnihotraṃ ca svādhyāyapravācane ca | atithayaśca svādhyāyapravācane ca | mānuṣaṃ ca svādhyāyapravācane ca | prajā ca svādhyāyapravācane ca | prajana ca svādhyāyapravācane ca | prajātiśca svādhyāyapravācane ca | satyamiti satyavacā rāthītaraḥ | tapa iti taponityaḥ pauruśiṣṭiḥ | svādhyāyapravācane eva nāko maudgalyaḥ | taddhi tapastaddhi tapaḥ ||

La rectitude oui, mais aussi la récitation privée et publique du Veda. La vérité oui, mais aussi la récitation privée et publique du Veda. L'austérité oui, mais aussi la récitation privée et publique du Veda. Le contrôle de soi oui, mais aussi la récitation privée et publique du Veda. La tranquilité oui, mais aussi la récitation privée et publique du Veda. Les feux oui, mais aussi la récitation privée et publique du Veda. Le sacrifice du feu oui, mais aussi la récitation privée et publique du Veda. Les invités oui, mais aussi la récitation privée et publique du Veda. L'humanité oui, mais aussi la récitation privée et publique du Veda. Les enfants oui, mais aussi la récitation privée et publique du Veda. La procréation oui, mais aussi la récitation privée et publique du Veda. La descendance oui, mais aussi la récitation privée et publique du Veda.

La vérité, préconisait Rāthītara à la parole véridique. L'austérité, préconisait l'austère Pauruśiṣṭi. La récitation privée et publique du Veda et rien d'autre, préconisait Maudgalya : car voilà l'austérité, oui, voilà l'austérité.

10

1. ahaṃ vrikṣasya reriva kīrtiḥ pṛṣṭhaṃ gireriva /
urdhvapavitro vājinīvasvamṛtam asmi draviṇaṃ savarcasam /
sumedhā amṛto 'kṣitaḥ /
iti triśaṅkorvedānuvacanam //

Je suis tel l'oiseau[1] sur l'arbre ! Ma gloire est comme le sommet d'une montagne !
Immaculé en haut, Je suis tel l'Immortel dans le soleil, le trésor éminemment brillant !
Sage, immortel et impérissable !
Tel est la récitation védique de Triśaṅku.

11

1. vedamanucyācāryo'ntevāsinnamanuśānti / satyaṃ vada / dharmaṃ cara / svādhyāyānmā pramadaḥ / ācaryāya priyaṃ dhanamāhṛtya prajātantuṃ mā vyavacchetsīḥ / satyānna pramditvayam / dharmānna pramditvayam / kuśalānna pramditvayam / bhūtyai na pramditvayam / svādhyāyapravacanābhyaṃ na pramditvayam / na pramditvayam / devapitṛkārābhyāṃ na pramditvayam //

Après avoir enseigné le Veda, l'enseignant instruit l'élève. Parle de la Vérité, observe la conduite juste, ne néglige pas la récitation privée du Veda. Après avoir offert à ton enseignant un don de valeur, ne brise pas le lien familial. Ne néglige pas la vérité, ne néglige pas la loi, ne néglige pas ta santé ni ta prospérité. Ne néglige pas la récitation privée et publique du Veda. Ne néglige pas tes devoirs envers les dieux et les ancêtres.

2. mātṛdevo bhava / pitṛdevo bhava / ācāryadevo bhava / atithidevo bhava / yānyanavadhyāni karmāṇi tāni sevitavyāni no

1. Il faut lire *reriva*, *rerivā* étant sûrement une corruption ; la symétrie *reriva / gireriva* le confirme.

itarāṇi / yānyasmākaṃ sucaritāni tāni tvayopāsyāni no itarāṇi //

Traite ta mère comme un dieu, traite ton père comme un dieu, traite ton maître comme un dieu, traite tes invités comme des dieux. Tu ne devrais accomplir que des actions (ou les rites) irréprochables et aucune autre. Tu devrais mettre en œuvre nos bonnes pratiques et aucune autre.

3. ye ke cāsmacchreyaṃso brahmāṇāḥ teṣāṃ tvayāsanena praśvasitavyam / śraddhayā deyam aśraddhayā'deyam / śriyā deyam hriyā deyaṃ bhiyā deyaṃ saṃvidā deyam //

Tu devrais accueillir tout brahmane qui nous est supérieur et le mettre à l'aise en lui offrant un siège. Donne avec confiance et ferveur ; on ne doit pas donner sans confiance et ferveur. Donne avec dignité et modestie, donne avec effacement et attention.

4. atha yadi te karmavicikitsā vā vṛttavicikitsā vā syāt ye tatra brahmaṇāḥ saṃmarśinaḥ yuktāḥ āyuktāḥ alūkṣā dharmakāmāḥ syuḥ yathā te tatra varteran tathā tatra vartethāḥ //

Maintenant, si tu as des doutes sur les agissements (ou les rites) ou la conduite, alors tu devrais prendre exemple sur les brahmanes que tu trouveras là compétents, qualifiés, doux, agissant comme il se doit.

5. athābhyākhyāteṣu ye tatra brahmaṇaḥ saṃmarśinaḥ yuktāḥ āyuktāḥ alūkṣā dharmakāmāḥ syuḥ yathā te tatra varteran tathā tatra vartethāḥ //

Ensuite, quant aux pratiques sujettes à critique, alors tu devrais prendre exemple sur les brahmanes que tu trouveras là compétents, qualifiés, doux, agissant comme il se doit.

6. eṣa ādeśaḥ eṣa upadeśaḥ eṣā vedopaniṣat / etadanuśāsanam / evamupāsitavyam evam u caitadupāsyam //

Voilà la recommandation, voilà l'enseignement, voilà la doctrine secrète du Veda. Tel est l'enseignement. C'est ainsi qu'on doit vénérer, oui, c'est bien ainsi qu'on doit vénérer cela.

12

1. śaṃ no mitraḥ śaṃ varunaḥ śaṃ no bhavatvaryamā |
śaṃ na indro bṛhaspatiḥ śam no viṣṇururukramaḥ ||
namo brahmaṇe | namaste vāyo | tvam eva pratyakṣaṃ
brahmāsi | tvām eva pratyakṣaṃ brahmāvādiṣam | ṛtam
avādiṣam | satyaṃ avādiṣam | tan mām āvīt | tadvaktāram āvīt |
āvīn mām | āvīdvaktāram |
auṃ śāntiḥ śāntiḥ śāntiḥ ||

Que Mitra nous soit propice ! Que Varuṇa nous soit propice ! Qu'Aryaman nous soit propice ! Qu'Indra et Bṛhaspati nous soient propices ! Que Viṣṇu à la démarche ample nous soit propice ! Salutation à Brahman ! Salutation à toi Vāyu ! Tu es bien le Brahman perceptible ! Je t'ai proclamé comme le Brahman perceptible. J'ai dit ce qui est la rectitude, j'ai proclamé ce qui est la vérité. Cela m'a protégé, cela a protégé l'annonciateur, cela m'a protégé, cela a protégé l'annonciateur. *Auṃ*, paix, paix, paix.

II
BRAHMAVALLĪ

1

1. saha nāvavatu | saha nau bhūnaktu | sahavīryaṃ
karavāvahai[1] *| tejasvī nāvadhītam astu ma vidviṣāvahai |*
auṃ śantiḥ śantiḥ śantiḥ || brahmavidāpnoti param |
tadeṣābhyuktā | satyaṃ jñānam anantaṃ brahma yo veda
nihitaṃ guhāyāṃ parame vyoman so'śnute sarvān kāmān saha
brahmaṇā vipaścitā iti ||
tasmādvā etasmādātmana ākāśaḥ saṃbhūtaḥ | ākāśādvāyuḥ |

1. Le subjonctif, très employé dans le ṚgVeda, a fini par disparaître complètement vers le IVe siècle avant notre ère, mais dans cette Upaniṣad relativement ancienne, il apparaît encore de ci de là.

vāyoragniḥ I *agnerāpaḥ* I *adbhyaḥ pṛthivi* I *pṛthivyā oṣadhayaḥ* I *oṣadhībhyo 'nnam* I *annātpuruṣaḥ* I *sa vā eṣa puruṣo 'nnarasamayaḥ* I *tasyedam eva śiraḥ* I *ayaṃ dakṣiṇaḥ pakṣaḥ* I *ayaṃ uttaraḥ pakṣaḥ* I *ayam ātmā* I *idaṃ pucchaṃ pratiṣṭhā* I *tadapyeṣa śloko bhavati* II

Puisse cela nous protéger tous les deux ! Puisse cela nous être profitable ! Puissions-nous agir ensemble avec vigueur ! *Auṃ*, Paix, Paix, Paix. Celui qui connaît le Brahman atteint ce qui est suprême. À ce sujet on a dit ceci : Celui qui connaît la vérité, la connaissance, l'infini, le Brahman celé dans la cavité secrète (du cœur) et dans le plus haut ciel, celui-là obtient tous ses désirs en même temps que le Brahman, l'Intelligent. De Lui est venu l'espace, de l'espace l'air, de l'air le feu, du feu l'eau, de l'eau la terre, de la terre les plantes, des plantes la nourriture, de la nourriture l'homme. Celui-ci, l'homme, est fait de l'essence de la nourriture. Voici sa tête, voici son côté droit, son côté gauche, voici son torse, sa partie inférieure, son fondement. Sur cela aussi il existe un verset :

2

1. annādvai prajāḥ prajāyante yāḥ kāśca pṛthivīṃ śritāḥ I
atho annenaiva jīvanti athainadapi yantyantataḥ II
annaṃ hi bhūtānāṃ jyeṣṭhaṃ tasmāt sarvauṣadham ucyate I
sarvaṃ vai te 'nnam āpnuvanti ye'nnaṃ brahmopasate II
annaṃ hi bhūtānāṃ jyeṣṭhaṃ tasmāt sarvauṣadham ucyate II
annādbhūtāni jāyante jātānyannena vardhante I
adyate'tti ca bhūtāni tasmādannaṃ taducyate II *iti* II
tasmādvā etasmādannarasamayāt anyo 'ntara ātmā praṇamayaḥ I *tenaiṣa pūrṇaḥ* I *sa vā eṣa puruṣavidha eva* I *tasya puruṣa vidhatām anvayaṃ puruṣavidhaḥ* I *tasya prāṇa eva śiraḥ* I *vyāno dakśiṇaḥ pakṣaḥ* I *apāna uttara pakṣa* I *ākāśa ātmā* I *pṛthivī pucchaṃ pratiṣṭhā* I *tadapyeṣa śloko bhavati* II

C'est de la nourriture sûrement que viennent les créatures qui habitent la Terre, ensuite c'est grâce à la nourriture uniquement

qu'ils vivent, puis à la fin c'est à la nourriture qu'ils vont. La nourriture est prééminente chez les êtres, c'est pourquoi on dit que tout est herbe. En vérité, ceux qui vénèrent Brahman en tant que nourriture, ceux-là obtiennent toute leur nourriture. La nourriture est prééminente chez les êtres, c'est pourquoi on dit que tout est herbe. De la nourriture naissent les êtres et une fois nés c'est grâce à la nourriture qu'ils grandissent. Elle est mangée et elle mange les êtres, c'est pourquoi on la dit « nourriture ».
Différente et se trouvant à l'intérieur de ce qui est fait de l'essence de la nourriture est le Soi (*ātman*) fait de souffle vital, qui emplit cet (homme). Voici que cela a l'apparence d'un homme, alors il (le Soi) prend l'apparence d'un homme. La tête de cette créature est tout simplement le souffle sortant, le côté droit le souffle intermédiaire, le côté gauche le souffle entrant, le torse l'espace et la partie inférieure la terre, son fondement. Sur cela aussi il existe un verset :

3

1. prāṇaṃ devā anuprāṇanti manuṣyāḥ paśavahśca ye /
prāṇo hi bhūtānām ayustasmāt sarvāyuṣam ucyate //
sarvam eva ta āyuryanti ye prāṇaṃ brahmopasate /
prāṇo hi bhutānāmāyustasmātsarvāyuṣam ucyate // iti //
tasyaiṣa eva śārīra ātmā / yaḥ pūrvasya //
tasmādvā etasmāt prāṇamayāt / anyo 'ntara ātmā manomayaḥ / tenaiṣa pūrṇaḥ / sa vā eṣa puruṣavidha eva / tasya puruṣa vidhatām anvayaṃ puruṣavidhaḥ / tasya yajur eva śiraḥ / ṛgdakśiṇaḥ pakṣaḥ / sāmottara pakṣa / ādeśa ātmā / atharvāṅggirasaḥ pucchaṃ pratiṣṭhā / tadapyeṣa śloko bhavati //

Le souffle vital, les dieux, les hommes et les bêtes respirent en suivant le souffle vital. Car le souffle vital est la vie des êtres et c'est pourquoi on l'appelle « vie universelle ». Ils vivent une vie pleine ceux qui vénèrent Brahman comme le souffle vital. Car le souffle vital est la vie des êtres et c'est pourquoi on l'appelle « vie universelle ». Ceci est le soi incarné de cela, ceci appartient à cela.

Différente et se trouvant à l'intérieur de ce qui est fait de souffle vital est le Soi (*ātman*) fait de mental, qui emplit cet (homme). Voici que cela a l'apparence d'un homme, alors il (le Soi) prend l'apparence d'un homme. La tête de cette créature est tout simplement les formules du *Yajurveda*, le côté droit le *Ṛgveda* intermédiaire, le côté gauche le *Sāmaveda*, le torse les instructions et la partie inférieure l'*Atharvaveda* et les *Āṅgirasas* (les membres auxiliaires du Veda), son fondement. Sur cela aussi il existe un verset :

4

1. yato vaco nivartante aprāpya manasā saha I
ānandaṃ brahmaṇo vidvanna bibheti kadācana II iti II
tasyaiṣa eva śārīra ātmā I yaḥ pūrvasya II
tasmādvā etasmān manomayāt I anyo 'ntara ātmā vijñānamayaḥ I tenaiṣa pūrṇaḥ I sa vā eṣa puruṣavidha eva I tasya puruṣa vidhatām anvayaṃ puruṣavidhaḥ I tasya śraddhaiva śiraḥ I ṛtaṃ dakśiṇaḥ pakṣaḥ I satyam uttara pakṣa I yoga ātmā I mahaḥ pucchaṃ pratiṣṭhā I tadapyeṣa śloko bhavati II

Avant même de l'atteindre, les paroles retournent avec le mental : celui qui connaît la béatitude du Brahman n'a plus jamais peur. Ceci est le soi incarné de cela, ceci appartient à cela.

Différente et se trouvant à l'intérieur de ce qui est fait de mental est le Soi (*ātman*) fait d'intelligence (*vijñāna*), qui emplit cet (homme). Voici que cela a l'apparence d'un homme, alors il (le Soi) prend l'apparence d'un homme. La tête de cette créature est tout simplement la confiance (śraddhā), le côté droit le bon ordre issu de la vérité (*ṛtam*), le côté gauche la réalité (*satyam*), le torse (*ātman*) les instructions et la partie inférieure la célébration, son fondement. Sur cela aussi il existe un verset :

5

1. vijñānaṃ yajãṃ karmāṇi tanute'pi ca |
vijñānaṃ devāḥ sarve brahma jyeṣṭham upāsate ||
vijñānaṃ brahma cedveda tasmāccen na pramādyati |
śārīre pāpmano hitvā sarvān kāmān samaśnute || iti ||
tasyaiṣa eva śārīra ātmā | yaḥ pūrvasya ||
tasmādvā etasmāt vijñānamayāt | anyo 'ntara ātmā
ānandamayaḥ | tenaiṣa pūrṇaḥ | sa vā eṣa puruṣavidha eva |
tasya puruṣa vidhatām anvayaṃ puruṣavidhaḥ | tasya priyam
eva śiraḥ | modo dakśiṇaḥ pakṣaḥ | pramodottara pakṣa |
ānanda ātmā | brahma pucchaṃ pratiṣṭhā | tadapyeṣa śloko
bhavati ||

C'est l'intelligence qui mène le sacrifice et la conduite. C'est l'intelligence que tous les dieux vénèrent comme le brahman prééminent. Brahman est intelligence et celui qui sait cela et n'est pas négligent, après avoir laissé toutes les fautes dans le corps, il obtient tout ce qu'il désire. Ceci est le soi incarné de cela, ceci appartient à cela.

Différente et se trouvant à l'intérieur de ce qui est fait d'intelligence est le Soi (*ātman*) fait de béatitude (*ānanda*), qui emplit cet (homme). Voici que cela a l'apparence d'un homme, alors il (le Soi) prend l'apparence d'un homme. La tête de cette créature est tout simplement le plaisir, le côté droit le délice, le côté gauche la joie extrême, le torse (*ātman*) la béatitude et la partie inférieure le brahman, son fondement. Sur cela aussi il existe un verset :

6

1. asanneva sa bhavati asad brahmeti veda cet |
asti brahmeti cedveda santam enaṃ tato viduḥ ||
tasyaiṣa eva śārīra ātmā | yaḥ pūrvasya ||
athāto 'nupraśnāḥ |
utāvidvān amuṃ lokaṃ pretya kaścana gacchatī |
āho vidvān amuṃ lokaṃ pretya kaścit samaśnutā u ||

so'kāmayata | bahu syāṃ prajāyeyeti | sa tapo'tapyata | sa tapastaptvā idaṃ sarvam asṛjata | yadidaṃ kiṃca | tatsṛṣṭvā tadevānuprāviśat | tadanupraviśya sacca tyaccābhavat | niruktaṃ cāniruktaṃ ca nilayanaṃ cānilayanaṃ ca | vijñānaṃ cāvijñānaṃ ca | satyaṃ cānṛtaṃ ca | satyam abhavat yadidaṃ kiṃca | tat satyam ityācakṣate | tadapyeṣa śloko bhavati ||

En fait, celui qui estime Brahman non existant devient lui-même inexistant. Celui qui sait Brahman existant, les gens le connaissent comme existant. Ceci est le soi incarné de cela, ceci appartient à cela. Maintenant, cela fait naître les questions suivantes. L'homme ignorant cela, à sa mort parvient-il à ce monde ? Ou est-ce que quiconque connaissant cela parvient à ce monde une fois mort ? Il eut ce désir : « Puissé-je me multiplier ! Puissé-je avoir de la progéniture ! » Il s'échauffa donc et, cela fait, l'univers entier jaillit : tout ce qui existe. Après l'avoir émis, il l'imprégna. Après l'avoir imprégné, il devint ce qui existe et ce qui est au-delà, l'exprimé et l'inexprimé, ce qui reste et ce qui ne reste pas, ce qui est perçu et ce qui n'est pas perçu, ce qui est vrai (*satyam*) et ce qui est menteur (*anṛtam*). Il devint l'existant, tout ce qui existe. C'est pourquoi on appelle tout cela l'existence. Sur cela aussi il existe un verset :

7

1. asadvā idam agra āsīt tato vā sadajāyata |
tadātmānaṃ svayam akuruta tasmāt tat sukṛtam ucyate ||
yadvai tatsukṛtam raso vai saḥ | rasaṃ hyevāyaṃ labdhvānandī bhavati | ko hyevānyāt kaḥ prāṇyāt | yadeṣa ākāśa ānando na syāt | eṣa hyevānandayāti | yadā hyevaiṣa etasmin nadṛśye 'nātmye 'nirukte 'nilayane 'bhayaṃ pratiṣṭhāṃ vindate atha so 'bhayaṃ gato bhavati | yadā hyevaiṣa etasmin udaram antaraṃ kurute atha tasya bhayaṃ bhavati | tattveva bhayaṃ viduṣo manvānasya | tadapyeṣa śloko bhavati ||

Non-existence en vérité était ce monde au commencement et de cela apparut l'existence. De lui-même il s'est fait un soi (ou un corps, *ātman*), c'est pourquoi on le dit « bien fait ». C'est bien parce qu'il est bien fait qu'il est l'essence, car c'est seulement quand on saisit l'essence qu'on devient profondément joyeux. En vérité, qui inspirerait et qui expirerait si cette essence n'était pas là dans l'espace sous forme de béatitude ? Car c'est elle qui entraîne la béatitude. En vérité, quand dans cet Invisible, cet Inincarné, cet Indistinct sans support, l'homme découvre le support qu'est l'état libre de peur, il a atteint l'affranchissement de la peur. Mais quand il crée une bulle en lui alors la peur lui vient. Cela en vérité est la peur de qui croit savoir. Sur cela aussi il existe un verset :

8

1. bhīṣāsmādvātaḥ pavate bhīṣā udeti sūryaḥ /
bhīṣāsmādagniścendraśca mṛtyurdhāvati pañcamaḥ // *iti* //
saiṣānandasya mīmāṃsā bhavati /
yuvā syāt sādhu yuvādhyāyakaḥ āśiṣṭho dṛḍiṣṭho bāliṣṭho /
tasyeyaṃ pṛthivī sarvā vittasya pūrṇā syāt / *sa eko mānuṣa ānandaḥ* /
te ye śataṃ mānuṣā ānandāḥ sa eko manuṣyagandharvāṇāṃ ānandaḥ śrotriyasya cākāmahatasya /
te ye śataṃ manuṣyagandharvāṇāmānandāḥ sa eko devagandharvāṇāmānandaḥ śrotriyasya cākāmahatasya /
te ye śataṃ devagandharvāṇām ānandāḥ sa eko pitṛṇāṃ ciralokalokānām ānandaḥ śrotriyasya cākāmahatasya /
te ye śataṃ pitṛṇāṃciralokalokānām ānandāḥ sa eko ājānajānāṃ devānāṃānandaḥ śrotriyasya cākāmahatasya /
te ye śataṃ ājānajānāṃ devānāṃānandāḥ sa ekaḥ karmadevānāṃ devānāmānandaḥ śrotriyasya cākāmahatasya /
te ye śataṃ karmadevānāṃ devānāṃānandāḥ sa eko devānām ānandaḥ śrotriyasya cākāmahatasya /
te ye śataṃ devānāṃānandāḥ sa eko indrasyānandaḥ śrotriyasya cākāmahatasya /
te ye śataṃ indrasyānandāḥ sa eko bṛhaspaterānandaḥ śrotriyasya cākāmahatasya /

te ye śataṃ bṛhaspaterānandāḥ sa eko prajāpaterānandaḥ śrotriyasya cākāmahatasya |
te ye śataṃ prajāpaterānandāḥ sa eko brahmaṇo ānandaḥ śrotriyasya cākāmahatasya |
yaścāyaṃ puruṣe yaścāsāvāditye sa ekaḥ sa ya evaṃvit asmāllokātpretya etasmin annamayam ātmānam upasamkrāmati | etaṃ prāṇamayam ātmānam upasaṃkrāmati | etaṃ manomayam ayam ātmānam upasaṃkrāmati | etaṃ vijñānamayam ātmānam upasaṃkrāmati | etam ānandamayamātmānam anusaṃkrāmati | tadapyeṣa śloko bhavati ||

C'est par peur de Lui que le vent court, par peur que se lève le soleil. C'est la peur (de Lui) qui les fait courir, le feu et la lune, ainsi que la mort, la cinquième.

Vient maintenant l'analyse de la joie.
Prenons un jeune homme, un bon jeune homme instruit, prompt (dans l'action), solidement bâti et très fort et supposons qu'il possède la terre entière remplie de richesses : cela constituerait une mesure de la joie humaine. Cent mesures de la joie humaine seraient une mesure de la joie des êtres sages et pieux (*manuṣya gandharva*) et aussi de l'homme versé dans le Veda et libre de désirs. Cent mesures de la joie des êtres sages et pieux seraient une mesure de la joie des semi-dieux (*deva gandharva*) et aussi de l'homme versé dans le Veda et libre de désirs. Cent mesures de la joie des semi-dieux seraient une mesure de la joie des ancêtres qui ont vécu longtemps dans leur monde et aussi de l'homme versé dans le Veda et libre de désirs. Cent mesures de la joie des ancêtres qui ont vécu longtemps dans leur monde seraient une mesure de la joie des dieux par naissance et aussi de l'homme versé dans le Veda et libre de désirs. Cent mesures de la joie des dieux par naissance seraient une mesure de la joie des dieux devenus tels par leurs actions (ou les rites) et aussi de l'homme versé dans le Veda et libre de désirs. Cent mesures de la joie des dieux devenus tels par leurs actions seraient une mesure de la joie des

dieux et aussi de l'homme versé dans le Veda et libre de désirs. Cent mesures de la joie des dieux seraient une mesure de la joie d'Indra et aussi de l'homme versé dans le Veda et libre de désirs. Cent mesures de la joie d'Indra seraient une mesure de la joie de Bṛhaspati et aussi de l'homme versé dans le Veda et libre de désirs. Cent mesures de la joie de Bṛhaspati seraient une mesure de la joie de Prajāpati et aussi de l'homme versé dans le Veda et libre de désirs. Cent mesures de la joie de Bṛhaspati seraient une mesure de la joie de ce Brahman et aussi de l'homme versé dans le Veda et libre de désirs.

Celui qui est dans l'homme et celui qui est dans le Soleil sont un seul et même. Quand un homme qui sait ainsi quitte ce monde, il parvient d'abord au soi fait de nourriture, puis au soi fait de souffle vital, puis au soi fait de mental, puis au soi fait de perception (*vijñānam*) et finalement le soi fait de béatitude. Sur cela aussi il existe un verset :

9

1. yato vaco nivartante aprāpya manasā saha |
ānandaṃ brahmaṇo vidvanna bibheti kadācana || iti ||
etaṃ ha vāva na tapati kimahaṃ sadhu nākaravam kimahaṃ
pāpamakaravam iti | sa ya evaṃ vidvānete ātmānaṃ spṛṇute |
ubhe hyevaiṣa ātmānam spṛṇute ya evaṃ veda | ityupaniṣat ||

Avant même de l'atteindre, les paroles retournent avec le mental : celui qui connaît la béatitude du Brahman n'a plus jamais peur.

Il ne se tourmente pas en se demandant : « Pourquoi n'ai-je pas fait ce qui est juste ? Pourquoi ai-je fait là ce qui n'est pas juste ? » L'homme qui sait s'extrait de ces deux pensées. En vérité, il se libère de ces deux pensées celui qui sait ainsi. Tel est l'enseignement secret (*upaniṣad*).

III
BHṚGUVALLĪ

1

1. saha nāvavatu | saha nau bhūnaktu | sahavīryaṃ karavāvahai[1] *| tejasvī nāvadhītam astu ma vidviṣāvahai | auṃ śantiḥ śantiḥ śantiḥ | bhṛgurvai vāruṇiḥ varuṇaṃ pitaram upasasāra | adhīhi bhagavo brahmeti | tasmā etat provāca annaṃ prāṇaṃ cakṣuḥ śrotraṃ mano vācam iti | taṃ hovāca | yato vā imāni bhūtāni jāyante yena jātāni jīvanti yat prayantyabhisaṃviśanti tadvijijñāsasva tad brahmeti | sa tapo 'tapyata sa tapastaptvā…*

Puisse cela nous protéger tous les deux ! Puisse cela nous être profitable ! Puissions-nous agir ensemble avec vigueur ! Auṃ, Paix, Paix, Paix. Bhṛgu, le fils de Varuṇa, vint trouver son père : « Seigneur, enseignez-moi la Brahman. » Il lui enseigna ainsi : « Nourriture, souffle vital, vue, ouïe, mental, parole. » Il ajouta : « Cela d'où des éléments sont issus, Cela grâce à quoi une fois nés ils vivent, Cela où ils vont à leur mort, cherche à connaître Cela, c'est Cela Brahman. » Bhṛgu pratiqua les austérités, après quoi…

2

1. annaṃ brahmetivyajānāt | annāddhyeva khalvimāni bhūtāni jāyante | annena jātāni jīvanti | annaṃ prayantyabhisamviśantīti | tadvijñāya punareva varuṇaṃ pitaramupasasāra | adhīhi bhagavo brahmeti | taṃ hovāca tapasā brahma vijijñāsasva | tapo brahmeti | sa tapo 'tapyata sa tapastaptvā…

il sut « Brahman est nourriture. Clairement, c'est de la nourriture

---

1. Le subjonctif, très employé dans le ṚgVeda, a fini par disparaître complètement vers le IVe siècle avant notre ère, mais dans cette Upaniṣad relativement ancienne, il apparaît encore de ci de là.

que naissent ces êtres en vérité, une fois nés c'est grâce à la nourriture qu'ils vivent et à leur mort c'est là qu'ils résident. » Cela su, il revint vers son père Varuṇa : « Seigneur, enseigne-moi Brahman. » Alors, Varuṇa lui dit : « Cherche à connaître le Brahman à travers les austérités, car Brahman est austérités. » Bhṛgu pratiqua les austérités, après quoi...

3

1. prāṇaṃ brahmetivyajānāt | prāṇāddhyeva khalvimāni bhūtāni jāyante | prāṇena jātāni jīvanti | prāṇaṃ prayantyabhisamviśantīti | tadvijñāya punareva varuṇaṃ pitaramupasasāra | adhīhi bhagavo brahmeti | taṃ hovāca tapasā brahma vijijñāsasva | tapo brahmeti | sa tapo 'tapyata sa tapastaptvā...

il sut « Brahman est souffle vital. Clairement, c'est du souffle vital que naissent ces êtres en vérité, une fois nés c'est grâce au souffle vital qu'ils vivent et à leur mort c'est là qu'ils résident. » Cela su, il revint vers son père Varuṇa : « Seigneur, enseigne-moi Brahman. » Alors, Varuṇa lui dit : « Cherche à connaître le Brahman à travers les austérités, car Brahman est austérités. » Bhṛgu pratiqua les austérités, après quoi...

4

1. mano brahmetivyajānāt | manaso hyeva khalvimāni bhūtāni jāyante | manasā jātāni jīvanti | manaḥ prayantyabhisamviśantīti | tadvijñāya punareva varuṇaṃ pitaramupasasāra | adhīhi bhagavo brahmeti | taṃ hovāca tapasā brahma vijijñāsasva | tapo brahmeti | sa tapo 'tapyata sa tapastaptvā...

il sut « Brahman est mental. Clairement, c'est du mental que naissent ces êtres en vérité, une fois nés c'est grâce au mental qu'ils vivent et à leur mort c'est là qu'ils résident. » Cela su, il revint vers son père Varuṇa : « Seigneur, enseigne-moi

Brahman. » Alors, Varuṇa lui dit : « Cherche à connaître le Brahman à travers les austérités, car Brahman est austérités. » Bhṛgu pratiqua les austérités, après quoi…

5

1. vijñānaṃ brahmetivyajānāt / vijñānāddhyeva khalvimāni bhūtāni jāyante / vijñānena jātāni jīvanti / vijñānaṃ prayantyabhisamviśantīti / tadvijñāya punareva varuṇaṃ pitaramupasasāra / adhīhi bhagavo brahmeti / taṃ hovāca tapasā brahma vijijñāsasva / tapo brahmeti / sa tapo 'tapyata sa tapastaptvā…

il sut « Brahman est intelligence. Clairement, c'est de l'intelligence que naissent ces êtres en vérité, une fois nés c'est grâce à l'intelligence qu'ils vivent et à leur mort c'est là qu'ils résident. » Cela su, il revint vers son père Varuṇa : « Seigneur, enseigne-moi Brahman. » Alors, Varuṇa lui dit : « Cherche à connaître le Brahman à travers les austérités, car Brahman est austérités. » Bhṛgu pratiqua les austérités, après quoi…

6

1. ānando brahmetivyajānāt / ānandāddhyeva khalvimāni bhūtāni jāyante / ānandena jātāni jīvanti / ānandaṃ prayantyabhisamviśantīti / saiṣā bhargavī varuṇī vijñā parame vyoman pratiṣṭhitā / sa ya evaṃ veda pratitiṣṭhati / annavānannādo bhavati / mahān bhavati prajayā paśubhirbrahmavarcasena / mahān kīrtyā //

il su « Brahman est béatitude. Clairement, c'est de la béatitude que naissent ces êtres en vérité, une fois nés c'est grâce à la béatitude qu'ils vivent et à leur mort c'est là qu'ils résident. » Telle est la doctrine de Bhṛgu et de Varuṇa établie dans au plus haut des cieux. Celui qui sait ainsi s'y établira ; il aura abondance de nourriture, il mangera. Il sera grand par sa descendance, ses troupeaux et la splendeur de la connaissance sacrée. Sa gloire sera immense.

7

1. *annaṃ na nindyāt tad vratam | prāṇo vā annam | śarīramannādam | prāṇe śarīraṃ pratiṣṭhitam | śarīre prāṇaḥ pratiṣṭhitaḥ | tadetadannam anne pratiṣṭhitam | sa ya etadannam anne pratiṣṭhitaṃ veda pratitiṣṭhati annavān annādo bhavati | mahān bhavati prajayā paśubhirbrahma varcasena | mahānkīrtyā ||*

On ne devrait pas mépriser la nourriture, voilà la règle. Le souffle vital est nourriture et c'est le corps qui mange. Le corps est établi sur le souffle vital et le souffle vital est établi sur le corps : cette nourriture est donc établie sur la nourriture. Celui qui sait que cette nourriture est basée sur la nourriture, il sera fermement établi ; il aura abondance de nourriture, il mangera. Il sera grand par sa descendance, ses troupeaux et la splendeur de la connaissance sacrée. Sa gloire sera immense.

8

annaṃ na paricakṣīta tad vratam | āpo vā annam | jyotirannādam | apsu jyotiḥ pratiṣṭham jyotiṣyāpaḥ pratiṣṭhitāḥ | tadetadannamanne pratiṣṭhitam | sa ya etadannamanne pratiṣṭhitaṃ veda pratitiṣṭhati annavān annādo bhavati | mahānbhavati prajayā paśubhirbrahma varcasena | mahānkīrtyā ||

On ne devrait pas rejeter la nourriture, telle est la règle. L'eau est nourriture et c'est la lumière qui mange. La lumière est établie sur les eaux et les eaux sur la lumière. Ainsi, la nourriture est-elle établie sur la nourriture. Celui qui sait que cette nourriture est basée sur la nourriture, il sera fermement établi ; il aura abondance de nourriture, il mangera. Il sera grand par sa descendance, ses troupeaux et la splendeur de la connaissance sacrée. Sa gloire sera immense.

9

annaṃ bahu kurvīta | tad vratam | pṛthivī vā annam ākāśo 'nnādaḥ | pṛthivyām ākāśḥ pratiṣṭhaḥ ākāśepṛthivī pratiṣṭhitā | tadetadannamanne pratiṣṭhitam | sa ya etadannamanne pratiṣṭhitaṃ veda pratitiṣṭhati annavān annādo bhavati | mahānbhavati prajayā paśubhirbrahma varcasena | mahānkīrtyā ||

On devrait préparer beaucoup de nourriture, voilà la directive. La terre est nourriture et c'est l'espace qui mange. L'espace est établi sur la terre et la terre sur l'espace. Ainsi, la nourriture est-elle établie sur la nourriture. Celui qui sait que cette nourriture est basée sur la nourriture, il sera fermement établi ; il aura abondance de nourriture, il mangera. Il sera grand par sa descendance, ses troupeaux et la splendeur de la connaissance sacrée. Sa gloire sera immense.

10

1. na kañcana vasatau pratyācakṣīta | tad vratam | tasmādyayā kayā ca vidhayā bahvannaṃ prāpnuyāt | arādhyasmā annam ityācakṣate | etadvai mukhato'nnaṃ rāddham mukhato'smā annaṃ rādhyate | etadvai madhyato'nnaṃ rāddhaṃ madhyatosmā annaṃ raddhyate | etadvā antato'nnaṃ rāddham antato 'smā annaṃ rādhyate ||

On ne devrait jamais refuser l'hospitalité à qui que ce soit, telle est la directive. D'une manière ou d'une autre on devrait préparer beaucoup de nourriture. On dira que la nourriture a été préparée pour lui. Si la nourriture est préparée au début, elle est disponible pour le premier (qui vient). Si la nourriture est préparée au milieu, elle est disponible pour celui (qui vient) ensuite. Si la nourriture est préparée à la fin, elle est disponible pour celui (qui vient) à la fin.

2. ya evaṃ veda kṣema iti vāci | yogakṣema iti prāṇāpānayoḥ | karmeti hastayoḥ | gatiriti pādayoḥ | vimuktiriti pāyau | iti mānuṣīḥ samājñāḥ I atha daivīḥ I tṛptiriti vṛṣṭau I balam iti vidyuti II

Celui qui sait ainsi, dans la parole il est repos, dans les souffles sortant et entrant il est action et repos, dans les mains il est action, dans les pieds mouvement, dans l'anus évacuation : telles sont les considérations humaines. Maintenant pour les divines : dans la pluie il est contentement, dans la foudre puissance.

3. *yaśa iti paśuṣu I jyotiriti nakṣatreṣu I prajātiramṛtamānanda ityupasthe I sarvamityākāśe I tatpratiṣṭhetyupasīta pratiṣṭhāvān bhavati I tan maha ityupāsīta mahān bhavati I tan mana ityupāsīta mānavān bhavati II*

Dans les troupeaux il est renommé, dans les étoiles lumière, procréation, immortalité et béatitude dans les organes génitaux (*upastha*), totalité dans l'espace. Qu'on vénère cela comme fondement et l'on a un fondement. Qu'on vénère cela comme puissance et l'on devient puissant. Qu'on vénère cela comme mental et l'on disposera d'un mental vif.

4. *tan nama ityupāsīta namyante 'smai kāmāḥ I tad brahmetyupāsīta brahmavān bhavati I tad brahmaṇah parimara ityupāsīta paryeṇaṃ mriyante dviṣantaḥ sapatnāḥ pariye 'priyābhrātṛvyāḥ I sa yaścāyaṃ puruṣe yaścāsāvāditye sa ekaḥ II*

Qu'on vénère cela comme hommage et les désirs se plient à sa volonté. Qu'on vénère cela comme Brahman et l'on jouit de la qualité de Brahman. Qu'on vénère cela comme « mourant autour de Brahman » et ses ennemis meurent autour de soi ainsi que tous ses adversaires détestables. Celui qui est ici-bas dans l'homme et celui qui est là-haut dans le soleil, ils sont un et un seul.

5. *yaścāyaṃ puruṣe yaścāsāvāditye sa ekaḥ sa ya evaṃvit asmāllokātpretya etam annamayam ātmānam upasamkramya I etaṃ prāṇamayam ātmānam upasamkramya I etaṃ manomayam ayam ātmānam upasamkramya I etaṃ vijñānamayam ātmānam upasamkramya I etam ānandamayam ātmānam upasamkramya I imān lokān kāmānnī*

kāmarūpyanusaṃcaran | etat sāma gāyannāste | hāvu hāvu hāvu ||
aham annam aham annam aham annam |
aham annādo 'ham annādo 'ham annādaḥ |
ahaṃ ślokakṛdahaṃ ślokakṛdahaṃ ślokakṛt |
aham asmi prathamajā ṛtasya |
pūrvaṃ devebhyo 'mṛtasya nābhāyi |
yo mā dadāti sa ideva māvāḥ |
aham annam annam adantam ādmi |
ahaṃ viśvām bhuvanam abhyabhavām |
suvarna jyotīḥ |
ya evaṃ veda ityupaniṣat ||

Celui qui est dans l'homme et celui qui est dans le Soleil sont un seul et même. Quand un homme qui sait ainsi quitte ce monde, il parvient d'abord au soi fait de nourriture, puis au soi fait de souffle vital, puis au soi fait de mental, puis au soi fait de perception (*vijñānam*) et finalement le soi fait de béatitude. Mangeant ce qu'il aime et prenant n'importe quelle apparence, il traverse ces mondes en chantant ce chant :
Oh ! Oh ! Oh !
Je suis nourriture ! Je suis nourriture ! Je suis nourriture !
Je mange la nourriture ! Je mange la nourriture ! Je mange la nourriture !
Je compose les versets ! Je compose les versets ! Je compose les versets !
Je suis le fils aîné de la vérité
Né avant les dieux au cœur de l'immortel.
Celui qui me donne me mangera
Je suis nourriture, je mange celui qui mange la nourriture.
J'ai vaincu le monde entier.
Je suis la Lumière vive.
Celui qui sait cela aussi (il est cela).
Telle est l'enseignement secret (*upaniṣad*).

Aitareya Upaniṣad

L'*Aitareya Upaniṣad* consiste dans les chapitres 4 à 6 du second volume de l'*Aitareya Āraṇyaka*, lui-même partie de l'*Aitareya Brāhmaṇa* du *Ṛgveda*.

1

1. ātmā vā idam eka evāgra āsīt nānyat kiñ cana miṣat / sa aikṣata lokān nu sṛjā iti //

Le Soi seul en vérité était ceci à l'origine, rien d'autre ne battait des paupières. Il considéra : « je veux émettre les mondes. »

2. sa imāṃllokān asṛjata / ambho marīcīr maram apaḥ / ado 'mbhaḥ pareṇa divaṃ dyauḥ pratiṣṭhā antarikṣaṃ marīcayaḥ pṛthivī maro yā adhastāt tā āpaḥ //

Il émit ces mondes : le flot, les rayons lumineux (le domaine de) la mort, les eaux. Le flot est là-bas, au-delà du ciel, le ciel est son assise ; l'espace intermédiaire, ce sont les rayons lumineux (le domaine de) la mort, c'est la terre. Celles qui sont en dessous, ce sont les eaux.

3. sa īkṣateme nu lokā lokapālān nu sṛjā iti / so'adbhya eva puruṣaṃ samuddhṛtyāmūrchayat //

Il considéra : « Voici donc les mondes, je veux créer les gardiens des mondes. » Tirant de ces mêmes eaux l'Homme cosmique, il lui donna forme.

4. tam abhyatapat / tasyābhitaptasya mukhaṃ nirabhidyata yathāṇḍaṃ mukhād vāg vāco'gniḥ / nāsike nirabhidyetām nāsikābhyām prāṇaḥ prāṇād vāyuḥ I akṣiṇī nirabhidyetām akṣibhyāṃ[1] *caksuścakṣuṣa ādityaḥ I karṇau nirabhidyetām karnābhyām śrotam śrotād diśaḥ I tvaṇ nirabhidyata taco lomāni lomabhya oṣadhivanaspatayaḥ I hṛdayaṃ nirabhidyata hṛdayān mano manasaścandramāḥ I nābhir nirabhidyata nābhyā apāno 'pānān mṛtyuḥ I śiśnaṃ nirabhidyata śiśnād reto retasa āpaḥ II*

Il l'incuba. De lui ainsi incubé, la bouche, tel un œuf, resplendit ; de la bouche surgit la parole et de la parole le feu. Deux narines surgirent, des narines (surgit) le souffle expiré et du souffle expiré le vent. Deux yeux surgirent, des yeux (surgit) la vision et de la vision le soleil. Deux oreilles surgirent, des oreilles (surgit) l'ouïe et de l'ouïe les directions de l'espace. La peau surgit, de la peau (surgirent) les poils et des poils l'herbe et les arbres. Le cœur surgit, du cœur (surgit) l'esprit et de l'esprit la lune. Le nombril surgit, du nombril (surgit) le souffle inhalé et du souffle inhalé la mort. Le pénis surgit, du pénis (surgit) la semence et de la semence les eaux.

2

1. tā etā devatāḥ sṛṣṭā asmin mahatyarṇave prāpatan tam aśanāpipāsābhyām anvavārjat I tā enam abruvann āyatanaṃ naḥ prajānīhi yasmin pratiṣṭhitā annam adāmeti II

Ces divinités une fois engendrées tombèrent dans ce grand océan ; (celui-ci) soumit cet (Homme) de la faim et de la soif. Elles lui dirent : « Trouve-nous une demeure où, bien établis, nous mangions de la nourriture. »

2. tābhyo gām ānayat tā abruvan na vai no 'nyam alam iti I tābhyo'śvam ānayat tā abruvan na vai no 'nyam alam iti II

Il leur amena un taureau, mais elles lui dirent « ce n'est pas assez pour nous. » Elles lui amenèrent un cheval, mais elles lui dirent

---

1. Correction pour *akṣībhyāṃ* fautif.

« ce n'est pas assez pour nous. »

3. *tābhyo puruṣam ānayat tā abruvan sukṛtaṃ bateti puruṣo vāva sukṛtam I tā abravīd yathāyatanam praviśateti II*

Il leur amena un homme et elles lui dirent : « Ah ! voilà qui est bien fait ! » L'homme en vérité est bien fait. Il leur dit : « Entrez chacune dans votre demeure. »

4. *agnir vāg bhūtvā mukhaṃ prāviśadvāyuḥ prāṇo bhūtvā nāsike prāviśadādityaścakṣurbhūtvākṣiṇī prāviśaddiśaḥ śrotraṃ bhūtvā karnau prāviśann ośadhivanaspatayo lomāni bhūtvā tvacam prāviśaṃścandramā mano bhūtvā hṛdayaṃ prāviśan mṛtyurapāno bhūtvā nābhiṃ prāviśadāpo reto bhūtvā śiśnaṃ prāviśan II*

Le feu devenu la parole entra dans la bouche, le vent devenu souffle exhalé entra dans les narines, le soleil devenu vision entra dans les yeux, les régions de l'espace devenues ouïe entrèrent dans les oreilles, l'herbe et les arbres devenus poils entrèrent dans la peau, la lune devenue esprit entra dans le cœur, la mort devenue souffle inhalé entra dans le nombril, les eaux devenues la semence entrèrent dans le pénis.

5. *tam aśanāyāpipāse abrūtām avābhyām abhiprajānīhīti*[1] *I te abravīdetāsveva vāṃ devatāsvābhajāmyetāsu bhāginyau karomīti I tasmād yasyai kasyai ca devatāyai havirgṛhyate bhāginyā vevāsyām āśanāyāpipāse bhavataḥ II*

La faim et la soif lui dirent : « Trouve-nous une demeure à nous aussi ! » Il leur dit : « Je vous accorde part dans ces divinités, je vous fais leurs participants. » C'est pourquoi quelle que soit la divinité à laquelle on fait une offrande, la faim et la soif ont part en elle.

---

1. Probablement *adhi-prajānīhi* ou *api-prajānīhi*, plutôt que *abhi-prajānīhi*.

3

1. sa ikṣateme nu lokāśca lokapālāścānnam ebhyaḥ sṛjā iti //

Il considéra : « Voici les mondes et les gardiens des mondes ; je vais leur créer de la nourriture. »

2. so 'po 'bhyatapat tābhyo 'bhitaptābhyo mūrtir ajāyata / yā vai sā mūrtir ajāyatānnaṃ vai tat //

Il couva les eaux ; de ces eaux couvées naquit une forme. La forme qui jaillit, c'était la nourriture.

3. tadenadabhisṛṣṭam parāṅtyajighāṃsat[1] *tadvācājighṛkṣat tan nāśaknodvācā grahītum / sa yaddhainadvācāgrahaiṣyadabhivyāhṛtya haivannam atrapsyat* //

Une fois engendrée elle (la nourriture) tenta de s'échapper. Il tenta de la saisir par la parole ; il ne put la saisir par la parole. S'il l'avait saisi par la parole, on serait rassasié simplement en parlant de nourriture.

4. tat prāṇenājighṛkṣat tan nāśaknot prāṇena grahītum / sa yad haddhainat prāṇenāgrahaiṣyad abhiprāṇya haivānnam atrapsyat //

Il tenta de le saisir par le souffle ; il ne put le saisir par le souffle. S'il avait pu le saisir par le souffle, on serait rassasié simplement en sentant la nourriture.

5. taccakṣuṣājighṛkṣat tan nāśaknoccakṣuṣā grahītum / sa yaddhainaccakṣuṣāgrahaiṣyad dṛṣtvā haivānnam atrapsyat //

Il tenta de le saisir par la vue ; il ne put le saisir par la vue. S'il avait pu le saisir par la vue, on serait rassasié simplement en voyant la nourriture.

---

1. Probalement une erreur de transcription ; il faut lire *ajigāmsat*.

6. tacchrotreṇājighṛkṣat tan nāśaknocchrotreṇa grahītum | sa yaddhainacchrotreṇāgrahaiṣyacchrutvā haivānnam atrapsyat ||

Il tenta de le saisir par l'ouïe ; il ne put le saisir par l'ouïe. S'il avait pu le saisir par l'ouïe, on serait rassasié simplement en entendant (parler de) nourriture.

7. tattvacājighṛkṣat tan nāśaknot tvacā grahītum | sa yaddhainat tvacāgrahaiṣyat spṛṣṭvā haivānnam atrapsyat ||

Il tenta de le saisir avec la peau ; il ne put le saisir avec la peau. S'il avait pu le saisir par la peau, on serait rassasié simplement en touchant la nourriture.

8. tan manasājighṛkṣat tan nāśaknon manasā grahītum | sa yaddhainan manasā grahaiṣyat dhyātvā haivānnam atrapsyat ||

Il tenta de le saisir avec l'esprit ; il ne put le saisir avec l'esprit. S'il avait pu le saisir avec l'esprit, on serait rassasié simplement en pensant à la nourriture.

9. tacchiśnenājighṛkṣat tan nāśaknocchiśnena grahītum | sa yaddhainacchiśnenāgrahaiṣyadvisṛjya haivānnam atrapsyat ||

Il tenta de le saisir avec le pénis ; il ne put le saisir avec le pénis. S'il avait pu le saisir avec le pénis, on serait rassasié simplement en éjaculant la nourriture.

10. tadapānenājighṛkṣat tadāvayat | saiṣo 'nnasya graho yad vāyur annāyur vā eṣa yad vāyuḥ ||

Il tenta de le saisir par le souffle inhalé ; il la consomma. Le vent est donc ce qui consomme la nourriture, le vent est celui qui vit de nourriture.

11. sa īkṣata kathaṃ nvidaṃ mad ṛte syāditi | sa īkṣata katareṇa prapadyā iti | sa īkṣata yadi vācābhivyāhṛtam yadi prāṇenābhiprāṇitam yadi cakṣusā dṛiṣṭam yadi śroteṇa śrūtam yadi tvacāspṛṣtam yadi manasā dhyātam yadyapānenābhyapānitam yadi śiśnena visṛṣṭam atha ko 'ham iti ||

Il considéra : « Comment ceci serait-il sans moi ? » Il considéra : « par quelle voie vais-je pénétrer ? » Il considéra : « S'il est honoré par la parole, s'il est exhalé par le souffle sortant, s'il est vu par l'œil, s'il est entendu par l'oreille, s'il est touché par la peau, s'il est pensé par l'esprit, s'il est inspiré par le souffle entrant, s'il est éjaculé par le pénis, alors qui suis-je ? »

12. sa etam eva sīmānaṃ vidāryaitayā dvārā prāpadyata / saiṣa vidṛtir nāma dvāstadetan nāndanam / tasya traya āvasathāstrayaḥ svapnāḥ ayam āvasatho 'yam āvasatho 'yam āvasatha iti //

Ayant provoqué l'ouverture du crâne, il pénétra par cette porte. Cette porte s'appelle « fissure » (*vidṛti*), elle est le paradis. Il a trois résidences, trois sommeils[1] : voici une résidence, voici une (autre) résidence, voici une (autre) résidence.

13. sa jāto bhūtanyabhivyaikṣat kim ihānyaṃ vāvadiṣad iti / sa etam eva puruṣaṃ brahman tatamam apaśyadidam adarśam iti //

Une fois né, il contempla les créatures en se disant : « Qui voudrait ici se prétendre un autre ? » Il ne vit que l'Homme cosmique (*puruṣa*) comme n'étant rien d'autre[2] que le Brahman et dit : « Je l'ai vu ! »

14. tasmādindandro nāmedandro ha vai nāma tam idandraṃ santam indra ityacakṣate parokṣeṇa / parokṣapriyā iva hi devāḥ parokṣapriyā iva hi devāḥ //

On le nomme donc Idandra (voyant cela) ; Idandra est son nom. Bien que son nom soit Idandra, on l'appelle ésotériquement Indra car les dieux aiment ce qui est ésotérique, les dieux aiment ce qui est ésotérique.

---

1. Trois niveaux de sommeil : était de veille, rêve et sommeil profond. Ces trois états de conscience sont ici considérés comme du sommeil.

2. C'est le sens que prend ici *tatama*.

4

1. puruṣe ha vā ayam ādito garbho bhavati yadetad retaḥ | tadetat sarvebhyo 'ṅgebhyastejaḥ sambhūtam ātmanyevātmānaṃ bibharti | tadyadā striyāṃ siñcatyathainajjanayati | tadasya prathamaṃ janma ||

À l'origine apparaît cet embryon, qui est cette semence ; c'est l'ardeur issue de tous ses membres. (L'homme) porte le soi dans le soi. Lorsqu'il répand (la semence) dans une femme, alors il le fait naître : c'est sa première naissance.

2. tat strīyā ātmabhūyaṃ gacchati yathā svam aṅgaṃ tathā | tasmādenāṃ na hinasti | sāsyaitam ātmānam atra gataṃ bhāvayati ||

Elle (la semence) devient partie intégrante de la femme, comme si elle était son propre membre ; c'est pourquoi elle (la semence) ne lui fait pas de mal. Elle nourrit son soi (de l'homme) qui est entré en elle.

3. sā bhāvayatrī bhāvayitavyā bhāvati | taṃ strī garbhaṃ bibharti | so 'gra kumāraṃ janmano'gre 'dhi bhāvayati | sa yat kumāraṃ janmano'gre 'dhi bhāvayati ātmānam eva tad bhāvayati eṣāṃ lokānāṃ saṃtatyā evaṃ saṃtatā hīme lokāḥ | tadasya dvitīyaṃ janma ||

En tant que nourricière elle doit être nourrie. La femme le porte comme un embryon. Lui[1], dès l'origine, avant même la naissance, prend soin de l'enfant[2]. Prenant soin de l'enfant dès le début, avant même la naissance, il prend en fait soin de lui-même pour la continuation de ces mondes, car c'est ainsi que ces mondes sont perpétués. C'est là sa seconde naissance.

---

1. Le père.
2. Allusion aux rituels accomplis par le père depuis la conception.

4. so'yam ātmā puṇyebhyaḥ karmabhyaḥ pratidhīyate / athāsyāyam itara ātmā kṛtakṛtyo vayogataḥ praiti / sa itaḥ prayann eva punarjāyate / tadasya tṛtīyaṃ janma //

À ce soi[1] sont assignés des actes pieux. Alors, son autre soi[2], ayant accompli ce qui devait être accompli, ayant atteint son âge, meurt ; partant de là, il renaît. C'est là sa troisième naissance.

5. tad uktam ṛṣiṇā /
garbhe nu sann anu eṣām avedam ahaṃ devānām janimāni viśvā /
śatam mā pura āyasīrarakṣann adhaḥ śyeno javasā niradīyam // iti //
gharba evaitacchayāno vāmadeva evam uvāca //

Cela a été proclamé par un rishi : « À l'intérieur de la matrice, je connaissais déjà toutes les incarnations de ces dieux ; cent forteresses d'airain me retenaient, alors, tel un aigle, je me suis vivement envolé. » Ainsi prononça ce (verset) Vāmadeva alors qu'il reposait dans la matrice.

6. sa evaṃ vidvān asmāccharīrabhedādurdhva utkramyāmuṣmin svarge loke sarvān kāmān āptvāmṛtaḥ samabhavat samabhavat //

Lui, pourvu d'une telle connaissance, séparé de son corps s'échappa vers le haut, ayant obtenu tous ses désirs dans ce monde céleste, il devint immortel, il le devint.

5

1. ko 'yam ātmeti vayam upāsmahe kataraḥ sa ātmā / yena vā paśyati yena vā śṛnoti yena vā gandhān ājighrati yena vā vācaṃ vyākaroti yena vā svādu cāśvādu ca vijānāti //

Qui est celui que nous révérons comme étant le Soi ? Lequel (des

1. Du fils.
2. Du père.

deux)[1] est le Soi ? Celui par qui on voit, celui par qui on entend, celui par qui on capte les odeurs, celui par qui on prononce la parole, celui par qui on distingue le doux de l'amer.

2. *yadetadhṛdayaṃ manaścaitat saṃjñānaṃ vijñānaṃ medhā dṛiṣṭirdhṛtirmatimanīṣā jūtiḥ smṛtiḥ saṅkalpaḥ kraturasuḥ kāmo vaśa iti | sarvāṇyevaitāni prajñānasya nāmadheyāni bhavanti ||*

Ce qui est le for intérieur[2] est esprit, compréhension, discernement, force spirituelle, perception, constance, intuition, réflexion, impulsion, attention[3], imagination, puissance d'exécution, force vitale, désir, volonté. Toutes ces choses sont des noms applicables à la Connaissance.

3. *eṣa brahmaiṣa indra eṣa prajāpatirete sarve devā imāni ca pañca mahābhūtāni pṛthivī vāyurākāśa āpo jyotīṃṣītyetānīmāni ca kṣudramiśrāṇīva bījānītarāṇi cetarāṇi cāṇḍajāni ca jārujāni ca svedajāni codbhijjāni cāśvā gāvaḥ puruṣā hastino yat kiñ cedam prāṇi jaṅgamaṃ ca patatri ca yacca sthāvaram sarvaṃ tat prajñānetraṃ prajñāne pratiṣṭhitam prajñānetro lokaḥ prajñā pratiṣṭhā prajñānam brahman ||*

Il est le Brahman, il est Indra, il est Prajāpati, tous ces dieux et les cinq grands éléments : la terre, l'air, l'espace, les eaux et les lumières ; il est ces êtres et ces choses qui sont pour ainsi dire minuscules et combinées, germes d'un genre ou d'un autre, nés d'un œuf, nés d'une matrice ou d'une graine, chevaux, vaches, hommes, éléphants ; tout cela qui respire, marche vole ou est immobile : tout cela est dirigé par l'Intelligence, est fondé sur

1. Lequel du soi (*ātman*) personnel ou du Soi (*ātman*) universel.

2. On traduit généralement *hṛdayam* (ou *hṛd* dans le ṚgVeda) par « cœur », mais plus juste serait « for intérieur » ou « intimité profonde », car le mot cœur a été très dévoyé dans les temps modernes, particulièrement dans la mouvance du nouvel âge des dernières décennies.

3. Le mot ancien *smṛti* voulait d'abord dire « attention » avant de signifier « mémoire ».

l'Intelligence. Le monde est guidé par l'Intelligence, l'Intelligence est son fondement, la Connaissance est Brahman.

4. sa etena prajñenātmanāsmāllokādutkramyāmuṣmin svarge loke sarvān kāmān āptvāmṛtaḥ samabhavat samabhavat ||

Lui[1], grâce à ce Soi intelligent, après s'être échappé de ce monde et avoir atteint tous ses désirs dans le monde céleste, il devient immortel, il le devint.

1. Vāmadeva.

Kauṣītaki Upaniṣad

La *Kauṣītaki Upaniṣad* consiste en fait dans les livres 3 à 6 de la *Kauṣītaki Āraṇyaka*, qui est elle-même une partie du *Kauṣītaki Brāhmaṇa* du *Ṛgveda*. Encore une fois ici, il y est clair que les « dieux », ou divinités, sont des énergies dans la nature et dans le corps.

I

1. citro ha vai gāṅgyāyanir yakṣyamāṇa āruṇim vavre I sa ha putraṃ śvetakeuṃ prajighāya yājayeti I taṃ hābhyāgatam papraccha gautamasya putrāsti saṃvṛtaṃ loke yasmin mā dhāsyasi anyatamo vādhvā tasya mā loke dhāsyasīti I sa hovāca nāham etad veda hantācāryam pṛcchānīti I sa ha pitara āsādya papracha itīti mā prākṣīt katham pratibravaṇīti I sa hovāca aham apyetam na veda sadasyeva vayaṃ svādhyāyam adhītya harāmahe yan naḥ pare dadati ehyubhau gamiṣyāva iti I sa ha samit-pāṇiścitraṃ gāṅgyāyaniṃ praticakrama upāyānīti I tam hovāca brahmāro 'si gautama yo na mānam upāgāḥ ehi vyeva tvā jñapayiṣyāmīti II

En vérité, Citra Gaṅgyāyani, désireux d'accomplir un sacrifice, choisit Āruṇi. Celui-ci dépêcha son fils Śvetaketu en lui disant « accomplis le sacrifice, toi ». À son arrivée, il lui demanda « Ô fils de Gautama, y a-t-il un (chemin) barrée dans le monde où tu me placeras ou y a-t-il un autre chemin à l'issue de ce monde où tu me mettras ? » (Śvetaketu) lui dit : « Je ne sais pas cela. Cependant, laisse-moi le demander au maître. » Après s'être approché de son père, il lui demanda : « C'est ce qu'il m'a demandé : comment lui répondrai-je ? (Le père) lui répondit : « Cela, moi non plus je ne le sais pas. Étudions donc le Veda chez lui et obtenons ce que d'autres nous donnent. Allons-y tous les deux ! » Alors, avec le combustible dans les mains, il (Āruṇi) retourna vers Citra Gaṅgyāyani et dit : « Puis-je être instruit par toi ? » L'autre lui répondit : « Tu es digne de la Connaissance du Brahman, ô Gautama, car tu n'as pas conçu d'orgueil. Viens, je te ferai comprendre ! »

2. sa hovāca ye vaiu ke cāsmāt lokāt prayanti candramasam eva te sarve gacchanti | teṣāṃ praṇaiḥ pūrvapakṣa āpyāyate tān aparapakṣena prajanayati | etadvai svargasya lokasya dvāram yaccandramās | tam yāḥ pratyāha tam atisṛjate | atha yo na pratyāhā tam iha visṛṣtir bhūtvā varṣati | sa iha kīṭo vā pataṅgo vā matsyo śakunirvā siṃho vā varāho vā parasvānvā śārdulo vā puruṣo vā anyo vā teṣu teṣu sthaneṣu pratyājāyate yathākarma yathāvidyam | tam āgatam pṛcchati ko 'sīti tam pratibrūyāt | vicakṣaṇādṛtavo reta ābhṛtam pañcadaśāt prasūtāt pitryāvataḥ | tam mā puṁsi kartaryerayadhvam puṃsā kartrā mātari mā niṣiñca || sa jāya upajāyamāno dvadāśatrayodaśopamāso dvādaśatrayodaśena pitrāsaṃ tadvide 'ham pratitadvide 'ham | tanmā ṛtavo 'martyava ābharadhvaṃ tena satyena tena tapasā ṛturasmyārtavo 'smi kośi tvam asmīti tam atisṛjate ||

Il dit alors : tous ceux qui partent de ce monde vont dans la lune. C'est grâce à leurs souffles vitaux qu'elle croît dans la quinzaine antérieure (lune croissante) ; dans la quinzaine ultérieure (elle) fait qu'ils renaissent. En vérité, la lune est la porte du monde céleṣte. Celui qui lui répond, elle le laisse passer au-delà. Par contre, celui qui ne lui répond pas, après qu'il soit devenu pluie elle le pleut ici-bas. Il renaît alors ici-bas comme ver ou insecte, poisson ou oiseau, tigre ou lion, sanglier ou rhinocéros, homme ou autre (animal), dans telle ou telle condition selon ses actes et selon ce qu'il connaît. À son arrivée, elle lui demande « qui es-tu ? » Il devrait répondre : « Ma semence est formée de (la lune) resplendissante qui comporte quinze parts, ô Saisons, qui est née, qui est liée au monde des ancêtres. Envoyez-moi dans un agent géniteur mâle, déversez-moi dans une mère. (ou bien) Voici que je suis né, je suis né en surplus, comme le treizième en addition au douzième mois, à travers un père à douze ou treize mois, cela je le sais, je le réalise. Alors, ô Saisons, amenez-moi vers la non-mort ! Par cette Vérité, par cette ferveur, je suis saison ! Je suis fils des saisons ! - Qui es-tu ? - Je suis toi ! » (La lune) le laisse passer.

3. sa etam devayānam panthānam āpadyāgnilokam āgacchati I sa vāyulokaṃ sa varuṇalokaṃ sa indralokaṃ sa prajāpatilokaṃ sa brahmalokaṃ I tasya ha vā etasya lokasyāro hrado muhūrtā yeṣṭiāa vijarā nadīlyo vṛkṣaḥ sālajyaṃ samsthānam aparājitam āyatanam indraprajāpatī dvāragopau vibhu pramitaṃ vicakṣaṇasandyamitaujaḥ paryaṅkaḥ I priyā ca mānasī pratirūpā ca cākṣuṣī puṣpānyadāyāvayato vai ca jagātyambāś cāmbāyavīś cāpsaraso 'mbayā nadyaḥ I tam itthaṃvid āgacchati I tam brahmāhābhidhāvataḥ I mama yaśasā vijarām vā ayam nadīm prāpan na vā ayam jarayiṣyatīti II

Ayant dès lors accès à la voie des dieux, il arrive au monde d'Agni, au monde de Vāyu, au monde de Varuṇa, au monde d'Indra, au monde de Prajāpati et au monde de Brahman. Là, dans ce monde, se trouvent le lac des désirs (*āra*), les moments fugaces (*muhūrtā*), ceux passés à maîtriser les désirs (*yeṣṭihā*), le fleuve de jouvence (*vijarā*), l'arbre terre (*īlya*), la place aux nombreux détours (*sālajya*), le palais de l'invincibilité (*aparājita*), les gardiens de la porte que sont Indra et Prajāpati, le hall du souverain architecte (*vibhu pramitam*), le trône de sagesse (*vicakṣaṇa*[1]) issu de la splendeur sans bornes (*amitaujas*), la chère Mānasī (l'esprit) et sa contrepartie Cākṣuṣī (la vue), les deux qui prennent des fleurs et en vérité tissent les mondes, les mères, les petites mères, les nymphes (*apsarā*), les fleuves Ambayā. Celui qui sait ainsi parvient à ce monde-là et Brahman dit à ceux qui accourent

1. C'est le nom qu'on donne pafois au trône de Brahmā; ce mot signifie littéralement « celui qui voit loin, qui est sage ».

à lui : « Avec ma splendeur celui-ci est parvenu à la rivière de l'intemporalité (*vijarā*), en vérité il ne vieillira pas ! »

4. taṃ pañcaśatānyapsarasām pratiyanti I śataṃ phalahastāḥ śataṃ āñjanahastāḥ śataṃ mālyahastāḥ śataṃ vasohastāḥ śataṃ cūrṇahastāḥ I taṃ brahmālaṅkārenālaṃ kurvanti I sa brahmālaṅkārenālaṅkrito brahmavidvān brahmābhipraiti I sa āgacchatyāraṃ hradam I taṃ manasātyeti I tam itvā samprativido majjanti I sa āgacchati muhūrtān yeṣṭihān te 'smādapadravanti I sa āgacchati vijarāṃ nadīṃ tāṃ manasaivātyeti I tat sukṛtaduṣkrite dhunute vā I tasya priyā jñātayaḥ sukṛtam upayantyapriyā duṣkṛtam I tadyathā ratenadhāvayan rathacakre paryavekṣetaivam ahorātre paryavekṣetaivaṃ susukṛtaduṣkṛte sarvāṇi ca dvandvāni I sa eṣa visukṛto viduṣkṛto brahmavidvān brahmaivābhipraiti II

Cinq cents nymphes viennent à lui : cent portent à la main des fruits, cent des onguents, cent des guirlandes, cent des vêtements, cent des poudres aromatiques. Elles le parent de la parure de Brahman. Étant paré de la parure de Brahman, connaissant le Brahman, il se dirige vers lui. Il parvient au lac des désirs (*āra*) et le traverse par la pensée. Une fois parvenu là, ses compréhensions superficielles s'y noient. Il parvient aux instants consacrés aux désirs et ceux-ci s'enfuient loin de lui. Il arrive au fleuve de jouvence et il le traverse par la seule pensée. Il se débarrasse des bonnes et mauvaises actions. Ses parents et connaissances chères vont vers les bonnes actions, celles qui ne le sont pas vers les mauvaises. Alors, tout comme (un homme) conduisant un char regarde les roues de part et d'autre, ainsi il regarde jour et nuit, la bonne et la mauvaise action, et tous les éléments à doubles pôles. Alors, libre du bon et du mauvais, connaissant le Brahman, en vérité il va à Brahman.

5. sa āgacchatīlyaṃ vṛkṣam I taṃ brahmagandhaḥ praviśati I sa āgacchati sālajyaṃ saṃsthānam I taṃ brahmarasaḥ praviśati I sa āgacchatyaparājitam āyatanam I taṃ brahmatejaḥ praviśati I sa āgacchati indraprajāpatī dvāragopau I tāvasmādapadravataḥ / *sa āgacchati vibhu pramitam* / *taṃ brahmayaśaḥ praviśati* / *sa āgacchati vicakṣaṇām āsandīṃ* / *bṛhadrathantare sāmanī pūrvau pādau* / *śyaitanaudhase cāparau pādau* / *vairūpavairāje anūcye* / *śākvararaivate tiraścī* / *sā prajñā prajñayā hi vipaśyati* / *sa āgacchatyamitaujasaṃ paryaṅkam* / *sa prāṇaḥ* / *tasya bhūtaṃ ca bhaviṣyacca pūrvau pādau śrīścerā cāparau bṛhadrathantare anūcye bhadrayajñāyajñīye śīrśaṇye ṛcaśca sāmāni ca prācīnātānāni yajūṃṣi tiraścīnāni somāṃśava upastaraṇam udgītho 'paraścayaḥ śrīrupabarhaṇam* / *tasmin brahmāste* / *tam itthamvit pādenaivāgra ārohati* / *taṃ brahmāpṛcchati ko 'sīti* / *taṃ pratibrūyāt* //

Il arrive à l'arbre terre (*īlya*) : le parfum du Brahman entre en lui. Il arrive la place aux nombreux détours (*sālajya*) : la saveur du Brahman entre en lui. Il arrive au palais de l'invincibilité (*aparājita*) : l'éclat du Brahman entre en lui. Il arrive devant Indra et Prajāpati, les deux gardiens de la porte : ils s'enfuient devant lui. Il parvient au hall du souverain architecte (*vibhu pramitam*) : la gloire du Brahman entre en lui. Il arrive en vue du trône de sagesse (*vicakṣaṇa*[1]) : les mélodies *bṛhat* et *rathaṃtara* sont les pieds de devant, śyeta et *naudhasa* les pieds de derrière, *vairūpa* et *vairāja* les pièces en longueur, *śākvara* et *raivata* les pièces en travers : c'est la sagesse, car c'est grâce à la sagesse qu'on discerne[2]. Il arrive au palanquin de la splendeur sans bornes (*amitaujas*). C'est le souffle vital (*prāṇa*). Le passé et l'avenir en sont les pieds de devant, prospérité et terre en sont les pieds de derrière, *bhadra* et *yajñāyajñīya* en sont les pièces de tête, *bṛhat* et *rathaṃtara* les pièces en longueur, hymnes et chants les pièces

1. C'est le nom qu'on donne pafois au trône de Brahmā; ce mot signifie littéralement « celui qui voit loin, qui est sage ».

2. Le concept de *prajñā* est omniprésent non seulement dans cette upanisahd, mais dans toute la littérature indienne, y compris bouddhiste. Le mot *prajñā* est fait de *jñā* (connaissance) affecté du préfixe *pra-*, qui donne l'idée de mouvement, de direction ou d'intensité. Selon le contexte, on le traduira par : sagesse, discernement, intelligence, jugement.

étendues en avant, les formules sacrificielles (*yajus*) les pièces en travers, les tiges de *soma* le matelas, l'*udgītha* la couverture, la splendeur le coussin. C'est sur ce (trône) qu'est assis Brahman. Celui qui sait ainsi monte sur le trône d'abord avec un seul pied. Brahman lui demande alors : « Qui es-tu ? » Il doit lui répondre :

6. ṛturasmi | ārtavośmi | ākāśādyoneḥ sambhūto bhāryāyai retaḥ saṃvatsarasya tejo | bhūtasya bhūtasyātmā bhūtasy ātmā | bhūtasya bhūtasya tvam ātmāsi yastvamasi so 'ham asmīti | tam āha ko 'ham asmīti | satyam iti brūyāt | kiṃ tadyat satyam iti | yadanyaddevebhyaśca prāṇebhyaśca tat sat | atha yaddevāśca prāṇaśca tattyam | tadetayā vācābhi vyāhriyate satyam iti | etāvadidaṃ sarvam idaṃ sarvam asītyevainaṃ tadāha | tadetacchlokenābhyuktam ||

« Je suis saison, fils des saisons. Je suis apparu de la matrice qu'est l'espace, semence au sein de la splendeur, éclatante ardeur de l'année, le Soi de tout être ! Tu es toi-même le Soi de chaque être ! Ce que tu es je le suis ! » Brahman lui demande alors - Qui suis-je ? Il devrait répondre - La Réalité - Qu'est-ce que la Réalité (*satyam*) ? - Tout ce qui est autre que dieux et souffle vital (*prāṇa*), c'est cela *sat* et tout ce qui est dieux et souffle vital, c'est cela *tyam*. Tout cela est compris dans ce mot qui est Réalité (*satyam*). Telle est l'étendue de cet univers au complet. Et tu es cet univers entier. » C'est ce qu'il lui dit. Il existe un verset qui a formulé cela :

7. yajūdaraḥ sāmaśirā asāvṛṅmūrtir avyayah
sa brahmeti vijñeya ṛṣir brahmamayo mahān | iti ||
tam āha kena me pauṃsyāni nāmānyāpnotīti | prāṇeneti brūyat |
kena napauṃsakānīti | manaseti |
kena strīnāmānīti | vāeti |
kena gandhānīti | ghrāṇeneti |
kena rūpāṇīti | cakṣuseti |
kena śabdān iti | śroteneti |
kenānnarasānīti | jihvayeti |
kena karmāṇīti | hastābhyāmiti |

kena sukhaduhke iti I śarīreṇeti I
kenānandaṃ ratiṃ prajātimiti I upastheneti I
kenetyā iti I pādābhyāmiti I
kena dhiyo vijñātavyaṃ kāmāniti I prajñaiveti brūyāt I
tamāha āpo vai khalu me loko 'yaṃ te 'sāveti I sā yā brahmaṇo jitiryā vyaṣṭistāṃ jitiṃ jayati tāṃ vyaṣṭiṃ ya evaṃ veda ya evaṃ veda II

Avec la formule sacrificielle (*yajū*) pour ventre, la mélodie (*sāman*) pour tête, l'hymne (*ṛc*) comme forme, le sage visionnaire (*ṛṣi*) dont la nature est Brahman est impérissableon, doit le voir comme étant Brahman. Brahman lui demande : - De quelle façon saisis-tu mes noms masculins ? Il devrait répondre : -Par le souffle. » - Et mes noms neutres ? - par mon mentaḷ - Et mes noms féminins ? - Par ma parole. - Et mes odeurs ? - Par mon odoraṭ - Et mon apparence ? - Par ma visioṇ - Et mes sons ? - Par mon auditioṇ - Et mon goût de la nourriture ? - Par ma langue. - Et mes acions ? - Par mes mainṣ - Et mon plaisir et ma douleur ? - Par mon corpṣ - Et ma béatitude, mon délice, ma procréation ? - Par mes organes génitaux. - Et mes mouvements ? - Par mes pieds. - Et mes pensées, objets de perception et désirs ? - Par mon intellect. Brahman lui dit alors : « En vérité, tu me sembles avoir avoir mes mondes, ils sont tiens. » Toute victoire et tout succès est de Brahman et il remporte la même victoire et atteint le même succès celui qui sait ainsi, oui, celui qui sait ainsi.

II

1. prāṇo brahmeti ha smāha kauṣītakiḥ I tasya ha vā etasya prāṇasya brahmaṇo mano dūtam cakṣurgoptṛ śtrotaṃ saṃśrāvayitṛ vākpariveṣṭrī I sa yo ha vā etasyaprāṇsya brahmaṇo mano dūtaṃ veda dūtavān bhavati I yascakṣurgoptṛ goptṛmān bhavati I yaḥ śrotraṃ samśrāvayitṛ samśrāvayitṛmān bhavati I yo vācam pariveṣtrīṃ pariveṣtrīmān bhavati I tasmai vā etasmai prāṇāya brahmaṇa etāḥ sarvā devatā ayācamānāya baliṃ haranti I evaṃ haivāsmai sarvāni bhūtānyayācamānāyaiva baliṃ haranti ya evaṃ veda | tasyopaṇiṣanna yācediti | tadyathā grāmaṃ bhikṣitvā 'labdhvopaviśen nāham ato dattam aśnīyām iti | ta evainam upamantrayante ye purastāt pratyācakṣīran | eṣa dharmo 'yācato bhavatyannadāstvevainam upamantrayante dadāma ta iti ||

Brahman est souffle vital, c'est ce que disait Kauṣītaki. Maintenant, de ce souffle qui est Brahman, le mental est messager, l'œil est le gardien, l'oreille est le hérault et la parole le serviteur. En vérité, quiconque sait que le mental est le messager de ce souffle qui est Brahman en vient à voir un messager ; quiconque sait que la vue en est le gardien en vient à avoir un garde ; quiconque sait que l'ouïe est son hérault en vient à posséder un hérault ; et quiconque sait que la parole est son serviteur en vient à posséder un serviteur. Et à ce souffle même qui est Brahman, toutes les divinités apportent des offrandes avant même qu'il l'ait demandé. De la même manière, tous les êtres apportent des offrandes à celui qui sait ceci sans même devoir le demander. « On ne devrait pas demander », tel est l'enseignement secret (*upaṇiṣad*). Il en est ainsi. Voyez l'homme qui mendie dans un village et ne reçoit rien. Il s'assierait et se dirait : « Je ne mangerai jamais rien offert ici. » Par la suite, ces mêmes personnes qui l'avaient auparavant rejeté lui font des invitations. Pour celui qui ne demande pas, cela devient la règle et les personnes mêmes qui offrent de la nourriture l'invitent en disant « nous te donnerons ».

2. *prāṇo brahmeti ha smāha paiṅgya | tasya vā etasya prāṇasya brahmaṇo vākparastācchakṣurārunddhe | cakṣuḥ parastacchrotram ārunddhe śrotram parastānmana ārunddhe | manaḥ parastatprāṇa ārunddhe | tasmai vā etasmai prāṇāya brahmaṇa etāḥ sarvā devatā ayācamānāya baliṃ haranti | evaṃ haivasmai sarvāṇi bhūtānyayācamānāyaiva baliṃ haranti ya evaṃ veda | tasyopaniṣan na yācediti | tadyathā grāmaṃ bhikṣitvā 'labdhvopaviśen nāham ato dattam aśnīyām iti | ta evainam upamantrayante ye purastāt pratyācakṣīran | eṣa*

dharmo 'yācato bhavatyannadāstvevainam upamantrayante dadāma ta iti ||

« Brahman est souffle vital », c'est ce que disait Paiṅga. La parole (procède) de ce souffle qui est Brahman ; la vue est celée derrière la parole ; l'ouïe est celée derrière la vue ; le mental est celé derrière l'ouïe et le souffle est celé derrière le mental. À ce souffle même qui est Brahman, en vérité toutes ces divinités[1] apportent spontanément des offrandes. De la même façon, tous les êtres apportent des offrandes spontanément à celui qui sait ainsi. Ne rien solliciter, telle est l'enseignement secret. Voyez l'homme qui mendie dans un village et ne reçoit rien. Il s'assiérait et se dirait : « Je ne mangerai jamais rien offert ici. » Par la suite, ces mêmes personnes qui l'avaient auparavant rejeté lui font des invitations. Pour celui qui ne demande pas, cela devient la règle et les personnes mêmes qui offrent de la nourriture l'invitent en disant « nous te donnerons ».

3. athāta ekadhanāvarodhanam | yadekadhanam abhidhyāyāt paurṇamāsyāṃ vāmāvāsyāyām vā śuddhapakṣe vā pūṇye nakṣatre 'gnim upasamādhāya parisammūhya paristīrya paryukṣya dakṣiṇam jānvācya sruveṇājyāhutīrjuhoti |
vāṅ nāma devatāvarodhanī sā me 'muṣmād idam avarundhyāt tasyai svāhā |
prāṇo nāma devatāvarodhanī sā me 'muṣmād idam avarundhyāt tasyai svāhā |
cakṣur nāma devatāvarodhanī sā me 'muṣmād idam avarundhyāt tasyai svāhā |
śrotraṃ nāma devatāvarodhanī sā me 'muṣmād idam avarundhyāt tasyai svāhā |
mano nāma devatāvarodhanī sā me 'muṣmād idam avarundhyāt tasyai svāhā |
prajñā nāma devatāvarodhanī sā me 'muṣmād idam avarundhyāt tasyai svāhā iti |

---

1. On exprime donc clairement que les divinités sont en fait les diverses énergies de l'existence, ici celles numérées plus haut (parole, vue, ouïe, etc.).

atha dhūmagandhaṃ prajighrāyājyalepenāṅgāny anuvimṛjya vācaṃyamo 'bhipravrajyārthaṃ brūyād dūtaṃ vā prahiṇuyāt / labhate haiva //

Et maintenant, à partir de cela s'assurer le trésor unique (*ekadhanam*). Si l'on a en vue le trésor unique, soit à la pleine lune ou à la nouvelle lune, ou sous une constellation auspicieuse ou durant la quinzaine de la lune croissante, qu'on place du bois dans le feu sacré, qu'on balaie tout autour, qu'on répande de l'herbe sacrée tout autour et qu'on l'asperge avec de l'eau. Alors, en pliant le genou droit, qu'on offre les oblations de beurre clarifié suivantes avec une cuillère : la divinité appelée Parole permet d'obtenir, puisse-t-elle obtenir pour moi cela d'untel ; à cette divinité *svāhā* ! La divinité appelée Odorat permet d'obtenir, puisse-t-elle obtenir pour moi cela d'untel ; à cette divinité *svāhā* ! La divinité appelée Vue permet d'obtenir, puisse-t-elle obtenir pour moi cela d'untel ; à cette divinité *svāhā* ! La divinité appelée Ouïe permet d'obtenir, puisse-t-elle obtenir pour moi cela d'untel ; à cette divinité *svāhā* ! La divinité appelée Esprit permet d'obtenir, puisse-t-elle obtenir pour moi cela d'untel ; à cette divinité *svāhā* ! La divinité appelée Sagesse permet d'obtenir, puisse-t-elle obtenir pour moi cela d'untel ; à cette divinité *svāhā* ! On respire ensuite le parfum de la fumée et frotte son corps avec le beurre clarifié ; après s'en être allé en silence, qu'on énonce son but en personne ou qu'on envoie un messager. Alors en vérité on se l'assure.

4. athāto daivaḥ smaraḥ / yasya priyo bubhūṣed yasyai vā yeṣāṃ vā yāsāṃ vaiteṣām evaikasmin parvaṇy agnim upasamādhāyaitayaivāvṛtaitā ājyāhutīr juhoti / vācam te mayi juhomy asau svāhā / prāṇaṃ te mayi juhomy asau svāhā / cakṣus te mayi juhomy asau svāhā / śrotraṃ te mayi juhomy asau svāhā / manas te mayi juhomy asau svāhā / prajñāṃ te mayi juhomy asau svāhā iti / atha dhūmagandhaṃ prajighrāyājyalepenāṅgānyanuvimṛjya vacaṃyamo 'bhipravrajya saṃsparśaṃ jigamiṣet / api vātād vā tiṣṭhet sambhāṣamāṇaḥ / priyo haiva bhavati smaranti haivāsya //

Et maintenant, l'amour obtenu grâce la divinité. Si l'on souhaite devenir le favori d'un homme ou d'une femme en partiulier, ou d'un groupe d'hommes ou de femmes, qu'on présente la même offrande de beurre clarifié de la même manière l'un des jours auspicieux mentionnés plus haut : « Untel, j'offre en moi ta parole, *svāhā* ! Untel, j'offre en moi ton odorat, *svāhā* ! Untel, j'offre en moi ta vue, *svāhā* ! Untel, j'offre en moi ton ouïe, *svāhā* ! Untel, j'offre en moi ton esprit, *svāhā* ! Untel, j'offre en moi ta sagesse, *svāhā* ! » On respire ensuite le parfum de la fumée et frotte son corps avec le beurre clarifié ; après s'en être allé en silence, qu'on cherche à être en contact physique avec cette personne ou qu'on se tienne dans le vent en conversant avec la ou les personnes. En vérité on leur deviendra cher, on sera vraiment leur favori !

5. athātaḥ saṃyamanaṃ prātardanam āntaram agnihotram iti cācakṣate I yāvad vai puruṣo bhāṣate na tāvat prāṇituṃ śaknoti I prāṇaṃ tadā vāci juhoti I yāvad vai puruṣaḥ prāṇiti na tāvad bhāṣituṃ śaknoti I vācaṃ tadā prāṇe juhoti I ete anante amṛte āhutī jāgracca svapaṃśca santataṃ [avyavacchinnaṃ] juhoti I atha yā anyā āhutayo 'ntavatyastāḥ karmamayyo hi bhavanti I etaddha vai pūrve vidvāṃso 'gnihotraṃ na juhavāñ cakruḥ II

Vient maintenant le contrôle appelé *Prātardana* appelé aussi « feu sacrificiel interne quotidien ». De toute évidence on est incapable de respirer tout en parlant. On offre alors le souffle dans la parole. De la même façon, on est incapable de parler tout en respirant. Alors, à ce moment on offre la parole dans le souffle. On se donne à ces deux offrandes sans fin et immortelles sans interruption, qu'on soit éveillé ou endormi. D'autre part, toutes les autres offrandes sont limitées, car elles consistent en actes rituels. C'est parce qu'ils savaient cela que les Anciens s'abstenaient d'offrir le sacrifice quotidien du feu (*agnihotra*).

6. ukthaṃ brahmeti ha smāha śuṣkabhṛṅgāraḥ I tad ṛgityupāsīta I sarvāṇi hāsmai bhūtāni śraiṣṭhyāyābhyarcante I tad yajur ity upāsīta I sarvāṇi hāsmai bhūtāni śraiṣṭhyāya yujyante I tat sāmety upasīta I sarvāṇi hāsmai bhūtāni śraiṣṭhyāya sannamante | tacchrīr ityupāsīta | tadyaśa ityupāsīta | tat teja ityupāsīta | tadyathaitacchastrāṇāṃ śrīmattamaṃ yaśasvitamaṃ tejasvitamaṃ bhavati tatho evaivaṃ vidvān sarveṣāṃ bhūtānāṃ śrīmattamo yaśasvitamastejasvitamo bhavati | tadetad aiṣṭikaṃ karmamayam ātmānam adhvaryuḥ saṃskaroti | tasmin yajurmayaṃ pravayati | yajurmaya ṛṅmayaṃ hotā | ṛṅmaye sāmamayam udgātā | sa eṣa trayyai vidyāyā ātmā | eṣa u evaitadindrasyātmā bhavati ya evaṃ veda ||

La récitation (*uktha*) est Brahman, c'est ce que Śuṣkabhṛṅgāra avait coutume de dire. On devrait l'associer (et le vénérer) au *Ṛg(veda)*. En effet, pour sa plus grande gloire toutes les créatures lui récitent des louanges. On devrait l'assimiler au *Yajus* ; alors, pour sa plus grande prospérité tous les êtres vont s'unir (*yuj-*) à lui. On devrait l'assimiler au *Sāman* ; alors, pour sa plus grande gloire tous les êtres s'inclineront (*sam-nam-*) devant lui. Qu'on l'assimile et la vénère comme prospérité, gloire et éclat. Tout comme l'*uktha* est la plus prospère, la plus glorieuse et la plus splendide des récitations de louange, de la même manière celui qui connaît cela devient le plus prospère, le plus glorieux et le plus splendide de tous les êtres. Le prêtre *Adhvaryu* prépare le soi consistant en rituels pour qu'il soit sacrificiel et le tisse avec les formules du *Yajus* ; sur ce soi consistant dans les formules du *Yajus*, le prêtre *hotṛ* tisse le soi fait des versets du *Ṛg*. Le prêtre *Udgātṛ* tisse sur ce soi fait des versets du *Ṛg* celui fait des chants du *Sāmaṇ* Tel est le soi du triple Veda. Celui qui sait ainsi devient le soi d'Indra.

7. athātaḥ sarvajitaḥ kauṣītakestrīṇy upāsanāni bhavanti | sarvajiddha sma kauṣītaki udyantam ādityam upatiṣṭhate yajñopavītaṃ kṛtvodakam ānīya triḥ prasicyodapātraṃ | vargo 'si pāpmānaṃ me vṛṅdhīti | etayaivāvṛtā madhye santam udvargo 'si pāpmānaṃ ma udvṛṇdhīti | etayaivāvṛtāstaṃ yantaṃ saṃvargo 'si pāpmānaṃ me saṃvṛṅdhīti | tad yad ahorātrābhyāṃ pāpam akarot saṃ <sma> tad vṛṅkte | tatho evaivaṃ vidvān etayaivāvṛtādityam upatiṣṭheta yad ahorātrābhyāṃ pāpaṃ karoti saṃ tad vṛṅkte ||

Puis, viennent les trois modes de méditation de Kauṣītaki dit *Sarvajit* (le conquérant universel). Voici maintenant comment Sarvajit Kauṣītaki avait coutume d'approcher et vénérer le soleil levant. Portant le cordon sacrificiel en position, ayant apporté l'eau et l'ayant versée trois fois dans la coupe, il dit : « Tu es celui qui ramasse, qui ramasse mes fautes ! » Il en était de même pour le soleil du midi : « Tu es celui qui ramasse, qui ramasse mes fautes ! » Il en était exactement de même pour le soleil couchant : « Tu es celui qui ramasse complètement, qui ramasse complètement mes fautes ! » Et le soleil ramassait complètement quelque faute que ce soit qu'il aurait pu commetre de jour comme de nuit. De la même façon, celui qui sait ainsi et vénère le soleil exactement de la même manière voit ses fautes commises de jour comme de nuit complètement enlevées par le soleil.

8. atha māsi māsyamāvāsyāyāṃ paścāc candramasaṃ dṛśyamānam upatiṣṭhetaitayaivāvṛtā haritatṛṇe vā pratyasyati / yan me susamid dhṛdayam adhi candramasi śritaṃ / manye 'haṃ māṃ tadvidvāṃsaṃ māhaṃ putryam aghaṃ rudam // iti // na hyasmāt pūrvā prajāḥ praitīti nu jātaputrasya / athājātaputrasya / ā pyāyasva sam etu te / saṃ te payāṃsi sam u yantu vājāḥ / yam ādityā aṃśum āpyāyayanti / ityetāstisra ṛco japitvā māsmākaṃ prāṇena prajayā paśubhirāpyāyiṣṭhāḥ / yo 'smān dveṣṭi yaṃ ca vayaṃ dviṣmastasya prāṇena prajayā paśubhirāpyāyasveti / aindrīm āvṛtam āvarte / ādityasyāvṛtam anvāvarte iti dakṣiṇaṃ bāhumanvāvartate

D'autre part, tous les mois, le soir de nouvelle lune, on devrait adorer la lune lorsqu'elle devient visible à l'ouest en utilisant la même procédure. Sinon, on peut lancer en sa direction deux brins d'herbe verte en disant : « Mon cœur à la fine ligne est placé dans la lune, cela je le reconnais, je le sais. Puissé-je ne pas avoir à pleurer le malheur de mon enfant ! » Alors, son enfant ne mourra pas avant lui. Ce qui précède, c'est pour un homme qui a un fils. Quant à celui qui qui n'en a pas, il devrait réciter en silence ces trois versets du *Ṛgveda* : Croîs ! Puisse les forces et la vigueur affluer en toi ! Ce rayon que les Ādityas font croître. Après avoir répété ces trois versets du *Ṛg*, il dit : « Ne croîs pas avec notre souffle vital, avec notre descendance, avec notre bétail. Celui qui nous hait et celui que nous haïssons, croîs par sa vie, par sa descendance et par son bétail ! C'est ainsi que je tourne le tour d'Indra, je tourne avec le tour du soleil. » Il se tourne alors vers son bras droit.

9. atha paurṇamāsyāṃ purastāccandramasaṃ dṛśyamānam upatiṣṭhetaitayaivāvṛtā I somo rājāsi vicakṣaṇaḥ pañcamukho 'si prajāpatiḥ I brāhmaṇasta ekaṃ mukhaṃ tena mukhena rājño 'tsi tena mukhena māṃ annādaṃ kuru I rājā ta ekaṃ mukhaṃ tena mukhena viśo 'tsi tena mukhena māṃ annādaṃ kuru I śyenasta ekaṃ mukhaṃ tena mukhena pakṣiṇo 'tsi tena mukhena māṃ annādaṃ kuru I agniṣṭa ekaṃ mukhaṃ tena mukhenemaṃ lokam atsi tena mukhena māṃ annādaṃ kuru I tvayi pañcamaṃ mukhaṃ tena mukhena sarvāṇi bhūtānyatsi tena mukhena māṃ annādaṃ kuru I māsmākaṃ prāṇena prajayā paśubhir apakṣeṣṭhāḥ yo 'smān dveṣṭi yaṃ ca vayaṃ dviṣmas tasya prāṇena prajayā paśubhirapakṣīyasveti I daivīm āvṛtam āvarte ādityasyāvṛtam anvāvarta iti dakṣiṇaṃ bāhum anvāvartate

Ensuite, le soir de la pleine lune, il doit adorer la lune quand elle est visible à l'est, de la même façon : « Tu es le roi Soma, le sage (*vicakṣaṇa* : qui voit loin), Prajāpati aux cinq bouches. Le brahmane est l'une de ces bouches. Avec cette bouche, tu manges les rois, avec cette bouche fais de moi un mangeur de nourriture. Le roi est l'une de tes bouches et avec cette bouche tu manges le peuple. Avec cette bouche, fais de moi un mangeur de nourriture. Le faucon est l'une de tes bouches. Avec cette bouche, tu manges les oiseaux, avec cette bouche fais de moi un mangeur de nourriture. Le feu est l'une de tes bouches. Avec cette bouche tu manges le monde, avec cette bouche fais de moi un mangeur de nourriture. C'est en toi qu'est la cinquième bouche et avec cette bouche tu manges toutes les créatures. Avec cette bouche fais de moi un mangeur de nourriture. Ne décrois pas avec notre souffle vital, avec notre descendance, avec notre bétail. Celui qui nous hait et celui que nous haïssons, décroît avec sa vie, sa descendance et son bétail ! C'est ainsi que je tourne le tour des dieux, je tourne avec le tour du soleil. » Il se tourne alors vers son bras droit.

10. atha saṃveśyañjāyāyai hṛdayam abhimṛśet | yatte suśīme
hṛdayaṃ śritam antaḥ prajāpatau |
tenāmṛtatvasyeśāne mā tvaṃ putryam aghaṃ nigāḥ || na
hyasyāḥ pūrvā prajāḥ praitīti ||

Maintenant, lorsqu'il va s'étendre avec son épouse, il devrait lui toucher le cœur en disant : « Ton cœur, ô ma belle, demeure dans Prajāpati. Alors, reine d'immortalité, que tes enfants ne connaissent pas le malheur ! » Ses enfants, en vérité, ne mourront pas avant elle.

11. atha proṣyāyan putrasya mūrdhānam abhimṛśet |

aṅgād aṅgāt sambhavasi hṛdayād adhijāyase |
ātmā tvaṃ putra māvitha sa jīva śaradaḥ śatam | asau iti ||

nāmāsya dadhāti |
aśmā bhava paraśur bhava hiraṇyam astṛtaṃ bhava |
tejo vai putra nāmāsi sa jīva śaradaḥ śatam || iti ||

nāmāsya gṛhṇāti | athainaṃ parigṛhṇāti |
yena prajāpatiḥ prajāḥ paryagṛhṇāt tadariṣṭyai |
tena tvā parigṛhṇāmi |

asau iti |
nāmāsya dadhāti ||
athāsya dakṣiṇe karṇe japatyasmai prayandhi maghavann ṛjīṣin iti |
indra śreṣṭhāni draviṇāni dhehīti savye |
mā chetthā mā vyathiṣṭhāḥ śataṃ śarada āyuṣaḥ |
jīvasva putra te nāmnā mūrdhānam abhijighrāmi ||

asau iti trirmūrdhānam abhijighret |
gavām tvā hiṅkāreṇābhihiṅkaromīti trir mūrdhānam abhihiṅkuryāt ||

Ensuite, quand on revient de voyage, on devrait faire contact (*abhimṛśet*[1]) avec la tête de son fils (en disant) : « Tu es né de chacun de mes membres, tu es né du cœur. Tu es mon Soi, mon fils, tu es venu à mon aide ! Puisses-tu vivre cent ans[2]. (Sur ce) il lui confère son nom. Sois un roc ! Sois une hache ! Sois l'or indestructible ! Ton nom est Splendeur, mon fils ! Puisses-tu vivre cent ans. (Sur ce) il prononce son nom. Puis il l'embrasse en disant : « Tout comme Prajāpati a embrassé ses enfants pour leur sauvegarde, ainsi moi je t'embrasse, toi Untel. » Puis il récite dans oreille droite : « Confère-lui, ô Libéral (Maghavan), ô Ṛjīṣin). Dans la gauche : « Confère-lui les plus splendides trésors, ô Indra ! N'interromps pas (la lignée), ne t'égare pas ! Vis cent ans de vie, mon fils et des fils héroïques ! Je t'embrasse la tête avec ton nom. » Il l'embrasse alors trois fois (en disant) « je mugis sur toi du mugissement des vaches » et il doit mugir trois fois sur sa tête.

12. athāto daivaḥ parimaraḥ | etadvai brahma dīpyate yadagnir jvalati | athaitan mriyate yan na jvalati | tasyādityam eva tejo gacchati vāyuṃ prāṇa | etadvai brahma dīpyate yadādityo dṛśyate 'thaitan mriyate yan na dṛśyate | tasya candramasam eva tejo gacchati vāyuṃ prāṇaḥ | etad vai brahma dīpyate yaccandramā dṛśyate 'thaitan mriyate yan na dṛśyate | tasya vidyutam eva tejo gacchati vāyuṃ prāṇaḥ | etadvai brahma dīpyate yadvidyudvidyotate 'thaitan mriyate yan na vidyotate | tasya vāyum eva tejo gacchati vāyuṃ prāṇaḥ | tā vā etāḥ

---

1. Certains textes ont plutôt *abhijighret* (de *abhi-grah-* : se saisir de), qui pourrait se référer à une antique pratique védique et qu'on traduit parfois par « flairer ». Mais *abhimṛśet* (de *mṛś-* : toucher, faire contact, prendre conscience de) est à peu près équivalent, l'idée étant de faire contact : soit prendre dans ses mains, soit poser un baiser.

2. La formule consacrée : « puisses-tu vivre cent automnes » (*śataṃ śarada āyuṣah*) veut dire en fait cent ans…

sarvā devatā vāyum eva praviśya vāyau mṛtvā na mūrchante / tasmādeva punarudīrate / ityadhidaivatam / athādyātmam //

Ensuite, « le cercle de mort des divinités ». Ce Brahman brille en vérité lorsque le feu flamboie. Mais quand le feu s'éteint il meurt. Sa splendeur va au soleil, son souffle au vent. Ce Brahman brille en vérité lorsque le soleil se montre et meurt lorsqu'il ne se montre pas. Sa splendeur va à la lune, son souffle au vent. Ce Brahman brille en vérité quand la lune est visible et meurt quand elle ne l'est plus. Son éclat va à l'éclair, son souffle vital au vent. Ce Brahman en vérité brille quand l'éclair jaillit et meurt quand elle ne jaillit pas. Sa splendeur va aux régions de l'espace et son souffle vital au vent. En vérité, toutes ces divinités, étant entrées dans le vent, une fois mortes dans le vent, néanmoins ne meurent pas. Par conséquent, en vérité elles reviennent. Voilà pour les divinités. Maintenant en ce qui concerne le corps (*ātman*)

13. etad vai brahma dīpyate yadvācā vadati / athaitan mriyate yan na vadati / tasya cakṣur eva tejo gacchati prāṇaṃ prāṇaḥ / etad vai brahma dīpyate yaccakṣuṣā paśyati / athaitan mriyate yan na paśyati / tasya śrotram eva tejo gacchati prāṇaṃ prāṇaḥ / etad vai brahma dīpyate yacchrotreṇa śṛṇoti / athaitan mriyate yan na śṛṇoti / tasya mana eva tejo gacchati prāṇaṃ prāṇaḥ / etad vai brahma dīpyate yan manasā dhyāyati / athaitan mriyate yan na dhyāyati / tasya prāṇam eva tejo gacchati prāṇaṃ prāṇaḥ / tā vā etāḥ sarvā devatāḥ prāṇam eva praviśya prāṇe mṛtvā na mūrchante / tasmād eva punar udīrate / tad yadi ha vā evaṃ vidvāṃsam ubhau parvatāvabhipravarteyātāṃ dakṣinaścottaraśca tustūrṣamānau na hainaṃ stṛṇvīyātām / atha ya enaṃ dviṣanti yāṃśca svayaṃ dveṣṭi ta evainaṃ parimriyante //

Ce Brahman brille en vérité lorsqu'on parle par la parole. Mais quand on ne parle pas, il meurt. Sa splendeur va à l'œil, son souffle vital au souffle. Ce Brahman brille en vérité lorsqu'on voit avec l'œil et meurt lorsqu'on ne voit pas. Sa splendeur va à l'oreille, son souffle vital au souffle. Ce Brahman brille en vérité quand on entend avec l'oreille et meurt quand on n'entend plus. Son éclat va à l'esprit (*manas*), son souffle vital au souffle. Ce Brahman en vérité brille quand on pense avec l'esprit et meurt quand on ne pense pas. En vérité, toutes ces divinités, étant entrées dans le souffle, une fois mortes dans le souffle néanmoins ne meurent pas. Par conséquent, en vérité elles reviennent. Ainsi, même si les deux montagnes, celle du Sud et celle du Nord, se ruaient pour l'écraser, elles ne l'écraseraient pas.

14. athāto nihśreyasādānam I etā ha vai devatā ahaṃśreyase vivadamānā asmāccharīrād uccakramuḥ I taddhāprāṇat śuṣkaṃ dārubhūtaṃ śiṣye I athainadvāk praviveśa I tadvācā vadacchiṣya eva I athainaccakṣuḥ praviveśa I tad vācā vadaccakṣuṣā paśyacchiṣya eva I athainacchrotraṃ praviveśa I tadvācā vadaccakṣuṣā paśyacchrotreṇa śṛṇvacchiṣya eva I athainan manaḥ praviveśa I tadvācā vadaccakṣuṣā paśyacchrotreṇa śṛṇvan manasā dhyāyacchiṣya eva I athainat prāṇaḥ praviveśa I tat tata eva samuttasthau I tā vā etāḥ sarvā devatāḥ prāṇe nihśreyasaṃ viditvā prāṇam eva prajñātmānam abhisambhūya sahaivaite sarve 'smāccharīrāduccakramuḥ I te vāyupraviṣṭā ākāśātmānaḥ svarīyuḥ I tatho evaivaṃ vidvān prāṇe nihśreyasaṃ viditvā sarveṣāṃ bhūtānāṃ prāṇam eva prajñātmānam abhisambhūya sahaivaitaiḥ sarvairasmāccharīrādutkrāmati I sa vāyupraviṣṭa ākāśātmā svareti I sa tadgacchati yatraite devāḥ I tat prāpya yadamṛtā devāstadamṛto bhavati ya evaṃ veda II

Maintenant, en ce qui concerne la plus haute excellence. Ces divinités se disputaient à savoir qui était le meilleur[1], alors elles sortirent du corps. Celui-ci gisait sans souffle, sec, comme une bûche. La voix vint l'habiter : il gisait tout en parlant par la voix. L'œil vint l'habiter : il gisait tout en parlant par la voix et voyant par l'œil. L'oreille vint l'habiter : il gisait tout en parlant par la voix, voyant par l'œil et entendant par l'oreille. L'esprit vint l'habiter : il gisait tout en parlant par la voix, voyant par l'œil,

1. Littéralement « en vue de moi le meilleur » (*ahaṃśreyase*).

entendant par l'oreille et pensant par l'esprit. Alors, le souffle vint l'habiter : il se redressa. Alors toutes ces divinités, ayant compris la prééminence du souffle, se regroupèrent dans le souffle, qui est le Soi doué de conscience, elles quittèrent toutes ce corps, pénétrèrent le vent et, avec l'espace comme soi, allèrent au ciel. De même, en vérité, celui qui sait ainsi, après avoir compris la prééminence du souffle, s'unissant au souffle, qui est le Soi doué de conscience, sort de ce corps en compagnie de tous ceux-là (les organes, ou divinités du corps). Alors, habitant le vent, avec l'espace comme son soi, il va au ciel. Il va là où sont ces dieux. Une fois arrivé là, comme les dieux sont immortels, il devient lui aussi immortel, celui qui sait ainsi.

15. athātaḥ pitāputrīyaṃ sampradānam iti cācakṣate / pitā putraṃ preṣyann āhvayati navaistṛṇairagāraṃ saṃstīryāgnim upasamādhāyodakumbhaṃ sapātram upanidhāyāhatena vāsasā sampracchannaḥ pitā śete / etya putra upariṣṭādabhinipadyata indriyairindriyāṇi saṃspṛśya / api vāsmā āsīnāyābhimukhāyaiva sampradadyāt / athāsmai samprayacchati / vācaṃ me tvayi dadhānīti pitā / vācaṃ te mayi dadha iti putraḥ / prāṇaṃ me tvayi dadhānīti pitā / prāṇaṃ te mayi dadha iti putraḥ / cakṣurme tvayi dadhānīti pitā / cakṣuste mayi dadha iti putraḥ / śrotraṃ me tvayi dadhānīti pitā / śrotraṃ te mayi dadha iti putraḥ / annarasān me tvayi dadhānīti pitā / annarasāṃste mayi dadha iti putraḥ / karmāṇi me tvayi dadhānīti pitā / karmāṇi te mayi dadha iti putraḥ / sukhaduhkhe me tvayi dadhānīti pitā / sukhaduhkhe te mayi dadha iti putraḥ / ānandaṃ ratiṃ prajātiṃ me tvayi dadhānīti pitā / ānandaṃ ratiṃ prajātiṃ te mayi dadha iti putraḥ / ityā me tvayi dadhānīti pitā / ityāste mayi dadha iti putraḥ / mano me tvayi dadhānīti pitā / manas te mayi dadha iti putraḥ / prajñāṃ me tvayi dadhānīti pitā / prajñāṃ te mayi dadha iti putraḥ / yadyu vā upābhigadaḥ syāt samāsenaiva brūyāt prāṇān me tvayi dadhānīti pitā / prāṇāṃste mayi dada iti putraḥ / atha dakṣiṇāvṛt prāṅ upaniṣkrāmati / taṃ pitānumantrayate yaśo brahmavarcasaṃ kīrtistvā juṣatām iti / athetaraḥ savyam anvaṃsam abhyavekṣate pāṇināntardhāya vasanāntena vā pracchādya svargān lokān kāmān āpnuhīti I sa yadyagadaḥ syāt putrasyaiśvarye pitā vaset pari vā vrajet I yadyu vai preyāt tathaivainaṃ samāpayeyur yathā samāpayitavyo bhavati yathā samāpayitavyo bhavati II

Maintenant, ce qu'on appelle la transmission du père au fils. Le père, pressentant sa fin, appelle son fils. Après avoir répandu des herbes fraîches dans la maison, préparé le feu et placé tout près de lui une jarre d'eau et une coupe, lui, le père, vêtu d'un vêtement frais, se couche. Une fois arrivé, le fils s'étend sur lui, organes des sens sur organes des sens. Il (le père) peut aussi lui faire la transmission alors que son fils demeure assis devant lui. Ainsi transmet-il : - Je vais déposer ma voix en toi.- J'accueille ta parole en moi. - Je vais déposer mon souffle en toi. - J'accueille ton souffle en moi. - Je vais déposer ma vue en toi. - J'accueille ta vue en moi. - Je vais déposer mon ouïe en toi. - J'accueille ton ouïe en moi. - Je vais déposer mon goût des aliments en toi. - J'accueille ton goût des aliments en moi. - Je vais déposer mes actions en toi. - J'accueille tes actions en moi. - Je vais déposer mon plaisir et ma douleur en toi. - J'accueille ton plaisir et ta douleur en moi. - Je vais déposer ma béatitude, ma volupté et mon pouvoir de procréation[1] en toi. - J'accueille ta béatitude, ta volupté et ton pouvoir de procréation en moi. - Je vais déposer ma démarche en toi. - J'accueille ta démarche en moi. - Je vais déposer mon esprit (*manas*) en toi. - J'accueille ton esprit en moi. - Je vais déposer ma sagesse (*prajñā*) en toi. - J'accueille ta sagesse en moi.

S'il ne peut parler (beaucoup), qu'il dise brièvement : « mon fils, je vais mettre mes souffles en toi » et le fils répondra « j'accueille tes souffles en moi », puis, en se tournant par la droite, il va vers l'est. Le père lui dit alors : « puisse la gloire, le lustre

---

1. Le mot *prajāti*, outre le pouvoir de procréation, désignait aussi l'initiation avec le cordon brahmanique, la seconde naissance, celle dont parlait aussi le Christ dans le fameux entretien avec Nicodème (Jean 3, 3-8).

de la connaissance sacrée et la renommée t'être favorables ! » L'autre regarde alors vers lui par-dessus son épaule gauche en se voilant de la main ou d'une partie de vêtement (en disant) : « Atteins donc les mondes célestes que tu désires ! » Si le père n'est plus malade, il doit habiter sous l'autorité de son fils ou alors vagabonder en ascète. Mais s'il meurt, qu'on accomplisse les rites comme il convient, comme il convient.

III

1. pratardano ha vai daivodāsirindrasya priyaṃ dhāmopajagāma yuddhena ca pauruṣeṇa ca / taṃ hendra uvāca pratardana varaṃ vṛṇīṣveti / sa hovāca pratardanastvam eva me vṛṇīṣva yaṃ tvaṃ manuṣyāya hitatamaṃ manyasa iti / taṃ hendra uvāca na vai varaṃ paro parasmai vṛṇīte / tvam eva vṛṇīṣveti / avaro vai kila ma iti hovāca pratardanaḥ / atho khalvindraḥ satyādeva neyāya / satyaṃ hīndraḥ / taṃ hendra uvāca mām eva vijānīhi / etadevāhaṃ manuṣyāya hitatamaṃ manye yan māṃ vijānīyāt / triśīrṣāṇaṃ tvāṣṭram ahanam / arunmukhān ahanam / yatīn sālāvṛkebhyaḥ prāyaccham / bahvīḥ sandhā atikramya divi prahlādīyān atṛṇaham antarikṣe paulomān pṛthivyāṃ kālakāñjān / tasya me tatra na loma canāmīyata / sa yo māṃ veda na ha vai tasya kena cana karmaṇā loma mīyate na steyena na bhrūṇahatyayā na mātṛvadhena na pitṛvadhena / nāsya pāpaṃ cakruṣo mukhān nīlaṃ vyetīti //

À force de combat et grâce à sa virilité, Pratardna Daivodāsi en vérité parvint à la chère demeure d'Indra. Indra lui dit alors : - Pratardana, choisis un vœu ! Il répondit : - Choisis pour moi le vœu qui sera le plus bénéfique à l'humanité. - Un supérieur ne choisit pas pour un inférieur : choisis toi-même, dit Indra. - Mais alors pour moi ce n'est pas un vœu, répliqua Pratardana. Indra ne dévia pourtant pas de la vérité, car Indra est la vérité. Il lui dit : - Perçois donc ce que je suis : ce que j'estime le plus bénéfique à l'humanité, c'est de me connaître. J'ai occis le fils à trois têtes de Tvāstṛ et les Arunmukhas. J'ai livré les Yatis aux hyènes. Violant plusieurs engagements, j'ai écrasé les Prāhlādīya dans le ciel, les Pasuloma dans l'espace intermédiaire (*antarikṣa*) et les Kālakhāñja sur terre. Ce faisant, je n'ai perdu aucun cheveu. Celui qui me connaît, rien de ce qu'il fait, que ce soit voler, faire des avortements, tuer son père ou sa mère, ne lui fera perdre un seul cheveu ; même s'il a fait le mal, son visage ne pâlit pas[1].

2. *sa hovāca prāṇo 'smi prajñātmā | taṃ māṃ āyuramṛtam ityupāssva | āyuḥ prāṇaḥ | prāṇo vā āyuḥ | yāvaddhy asmiñcharīre prāṇo vasati tāvadāyuḥ | prāṇena hyevāsmiṃlloke 'mṛtatvam āpnoti | prajñayā satyaṃ saṅkalpam | sa yo māṃ āyuramṛtam ityupāste sarvam āyurasmiṃlloka eti | āpnotyamṛtatvam akṣitiṃ svarge loke | taddhaika āhurekabhūyaṃ vai prāṇā gacchantīti | na hi kaścana śaknuyāt sakṛdvācā nāma prajñāpayituṃ cakṣuṣā rūpaṃ śrotreṇa śabdaṃ manasā dhyānam | ekabhūyaṃ vai prāṇā bhūtvaikaikam etāni sarvāṇi prajñāpayantīti | vācaṃ vadantīṃ sarve prāṇā anuvadanti | cakṣuḥ paśyat sarve prāṇā anupaśyanti | śrotraṃ śṛṇvat sarve prāṇā anuśṛṇvanti | mano dhyāyat sarve prāṇā anudhyāyanti | prāṇaṃ prāṇantaṃ sarve prāṇā anuprāṇanti | evam u haitaditi hendra uvāca | asti tveva prāṇānāṃ niḥśreyasam iti ||*

Indra dit alors : - Je suis la force de vie (*āyus*), le Soi discernant (*prajña*). Vénère-moi comme force de vie et immortalité. Le souffle est force de vie. La force de vie est le souffle. Tant que dans ce corps habite le souffle, aussi longtemps dure la vie. C'est en effet par le souffle qu'en ce monde on atteint l'immortalité. C'est aussi par le discernement (*prajña*) qu'on touche à la vraie compréhension (*satyam saṅkalpam*). Qui me vénère en tant que force de vie et immortalité atteint la plénitude de sa vie ici-bas et l'état d'immortalité et d'impérissabilité dans le monde céleste. - Certains disent que les fonctions vitales (*prāṇa*) convergent dans

1. Littéralement « la couleur sombre (*nīlam*) ne quitte pas son visage ».

une sorte d'unité. Car personne n'est en mesure de faire en même temps connaître un nom par la voix, une forme par la vue, un son par l'ouïe, une pensée par l'esprit, mais les fonctions vitales, ou souffles vitaux, une fois parvenues à l'unité, lui font percevoir tous ces éléments un par un : quand la parole parle, toutes les fonctions vitales parlent avec elle, lorsque la vue voit, toutes les fonctions vitales voient avec elle, lorsque l'ouïe entend, toutes les fonctions vitales entendent avec elle, lorsque l'esprit pense, toutes les fonctions vitales pensent avec lui et lorsque le souffle respire, toutes les fonctions vitales respirent avec lui. - Il en est bien ainsi, dit Indra, mais il y a tout de même une fonction vitale qui prédomine parmi les autres.

3. jīvati vāgapetaḥ | mūkān hi paśyāmaḥ | jīvati cakṣurapetaḥ | andhān hi paśyāmaḥ | jīvati śrotrāpetaḥ | badhirān hi paśyāmaḥ | jīvati mano 'petaḥ | bālān hi paśyāmaḥ | jīvati bāhuchinnaḥ | jīvatyūrucchinna iti | evaṃ hi paśyāma iti | atha khalu prāṇa eva prajñātmā idaṃ śarīraṃ parigṛhyotthāpayati | tasmādetadevoktham upāsīteti | saiṣā prāṇe sarvāptiryo vai prāṇaḥ sā prajñā | yā vai prajñā sa prāṇaḥ | tasyaiṣaiva dṛṣṭiretad vijñānam | yatraitat puruṣaḥ suptaḥ svapnaṃ na kañcana paśyatyathāsmin prāṇa evaikadhā bhavanti | tad enaṃ vāk sarvairnāmabhiḥ sahāpyeti | cakṣuḥ sarvai rūpaiḥ sahāpyeti | śrotraṃ sarvaiḥ śabdaiḥ sahāpyeti | manaḥ sarvairdhyānaiḥ sahāpyeti | sa yadā pratibudhyate yathāgnerjvalataḥ sarvā diśo viṣphuliṅgā vipratiṣṭherann evam evaitasmādātmanaḥ prāṇā yathāyatanaṃ vipratiṣṭhante | prāṇebhyo devāḥ | devebhyo lokāḥ | sa eṣa prāṇa eva prajñātmedaṃ śarīraṃ parigṛhyotthāpayati | tasmādetad evoktham upāsīteti | saiṣā prāṇe sarvāptiḥ | yo vai prāṇaḥ sā prajñā | yā vai prajñā sa prāṇaḥ | tasyaiṣaiva siddhiretad vijñānam | yatraitat puruṣa ārto mariṣyan ābalyaṃ nītya sammohaṃ nyeti tadāhur udakramīcciditi | tan na śṛṇoti na paśyati na vācā vadati na dhyāyati | athāsmin prāṇa evaikadhā bhavanti | tad enaṃ vāk sarvair nāmabhiḥ sahāpyeti | cakṣuḥ sarvai rūpaiḥ sahāpyeti | śrotraṃ sarvaiḥ śabdaiḥ sahāpyeti

| manaḥ sarvair dhyānaiḥ sahāpyeti | sa yadāsmāccharīrād utkrāmati sahaivaitaiḥ sarvairutkrāmati ||

Sans voix on vit, car nous observons des muets. On vit sans vue, car nous observons des aveugles. On vit sans ouïe, car nous observons des sourds. On vit sans esprit, car nous observons des imbéciles. On vit les bras coupés, on vit avec les jambes coupées : nous observons des gens qui sont ainsi. Maintenant, c'est le souffle seul, dont l'essence est de discerner (*prajñātmā*), qui, s'étant emparé de ce corps, le fait se dresser (*utthā*). Voilà pourquoi on doit le vénérer comme *uktha*[1]. C'est ainsi qu'elle (la conscience discernante, *prajñā*) atteint tout par le souffle, car ce qui discerne (*prajñā*)[2] est souffle[3] et le souffle, c'est ce qui discerne. On peut voir et comprendre cela de la façon suviante. Lorsqu'un homme est plongé dans le sommeil profond sans rêve, alors tout est unifié en lui. Sa parole se résorbe en lui avec tous les noms, les regards avec toutes les formes, l'ouïe avec tous les sons, l'esprit avec toutes les pensées. Quand il s'éveille, alors, tel un feu ardent d'où jaillissent des étincelles dans toutes les directions, de ce Soi les souffles (*prāṇa*, les fonctions vitales) jaillissent dans leurs domaines respectifs, de ces fonctons vitales, les dieux jaillissent et de ceux-ci les mondes. Le souffle est conscience qui discerne et la conscience qui discerne est souffle. On en trouve la preuve et on le voit de la façon suivante. Lorsqu'un homme est malade et sur le point de mourir, il devient très faible et perd finalement conscience. Les gens disent : « son souffle l'a-t-il quitté ? » À ce point, il cesse d'entendre, il cesse de voir, il cesse de parler par sa parole et il cesse de penser. Alors, ces fonctions-là sont absorbées et unifiées dans ce souffle même : sa parole s'absorbe complètement en lui avec tous les noms, sa vue avec les formes visibles, son ouïe avec tous les sons, puis son esprit avec toutes les pensées. Et lorsque le souffle finalement quitte ce corps, c'est avec tout cela qu'il s'en va.

---

1. L'*uktha* est « ce qui est prononcé » : une phrase, un verset, une louange, plus particulièrement ce qui est récité lors des sacrifices.

2. Voir la note sur *prajñā* en I, 1, 5.

3. Il faut lire *sarvāpti* come un substantif signifiant la capacité d'atteindre.

4. vāgasmāt sarvāṇi nāmānyabhivisṛjate I vācā sarvāṇi nāmānyāpnoti I prāṇo 'smāt sarvān gandhān abhivisṛjate I prāṇena sarvān gandhān āpnoti I cakṣurasmāt sarvāṇi rūpāṇyabhivisṛjate I cakṣuṣā sarvāṇi rūpāṇyāpnoti I śrotram asmāt sarvāñ chabdān abhivisṛjate I śrotreṇa sarvāñ chabdān āpnoti I mano 'smāt sarvāṇi dhyānānyabhivisṛjate I manasā sarvāṇi dhyānānyāpnoti I saiṣā prāṇe sarvāptiḥ I yo vai prāṇaḥ sā prajñā I yā vai prajñā sa prāṇaḥ I saha hyetāvasmiñ charīre vasataḥ sahotkrāmataḥ I atha khalu yathāsyai prajñāyai sarvāṇi bhūtāṇyekaṃ bhavanti tadvyākhyāsyāmaḥ

La parole fait surgir de lui tous les noms, par la parole on fait l'expérience de tous les noms. L'odorat fait surgir de lui toutes les odeurs. Par le souffle on fait l'expérience de toutes les odeurs. La vue fait surgir de lui toutes les formes visibles. Par la vue on fait l'expérience de toutes les formes visibles. L'ouïe fait surgir de lui tous les sons. Par l'ouïe on fait l'expérience de tous les sons. L'esprit fait surgir de lui toutes les pensées. Par l'esprit on fait l'expérience de toutes les pensées. Elle (la conscience qui discerne) atteint tout par le souffle. Car ce qui discerne (*prajñā*) est souffle et le souffle, c'est ce qui connaît. Car tous les deux résident ensemble dans ce corps et le quittent ensemble. Maintenant nous allons expliquer comment par cette conscience qui connaît tous les êtres deviennent un.

5. vāgevāsyā ekam aṅgam udūḷham I tasyai nāma parastāt prativihitā bhūtamātrā I ghrāṇa evāsyā ekam aṅgam udūḷham I tasya gandhaḥ parastāt prativihitā bhūtamātrā I cakṣur evāsyā ekam aṅgam udūḷham I tasya rūpaṃ parastāt prativihitā bhūtamātrā I śrotram evāsyā ekam aṅgam udūḷham I tasya śabdaḥ parastāt prativihitā bhūtamātrā I jihvaivāsyā ekam aṅgam udūḷham I tasya annarasaḥ parastāt prativihitā bhūtamātrā I hastāvevāsyā ekam aṅgam udūḷham I tayoḥ karma parastāt prativihitā bhūtamātrā I śarīram evāsyā ekam aṅgam udūḷham I tasya sukhaduḥkhe parastāt prativihitā bhūtamātrā I upastha evāsyā ekam aṅgam udūḷham I tasyānando ratiḥ prajātiḥ parastāt prativihitā bhūtamātrā | pādāvevāsyā ekam aṅgam udūḷham | tayorityāḥ parastāt prativihitā bhūtamātrā | manaivāsyā ekam aṅgam udūḷham | tasyai dhiyo vijñātavyaṃ kāmāḥ parastāt prativihitā bhūtamātrā ||

La parole est une partie extraite d'elle[1]. Le nom est la part d'être qui lui correspond à l'extérieur. L'odorat est une partie extraite d'elle. L'odeur est la part d'être qui lui correspond à l'extérieur. La vue est une partie extraite d'elle. La forme visible est la part d'être qui lui correspond à l'extérieur. L'ouïe est une partie extraite d'elle. Le son est la part d'être qui lui correspond à l'extérieur. La langue est une partie extraite d'elle. Le goût visible est la part d'être qui lui correspond à l'extérieur. Les mains sont une partie extraite d'elle. L'action est la part d'être qui lui correspond à l'extérieur. Le corps est une partie extraite d'elle. Plaisir et douleur sont la part d'être qui lui correspond à l'extérieur. L'appareil génital est une partie extraite d'elle. La béatitude, le plaisir et la procréation sont la part d'être qui lui correspond à l'extérieur. Les pieds sont une partie extraite d'elle. Les déplacements sont la part d'être qui lui correspond à l'extérieur. L'esprit est une partie extraite d'elle. Les pensées, les objets de perception et les désirs sont la part d'être qui lui correspond à l'extérieur.

6. prajñayā vācaṃ samāruhya vācā sarvāṇi nāmānyāpnoti | prajñayā ghrāṇaṃ samāruhya ghrāṇena sarvān gandhān āpnoti | prajñayā cakṣuḥ samāruhya cakṣuṣā sarvāṇi rūpāṇyāpnoti | prajñayā śrotraṃ samāruhya śrotreṇa sarvāñ chabdān āpnoti | prajñayā jihvāṃ samāruhya jihvayā sarvān annarasān āpnoti | prajñayā hastau samāruhya hastābhyāṃ sarvāṇi karmāṇyāpnoti | prajñayā śarīraṃ samāruhya śarīreṇa sukhaduḥkhe āpnoti | prajñayopasthaṃ samāruhyopasthenānandaṃ ratiṃ prajātim āpnoti | prajñayā pādau samāruhya pādābhyāṃ sarvā ityā āpnoti | prajñayaiva dhiyaṃ samāruhya prajñayaiva dhiyo vijñātavyaṃ kāmān āpnoti ||

---

1. On parle de *prajñā*, la conscience qui perçoit, connaît, discerne.

Quand on accède[1] à la parole par la conscience discernante (*prajñā*), on saisit tous les noms par la parole. Quand on accède à l'odorat par la conscience discernante, on saisit toutes les odeurs par la l'odorat. Quand on accède à la vue par la conscience discernante, on saisit toutes les formes visibles par la vue. Quand on accède à l'ouïe par la conscience discernante, on saisit tous les sons par l'ouïe. Quand on accède à la langue par la conscience discernante, on saisit toutes les saveurs. Quand on accède aux mains par la conscience discernante, on saisit toutes les actions par les mains. Quand on accède au corps par la conscience discernante, on saisit tous les plaisirs et toutes les peines par le corps. Quand on accède à l'organe sexuel par la conscience discernante, on saisit toutes les béatitudes, tous les plaisirs et toute la procréation par les mains. Quand on accède aux pieds par la conscience discernante, on saisit tous les déplacements par les mains. Quand on accède à la pensée par la conscience discernante, on saisit toutes les pensées, tous les objets de perception et tous les désirs par la pensée.

7. na hi prajñāpetā vāṅ nāma kiñcana prajñāpayet I anyatra me mano 'bhūdityāha I nāham etan nāma prājñāsiṣam iti I na hi prajñāpetaḥ ghrāṇo gandhaṃ kañcaṇa prajñāpayet I anyatra me mano 'bhūdityāha nāham etaṃ gandhaṃ prājñāsiṣam iti I na hi prajñāpetaṃ cakṣū rūpaṃ kiñcana prajñāpayet I anyatra me mano 'bhūdity āha nāham etadrūpaṃ prājñāsiṣam iti I na hi prajñāpetaṃ śrotraṃ śabdaṃ kañcana prajñāpayet I anyatra me mano 'bhūdityāha I nāham etaṃ śabdaṃ prājñāsiṣam iti na prajñāpetā jihvānnarasaṃ kañcana prajñāpayet I anyatra me mano 'bhūdityāha nāham etam annarasaṃ prājñāsiṣam iti I na hi prajñāpetau hastau karma kiñcana prajñāpayeyātām I anyatra me mano 'bhūdityāha nāham etat karma prājñāsiṣam iti I na hi prajñāpetaṃ śarīraṃ sukhaduḥkhaṃ kiñcana prajñāpayet I anyatra me mano 'bhūdityāha anāham etat sukhaduḥkhaṃ prājñāsiṣam iti I na hi prajñāpeta upastha

1. Littéralement « quand on monte » (*samāruhya*).

ānandaṃ ratiṃ prajātiṃ kāñcana prajñāpayet | anyatra me mano 'bhūdityāha nāham etam ānandaṃ na ratiṃ na prajātiṃ prājñāsiṣam iti | na hi prajñāpetau pādāvityāṃ kāñcana prajñāpayeyātām | anyatra me mano 'bhūdityāha nāham etām ityāṃ prājñāsiṣamiti | na hi prajñāpetā dhīḥ kācana sidhyen na prajñātavyaṃ prajñāyeta ||

Car sans la conscience (*prajñā*) la parole ne pourrait nous faire percevoir aucun nom. Alors on dit : « Mon esprit était ailleurs, je n'ai pas perçu ce nom. Car sans la conscience l'odorat ne pourrait nous faire percevoir aucune odeur. On dit : « Mon esprit était ailleurs, je n'ai pas perçu cette odeur ». Car sans la conscience la vue ne pourrait nous faire percevoir aucune forme visible. On dit : « Mon esprit était ailleurs, je n'ai pas perçu cette forme ». Car sans la conscience l'ouïe ne pourrait nous faire percevoir aucun son. On dit : « Mon esprit était ailleurs, je n'ai pas perçu ce son ». Car sans la conscience la langue ne pourrait nous faire percevoir aucune odeur. On dit : « Mon esprit était ailleurs, je n'ai pas perçu ce goût des aliments ». Car sans la conscience les mains ne pourraient nous faire percevoir aucune action. On dit : « Mon esprit était ailleurs, je n'ai pas perçu cette action ». Car sans la conscience le corps ne pourrait nous faire percevoir aucun plaisir ni aucune douleur. On dit : « Mon esprit était ailleurs, je n'ai pas perçu ce plaisir ou cette peine ». Car sans la conscience l'organe sexuel ne pourrait nous faire percevoir aucune béatitude, aucun plaisir, ni aucune procréation. On dit : « Mon esprit était ailleurs, je n'ai pas perçu cette béatitude, ce plaisir ou cette procréation ». Car sans la conscience les pieds ne pourraient nous faire percevoir aucun déplacement. On dit : « Mon esprit était ailleurs, je n'ai pas perçu ce déplacement ». Car sans la conscience la pensée ne pourrait se réaliser et aucun objet de perception ne pourrait se faire connaître.

8. na vācaṃ vijijñāsīta | vaktāraṃ vidyāt | na gandhaṃ vijijñāsīta | ghrātāraṃ vidyāt | na rūpaṃ vijijñāsīta | draṣṭāraṃ vidyāt | na śabdaṃ vijijñāsīta | śrotāraṃ vidyāt | nānnarasaṃ vijijñāsīta / annarasasya vijñātāraṃ vidyāt / na karma vijijñāsīta / kartāraṃ vidyāt / na sukhaduḥkhe vijijñāsīta / sukhaduḥkhayorvijñātāraṃ vidyāt / nānandaṃ na ratiṃ na prajātiṃ vijijñāsīta / ānandasya rateḥ prajātervijñātāraṃ vidyāt / netyāṃ vijijñāsīta / etāraṃ vidyāt / na mano vijijñāsīta / mantāraṃ vidyāt / tā vā etā daśaiva bhūtamātrā adhiprajñam / daśa prajñāmātrā adhibhūtam / yaddhi bhūtamātrā na syurna prajñāmātrāḥ syuḥ / yadvā prajñāmātrā na syurna bhūtamātrāḥ syuḥ / na hyanyatarato rūpaṃ kiñcana sidhyet / no etan nānā / tadyathā rathasyāreṣu nemirarpitā / nābhāvarā arpitā / evam evaitā bhūtamātrāḥ prajñāmātrāsv arpitāḥ / prajñāmatrāḥ prāṇe 'rpitāḥ / sa eṣa prāṇa eva prajñātmānanto 'jaro 'mṛtaḥ / na sādhunā karmaṇā bhūyān bhavati no evāsādhunā kanīyān / eṣa hy evasādhu karma kārayati taṃ yam ebhyo lokebhya unninīṣate / eṣa u evāsādhu karma kārayati taṃ yam adho ninīṣate / eṣa lokapālaḥ / eṣa lokādhipatiḥ / eṣa lokeśaḥ / sa ma ātmeti vidyāt / sa ma ātmeti vidyāt //

On ne devrait pas chercher à connaître la parole, mais plutôt celui qui la parle. On ne devrait pas chercher à connaître l'odeur, mais plutôt celui qui la sent. On ne devrait pas chercher à connaître l'apparence visible, mais plutôt celui qui la voit. On ne devrait pas chercher à connaître le son, mais plutôt celui qui l'entend. On ne devrait pas chercher à connaître la saveur des aliments, mais plutôt celui qui les goûte. On ne devrait pas chercher à connaître l'action, mais plutôt celui qui l'accomplit. On ne devrait pas chercher à connaître plaisir et douleur, mais plutôt celui qui les ressent. On ne devrait pas chercher à connaître la béatitude, le plaisir et la procréation, mais plutôt celui qui les ressent. On ne devrait pas chercher à connaître le mouvement, mais plutôt celui qui se déplace. On ne devrait pas chercher à connaître le mental, mais plutôt celui qui pense. Telles sont donc les dix parcelles d'existence extérieure (*bhūtamātrā*) qui se réfèrent à la conscience discernante, tels sont les dix parcelles de conscience discernante (*prajñāmātrā*) qui se réfèrent aux éléments d'existence extérieure. En effet, s'il n'y avait pas de parcelles d'existence extérieure, il n'y aurait pas de parcelles de conscience discernante et inversement s'il n'y avait pas de parcelle de conscience discernante il n'y aurait pas de parcelle d'existence extérieure ; car à partir des unes ou des autres prises séparément aucune forme ne pourrait produite.

Il n'y a aucune diversité dans tout ceci. Tout comme les rayons sont fixés à la jante d'un chariot et les rayons au moyeu, de la même manière ces parcelles d'existence extérieure sont fixées aux particules de conscience et celles-ci au souffle. Le souffle même est le Soi fait de conscience : il est béatitude, ne vieillit pas et est immortel. Par les bonnes actions il ne devient d'aucune façon plus que ce qu'il est non plus que par les mauvaises actions il ne devient d'aucune façon moins que ce qu'il est. Au contraire, c'est lui qui pousse à la bonne action celui qu'il veut mener hors de ces mondes et pousse à la mauvaise action celui qu'il veut pousser mener vers le bas. Il est le gardien de l'univers, le souverain de l'univers, le seigneur de l'univers. Qu'on le sache : « il est mon Soi. » Qu'on le sache : « il est mon Soi. »

> *(La consternation) arrive sournoisement pour l'homme qui ne voit rien jusqu'à ce qu'il se brûle le pied sur un feu ardent. Car c'est la sagesse qui parle dans cette célèbre maxime de je ne sais qui, « pour un temps l'aberration semble être un bien à celui dont un dieu pousse l'esprit à la ruine » ; c'est pour un bref moment qu'il œuvre impunément*[1].
>
> Sophocle, *Antigone*, 618-25

1. εἰδότι δ᾽ οὐδὲν ἕρπει,
πρὶν πυρὶ θερμῷ πόδα τις προσαύσῃ.
Σοφίᾳ γὰρ ἔκ του
κλεινὸν ἔπος πέφανται.
τὸ κακὸν δοκεῖν ποτ᾽ ἐσθλὸν
τῷδ᾽ ἔμμεν ὅτῳ φρένας
θεὸς ἄγει πρὸς ἄταν:
πράσσει δ᾽ ὀλίγιστον χρόνον ἐκτὸς ἄτας.

IV

1. atha ha vai gārgyo bālākiranūcānaḥ saṃspaṣṭa āsa / so 'vasad uśinareṣu satvanmatsyeṣu kurupañcāleṣu kāśivideheṣv iti / sa hājātaśatruṃ kāśyam āvrajyovāca brahma te bravāṇīti / taṃ hovācājātaśatruḥ sahasraṃ dadmas ta iti / etasyāṃ vāci janako janaka iti vā u janā dhāvantīti //

Alors, il y avait Gārgya Bālāki, renommé pour sa science des Écritures. On disait qu'il avait séjourné en terre Uśinara, Satvan et Matsya, Kuru et Pañcāla, ainsi que Kāśi[1] et Videha. Un jour, il rendit visite à Ajātaśatru, le roi de Kāśi, et lui dit : « Permettez-moi de vous entretenir de Brahman. » Ajātaśatru lui répondit : « Nous te donnerons mille vaches ! Pour un tel discours, les gens sont certains d'accourir ici en criant : « Voici Janaka ! Voici Janaka ! »

2. āditye bṛhaccandramasy annam / vidyuti tejaḥ / stanayitnau śabdaḥ / ākāśe pūrṇam / agnau viṣāsahir iti apsu satyam / ity adhidaivatam / athādhyātmam / ādarśe pratirūpaḥ / chāyāyāṃ dvitīyaḥ / pratiśrutkāyām asuriti / śabde mṛtyuḥ / svapne yamaḥ / śarīre prajāpatiḥ / dakṣiṇe 'kṣiṇi vācaḥ / savye 'kṣiṇi satyasya //

L'immense dans le soleil, la nourriture dans la lune, l'éclat dans l'éclair, le son dans le tonnerre, Indra et Vaikuṇṭha dans le vent, la plénitude dans l'espace, l'irrésistible dans le feu, la vérité dans les eaux : voilà pour la sphère divine. Maintenant, en ce qui a trait au corps (*ātman*) : ressemblance dans un miroir, compagnon dans une ombre, vie dans un écho, mort dans un son, Yama dans un rêve, Prajāpati dans dans le corps, l'essence de la parole dans l'œil droit, l'essence de la vérité dans l'œil gauche.

1. Aujourd'hui Vārāṇasī.

3. sa hovāca bālākir ya evaiṣa āditye puruṣas tam evāham upāsa iti | taṃ hovācājātaśatrur mā maitasmin saṃvādayiṣṭhāḥ | atiṣṭhāḥ sarveṣāṃ bhūtānāṃ mūrdheti vā aham etam upāsa iti | sa yo haitam evam upāste 'tiṣṭhāḥ sarveṣāṃ bhūtānāṃ mūrdhā bhavati ||

Bālāki dit alors : « C'est ce personnage dans le soleil que je vénère. » Ajātaśatru répliqua : « Ne m'entraîne pas dans une discussion à son sujet ! Je le vénère lui seul comme l'être le plus éminent, il en est la tête. Quiconque le vénère ainsi deviendra le plus éminent des êtres, il deviendra leur tête. »

4. sa hovāca bālākir ya evaiṣa candramasi puruṣas tam evāham upāsa iti | taṃ hovācājātaśatrur mā maitasmin saṃvādayiṣṭhāḥ | bṛhan pāṇḍaravāsāḥ somo rājānnasyātmeti vā aham etam upāsa iti | sa yo haitam evam upāste'nnasyātmā bhavati ||

Bālāki dit alors : « C'est ce personnage dans la lune que je vénère. » Ajātaśatru répliqua : « Ne m'entraîne pas dans une discussion à son sujet ! Je le vénère lui seul comme Soma, le grand roi vêtu de blanc, l'essence de la nourriture. Quiconque le vénère ainsi deviendra l'essence de la nourriture. »

5. sa hovāca bālākir ya evaiṣa vidyuti puruṣas tam evāham upāsa iti | taṃ hovācājātaśatrur mā maitasmin saṃvādayiṣṭhāḥ | tejasa ātmeti vā aham etam upāsa iti | sa yo haitam evam upāste tejasa ātmā bhavati ||

Bālāki dit alors : « C'est ce personnage dans l'éclair que je vénère. » Ajātaśatru répliqua : « Ne m'entraîne pas dans une discussion à son sujet ! Je le vénère lui seul comme l'essence de la splendeur. Quiconque le vénère ainsi deviendra l'essence de la splendeur. »

6. sa hovāca bālākir ya evaiṣa stanayitnau puruṣas tam evāham upāsa iti | taṃ hovācājātaśatrur mā maitasmin saṃvādayiṣṭhāḥ | śabdasyātmeti vā aham etam upāsa iti | sa yo haitam evam upāste śabdasyātmā bhavati ||

Bālāki dit alors : « C'est ce personnage dans le tonnerre que je vénère. » Ajātaśatru répliqua : « Ne m'entraîne pas dans une discussion à son sujet ! Je le vénère lui seul comme l'essence du son. Quiconque le vénère ainsi deviendra l'essence du son. »

7. sa hovāca bālākir ya evaiṣa ākāśe puruṣas tam evāham upāsa iti / taṃ hovācājātaśatrur mā maitasmin saṃvādayiṣṭhāḥ / pūrṇam apravarti brahmeti vā aham etam upāsa iti / sa yo haitam evam upāste pūryate prajayā paśubhir [yaśasā brahmavarcasena svargeṇa lokena / sarvam āyur eti]

Bālāki dit alors : « C'est ce personnage dans le vent que je vénère. » Ajātaśatru répliqua : « Ne m'entraîne pas dans une discussion à son sujet ! Je le vénère lui seul comme Indra et Vaikuṇṭha, l'arme invincible. Quiconque le vénère ainsi deviendra victorieux et invincible, il triomphera de ses adversaires. »

8. sa hovāca bālākir ya evaiṣa vāyau puruṣas tam evāham upāsa iti / taṃ hovācājātaśatrur mā maitasmin saṃvādayiṣṭhāḥ / indro vaikuṇṭho 'parājitā seneti vā aham etam upāsa iti / sa yo haitam evam upāste jiṣṇur ha vā aparājayiṣṇur anyatastyajāyī bhavati //

Bālāki dit alors : « C'est ce personnage dans l'espace que je vénère. » Ajātaśatru répliqua : « Ne m'entraîne pas dans une discussion à son sujet ! Je le vénère lui seul comme Brahman plein et inépuisable. Quiconque le vénère ainsi sera comblé de descendance, de bétail, de renommée et de lustre de la Connaissance sacrée, ainsi que du monde céleste. Il vivra la plénitude de durée de sa vie. »

9. sa hovāca bālākir ya evaiṣa 'gnau puruṣas tam evāham upāsa iti / taṃ hovācājātaśatrur mā maitasmin saṃvādayiṣṭhāḥ / viṣāsahir iti vā aham etam upāsa iti / sa yo haitam evam upāste viṣāsahir ha vā anyeṣu bhavati //

Bālāki dit alors : « C'est ce personnage dans le feu que je vénère. » Ajātaśatru répliqua : « Ne m'entraîne pas dans une discussion à son sujet ! Je le vénère lui seul comme l'irrésistible. Quiconque le vénère ainsi deviendra irrésistible parmi les étrangers. »

10. sa hovāca bālākir ya evaiṣo 'psu puruṣas tam evāham upāsa iti / taṃ hovācājātaśatrur mā maitasmin saṃvādayiṣṭhāḥ / satyasyātmeti vā aham etam upāsa iti / sa yo haitam evam upāste satyasyātmā bhavati / ityadhidaivatam athādhyātmam //

Bālāki dit alors : « C'est ce personnage dans les eaux que je vénère. » Ajātaśatru répliqua : « Ne m'entraîne pas dans une discussion à son sujet ! Je le vénère lui seul comme essence de la vérité. Quiconque le vénère ainsi deviendra l'essence de la vérité. »

11. sa hovāca bālākir ya evaiṣa ādarśe puruṣas tam evāham upāsa iti / taṃ hovācājātaśatrur mā maitasmin saṃvādayiṣṭhāḥ / pratirūpa iti vā aham etam upāsa iti / sa yo haitam evam upāste pratirūpo haivāsya prajāyām ājāyate nāpratirūpaḥ //

Bālāki dit alors : « C'est ce personnage dans le miroir que je vénère. » Ajātaśatru répliqua : « Ne m'entraîne pas dans une discussion à son sujet ! Je le vénère lui seul comme ressemblance. Quiconque le vénère ainsi n'aura que des enfants qui lui ressemblent et aucun autre qui ne lui ressemble pas. »

12. sa hovāca bālākir ya evaiṣa chāyāyāṃ puruṣas tam evāham upāsa iti / taṃ hovācājātaśatrur mā maitasmin saṃvādayiṣṭhāḥ / dvitīyo 'napaga iti vā aham etam upāsa iti / sa yo haitam evam upāste vindate dvitīyaṃ dvitīyavān hi bhavati //

Bālāki dit alors : « C'est ce personnage dans l'ombre que je vénère. » Ajātaśatru répliqua : « Ne m'entraîne pas dans une discussion à son sujet ! Je le vénère lui seul comme l'inséparable compagnon. Quiconque le vénère ainsi trouvera un compagnon et il aura de la compagnie. »

13. sa hovāca bālākir ya evaiṣa pratiśrutkāyāṃ puruṣas tam evāham upāsa iti / taṃ hovācājātaśatrur mā maitasmin saṃvādayiṣṭhāḥ / asur iti vā aham etam upāsa iti / sa yo haitam evam upāste na purā kālāt sammoham eti //

Bālāki dit alors : « C'est ce personnage dans l'écho que je vénère. » Ajātaśatru répliqua : « Ne m'entraîne pas dans une discussion à son sujet ! Je le vénère lui seul comme la vie. Quiconque le vénère ainsi ne perdra pas conscience avant son temps. »

14. sa hovāca bālākir ya evaiṣa śabde puruṣas tam evāham upāsa iti / taṃ hovācājātaśatrur mā maitasmin saṃvādayiṣṭhāḥ / mṛtyur iti vā aham etam upāsa iti / sa yo haitam evam upāste na purā kālāt praitīti //

Bālāki dit alors : « C'est ce personnage dans le son que je vénère. » Ajātaśatru répliqua : « Ne m'entraîne pas dans une discussion à son sujet ! Je le vénère lui seul comme la mort. Quiconque le vénère ainsi ne mourra pas avant son temps. »

15. sa hovāca bālākir ya evaitat puruṣaḥ suptaḥ svapnayā carati tam evāham upāsa iti / taṃ hovācājātaśatrur mā maitasmin saṃvādayiṣṭhāḥ / yamo rājeti vā aham etam upāsa iti / sa yo haitam evam upāste sarvaṃ hāsmā idaṃ śraiṣṭhyāya yamyate //

Bālāki dit alors : « C'est ce personnage qui, bien qu'endormi, s'y promène que je vénère. » Ajātaśatru répliqua : « Ne m'entraîne pas dans une discussion à son sujet ! Je le vénère lui seul comme le roi Yama. Quiconque le vénère ainsi le monde entier se soumet à a sa supémacie. »

16. sa hovāca bālākir ya evaiṣa śarīre puruṣas tam evāham upāsa iti / taṃ hovācājātaśatrur mā maitasmin saṃvādayiṣṭhāḥ / prajāpatir iti vā aham etam upāsa iti / sa yo haitam evam upāste prajāyate prajayā paśubhir yaśasā brahmavarcasena svargeṇa lokena / sarvam āyur eti //

Bālāki dit alors : « C'est ce personnage dans le corps que je vénère. » Ajātaśatru répliqua : « Ne m'entraîne pas dans une discussion à son sujet ! Je le vénère lui seul comme Prajāpati. Quiconque le vénère ainsi se perpétuera à travers ses enfants et son bétail, sa renommée, le lustre de la Connaissance sacrée, ainsi que dans le monde céleste. »

17. sa hovāca bālākir ya evaiṣa dakṣiṇe 'kṣiṇi puruṣas tam evāham upāsa iti I taṃ hovācājātaśatrur mā maitasmin saṃvādayiṣṭhāḥ I vāca ātmāgner ātmā jyotiṣa ātmeti vā aham etam upāsa iti I sa yo haitam evam upāsta eteṣāṃ sarveṣāṃ ātmā bhavati II

Bālāki dit alors : « C'est ce personnage dans l'œil droit que je vénère. » Ajātaśatru répliqua : « Ne m'entraîne pas dans une discussion à son sujet ! Je le vénère lui seul comme l'essence (*ātman*) de la parole, l'essence du feu, l'essence de la lumière. Quiconque le vénère ainsi deviendra l'essence de tout cela ».

18. sa hovāca bālākir ya evaiṣa savye 'kṣiṇi puruṣas tam evāham upāsa iti I taṃ hovācājātaśatrur mā maitasmin saṃvādayiṣṭhāḥ I satyasyātmā vidyuta ātmā tejasa ātmeti vā aham etam upāsa iti I sa yo haitam evam upāsta eteṣāṃ sarveṣām ātmā bhavati

Bālāki dit alors : « C'est ce personnage dans gauche droit que je vénère. » Ajātaśatru répliqua : « Ne m'entraîne pas dans une discussion à son sujet ! Je le vénère lui seul comme l'essence (*ātman*) de la vérité, l'essence du feu, l'essence de l'éclair et l'essence de la splendeur. Quiconque le vénère ainsi deviendra l'essence de tout cela ».

19. tata u ha bālākis tūṣṇīm āsa I taṃ hovācājātaśatrur etāvan nu bālākā3 iti I etāvad iti hovāca bālākiḥ I taṃ hovācajātaśatrur mṛṣā vai khalu mā samavādayiṣṭhā brahma te bravāṇīti I yo vai bālāka eteṣāṃ puruṣāṇāṃ kartā yasya vai tat karma sa vai veditavya iti I tata u ha bālākiḥ samitpāṇiḥ praticakrama upāyānīti I taṃ hovācājātaśatruḥ pratilomarūpam eva tan manye yat kṣatriyo brāhmaṇam upanayet I ehi vy eva tvā jñapayiṣyāmīti I taṃ ha pāṇāv abhipadya pravavrāja I tau ha suptaṃ puruṣam ājagmatuḥ I taṃ hājātaśatrur āmantrayāñ cakre I bṛhan pāṇḍaravāsaḥ soma rājann iti I sa u ha śiśya eva I tata u hainaṃ yaṣṭyā vicikṣepa I sa tata eva samuttasthau I taṃ hovācājātaśatruḥ kvaiṣa etad bālāke puruṣo'śayiṣṭa I kvaitad abhūt I kuta etad āgā3d iti I tata u ha bālākir na vijajñe | taṃ hovācājātaśatrur [yatraiṣa etad bālāke puruṣo 'śayiṣṭa yatraitad abhūd yata etad āgād iti] hitā nāma puruṣasya nāḍyo hṛdayāt purītatam abhipratanvanti | tad yathā sahasradhā keśo vipāṭitas tāvad aṇvyaḥ piṅgalasyāṇimnā tiṣṭhanti śuklasya kṛṣṇasya pītasya lohitasya ca | tāsu tadā bhavati yadā suptaḥ svapnaṃ na kañcana paśyati ||

Dès lors, Bālāki devint silencieux. - C'est tout ? continua Ajātaśatru. - C'est tout, répliqua l'autre. - En vain as-tu as tenté de m'entraîner dans une discussion avec toi en disant : « Permettez-moi de vous entretenir de Brahman. » C'est de celui qui a façonné ces personnages dont tu as parlé, Bālāki, celui dont ces choses sont l'œuvre, c'est lui qu'il faut connaître. Bālāki, avec une bûche à la main[1], s'avança vers lui et lui exprima vouloir être son élève (*upāyāni*[2]). Sur quoi Ajātaśatru lui répondit : « Je pense qu'il est incongru[3] qu'un kṣatriya enseigne un brahmane. Mais viens donc et je verrai à ce que tu perçoives clairement. Prenant Bālāki par la main, il sortit et les deux se dirigèrent vers un homme qui dormait. Ajātaśatru lui adressa la parole : « Ô toi grand Soma vêtu de blanc ! » Mais l'autre demeura couché. Alors il le poussa à l'aide d'un bâton et l'autre se leva. Ajātaśatru demanda alors : « Bālāki, où était cette personne qui était étendue à l'instant ? Où est-il maintenant ? Et d'où est-il venu à l'instant ? Bālāki ne sut que répondre. Alors, Ajātaśatru lui dit : « Voici, en ce qui a trait à là où cette personne qui était étendue là à l'instant et là où il est maintenant, d'où il vient : il y a dans une personne des canaux appelés *hitā* qui s'étendent du cœur au péricarde et qui sont aussi ténus qu'un cheveu fendu mille fois. Ils recèlent la plus menue essence faite d'orange, de blanc, de jaune et de rouge. Lorsqu'on dort et qu'on ne perçoit aucun rêve, on demeure à l'intérieur de ces canaux. »

---

1. Façon de dire qu'on s'offrait pour entretenir le feu du maître et donc être son élève.

2. Encore un subjonctif (*upāyāni*), montrant bien l'ancienneté de cette Upaniṣad.

3. Littralement « à contre-poil » (*pratiloma*).

20. *athāsmin prāṇa evaikadhā bhavanti | tad enaṃ vāk sarvair nāmabhiḥ sahāpyeti | cakṣuḥ sarvai rūpaiḥ sahāpyeti | śrotraṃ sarvaiḥ śabdaiḥ sahāpyeti | manaḥ sarvair dhyānaiḥ sahāpyeti | sa yadā pratibudhyate yathāgner jvalataḥ sarvā diśo visphuliṅgā vipratiṣṭherann evam evaitasmād ātmanaḥ prāṇā yathāyatanaṃ vipratiṣṭhante | prāṇebhyo devāḥ | devebhyo lokāḥ | sa eṣa prāṇa eva prajñātmedaṃ śarīram ātmānam anupraviṣṭa ā lomabhya ā nakhebhyas | tad yathā kṣuraḥ kṣuradhāne 'vopahito viśvambharo vā viśvambharakulāya evam evaiṣa prajñātmedaṃ śarīram ātmānam anupraviṣṭa ā lomabhya ā nakhebhyaḥ | tam etam ātmānam eta ātmāno 'nvavasyante yathā śreṣṭhinaṃ svāḥ | tad yathā śreṣṭhī svair bhuṅkte yathā vā svāḥ śreṣṭhinaṃ bhuñjantyevam evaiṣa prajñātmaitairātmabhirbhuṅkta evam evaita ātmāna etam ātmānaṃ bhuñjanti | sa yāvaddha vā indra etam ātmānaṃ na vijajñe tāvadenam asurā abhibabhūvuḥ | sa yadā vijajñe 'tha hatvāsurān vijitya sarveṣāṃ devānāṃ śraiṣṭhyaṃ svārājyam ādhipatyaṃ paryait | tatho evaivaṃ vidvān sarvān pāpmano 'pahatya sarveṣāṃ ca bhūtānāṃ sraiṣṭhyaṃ svarājyam ādhipatyaṃ paryeti ya evaṃ veda ya evaṃ veda ||*

Ils s'unissent alors dans le souffle même. Sa parole s'immerge en lui avec tous les noms ; sa vue s'immerge en lui avec toutes les formes visibles ; son ouïe s'immerge en lui avec tous les sons ; son mental s'immerge en lui avec toutes les pensées. Lorsqu'il s'éveille, tout cela se disperse : tout comme les étincelles d'un feu ardent s'échappent dans toutes les directions, ainsi de ce Soi les souffles vitaux surgissent, chacun vers son lieu approprié, de ces souffles vitaux ainsi les dieux et des dieux l'univers. Tel est ce souffle, ce Soi conscient, qui envahit ce soi physique jusqu'au bout des cheveux et des ongles. Tout comme un rasoir caché dans son étui pénètre une termitière, ainsi ce Soi fait de conscience pénètre le soi physique jusqu'au bout des cheveux et des ongles. Les soi[1] s'agglutinent autour de ce Soi, tels les hommes à leur

1. La parole, etc.

chef. Tout comme ce chef utilise ces hommes et ceux-ci se rendent utiles à lui, ainsi le Soi fait de conscience utilise ces autres soi et ceux-ci se rendent utiles au Soi. Tant qu'Indra ne comprenait pas ce Soi, les démons prévalaient sur lui. Mais lorsqu'il le comprit, il les écrasa, il les vainquit et s'assura la suprématie, la souveraineté et la prépondérance par rapport aux autres dieux et à tous les êtres. De la même manière, celui qui sait cela efface tous les maux et s'assure la suprématie, la souveraineté et la prépondérance par rapport à tous les êtres, oui, celui qui sait ainsi.

Kena Upaniṣad

Le *Kena Upaniṣad* tire son nom de son tout premier mot, *kena* (par qui ?). Également connue sous le nom de *Talavakāra*, du nom du *Brāhmaṇa* dont elle fait partie, elle est liée au *Samaveda*. Les deux premières sections, en vers, discutent du Brahman… inconnaissable et indicible. Les deux autres, en prose, montrent comment les dieux procèdent de Brahman.

I

I.1 keneṣitam patati preṣitam manaḥ kena prāṇaḥ prathamaḥ praiti yuktaḥ |
keneṣitam vācam imāṃ vadanti ? cakṣuḥ śrotraṃ ka u devo yunakti ||

Lancé et incité par quoi le mental s'envole-t-il ? Rattaché à quoi le souffle de vie apparaît-il en premier ? Par quoi est lancée cette parole qu'on parle ? Et quel dieu attelle le regard et l'ouïe ?

I.2 śrotrasya śrotram[1] *manaso mano yad vāco ha vācaṃ sa u prāṇasya prāṇaḥ |*
cakṣuṣaś cakṣur atimucya dhīrāḥ pretyāsmāl lokāt amṛtā bhavanti ||

L'oreille de l'oreille, le mental du mental, la parole de la parole aussi ; c'est le souffle vital du souffle vital, le regard du regard. S'étant complètement libérés, les sages, quand ils quittent ce monde, deviennent immortels.

1. À l'accusatif, ainsi que *manas* et *vācam*: sous-entendu est le verbe *yunakti* du verset précédent.

I.3 na tatra cakṣur gacchati na vāg gacchati no manaḥ |
na vidmo na vijānīmo yathaitad anuśiṣyāt ||

Là le regard n'arrive pas, la parole n'arrive pas, non plus que la pensée. Nous ne savons pas et ne comprenons pas comment on pourrait enseigner Cela.

I.4 anyad eva tad viditād atho aviditād adhi |
iti śuśruma pūrveṣām ye nas tad vyācacakṣire ||

Cela, en effet, est autre que le connu et c'est aussi au-dessus de l'inconnu. Ainsi avons-nous entendu des Anciens qui nous l'ont beaucoup montré.

I.5 yad vācā nabhyuditam yena vāg abhyudyate |
tad eva brahma tvaṃ viddhi nedam yad idam upāsate ||

Ce qui n'est pas exprimé par la parole, ce par quoi la parole est exprimée, c'est cela Brahman, sache-le, ce n'est pas ce qu'on adore ici comme tel.

I.6 yan manasā na manute yenāhur mano matam |
tad eva brahma tvaṃ viddhi nedam yad idam upāsate ||

Ce qui n'est pas pensé par la pensée, ce par quoi, dit-on, est pensée la pensée, c'est cela Brahman, sache-le, ce n'est pas ce qu'on adore ici comme tel.

I.7 yac cakṣuṣā na paśyati yena cakṣūṃṣi paśyati |
tad eva brahma tvaṃ viddhi nedam yad idam upāsate ||

Ce qu'on ne voit pas par le regard, ce par quoi on voit les regards, c'est cela Brahman, sache-le, ce n'est pas ce qu'on adore ici comme tel.

I.8 yac chroteṇa na śruṇoti yena śrotram idaṃ śrutam |
tad eva brahma tvaṃ viddhi nedam yad idam upāsate ||

Ce qu'on n'entend pas par l'ouïe, ce par quoi l'ouïe est ici entendue, c'est cela Brahman, sache-le, ce n'est pas ce qu'on adore ici comme tel.

I.9 yat prāṇena na prāṇiti yena prāṇaḥ praṇīyate |
tad eva brahma tvaṃ viddhi nedam yad idam upāsate ||

Ce qu'on ne respire pas par la respiration, ce par quoi la respiration est régie[1], c'est cela Brahman, sache-le, ce n'est pas ce qu'on adore ici comme tel.

II

II.1 yadi manyase suvedeti dabhram evāpi nūnaṃ tvaṃ vettha brahmaṇo rūpam yadasya tvaṃ yadasya deveṣu | atha nu mīmāṃsyam eva te manye viditam ||

Si tu crois bien savoir, tu connais actuellement encore peu la manifestation de Brahman, ce qui de lui est toi, ce qui de lui est chez les dieux ; maintenant il te faut alors encore enquêter, je pense, sur ton savoir[2].

II.2 nāham manye suvedeti no na vedeti veda ca |
yo nas tad veda tad veda no na vedeti veda ca ||

Je ne pense pas bien savoir, non plus que je sais ne pas le savoir. Celui de nous qui sait cela le sait et ne sait pas qu'il ne le sait point.

II.3 yasyāmatam tasya matam matam yasya na veda saḥ |
avijñātaṃ vijānatām vijñātam avijānatām ||

C'est saisi par celui qui ne l'a pas pensé ; celui par qui cela a été pensé, celui-là ne sait pas. Cela n'est pas connu par ceux qui connaissent, cela est connu de ceux qui ne connaissent pas.

---

1. Il y a un jeu de mot ici: *praṇīyate* est le passif de *pra-nī-* (conduire, mener, régir) et non un dénominatif moyen de *prāṇaḥ* (qui serait *prāṇayate* ou *prāṇīyate,* avec *ā et non a*). Il fait écho à *prāṇena*, *prāṇiti* et *prāṇaḥ*, avec cumulation dans un seul ver.

2. Littéralement : « maintenant encore doit être alors investigué, je pense, ce qui est savoir de toi. » Certains lisent *aviditam* plutôt que *viditam*, ce qui donnerait : « il te faut alors encore enquêter, je pense, sur ce que tu ignores. »

II.4 pratibodhaviditam matam amṛtatvaṃ hi vindate |
ātmanā vindate vīryaṃ vidyayā vindate amṛtam ||

Lorsque cela est connu dans un réveil, c'est compris et on trouve ainsi l'immortalité. Par le Soi on trouve la vigueur, par la Connaissance on trouve l'immortalité.

II.5 iha ced avedīd atha satyam asti na ced ihāvedin mahatī vinaṣṭiḥ |
bhūteṣu bhūteṣu vicintya dhīrāḥ pretyāsmāl lokād amṛtā bhavanti ||

Si l'on connaît cela ici-bas, c'est la vérité ; si l'on ne l'a pas connu ici-bas, c'est une grande perte ! L'ayant discerné dans toutes les créatures, les sages, en quittant ce monde, deviennent immortels.

III

III.1 brahma ha devebhyo vijigye, tasya ha brahmaṇo vijaye devā amahīyanta, ta aikṣantāsmākam evāyam vijayo'smākam evāyam mahimā iti ||

Brahman vainquit pour les dieux. Les dieux s'exaltèrent dans la victoire de ce Brahman, ils en vinrent à considérer ceci : cette victoire est nôtre et cette grandeur aussi.

III.2 taddhaiṣam vijajñau, tebhyo ha prādur babhūva | tan na vyajānata kim idam yakṣam iti ||

Il le savait et apparut devant eux ; ils ne le reconnurent pas (se demandant) « quel est cet esprit ? »

III.3 te'gnim abruvan, jātaveda etad vijānīhi kim etad yakṣam iti | tatheti ||

Ils dirent à Agni : Jātaveda, vois donc quel est cet esprit. « Oui », dit-il.

III.4 tad abhyadravat | tam abhyavadat ko'sīti | agnir vā aham asmi ity abravīj jātavedā vā aham asmīti ||

Il accourut vers lui (Brahman) et celui-ci lui dit « qui es-tu ? ». « Moi, je suis Agni, je suis celui qui connaît les êtres (Jātaveda).

III.5 tasmiṃs tvayi kiṃ vīryam iti / apīdaṃ sarvam daheyam yad idam pṛthivyāṃ iti //

Si (tu es) tel, quelle force y a-t-il en toi ? lui demanda-t-il. « Je pourrais brûler tout ce qui est sur terre », (répondit Agni).

III.6 tasmai tṛnaṃ nidadhau etad daha iti / tad upapreyāya sarvajavena / tan na śaśāka dagdhum / sa tata eva nivavṛte naitad aśakaṃ vijñātum yad etad yakṣam iti //

Il plaça un brin d'herbe devant lui (et dit) « brûle-le ! » Il s'élança vers lui de tout son élan, il ne put le brûler. Il revint alors en disant « Je n'ai pas pu découvrir ce qu'est cet esprit. »

III.7 atha vāyum abruvan, vāyavetad vijānīhi kim etad yakṣam iti / tatheti //

Ils dirent alors à Vāyu : « Vāyu, vois donc quel est cet esprit. » « Oui », dit-il.

III.8 tad abhyadravat / tam abhyavadat ko'sīti / vāyur vā aham asmīty abravīn mātariśvā aham asmīti //

Il accourut vers lui et celui-ci lui dit « qui es-tu ? ». Il répondit « Moi, je suis Vāyu, je suis celui qui souffle dans la mère (Mātariśvan[1]).

III.9 tasmiṃs tvayi kiṃ vīryam iti / apīdaṃ sarvam ādadīyam yad idam pṛthivyāṃ iti //

Si (tu es) tel, quelle force y a-t-il en toi ? » lui demanda-t-il. « Je pourrais enlever tout ce qui est sur terre », (répondit Vāyu).

III.10 tasmai tṛnaṃ nidadhau etad ādatsveti iti / tad upapreyāya sarvajavena, tan na śaśākādātum, sa tata eva nivavṛte, naitad aśakaṃ vijñātum yad etad yakṣam iti //

1. C'est un des noms de Vāyu. Le verbe *śvas-* signifie « souffler ».

Il plaça un brin d'herbe devant lui et dit « enlève-le ! » Il s'élança vers lui de tout son élan, il ne put l'enlever. Il revint alors en disant « Je n'ai pas pu découvrir ce qu'est cet esprit. »

III.11 athendram abruvan maghavan etad vijānīhi kim etad yakṣam iti / tatheti / tad abhyadravat / tasmāt tirodadhe //

Ils dirent alors à Indra « Ô Généreux (Maghavan), vois donc quel est cet esprit. « Oui », dit-il. Il accourut vers lui, celui-ci disparut de sa vue.

III.12 sa tasminn evākāśe striyam ājagāma bahuśobhamānām umāṃ haimavatīṃ / taṃ hovāca kim etad yakṣam iti //

Dans ce même endroit, il rencontra une femme d'une grande beauté, Umā, la fille de Himavat et lui demanda : « vois donc quel est cet esprit ».

IV

IV.1 sā brahmeti hovāca, brahmano vā etad vijaye mahīyadhvam iti / tato haiva vidāṃcakāra brahma iti //

Elle dit « c'est Brahman ! » Dans la victoire de Brahman, vous vous êtes exaltés. Dès lors, il (Indra) sut que c'était Brahman.

IV.2 tasmād vā ete devā atitarām ivānyān devān yad agnir vāyur indraḥ / te hyenan nediṣṭham paspṛśuste hyenat prathamo vidāṃcakāra brahmeti //

Par conséquent, ces dieux, Agni, Vāyu, Indra, surpassent les autres dieux, car ils ont touché ce (Brahman) de plus près ; ils ont su les premiers que c'est Brahman.

IV.3 tasmād vā indro'titarām ivānyān devān / sa hyenan nediṣṭham pasparśa sa hyenat prathamo vidāṃcakāra brahmeti //

Par conséquent, Indra surpasse les autres dieux, car il a touché ce (Brahman) de plus près ; il a su le premier que c'est Brahman.

IV.4 tasyaiṣa ādeśo yad etad vidyuto vyadyutadā itīn nyamīmiṣadā, ity adhidaivatam //

Voici son signe caractéristique : quand les éclairs ont éclairé : « ah ! » Quand les yeux ont cligné : « ah ! » Voilà en ce qui concerne les choses divines.

IV.5 athādhyātmam yadetad gacchatīva ca manaḥ anena caitad upasmaratyabhīkṣṇaṃ saṃkalpaḥ //

Maintenant en ce qui concerne soi-même : quand la pensée semble se mouvoir et que par elle l'imagination se rappelle soudain quelque chose...

IV.6 taddha tadvanaṃ nāma / tadvanam ity upāsitavyam / sa ya etad evaṃ vedābhi hainaṃ sarvāṇi bhūtāni saṃvāñchanti //

On le connaît comme multitude (tadvanam)[1], on doit le révérer comme *tadvanam*. Celui qui le connaît ainsi, tous les êtres le recherchent.

IV.7 upaniṣadam bho brūhīti / uktā ta upaniṣat, brāhmīṃ vāva ta upaniṣadam abrūma iti //

- Dis-nous l'Upaniṣad ! - L'Upaniṣad t'a été dite. C'est l'Upaniṣad du Brahman que nous t'avons dite.

IV.8 tasyai tapo damaḥ karmeti pratiṣṭhā vedāḥ sarvāṅgāni satyam āyatanam //

Dans cette (Upaniṣad) la base est le désir ardent[2], le contrôle de soi et l'action. Les Vedas en sont tous les membres, la Vérité son séjour.

IV.9 yo vā etām evam vedāpahatya pāpmānam anante svarge loke ajyeye pratitiṣṭhati pratitiṣṭhati //

Celui qui la connaît ainsi, ayant chassé les maux, il est établi dans le monde infini et inviolable du Ciel, il y est établi.

---

1. Le mot *tadvanam* est un terme ésotérique signifiant « cette multitude », « cette abondance », ou encore « cette fontaine », « ce désir ardent ».

2. Le mot *tapas* a fini par prendre le sens d'ascèse.

Kaṭha Upaniṣad

Introduction

La Kaṭha Upaniṣad[1] aussi appelée Kāṭhaka est essentiellement un dialogue initiatique avec la mort. Le prétexte en est l'histoire de Naciketas, offert à la Mort (Yama) par son père. Comme Naciketas dut patienter aux enfers trois jours sans manger, Yama étant absent, celui-ci lui offrit d'exaucer trois vœux. Or, le troisième vœu de Naciketas c'est de recevoir la connaissance de ce qu'il y a après la mort. Avant de l'en instruire, Yama met à l'épreuve l'intensité de la soif de connaître de Naciketas en lui proposant toutes sortes de joies mondaines. Devant l'insistance de Naciketas, la Mort lui livre son enseignement sur l'immortalité. La légende de Naciketas dialoguant avec la Mort est très ancienne, car on retrouve déjà la rencontre d'un jeune garçon avec la Mort dans le dixième livre *(maṇḍala)* du ṚgVeda[2].

La Kaṭha Upaniṣad est célèbre notamment pour sa métaphore du char tiré par les chevaux. L'*ātman*[3] en est le passager, le corps est le char lui-même, l'intellect *(buddhi)* est le conducteur, le mental *(manas)* est représenté par les rennes, les sens *(indriya)* sont les chevaux et les objets de perceptions constituent le chemin. La métaphore du char et des chevaux se retrouve aussi dans le

1. Avec la liaison : kaṭhopaniṣad.

2. ṚgVeda 10, 135.

3. On traduit généralement *ātman* par « le Soi », mais parfois ce mot veur dire « l'âme », parfois le corps et parfois il signifie tout simplement soi-même. Dans les Upaniṣad, le mot veut le plous souvent dire « le Soi ». Dans notre traduction, nous avons décidé de laisser le mot *ātman* tel quel, sauf quand il signifie autre chose que « le Soi ».

poème initiatique de Parménide, composé à peu près à la même époque en Grande Grèce, dans le sud de l'Italie : Parménide y est initié en songe par Perséphone, la déesse de la Nuit. Elle fut également reprise un siècle plus tard par Platon dans son *Phèdre*. Autre élément à noter, le son de la flûte émis par les essieux du char de Parménide dans son poème se retrouve aussi dans le passage du ṚgVeda mentionné plus haut et semble bien être l'instrument destiné à charmer la Mort. Bien sûr, il y a là tout un sens caché[1]. C'est aussi dans la Kaṭha Upaniṣad qu'est pour la première fois introduit le mot *yoga*, ici dans le sens de harnacher les sens[2]. On retrouvera plus tard plusieurs passages de cette Upaniṣad dans la Bhagavad Gītā.

Les Upaniṣad comptent parmi les textes les plus vénérables non seulement de l'Inde, mais de l'humanité. D'auteurs demeurés anonymes, les Upaniṣad anciennes furent composées entre -800 et le premier siècle de notre ère, au moment où le brahmanisme, issu de l'époque védique, était tombé dans un ritualisme stérile. On les considère comme la fin du Veda et, contrairement aux hymnes du ṚgVeda, chargés de poésie métaphorique, ils sont

1. « Dans le poème de Parménide, tout ce qui bouge émet le son de la flûte (σῦριγξ), toujours le même son. Ici encore on retrouve encore la puissance incantatoire, mais il y a plus. Chez les Grecs, le mot *surygmos* (συριγμός) désignait le sifflement du serpent. Le mot *syrinx* (σῦριγξ) désigne la partie d'un roseau ou de tout objet tubulaire qui permet d'émettre un sifflement. S'il avait voulu parler d'une flûte, Parménide aurait employé le mot habituel, *aulos* (αὐλός). Pourquoi employa-t-il alors *syrinx* ? Parce que ce mot est une claire indication de la montée de l'énergie dans le voyageur, phénomène bien connu en Inde, où on associe la *kuṇḍalinī* à un serpent. » *Dans l'Ombre du Sphinx : L'Égypte, la Grèce et le destin de l'Occident*, Jean Bouchart d'Orval, Almora, Paris 2012, page 222.

2. Le mot *yoga* sera utilisé dans un autre sens par Patañjali dans le fameux *Yogasūtra*, où il signifie plutôt la tranquillité profonde, l'enstase *(samādhi)*. C'est que la racine sanskrite YUJ- est en fait triple dans sa signification. D'après les grammairiens, le sens le plus ancien est celui d'enstase. Aujourd'hui, le mot yoga signifie presque universellement « union », mais, contrairement à ce que croient la plupart des professeurs de yoga et même de nombreux Indiens, ce n'est pas du tout son sens dans le *Yogasūtra*.

de nature plus didactique et philosophique. On ne peut parler de « la philosophie » des Upaniṣad, mais beaucoup des concepts utilisés plus tard par les différents points de vue philosophiques *(darśana)* y ont été évoqués et discutés.

Les spécialistes situent la Kaṭha Upaniṣad dans le cadre de l'école Kāṭhaka du Yajurveda noir. On croit cependant que cet ouvrage ne faisait pas partie intégrante du Brāhmaṇa de cette école, étant de composition plus tardive. Le texte, entièrement en vers (sauf les paragraphes 1, 2 et 4 au début), comporte 109 versets ; il est parfois divisé en deux sections de trois chapitres chacun, pour un total de six « lianes » *(vallī)*. Plusieurs estiment que les trois premières lianes constituent la portion ancienne de l'Upaniṣad, mais les trois dernières lianes ayant été rajoutées plus tard n'en sont pas moins authentiques[1].

Invocation

saha nāv avatu saha nau bhunaktu saha vīryaṃ karavāvahai tejasvi nāv adhītam astu mā vidviṣāvahai || auṃ śāntiḥ śāntiḥ śāntiḥ.

Puisse-t-Il nous protéger tous les deux, puisse-t-Il se réjouir de nous ! Puissions-nous œuvrer tous les deux ensemble avec vigueur et puisse notre étude être lumineuse ! Puissions-nous ne jamais nous quereller ! Auṃ, paix, paix, paix.

1. Les érudits ont souvent tendance à considérer comme moins authentiques ou moins intéressants les ajouts « tardifs » ; ce n'est pas toujours le cas.

Liane 1

1, 1 uśan ha vai vājaśravasaḥ sarvavedasaṃ dadau | tasya ha naciketā nāma putra āsa ||

Uśant, fils de Vājaśravas, offrit tout son savoir. Or, il avait un fils nommé Naciketas.

1, 2 taṃ ha kumāraṃ santaṃ dakṣiṇāsu nīyamānāsu śraddhāviveśa | so'manyata ||

Alors qu'il n'était qu'un enfant, la foi entra en lui tandis qu'on apportait les dons rituels. Il pensa :

1, 3 pītodakā jagdhatṛṇā dugdhadohā nirindriyāḥ |
anandā nāma te lokāstān sa gacchati tā dadat ||

(Naciketas) Buveuses d'eau, mangeuses d'herbe, donneuses de lait sans pouvoir : il erre dans ces mondes qu'on dit sans joie[1] celui qui en fait des offrandes.

1, 4 sa hovāca pitaram tāta kasmai māṃ dāsyasīti | dvitīyaṃ tṛtīyam | taṃ hovāca mṛtyave tvā dadāmīti ||

Il (Naciketas) dit à son père : « Mon cher, à qui me donneras-tu ? » Il le demanda une deuxième, puis une troisième fois. (Le père) lui dit : « Je vais te donne à la Mort. »

1, 5 bahūnām emi prathamo bahūnām emi madhyamaḥ |
kiṃ svid yamasya kartavyam yan mayādya kariṣyati ||

(Naciketas) Je m'y dirige, le premier d'une foule, au milieu d'une foule. Que doit donc faire la Mort[2], que fera-t-elle avec moi aujourd'hui ?

1, 6 anupaśya yathā pūrve pratipaśya tathāpare |
sasyam iva marthyaḥ pacyate sasyam ivā jāyate punaḥ ||

(Une voix) Regarde en arrière comment (vécurent et moururent)

---

1. Naciketas dénonce ici le ritualisme sans âme et sans force.
2. Yama.

les générations passées, regarde en avant comment (vivront et mourront) les générations futures : comme le blé, le mortel mûrit, comme le blé, il renaît[1].

1, 7 vaiśvānaraḥ praviśati atithir brāhmaṇo gṛhān /
tasyaitāṃ śāntiṃ kurvanti hara vaivasvatodakam //

C'est le Feu qui entre dans les maisons, un invité brahmane. On le pacifie ainsi : apporte-lui de l'eau, ô fils du Soleil.

1, 8 āśāpratīkṣe saṃgataṃ sūnṛtāṃ ca iṣṭāpūrte putrapaśūṃś ca sarvān /
etad vṛṅkte puruṣasyālpamedhaso yasyānaśnan vasati brāhmaṇo gṛhe //

Espoir et attente, rencontre et amabilité, efforts et œuvres, fils et bétail, tout : le brahman l'enlève à l'homme de peu d'intelligence dans la maison duquel il séjourne sans manger.

1, 9 tisro rātrīr yad avātsīr gṛhe me'naśnan brahmann atithir namasyaḥ /
namaste'stu brahman svasti me'stu tasmāt prati trīn varān vṛṇīṣva //

(La Mort) Parce qu'étant invité et digne d'hommage tu es demeuré trois nuits dans ma maison sans manger, ô brahmane, qu'hommage te soit rendu ! Qu'il m'en fasse bien ! En retour, choisis trois faveurs. »

1, 10 śāntasaṅkalpaḥ sumanā yathā syād vītamanyur gautamo mābhi mṛtyo /
tvatprasṛṣṭam mābhivadet pratīta etat trayāṇām prathamaṃ varaṃ vṛṇe //

Que Gautama, les pensées tranquillisées, bien disposé, abandonne sa colère à mon endroit, ô Mort ! Que, satisfait, il me salue quand j'aurai été relâché par toi ! Telle est la première des trois faveurs que je choisis.

1. Claire mention de la réincarnation.

1, 11 yathā purastād bhavitā pratīta auddālakir āruṇir matprasṛṣṭaḥ |
sukhaṃ rātrīś śayitā vītamanyus tvāṃ dadṛśivān mṛtyumukhāt pramuktam ||

(La Mort) Comme autrefois il sera content, Auddālaki Āruni[1], quand tu auras été relâché par moi. Ayant quitté sa colère, il dormira heureusement ses nuits en te voyant libéré de la gueule de la mort.

1, 12 svarge loke na bhayaṃ kiṃ ca nāsti na tatra tvaṃ na jarayā bibheti |
ubhe tīrtvā aśanāyāpipāse śokātigo modate svargaloke ||

(Naciketas) Dans le monde céleste, il n'existe absolument aucune crainte, tu n'y es pas et on ne craint pas la vieillesse. Ayant transcendé les deux, la faim et la soif, étant passé au-delà de la souffrance, on se réjouit dans le monde céleste.

1, 13 sa tvam agniṃ svargyam adhyeṣi mṛtyo prabrūhi taṃ śraddadhānāya mahyam |
svargalokā amṛtatvam bhajanta etad dvitīyena vṛṇe vareṇa ||

Toi, ô Mort, tu étudies le Feu qui mène au Ciel, explique-le-moi, moi qui ai la foi, comment les gens dans le Ciel partagent l'immortalité ; c'est cela que je choisis comme seconde faveur.

1, 14 pra te bravīmi tad u me nibodha svargyam agniṃ naciketaḥ prajānan |
anantalokāptim atho pratiṣṭhāṃ viddhi tvam etaṃ nihitaṃ guhāyām ||

(La Mort) Je vais te l'enseigner, sois-moi attentif, le feu qui mène au Ciel, ô Naciketas, moi qui sais. De plus, le moyen d'atteindre le monde sans fin et son fondement, sache, toi, que cela est enfoui dans le secret.

1. Autre nom pour Naciketas.

1, 15 lokādim agniṃ tam uvāca tasmai yā iṣṭakā, yāvatīr vā yathā vā |
sa cāpi tat pratyavadat yathoktam athāsya mṛtyuḥ punar evāha tuṣṭaḥ ||

(Narrateur) Il lui dit le Feu, origine de l'univers, quelles briques[1], combien et comment (les poser). Et lui (Naciketas) répéta cela tel que cela lui avait été dit. Alors, satisfaite de lui, la Mort reprit :

1, 16 tam abravīt prīyamāṇo mahātmā varaṃ tavehādya dadāmi bhūyaḥ |
tavaiva nāmnā bhavitāyam agniḥ sṛṅkāṃ cemām anekarūpāṃ gṛhāṇa ||

(Une voix) Le magnanime, réjoui, lui dit : « je t'accorde encore un vœu aujourd'hui. Ce Feu portera ton nom et prends aussi cette direction[2] aux nombreuses formes. »

1, 17 triṇāciketas tribhir etya sandhiṃ trikarmakṛt tarati janmamṛtyū |
brahmajajñaṃ devam īḍyam viditvā nicāyye'māṃ śāntim atyantam eti ||

Celui qui fait le Naciketas trois fois[3], ayant conclu un accord avec les trois[4], qui accomplit les trois actes[5], traverse la naissance et la mort. Ayant reconnu comme dieu à adorer la Brahma-Connaissance, l'ayant observé intérieurement, il va complètement en paix.

---

1. Les briques pour monter l'autel sacrificiel du feu.
2. Le mot *sṛṅkā* est inusité et est peut-être lié à la racine (également inusitée) *sṛk-*, qui signifie « être pointu ». La plupart des commentateurs le rendent par « collier », mais en cela ils ne font que reproduire un des sens suggérés par Śānkarācārya. Le mot « collier » n'a pas de sens ici, non plus qu'en 2, 3. Renou suggère « don », ce qui n'a guère plus de signification. Plus appropriés semblent « direction, chemin ».
3. Le rituel du feu.
4. Selon la tradition, les trois sont père, mère et maître, ou les trois Védas.
5. Les sacrifices, l'étude et les dons.

1, 18 triṇāciketas trayam etad viditvā ya evaṃ vidvāṃś cinute nāciketam |
sa mṛtyūpāśān purataḥ praṇodya śokātigo modate svargaloke ||

Celui qui a fait le triple Naciketas, sachant ainsi empile Naciketas (les briques de l'autel du Feu), ayant repoussé devant lui les chaînes de la mort, celui qui est allé au-delà de la souffrance, il se réjouit dans le Ciel.

1, 19 eṣa te'gnir naciketas svargyo yam avṛṇīthāḥ dvitīyena vareṇa |
etam agnim tavaiva pravakṣyanti janāsas tṛtīyaṃ varaṃ naciketo vṛṇīṣva ||

Tel est le Feu, Naciketas, qui mène au Ciel que tu as choisi comme deuxième vœu. Les hommes proclameront ce Feu comme étant tien. Ô Naciketas, choisis une troisième faveur.

1, 20 yeyam prete vicikitsā manuṣye 'stīty eke nāyam astīti caike |
etat vidyām anuśiṣṭaḥ tvayāham varāṇām eṣa varastṛtīyaḥ ||

(Naciketas) Il existe un doute quant à savoir où doit aller l'homme trépassé : d'aucuns disent « il est », d'autres disent « il n'est pas ». Moi, je voudrais savoir cela étant instruit par toi, de mes faveurs tel est le troisième de mes vœux.

1, 21 devair atrāpi vicikitsitam purā na hi suvijñeyam aṇur eṣa dharmaḥ |
anyaṃ varaṃ naciketo vṛṇīṣva mā moparotsīr ati mā sṛjainam ||

(La Mort) Les dieux de jadis avaient eux-mêmes des doutes là-dessus ; ce n'est pas facile à connaître, il s'agit d'une vérité subtile. Choisis un autre vœu, Naciketas, ne me harcèle pas, ne t'étends pas là-dessus.

1, 22 devair atrāpi vicikitsitaṃ kila tvaṃ ca mṛtyo yan na suvijñeyam āttha |
vaktā cāsya tvādṛganyo na labhyo nānyo varas tulya etasya kaścit ||

(Naciketas) Ainsi, les dieux eurent des doutes là-dessus, et toi, ô Mort, tu as dit que cela n'est pas facile à comprendre. On ne peut trouver un autre enseignant semblable à toi en cette matière et il n'y a pas d'autre faveur semblable à celle-ci.

1, 23 śatāyuṣa putrapautrān vṛṇīṣva bahūn paśūn hastihiraṇyam aśvān I
bhūmer mahadāyatanaṃ vṛṇīṣva svayaṃ ca jīva śarado yāvad icchasi II

La Mort : Choisis des fils et des petits-fils qui vivront cent ans, beaucoup de bétail, des éléphants, de l'or, des chevaux. Choisis de vastes étendues de terre et vis toi-même autant d'automnes que tu le veux ![1]

1, 24 etat tulyam yadi manyase varaṃ vṛṇīṣva vittaṃ cirajīvikāṃ ca I
mahābhūmau naciketas tvam edhi kāmānāṃ tvā kāmabhājaṃ karomi II

Si tu juges que c'est là une faveur semblable, choisis la richesse et la longévité. Sois grand sur terre, ô Naciketas, je te ferai partager tous les désirs.

1, 25 ye ye kāmā durlabhā martyaloke sarvān kāmāṃś chandataḥ prārthayasva I
imā rāmāḥ sarathāḥ satūryāḥ na hīdṛśā lambhanīyā manuṣyaiḥ I
ābhir matprattābhiḥ paricārayasva naciketo maraṇam mānuprākṣīḥ II

Quels que difficiles à atteindre soient les désirs dans le monde mortel, tous ces désirs demande-les à souhait ! Ces jeunes femmes charmantes, avec des carrosses et des instruments de musique, du genre que les hommes n'arrivent pas à avoir, laisse-toi servir par elles, je te les donne, Naciketas, n'interroge plus sur la mort !

1. Ici la Mort met Naciketas à l'épreuve avant de lui impartir la Connaissance ; cela fait partie de la Tradition.

1, 26 śvobhāvā martyasya yad antakaitat sarve indriyāṇām jarayanti tejaḥ |
api sarvaṃ jīvitam alpam eva tavaiva vāhās tava nṛtyagīte ||

(Naciketas) Ô Mort, les soucis du lendemain du mortel usent tous l'acuité de ses sens et même une vie entière est courte. Aussi, garde pour toi chariots, danse et chant.

1, 27 na vittena tarpaṇīyo manuśyo lapsyāmahe vittam adrākṣma cet tvā |
jīviṣyāmo yāvad īśiṣyasi tvaṃ varastu me varaṇīyaḥ sa eva ||

L'homme ne saurait être contenté par la richesse ; aurons-nous encore la richesse quand nous t'aurons vu ? Nous vivrons autant que toi tu le voudras. Alors, c'est là la faveur que je choisis.

1, 28 ajīryatām amṛtānām upetya jīryan martyaḥ kvadhasthaḥ prajñānan[1] *|*
abhidhyāyan varṇaratipramodān atidīrghe jīvite ko rameta ||

Quel mortel avisé, vieillissant et inconfortable ici-bas, ayant approché ceux qui ne vieillissent ni ne meurent et songeant aux couleurs, aux plaisirs et aux joies, trouverait du charme à une vie très longue ?

1, 29 yasminn idam vicikitsanti mṛtyo yat sāmparāye mahati brūhi nas tat |
yo'yaṃ varo gūḍham anupraviṣṭo nānyaṃ tasmān naciketā vṛṇīte ||

Ô Mort, ce sur quoi on doute beaucoup, à savoir le grand voyage, parle-nous de cela. Le vœu qui pénètre ce mystère, c'est donc celui-là et nul autre que choisit Naciketas.

1. La plupart des traducteurs ont *prajānan*, mais il s'agit sûrement d'une erreur de transcription, car *prajñānan* a beaucoup plus de sens. C'est aussi le mot adopté par Hillebrandt.

Liane 2

2, 1 anyac chreyo anyad utaiva preyas te ubhe nānārthe puruṣam sinītaḥ
tayoḥ śreya ā dadānasya sādhu bhavati hīyate 'rthād ya u preyo vṛṇīte.

(La Mort) C'est une chose que le meilleur, c'en est une autre, en vérité, que le plaisant. Les deux, d'objets différents, asservissent l'homme. Qui de ces deux se donne au salutaire se porte bien, mais il s'éloigne du but celui qui choisit le plaisant.

2, 2 śreyaś ca preyaś ca manuṣyam etas tau samparītya vivinakti dhīraḥ.
śreyo hi dhīro 'bhi preyaso vṛṇīte preyo mando yogakṣemād vṛṇīte.

Tant le salutaire que l'agréable s'offrent à l'homme : en les considérant bien tous les deux, celui qui est intelligent discerne. L'intelligent opte pour le salutaire plutôt que pour l'agréable. L'indolent opte pour l'agréable, qui lui vient de la sécurité associée aux acquisitions mondaines.

2, 3 sa tvam priyān priyarūpāṃś ca kāmān abhidhyāyan naciketo 'tyasrākṣīḥ /
naitāṃ sṛṅkāṃ vittamayīm avāpto yasyām majjanti bahavo manuṣyāḥ //

Toi, ô Naciketas, après considération, tu as laissé aller les désirs agréables et d'apparence agréable. Tu n'as pas accepté ce chemin fait de richesse dans lequel s'enfoncent de nombreux hommes.

2, 4 dūram ete viparīte viṣūcī avidyā yā ca vidyeti jñātā /
vidyābhīpsinaṃ naciketasam manye na tvā kāmā bahavo lolupantaḥ //

Éloignées et allant complètement en sens opposé sont ces deux choses, l'ignorance et ce qu'on appelle Connaissance. J'estime Naciketas épris de la Connaissance : la pléthore des désirs ne t'a pas confondu.

2, 5 avidyāyāmantare vartamānāḥ svayaṃ dhīrāḥ paṇḍitā manyamānāḥ |
dandramyamāṇāḥ pariyanti mūḍhā andhenaiva nīyamānā yathāndhāḥ ||

Ceux qui, errant au milieu de l'ignorance, s'estimant sages et savants par eux-mêmes, ces fous courent dans tous les sens, comme des aveugles guidés par un aveugle.

2, 6 na sāmparāyaḥ pratibhāti bālam pramādyantaṃ vittamohena mūḍham |
ayaṃ loko nāsti para iti mānī punaḥ punar vaśam āpadyate me ||

Le départ pour l'autre monde n'allume pas l'immature, l'inattentif égaré par l'illusion de la richesse. Celui qui pense « voici le monde et il n'y a rien au-delà » tombe encore et encore sous mon pouvoir.

2, 7 śravaṇāyāpi bahubhir yo na labhyaḥ śṛṇvanto'pi bahavo yaṃ na vidyuḥ |
āścaryo vaktā kuśalo'sya labdhā, āścaryo jñātā kuśalānuśiṣṭaḥ ||

Ce que la multitude ne saisit pas même à l'entendre, ce que même en l'entendant beaucoup ne comprendraient pas, c'est une merveille l'habile qui l'enseigne et le saisit, merveille qui, enseigné par quelqu'un de qualifié, le connaît !

2, 8 na nareṇāvareṇa prokta eṣa suvijñeyo bahudhā cintyamānaḥ |
ananyaprokte gatir atra nāsty aṇīyān hyatarkyam aṇupramāṇāt ||

Enseigné par un homme vulgaire, cela n'est pas facile à comprendre, même en y pensant beaucoup. À moins d'être enseigné par un autre, il n'y a aucune voie y menant ; c'est inconcevable, car plus subtil que le raisonnement[1].

1. À rapprocher de RgVeda I, 170, 1 : « Cela doit s'acheminer vers la conscience d'un autre, mais approché par la pensée Cela s'évanouit » *(anyasya cittam abhi samcareṇyam utādhītaṃ vi naśyati)*. Le mot *anya* (autre) peut s'interpréter comme « un autre (être humain = un maître) » ou « un autre (quelque chose de transcendant) ».

2, 9 naiṣā tarkeṇa matir āpaneyā proktānyenaiva sujñānāya preṣṭha |
yāṃ tvam āpaḥ satyadhritir batāsi tvādṛṅ no bhūyān naciketaḥ praṣṭhā ||

Cette intelligence ne peut s'obtenir par le raisonnement et elle ne se réalise aisément qu'enseignée par un autre, mon très cher. Tu l'as acquise, toi qui, grands dieux, es ferme dans la vérité. Puisse un (aspirant) éminent comme toi nous arriver, Naciketas !

2, 10 jānāmyaham śevadhir ityanityam na hyadhruvaiḥ prāpyate hi dhruvaṃ tat |
tato mayā naciketaś cito'gnir anityair dravyaiḥ prāptavān asmi nityam ||

Je sais que ce qu'on appelle trésor n'est pas permanent et avec les choses instables on n'arrive pas à ce qui est stable. J'aurais donc pris conscience du Feu, Naciketas, et à partir des éléments impermanents j'aurais donc atteint le permanent[1] ?

2, 11 kāmasyāptiṃ jagataḥ pratiṣṭhāṃ krator ānantyaṃ abhayasya pāram |
stomamahad urugāyam pratiṣṭhāṃ dṛṣṭvā dhṛtyā dhīro naciketo'tyasrākṣīḥ ||

(La Mort) L'obtention des désirs comme fondement du monde et l'accomplissement sans fin des rituels[2] comme summum de la sécurité : ayant contemplé le Fondement (le Brahman,

---

1. Ce vers est peut-être mis dans la bouche d'un des interrogateurs auxquels fait allusion le vers précédent. D'autre part le participe passé *cita* peut-être celui du verbe ci- (amasser, empiler) ou du verbe *cit-* (noter, prendre conscience de): dans le premier cas, moins le sens serait « empilé (les briques) du feu ». C'est un peu un jeu de mots, car *naciketas* signifie aussi l'autel védique de briques pour le sacrifice du feu.

2. Ou « des projets ». À l'époque où fut composée cette Upaniṣad, le sens du mot *kratu* avait beaucoup changé par rapport à l'époque de la composition du ṚgVeda: il signifiait désormais « projet, propos, entendement » et « sacrifice, offrande ».

l'Absolu) hautement louangé et qui s'étend dans l'immensité[1], ô sage Naciketas, grâce à ta ferme constance tu as tout laissé aller.

2, 12 taṃdurdarśaṃ gūḍham anupraviṣṭaṃ guhāhitaṃ gahvareṣṭam purāṇam |
adhyātmayogādhigamena devaṃ matvā dhīro harṣaśokau jahāti ||

Cet (Absolu) difficile à percevoir, enveloppé de mystère, caché dans le secret du cœur[2], placé dans la profondeur impénétrable, primordial, l'intelligent qui l'a reconnu comme Dieu grâce à la contemplation intérieure du Soi délaisse joie et douleur.

2, 13 etac chrutvā samparigṛhya martyaḥ pravṛhya dharmyam aṇum etam āpya |
sa modate modanīyaṃ hi labdhvā vivṛtaṃ sadma naciketasaṃ[3] manye ||

Ayant entendu cela et après l'avoir bien saisi, le mortel, s'étant arraché (au faux) et après avoir atteint cet enseignement subtil, se réjouit, car il a acquis ce qui est digne de réjouissance ; je considère Naciketas comme une demeure ouverte.

2, 14 anyatra dharmād anyatrādharmād anyatrāsmāt kṛtākṛtāt |
anyatra bhūtāc ca bhavyāc ca yat tat paśyasi tad vada ||

(Naciketas) Dis-moi ce que tu considères être autre que doctrine juste ou fausse, autre que ce qui est accompli et non accompli,

1. Le composé *urugāyam* peut aussi vouloir dire « celui est chanté par beaucoup ». L'ambiguïté vient de ce qu'il y a deux racines *gā-*: le première veut dire « aller », la seconde « chanter ». Dans les hymnes védiques, *urugāyam* signifie « au pas immense », un qualificatif souvent appliqué à Viṣnu. Ici, il est probable que l'auteur parle du Brahman, l'Absolu; c'est ce que confirme le verset suivant.

2. Le mot est *guhāhitaṃ*, littéralement « placé au secret ».

3. Renou estime justifiée la correction de Geldner: *naciketa(ḥ) saṃmanye*. Le sens serait alors légèrement différent: « je considère, ô Naciketas, ma demeure ouverte ». On retrouve pourtant déjà l'accusatif *naciketasaṃ* dans le même sens qu'ici en 2, 4: « j'estime Naciketas épris de la Connaissance » (*vidyābhīpsinaṃ naciketasam manye*).

autre que ce qui fut et ce qui sera.

2, 15 sarve vedā yat padam āmananti tapāṃsi sarvāṇi ca yad vadanti |
yad icchanto brahmacaryaṃ caranti tat te padaṃ saṃgraheṇa bravīmi aum ity etat ||

(La Mort) Ce mot que mentionnent tous les Vedas, que proclament toutes les ascèses, pour la recherche duquel on mène la vie d'étudiant, ce mot, je te le dirai en bref : c'est Aum.

2, 16 etaddhyevākṣaram brahma etaddhyevākṣaram param |
etaddhyevākṣaraṃ jñātvā yo yad icchati tasya tat ||

Cette syllabe, en vérité, est le Brahman, cette syllabe est vraiment le Suprême ! Celui qui a connu cette syllabe, tout ce qu'il désire est sien.

2, 17 etad ālambanaṃ śreṣṭham etad ālambanam paraṃ |
etad ālambanaṃ jñātvā brahmaloke mahīyate ||

C'est là le meilleur support, c'est le support suprême. Celui qui a connu ce support est grand dans le monde brahmanique.

2, 18 na jāyate mriyate vā vipaścin nāyaṃ kutaścin na babhūva kaścit |
ajo nityaḥ śaśvato'yam purāṇo na hanyate hanyamāne śarīre ||

Le sage[1] ne naît jamais ni ne meurt jamais. Il ne vient de rien et ne devient jamais personne. Il est non né, éternel, constant et primordial. Il n'est pas détruit quand le corps est détruit.

2, 19 hantā cen manyate hantuṃ hataś cen manyate hatam |
ubhau tau na vijānīto nāyaṃ hanti na hanyate ||

(Narrateur) Si l'assassin pense tuer, si la victime pense qu'elle est tuée, ni l'un ni l'autre n'a la vraie connaissance, car celui-ci ne tue pas et (l'autre) n'est pas tué.

---

1. Le mot *vipaścit* signifie littéralement « la conscience qui discerne ».

2, 20 aṇor aṇīyān mahato mahīyān ātmāsya jantor nihito guhāyām/
tam akratuḥ paśyati vītaśoko dhātuprasādān mahimānam ātmanaḥ //

Plus subtil que le subtil, plus grand que le grand est l'*ātman*, placé dans le secret (le cœur) de cet être vivant. Celui qui est sans projet et libre de la souffrance voit par la grâce du Créateur[1] l'immensité du Soi.

2, 21 āsīno dūraṃ vrajati śayāno yāti sarvataḥ //
kastam madāmadaṃ devam mad anyo jñātum arhati //

Assis il voyage loin, étendu il va partout. Qui d'autre que moi peut[2] connaître ce Dieu ivre de frémissement[3]?

2, 22 aśarīraṃ śarīreṣu anavastheṣu avasthitam /
mahāntaṃ vibhum ātmānam matvā dhīro na śocati //

Le sage, après avoir réalisé que ce Soi immense et omniprésent est sans corps dans les corps et au repos dans les agités, ne s'afflige plus.

2, 23 nāyam ātmā pravacanena labhyo na medhayā na bahunā śrutena /
yamevaiṣa vṛṇute tena labhyas tasyaiṣa ātmā vivṛṇute tanūṃ svām //

Ce Soi ne peut être saisi par une exégèse, ni par l'intelligence, ni par une longue étude. Seul le saisit celui qu'il (le Soi) choisit, celui que le Soi choisit comme son propre corps.

2, 24 nāvirato duścaritān nāśānto nāsamāhitaḥ /
nāśāntamānaso vāpi prajñānenainam āpnuyāt //

1. Le mot est *dhātu*, qui signifie littéralement le « fondement ».
2. Le verbe *arh-* signifie d'abord « être digne de ».
3. L'expression *madāmadam* peut aussi vouloir dire que le Dieu se réjouit et ne se réjouit pas.

Ni celui qui trouve encore plaisir[1] à des actes néfastes, ni celui qui est agité et qui n'est pas déposé, ni même celui dont l'esprit n'est pas tranquille ne pourraient l'atteindre par la Connaissance.

2, 25 yasya brahma ca kṣatraṃ ca ubhe bhavata odanaḥ I
mṛtyur yasyopasecanaṃ ka itthā veda yatra saḥ II

Celui pour qui le prêtre[2] et le noble[3] ne sont que de la bouillie dont la mort est la sauce, qui en vérité sait où il est[4]?

Liane 3

3, 1 ṛtam pibantau sukṛtasya loke guhām praviṣṭau parame parārdhe I
chāyātapau brahmavido vadanti pañcāgnayo ye ca triṇāciketāḥ II

Il y a deux (*ātman*) qui boivent la rectitude dans le monde de l'action juste et qui sont logés dans le secret (le cœur) et sur la rive la plus lointaine de l'au-delà[5]. Les connaisseurs du Brahman, ceux qui possèdent les cinq feux et les trois autels (Naciketas), les désignent comme Ombre et Lumière.

---

1. Le mot *avirata* (*a-vi-rata*) signifie littéralement « celui qui n'a pas cessé d'avoir du plaisir à » ; on traduit souvent par « celui qui n'a pas cessé ». Renou traduit par : « celui qui ne s'est pas départi de mal faire. »

2. Le brahmane, membre de la première caste traditionnelle, la caste sacerdotale, gardienne de la Tradition.

3. Le *kṣatriya*, membre de la deuxième caste traditionnelle, celle des nobles, des guerriers, des princes et des fonctionnaires.

4. On affirme ici que celui qui vit la Connaissance sait ne rien être de tout ce qui peut être pensé. Pour lui, prêtre et noble ne sont que des rôles; celui qui se prend pour son rôle croit qu'il va mourir.

5. Nous avons ici un des principaux éléments de la Connaissance telle que véhiculée par les Upaniṣad : le Soi (*ātman*) intérieur de chacun et le Soi suprême de l'Univers sont une seule et même Réalité. C'est cet élément capital, fondement même de l'advaita vedanta, qui fait cruellement défaut tant dans la philosophie occidentale que dans les trois religions du livre.

3, 2 yas setur ījānānām akṣaram brahma yat param |
abhayam titīrṣatām pāram nāciketaṃ śakemahi ||

Puissions-nous réaliser cet autel de Feu[1], ce pont pour les sacrifiants, qui est l'impérissable Brahman suprême, pour ceux qui veulent traverser vers l'autre rive exempte de peur.

3, 3 ātmānaṃ rathinaṃ viddhi śarīraṃ ratham eva tu |
buddhim tu sārathiṃ viddhi manaḥ pragraham eva ca ||

Sache que l'*ātman* est le conducteur du char et le corps est le char. Sache que l'intellect est le cocher et que les pensées sont en vérité les rennes.

3, 4 indriyāṇi hayān āhur viṣayāṃs teṣu gocarān |
ātmendriyamanoyuktam bhoktetyāhur manīṣiṇaḥ ||

Les sens sont les chevaux, dit-on, et les objets des sens sont leur pâturage. Celui qui est lié au corps, aux sens et au mental est l'agent de jouissance[2], déclarent les sages inspirés.

3, 5 yas tvavijñānavān bhavatyayuktena manasā sadā |
tasyendriyāṇy avaśyāni duṣṭāśvā iva sāratheḥ ||

En vérité, celui qui est dépourvu de la Connaissance et dont les pensées sont toujours dispersées, ses sens ne sont pas dociles, comme les mauvais chevaux d'un cocher.

3, 6 yas tu vijñānavān bhavati yuktena manasā sadā |
tasyendriyāṇi vaśyāni sadaśvā iva sāratheḥ ||

Mais les sens de celui qui a la Connaissance et dont les pensées sont toujours tenues sont dociles, comme de bons chevaux pour le cocher.

---

1. Naciketas.

2. C'est l'oiseau qui mange le fruit savoureux dans Ṛg Veda I, 164, 20 et Śvetāśvatara Upaniṣad IV, 6 : « Deux oiseaux, compagnons unis, étreignent un même arbre; l'un mange le fruit savoureux, l'autre sans manger le regarde intensément. »
dvā suparṇā sayujā sakhāyā samānaṃ vṛkṣam pariṣasvajāte |
tayor anyaḥ pippalaṃ svādvāttyanaśnann anyo 'bhicākaśīti ||

3, 7 yas tvavijñānavān bhavaty amanaskaḥ sadāśuciḥ /
na sa tat padam āpnoti saṃsāraṃ cādhigacchati //

Celui qui, par contre, est sans la Connaissance, n'est pas attentif et est toujours impur, il n'atteint pas cette destination[1] et revient dans le cercle des renaissances.

3, 8 yas tu vijñānavān bhavati samanaskaḥ sadā śuciḥ /
sa tu tat padam āpnoti yasmādbhūyo na jāyate //

Mais celui qui a la Connaissance est attentif et est toujours pur, il atteint cette destination d'où il ne renaît plus.

3, 9 vijñānasārathir yas tu manaḥ pragrahavān naraḥ /
so'dhvanaḥ pāram āpnoti tad viṣṇoḥ paramaṃ padam //

En effet, l'homme qui a la Connaissance pour cocher et qui contrôle les rennes de son mental, il arrive au bout du voyage, le lieu suprême de Viṣṇu.

3, 10 indriyebhyaḥ parā hyarthā arthebhyaś ca param manaḥ /
manasaś tu parā buddhir buddher ātmā mahān paraḥ //

Au-delà des sens il y a les objets[2], au-delà des objets, il y a le mental, au-delà du mental il y a l'intellect et au-delà de l'intellect il y a le grand Soi suprême.

3, 11 mahataḥ param avyaktam avyaktāt puruṣaḥ paraḥ /
puruṣān na paraṃ kiṃcit sā kāṣṭhā sā parā gatiḥ //

Au-delà du grand (Soi), il y a le non manifesté et au-delà du non manifesté il y a l'Homme cosmique (*puruṣa*). Au-delà de l'Homme cosmique, il n'y a rien : il est le terme, la destination suprême.

---

1. La nature de cette destination (*padam*) est précisée à la strophe suivante.
2. Le mot *arthā* désigne les « objets », mais il s'agit bien de la *représentation des « objets »* : ceux-ci sont toujours en nous, ils ne sont que des images projetées par le cerveau à partir des impressions des sens. Les « objets » sont donc ici considérés comme plus subtils que les sens dans la progression en subtilité de ce sūtra.

3, 12 eṣa sarveṣu bhūteṣu gūdho'tmā na prakāśate |
dṛśyate tvagryayā buddhyā sūkṣmayā sūkṣmadarśibhiḥ ||

Bien qu'enfoui dans tous les êtres, le Soi n'est pas visible. Mais les fins observateurs le perçoivent à l'aide de leur intelligence éminente et fine.

3, 13 yacched vāṅ manasī prājñas tad yacchejjñāna ātmani |
jñānamātmani mahati niyacchet tadyacchecchānta ātmani ||

Un sage devrait régir sa parole et ses pensées, les contrôler dans le Soi qui est Connaissance. Il devrait régir la Connaissance dans le grand Soi, la régir dans le Soi tranquille.

3, 14 uttiṣṭhata jāgrata prāpya varān nibhodata |
kṣurasya dhārā niśitā duratyayā durgam pathas tat kavayo vadanti ||

Levez-vous ! Réveillez-vous ! Après avoir reçu des dons, soyez attentifs ! Il n'est pas facile de passer au-dessus de la lame aiguisée d'un rasoir ; telle est la difficulté du chemin, disent les poètes.

3, 15 aśabdam asparśam arūpam avyayaṃ tathārasaṃ nityam agandhavac ca yat |
anādyanantam mahataḥ paraṃ dhruvaṃ nicāyya tan mṛtyumukhāt pramucyate ||

Il n'a pas de son, pas de toucher, pas de forme, il est impérissable, sans saveur, éternel, sans odeur ; il est sans commencement et sans fin ; il est au-delà de l'immensité, immuable, quand on l'a réalisé, on est libéré de la gueule de la mort.

3, 16 nāciketam upākhyānam mṛtyuproktaṃ sanātanam |
uktvā śrutvā ca medhāvī brahmaloke mahīyate ||

L'histoire de Naciketas, l'enseignement éternel de la Mort, celui qui l'a racontée ou entendue, sage, il est magnifié dans le monde de Brahma.

3, 17 ya imam paramaṃ guhyaṃ śrāvayed brahmasaṃsadi |
prayataś śrāddhakāle vā tadānantyāya kalpate tadānantyāya kalpate iti ||

Celui qui récite ce secret suprême dans une assemblée de brahmanes ou, adéquatement préparé, dans une cérémonie funèbre, il gagne l'infinitude, il gagne l'infinitude.

Liane 4

4, 1 parāñci khāni vyatṛṇat svayambhūstasmāt parāṅ paśyati nāntarātman |
kaścid dhīraḥ pratyagātmānam aikṣad āvṛttacakṣur amṛtatvam icchan ||

Celui qui existe de lui-même a percé les ouvertures vers l'extérieur, alors on regarde à l'extérieur et non en soi. Un certain sage à la recherche de l'immortalité tourna le regard vers l'intérieur et vit le Soi à l'intérieur.

4, 2 parācaḥ kāmān anuyanti bālāste mṛtyor yanti vitatasya pāśam |
atha dhīrā amṛtatvaṃ viditvā dhruvam adhruveṣviha na prārthayante ||

Les immatures poursuivent les désirs extérieurs, ils avancent dans le collet de la mort bien déployée. Mais les intelligents, ayant reconnu ce qui est immortel, ne recherchent pas la stabilité dans les choses instables ici-bas.

4, 3 yena rūpaṃ rasaṃ gandhaṃ śabdān sparśāṃś ca maithunān |
etenaiva vijānāti kim atra pariśiṣyate etad vai tat ||

Forme, saveur, odeur, sons, touchers et actes sexuels, ce par quoi l'on connaît cela c'est grâce à cela que l'on comprend : que reste-t-il d'autre ? C'est Cela !

4, 4 svapnāntaṃ jāgaritāntaṃ cobhau yenānupaśyati |
mahāntaṃ vibhum ātmānam matvā dhīro na śocati ||

Cela par quoi l'on perçoit tant l'état de rêve que l'état de veille : sachant que c'est le Soi immense et omniprésent, l'intelligent ne s'afflige pas.

4, 5 ya imam madhvadaṃ veda ātmānaṃ jīvam antikāt |
īśānam bhūtabhavyasya na tato vijugupsate etad vai tat ||

Celui qui connaît directement ce Soi vivant mangeur de miel, le Seigneur de ce qui fut et de ce qui sera, celui-là ne s'en détourne alors plus. Ceci en vérité est Cela !

4, 6 yaḥ pūrvaṃ tapaso jātam adbhyaḥ pūrvam ajāyata |
guhām praviśya tiṣṭhantam yo bhūtebhir vyapaśyata etad vai tat ||

Celui qui est apparu avant la chaleur, celui qui est né avant les eaux, celui qui, ayant pénétré dans le secret du cœur, s'y maintient, celui qui a vu à travers tous les êtres, ceci en vérité est Cela !

4, 7 yā prāṇena sambhavaty aditir devatāmayī |
guhām praviśysa tiṣṭhantī yā bhūtebhir vyajāyata etad vai tat ||

Celle qui naît avec le souffle, Aditi faite de divinité, qui, pénétrant dans le secret du cœur, s'y tient, celle qui est née avec les êtres, ceci en vérité est Cela !

4, 8 āraṇyor nihito jātavedā garbha iva subhṛto garbhiṇībhiḥ |
dive diva īḍyo jāgṛvadbhir haviṣmadbhir manuṣyebhir agniḥ etad vai tat ||

Jātavedas[1], celé dans les bois de friction, tel un fœtus bien porté par les femmes enceintes, le Feu : les hommes éveillés devraient l'invoquer chaque jour avec des offrandes[2]. Ceci en vérité est Cela !

---

1. Un nom védique d'Agni, dieu du Feu: le sens littéral de *jātavedas* est « connaissant les êtres vivants » ou encore « connu des êtres vivants ».

2. Reprise de ṚgVeda III, 29, 2, avec une variante insignifiante: on dit ici « bien porté par les femmes enceintes » (*subhṛto garbhiṇībhiḥ*), alors que

4, 9 yataś codeti sūryo astam yatra ca gacchati |
taṃ devāḥ sarve'rpitāstadu nātyeti kaścana etad vai tat ||

Celui d'où le soleil se lève et où il se couche, tous les dieux y sont fixés et personne ne va au-delà. Ceci en vérité est Cela !

4, 10 yadeveha tadamutra yadamutra tad anviha |
mṛtyoḥ sa mṛtyum āpnoti ya iha nāneva paśyati ||

Ce qui est ici-bas en vérité est là-bas, ce qui est là-bas est ici. Il va de la mort à la mort celui qui ici-bas voit de la diversité.

4, 11 manasaivedam āptavyaṃ neha nānāsti kiṃ cana |
mṛtyoḥ sa mṛtyum gacchati ya iha nāneva paśyati ||

C'est avec l'esprit seulement qu'il faut arriver à cela : il n'y a ici-bas aucune diversité. Il va de la mort à la mort celui qui ici-bas voit de la diversité.

4, 12 āṅguṣṭhamātraḥ puruṣo madhya ātmani tiṣṭhati |
īśāno bhūtabhavyasya na tato vijigupsate etad vai tat ||

De la taille du pouce, l'Homme cosmique (*puruṣa*) réside au milieu de l'âme, le Seigneur de ce qui fut et de ce qui sera ; on ne s'en éloigne plus. Ceci en vérité est Cela !

4, 13 aṅguṣṭhamātraḥ puruṣo jyotirivādhūmakaḥ |
īśano bhūtabhavyasya sa evādya sa u śvaḥ etad vai tat ||

L'Homme cosmique (*puruṣa*) de la taille du pouce est comme une lumière sans fumée, le Seigneur de ce qui fut et de ce qui sera ; il est le même aujourd'hui, le même demain. Ceci en vérité est Cela !

4, 14 yathodakam durge vṛṣṭam parvateṣu vidhāvati |
evaṃ dharmān pṛthak paśyaṃs tān evānuvidhāvati ||

Comme l'eau de pluie tombant sur un terrain inégal se disperse partout dans les montagnes, de même celui qui entrevoit les

---

le mantra védique dit « bien dissimulé dans les femmes enceintes » (*sudhito garbhiṇīṣu*). Le verset suivant est emprunté à Atharvaveda X, 8, 16.

choses comme distinctes s'éparpille en courant après elles.

4, 15 yathodakaṃ śuddhe śuddham āsiktaṃ tādṛgeva bhavati I
evaṃ muner vijānata ātmā bhavati gautama II

Tout comme de l'eau pure versée dans de l'eau pure demeure telle, de même demeure, ô Gautama, l'âme[1] de l'ascète qui a la Connaissance.

Liane 5

5, 1 puram ekādaśadvāram ajasyāvakracetasaḥ I
anuṣṭhāya na śocati vimuktaśca vimucyate etad vai tat II

La cité aux onze portes[2] du non-né à la pensée non tordue : celui qui y sera attentif ne s'affligera plus et il est libéré, il se libère. Ceci en vérité est Cela !

5, 2 haṃsaḥ śuciṣat vasur antarikṣasaddhotā vediṣadatithir duroṇasat I
nṛṣadvarasat ṛtasat vyomasad abjā gojā ṛtjā adrijā ṛtam bṛhat II

Il est le cygne siégeant dans le pur (le ciel), l'omniprésent dans l'espace intermédiaire, l'officiant à l'autel, l'hôte siégeant dans la demeure. Il réside dans l'homme, dans la faveur, dans la Vérité, dans le Ciel. Il est apparu dans les Eaux (primordiales), dans la lumière[3], dans la Vérité, dans la caverne[4]. C'est la Vérité,

---

1. L'*ātman*.
2. Le corps est la cité aux onze portes.
3. Littéralement « la vache » (*go*, symbole védique de la lumière).
4. Le mot *adri* signifie montagne, ici caverne: celle où était enfouie la lumière selon le mythe de la tradition védique. Les poètes védiques ont souvent employé *adri* dans ce sens et non dans le sens de « rochers » ou « roche », traductions habituelles des savants universitaires qui ne semblent pas avoir compris grand-chose à la tradition védique dans laquelle s'inscrivent les Upaniṣad; leur traduction de *adri* par roche ou rochers n'a pas de sens, mais a tout de même le mérite de s'inscrire dans la tradition de leur traduction du ṚgVeda, traduction qui confine souvent à la trahison. *Traduttore traditore*, dit-on en italien...

l'Immensité[1] !

5, 3 ūrdhvam prāṇam unnayati apānam pratyag asyati |
madhye vāmanam āsīnaṃ viśve devā upāsate ||

Il pousse le souffle sortant (*prāṇa*) vers le haut, il lance le souffle entrant (*apāna*) vers le bas ; nain assis au milieu, tous les dieux l'honorent.

5, 4 asya visraṃsamānasya śarīrasthasya dehinaḥ |
dehād vimucyamānasya kimatra pariśiṣyate etad vai tat ||

Quand cette (âme) incarnée dans le corps se détache du corps, quand elle se libère du corps, que reste-t-il d'autre ici-bas ? Ceci en vérité est Cela !

5, 5 na prāṇena nāpānena martyo jīvati kaścana |
itareṇa tu jīvanti yasminn etāvupāśritau ||

Ce n'est ni par le souffle sortant ni par le souffle entrant que tout mortel vit ; c'est par un autre qu'ils vivent dont dépendent les deux (souffles).

5, 6 hanta ta idaṃ pravakṣyāmi guhyam brahma sanātanam |
yathā ca maraṇam prāpya ātmā bhavati gautama ||

Voilà, je vais t'enseigner ce Brahman secret et éternel et, ô Gautama, ce que devient l'âme après avoir atteint la mort.

5,7 yonim anye prapadyante śarīratvāya dehinaḥ |
sthānum anye'nusamyanti yathā karma yathā śrutam ||

Certains entrent dans une matrice, les âmes destinées à recevoir un corps. D'autres passent dans une entité inerte, au gré de ce qu'ils ont fait et appris.

---

1. La tradition Upaniṣadique poursuit la védique: *satyam ṛtam bṛhat*. Ce verset est la reprise intégrale de ṚgVeda IV, 40, 5 auquel *bṛhat* a été ajouté à la toute fin.

5, 8 ya eṣa supteṣu jāgarti kāmam kāmam puruṣo nirmimāṇaḥ |
tad eva śukraṃ tad brahma tad evāmṛtam ucyate |
tasmin lokāḥ śritāḥ sarve tad u nātyeti kaścana etad vai tat ||

Cet Homme cosmique (*puruṣa*) qui demeure éveillé dans ceux qui dorment et façonne désir après désir, c'est cela qui est pur, c'est cela qui est Brahman, c'est vraiment cela qu'on appelle immortel ! C'est sur Lui que tous les univers s'appuient ; personne en vérité ne va au-delà de Cela. Ceci en vérité est Cela !

5, 9 agnir yathaiko bhuvanam praviṣṭo rūpaṃ rūpam pratirūpo babhūva ||
ekastathā sarvabhūtāntarātmā rūpaṃ rūpam pratirūpo bahiśca ||

Tout comme le feu unique entré dans une créature se conforme à l'apparence de chacune, ainsi l'Unique, le Soi dans toutes les créatures, est conforme à l'apparence de chacune, mais pourtant distinct[1].

5, 10 vāyur yathaiko bhuvanam praviṣṭo rūpaṃ rūpam pratirūpo babhūva |
ekastathā sarvabhūtāntarātmā rūpaṃ rūpam pratirūpo bahiśca ||

Tout comme le vent unique entré dans une créature vivante adopte la forme de chacune, ainsi l'Unique, le Soi (*ātman*) dans toutes les créatures, est conforme à l'apparence de chacune, mais pourtant distinct.

5, 11 sūryo yathā sarvalokasya cakṣur na lipyate cākṣuṣair bāhyadoṣaiḥ |
ekastathā sarvabhūtāntarātmā na lipyate lokaduḥkena bāhyaḥ ||

Tout comme le soleil, l'œil du monde entier, n'est pas souillé par les imperfections des yeux qui lui sont extérieurs, ainsi l'Unique, le Soi (*ātman*) dans toutes les créatures, n'est pas souillé par la souffrance du monde, étant distinct.

---

1. C'est-à-dire que le Soi (*ātman*) prend toutes les apparences, mais n'en est fondamentalement aucune comme telle.

5, 12 eko vaśī sarvabhūtāntarātmaikaṃ rūpaṃ bahudhā yaḥ karoti /
tam ātmasthaṃ ye'nupaśyanti dhīrāsteṣāṃ sukhaṃ śāsvataṃ netareṣāṃ //

L'unique maître d'œuvre[1], le Soi à l'intérieur de tout être, qui rend multiple sa forme unique : les êtres intelligents qui le perçoivent sis en eux-mêmes jouissent du bonheur éternel, pas les autres.

5, 13 nityo'nityānāṃ cetanaścetanānām eko bahūnām yo vidadhāti kāmān /
tam ātmastham ye 'nupaśyanti dhīrāḥ teṣāṃ śāntiḥ śāśvatī netareṣām //

L'éternel dans ceux qui sont transitoires, le conscient dans ceux qui sont conscients, l'unique dans la multitude, celui qui procure les désirs : les êtres intelligents qui le perçoivent sis en eux-mêmes jouissent de la paix éternelle, pas les autres.

5, 14 tad etat iti manyante 'nirdeśyam paramaṃ sukham /
kathaṃ nu tad vijānīyāṃ kim u bhāti na bhāti vā[2] *//*

(Naciketas) « Ceci est cela ! » pensent-ils du bonheur suprême indicible. Comment donc pourrais-je le reconnaître ? Brille-t-il ou ne brille-t-il pas ?

5, 15 na tatra sūryo bhāti na candratārakam nemā vidyuto bhānti kuto 'yam agniḥ /
tam eva bhāntam anubhāti sarvaṃ tasya bhāsā sarvam idaṃ vibhāti //

En Lui le soleil ne brille pas, non plus que la lune et les étoiles, ces éclairs n'y brillent pas non plus ; d'où vient ce Feu ? Lui seul

1. Le mot *vaśī* signifie « celui qui impose sa volonté », « celui qui est maître de ».

2. Nous adoptons ici cette version par rapport aux autres, qui se lisent *bhāti vibhāti va* (brille-t-il ? irradie-t-il ?), probablement une corruption dans la transmission du manuscrit.

brille et rend toutes choses brillantes ; cet univers entier resplendit de son éclat.

Liane 6

6, 1 ūrdhvamūlo'vākśākha eṣo'śvatthas sanātanaḥ I
tad eva śukraṃ tad brahma tad evāmṛtam ucyate I
tasmin lokāḥ śritāḥ sarve tad u nātyeti kaścana etad vai tat II

Avec ses racines par en haut et ses branches par en bas, c'est le figuier éternel[1]. C'est cela qui est pur, c'est cela qui est Brahman, c'est vraiment cela qui est appelé immortel. C'est sur Cela que tous les univers s'appuient, personne en vérité ne va au-delà de Cela. Ceci en vérité est Cela !

6, 2 yad idaṃ kiṃ ca jagat sarvam prāṇa ejati niḥsṛtam I
mahadbhayaṃ vajram udyataṃ ya etadviduramṛtāste bhavanti II

Tout ce monde émané, quel qu'il soit, frémit dans le souffle. C'est la grande frayeur, la foudre jaillissante. Ceux qui le connaissent deviennent immortels.

6, 3 bhayād asyāgnistapati bhayāt tapati sūryaḥ I
bhayādindraśca vāyuśca mṛtyurdhāvati pañcamaḥ II

C'est par crainte de lui que brûle le feu, c'est par crainte de lui que brûle le soleil. Par crainte (de lui) aussi courent Indra, Vayu et la Mort, en cinquième.

1. La métaphore du figuier éternel *(aśvattha)*, qui symbolise le monde, est reprise dans la *Bhagavad Gītā* XV, 1 : « On parle d'un figuier sacré éternel avec les racines par en haut et les branches par en bas. Les hymnes (védiques) en sont les feuilles ; celui qui le connaît est le connaisseur du Veda. »
ūrdhvamūlam adhaḥśākham aśvatthaṃ prāhur avyayam I
chandāṃsi yasya parṇāni yastam veda sa vedavit II

6, 4 iha ced aśakad boddhum prākśarīrasya visrasaḥ |
tataḥ sarveṣu[1] *lokeṣu śarīratvāya kalpate ||*

Si l'on est capable de s'éveiller avant la dissolution du corps, alors on participe à l'incarnation dans tous les mondes[2].

6, 5 yathādarśe tathātmani yathā svapne tathā pitṛloke |
yathāpsu parīva dadṛśe tathā gandharvaloke chāyātapayoriva brahmaloke ||

Tel dans un miroir, ainsi on voit dans le Soi, tel dans un rêve, ainsi dans le monde des Anciens. Tout comme on distingue clairement dans les eaux, ainsi dans le monde des Gandharva ; comme dans l'ombre et la lumière, ainsi dans le monde du Brahman.

6, 6 indriyāṇām pṛthagbhāvam udayāstamayau ca yat |
pṛthag utpadyamānānaṃ matvā dhīro na śocati ||

La nature séparée des sens, leur apparition et leur disparition quand elle se manifeste séparément : l'homme intelligent qui connaît cela ne s'afflige plus.

6, 7 indriyebhyaḥ param mano manasas sattvam uttamam |
sattvād adhi mahān ātmā mahato'vyaktam uttamam ||

Au-delà des sens est la pensée, au-delà de la pensée est son être supérieur, au-dessus de cet être (supérieur) est l'immense Soi et plus haut que l'immense (Soi) est le non manifesté.

---

1. Plutôt que *sargeṣu* (le mot des manuscrits) ou *svargeṣu*, autre correction proposée.

2. Radhakrishnan pense qu'il pourrait manquer « sinon » au début de la deuxième ligne, ce qui donnerait : « Si l'on est capable de (Le) percevoir avant la dissolution du corps (on serait libre de souffrance); (sinon) on devient apte à l'incarnation dans les mondes créés. » Mais cela fait lourd et semble peu vraisemblable. Renou, quant à lui, suggère la correction *iha cen nāśkad* (il croit qu'il manque une négation) au début de la première ligne et adopte *svargeṣu* au lieu de *sargeṣu* dans la deuxième ligne. Il traduit par : « Si l'on est incapable de le percevoir ici-bas avant la dissolution du corps, alors dans les sphères du créé on est qualifié pour (recevoir) un corps. »

6, 8 avyaktāt tu paraḥ puruṣo vyāpako 'liṅga eva ca |
yaṃ jñātvā mucyate jantur amṛtatvaṃ ca gacchati ||

Plus haut que le non manifesté est le l'Homme cosmique (*puruṣa*) : il imprègne tout et est sans signe distinctif. L'ayant connu, la créature est libérée et arrive à l'immortalité.

6, 9 na saṃdṛśe tiṣṭhati rūpam asya na cakṣuṣā paśyati kaścanainam |
hṛdā maṇīṣā manasābhikḷpto ya etad viduramṛtāste bhavanti ||

Sa forme ne se situe pas dans le champ de vision et personne ne peut le voir avec l'œil. On entre en résonance avec lui par le cœur, par l'intuition et par les pensées ; ceux qui le connaissent deviennent immortels.

6, 10 yadā pañcāvatiṣṭhante jñānāni manasā saha |
buddhiśca na viceṣṭati tāmāhuḥ paramāṃ gatim ||

Quand les cinq (sens de) perception avec le mental se tiennent au repos et que l'intellect ne s'agite plus, on appelle cela le chemin suprême.

6, 11 tām yogam iti manyante sthirām indriyadhāraṇāṃ |
apramattas tadā bhavati yogo hi prabhavāpyayau ||

On estime que c'est cela le yoga, cette ferme tenue des sens ; on deviendra alors vigilant, car le yoga est apparition et résorption.

6, 12 naiva vācā na manasā prāptuṃ śakyo na cakṣuṣā |
astīti bruvato 'nyatra kathaṃ tad upalabhyate ||

On ne peut l'appréhender par la parole ni par les pensées, non plus que par la vision. Comment peut-on l'appréhender sinon en disant « Il est » ?

6, 13 astītyevopalabdhavyas tattvabhāvena cobhayoḥ |
astītyevopalabdhasya tattvabhāvaḥ prasīdati ||

C'est seulement en tant que « Il est » qu'on peut le percevoir et par sa vraie nature, les deux. Sa vraie nature est claire pour qui l'appréhende en tant que « Il est »[1].

6, 14 yadā sarve pramucyante kāmā ye'sya hṛdi śritāḥ /
atha martyo 'mṛto bhavaty atra brahma samaśnute //

Quand sont libérés tous les désirs qui adhèrent à son cœur, alors le mortel devient immortel et atteint complètement Brahman ici-bas.

6, 15 yadā sarve prabhidyante hṛdayasyeha granthayaḥ /
atha martyo 'mṛto bhavaty etāvad anuśāsanam //

Quand tous les nœuds qui encombrent le cœur ici-bas sont tranchés, alors le mortel devient immortel ; jusque-là va l'enseignement.

6, 16 śataṃ caikā ca hṛdayasya nāḍyas tāsām mūrdhānam abhiniḥsṛtaikā /
tayordhvam āyann amṛtatvam eti viṣvaṅṅ anyā utkramaṇe bhavanti //

Cent un sont les canaux du cœur et l'un d'entre eux court jusqu'au sommet de la tête. En le remontant, on arrive à l'immortalité. Les autres servent à sortir dans toutes les directions.

6, 17 aṅguṣṭhamātraḥ puruṣo'ntarātmā sadā janānāṃ hṛdaye saṃniviṣṭaḥ /
taṃ svāc charīrāt pravṛhen muñjād iveṣīkāṃ dhairyeṇa /
taṃ vidyāc chukram amṛtaṃ taṃ vidyāc chukram amṛtam iti //

L'Homme cosmique (*puruṣa*), l'âme intérieure, de la dimension du pouce, réside toujours dans le cœur des hommes. Il faut l'extraire de son corps fermement, comme la hampe du roseau ; on doit le connaître comme le Pur, l'Éternel. On doit le reconnaître comme le Pur, l'Éternel.

---

1. Le Brahman est au-delà de l'existence et de la non-existence, mais on peut le percevoir à travers « Il est » ; celui qui médite sur « Il est » ou « Je suis » réalise ce qui est au-delà. Ces deux versets sont à rapprocher de l'enseignement prodigué par la déesse Perséphone à Parménide dans son poème initiatique (Grande Grèce, Ve siècle avant notre ère).

6, 18 mṛtyuproktāṃ naciketo'tha labdhvā vidyām etām yogavidhiṃ ca kṛtsnam |
brahmaprāpto vijaro 'bhūd vimṛtyur anyo 'pyevam yo vid adhyātmam eva ||

Alors, Naciketas, après avoir reçu cette connaissance proclamée par la Mort et le précepte complet du yoga, atteint le Brahman, devint libre de la vieillesse et de la mort ; l'est également quiconque connaît ainsi en rapport avec le Soi suprême.

Īśā Upaniṣad

L'*Īśā Upaniṣad,* qui tient son nom du mot par lequel elle commence, est considérée comme la première des Upaniṣad en vers et, en Inde, on la classe en tête des collections. Elle fait partie intégrante de la *Saṃhitā* (collections) du *Yajurveda*. Il existe deux recensions de l'*Īśā Upaniṣad : Mādhyaṃdina* et *Kāṇva* (celle qui est suivie ici). La différence entre les deux consiste en l'interversion des certains versets et quelques très légères variantes.

1. īśāvāsyam idaṃ sarvam yat kiṃca jagatyāṃ jagat /
tena tyaktena bhuñjīthā mā gṛdhaḥ kasya svid dhanam //

Tout ce qui bouge dans le monde mouvant doit être attribué au Seigneur[1]. Jouis de ce qui est accordé par Lui, ne convoite pas le bien de quiconque.

2. kurvann eveha karmāṇi jijīviṣec śataṃ samāḥ /
evaṃ tvayi nānyatheto 'sti na karma lipyate nare //

Celui qui est dans l'accomplissement des actes devrait vouloir vivre cent ans ici-bas. C'est ainsi et pas autrement pour toi, que l'action n'adhère pas à l'homme[2].

3. asuryā nāma te lokā andhena tamasā vṛtāḥ /
tāṃs te pretyābhigacchanti ye ke cātmahano janāḥ //

On appelle démoniaques ces mondes recouverts d'aveugles ténèbres. Là se dirigent, à leur mort, toutes les personnes qui ont réprimé leur propre Soi.

---

1. Littéralement « doit être placé sous le Seigneur » (*īśāvāsyam* = *īśa-ava-āsyam*).
2. Renou suggère le sens « cela ne change rien à ton état ».

4. anejad ekaṃ manaso javīyo nainad devā āpnuvan pūrvamarṣat |
tad dhāvato'nyān atyeti tiṣṭhat tasmin apo mātariśvā dadhāti ||

Immobile, l'Un est plus rapide que la pensée ; les dieux ne l'ont pas attrapé alors qu'il se lançait en avant. Immobile, il dépasse les autres qui courent. En lui Mātariśvan[1] a établi l'Acte.

5. tad ejati tan naijati tad dūre tadvantike |
tad antarasya sarvasya tad u sarvasyāsya bāhyataḥ ||

Il se meut, il ne se meut pas, il est au loin et il est tout près[2]. Il est au dedans de tout et de tout ce qui est, il est au-dehors.

6. yas tu sarvāṇi bhūtāni ātmany evānupaśyati |
sarvabhūteṣu cātmānaṃ tato na vijugupsate ||

Quand un homme voit toutes les créatures dans son propre soi et son propre soi dans toutes les créatures, il ne s'en détourne plus.

7. yasmin sarvāṇi bhūtāny ātmaivābhūd vijānataḥ |
tatra ko mohaḥ kaḥ śokaḥ ekatvam anupaśyataḥ ||

Celui en qui le Soi est devenu toutes les créatures, pour celui qui le sait, quel égarement pourrait-il y avoir, quelle souffrance, pour lui qui contemple l'unicité ?

8. sa paryagāc chukram akāyam avraṇam asnāviram śuddham apāpaviddham |
kavir manīṣī paribhūḥ svayambhūḥ yāthātathyato'rthān vyadadhāc chāśvatībhyas samābhyaḥ ||

Il (le Soi) embrasse ce qui est brillant, sans corps, sans blessure ni liens, pur, non imprégné par le mal. Le sage intelligent, omniprésent, spontané, a bien agencé les choses en accord avec la vérité pour les années sans fin.

---

1. Littéralement « celui qui souffle dans la Mère », un des noms de Vāyu.
2. Certains lisent plutôt *tadvad antike* : (il est) pareillement près.

9. andhaṃ tamaḥ praviśanti ye'vidyām upāsate /
tato bhūya iva te tamo ya u vidyāyām ratāḥ //

Ils entrent dans d'aveugles ténèbres ceux qui révèrent le non-savoir et dans de plus grandes ténèbres ceux qui se complaisent dans le savoir.

10. anyad evāhur vidyayā anyad āhur avidyayā /
iti śuśruma dhīrāṇāṃ ye nas tad vicacakṣire //

C'est, dit-on, autre chose que le savoir, autre chose que le non-savoir, dit-on[1]; ainsi avons-nous entendu des sages qui nous l'ont bien expliqué.

11. vidyāṃ cāvidyāṃ ca yas tad vedobhayam saha /
avidyayā mṛtyuṃ tīrtvā vidyayāmṛtam aśnute //

Savoir et non-savoir, celui qui les connaît tous les deux ensemble, après avoir franchi la mort par le non-savoir, il atteint la non-mort par le savoir.

12. andhaṃ tamaḥ praviśanti ye'sambhūtim upāsate /
tato bhūya iva te tamo ya u sambhūtyāṁ ratāḥ //

Ils entrent dans d'aveugles ténèbres ceux qui révèrent la non-manifestation et dans de plus grandes ténèbres ceux qui se complaisent dans la manifestation.

13. anyad evāhur sambhavād anyad āhur asambhavāt /
iti śuśruma dhīrāṇāṃ ye nas tad vicacakṣire //

C'est, dit-on, autre chose que la manifestation, autre chose que la non-manifestation, dit-on ; ainsi avons-nous entendu des sages qui nous l'ont bien expliqué.

14. sambhūtiṃ ca vināśaṃ ca yas tad vedobhayaṃ saha /
vināśena mṛtyuṃ tīrtvā sambhūtyā amṛtam aśnute //

Manifestation et non-manifestation, celui qui les connaît tous les deux ensemble, après avoir franchi la mort par la

---

1. Il est ici question du Soi, *ātma-brahma*.

non-manifestation (la destruction), il atteint la non-mort par la manifestation.

15. hiraṇmayena pātreṇa satyasyāpihitam mukham /
tat tvaṃ pūṣann apāvṛnu satyadharmāya dṛṣṭaye //

Le visage de la Vérité est recouvert par un vase en or. Toi, Pūṣan, découvre-le, toi qui es fidèle à la Vérité, afin que je puisse voir !

16. pūṣann ekarṣe yama sūrya prājāpatya vyūha raśmīn samūha tejaḥ /
yat te rūpaṃ kalyāṇatamaṃ tat te paśyāmi yo sāv asau puruṣaḥ so'ham asmi //

Ô Pūṣan, unique visionnaire, Soleil, Prājāpati[1], déploie tes rayons, concentre ton éclat ; cette plus belle forme de toi, je la vois, c'est toi. Quel que soit cet Homme, moi je le suis !

17. vāyur anilam amṛtam athedam bhasmāntaṃ śarīram /
aum krato smara kṛtaṃ smara krato smara kṛtaṃ smara //

Vent, souffle[2] immortel, et maintenant ce corps réduit en cendres… Aum ! Puissance créatrice, souviens-toi de ce qui a été accompli, souviens-toi ! Puissance créatrice, souviens-toi de ce qui a été accompli, souviens-toi !

18. agne naya supathā rāye asmān viśvāni deva vayunāni vidvān /
yuyodhyasmaj juhurāṇam eno bhūyiṣṭhāṃ te nama uktiṃ vidhema //

Ô Feu (Agni), mène-nous par un chemin auspicieux vers la richesse, ô dieu qui connaît toutes les voies. Éloigne de nous la faute qui nous a égarés, puissions-nous t'offrir la parole qui soit le plus abondant hommage !

---

1. Littéralement, *prājāpati* est le « Seigeur des créatures ».

2. *Vāyu* est le dieu du vent, du souffle. Il y a sans doute un jeu de mot voulu ici : *vāyu* peut se lire *vā āyu*. Le mot désigne tout être vivant, en particulier l'homme, ce qui donnerait à la phrase le sens « Homme, souffle immortel, et maintenant… ». Le mot *anila* est le souffle, le vent, mais littéralement il signifie « sans cesse ».

Śvetāśvatara Upaniṣad

La *Śvetāśvatara Upaniṣad* est associée au *Yajurveda* noir et on y sent nettement l'influence de la philosophie du *sāṃkhya* et de celle du *yoga*. Elle met beaucoup l'accent sur l'unicité de la Réalité, notamment en répétant souvent *eka* (un, seul, unique). Cette Upaniṣad tient son nom du maître qui enseignait ainsi, *Śvetāśvatara* (« celui qui a une mule blanche »).

I

1. brahmavādino vadanti
kiṃ kāraṇam brahma kutaḥ sma jātā jīvāmaḥ kena kva ca sampratiṣṭhāḥ /
adhiṣṭhitāḥ kena sukhetareṣu vartāmahe brahmavido vyavasthām //

Ceux qui parlent du Brahman disent : quelle est la cause ? Brahman ? D'où sommes-nous nés ? Grâce à quoi vivons-nous ? Où sommes-nous établis ? Ô vous les connaisseurs du Brahman, gouvernés par qui évoluons-nous dans notre condition, dans les plaisirs et les douleurs ?

2. kālaḥ svabhāvo niyatir yadṛcchā bhūtani yoniḥ puruṣeti cintyam /
samyoga eṣam na tvātmabhavād ātmāpy anīśaḥ sukhadḥukhahetoḥ //

Doit-on considérer que c'est le temps, la nature inhérente, la nécessité, le hasard, les éléments, la matrice ou l'homme ? Ce ne peut être une combinaison de cela, car il y a le soi-même. Mais le soi (individuel) aussi est démuni devant ce qui cause le plaisir et la douleur.

3. te dhyānayogānugatā apaśyan devātmaśaktiṃ svaguṇair nigūḍhām |
yaḥ kāraṇāni nikhilāni tāni kālātmayuktāny adhitiṣṭhat yekaḥ ||

Ceux qui se sont donnés à la méditation et au yoga ont vu le pouvoir de l'essence divine dissimulé dans ses modes opératoires. Il est Un, Celui qui gouverne toutes ces causes, depuis le temps jusqu'au soi.

4. tam ekanemiṃ tṛvṛtraṃ ṣoḍaśantaṃ śatārdhāraṃ vimśatipratyarābhiḥ |
aṣṭakaiḥ ṣaḍbhiḥ viśvarūpaikapāśaṃ trimārgabhedaṃ dvinimittaikamoham ||

On le comprend comme une roue à une jante, trois circonférences, seize extrémités, cinquante rayons, avec vingt contre-rayons, six ensembles de huit, dont l'unique lien a plusieurs formes, qui se différencie en trois chemins et dont l'égarement unique a deux raisons...

5. pañcasroto 'mbum pañcayonyugravakrāṃ pañcaprāṇormim pañcabuddhyādimūlām |
pañcāvartām pañcaduḥkhaughavegām pañcaṣadbhedām pañcaparvām adhīmaḥ ||

... comme une eau à cinq courant, impétueuse et tourbillonnante émanant de cinq sources, dont les vagues sont les cinq souffles vitaux, dont la racine première est la quintuple perception, aux cinq tourbillons, violemment agitée par les cinq douleurs, aux cinquante divisions et cinq sections.

6. sarvājīve sarvāsaṃsthe bṛhante asmin haṃso bhramyate brahmacakre |
pṛthag ātmānam preritāraṃ ca matvā juṣṭas tatas tenāmṛtatvam eti ||

Dans cette roue immense du Brahman qui est toute vie et demeure en tout, le cygne (l'âme individuelle) erre ; après s'être pensé lui-même séparé de l'Incitateur, grâce à lui il passe, enchanté, de cet état à l'immortalité.

7. udgītam etat paramaṃ tu brahma tasmiṃs trayaṃ supratiṣṭhākṣaraṃ ca /
atrāntaram brahmavido viditvā līnā brahmaṇi tatparā yonimuktāḥ //

C'est cela qu'on chante comme le Brahman suprême et en lui est la triade bien affermie et impérissable. Ayant connu ce qui est à l'intérieur, alors les connaisseurs du Brahman sont absorbés dans le Brahman, ils sont totalement dédiés à Lui, libérés de la matrice (des naissances).

8. samyuktam etat kṣaram akṣaraṃ ca vyaktāvyaktam bharate viśvam īṣaḥ /
anīśas cātmā badhyate bhoktṛbhāvāt jñātvā devam mucyate sarvapāśaiḥ //

Le Seigneur porte tout en lui combiné : le périssable et impérissable, le manifeste et le non-manifeste. L'âme individuelle n'étant pas souveraine est liée, car elle se comporte en jouisseur ; après avoir connu le Dieu, elle est libérée de toutes ses chaînes.

9. jñājñau dvāvajāvīśanīśāvajā hyekā bhoktṛbhogyārthayuktā /
anantaś cātmā viśvarūpo hyakartā trayam yadā vindate brahmametat //

Celui qui connaît et celui qui ne connaît pas, les deux sont non nés, l'un étant souverain et l'autre pas ; de plus, il y a une seule non née liée au jouisseur et à l'objet de jouissance. Il y a aussi le Soi infini, assumant toutes les formes et non engagé dans l'activité. Quand on découvre les trois, voilà le Brahman.

10. kṣaram pradhānam amṛtākṣaraṃ haraḥ kṣarātmānā vīśate deva ekaḥ /
tasyābhidhyānād yojanāt tattvabhāvād bhūyaś cānte viśvamāyānivṛttiḥ //

Le fondement premier de la matière est transitoire[1], ce qui est immortel et impérissable c'est le Ravisseur[2] (Shiva). Le Dieu unique gouverne le périssable et l'âme. En méditant sur lui, en s'unissant à lui et en réalisant de plus en plus sa vraie nature, à la fin toute illusion s'évanouit.

11. jñātvā devaṃ sarvapāśāpahāniḥ kṣīnaiḥ
kleśairjanmamṛtyuprahāniḥ /
tasyābhidhyānāt tṛtīyaṃ dehabhede viśvaiśvaryaṃ kevala
āptakāmaḥ //

Ayant connu le Dieu, tous les liens sont enlevés ; tous les tourments étant détruits, la naissance et la mort disparaissent ; troisièmement, en méditant sur lui, à la dissolution du corps vient la souveraineté universelle. Étant absolu[3], son désir est atteint.

12. etad jñeyaṃ nityam evātmasaṃsthaṃ nātaḥ paraṃ
veditavyaṃ hi kiñcit /
bhoktā bhogyam preritāraṃ ca matvā sarvaṃ proktaṃ
trividham brahmam etat //

C'est cela qu'on doit connaître comme constamment présent en soi. Au-delà de ceci, il n'y a vraiment rien à connaître. Une fois le jouisseur, l'objet de jouissance et l'incitateur réalisés, tout a été dit, c'est le triple Brahman.

13. vahner yathā yonigatasya mūrtiḥ na dṛsyate naiva ca
liṅganāśaḥ /
sa bhūyaḥ evendhanayonigṛhyaḥ tad vobhayaṃ vai praṇavena
dehe //

Tout comme la forme du feu enfouie dans sa source n'est pas

1. On donne habituellement au mot *kṣara* le sens d'impérissable. Il provient de la racine verbale *kṣar-* s'écouler ; *kṣara* est ce qui s'écoule, ce qui passe, donc ce qui finit par disparaître. Ce mot porte en lui la nuance de passager, ce qui s'écoule (avec le temps).

2. Hara, le Ravisseur, est un nom de Shiva et il vient de la racine verbale *hṛ-*: prendre, ravir.

3. L'adjectif *kevala* a le sens de « unique en soi, absolu, non composé ».

visible, mais qu'il n'y a pas destruction de son caractère essentiel[1] et qu'on peut la saisir encore dans la cuvette du combustible, de même tous les deux peuvent être saisis dans le corps grâce au phonème Aum.

14. svadeham araṇiṃ kṛtvā praṇavaṃ cottarāraṇim /
dhyānanirmathanābhyāsād devaṃ paśyen nirgūḍhavat //

En faisant de son propre corps un bois de friction et du phonème Aum l'autre bois de friction, à partir de la pratique de friction qu'est la méditation, on peut contempler le Dieu comme on le ferait pour quelque chose de caché.

15. tileṣu tailaṃ dadhinīva sarpir āpas srotaḥsu aranīṣu cāgniḥ /
evamātmātmani gṛhyatesau satyenainaṃ tapasā yo'nupaśyati //

Comme l'huile dans les graines de sésame, le beurre dans le lait, les eaux dans les lits des rivières et le feu dans les bois de friction, ainsi celui qui observe avec sincérité et ardeur peut-il saisir en lui-même ce Soi,

16. sarvavyāpinam ātmānam kṣīre sarpir ivārpitam /
ātmavidyātapomūlaṃ tad brahmopaniṣatparaṃ tad brahmopaniṣatparam //

ce Soi omniprésent fixé (dans le corps) comme le beurre dans le lait, racine de la connaissance de soi et de l'ardeur, c'est le Brahman, le point culminant de la doctrine ésotérique (*upaniṣad*) ; c'est le Brahman, le point culminant de la doctrine ésotérique.

II

1. yuñjānaḥ prathamam manas tattvāya savitā dhiyaḥ /
agner jyotir nicāyya pṛthivyā adhyābharat//

Savitṛ, attelant d'abord le mental, ayant tendu ses pensées et ayant discerné la lumière d'Agni l'apporta de la terre.

1. Sa forme subtile.

2. yuktena manasā vayaṃ devasya savituḥ save |
suvargeyāya śaktyā ||

Avec le mental attelé, nous sommes sous l'impulsion du dieu Savitṛ afin d'arriver au Ciel et pour (acquérir) la force.

3. yuktvāya manasyā devān suvaryato dhiyā divam |
bṛhaj jyotiḥ kariṣyataḥ savitā prasuvāti tān ||

Quand, à l'aide du mental et de la pensée, il aura attelé les dieux montant au firmament, créant le ciel et la vaste lumière, puisse Savitṛ les inciter !

4. yuñjate mana uta yuñjate dhiyo viprā viprasya bṛhato vipaścitaḥ |
vi hotrā dadhe vayunāvid eka in mahī devasya savituḥ pariṣṭutiḥ ||

Ils attellent leur mental, ils attellent leurs pensées les sages poètes inspirés du grand Poète. L'unique qui connaît les disciplines a assigné les fonctions sacerdotales ; immense est la louange du dieu Savitar !

5. yuje vām brahma pūryam namobhir vi śloka etu pathyeva sūreḥ |
śṛṇvantu viśve amṛtasya putrā ā ye dhāmāni divyāni tasthuḥ ||

Je rejoins votre antique prière par mes hommages. Puisse mon vers avancer comme sur le chemin du Seigneur ! Que tous les fils de l'Immortel entendent, eux qui sont installés dans les demeures célestes !

6. agnir yatrābhimathyate vāyur yatrābhiyujyate |
somo yatrātiricyate tatra saṃjāyate manaḥ ||

Là où le feu jaillit par frottement, là où le vent souffle doucement, là où le soma déborde, là naît la pensée.

7. savitrā prasavena juṣeta brahma pūrvyam /
tatra yoniṃ kṛṇavase na hi te pūrtam akṣipat //

Avec Savitṛ pour inciter, qu'on se réjouisse dans l'antique formulation ! Fais-en ta demeure[1], aucun de tes mérites ne se perdra !

8. trirunnataṃ sthāpya samaṃ śarīraṃ hṛdhī indriyāni manasā saṃniveśya /
brahmoḍupena pratareta vidvān srotāṃsi sarvāṇi bhayāvahāni //

Tenant son corps ferme avec les trois parties dressées, rassemblant les sens avec le mental dans son for intérieur, le sage traversera avec la barque de la formulation (*brahman*) tous les fleuves effrayants.

9. prāṇān prapīḍyeha saṃyuktaceṣṭaḥ kṣīne prāṇe nāsikayo'cchvasīta /
duṣṭāśvayuktam iva vāham enaṃ vidvān mano dhārayetāpramattaḥ //

Ayant comprimé les souffles et maîtrisant l'agitation, respirez par les deux narines avec un souffle réduit. Que le sage tienne son mental sans distraction, comme un véhicule attelé à de mauvais chevaux.

10. same śucau śarkarāvahnivālukāvivarjite 'śabdajalāśrayādibhiḥ /
mano'nukūle na tu cakṣupīḍane guhāni vātāśrayaṇe prayojayet //

Qu'on s'engage dans la pratique dans un (endroit) de niveau, propre, exempt de cailloux, de feu et de sable, plaisant au mental par la proximité d'eau non bruyante, etc., qui ne choque pas l'œil, dans une retraite secrète protégée du vent.

---

1. On peut aussi rendre *yonim* par matrice (de ta deuxième naissance, ou de ta renaissance).

11. nīhāradhūmārkānilānalānāṃ
khadyotavidyutsphaṭikaśaśīnām |
etāni rūpāṇni puraḥsarāṇi brahmaṇyabhivyaktikarāṇi yoge ||

Le brouillard, la fumée, le soleil, le feu, le vent, les lucioles, les éclairs, le cristal, la lune, ce sont les aspects qui précèdent dans le yoga la manifestation du Brahman.

12. pṛthvyaptejo'nilakhe samutthite pañcātmake yogaguṇe pravṛtte |
na tasya rogo na jarā na mṛtyuḥ prāptasya yogāgnimayaṃ śarīram ||

Quand la terre, l'eau, le feu, l'air et l'éther sont montés ensemble et que la quintuple qualité du yoga a surgi, il n'y a plus de maladie, de vieillesse, ni de mort pour celui qui a atteint le corps fait du feu du yoga.

13. laghutvam ārogyam alolupatvam varṇaprasādaṃ svarasauṣṭhavaṃ ca |
gandhaś śubho mūtrapurīṣam alpaṃ yogapravṛttim prathamām vadanti ||

Légèreté, santé, absence d'avidité, teint lumineux, excellence de la voix, parfum (du corps) agréable, diminution des excrétions, on dit que ce sont là les premières manifestations du yoga.

14. yathaiva bimbam mṛdayo'paliptaṃ tejomayam bhrājate tat sudhāntam |
tad vātmatattvam prasamīkṣya dehī ekaḥ kṛtārtho bhavate vītaśokaḥ ||

Tout comme un miroir terni par l'argile une fois bien nettoyé brille avec éclat, de même l'être incarné, une fois qu'il a contemplé la vraie nature du Soi, ayant atteint le but, devient un et libre de douleur.

15. yadātmatattvena tu brahmatattvam dīpopameneha yuktaḥ prapaśyet |

ajaṃ dhruvaṃ sarvatattvair viśuddhaṃ jñātvā devam mucyate sarvapāśaiḥ //

Quand, grâce à la vraie nature du Soi, comme avec une lampe, concentré, on contemple la vraie nature du Brahman, ayant connu le Dieu non né, l'immuable, parfaitement pur de toutes les modalités, on est libéré de tous les liens.

16. eṣa ha devaḥ pradiśo'nu sarvāḥ pūrvo ha jātaḥ sa u garbhe antaḥ /
sa eva jātaḥ sa janiṣyamānaḥ pratyāṅjānāṃs tiṣṭati sarvatomukhaḥ //

Lui, il est le Dieu omniprésent dans toutes les directions ; lui le premier-né, il est pourtant dans la matrice. Il est celui qui est né et il est celui qui sera né ; il est tourné vers les hommes, dans toutes les directions.

17. yo devo agnau yo apsu yo viśvam bhuvanam āviveśa /
ya ośadhīṣu yo vanaspatiṣu tasmai devāya namo namaḥ //

Celui qui en tant que Dieu réside dans le feu, Celui qui réside dans les eaux, dans l'univers entier, Celui qui est dans les plantes, dans les arbres, à ce Dieu hommage, hommage !

III

1. ya eko jālavān īśata īśanībhiḥ sarvān lokān īśata īśanībhiḥ /
ya evaika udbhave sambhave ca ya etad vidur amṛtās te bhavanti //

Celui qui seul, muni d'un filet, règne par ses pouvoirs souverains, celui qui règne sur tous les mondes par ses pouvoirs souverains, celui qui seul se manifeste et celui qui demeure le même... ceux qui savent cela deviennent immortels.

2. eko hi rudro na dvitīyāya tasthur ya imān lokān īśata īśanībhiḥ /
pratyaṅ janāṃs tiṣṭhati sañcukocāntakāle saṃsṛjya viṣvā bhuvanāni gopāḥ //

Unique est Rudra et il n'y a pas un second à qui on puisse obéir ; c'est lui qui règne sur les mondes par ses pouvoirs souverains. Il est tourné vers les créatures : lui, le gardien, ayant fait surgir toutes les créatures, Il les engloutit à la fin des temps.

3. viśvataś cakṣur uta viśvato mukho viśvato bāhur uta viśvataspāt |
sam bāhubhyāṃ dhamati sampatatrair dyāvābhūmī janayan deva ekaḥ ||

Ses yeux sont de tous côtés, son visage de toutes parts, ses bras de tous les côtés, ses pieds sont de tous les côtés ! Quand Il donne naissance au ciel et à la terre, le Dieu unique leur insuffle vie ensemble avec ses bras et avec ses ailes.

4. yo devānāṃ prabhavaś codbhavaś ca viśvādhipo rudro maharṣiḥ |
hiraṇyagarbhaṃ janayāmāsa pūrvaṃ sa no buddhyā śubhayā saṃyunaktu ||

Celui qui est la cause et l'origine des dieux, le roi de toutes choses, Rudra, le grand sage et visionnaire, lui qui dans les temps anciens créa l'embryon d'or, puisse-t-il nous pourvoir d'une intelligence brillante !

5. yā te rudra śivā tanūr aghorāpāpakāśinī |
tayā nas tanuvā śantamayā giriśantābhicākaśīhi ||

Cette forme de toi, ô Rudra, qui est auspicieuse, qui n'est pas terrible et ne rayonne pas le mal, avec ta forme tranquille illumine-nous, ô habitant des montagnes !

6. yām iṣuṃ giriśanta haste bibharṣyastave |
śivāṃ giritra tāṃ kuru mā hiṃsīḥ puruṣaṃ jagat ||

Cette flèche que tu tiens dans ta main, ô habitant des montagnes, rends-la bienfaisante ! Ne blesse pas l'homme ni l'animal !

7. tataḥ param brahma param bṛhantam yathā nikāyaṃ sarvabhūteṣu gūḍham |

viśvasya aikam pariveṣṭitāram īśaṃ taṃ jñātvā amṛtā bhavanti //

Au-delà de cela est le Brahman suprême, l'Immense caché dans tous les êtres, chacun selon son corps, le Un qui enveloppe l'univers au complet. Quand on a connu ce Seigneur on devient immortel.

8. vedāham etaṃ puruṣaṃ mahāntam ādityavarṇaṃ tamasaḥ parastāt /
tam eva viditvā atimṛtyum eti nānyaḥ panthā vidyate 'yanāya //

Je connais cet Homme suprême (*puruṣa*), comme un Soleil au-delà des ténèbres. Celui qui l'a reconnu passe au-delà de la mort ; on ne connaît aucun autre chemin pour y aller.

9. yasmāt paraṃ nāparam asti kiñcit yasmān nāṇīyo na jyāyo'sti kiñcit /
vṛkṣa iva stabdho divi tiṣṭhatyekas tenedam pūrṇaṃ puruṣena sarvam //

Rien n'est au-delà de Lui, rien en deçà, rien de plus ténu, rien de plus grand. Dressé comme un arbre, il se tient seul dans le ciel, cet univers entier est rempli par cet Homme suprême.

10. tato yad uttarataraṃ tad arūpam anāmayam /
ya etad vidur amṛtās te bhavanti athetare duḥkham evāpiyanti //

C'est pourquoi ce qui est encore plus au-delà est sans forme, sans affliction. Ceux qui le connaissent deviennent immortels, mais les autres vont uniquement vers la souffrance.

11. sarvānanaśirogrīvaḥ sarvabhūtaguhāśayaḥ /
sarvavyāpī sa bhagavān tasmāt sarvagataś śivaḥ //

Il est toutes les faces, toutes les têtes, tous les cous, Il est la demeure secrète de tous les êtres. Il imprègne tout, Lui le Bienheureux, alors il est omniprésent, Shiva (l'auspicieux).

12. mahān prabhur vai puruṣaḥ sattvasyaiṣa pravartakaḥ /
suniramalām imām prāptim īśāno jyotir avyayaḥ //

Cet Homme cosmique est vraiment le grand Seigneur, lui il est l'incitateur de l'existence. Il gouverne cette survenue immaculée, il est la Lumière, il est impérissable.

13. auguṣṭhamātraḥ puruṣo'ntarātmā sadā janānāṃ hṛdaye sanniviṣṭaḥ /
hṛdā manīśā manasābhikḷpto ya etad vidur amṛtas te bhavanti //

L'Homme cosmique est de la dimension d'un pouce, Il est le Soi intérieur qui habite à jamais dans le cœur des créatures. On s'est mis en résonance[1] avec lui par le cœur, par la réflexion et par le mental ; ceux qui le connaissent deviennent immortels.

14. sahasraśīrṣā puruṣaḥ sahasrākṣaḥ sahasrapāt /
sa bhūmiṃ viśvato vṛtvāty atiṣṭhad daśāṅgulam //

À mille têtes l'Homme cosmique ! À mille yeux ! À mille pieds ! Ayant couvert la terre de toutes parts, Il la dépassait encore de dix doigts[2] !

15. puruṣa evedaṃ sarvam yad bhūtaṃ yac ca bhavyam /
utāmṛtatvasyeśāno yad annenātirohati //

Pour sûr l'Homme cosmique est tout cela, tout ce qui est passé et tout ce qui est à venir. Il est aussi le maître de l'immortalité qui monte encore plus haut par l'offrande[3].

16. sarvataḥ pāṇipādaṃ tat sarvato'kṣiśiromukham /
sarvataḥ śrutimalloke sarvam āvṛtya tiṣṭhati //

Ses mains et ses pieds sont partout, ses yeux, sa tête et son visage sont partout, ses oreilles sont partout ; cela recouvre tout dans l'univers.

---

1. Le verbe *abhikḷp-* a le sens de « être adéquat à, être d'accord avec, être en résonance avec ».

2. Ce verset et le suivant sont la reprise intégrale des deux premiers versets de l'hymne X, 90 du *Ṛgveda*.

3. Le mot *anna* (la nourriture) symbolise ici ce qui est offert lors du sacrifice.

17. sarvendriyaguṇābhāsam sarvendriyavivarjitam |
sarvasya prabhum īśānaṃ sarvasya śaraṇam bṛhat ||

Rayonnant les qualités de tous les sens cela est dépourvu de tous les sens. Cela est Seigneur et Maître de tout, le vaste refuge de tout.

18. navadvāre pure dehī haṃso lelāyate bahiḥ |
vaśī sarvasya lokasya sthāvarasya carasya ca ||

Être incarné dans la citadelle aux neuf portes, l'âme (le cygne) joue dans le monde extérieur, gouverneur du monde entier immobile et mobile.

19. apāṇipādojavano gṛhītā paśyatyacakṣuḥ śṛnotyakarṇaḥ |
so vetti vedyaṃ na ca tasyāsti vettā tam āhur agriyam puruṣam mahāntam ||

Sans mains ni pieds Il court et prend, sans yeux Il voit, sans oreille, Il entend. Il connaît ce qui est à connaître, mais personne ne le connaît. On l'appelle l'immémorial Homme cosmique, l'Immense.

20. aṇor aṇīyān mahato mahīyān ātmā guhāyāṃ nihito'sya jantoḥ |
tam akratum paśyati vītaśoko dhātuḥ prasādān mahimānam īśam ||

Plus petit que le petit, plus grand que le grand, est le Soi enfoui dans le cœur de cet être vivant[1]. Libre de douleur (l'homme) voit Cela qui est sans désir, par la grâce du créateur il voit le Seigneur et sa majesté.

21. vedāham etam ajaram purāṇaṃ sarvātmānaṃ sarvgataṃ vibhutvāt |
janmanirodham pravadanti yasya brahmavādino hi pravadanti nityam ||

---

1. L'être incarné du verset 18.

Je connais celui qui ne vieillit pas, l'antique Soi de toutes choses omniprésent par son immanence. Les connaisseurs du Brahman proclament éternel celui qui, disent-ils, fait cesser la naissance.

IV

1. ya eko'varṇo bahudhā śaktiyogād varṇan anekān nihitārtho dadhāti |
vi caiti yānte viśvam ādau sa devaḥ sa no buddhyā śubhayā saṃyunaktu ||

Lui qui, seul et sans couleur, à partir de son pouvoir ramassé produit diversement de multiples couleurs dans un but précis, lui qui souffle l'univers entier à la fin et (le crée) au commencement, il est le Dieu, puisse-t-il nous rassembler[1] avec intelligence lumineuse !

2. tad evāgnistad ādityastadvāyustad u candramāḥ |
tad eva śukraṃ tad brahma tad āpas tat prajāpatiḥ ||

Cela est Agni (le Feu), cela est le soleil, cela est le vent et la lune aussi. Cela est vraiment le pur, cela est Brahman, cela est les Eaux cosmiques, cela est Prajāpati (le Seigneur des créatures).

3. tvaṃ strī tvam pumān asi tvaṃ kumāra uta vā kumārī |
tvaṃ jīrṇo daṇḍena vañcasi tvaṃ jāto bhavasi viśvatomukhaḥ ||

Tu es la femme, tu es l'homme, tu es le jeune homme et tu es la jeune fille ; tu es le vieillard qui vacille avec sa canne, quand tu nais tu te tournes dans toutes les directions.

4. nīlaḥ pataṅgo harito lohitākṣastaḍidgarbha ṛtavaḥ samudrāḥ |
anādimat tvaṃ vibhutvena vartase yato jātāni bhuvanāni viśvā ||

Tu es l'oiseau bleu foncé (l'oiseau) jaune verdâtre aux yeux

1. Le verbe *saṃyuj-* a le sens d'unir et ici il pourrait signifier se rassembler (en soi-même) tout autant que « nous unir » (nous, les humains) ou encore « nous unir » avec Lui.

rouges[1], tu es le nuage porteur d'éclairs, tu es les saisons et les océans ; tu es sans commencement, tu te déploies par ton omniprésence, tu es celui de qui sont nés tous les êtres.

5. *ajām ekāṃ lohitaśuklakṛṣṇām bahvīḥ prajāḥ sṛjamānāṃ sarūpāḥ |*
ajo hyeko juṣamāṇo'nuśete jahātyenām bhuktabhogām ajo'nyaḥ ||

Un (mâle) non né brûlant de passion est très attaché à une femelle non née de couleur rouge, blanche et noire qui donne naissance à beaucoup de créatures semblables à elle, tandis qu'un autre mâle non né la quitte dès qu'elle a joui.

6. *dvā suparṇā sayujā sakhāyā samānaṃ vṛkṣam pari ṣasvajāte |*
tayor anyaḥ pippalaṃ svādv ātty anaśnann anyo 'bhi cākaśīti |

Deux oiseaux, compagnons unis, étreignent un même arbre ; l'un des deux mange le fruit savoureux, l'autre, sans manger, regarde intensément[2].

Le premier oiseau est ce qui en nous est constamment en train de chercher satisfaction, plénitude, joie et tranquillité ailleurs et dans le devenir. Le second représente notre nature véritable, parfaitement établie, pur regard, pure Lumière consciente, Cela qui sait notre « vie » au complet. Le verset suivant précise.

7. *samane vṛkṣe puruṣo nimagno anīśayā śocati muhyamānaḥ |*
juṣṭam yadā paśyatyanyam īśam asya mahimānam iti vītaśokaḥ ||

Sur le même arbre, une personne confuse s'afflige à cause de son impuissance. Mais dès qu'elle aperçoit l'autre, le Souverain content et sa majesté, son affliction disparaît.

8. *ṛco akṣare parame vyoman yasmin devā adhi viśve niṣeduḥ |*
yas tan na veda kim ṛcā kariṣyati ya it tad vidus ta ime sam āsate ||

---

1. Le perroquet.

2. Reproduction exacte de *Ṛgveda* I, 164, 20. Le verbe *cākaśīti* est un intensif de *kāś-* (apparaître, briller) et signifie « briller avec éclat » ou encore « surveiller, regarder intensément ». Le fruit mentionné ici est une figue (*pippalam*).

L'Indestructible[1] de l'hymne (védique) sur lequel tous les dieux se sont posés dans l'espace le plus subtil, celui qui ne le connaît pas, que fera-t-il de l'hymne ? Mais ceux qui le connaissent, ils sont ici assemblés[2].

9. chandāṃsi yajñāḥ kratavo vratāni bhūtam bhavyam yacca vedā vadanti |
asmān māyī sṛjate viśvam etat tasmiṃś cānyo māyayā saṃniruddhaḥ ||

Hymnes (védiques), sacrifices, rituels, observances, passé, futur, ce que disent les Védas, c'est à partir de cela que le Magicien fait jaillir tout cet univers et en celui-ci l'autre se retrouve prisonnier de la magie.

10. māyāṃ tu prakṛtiṃ viddhyān māyinaṃ tu maheśvaram |
tasyāvayavabhūtaistu vyāptaṃ sarvam idaṃ jagat ||

Qu'on sache alors que la nature est une magie et que le magicien est le grand Souverain. Cet univers entier est imprégné de créatures qui sont ses parties.

11. yo yonim yonim adhitiṣṭhatyeko yasmin idaṃ saṃ ca vi caiti sarvam |
tam īśānaṃ varadaṃ devam īdḍyam nicāyyemāṃ śāntim atyantam eti ||

L'unique qui régit chaque matrice et dans lequel toutes choses s'assemblent et se dissolvent, quand on a réalisé qu'il est le Souverain qui accorde les faveurs, le Dieu à adorer, on atteint une paix sans fin.

12. yo devānām prabhavaś cobhavaś ca viśvādhipo rudro maharṣiḥ |

---

1. Le mot *akṣara* signife au départ « qui ne s'écoule pas », ensuite « indestructible », mais aussi « syllabe ». Le sens pourrait aussi être « La syllabe de l'hymne… ».

2. Reproduction exacte de *Ṛgveda* I, 164, 39.

hiraṇyagarbham paśyata jāyamānam sa no buddhyā śubhayā samyunaktu //

Lui qui est la source et l'origine des dieux, celui qui règne sur eux tous, Rudra, le grand visionnaire (rishi) qui a vu l'embryon d'or à sa naissance, puisse-t-il nous rassembler[1] avec intelligence lumineuse !

13. yo devānām adhipo yasmin lokā adhiśritaḥ /
ya īśe asya dvipadaś catuṣpadaḥ kasmai devāya haviṣā vidhema //

Lui qui est le Souverain des dieux, sur qui les mondes reposent, Lui qui commande le genre humain et le règne animal[2]... Quel dieu devrions-nous adorer par notre oblation ?

La deuxième ligne de ce verset reprend intégralement l'invocation de l'hymne à Prajāpati (ṚgVeda X, 121), qui est littéralement le « Seigneur des créatures ». Toutes les strophes sauf la dernière se terminent par une habile invocation où le rishi demande « quel dieu devons-nous adorer par notre oblation ? » *(kasmai devāya haviṣā vidhema)*. Tout le jeu consiste à poser la question comme s'il ne le savait pas, tout en donnant le nom du Dieu. Même si tout l'indiquait déjà dans les deux premières strophes, ce n'est que dans la dernière que nous entendons son nom : Prajāpati. Mais l'auteur du poème va plus loin. Le mot *ka* (ici au datif *kasmai*) est à la fois le pronom et adjectif interrogatif « quel ? », mais aussi le substantif *ka*, qui, selon la tradition, est le nom de Prajāpati, ou des Eaux lumineuses primordiales (ou Océan de lumière). C'est comme si le nom de Prajāpati était « Inconnu », ou « Inconnaissable ». La traduction évidente de l'expression *kasmai devāya haviṣā vidhema* est : « Quel dieu devons-nous adorer par notre oblation ? Mais des nuances apparaissent, entre autres : « par notre oblation adorons le divin Inconnu ».

1. Le verbe *samyuj-* a le sens d'unir et ici, tout comme en IV-2, il pourrait signifier se rassembler (en soi-même) tout autant que « nous unir » (nous, les humains) ou encore « nous unir » avec Lui.

2. Littéralement : « sa créature à deux pattes et celle à quatre pattes ».

L'hymne védique partiellement repris ici établit que Prajāpati est le Germe d'or *(hiraṇyagarbha)* de l'univers ; il est donc ici traité comme étant au-delà de tout, y compris des dieux. C'est pour cela que le poète laisse planer un certain suspens en n'osant pas lui donner un nom avant la fin, l'appelant « Qui », donc « l'Inconnu ». Aucun nom, rien de connu, ne saurait désigner ce qui est au-delà de toute connaissance. D'autre part, nous avons dit que *ka* pourrait aussi être un mot très ancien désignant les Eaux lumineuses primordiales. Le sens pourrait alors être : « par notre oblation adorons le divin Ka, les Eaux lumineuses », ou « par notre oblation adorons le divin Inconnu, les Eaux lumineuses ». Pourtant le neuvième verset de l'hymne védique dit explicitement que Prajāpati a créé les « vastes Eaux lumineuses » (*āpaś candrā bṛhatīr*) ; cela est typique des rishis védiques : Prajāpati est à la fois les Eaux cosmiques originelles et le Germe d'Or qui les engendre.

14. sūkṣmātisūkṣmaṃ kalilasya madhye viśvasya sraṣṭāram anekarūpam /
viśvasya ekam pariveṣṭtitāraṃ jñātvā śivaṃ śāntim atyantam eti //

Lui qui est plus subtil que le subtil, au milieu de la confusion, le créateur de l'univers, exhibant de multiples formes, l'Unique qui embrasse l'univers, quand on l'a reconnu comme celui de bon augure (Shiva), on atteint une paix sans fin.

15. sa eva kāle bhuvanasya goptā viśvādhipaḥ sarvabhūteṣu gūḍhaḥ /
yasmin yuktā brahmarṣayo devataśca tam evaṃ jñātvā mṛtyupāśāṃś chinatti //

En effet, c'est lui le protecteur de l'univers dans le temps, le Souverain de toutes choses celé dans toutes les créatures. Lorsqu'on l'a connu comme tel, lui sur qui les visionnaires du Brahman et les divinités sont fixés, on tranche les liens de la mort.

16. gṛhāt param maṇḍam ivātisūkṣmaṃ jñātvā śivaṃ sarvabhūteṣu gūḍham /

viśvasya ekam parivеṣṭtitāraṃ jñātvā devaṃ mucyate sarvapāśaiḥ //

Quand on a reconnu Shiva[1] celé dans tous les êtres, subtil comme la fine pellicule sur le beurre clarifié, lui le Dieu qui seul qui embrasse l'univers, on est libéré des tous les liens.

17. eṣa devo viśvakarmā mahatmā sadā janānāṃ ḥṛdaye sanniviṣṭaḥ /
hṛdā manīṣā manasābhikḷpto ya etad vidur amṛtās te bhavanti //

Ce Dieu est l'Artisan universel, le grand Soi éternellement présent dans le cœur des créatures. C'est par le cœur, par la réflexion et par le mental qu'on s'est mis en résonance[2] avec lui ; ceux qui le connaissent deviennent immortels[3].

18. yadā'tamas tan na divā na rātrir na san na cāsac chiva eva kevalaḥ /
tad akṣaraṃ tat savitur vareṇyam, prajñā ca tasmāt prasṛtā purāṇī //

Quand il y avait les ténèbres[4], il n'y a alors ni jour ni nuit, ni existence ni non-existence, seulement Shiva, l'Unique. C'est l'Impérissable, l'adorable (splendeur) de Savitṛ ; l'antique sagesse procède de cela.

19. nainam ūrdhvaṃ na tiryañcaṃ na madhye na parijagrabhat /
na tasya pratimā asti yasya nāma mahad yaśaḥ //

Personne ne l'a saisi ni au-dessus, ni au travers, ni au milieu. Il n'a pas son pareil, son nom est Splendeur immense.

---

1. Littéralement : celui qui est de bon augure, propice, favorable.

2. Le verbe *abhikḷp-* a le sens de « être adéquat à, être d'accord avec, être en résonance avec ».

3. Reprise de la dernière ligne de III, 13.

4. Une référence aux ténèbres primordiales de *Ṛgveda* X, 129, 3 ; ces ténèbres sont au-delà des opposés et ne doivent donc pas être confondus avec les ténèbres de la nuit, opposés à la lumière du jour.

20. na saṃdṛśe tiṣṭhati rūpam asya na cakṣusā paśyati kaś canainam |
hṛdhā hṛdistham manasā ya enam evaṃ vidur amṛtās te bhavanti ||

Sa forme ne peut être vue, nul ne le voit avec les yeux. Ceux qui par le cœur et l'esprit le voient ainsi se tenant dans le cœur, ceux-là deviennent immortels.

21. ajāta ityevaṃ kāścid bhīruḥ prapadyate rudram |
yat te dakṣiṇaṃ mukhaṃ tena māṃ pāhi nityam ||

Beaucoup qui sont effrayés s'approchent de Rudra en se disant « il est non né ». « Ô Rudra, protège-moi toujours avec ce qui est ton visage bienveillant. »

22. mā nas toke tanaye mā na āyusi mā no goṣu mā no aśveṣu rīriṣaḥ |
vīrān mā no rudra bhāmito vadhīr haviṣmantaḥ sadam it tvā havāmahe ||

Ne nous fais pas de mal dans nos enfants, dans notre descendance, dans notre vie, dans notre bétail, dans nos chevaux ! Ô Rudra, ne frappe pas avec colère nos héros ; portant nos oblations, nous t'invoquons sans cesse[1].

V

1. dve akṣare brahmapure tvanante vidyāvidye nihite yatra gūḍhe |
kṣaram tvavidyā hi amṛtaṃ tu vidyā vidyāvidye īśate yas tu so'nyaḥ ||

Dans la cité impérissable et infinie du Brahman, deux choses sont cachées, la connaissance et l'ignorance. Or, l'ignorance est le périssable et la connaissance l'impérissable ; mais celui qui gouverne la connaissance et l'ignorance est un Autre.

1. Reprise de ṚgVeda I, 114, 8.

2. *yo yonim yonim adhitiṣṭhatyeko viśvāni rūpāni yonīś ca sarvāḥ I*
ṛṣiprasūtaṃ kapilaṃ yas tam agre jñānair bibharti jāyamānaṃ ca paśyet II

Lui l'Unique qui règne sur chaque source, sur toutes les formes et sur toutes les sources, celui qui à l'origine a porté avec l'ensemble de son savoir Kapila[1] issu d'un rishi et aurait porté son regard sur lui à sa naissance.

3. *ekaikaṃ jālam bahudhā vikurvan asmin kṣetre saṃharaty eṣa devaḥ I*
bhūyaḥ sṛṣṭvā patayas tatheśas sarvādhipatyaṃ kurute mahātmā II

Ce Dieu déploie un filet après l'autre de nombreuses façons dans ce monde et il les ramène à lui. Après avoir encore créé les détenteurs (de forme), alors le Souverain, le Soi immense, exerce sa souveraineté sur le monde entier.

4. *sarvā diśaḥ ūrdhvam adhaś ca tiryak prakāśayan bhrājate yadvanaḍvān I*
evam sa devo bhagavān varenyo yonisvabhāvān adhitṣṭhatyekaḥ II

Resplendissant, le soleil illumine toutes les régions en haut, en bas et en travers. Ainsi, le Dieu, bienheureux et vénérable gouverne seul les créatures issues d'une matrice.

5. *yacca svabhāvam pacati viśvayoniḥ pācyāṃś ca sarvān pariṇāmayed yaḥ I*
sarvam etad viśvam adhitiṣṭhatyeko gunāṃś ca sarvān viniyojayedyaḥ II

Lui qui, source de tout, mûrit de lui-même et transforme tout ce qui peut-être mûri, Lui qui gouverne seul tout cet univers et qui peut assigner tous les modes.

---

1. Kapila serait le fondateur du Saṃkhya, mais ça peut aussi être une épithète de Shiva.

6. tad vedaguhyopaniṣatsu gūḍham tad brahmā vedate brahmayonim |
ye pūrvaṃ devā ṛṣayaś ca tad viduste tanmayā amṛtā vai babhūvuḥ ||

Ce qui est caché dans le Veda et les Upaniṣad, cela le brahmane le voit comme la source du Brahman. Les dieux et les sages d'autrefois qui l'ont connu, ils sont devenus de même nature que lui et véritablement immortels.

7. guṇānvayo yaḥ phalakarmakartā kṛtasya tasyaiva sa copabhoktā |
sa viśvarūpas triguṇas trivartmā prāṇādhipas saṃcarati svakarmabhiḥ ||

Celui qui est doté des modalités et accomplit l'action qui porte fruit, celui-là jouit du fruit de cette action. Assumant toutes les formes et les trois modalités, parcourant les trois voies, lui le maître des souffles, il circule en accord avec ses propres actes.

8. aṅguṣṭhamātro ravitulyarūpaḥ saṃkalpāhaṃkārasamanvito yaḥ |
budherguṇenātmaguṇena caiva ārāgramātro hyaparo'pi dṛṣṭaḥ ||

De la dimension d'un pouce et de même forme que le soleil, doué d'imagination et d'individualité, il apparaît encore autre avec les modalités d'intelligence et du soi, ayant la dimension de la pointe d'un poinçon.

9. vālāgraśatabhāgasya śatadhā kalpitasya ca|
bhāgo jīvaḥ sa vijñeyaḥ sa cānantyāya kalpate ||

Qu'on sache que l'âme individuelle est une partie de la centième partie d'un centième de la pointe d'un cheveu et pourtant elle participe de l'infinité.

10. naiva strī na pumān eṣa na caivāyaṃ napuṃsakaḥ |
yad yac charīram ādatte tena tena sa rakṣyate ||

Elle n'est ni femme ni homme et elle n'est pas neutre non plus. Quel que soit le corps qu'elle reçoit, elle est abritée par lui.

11. saṃkalpanasparśanadṛṣṭimohair grāsāmbuvṛṣṭyātma vivṛddhijanma |
karmānugāny anukrameṇa dehī sthāneṣu rūpānyabhisamprapadyate ||

La naissance et la croissance du Soi (incarné) par la nourriture, la boisson et la pluie reposent sur l'illusion de l'imagination, du toucher et de la vision. L'âme incarnée assume en succession et dans diverses conditions des formes correspondant à ses actes.

12. sthūlāni sūkṣmāni bahūni caiva rūpāṇi dehī svaguṇair vṛṇoti |
kriyāguṇairātmaguṇaiś ca teṣām samyogaheturaparo'pi dṛṣṭaḥ ||

L'âme incarnée assume de nombreuses formes grossières ou subtiles selon ses qualités propres. Étant donné que, par les qualités de ses actes et par celle de son corps, elle s'est jointe à elles, elle apparaît comme autre.

13. anādyanantaṃ kalilasya madhye viśvasya sraṣṭāram anekarūpam |
viśvasya ekam pariveṣṭitāraṃ jñātvā devam mucyate sarvapāśaiḥ ||

Lui qui est sans commencement et sans fin au milieu du chaos, le créateur de l'univers assumant les multiples formes, lui qui seul englobe l'univers, une fois qu'on l'a reconnu comme le Dieu on est délivré de tous les liens.

14. bhāvagrāhyam anīḍākhyam bhāvābhāvakaraṃ śivam |
kalāsargakaraṃ devam ye vidus te jahus tanum ||

Shiva (l'auspicieux), qu'on saisit par expérience (directe), sans demeure, créateur de l'existence et de la non-existence, l'auteur de la création et de ses parties : ceux qui le reconnaissent comme le Dieu, ceux-là ont renoncé au corps.

VI

1. svabhāvam eke kavayo vadanti kālam tathānye parimuhyamānāḥ |
devasya eṣa mahimā tu loke yena idam bhrāmyate brahmacakram ||

Certains sages prétendent que c'est la nature, d'autres disent que c'est le temps, mais ils sont tous confus ; c'est cette puissance du Dieu qui en ce monde fait tourner la roue du Brahman[1].

2. yenāvṛtaṃ nityam idaṃ hi sarvaṃ jñaḥ kālakāro guṇī sarvavidyaḥ |
teneśitaṃ karma vivartate ha pṛthvyāpyatejo'nilakhāni cintyam ||

Celui qui enveloppe sans cesse tout cet univers, celui qui connaît, le fabriquant du temps, qui porte toutes les qualités et qui est omniscient, c'est régi par lui que s'étend l'œuvre à connaître comme terre, eau, feu, air et espace.

3. tad karma kṛtvā vinivartya bhūyastattvasya tattvena sametya yogam |
ekena dvābhyām tribhir aṣṭabhir vā kālena caivātmaguṇaiś ca sūkṣmaiḥ ||

Après avoir réalisé cette œuvre et s'en être éloigné à nouveau, étant entré en union avec l'essence de l'essence par un, deux, trois et huit, et par le temps et les modes subtils du Soi,

4.ārabhya karmāṇiguṇānvitāni bhāvāmṣca sarvān viniyojayed yaḥ |
teṣām abhāve kṛtakarmanāśaḥ karmakṣaye yāti sa tattvato'nyaḥ ||

après avoir entrepris des actes colorés de modalités, celui qui pourrait répartir toutes les existences -en leur inexistence les

1. Retour à la question inaugurale.

œuvres accomplies disparaissent- lui, il continue quand l'œuvre est dissoute, étant essentiellement autre.

5. ādiḥ sa saṃyoganimittahetuḥ paras trikālād akalo'pi dṛṣṭaḥ I
taṃ viśvarūpam bhavabhūtam īḍyam devaṃ svacittastham upāsya pūrvam II

Il est l'origine, l'objet et la cause de l'union (au monde), Il est au-delà du triple temps[1] et considéré comme indivis. Après avoir rendu hommage à ce Dieu digne d'adoration, omniforme à l'origine de tous les êtres et qui réside dans notre propre cœur...

6. sa vṛkṣakālākṛtibhiḥ paro'nyo yasmāt prapañcaḥ parivartate'yam I
dharmāvaham pāpanudam bhageṣaṃ jñātvātmashtam amṛtaṃ viśvadhāma II

lui, de qui procède cette diversité, il est au-delà et autre que les œuvres tributaires du temps de l'arbre (du monde), après l'avoir reconnu comme véhicule de la loi, exterminateur du mal, Seigneur de la prospérité résident en soi-même et immortelle demeure universelle,

7. tam īśvarāṇām paramam maheśvaram taṃ devatānām paramaṃ ca daivatam I
patim patīnām paramam parastād vidāma devam bhuvaneśam īḍyam II

faisons l'expérience de ce Souverain suprême des souverains, cette Divinité suprême des divinités, le maître suprême au-delà des maîtres, l'adorable Dieu souverain de l'univers !

8. na tasya kāryam karaṇaṃ ca vidyate na tat samaś cābhyadhikaś ca dṛṣyate I
parāsya śaktir vividhaiva śrūyate svābhāvikī jñānabalakriyā ca II

On ne lui connaît ni tâche ni organe, on ne lui connaît rien d'égal ou de supérieur. On entend parler de sa puissance suprême et

1. Passé, présent et futur.

vraiment diverse qui fait partie de sa vraie nature et qui est l'œuvre de sa Connaissance et de sa force.

9. na tasya kaścit patirasti loke na ceśitā naiva ca tasya liṅgam |
sa kāraṇam karaṇādhipādhipo na cāsya kaścijjanitā na cādhipaḥ ||

Il n'existe personne dans le monde qui soit son maître et personne ne le domine, il est sans signe distinctif. Il est la cause, le Souverain des souverains des organes des sens, il n'a ni parents ni souverain.

10. yas tantunābha iva tantubhiḥ pradhānajaiḥ svabhāvataḥ |
deva ekaḥ svam āvṛnot sa no dadhād brahmāpyayam ||

Le Dieu unique qui de par sa nature innée telle une araignée s'est recouvert lui-même des fils issus de la matière primordiale, puisse-t-il nous procurer la dissolution en Brahman !

11. eko devaḥ sarvabhūteṣu gūḍhaḥ sarvavyāpī sarvabhūtāntarātmā |
karmādhyakṣaḥ sarvabhūtādhivāsaḥ sākṣī cettā kevalo nirguṇaś ca ||

Dieu unique omnipénétrant caché dans tous les êtres, le Soi à l'intérieur de toutes créatures, le superviseur de toutes les œuvres, habitant dans tous les êtres, le Témoin, le Gardien, l'Absolu dépourvu de modalités.

12. eko vaśī niṣkriyāṇām bahūṇām ekam bījam bahudhā yaḥ karoti |
tam ātmasthaṃ ye'nupaśyanti dhīrasteṣāṃ sukhaṃ śāśvataṃ netareṣām ||

Gouverneur unique des nombreux inactifs qui rend multiple le germe unique. Les sages qui le perçoivent habitant leur for intérieur, c'est à eux qu'appartient la joie éternelle, non aux autres.

13. nityo nityānāṃ cetanaścetanānām eko bahūnāṃ yo vidadhāti kāmān |

tat kāraṇaṃ sāṃkhyayogādhigamyaṃ jñātvā devam mucyate sarvapāśaiḥ ||

Éternel d'entre les éternels, intelligent d'entre les intelligents, l'unique d'entre les innombrables qui exauce les désirs, celui qui a reconnu comme Dieu cette cause (du monde) accessible par le *sāṃkhya* et le yoga est libéré de tous les liens.

14. na tatra sūryo bhāti na candratārakam nemā vidyuto bhānti kuto'yam agniḥ |
tam eva bhāntam anubhāti sarvam tasya bhāsā sarvam idaṃ vibhāti ||

Là le soleil ne brille pas, non plus que la lune ni les étoiles, ces éclairs ne brillent pas et encore moins ce feu domestique ! Quand il brille, tout brille à sa suite, l'univers entier brille de sa splendeur.

15. eko haṃso bhuvanasyāsya madhye sa evāgniḥ salile saṃniviṣṭaḥ |
tam eva viditvā atimṛtyum eti nānyaḥ panthā vidhyate'yanāya ||

Cygne unique au milieu de cet univers, c'est lui le feu résidant dans l'océan (l'étendue). Celui qui l'a reconnu passe au-delà de la mort ; on ne connaît aucun autre chemin pour y aller[1].

16. sa viśvakṛdviśvavidātmayonirjñaḥ kālakāro guṇī sarvavidyaḥ |
pradhānakṣetrajñapatiḥ guṇeśaḥ saṃsāramokṣasthitibandhahetuḥ ||

Il est l'artisan universel, le connaisseur universel, sa propre matrice, le connaisseur, l'architecte du temps, doué de modalités, omniscient. Il est le maître de la source primordiale et de l'âme individuelle, le Seigneur des modalités et la cause de la libération du cercle des renaissances, de son maintien et de son emprise.

1. La deuxième ligne est une reprise de III, 8.

17. sa tanmayo hyamṛta īśasaṃstho jñāḥ sarvago bhuvanasyāsya goptā I
ya īśe asya jagato nityam eva nānyo heturvidyate īśanāya II

Fait de cela[1], immortel, établi comme un seigneur, connaisseur, omniprésent, gardien de tout cet univers, celui-là gouverne cet univers éternellement ; on ne connaît pas d'autre accès à la souveraineté.

18. yo brahmāṇaṃ vidadhāti pūrvam yo vai vedaṃś ca prahiṇoti tasmai I
taṃ ha devam ātmabuddhiprakāśam mumukṣurvai śaraṇam aham prapadye II

Celui qui au début créa Brahma, celui vraiment qui lui impartit les Vedas, c'est à ce Dieu resplendissant de sa propre intelligence que moi, vraiment désireux de me libérer, je m'en remets pour trouver refuge,

19. niṣkalaṃ niṣkriyaṃ śāntaṃ niravadyaṃ nirañjanamI
amṛtasya paraṃ setuṃ dagdhendhanam ivānalam II

(lui qui est) indivis, inactif, tranquille, irréprochable, sans souillure, pont suprême vers l'immortalité tel un feu au combustible consumé.

20. yadā carmavad ākāśam veṣṭayiṣyanti mānavaḥ I
tadā devamavijñāya duḥkhasyānto baviṣyati II

Lorsque les hommes rouleront l'espace comme une peau[2], alors la souffrance connaîtra une fin sans qu'il y ait besoin de connaître le Dieu.

21. tapaḥprabhāvād devaprasādāc ca brahma ha śvetāśvataro'tha vidvān I

---

1. L'expression *tanmaya* signifie littéralement « fait de cela », mais il y a ici implication de la reconnaissance par l'homme d'être fait de cela (le Dieu, l'Absolu).

2. Autrement dit quand l'impossible se réalisera.

atyāśramibhiaḥ paramam pavitram provāca samyagṛṣisaṃghajuṣṭam //

Par la puissance de son ardeur et la grâce du Dieu, voici que Śvetāśvatara, sage connaisseur du Brahman, l'a proclamé de façon conforme à ceux qui ont traversé les diverses étapes de la vie comme étant la suprême purification faisant le délice de l'assemblée des visionnaires (les rishis, *ṛṣi*).

22. *vedānte paramaṃ guhyam purākalpe pracoditam* /
nāpraśāntāya dātavyam nāputrāyāśiṣyāya vā punaḥ //

Ce suprême secret a été proclamé dans le Vedanta des temps anciens. On ne doit pas le livrer à qui n'est pas tranquille ou qui n'est le fils ou l'élève de personne.

23. *yasya deve parā bhaktīryathā deve tathā gurau* /
tasyaite kathitā hyarthāḥ prakāśante mahātmanaḥ prakāśante mahātmanaḥ //

Celui qui a la plus profonde dévotion envers le Dieu et envers son maître comme envers le Dieu, c'est pour lui le magnanime que brille ce qui a été formulé, cela brille pour le magnanime.

Muṇḍaka Upaniṣad

Le mot *muṇḍaka* signifie « chauve, rasé », mais il n'est pas du tout certain qu'il était destiné spécifiquement aux ascètes rasés. D'ailleurs, le mot sert aussi pour désigner les chapitres. On n'est pas certain non plus s'il faut le rattacher à l'*Atharvaveda*, comme on l'a déjà fait, car il était déjà coutume, à l'époque de sa composition, de rattacher les textes d'origine inconnue à l'*Atharvaveda*. Cette Upaniṣad est très antiritualiste. L'accent est mis sur la Connaissance comme voie supérieure d'accès au *Brahman*, l'Absolu, et sur la notion d'Homme suprême, ou Homme cosmique (*puruṣa*). Pour bien comprendre, nous devons nous mettre à la place des Anciens, qui n'étaient pas handicapés par notre fixation moderne sur notre savoir scientifique et pouvaient sentir les mondes invisibles beaucoup plus facilement, d'où les constantes corrélations cosmiques et corporelles.

I

1

1. oṃ brahmā devānāṃ prathamaḥ sambabhūva viśvasya kartā bhuvanasya goptā |
sa brahmavidyāṃ sarvavidyāpratiṣṭhāmatharvāya jyeṣṭhaputrāya prāha ||

Oṃ, Brahmā fut le premier des dieux, l'artisan de l'univers, le gardien de la création. Il enseigna la connaissance de Brahman, le fondement de toute connaissance, à son fils aîné Atharva.

2. atharvaṇe yāṃ pravadeta brahmā'tharvā taṃ purovācāṅgire brahmavidyām |
sa bhāradvājāya satyavāhāya prāha bhāradvājo'ṅgirase parāvarām ||

Cette connaissance du Brahman que Brahmā enseigna à Atharvan, jadis Atharvan la transmit à Aṅgira. Celui-ci l'enseigna à Satyavāha, fils de Bhārdvāja, et le fils de Bhārdhāja à Aṅgiras, les deux connaissances, la plus haute et la plus basse.

3. śaunako ha vai mahāśālo'ṅgirasaṃ vidhivadupasannaḥ papraccha |
kasminnu bhagavo vijñāte sarvamidaṃ vijñātaṃ bhavatīti ||

Śaunaka, le grand maître de maison, s'étant approché d'Aṅgiras selon les règles, lui demanda : « Qu'est-ce qui, une fois connu, ô vénérable, fait que l'on connaît toutes choses ? »

4. tasmai sa hovāca | dve vidye veditavye iti ha sma yadbrahmavido vadanti parā caivāparā ca ||

Il lui répondit : il y a deux sciences à connaître, c'est ce que disent les connaisseurs du Brahman : la supérieure et l'inférieure.

5. tatrāparā ṛgvedo yajurvedaḥ sāmavedo'tharvavedaḥ śikṣā kalpo vyākaraṇaṃ niruktaṃ chando jyotiṣamiti | atha parā yayā tadakṣaramadhigamyate

L'inférieure est le Ṛgveda, le Yajurveda, le Sāmaveda, l'Atharvaveda, la Phonétique, le Rituel, la Grammaire, l'Étymologie, la Métrique et l'astronomie ; la supérieure est celle par laquelle on accède à l'Impérissable.

6. yattadadreśyamagrāhyamagotramavarṇam
acakṣuḥśrotraṃ tadapāṇipādam |
nityaṃ vibhuṃ sarvagataṃ susūkṣmaṃ
tadavyayaṃ yadbhūtayoniṃ paripaśyanti dhīrāḥ ||

Ce qui est invisible, insaisissable, sans lignée, sans caste, sans yeux et sans oreilles, sans mains ni pieds, éternel, omnipénétrant, omniprésent, infiniment subtil, voilà ce que les sages considèrent être la matrice des êtres.

7. yathorṇanābhiḥ sṛjate gṛhṇate ca
yathā pṛthivyāmoṣadhayaḥ sambhavanti |
yathā sataḥ puruṣāt keśalomāni
tathā'kṣarāt sambhavatīha viśvam

Tout comme une araignée émet et résorbe en elle son fil, de même que les plantes germent de la terre, de même que les cheveux et les poils poussent de l'homme vivant, de même ici-bas l'univers naît de l'Impérissable.

8. tapasā cīyate brahma tato'nnamabhijāyate |
annāt prāṇo manaḥ satyaṃ lokāḥ karmasu cāmṛtam ||

Par l'ardeur le Brahman se dilate, de là vient la nourriture, de la nourriture, le souffle, le mental, le réel et les mondes, ainsi que ce qui est immortel dans les actes.

9. yaḥ sarvajñaḥ sarvavidyasya jñānamayaṃ tāpaḥ.
tasmādetadbrahma nāma rūpamannaṃ ca jāyāte ||

C'est de celui qui connaît tout, qui sais tout et dont l'austérité est connaissance que naît ce Brahman, de même que le nom, la forme visible et la nourriture.

|| iti muṇḍakopaniṣadi prathamamuṇḍake prathamaḥ khaṇḍaḥ ||

2

1. tadetat satyaṃ mantreṣu karmāṇi kavayo yānyapaśyaṃstāni tretāyāṃ bahudhā santatāni |
tānyācaratha niyataṃ satyakāmā eṣa vaḥ panthāḥ sukṛtasya loke ||

Telle est la vérité. Les rites que les sages poètes voyaient dans les formules védiques se sont répandus de bien des manières. Vous qui êtes amoureux de la vérité, accomplissez-les sans relâche : ils sont votre chemin vers ce qui est bien fait.

2. yadā lelāyate hyarciḥ samiddhe havyavāhane |
tadājyabhāgāvantareṇāhutīḥ pratipādayet ||

Lorsque la flamme vacille, une fois le feu allumé, qu'on place ses oblations avec confiance entre deux versements de beurre clarifié.

3. yasyāgnihotramadarśamapaurṇamāsam
acāturmāsyamanāgrayaṇamatithivarjitaṃ ca |
ahutamavaiśvadevamavidhinā hutam āsaptamāṃstasya lokān hinasti ||

Celui qui accomplit le sacrifice quotidien du feu (*agnihotram*) sans accomplir les rites de la nouvelle et de la pleine lune, le rite des quatre mois et celui des récoltes, les offrandes aux invités, le rite non accompli ou accompli sans offrande à tous les dieux, le rite incorrectement accompli, tout cela détruit pour lui les mondes jusqu'au septième.

4. kālī karālī ca manojavā ca sulohitā yā ca sudhūmravarṇā |
sphuliṅginī viśvarucī ca devī lelāyamānā iti sapta jihvāḥ ||

La Noire, la Terrible, la Rapide comme la pensée, la Très Rouge, la Couleur de fumée, l'Étincelante et la Déesse qui étincelle de tous les éclats, telles sont les sept langues vacillante (du feu).

5. eteṣu yaścarate bhrājamāneṣu yathākālaṃ cāhutayo hyādadāyan |
taṃ nayantyetāḥ sūryasya raśmayo yatra devānāṃ patireko'dhivāsaḥ ||

L'homme qui accomplit (le rite) alors que ces (langues de feu) étincellent et qui reçoit les oblations au moment propice, alors tels des rayons de soleil, elle le conduisent au Maître des dieux, la Demeure unique.

6. ehyehīti tamāhutayaḥ suvarcasaḥ sūryasya raśmibhiryajamānaṃ vahanti |
priyāṃ vācamabhivadantyo'rcayantya eṣa vaḥ puṇyaḥ sukṛto brahmalokaḥ ||

« Viens ! Viens ! »lui disent les oblations qui brillent et le portent celui qui les offre sur les rayons du soleil. Elles le louent, lui tenant des propos flatteurs : « Ceci est à toi, ce monde Brahman pur et parfait. »

7. plavā hyete adṛḍhā yajñarūpā aṣṭādaśoktamavaraṃ yeṣu karma /
etacchreyo ye'bhinandanti mūḍhā jarāmṛtyuṃ te punarevāpi yanti //

En vérité, ce sont des barques instables et non ancrées que ces dix-huit formes du sacrifice dont les rites sont dits inférieurs. Ces fous qui les vantent comme supérieurs reviennent à la vieillesse et à la mort.

8. avidyāyāmantare vartamānāḥ svayaṃ dhīrāḥ paṇḍitaṃ manyamānāḥ /
jaṅghanyamānāḥ pariyanti mūḍhā andhenaiva nīyamānā yathāndhāḥ //

Errant en pleine ignorance, mais s'estimant sages et savants, ces fous tournent en rond et se heurtent tels des aveugles conduits par un aveugle.

9. avidyāyaṃ bahudhā vartamānā vayaṃ kṛtārthā ityabhimanyanti bālāḥ /
yat karmiṇo na pravedayanti rāgāt tenāturāḥ kṣīṇalokāścyavante //

Errant dans l'ignorance encore et encore, ces insensés estiment avoir atteint le but. Du fait de leur attachement aveugle, ces gens engagés dans les rites sont accablés par ce qu'ils ne reconnaissent pas.

10. iṣṭāpūrtaṃ manyamānā variṣṭhaṃ nānyacchreyo vedayante pramūḍhāḥ /
nākasya pṛṣṭhe te sukṛte'nubhūtvemaṃ lokaṃ hīnataraṃ vā viśanti //

Jugeant que les sacrifices et les donations sont ce qu'il y a de mieux, ces imbéciles ne connaissent rien de mieux. Une fois qu'ils ont joui du fruit de leurs bonnes actions au ciel, ils entrent à nouveau dans ce monde ou dans un pire.

11. tapaḥśraddhe ye hyupavasantyaraṇye śāntā vidvāṃso bhaikṣyacaryāṃ carantaḥ |
sūryadvāreṇa te virajāḥ prayānti yatrāmṛtaḥ sa puruṣo hyavyayātmā ||

Mais en vérité, les ascètes de la forêt, confiants, tranquilles, sages, qui vivent d'aumônes vont, sans frénésie, par la porte du soleil, là où est cette Personne immortelle, ce Soi inaltérable.

12. parīkṣya lokān karmacitān brāhmaṇo nirvedamāyānnāstyakṛtaḥ kṛtena |
tadvijñānārthaṃ sa gurumevābhigacchet samitpāṇiḥ śrotriyaṃ brahmaniṣṭham ||

Le brahmane qui considère les mondes créés par l'action (ou les rites) devrait sentir une sorte de dégoût : de ce qui est créé ne peut sortir l'incréé. Pour le connaître, on doit, avec du bois dans les mains, aller vers un maître versé dans le Veda et absorbé dans le Brahman.

13. tasmai sa vidvān upasannāya samyak praśāntacittāya śamānvitāya |
yenākṣaraṃ puruṣaṃ veda satyaṃ provāca tāṃ tattvato brahmavidyām ||

À celui qui l'a approché comme il se doit, l'esprit tranquille, plein de calme, le maître (*vidvān*) impartit fidèlement cette science du Brahman par laquelle on connaît la vraie Personne impérissable.

II

1

1. tadetat satyam |
yathā sudīptāt pāvakādvisphuliṅgāḥ sahasraśaḥ prabhavante sarūpāḥ |
tathā'kṣarādvividhāḥ somya bhāvāḥ prajāyante tatra caivāpi yanti ||

Telle est la vérité. Tout comme d'un feu ardent jaillissent par millier des étincelles de même caractère, ainsi de l'Impérissable jaillissent toutes sortes d'êtres et y retournent.

2. divyo hyamūrtaḥ puruṣaḥ sa bāhyābhyantaro hyajaḥ |
aprāṇo hyamanāḥ śubhro hyakṣarāt parataḥ paraḥ ||

Cette Personne, en vérité, est divine et sans forme, elle est non-née, sans souffle et sans mental, pure, au-delà de l'Impérissable le plus loin.

3. etasmājjāyate prāṇo manaḥ sarvendriyāṇi ca |
khaṃ vāyurjyotirāpaḥ pṛthivī viśvasya dhāriṇī ||

De cet (Impérissable[1]) naissent le souffle vital (*prāṇa*), l'esprit (*manas*) et tous les organes des sens, le vide, le vent, la lumière, l'eau et la terre qui soutient tout.

4. agnirmūrdhā cakṣuṣī candrasūryau diśaḥ śrotre vāgvivṛtāśca vedāḥ |
vāyuḥ prāṇo hṛdayaṃ viśvamasya padbhyāṃ pṛthivī hyeṣa sarvabhūtāntarātmā ||

Sa tête est le feu, le soleil et la lune sont ses yeux, les points cardinaux sont ses oreilles, le Védas révélés sa parole. Le vent est son souffle, l'univers entier est son cœur, la terrre vient de ses pieds, en vérité il est le soi intime de tous les êtres.

---

1. L'Impérissable (*akṣara*) ici est la Personne suprême (*puruṣa*) « au-delà de l'imprissable le plus loin ».

5. tasmādagniḥ samidho yasya sūryaḥ somāt parjanya oṣadhayaḥ pṛthivyām |
pumān retaḥ siñcati yoṣitāyāṃ bahvīḥ prajāḥ puruṣāt samprasūtāḥ ||

De lui vient le feu dont le combustible est le soleil. De la lune vient la pluie et (de la pluie) les plantes sur la terre. L'homme émet sa semence dans la femme, les innombrables créatures sont engendrées de la Personne cosmique.

6. tasmādṛcaḥ sāma yajūṃṣi dīkṣā yajñāśca sarve kratavo dakṣiṇāśca |
saṃvatsaraśca yajamānaśca lokāḥ somo yatra pavate yatra sūryaḥ ||

De lui sont les hymnes du *Ṛgveda*, les chants du *Samaveda*, les formules du *Yajurveda*, les consécrations, les sacrifices, les rites et les offrandes sacrificielles ; l'année et le sacrifiant, les mondes où brille[1] la lune et le soleil surgissent de lui.

7. tasmācca devā bahudhā samprasūtāḥ sādhyā manuṣyāḥ paśavo vayāṃsi |
prāṇāpānau vrīhiyavau tapaśca śraddhā brahmacaryaṃ vidhiśca ||

De lui naissent en même temps les dieux de façons variées, les créatures célestes, les hommes, les bêtes, le riz et l'orge, les austérités et la confiance, l'exactitude, la discipline brahmanique et la règle.

8. sapta prāṇāḥ prabhavanti tasmāt saptārciṣaḥ samidhaḥ sapta homāḥ |
sapta ime lokā yeṣu caranti prāṇā guhāśayā nihitāḥ sapta sapta ||

Les sept souffles viennent de lui, les sept flammes, les sept bûches, les sept offrandes, ces sept mondes dans lesquels évoluent sept par sept les souffles vitaux dans la demeure secrète.

---

1. Le verbe *pū-* ici à la 3e personne *pavate* (il éclaire) signifie rendre propre, rendre clair, purifier éclairer.

9. ataḥ samudrā girayaśca sarve'smāt syandante sindhavaḥ sarvarūpāḥ |
ataśca sarvā oṣadhayo rasaśca yenaiṣa bhūtaistiṣṭhate hyantarātmā ||

De lui découlent tous les océans et toutes les montagnes et les rivières de toutes sortes. De lui jaillissent toutes les plantes et la sève par laquelle il habite tous les êtres comme leur soi intérieur.

10. puruṣa evedaṃ viśvaṃ karma tapo brahma parāmṛtam |
etadyo veda nihitaṃ guhāyāṃ so'vidyāgranthiṃ vikiratīha somya ||

L'Homme cosmique (*puruṣa*) est tout cela : actes (rituels), austérités, hymnes sacrés (*brahman*), suprême immortalité. Celui qui sait cela, celé dans son for intérieur, celui-là, mon cher, coupe le lien de l'ignorance.

|| iti muṇḍakopaniṣadi dvitīyamuṇḍake prathamaḥ khaṇḍaḥ ||

2

1. āviḥ saṃnihitaṃ guhācaraṃnāma mahatpadamatraitat samarpitam |
ejatprāṇannimiṣacca yadetajjānatha sadasadvareṇyaṃ |
paraṃ vijñānādyadvariṣṭhaṃ prajānām ||

Il est devenu manifeste, l'immense séjour nommé « voie secrète ». Sur lui s'est fondé ce qui bouge, respire et cligne des yeux. Sachez que cela est existence et non-existence, ce qu'il y a de plus désirable, au-delà de la connaissance, ce qu'il y a de mieux pour les créatures.

2. yadarcimadyadaṇubhyo'ṇu ca yasmiṁllokā nihitā lokinaśca |
tadetadakṣaraṃ brahma sa prāṇastadu vāṅmanaḥ |
tadetatsatyaṃ tadamṛtaṃ tadveddhavyaṃ somya viddhi ||

Ce qui rayonne intensément, ce qui est plus subtil que le subtil, ce sur quoi reposent les mondes et leurs habitants, c'est cela le

Brahman impérissable, cela est le souffle, la parole et l'esprit ; c'est la réalité, cela est immortel, sache, mon cher, que c'est cela qu'on doit atteindre !

3. dhanur gṛhītvaupaniṣadaṃ mahāstraṃ śaraṃ hyupāsā niśitaṃ sandhayīta |
āyamya tadbhāvagatena cetasā lakṣyaṃ tadevākṣaraṃ somya viddhi ||

Après avoir saisi l'arc, la grande arme que sont les upaniṣad, qu'on y place la vénération comme flèche, qu'on le bande avec l'esprit fixé sur la nature de cela. Sache, mon cher, que c'est cela l'Impérissable, la cible à atteindre.

4. praṇavo dhanuḥ śāro hyātmā brahma tallakṣyamucyate |
apramattena veddhavyaṃ śaravat tanmayo bhavet ||

L'arc est le phonème *OM*, la flèche est l'*ātman* et *Brahman* est la cible, dit-on[1]. Il faut l'atteindre sans se laisser distraire et ainsi, comme la flèche, on devient la cible.

5. yasmin dyauḥ pṛthivī cāntarikṣamotamanaḥ saha prāṇaiśca sarvaiḥ |
tamevaikaṃ jānatha ātmānamanyā vāco vimuñcathāmṛtasyaiṣa setuḥ ||

Celui sur qui sont tramés le ciel, la terre et l'espace intermédiaire[2], avec l'esprit et tous les souffles, connaissez-le ce Soi unique, délaissez tout autre discours, car c'est lui le pont vers l'immortalité !

1. Encore une fois, on établi l'identité entre *ātman* (Soi-même, l'intimité de soi-même) et Brahman (le Tout, l'Inconcevable). Il faut méditer sur l'intimité de soi-même, sur ce qui est ici, car une méditation sur Brahman ne peut qu'être une poursuite d'images qui sont toutes *là-bas*.

2. *dyauḥ pṛthivī antarikṣam* signifient respectivement « ciel, terre, espace intermédiaire », mais cela se réfère aussi à « monde spirituel, monde mental et monde physique », plus précisément à trois niveaux du même Réel.

6. arā iva rathanābhau saṃhatā yatra nāḍyaḥ sa eṣo'ntaścarate bahudhā jāyamānaḥ I
omityevaṃ dhyāyatha ātmānaṃ svasti vaḥ pārāya tamasaḥ parastāt II

Tout comme les rayons fixés sur le moyeu de la roue d'un char, c'est là où se rencontrent les canaux (énergétiques) qu'il se meut, se faisant multiple. Méditez sur le Soi en tant qu'OM, puissiez-vous[1] arriver sur l'autre rive au-delà des ténèbres !

7. yaḥ sarvajñaḥ sarvavid yasyaiṣa mahimā bhuvi I
divye brahmapure hyeṣa vyomnyātmā pratiṣṭhitaḥ II

Celui qui connaît tout, qui sait tout, c'est lui dont l'immensité est sur terre. Ce Soi (*ātman*) est établi dans la forteresse céleste de *Brahman*.

8. manomayaḥ prāṇaśarīranetā pratiṣṭhito'nne hṛdayaṃ sannidhāya I
tad vijñānena paripaśyanti dhīrā ānandarūpamamṛtaṃ yad vibhāti II

Il est fait de pensées, il dirige les souffles et le corps. Il siège dans la nourriture et est tourné vers le cœur. Les sages perçoivent clairement par la connaissance (de *Brahman*) le bienheureux Immortel qui brille.

9 bhidyate hṛdayagranthiśchidyante sarvasaṃśayāḥ I
kṣīyante cāsya karmāṇi tasmin dṛṣṭe parāvare II

Le nœud du cœur est dénoué, tous les doutes sont dispersés et ses actes terminés une fois que celui-ci a été vu (sous ses aspects) supérieur et inférieur.

---

1. L'expression *svasti* (*su-asti*) signifie littéralement « il est heureux », « il est de bon augure » et on le traduit souvent pas « bonne chance, bonne fortune », c'est un souhait.

10. hiraṇmaye pare kośe virajaṃ brahma niṣkalam |
tacchubhraṃ jyotiṣaṃ jyotistad yadātmavido viduḥ ||

Dans la couche supérieure en or est *Brahman* pur et indivis, la brillante lumière des lumières que les connaisseurs du Soi connaissent.

11. na tatra sūryo bhāti na candratārakaṃ nemā vidyuto bhānti kuto'yamagniḥ |
tameva bhāntamanubhāti sarvaṃ tasya bhāsā sarvamidaṃ vibhāti ||

Là le soleil ne brille pas, non plus que la lune et les étoiles, ces éclairs ne brillent pas, encore moins ce feu. Toute chose brille de sa lumière et par son éclat tout brille.

12. brahmaivedamamṛtaṃ purastād brahma paścād brahma dakṣiṇataścottareṇa |
adhaścordhvaṃ ca prasṛtaṃ brahmaivedaṃ viśvamidaṃ variṣṭham ||

C'est cet immortel Brahman. Devant est Brahman, derrière est Brahman, à droite, à gauche. Il s'étend en dessous et au-dessus. En vérité, Brahman est cet univers, le meilleur.

|| iti muṇḍakopaniṣadi dvitīyamuṇḍake dvitīyaḥ khaṇḍaḥ ||

III

1

1. dvā suparṇā sayujā sakhāyā samānaṃ vṛkṣam pariṣasvajāte |
tayoranyaḥ pippalaṃ svādvāttyanaśnann anyo 'bhicākaśīti ||

Deux oiseaux, compagnons unis, étreignent un même arbre ; l'un mange le fruit savoureux, l'autre sans manger le regarde intensément.

Ce magnifique verset est pris directement de *Ṛgveda* I, 164, 20 et on le retrouve aussi dans la *Śvetāśvatara Upaniṣad* 4, 6. Quiconque le comprend vraiment a vu ce qu'il y a à voir de l'existence et alors sa vie peut devenir légère, infiniment légère, en toutes circonstances. Voir le commentaire dans *Śvetāśvatara Upaniṣad* 4, 6.

2. samāne vṛkṣe puruṣo nimagno'niśayā śocati muhyamānaḥ I
juṣṭaṃ yadā paśyatyanyamīśamasya mahimānamiti vītaśokaḥ II

Sur le même arbre, l'homme, perplexe, se lamente de la perte de sa souveraineté. Quand il voit le contentement de l'autre, le Seigneur dans sa majesté, son affliction disparaît.

3. yadā paśyaḥ paśyate rukmavarṇaṃ kartāramīśaṃ puruṣaṃ brahmayonim I
tadā vidvān puṇyapāpe vidhūya nirañjanaḥ paramaṃ sāmyamupaiti II

Lorsque le visionnaire voit l'Homme cosmique aux reflets d'or, le Seigneur qui est le véritable artisan, la matrice de Brahmā[1], alors, ayant la connaissance, ayant secoué bien et mal, désormais sans tache, il atteint la suprême équanimité.

4. praṇo hyeṣa yaḥ sarvabhūtairvibhāti vijānan vidvān bhavate nātivādī I
ātmakrīḍa ātmaratiḥ kriyāvāneṣa brahmavidāṃ variṣṭhaḥ II

Il est le souffle vital qui resplendit dans tous les êtres vivants ; celui qui comprend, celui qui perçoit, ne se répand plus en bavardages. Il joue en Soi-même, il se réjouit en Soi-même, accomplissant les actes il est le meilleur connaisseur du Brahman.

5. satyena labhyastapasā hyeṣa ātmā samyagjñānena brahmacaryeṇa nityam I
antaḥśarīre jyotirmayo hi śubhro yaṃ paśyanti yatayaḥ kṣīṇadoṣāḥ II

---

1. Rappelons la différence entre Brahmā, le dieu créateur, et Brahman, l'Absolu. Les deux ont la même racine *brahman-*, mais le premier est masculin et son nominatif est *brahmā*, le second neutre et son nominatif est *brahma*. Pour les distinguer, nous avons coutume ici de les écrire Brahmā et Brahman.

Ce Soi pur, on peut le saisir par la vérité, par l'ardeur, par la connaissance juste et par une constante discipline brahmanique. Il siège dans le corps, brillant et plein de lumière, lui que perçoivent ceux dont les fautes ont été anéanties.

6. satyameva jayate nānṛtaṃ satyena panthā vitato devayānaḥ |
yenākramantyṛṣayo hyāptakāmā yatra tat satyasya paramaṃ nidhānam ||

La vérité et seulement la vérité triomphe et non le faux. C'est par la vérité que s'étend le chemin qui mène aux dieux. C'est sur ce chemin que procèdent les visionnaires, leurs désirs comblés, là où se trouve la demeure suprême de la réalité.

7. bṛhacca tad divyamacintyarūpaṃ sūkṣmācca tat sūkṣmataraṃ vibhāti |
dūrāt sudūre tadihāntike ca paśyatsvihaiva nihitaṃ guhāyām ||

Cela est vaste, divin et impensable, Cela brille, plus subtil que le subtil. Plus loin que le loin, pourtant ici à portée, placé dans le secret (du cœur) pour ceux qui perçoivent.

8. na cakṣuṣā gṛhyate nāpi vācā nānyairdevaistapasā karmaṇa vā |
jñānaprasādena viśuddhasattvastatastu taṃ paśyate niṣkalaṃ dhyāyamānaḥ ||

On ne peut le saisir ni par l'œil, ni par la parole, ni par les autres divinités, ni par l'ascèse, ni par les actions (rituelles ou autres), mais plutôt quand notre nature est purifiée par la grâce de la connaissance, alors, par la méditation on le perçoit sans division.

9 eṣo'ṇurātmā cetasā veditavyo yasmin prāṇaḥ pañcadhā saṃviveśa |
prāṇaiścittaṃ sarvamotaṃ prajānāṃ yasmin viśuddhe vibhavatyeṣa ātmā ||

Ce Soi (*ātman*) subtil doit être vu par l'esprit (*cetas*) que le souffle a pénétré sous ces cinq formes. La pensée de tous les êtres est tissée par les souffles ; une fois cet (esprit) purifiée ce Soi se dévoile.

10. yaṃ yaṃ lokaṃ manasā saṃvibhāti viśuddhasattvaḥ kāmayate yāṃśca kāmān |
taṃ taṃ lokaṃ jayate tāṃśca kāmāṃs tasmādātmajñaṃ hyarcayet bhūtikāmaḥ ||

Quelque monde que l'être purifié contemple en son esprit, quels que soient ses désirs, il conquiert ce monde et ses désirs. Par conséquent, celui qui désire le bien-être devrait honorer celui qui connaît le Soi.

III

1

1. sa vedaitat paramaṃ brahmadhāma yatra viśvaṃ nihitaṃ bhāti śubhram |
upāsate puruṣaṃ ye hyakāmāste śukrametadativartanti dhīrāḥ ||

Il connaît cette suprême demeure de Brahman dans lequel tout est établi et brille d'un pur éclat. Les sages qui vénèrent l'Homme cosmique et qui sont libres de désir, ils passent au-delà de la semence (de renaissance).

2. kāmān yaḥ kāmayate manyamānaḥ sa kāmabhirjāyate tatra tatra |
paryāptakāmasya kṛtātmanastu ihaiva sarve pravilīyanti kāmāḥ ||

Celui qui entretient des désirs et y pense, il naît ici ou là sous l'effet de ses désirs. Quant à celui dont le désir est comblé et dont l'âme accomplie, tous ses désirs sont annihilés ici-bas.

3. nāyamātmā pravacanena labhyo na medhayā na bahunā śrutena |
yamevaiṣa vṛṇute tena labhyastasyaiṣa ātmā vivṛṇute tanūṃ svām ||

Ce Soi (*ātman*) ne peut être saisi par l'enseignement, ni par l'intelligence, ni par une longue étude. Seul le saisit celui que l'*ātman* choisit et dont il fait sien le corps[1].

4. nāyamātmā balahīnena labhyo na ca pramādāt tapaso vāpyaliṅgāt |
etairupāyairyatate yastu vidvāṃstasyaiṣa ātmā viśate brahmadhāma ||

Ce soi ne peut être atteint par un faible ni dans la négligence ni par une ascèse imprécise. Par contre, quand un homme va de l'avant par ces moyens, s'il est un connaissant, son soi (*ātman)* entre dans la demeure de Brahman.

5. samprāpyainamṛṣayo jñānatṛptāḥ kṛtātmāno vītarāgāḥ praśāntāḥ |
te sarvagaṃ sarvataḥ prāpya dhīrā yuktātmānaḥ sarvamevāviśanti ||

Les visionnaires qui l'ont atteint, comblés par la Connaissance, dont l'âme est accomplie, leurs désirs anéantis, tranquilles, ces sages qui ont atteint en tout Celui qui va partout, leur soi en résonance entre dans le Tout.

6. vedāntavijñānasuniścitārthāḥ saṃnyāsayogād yatayaḥ śuddhasattvāḥ |
te brahmalokeṣu parāntakāle parāmṛtāḥ parimucyanti sarve ||

Les ascètes qui ont fermement déterminé leur but par la connaissance du Vedānta ont leur être purifié en adhérant à la renonciation. Dans les mondes de Brahman, à la fin des temps, étant parvenus au-delà de la mort, ils sont tous libérés.

7. gatāḥ kalāḥ pañcadaśa pratiṣṭhā devāśca sarve pratidevatāsu |
karmāṇi vijñānamayaśca ātmā pare'vyaye sarve ekībhavanti ||

Les quinze parts retournent à leurs fondements et toutes les divinités (les sens) à leurs divinités appropriées. Les actes et le soi (*ātman*) fait de connaissance tout cela devient un avec le suprême Inaltérable.

---

1. Identique à *Kaṭha Upaniṣad* 2, 23.

8. yathā nadyaḥ syandamānāḥ samudre'staṃ gacchanti nāmarūpe vihāya |
tathā vidvān nāmarūpādvimuktaḥ parātparaṃ puruṣamupaiti divyam ||

Tout comme les fleuves coulent et rentrent chez eux dans l'océan perdant nom et forme, de même celui qui sait, libéré du nom et de la forme retourne au-delà de ce qu'il y a de plus haut à l'Homme divin.

9 sa yo ha vai tat paramaṃ brahma veda brahmaiva bhavati nāsyābrahmavitkule bhavati |
tarati śokaṃ tarati pāpmānaṃ guhāgranthibhyo vimukto'mṛto bhavati ||

Celui qui en vient à connaître le Brahman suprême devient lui-même Brahman. Personne de sa descendance n'ignorera le Brahman. Il est passé à travers et au-delà de la souffrance, il est passé à travers et au-delà du mal. Libéré des nœuds (qui restreignaient) son cœur, il devient immortel.

10. tadetadṛcā'bhyuktam |
kriyāvantaḥ śrotriyā brahmaniṣṭhāḥ svayaṃ juhvata ekarṣiṃ śraddhayantaḥ |
teṣāmevaitāṃ brahmavidyāṃ vadeta śirovrataṃ vidhivad yaistu cīrṇam ||

Cela est formulé dans ce verset du *Ṛgveda* : « Ceux qui accomplissent les rites, qui sont versés dans les Écritures et établis en Brahman et qui s'offrent eux-mêmes avec confiance en oblation en faveur de l'unique Voyant, c'est à ceux-là seulement qu'on doit impartir la connaissance de *Brahman*, en autant qu'ils ont accompli selon les règles le « rituel de la tête[1] ».

1. Porter le feu sur la tête.

11. tadetat satyamṛṣiraṅgirāḥ purovāca |
naitadacīrṇavrato'dhīte |
namaḥ paramaṛṣibhyo namaḥ paramaṛṣibhyaḥ ||

C'est cette vérité que proclama l'antique visionnaire Aṅgira[1]. Celui qui n'observe pas le « rituel de la tête » ne pourra l'apprendre. Hommage aux suprêmes visionnaires ! Hommage aux suprêmes visionnaires !

|| ityatharvavedīya muṇḍakopaniṣatsamāptā ||
Fin de la *Muṇḍaka Upaniṣad de l'Atharvaveda*

---

1. Voir I, 1, 3.

Praśna Upaniṣad

La *Praśna Upaniṣad* appartient au corpus védique de l'*Atharvaveda*. Ses six sections traitent de six questions (*praśna*) posées au sage Pippalāda par six de ses disciples sur la source des êtres, le pouvoir de la syllabe sacrée AUM, le rapport entre l'Absolu et les constituants du monde, entre autres. Il y est constamment question du souffle de vie (*prāṇa*) en tant qu'émanation de l'*ātman*.

I

PREMIÈRE QUESTION

1. sukeśā ca bhāradvājaḥ śaibyaśca satyakāmaḥ sauryāyaṇī ca gārgyaḥ kausalyaścāśvalāyano bhārgavo vaidarbhiḥ kabandhī kātyāyanaste haite brahmaparā brahmaniṣṭhāḥ paraṃ brahmānveṣamāṇā / eṣa ha vai tatsarvaṃ vakṣyatīti te ha samitpāṇayo bhagavantaṃ pippalādamupasannāḥ //

Sukeśā Bhāradvāja, Śaibya Satyakāma Sauryāyaṇī Gārgya, Kausalya Āśvalāyana, Bhārgava Vaidarbhi et Kabandhī Kātyāyana : ces hommes étaient très dévoués au *brahman*, établis dans le *brahman* et en quête du *Brahman* suprême. Ils vinrent trouver le vénérable Pippalāda en portant du combustible et en pensant : « pour sûr il va nous enseigner tout cela. »

Le mot *brahman* a bien des sens selon le contexte. Il signifie littéralement « agrandissement, développement, particulièrement de l'esprit, de l'âme ; puis, effusion du cœur en dévotion, prière ; texte sacré ; connaissance spirituelle ; vie sainte ; l'Absolu, etc. Dans ce dernier cas, nous mettons toujours la majuscule.

2. Tānha sa ṛṣiruvāca bhūya eva tapasā brahmacaryeṇa śraddhayā saṃvatsaraṃ saṃvatsyatha yathākāmaṃ praśnān pṛcchata yadi vijñāsyāmaḥ sarvaṃ ha vo vakṣyāma iti //

Ce visionnaire leur dit : « Demeurez avec moi une autre année dans l'austérité, la discipline brahmanique et la confiance. Puis, posez vos questions à volonté et dans la mesure de notre savoir nous répondrons à tout. »

3. atha kabandhī kātyāyana upetya papraccha / bhagavan kute ha vā imāḥ prajāḥ prajāyanta iti //

Alors, Kabandhī Kātyāyana s'approcha de lui et demanda : « Seigeur, d'où ces créatures naissent-elle ? »

4. tasmai sa hovāca prajākāmo vai prajāpatiḥ sa tapo'tapyata sa tapastaptvā sa mithunam utpādayate / rayiṃ ca prāṇaṃ cetyetau me bahudhā prajāḥ kariṣyata iti //

Il lui répondit : « Pour sûr, Prajāpati (le Seigneur des créatures) était désireux d'une descendance. Alors il s'échauffa (*tapyata*) avec ardeur (*tapas*). Cela fait, il produisit un couple : la substance et le souffle. Il pensait "ces deux-là me donneront une descendance abondante et diverse."

5. āditvo ha vai prāṇo rayireva candramā / rayirvā etat sarvaṃ yanmūrtaṃ cāmūrtaṃ ca / tasmānmūrtireva rayiḥ //

Le souffle vital est clairement le soleil tandis que la lune est simplement substance. Cet univers au complet est substance avec ou sans forme. Par conséquent, tout ce qui a forme est substance.

6. athāditya udayanyatprācīṃ diśaṃ praviśati tena prācyān prāṇān raśmiṣu sannidhatte / yaddakṣiṇāṃ yat pratīcīṃ yadudīcīṃ yadadho yadūrdhvaṃ yadantarā diśo yat sarvaṃ prakāśayati tena sarvān prāṇān raśmiṣu sannidhatte //

Lorsque le soleil se lève, il pénètre la région orientale et de ce fait inonde de ses rayons tout ce qui y a souffle. Lorsqu'il brille dans les autres régions, sud, ouest, nord, dessous, dessus et mitoyen, de ce fait il inonde tout de ses rayons, tout ce qui a souffle.

7. sa eṣa vaiśvānaro viśvarūpaḥ prāṇo'gnirudayate |
tadetadṛcā'bhyuktam ||

C'est bien lui, le feu souffle de vie de tous les hommes et qui prend toutes les formes. Il y a un verset du *Ṛgveda* qui formule cela :

8. viśvarūpaṃ hariṇaṃ jātavedasaṃ parāyaṇaṃ jyotirekaṃ tapantam |
sahasraraśmiḥ śatadhā vartamānaḥ prāṇaḥ prajānām udayatyeṣa sūryaḥ ||

« Il prend toutes les formes, il a la couleur de l'or, le feu qui voit à tous les êtres (Jātavedas), la destination finale, le Feu unique qui arde.

Il est le soleil aux mille rayons, tournant en cent formes, il se lève, souffle de vie des créatures. »

9 saṃvatsaro vai prajāpatistasyāyane dakṣiṇaṃ cottaraṃ ca | tadye ha vai tadiṣṭāpūrte kṛtamityupāsate te cāndramasameva lokamabhijayante | ta eva punarāvartante tasmādeta ṛṣayaḥ prajākāmā dakṣiṇaṃ pratipadyante | eṣa ha vai rayiryaḥ pitṛyāṇaḥ ||

Le Seigneur des créatures (Prajāpati) est l'année : il a deux parcours, au sud et au nord. Ceux qui estiment que la meilleure voie d'action consiste seulement en sacrifices et en actes méritoires, ceux-là n'arrivent qu'au monde lunaire. Ils reviennent. C'est pourquoi les visionnaires qui souhaitent une descendance empruntent le parcours sud : de toute évidence cette voie des pères est celle de la substance, de la matière.

10. athottareṇa tapasā brahmacaryeṇa śraddhayā vidyayātmānamanviṣyādityamabhijayante | etadvai prāṇānām āyatanam etadamṛtam abhayam etat parāyaṇam etasmān na punarāvartanta ityeṣa nirodhastadeṣa ślokaḥ ||

D'autre part, ceux qui recherchent le Soi par les austérités, la discipline brahmanique, la confiance et la connaissance, empruntent le parcours du nord et gagnent le monde du soleil. C'est là pour sûr la demeure des souffles vitaux. C'est l'immortalité, l'absence de peur, le parcours suprême et de là ils ne reviennent plus. C'est la cessation. Il y a un verset là-dessus :

11. pañcapādaṃ pitaraṃ dvādaśākṛtiṃ diva āhuḥ pare ardhe purīṣiṇam /
atheme anya u pare vicakṣaṇaṃ saptacakre ṣaḍara āhurarpitamiti //

« On l'appelle un père aux cinq pieds et douze formes habitant la partie supérieure du ciel ; d'autres l'appellent le radieux assis (sur un chariot) aux sept roues et six rayons. »

12. māso vai prajāpati / tasya kṛṣṇapakṣa eva rayiḥ śuklaḥ praṇastasmādeta ṛṣayaḥ śukla iṣṭaṃ kurvantītara itarasmin //

Le Seigneur de la création (Prajāpati) est le mois : sa quinzaine sombre, c'est la matière, sa quinzaine claire, c'est le souffle. Voilà pourquoi certains sages (*ṛṣi*, les rishis) accomplissent des sacrifices durant la quinzaine claire et d'autres durant l'autre quinzaine.

13. ahorātro vai prajāpati / tasyāhareva prāṇo rātrireva rayiḥ / prāṇaṃ vā ete praskandanti ye divā ratyā saṃyujyante brahmacaryameva tadyadrātrau ratyā saṃyujyante //

Le Seigneur de la création (Prajāpati) est aussi jour et nuit. Le souffle de vie est jour et la matière nuit. Par conséquent, ceux qui font l'amour[1] durant le jour gaspillent leur souffle vital, alors que ceux qui le font la nuit, c'est comme s'ils observaient le célibat (*brahmacarya*).

1. Littéralement « ceux qui s'unissent par plaisir sexuel » (*ete ... ye ratyā saṃyujyante*).

14. annaṃ vai prajāpati / tato ha vai tadretaḥ / tasmādimāḥ prajāḥ prajāyanta iti //

Le Seigneur de la création (Prajāpati) est aussi nourriture. C'est d'elle que procède la semence et de celle-ci procèdent les créatures.

15. tadye ha vai tat prajāpativrataṃ caranti te mithunamutpādayante /
teṣāmevaiṣa brahmaloko yeṣāṃ tapo brahmacaryaṃ yeṣu satyaṃ pratiṣṭhitam //

Alors, ceux qui observent cette règle de Prajāpati ceux-là engendrent des jumeaux. À eux appartient le monde de Brahman, ceux en qui il y a ardeur (*tapas*) et discipline brahmanique (*brahmacarya*) et en qui la vérité est bien établie.

16. teṣāmasau virajo brahmaloko na yeṣu jihmam anṛtaṃ na māyā ceti //

À ceux-là appartient le monde pur de Brahman et non aux tordus, aux faux ou aux trompeurs.

II

DEUXIÈME QUESTION

1. atha hainaṃ bhārgavo vaidarbhiḥ papraccha / bhagavan katyeva devāḥ prajāṃ vidhārayante / katara etat prakāśayante kaḥ punareṣāṃ variṣṭha iti //

Alors, Bhārgava Vaidarbhi lui demanda : « Seigneur, combien de divinités soutiennent une créature ? Lesquelles la rendent visible ? Encore une fois, laquelle est la meilleure ? »

2. tasmai sa hovācākāśo ha vā eṣa devo vāyuragnirāpaḥ pṛthivī vāṅmanaścakṣuḥ śrotraṃ ca / te prakāśyābhivadanti vayam etadbāṇam avaṣṭabhya vidhārayāmaḥ //

Il lui répondit : « L'espace est une telle divinité, de même que le vent, le feu, l'eau, la terre, la parole, le mental (*manas*), la vue et l'ouïe. Ayant rendu le corps visible, elles[1] disent : "C'est nous qui, après avoir établi ce corps, le soutenons."

3. tān variṣṭhaḥ prāṇa uvāca / mā mohamāpadyatha aham evaitat pañcadhātmānaṃ pravibhajyaitadbāṇamavaṣṭabhya vidhārayāmīti te'śraddadhānā babhūvuḥ //

Le souffle vital, la meilleure d'entre elles, leur dit : « Ne vous illusionnez pas ! C'est moi qui, me divisant en cinq parties, ai établi ce corps et le maintien. » Mais elles demeurèrent incrédules.

4. so'bhimānādūrdhvam utkrāmata iva tasminn utkrāmatyathetare sarva evotkrāmante tasmiṃśca pratiṣṭhamāne sarva eva pratiṣṭhante / tadyathā makṣikā madhukararājānaṃ utkrāmantaṃ sarva evotkramante tasmiṃṣca pratiṣṭhamāne sarva eva prātiṣṭanta evaṃ vāṅmanaṣcakṣuḥ śrotraṃ ca te prītāḥ prāṇaṃ stunvanti //

Alors, froissé, le souffle fit mine de s'échapper par le haut. Quand il s'échappe, toutes les autres s'échappent. Quand il revient, les autres reviennent. Tout comme les abeilles s'envolent lorsque la reine s'envole et se posent quand elle se pose, de même font la parole, le mental, la vue et l'ouïe. Ravies, elles louèrent le souffle vital.

5. eṣo'gnistapatyeṣa sūrya eṣa parjanyo maghavāneṣa vāyuḥ / eṣa pṛthivī rayirdevaḥ sadasaccāmṛtaṃ ca yat //

Il est le feu qui brûle, il est le soleil, il est la pluie généreuse, il est le vent, il est la terre, la matière divine, il est l'existence et la non-existence.

6. arā iva rathanābhau prāṇe sarvaṃ pratiṣṭhitam / ṛco yajūṣi sāmāni yajñaḥ kṣatraṃ brahma ca //

1. Les divinités que sont les les cinq éléments et les fonctions humaines énumérées.

Tout comme les rayons (assujettis) au moyeu de la roue, ainsi les versets du *Ṛgveda*, les formules du *Yajurveda*, les chants du *Sāmaveda*, les sacrifices, les brahamanes et les kṣatriyas, tout est asujetti au souffle vital.

7. prajāpatiścarasi garbhe tvameva pratijāyase |
tubhyaṃ prāṇa prajāstvimā baliṃ haranti yaḥ prāṇaiḥ pratitiṣṭhasi ||

Tu es Prajāpati (le Seigneur des créatures), c'est toi en vérité qui te meus dans l'embryon. C'est à toi, souffle vital, que les créatures apportent leurs offrandes toi qui résides dans les sens.

8. devānāmasi vahnitamaḥ pitṝṇāṃ prathamā svadhā |
ṛṣīṇāṃ caritaṃ satyamatharvāṅgirasāmasi ||

Tu es le meilleur porteur d'offrande aux dieux. Tu es la première oblation[1] aux ancêtres. Tu es la vérité mise en œuvre par les visionnaires, les Atharvans et les Aṅgiras.

9 indrastvaṃ prāṇa tejasā rudro'si parirakṣitā |
tvamantarikṣe carasi sūryastvaṃ jyotiṣāṃ patiḥ ||

Ô Souffle de vie, par ton éclat tu es Indra, tu es le gardien Rudra ! En tant que soleil tu te meus dans l'espace intermédiaire, tu es le Seigneur des lumières.

10. yadā tvamabhivarṣasyathemāḥ prāṇa te prajāḥ |
ānandarūpāstiṣṭhanti kāmāyānnaṃ bhaviṣyatīti ||

Lorsque tu fais pleuvoir, ô Souffle de vie, ces créatures se dressent dans la joie en pensant « il y aura autant de nourriture que nous voulons ! »

11. vrātyastvaṃ prāṇaikarṣarattā viśvasya satpatiḥ |
vayamādyasya dātāraḥ pitā tvaṃ mātariśva naḥ ||

1. Le mot *svadhā* a plusieurs sens. Ici, il signifie la portion qui revient à chacun des dieux (*sva* signifie « soi » et *dhā* est le fait de placer).

Ô Souffle de vie, tu es le Vrātya[1], l'unique Voyant, le dévoreur, le maître véritable de l'univers. C'est nous qui te donnons la nourriture, tu es notre Père, ô Matariśvan[2] !

12. yā te tanūrvāci pratiṣṭhitā yā śrotre yā ca cakṣuṣi /
yā ca manasi santatā śivāṃ tāṃ kuru motkramīḥ //

Cette forme de toi bien établie dans la parole, celle dans l'ouïe, celle dans la vue et celle qui perdure dans le mental, rends cela auspicieux, ne t'éloigne pas !

13. prāṇasyedaṃ vaśe sarvaṃ tridive yat pratiṣṭhitam /
māteva putrān rakṣasva śrīśca prajñāṃ ca vidhehi na iti //

Dans le pouvoir du souffle de vie repose cet univers, qui est établi dans les trois ciels. Protège-nous, telle une mère avec son enfant. Accorde toute prospérité et sagesse !

III

TROISIÈME QUESTION

1. atha hainaṃ kauśalyaścāśvalāyanaḥ papraccha / bhagavan kuta
eṣa prāṇo jāyate / kathamāyātyasmiñśarīre / ātmānaṃ vā pravibhajya kathaṃ pratiṣṭhate / kenotkramate kathaṃ bāhyamabhidhatte /
kathamadhyātmamiti //

Alors, Kauśalya Āśvalāyana lui demanda : « Seigneur, d'où ce souffle de vie naît-il ? Comment entre-t-il dans le corps ? Comment, une fois qu'il s'est divisé, s'installe-t-il ? Par quelle

1. Les Vrātyas étaient un peuple d'Aryens de tradition non brahmanique, mais qen ui avaient néanmoins intégré la communauté.

2. Dans les hymnes védiques, Matariśvan est un nom de la Flamme, du Feu (Agni).

voie sort-il ? Comment soutient-il ce qui est à l'extérieur et à l'intérieur ? »

2. tasmai sa hovācātipraśnān pṛcchasi I brahmiṣṭho'sīti tasmātte'haṃ bravīmi II

Il (Pippalāda) lui répondit : « Tu poses trop de questions ! Mais étant donné que tu es un brahmane éminent, je te répondrai.

3. ātmana eṣa prāṇo jāyate I
yathaiṣā puruṣe chāyaitasminnetadātataṃ I
manokṛtenāyātyasmiñśarīre II

Ce souffle de vie est issu du Soi (*ātman*). Comme l'ombre ici sur un homme, ainsi il (le souffle de vie) est-il étendu sur le Soi. Il entre en ce corps par une voie créée par le mental.

4. yathā samrādevādhikṛtān viniyuṅkte I etan grāmān etān grāmān adhitiṣṭhasveti evamevaiṣa prāṇa itarān prāṇān pṛthakpṛthageva sannidhatte I

Tout comme un souverain commande à ses ministres, en disant : « Toi, tu gouvernes telle ville, toi telle autre », de la même manière le souffle de vie assigne aux autres souffles leur place respective.

5. pāyūpasthe'pānaṃ cakṣuḥśrotre mukhanāsikābhyāṃ prāṇaḥ svayaṃ prātiṣṭhate I madhye tu samānaḥ I eṣa hyetaddhutamannaṃ samaṃ nayati I tasmādetāḥ saptārciṣo bhavanti II

Le souffle entrant (*apāna*) s'établit dans les organes d'excrétion et de reproduction, le souffle lui-même (*prāṇa*) dans les yeux, les oreilles, la bouche et les narines. De son côté, le souffle égalisant (*samāna*), s'installe dans la région médiane, car il répartit également (*sama*) la nourriture offerte. De là s'élèvent ces sept flammes.

6. hṛdi hyeṣa ātmā I atraitadekaśataṃ nāḍīnāṃ I
tāsāṃ śataṃ śatamekaikasyā I dvāsaptatirdvāsaptatiḥ
pratiśākhānāḍīsahasrāṇi bhavant i lāsu vyānaścarati II

Ce soi réside dans le cœur même. Cent un canaux courent dans le corps. Chacun se subdivise en cent autres et chacune de ces nouvelles branches en soixante-douze mille de plus. C'est le long de ces canaux que circule le souffle diffus (*vyāna*)

7. athaikayordhva udānaḥ puṇyena puṇyaṃ lokaṃ nayati
pāpena pāpamubhābhyāmeva manuṣyalokam ll

Maintenant, le souffle ascendant s'élève le long d'un de ces canaux et conduit une personne vers un monde heureux s'il a commis de bonnes actions, vers un monde malheureux s'il en a commis de mauvaises et vers le monde des hommes s'il a commis les deux.

8. ādityo ha vai bāhyaḥ prāṇa udayatyeṣa hyenaṃ cākṣuṣaṃ
prāṇamanugṛhṇānaḥ l pṛthivyāṃ yā devatā saiṣā puruṣasya
apānamavaṣṭabhya l antarā yadākāśaḥ sa samāno vāyurvyānaḥ ll

Maintenant, le soleil se lève en tant que souffle de vie (*prāṇa*) extérieur et cela correspond au souffle de vie résidant dans la vue. La divinité dans la terre correspond au souffle entrant (*apāna*) d'une personne. L'espace entre les deux est le souffle égalisant (*samāna*) et le souffle diffus est le vent.

9 tejo ha vā udānaḥ l tasmādupaśāntatejāḥ
punarbhavamindriyairmanasi sampadyamānaiḥ ll

Le souffle ascendant est feu. Par conséquent, lorsque le feu s'éteint on retourne au souffle de vie avec les facultés agglomérées autour du mental.

10. yaccittastenaiṣa prāṇamāyāti l prāṇastejasā yuktaḥ
sahātmanā tathāsaṅkalpitaṃ lokaṃ nayati ll

Ce qu'une personne pense, c'est avec cela qu'elle va au souffle vital (vers la vie). Le souffle de vie, uni au feu et au soi, le conduit au monde qu'il a forgé par sa pensée.

11. ya evaṃ vidvān prāṇaṃ veda na hāsya prajā hīyate'mṛto
bhavati tadeṣaḥ ślokaḥ ll

Celui qui connaît ainsi le souffle de vie, sa descendance ne s'interrompt pas. Il devient immortel. Sur cela il existe un verset » :

12. utpattimāyatiṃ sthānaṃ vibhutvaṃ caiva pañcadhā /
adhyātmaṃ caiva prāṇasya vijñāyāmṛtamaśnute
vijñāyāmṛtamaśnuta iti //

Naissance, entrée, position, la quintuple expansion du souffle de vie et le rapport avec ce qui se trouve dans le corps : celui qui connaît cela, il touche à l'immortalité, oui, sachant cela il touche à l'immortalité. »

IV

QUATRIÈME QUESTION

1. atha hainaṃ sauryāyaṇi gārgyaḥ papraccha /
bhagavannetasmin puruṣe kāni svapanti / kānyasmiñjāgrati /
katara eṣa devaḥ svapnān paśyati / kasyaitat sukhaṃ bhavati /
kasminnu sarve sampratiṣṭhitā bhavantīti //

Alors, Sauryāyaṇi Gārgya lui demanda : « Seigneur, lesquelles (divinités) dorment dans une personne ? Lesquelles sont éveillées ? Lesquelles de ces divinités voient le rêve ? Et la joie, elle relève de qui (ou quoi) ? Et quel est-il donc celui en qui tout cela existe ? »

2. tasmai sa hovāca / yathā gārgya marīcayo 'rkasyāstaṃ gacchataḥ sarvā etasmiṃstejomaṇḍala ekībhavanti tāḥ punaḥ punarudayataḥ pracarantyevaṃ ha vai tat sarvaṃ pare deve manasyekībhavati / tena tarhyeṣa puruṣo na śṛṇoti na paśyati na jighrati na rasayate na spṛśate nābhivadate nādatte nānandayate na visṛjate neyāyate svapitītyācakṣate //

Il (Pippalāda) lui répondit : « Gārgya, tout comme tous les rayons se rassemblent tous au coucher du soleil dans ce disque de lumière et se répandent à nouveau lorsqu'il se lève à nouveau, ainsi toutes ces divinités se rassemblent et s'unifient dans le plus haut des organes (divinités) des sens, le mental. Il en résulte qu'une pesonne dans cette condition n'entend rien, ne voit rien, ne sent rien, ne goûte rien, ne ressent rien au toucher, ne peut parler, ne peut rien saisir physiquement, ne peut ressentir de plaisir, ne peut excréter ni se mouvoir. On dit de lui « il dort ».

3. prāṇāgnaya evaitasmin pure jāgrati / gārhapatyo ha vā eṣo'pāno vyāno'nvāhāryapacano yadgārhapatyāt praṇīyate praṇayanādāhavanīyaḥ prāṇaḥ //

Ce sont les feux que sont les souffles qui veillent dans le fort (le corps). De toute évidence, le feu domestique est le souffle entrant (*āpana*), le feu (sacrificiel) du sud est le souffle diffus (*vyāna*). Parce qu'on le sort (*praṇayama*[1]) -on l'extrait du feu domestique- le feu d'oblation est le souffle sortant (*prāṇa*).

4. yaducchvāsaniḥśvāsāvetāvāhutī samaṃ nayatīti sa samānaḥ / mano ha vāva yajamānaḥ / iṣṭaphalamevodānaḥ / sa enaṃ yajamānamaharaharbrahma gamayati //

Le souffle égalisant (*samāna*) tient son nom du fait qu'il rend semblables (*sama*) ces deux offrandes que sont le souffle sortant et le souffle entrant. Le patron du sacrifice (*yajamāna*) est évidemment le mental et le fruit du sacrifice le souffle ascendant, car tous les jours il conduit le patron du sacrifice à Brahman.

5. atraiṣa devaḥ svapne mahimānamanubhavati / yaddṛṣṭaṃ dṛṣṭamanupaśyati / śrutaṃ śrutamevārthamanuśṛṇoti / deśadigantaraiśca pratyanubhūtaṃ punaḥ punaḥ pratyanubhavati / dṛṣṭaṃ cādṛṣṭaṃ ca śrutaṃ cāśrutaṃ cānubhūtaṃ cānanubhūtaṃ ca saccāsacca sarvaṃ paśyati sarvaḥ paśyati //

---

1. De la préposition *pra* (devant, au-devant, au loin) et du verbe *nī-* : conduire, mener, diriger. On a ici une autre étymologie grammaticalement douteuse, mais porteuse d'un sens intéressant. On rencontre de telles étymologies fréquemment dans les Upaniṣad.

Là, dans le sommeil, cette divinité fait l'expérience de sa grandeur. Les choses qu'il a vues, il les revoit. Il entend à nouveau les mêmes choses qu'il a entendues. Il fait à nouveau l'expérience de ce qu'il a expérimenté dans divers lieux et diverses régions. Comme il est lui-même le monde entier, il voit le monde entier : ce qu'il a vu et ce qu'il n'a pas vu, ce qu'il a entendu et ce qu'il n'a pas entendu, ce qu'il a expérimenté et ce qu'il n'a pas expérimenté.

6. sa yadā tejasā'bhibhūto bhavati | atraiṣa devaḥ svapnānna paśyati | atha yadaitasmiñśarīra etatsukhaṃ bhavati ||

Cependant, lorsqu'il est transporté par la chaleur, alors cette divinité ne voit pas les rêves et alors dans ce corps monte la béatitude.

7. sa yathā sobhya vayāṃsi vasovṛkṣaṃ sampratiṣṭhante | evaṃ ha vai tat sarvaṃ para ātmani sampratiṣṭhate ||

Tout comme les oiseaux se tiennent sur l'arbre où ils nidifient, de la même manière, tout cela repose sur le Soi :

8. pṛthivī ca pṛthivīmātrā cāpaścāpomātrā ca tejaśca tejomātrā ca vāyuśca vāyumātrā cākāśaścākāśamātrā ca cakṣuśca draṣṭavyaṃ ca śrotraṃ ca śrotavyaṃ ca ghrāṇaṃ ca ghrātavyaṃ ca rasaśca rasayitavyaṃ ca tvakca sparśayitavyaṃ ca vākca vaktavyaṃ ca hastau cādātavyaṃ copasthaścānandayitavyaṃ ca pāyuśca visarjayitavyaṃ ca yādau ca gantavyaṃ ca manaśca mantavyaṃ ca buddhiśca boddhavyaṃ cāhaṅkāraścāhaṅkartavyaṃ ca cittaṃ ca cetayitavyaṃ ca tejaśca vidyotayitavyaṃ ca prāṇaśca vidhārayitavyaṃ ca ||

La terre et les éléments de la terre, les eaux et les éléments de l'eau, le feu et les éléments du feu, le vent et les éléments du vent, l'espace et les éléments de l'espace, la vue et les objets visibles, l'ouïe et les choses audibles, l'odorat et les choses à sentir, le goûter et les objets gustatifs, le toucher et les objets à toucher, la parole et les objets de la parole, les mains et les objets à saisir, les organes sexuels et les objets de jouissance, les organes d'excrétion et les excréments, les pieds et les choses sur lesquelles on marche, le mental et les choses à penser, l'intellect et les choses à comprendre, le sentiment du moi et ses objets, la pensée et l'objet de la pensée, la lumière et ce qui doit être éclairé, le Souffle vital et ce qui doit être soutenu par lui.

9 eṣa hi draṣṭā spraṣṭā śrotā ghrātā rasayitā mantā boddhā kartā vijñānātmā puruṣaḥ | sa pare'kṣara ātmani sampratiṣṭhate ||

L'homme suprême est le Soi qui connaît et qui véritablement voit, ressent, entend, goûte, pense, comprend et agit. Il repose sur ce qu'il y a de plus haut, sur l'Indestructible.

10. paramevākṣaraṃ pratipadyate sa yo ha vai tadacchāya-maśarīramalohitaṃ śubhram akṣaraṃ vedayate yastu somya | sa sarvajñaḥ sarvo bhavati | tadeṣa ślokaḥ ||

Quiconque perçoit cet Impérissable lumineux sans ombre, ni corps, ni couleur, mon ami, il devient omniscient, il devient le Tout. Il existe un verset à ce sujet :

11. vijñānātmā saha devaiśca sarvaiḥ prāṇā bhūtāni
sampratiṣṭhanti yatra
tadakṣaraṃ vedayate yastu somya sa sarvajñaḥ
sarvamevāviveśeti ||

Ce sur quoi reposent les souffles et les êtres avec toutes les divinités, le soi intelligent, quiconque connaît cela, mon ami, comme l'Impérissable, puisqu'il connaît l'univers entier, il pénètre tout.

V

CINQUIÈME QUESTION

1. atha hainaṃ śaibyaḥ satyakāmaḥ papraccha / *sa yo ha vai tadbhagavanmanuṣyeṣu prāyaṇāntamoṅkāramabhidhyāyīta* / *katamaṃ vāva sa tena lokaṃ jayatīti* / *tasmai sa hovāca* //

Alors, Śaibya Satyakāma lui demanda : « Seigneur, celui qui parmi les hommes méditait toute sa vie sur la syllabe AUM, quel monde se mériterait-il ? » Il lui répondit :

2. etadvai satyakāma paraṃ cāparaṃ ca brahma yadoṅkāraḥ / *tasmādvidvān etenaivāyatanenaikataram anveti* //

Satyakāma, pour sûr cette syllabe AUM est clairement le *brahman* supérieur et le *brahman* inférieur. Par conséquent, les deux peuvent être atteints à l'aide du même médium par un homme qui sait.

3. sa yadyekamātramabhidhyāyīta sa tenaiva saṃveditastūrṇameva jagatyāmabhisampadyate / *tamṛco manuṣyalokamupanayante* / *sa tatra tapasā brahmacaryeṇa śraddhayā sampanno mahimānamanubhavati* //

S'il médite sur le premier phonème (A), il n'acquiert que la connaissance de cela et revient rapidement sur terre. Les versets du *Ṛgveda* le guident au monde des hommes. Là, ayant une propension naturelle pour l'austérité, la discipline brahmanique et la foi, il éprouve de la grandeur.

4. atha yadi dvimātreṇa manasi sampadyate so'ntarikṣaṃ yajurbhirunnīyate somalokam / *sa somaloke vibhūtimanubhūya punarāvartate* //

Par contre, si l'on s'absorbe mentalement dans les deux premiers phonèmes (AU), on atteint les régions intermédiaires et on est conduit au monde lunaire par les formules du *Yajurveda*. Après avoir joui de la puissance là, on revient.

5. yaḥ punaretaṃ trimātreṇomityetenaivākṣareṇa paraṃ puruṣamabhidhyāyīta sa tejasi sūrye sampannaḥ | yathā pādodarastvacā vinirmucyata evaṃ ha vai sa pāpmanā vinirmuktaḥ sa sāmabhirunnīyate brahmalokaṃ sa etasmājjīvaghanāt parātparaṃ puriśayaṃ puruṣamīkṣate | tadetau ślokau bhavataḥ ||

Celui qui, au contraire, s'absorberait sur la Personne suprême à l'aide de cette même syllabe avec ses trois phonèmes (AUM), il entrerait dans l'éclat du soleil. Il est libéré de ses fautes tout comme un serpent se libère de sa peau. Il est conduit au monde de Brahman par les chants du Sāman. Là, loin de la masse des êtres vivants il contemple la Personne suprême gardienne de la forteresse (le corps). À ce sujet, il y a deux versets :

6. tisro mātrāmṛtyumatyaḥ prayuktā anyonyasaktāḥ anaviprayuktāḥ |
kriyāsu bāhyābhyantaramadhyamāsu samyak prayuktāsu na kampate jñaḥ ||

Les trois phonèmes conduisent à l'immortalité quand ils sont joints l'un à l'autre et non disjoints. Quand ils sont correctement combinés dans les fonctions extérieures, intérieures et intermédiaires[1], celui qui a la connaissance ne tremble pas.

7. ṛgbhiretaṃ yajurbhirantarikṣaṃ sāmabhiryat tat kavayo vedayante |
tamoṅkāreṇaivāyatanenānveti vidvān yattacchāntamajaramamṛtamabhayaṃ paraṃ ceti ||

Grâce aux versets du Ṛgveda, ce monde-ci, avec les formules du Yajurveda le monde intermédiaire, avec les chants du Sāman celui que connaissent les sages. Avec la seule syllabe AUM comme véhicule, celui qui sait atteint ce monde qui est tranquille et au-delà de la vieillesse, de la mort et de la peur, le monde suprême.

1. État de veille, sommeil profond et rêve.

VI

SIXIÈME QUESTION

1. atha hainaṃ sukeśā bhāradvājaḥ papraccha / bhagavan hiraṇyanābhaḥ kausalyo rājaputro māmupetyaitaṃ praśnamapṛcchata / ṣoḍaśakalaṃ bhāradvāja puruṣaṃ vettha / tamahaṃ kumāramabruvaṃ nāhamimaṃ veda / yadyahamimamavediṣaṃ kathaṃ te nāvakṣyamiti / samūlo vā eṣa pariśuṣyati yo'nṛtamabhivadati tasmānnārhamyanṛtaṃ vaktum / sa tūṣṇīṃ rathamāruhya pravavrāja / taṃ tvā pṛcchāmi kvāsau puruṣa iti //

Alors, Sukeśā Bhāradvāja demanda : « Mon Seigneur, un jour Hiraṇyanābha, un prince du Kosala, vint me trouver et posa cette question : « Bhāradvāja, connais-tu la Personne aux seize parties ? » Je répondis au prince que je ne la connaissais pas : « Si je l'avais connue, comment pourrais-je ne pas te le dire ? En vérité, l'homme qui ment se dessèche jusqu'à la racine, c'est pourquoi il ne m'est pas permis de proférer de mensonges. » Il remonta sur son chariot en silence et s'en alla. Je te le demande : quelle est cette Personne ?

2. tasmai sa hovāca / ihaivāntaḥśarīre somya sa puruṣo yasminnatāḥ ṣoḍaśakalāḥ prabhavantīti //

Il répondit à Sukeśa : « Ici même dans le corps, mon ami, est l'Être dans lequel les seize parties prennent naissance. »

3. sa īkṣācakre / kasminnahamutkrānta utkrānto bhaviṣyāmi kasmin vā pratiṣṭhite pratiṣṭhāsyāmīti //

Il considéra en lui-même : « Qui est-ce donc celui qui, une fois parti, je partirai moi aussi ? Qui donc est-ce celui qui, une fois établi, je m'établirai ? »

4. sa prāṇamasṛjata I prāṇācchraddhāṃ khaṃ vāyurjyotirāpaḥ pṛthivīndriyaṃ manoannamannādvīryaṃ tapo mantrāḥ karma lokā lokeṣu ca nāma ca II

Il créa alors le souffle vital et, du souffle vital la foi, l'espace, le vent, le feu, l'eau, la terre, les sens, le mental et la nourriture ; de la nourriture, la force, l'austérité, les mantras védiques, les actes et les mondes ; dans les mondes, le nom.

5. sa yathemā nadyaḥ syandamānāḥ samudrāyaṇāḥ samudraṃ prāpyāstaṃ gacchanti I bhidyete tāsāṃ nāmarūpe samudra ityevaṃ procyate I evamevāsya paridraṣṭurimāḥ ṣoḍaśakalāḥ puruṣāyaṇāḥ puruṣaṃ prāpyāstaṃ gacchanti I bhidyete cāsāṃ nāmarūpe I puruṣa ityevaṃ procyate I sa eṣo'kalo'mṛto bhavati I tadeṣa ślokaḥ II

Prenons ces fleuves. Ils coulent vers l'océan et lorsqu'ils l'atteignent, ils disparaissent en lui, perdant nom et forme visible : on les appelle « océan ». De la même manière, ces seize parties d'une personne qui perçoit vont vers l'Être et, une fois qu'elles y sont, s'engloutissent dans cet Être, perdant nom et forme visible ; on les appelle simplement « l'Être ». Il devient donc dépourvu de parties et immortel. Il existe un verset à ce sujet :

6. arā iva rathanābhau kalā yasminpratiṣṭhitāḥ I
taṃ vedyaṃ puruṣaṃ veda yatha mā vo mṛtyuḥ parivyathā iti II

Celui en qui les parties sont établies, comme les rayons sur le moyeu (de la roue) du char, cet Être qu'il faut connaître, je le connais ; (connaissez-le), de sorte que la mort ne vous dérange pas.

7. tān hovācaitāvadevāhametat paraṃ brahma veda I nātaḥ paramastīti II

Pippalāda ajouta pour eux tous : « Voilà tout ce que je sais sur ce *Brahman* suprême au-delà duquel il n'y a rien. »

8. te tamarcayantastvaṃ hi naḥ pitā yo'smākamavidyāyāḥ paraṃ pāraṃ tārayasīti | namaḥ paramarṣibhyo namaḥ paramarṣibhyaḥ ||

Ils le louèrent, disant : « Tu es bien notre Père, car tu nous as portés sur le plus lointain rivage au-delà de l'ignorance. Hommage au visionnaire suprême ! Hommage au visionnaire suprême ! »

Māṇḍūkya Upaniṣad

La *Māṇḍūkya Upaniṣad,* bien qu'elle porte le nom d'une école du *Ṛgveda,* est associée à l'*Atharvaveda.* Ce texte de seulement douze *sūtra* constitue, semble-t-il, la plus récente des Upaniṣad anciennes. Y est affirmée avec puissance l'identité absolue entre *ātman* (ce que nous ressentons tous comme soi-même) et *brahman* (l'Absolu, le Tout, l'Inconcevable). On y pose aussi la correspondance entre cet Absolu et la syllabe sacrée AUM, décomposée en ses trois éléments a, u et m associés respectivement aux trois états de conscience habituels : état de veille, état de rêve et sommeil profond. Là où la *Bṛhadāraṇyaka Upaniṣad* ne sentait pas le besoin de poser l'existence d'un « quatrième état » (*turīya*), la *Māṇḍūkya* le formule, probablement en réaction au bouddhisme, dont l'enseignement se répandait déjà en Inde. Était visé plus particulièrement la compréhension superficielle du concept de « vide » (*śūnyatā*) qu'entretenaient et qu'entretiennent encore aujourd'hui beaucoup de ses adeptes.
Les exégètes anciens et modernes ont fait beaucoup de cas des *Kārikā* de Gaudapāda, qui se veulent un commentaire de la *Māṇḍūkya Upaniṣad*, mais ce texte ne présente pas beaucoup d'intérêt, car il n'apporte aucune lumière supplémentaire à l'Upaniṣad elle-même ; vers la fin, il n'entretient plus de lien avec elle et constitue une sorte d'argumentaire à l'endroit des concepts bouddhistes. Le principal intérêt des *Kārikā* de Gauḍapāda est que c'est grâce à cet ouvrage que nous disposons du texte de l'Upaniṣad elle-même.

1. aumityetadakṣaramidaṃ sarvam | tasyopavyākhyānam | bhūtam bhavadbhaviṣyaditi sarvam oṃkāra eva | yaccānyat trīkālātitaṃ tadapyoṃkāra eva ||

AUM : ce monde entier est cette syllabe ! En voici l'explication : ce qui fut, ce qui est et ce qui sera, tout cela est le phonème AUM. En outre, ce qui est au-delà du triple temps, cela aussi est le phonème AUM.

2. sarvaṃ hyetad brahma | ayamātmā brahma | so'yamātmā catuṣpāt ||

En vérité, ce Brahman est tout. Brahman est ce Soi, ce Soi comportant quatre quartiers.

3. jāgarita sthāno bahiḥprajñaḥ saptāṅga ekonaviṃśatimukhaḥ sthūlabhugvaiśvānaraḥ prathamaḥ pādaḥ ||

Ce qui dans l'état de veille connaît ce qui est à l'extérieur, possède sept membres et dix-neuf bouches[1], et jouit des formes grossières : cela est Vaiśvānara (l'homme de la connaissance commune à tous), le premier quart.

4. svapnasthāsthāno'ntaḥprajñaḥ saptaṅga ekonaviṃśatimukhaḥ praviviktabhūk taijaso dvitīyaḥ pādaḥ ||

Ce qui dans l'état de rêve connaît ce qui est à l'intérieur, possède sept membres et dix-neuf bouches et jouit de ce qui est subtil : cela est Taijasa (l'éclatant), le second quart.

5. yatra supto na kaṃcana kāmaṃ kamayate na kaṃcana svapnaṃ paśyati tat suṣuptam | suṣusptasthāna ekībhūtaḥ prajñānaghana evānandamayo hyānandabhuk cetomukhaḥ prājñastṛtīyaḥ pādaḥ ||

---

1. Les cinq organes des sens bien connus, les cinq organes d'action (parole, toucher, locomotion, reproduction et excrétion), les cinq souffles vitaux, ainsi que le mental (*manas*), l'intellect (*buddhi*), le sentiment du je personnel (*ahaṃkāra*) et la pensée (*citta*).

Quand on dort, on ne poursuit aucun désir et on ne voit aucun rêve. Ce qui est devenu un dans l'état de sommeil comme un bloc de connaissance globale consiste en béatitude et jouit de la béatitude, a pour bouche la pensée : c'est Prājña, le troisième quart.

6. eṣa sarveśvaraḥ | eṣa sarvajñah | eṣo'ntaryāmī | eṣa yoniḥ sarvasya | prabhavāpyayau hi bhūtānām ||

Celui-là est le Seigneur de toutes choses, Celui qui connaît toutes choses, régit à l'intérieur et qui est la matrice universelle, le début et la fin des êtres.

7. nānantaḥprajñaṃ na bahiḥprajñaṃ nobhayataḥprajñaṃ na prajñānaghanaṃ na prajñaṃ nāprajñam | adṛṣṭam avyavahāryam agrāhyam alakṣaṇam acintyam avyapadeśyam ekātmapratyayasāraṃ prapañcopaśamaṃ śāntaṃ śivamadvaitaṃ caturthaṃ manyante | sa ātmā | sa vijñeyaḥ ||

Ce qui ne perçoit ni intérieur ni extérieur, ni l'un et l'autre, ne perçoit rien de global, n'est ni connaissance ni inconnaissance, n'est pas vu, est insaisissable par des transactions ordinaires, indéfinissable, inconcevable, indescriptible, Ce qui n'a pour essence que l'évidence de soi-même, Ce qui est tranquillité de la manifestation, Ce qui est paisible, auspicieux et sans second, on le considère comme le quatrième (état) ; c'est le Soi, c'est cela qu'on doit connaître.

8. so'yamātmādhyakṣaram auṃkāraḥ | adhymātraṃ pādā mātrā mātrāśca pādā akāra ukāro makāra iti ||

Par rapport aux syllabes, AUM est ce Soi. Les phonèmes élémentaires sont les quartiers et les quartiers sont les phonèmes élémentaires, à savoir les lettres a, u et m.

9. jāgaritasthāno vaiśvānaro'kāraḥ prathamā mātrāpterādimattvādvā | āpnoti ha vai sarvān kāmān ādiśca bhavati ||

Vaiśvanara est dans l'état de veille, il est la lettre a, le premier élément parce qu'il est l'obtention ou parce qu'il est le premier ;

en effet, il obtient tous ses désirs et est le premier celui qui sait ainsi.

10. svapnasthānastaijasa ukāro dvitīyā mātrotkarṣādubhayatvadvā I utkarṣati ha vai jñānasaṃtatim samānaśca bhavati I nāsyābrahmavitkule bhavati ya evaṃ veda II

Taijasa est dans l'état de rêve, il est la lettre u, le second élément du fait de son éminence ou de sa position intermédiaire (entre les deux autres états) ; en effet, il élève la continuité de sa connaissance et devient égal. Dans la famille de celui qui sait ainsi il n'y a pas d'ignorant du Brahman.

11. suṣuptasthānaḥ prājño makārastṛtīyā mātrā miterapītervā I minoti ha vā idaṃ sarvamapītiśca bhavati ya evaṃ veda II

Prājña est dans l'état de sommeil profond, il est la lettre m, le troisième élément du fait qu'il établit ou dissout ; en effet, celui qui sait ainsi, il fonde ce monde et en est aussi l'absorption (en lui-même).

12. amātraścaturthe'vyavahāryaḥ prapañcopaśamaḥ śivo'dvaitaḥ I evamoṃkāra ātmaiva I saṃviśatyātmanātmānaṃ ya evaṃ veda II

Le quatrième est sans phonème constituant, il échappe aux transactions ordinaires, il est la tranquillité de la manifestation, auspicieux et sans second ; ainsi, le Soi est la syllabe AUM. Il séjourne dans le Soi du Soi celui qui sait ainsi.

Dépôt légal : janvier 2024 - N° imprimeur : 012477475

Imprimé en France par Présence Graphique - Monts.